V&R Academic

Deutschsprachige Gegenwartsliteratur und Medien

Band 15

Herausgegeben von
Carsten Gansel und Hermann Korte

Carsten Gansel / Markus Joch /
Monika Wolting (Hg.)

Zwischen Erinnerung und Fremdheit

Entwicklungen in der deutschen und polnischen
Literatur nach 1989

Mit 8 Abbildungen

V&R unipress

Bibliografische Information der Deutschen Nationalbibliothek

Die Deutsche Nationalbibliothek verzeichnet diese Publikation in der Deutschen
Nationalbibliografie; detaillierte bibliografische Daten sind im Internet über
http://dnb.d-nb.de abrufbar.

ISBN 978-3-8471-0382-0
ISBN 978-3-8470-0382-3 (E-Book)

Printed in Germany.
Titelbild: »Kulturpalast, Warschau 2004« und »Schülerdemonstration auf dem Alexanderplatz,
Berlin 2004« (© Harald Hauswald, Berlin)
Druck und Bindung: CPI buchbuecher.de GmbH, Birkach

Gedruckt auf alterungsbeständigem Papier.

Inhalt

IV. Engagement

V. Entwicklungen

I. Einleitung

Carsten Gansel / Markus Joch / Monika Wolting

Zwischen Erinnerung und Fremdheit – Zur Einführung

Literaturwissenschaftler und -kritiker in Polen streiten seit über 20 Jahren, ob man das Jahr 1989 als das Wendejahr in der polnischen Literatur bezeichnen kann. Anders sieht es unter deutschen Germanisten und Feuilletonisten aus. Hier herrscht Einigkeit darüber, dass 1989 auch für die Literatur eine Zäsur gewesen ist, weil es zu einer radikalen Veränderung der politischen, kulturellen und wirtschaftlichen Verhältnisse im Osten kam.[1] Einige gehen – Frank Schirrmacher folgend – davon aus, dass es in Verbindung mit dem Ende des Realsozialismus zu einem Ende der sogenannten Gesinnungsästhetik gekommen sei. Freilich bleibt offen, was denn nun mit einer Gesinnungsästhetik konkret gemeint ist. Wenn darunter die Abkehr von einer politmoralischen Wirkungsästhetik im Geiste der Gruppe 47 wie auch bei reformsozialistischen Autoren in der DDR verstanden würde, dann bleibt immer noch die Frage, ob und wie dies auf das »Was« und »Wie« des Erzählens durchgeschlagen hat. Zweifellos hat Schirrmachers suggestiv eingeläuteter »Abschied von der Literatur der Bundesrepublik« – der Beitrag erschien termingerecht in der »FAZ« vom 02. 10. 1990 – seine Wirkungen nicht verfehlt. Gleichwohl gibt es Vorbehalte gegen die Auffassung eines Zusammenfallens von politischem und literarischem Einschnitt in Deutschland. Thomas Anz etwa hat sich explizit gegen eine »Epochenzäsurrhetorik« ausgesprochen. Bei allen Unterschieden sind sich polnische und deutsche Beobachter in einem einig, nämlich darin, dass Polen und Deutschland seit 1989 gravierendere politische, wirtschaftliche und gesellschaftliche Veränderungen erlebten als zuvor. Grund genug also, der Frage nachzugehen, ob in beiden Ländern nach 1989 wirklich neue Literaturkonzepte und/oder bedeutende Werke entstanden, die neben der unbestreitbaren Transformation der kulturellen Institutionen auch einen Neuanfang innerhalb des Symbolsystems Literatur markieren.

---

[1] Siehe Gansel, Carsten (Hrsg.): Rhetorik der Erinnerung – Gedächtnis und Literatur in den ›geschlossenen Gesellschaften‹ des Real-Sozialismus zwischen 1945 bis 1989. Göttingen: V& R unipress 2009, S. 9 – 19.

Dementsprechend bewegen sich die hier versammelten Beiträge, vorgestellt auf einem Symposium an der Universität Wrocław vom 7. bis 9. November 2012, zunächst im Spektrum allgemeiner Leitfragen: Wie hat die neueste deutsche und polnische Literatur auf den historischen Einschnitt und den rasanten Wandel danach reagiert, wovon spricht sie und wovon nicht? Was erwartet das Lesepublikum in beiden Ländern – Ähnliches oder Differentes? Welche Leitvorstellungen von Literatur verfechten die Schriftsteller, welche die Kritiker? Was sind die Hauptthemen in der deutschen und in der polnischen Literatur nach 1989, welche dominieren länderübergreifend?[2] Auch drängt sich die Frage auf, ob die Literatur in der erweiterten Bundesrepublik vorrangig Ort deutsch (-deutsch)er Selbstbeobachtung ist oder das massenmedial Privilegierte zugunsten transnationaler Sujets bagatellisiert. Mit welchen Themen und Formen können sich deutschsprachige Erzählungen, Gedichte und Dramen überhaupt noch – rein aufmerksamkeitsökonomisch – gegenüber den audiovisuellen Medien behaupten?[3] Gilt die Literatur in Polen immer noch als einer der wichtigsten öffentlichen Diskurse, als Code der nationalen Tradition, der Identität, oder nach 1989 eher als eine außerhalb des Zentrums stehende Stimme, in der sich die Minoritäten, Anderen, Fremden artikulieren?

Sodann kommen Aspekte ins Spiel, die mit autonomen (von Zensur und anderer staatlicher Gängelung freien) literarischen Feldern verbunden sind. Wie verhalten sich die Schriftsteller nach den Diktaturen zu den politischen Feldern des wiedervereinigten Deutschland und der Dritten Polnischen Republik? Soll, kann, darf ein Autor in einem demokratischen Staat noch die Pflicht haben, ›aufzurütteln‹, zu mahnen und dem Publikum die korrekte politische Richtung zu weisen? Hängt symbolisches Kapital davon ab, auch außerhalb der eigenen Landesgrenzen wahrgenommen zu werden? Und wenn ja: Welche Art von deutschen Autoren wird in Polen rezipiert (und umgekehrt)? Das Hintergrund-Thema ist, ob die deutsche und die polnische Literatur mittlerweile als Teil eines wenn auch polyzentrisch strukturierten, so doch europäischen literarischen Feldes anzusehen sind – oder ob solch eine Vorstellung nicht doch die Eigenlogik von Nationalliteraturen in vorschnellem Internationalisierungseifer unterschätzt.

Im Vorfeld der Konferenz, nach Eingang der ersten Vortragsvorschläge, stellte sich heraus, dass die Frage der länderübergreifenden Sujets noch am leichtesten

---

2 Siehe dazu auch in: Opcja niemiecka. O problemach z tożsamością i historią w literaturze polskiej i niemieckiej po 1989 roku. Hrsg. von Monika Wolting, Wojciech Browarny und Markus Joch. Kraków: Universitas 2014.

3 Insoweit knüpft dieser Band an das Interesse einer früheren Publikation zur Gegenwartsliteratur an: Mediale Erregungen? Autonomie und Aufmerksamkeit im Literatur- und Kulturbetrieb der Gegenwart. Hrsg. von Markus Joch, York-Gothart Mix und Norbert Christian Wolf. Tübingen: Niemeyer 2009.

beantwortbar ist. Rasch bildeten sich Cluster um die Themenkomplexe ›Erinnerung‹ und ›Fremdheit‹. Wie unterschiedlich die beiden Begriffe gefüllt werden können, zeigten die Vorschläge allerdings auch. Die Herausgeber betrachten den *embarras de richesse* als Herausforderung; unser Band verfolgt das Ziel, die Variationsbreite des unter den beiden Termini Verhandelten zu verdeutlichen, auch die Berührungspunkte beider Komplexe aufzuzeigen. Dafür einige Beispiele:

Mit Blick auf das Früh- und Spätwerk von Günter Grass geht Carsten Gansel (Gießen) der Frage nach, in welcher Weise es durch die Inszenierung von Erinnerung zur Irritation bzw. Provokation der jeweiligen Erinnerungskultur gekommen ist. Dabei vertritt er die Auffassung, dass die frühen Texte das kollektive Gedächtnis ›aufstörten‹, weil sie keine konsensfähige Geschichte im Dienst einer gesellschaftlichen Identitätsbildung erzählen. Im Unterschied dazu zielt das verfolgte ›Prinzip Erinnerung‹ im Spätwerk – entgegen der vermeintlichen ›Aufstörung‹ – darauf, sich in Übereinstimmung mit dem hegemonialen Erinnerungsdiskurs zu bringen.

Anhand bekannter und weniger bekannter Texte jüngerer deutsch- und polnischsprachiger Literatur untersucht Jürgen Joachimsthaler (Marburg) das Spannungsverhältnis zwischen der Erinnerung und seinen situativen Auslösern, dem sogenannten Erinnerungsrahmen. Wie sich dieser auf die Erinnerung bzw. ihre Formulierung auswirkt, wird etwa an Olga Tokarczuks fiktionalem Schreiben beleuchtet, ihrem expliziten Interesse an der Schaffung verbindender, gern auch harmonisierender Geschichtsbilder wie an eklektizistisch *erfundenen* Traditionen. Eine über den Einzelfall hinausweisende Beobachtung dieses Beitrags ist: Die Spannung im erinnernden Subjekt wird umso größer, je mehr der Akt der Erinnerung oder seine literarische Verschriftung mit identitätspolitischen Aussagen über nationale Zugehörigkeit, kollektive Vergangenheit(en) oder die politische Bewertung jener Zeiten belastet wird, in die das individuelle Erinnerungsvermögen zurückreicht.

Wie könnte dann selbstentlastendes Schreiben aussehen? Anhand von drei autobiographischen Texten zeigt Grzegorz Jaśkiewicz (Rzeszów) die Auseinandersetzung mit der DDR-Vergangenheit bei Jakob Hein, Jana Hensel und Jan Josef Liefers. Das Gemeinsame der Konstruktionen ostdeutscher Identität sei ihr juveniler Charakter, weil Kindheit und Jugend der Autoren nun einmal in die Zeit der DDR fielen. Es wird in diesen Autobiographien eine Opposition aufgemacht zwischen einem abgelehnten politischen System, das narrativ im Hintergrund bleibt, und der jugendlichen Lebenswelt, die man provokativ in den Vordergrund rückt, auch auf die Gefahr von Idyllisierungsvorwürfen hin, wenn nicht in Spekulation auf sie.

Wie Angelsachsen die deutsche Erinnerungskultur sehen, dürfte ebenfalls von Interesse sein. So arbeitet Jan Süselbeck (Marburg) Vorwürfe der Täter-

Opfer-Umkehr zu Bernhard Schlinks Roman »Der Vorleser« heraus, erhoben eher in der amerikanischen als in der deutschen Forschung. Sodann zeichnet er verschiedene Formen der »Gefühls-Modulation« im Text nach, wobei Süselbeck Erkenntnisse des Literaturwissenschaftlers William Collin Donahue (»Holocaust Lite«) exemplifiziert und weiterdenkt, dadurch Schlinks Phantasien von einem oktroyierten Opfergang deutscher Nachgeborener geradezu seziert. Kritisch fällt auch das Resümee zu Stephen Daldrys Verfilmung aus: Die Inszenierung des weinenden Frauengesichts von Kate Winslet in der neuralgischen Kirchenszene des Films provoziere beim Zuschauer gewissermaßen kleinkindliche Reaktionen des Begehrens gegenüber der Mutterfigur und der gleichzeitigen Geliebten des Protagonisten. Die Einladung zur Identifikation mit einer NS-Täterin passe von daher nur zu gut zu den Gefühlssteuerungen der Vorlage.

Auf einen Textraum zwischen Erinnerung und Fremdheit stößt Ewelina Kamińska (Szczecin), wenn sie danach fragt, welche langfristigen Auswirkungen die Zerstörungen und politischen Verwerfungen des Zweiten Weltkriegs hatten. Mierzwas Reportagen seien zunächst ein Versuch, die mühsam ans Tageslicht geförderte Vergangenheit von Gilgenburg/Dąbrówno zu erzählen, die frühere Welt vor der Vergessenheit zu retten – nicht zuletzt, um das lokale Zugehörigkeitsgefühl zu stärken. Insoweit stellt der Beitrag das verhandelte Werk als Speicher- und Funktionsgedächtnis (A. Assmann) in einem dar. Kamińska erkennt in der Reportagen-Sammlung ein Beispiel für die gegenwärtige Tendenz zur Privatisierung von Geschichte, zur Reflexion von Gedächtnisformen und Erinnerungsorten. Darüber hinaus berühre Mierzwa das in der polnischen Literatur nach 1989 weit verbreitete Thema der »Entdeckung deutscher Orte«, das heißt jener Orte, die von Deutschen nach der polnischen Westverschiebung verlassen wurden. Das Festhalten von Lokalgeschichte sei jedoch kein Zeichen von Provinzialismus, sondern immer auch ein Medium, sich der Fremden zu erinnern, der Spuren von Deutschen, Protestanten und Juden. Es ist dies ein Hinweis darauf, wie abwegig es wäre, Tradition und Migration thematisch zu polarisieren.

Stephan Woltings (Poznań) Überlegungen zu »Fiktion und Fremde in Hanns-Josef Ortheils Romanen ›Die Erfindung des Lebens‹ und ›Die Moselreise‹« gelten der Frage, inwieweit autobiographische Darstellungen als solche schon verfremdete ästhetische Gebilde darstellen und sich Erinnerungsarbeit und fiktionales Werk gegenseitig beeinflussen. Wolting zieht für seine Untersuchungen neurologische Erkenntnisse, unter anderen zum kommunikativen Gedächtnis, aber auch zu individuellen Gedächtnisleistungen, heran. In Bezug auf den Erinnerungsdiskurs der letzten Jahrzehnte und unter der Verwendung von Theorien der Konstruktion von Fremde vertritt er die Position, dass sich, zumindest bei Zugrundelegung eines weiten Romanbegriffs, zwischen der autobiographischen Erinnerungsarbeit und der ästhetischen Niederschrift (dem

»Romanhaften«) keine prinzipiellen Unterschiede erkennen lassen, höchstens graduelle.

Sławomir Nosal (Wrocław) versteht in seinem Beitrag zu Andrzej Stasiuks »Dojczland« Identität stets als eine narrativ erzeugte. Er diskutiert den Aspekt, ob das kollektive Vergessen der beste Weg sein könnte, zukünftig unverkrampfte Beziehungen zwischen Polen und Deutschen herzustellen. Zu fragen sei, welche bereits vorhandenen Vorstellungen, auch Stereotype vom Fremden ein Autor wie Stasiuk einsetzt, wenn er auf der Schnittstelle von polnischer und deutscher Kultur Identität konstruiert. Stasiuk bestimmt eine Art Grenze zwischen einem Typus von sogenannter deutscher und sogenannter polnischer Identität. Die konstruierten Identitäten, nicht nur die fremde sondern auch die eigene, werden – so die Auffassung von Nosal –, in Stasiuks Text fortdauernd von Vorurteilen geprägt.

Machen wir einen Schwenk von der Nachbarschaft der Nationen zur buchstäblichen. In seinen Überlegungen zu Anna Katharina Hahns Roman »Am Schwarzen Berg« (2012) demonstriert Hermann Korte (Siegen) zum einen, wie Hahn einen quasi ethnologischen Blick auf menschliche Verhaltensweisen und Kommunikationsrituale wirft, vergleichbar der teilnehmenden Beobachtung in der Tradition Malinowskis. Andererseits verhandelt der Roman das Fremdheitsthema nicht im Sinne eines Alteritätsdiskurses, sondern vielmehr aus den Konstellationen einer scheinbar homogenen sozialen Gruppe mit vielen freundschaftlichen und vertraulichen (Nachbarschafts-)Bindungen – es geht um eine teilnehmende Beobachtung unter Stuttgarter Mittelständlern. Korte stellte Hahn in eine Tradition der literarischen Moderne, die das Fremde nicht in der Ferne oder im bedrohlich Anderen, sondern im vertrautesten Milieu aufspürt, zuvorderst als Erfahrung von Selbstentfremdung.

Von einem so verstandenen Fremdheitsbegriffs zu unterscheiden sind Verhandlungen von Transkulturalität, wie man sie etwa in der türkisch-deutschen Literatur antrifft. Anita Jonczyk (Wrocław) zeichnet an Emine Sevgi Özdamars Roman »Die Brücke vom Goldenen Horn« und am Theaterstück »Perikızı. Ein Traumspiel« nach, wie sich die Protagonistin – hier wie dort – auf eine Identitätssuche in die Fremde begibt, ohne sich in »türkische Schubladen« des massenmedialen Diskurses in Deutschland pressen zu lassen. Ihre Identität ist hybrid und keine dauerhafte Konstruktion; in einer permanenten Veränderung werden Elemente des Fremden zum Eigenen – und *vice versa*. Den transnationalen Charakter vermeintlich nationaler Geschichtsnarrative wiederum diskutiert Kirsten Prinz (Gießen) am Beispiel von Yadé Karas »Selam Berlin«. Wie so viele Erzählungen mit türkisch-deutschen Themen nimmt auch Karas 2003 erschienener Debütroman Identitätsverhandlungen und -zuschreibungen auf, doch geht er über diese hinaus, indem er den Mauerfall zum zentralen Thema macht. Dies bedeutet ein Einschreiben in *das* neue deutsche literarische Genre nach 1989, den sogenannten Wenderoman, und zugleich dessen Transformation: Mauererinnerung und Mauerfall erscheinen nicht länger als ein rein deutsches bzw. deutsch-deutsches Thema; vielmehr wird eine bereits gesellschaftlich vorhandene türkisch-deutsche Perspektive der Wende in den Modus des Literarischen transferiert und auf diese Weise eine gedächtnisstärkende Wirkung ermöglicht.

Eine handfeste Folge des politischen Einschnitts von 1989 für die Literatur erfasst Hans-Christian Trepte (Leipzig), wenn er der Aufwertung des Nomadischen in Texten von Autoren slawischer Herkunft nachspürt. Nach der Öffnung des ›Eisernen Vorhangs‹ entdeckten die Mittel- und Osteuropäer eine neue Mobilität, zugleich boten sich ihnen bisher kaum gekannte Einkommensmöglichkeiten in Westeuropa wie auch in Übersee. Dass die gestern noch schwer zu passierenden Grenzen kein Hindernis mehr darstellten, hat einen Literaturtyp begünstigt, dem, wie in Ola Tokarczuks polyphonem Roman »Bieguni« (Unrast, 2007), Wurzellosigkeit geradezu als Lebensbedingung der heutigen Menschheit gilt. Die »unterwegs« befindliche Literatur grenzt sich ab von einer betont patriotischen und in der Nationalsprache wurzelnden Nationalliteratur. Die literarischen Nomaden destabilisieren jedoch nicht nur im Herkunftsland, etwa in Polen, den Glauben an die kulturelle Identität der Nation. Deutsch schreibende Migranten wie Artur Becker, Irena Brežná, Wladimir Kaminer oder Ilija Trojanow sprechen auch im (vorübergehenden) Zielland der (Trans-)Migration unüberhörbar mit, bereichern den deutschen Literaturbetrieb sowohl thematisch als auch durch das eigensinnige Adoptieren der neuen Schreibsprache.

»Deutschland einig Nomadenland«: Treptes pointierte Formulierung kontrastiert mit der kürzlich publizierten Polemik von Maxim Biller, der Migrantenstimmen in der deutschen Literatur nach wie vor für marginalisiert oder aber für angepasst erklärt, nicht ohne den beschworenen Zustand zu skandalisieren.[4] Beide Diagnosen indes, die sachliche wie die polemische, berühren Unbestreitbares: Dass sich Internationalisierungsprozesse seit der Wende im literarischen Feld Deutschlands beschleunigt Bahn brechen,[5] führt nicht nur zur allenthalben geschätzten Diversifizierung des Angebots. Die Verteilungskämpfe um das symbolische Kapital (Ruhm, Prestige oder auch nur Anerkennung) beziehungsweise um die ebenso knappe »Ressource Aufmerksamkeit« (Georg Franck) beginnen sich auch, wenn nicht gerade zwischen autochthonen und nicht-autochthonen Autoren deutscher Sprache abzuspielen. Vehemente Parteinahmen für letztere Gruppe, auch das zeigt Billers Wortmeldung, tendieren

---

4 Biller, Maxim: Letzte Ausfahrt Uckermark. In: Die Zeit vom 20.02.2014.
5 Dies war bereits eine Ausgangsbeobachtung von Wolting, Monika; Białek, Edward (Hrsg.): Ein sachte abschwellender Bocksgesang *oder* Die Unfähigkeit, die Mauer im Kopf einzureißen. Notizen zur deutschen Nachwendeliteratur. In: Kontinuitäten, Brüche, Kontroversen. Dresden: Neisse Verlag 2012, S. 9 ff.

mitunter zum Essentialisieren der Migrantenliteratur (»schön«, »brutal«, »wild«, »ehrlich«),[6] womit man genau jene einfachen Identitätszuschreibungen wiederbelebt, die die nomadische Literatur selbst subvertiert.

Eine völlig andere Form der Fremdheitserfahrung thematisiert Adrian Golly, er geht nämlich der Anziehungskraft des Haiku in Deutschland nach. Neu am Boom ist, dass die Beschäftigung mit der japanischen Gedichtform – vormals Sache einiger weniger professioneller Lyriker (wie Rilke, Brecht, Eich) oder aber, während der NS-Zeit, deutscher Emigranten in Japan[7] – in die Hände halb- oder nicht-professioneller Autoren übergegangen ist. Man kann darin eine Folge der kulturellen Weitung Deutschlands nach dem Zweiten Weltkrieg sehen und sich erweiternder Bildungschancen; auch dafür spricht das Beispiel von Wilhelm Gössmann, dessen Japan-Begeisterung auf einen Lehraufenthalt im Tokyo der späten 1950er Jahre zurückgeht.

Dessen ungeachtet will der Band gar nicht erst den Eindruck erwecken, als ließen sich sämtliche der für die Gegenwartsliteratur relevanten Tendenzen nach 1989 den Brennpunkten Erinnerung und Fremdheit zurechnen. Nur eines von mehreren Exempeln für das, was sich ihnen nicht fügt (und hier unter »Entwicklungen« versammelt wird), liefert Kai Sina (Göttingen), der sich des oben genannten Romans von Hahn aus einer ganz anderen Perspektive als Hermann Korte annimmt. Er sieht Hahns »Am Schwarzen Berg« (2012) wie auch Uwe Tellkamps »Der Turm. Geschichte aus einem versunkenen Land« (2008) um die Frage kreisen, wie es heute um Status und Funktion von ›Bildung und Kultur‹ als persönlichkeitsbildender Kraft bestellt ist – was beide Werke allerdings weniger in Form einer naiven Aktualisierung traditioneller bildungsbürgerlicher Konzepte thematisierten als vielmehr im Modus kritischer Problematisierung. Gleichwohl wird deutlich, dass sich schon der nicht-denunziatorische Umgang mit bildungsbürgerlichen Werten von der Literatur im Umfeld der Gruppe 47 unterscheidet.

Die Herausgeber haben sich schließlich auch für einen Block entschieden, dessen Bezeichnung museal erscheinen könnte, wenn er mit »Engagement« überschrieben ist. War das nicht gerade jene Haltung, von der manche meinen, dass sie 1989/90 außer Kurs geraten sei? Vorübergehend möglicherweise ja, nur ändert das nichts daran, dass sich Schriftsteller auch und gerade nach der Wende zu gesellschafts- und geschichtspolitischen Fragen positioniert haben, ob bewusst oder nicht. So sagt Helmut Peitsch (Potsdam) dem Lyriker Durs Grünbein nach, zwar deklamatorisch eine Stellung oberhalb der Massen und Ideologien zu

---

6 Vgl. Biller, Letzte Ausfahrt. 2014 [Anm. 4].
7 Vgl. zuletzt Duppel-Takayama, Mechthild: Kunstechte Tränen: Dichtung im japanischen Stil von Kurt Bauchwitz. In: Flucht und Rettung. Exil im japanischen Herrschaftsbereich (1933–1945). Hrsg. von Thomas Pekar. Berlin: Metropol Verlag 2011, S. 244–253.

beziehen, in seiner poetischen Praxis aber, vor allem durch seine Bildfelder sowie die zeit- und örtliche Rahmung, ideologische Effekte zu produzieren, in diesem Fall solche von konservativer Provenienz. Zu derlei Kritik gegenläufig verhalten sich zwei polnische Wissenschaftlerinnen: Monika Wolting und Ewa Matkowska (beide Wrocław). Monika Wolting setzt ihre Überlegungen an der Behauptung Pierre Bourdieus von »der größten Selbsttäuschung« der Intellektuellen an. Wenn diese Annahme stimmt, dann wäre es von Seite der Intellektuellen nach der Demaskierung der sozialistischen Regierungen in Ländern wie Polen, der DDR oder Tschechoslowakei notwendig gewesen, sich mit diesem Fehler der »Selbsttäuschung« auseinanderzusetzen. Dieser Prozess, so Wolting, hat abgesehen von einigen brisanten Debatten nicht stattgefunden. Wolting erkennt in dem Schweigen über die Vergangenheit den Ursprung für das Verschwinden des intellektuellen Engagements in seiner ursprünglichen sozialistisch orientierten Funktion aus der Öffentlichkeit. Der Kommunismus und der Sozialismus wurden zu einem unwillkommenen Thema der intellektuellen Auseinandersetzung und einer kulturellen Reflexion seitens der Intellektuellen überhaupt, und der *Dritte Weg* evoluierte zu einem abwesenden Erinnerungsort des europäischen Denkens[8]. Ewa Matkowska zeigt, dass ein Autor wie Botho Strauß, der ein durchaus kulturkonservatives Image besitzt, ein präziser Beobachter und Kritiker der Modernisierungs- und Emanzipationsprozesse ist. Dabei entlarve er im Essay den Antifaschismus der linken Intellektuellen als Machtdiskurs.

Die schon vor der Wende registrierbare Depotenzierung von Linksintellektuellen – bei Hans Magnus Enzensberger hieß es bereits 1986, sie könnten sich »die repräsentative Maske abschminken, die sie lange Zeit trugen«[9] –, hat sich in den frühen 1990er Jahren, mit dem Scheitern der Konzepte vom ›besseren Sozialismus‹, fraglos zugespitzt. Wie Robert Jonczyk (Wrocław) erläutert, verarbeitet Volker Braun die große Desillusionierung, indem er eine politisch resignative Haltung und den Utopieverlust der eigenen Person auf bissige Weise

---

8 Siehe auch Wolting, Monika: Die Position deutscher Intellektuellen um 1989. In: Studia Niemcoznawcze. Hrsg. von Lech Kolago. Band LIII, Warszawa 2014, S. 67–84; Wolting, Monika: Debata o połączeniu trzech niemieckich PEN-Clubów 1989–1998. In: Studia Neofilologiczne IX, Hrsg. von Grzegorz Gwóźdź und Przemysław Sznurkowski. Częstochowa 2013, S. 5–22; Wolting, Monika: »Der arge Weg der Erkenntnis« – Ostdeutsche Intellektuelle und der Verlust der Utopie. In: Gansel, Carsten/ Nell, Werner: Vom kritschen Intellektuellen zur Medienprominenz. Bielefeld: trancript 2015 [Im Erscheinen]. Zur Position von Christa Wolf im Licht der Intellektuellensoziologie Pierre Bourdieus siehe bereits Joch, Markus: Zwei Staaten, zwei Räume, ein Feld. Die Positionsnahmen im deutsch-deutschen Literaturstreit. In: Zwischen den Fronten. Positionskämpfe europäischer Intellektueller im 20. Jahrhundert. Hrsg. von Ingrid Gilcher-Holtey. Berlin 2006, S. 363–377.

9 Enzensberger, Hans Magnus: Rezensenten-Dämmerung [1986]. In: Ders.: Mittelmaß und Wahn. Gesammelte Zerstreuungen. Frankfurt/Main: Suhrkamp 1988, S. 53–60, hier: S. 60.

markiert. So prangert er eine Ausbeutung respektive Kolonialisierung der Ost-
durch die Westdeutschen an, nimmt aber zugleich den Opportunismus ehemaliger SED-Genossen ins Visier. Die unangenehme Frage, warum die DDR-
Schriftstellerelite die politischen Wünsche der ostdeutschen Bevölkerung 1989
gründlich verkannte, beantworte Braun nicht. Relevanter in unserem Zusam-
menhang aber ist die Frage, ob man einen Autor wie ihn zu den literarischen
Verlierern der Wende zählen kann. Dafür sprechen die oft genug harschen
Verrisse seiner Nach-Wende-Arbeiten, dagegen der Verbleib im Suhrkamp
Verlag, eine treue Lesergemeinde und nicht zuletzt die Auszeichnung mit dem
Georg-Büchner-Preis 2000.

Derartige Widersprüche sind kein Einzelfall. So setzt sich 1995 der ostdeutsche Jungautor Thomas Brussig in seinem Roman »Helden wie wir« von der
mythisch überhöhten Erzählsprache und der von ihm als politmoralisch emp-
fundenen Didaktik Christa Wolfs spektakulär ab, macht eine »Priesterin« (P.
Bourdieu) des literarischen Feldes unter dem Beifall des Feuilletons lächerlich –
ohne dass die Autorin der »Kassandra« oder des Aufrufs »Für unser Land« ihre
AnhängerInnen verloren hätte. Im Gegenteil, dass das Nach-Wende-Werk
»Medea« (1996) eines ihrer kommerziell erfolgreichsten war, deutet auf eine
verstärkte Kohäsion zwischen Autorin und Leserschaft. Bei allen Spannungen
und direkten Angriffen zeigt sich: Offenbar können Newcomer und arrivierte
Autoren auch nach der Zäsur von 1989 problemlos nebeneinander bestehen.
Zum Verständnis dieser Lage trägt eine soziologische Perspektive bei. Jegliche
Rede von Epochenbrüchen ist mit Niklas Luhmann als Selbstsimplifikation
sozialer Systeme beschreibbar. Zäsursetzungen übertreiben demnach prinzipiell
die Neuheitsqualität evolutionärer Errungenschaften, da ›Einschnitte‹ sich
realiter als Parallellauf von Diskontinuität und Kontinuität, als Rekombination
von Neuem und Altem gestalten.[10] Der nicht speziell aus der Literatur abgeleitete
Befund trifft die Entwicklungen nach 1989. Der politische Einschnitt führte
weniger zu einer Ablösung alter durch neue literarische Eliten denn zur Koexistenz der aufeinander folgenden Positionen, mithin zu einer Markterweite-
rung.

Gerade weil in Polen und Deutschland seit dem Wegfall der realsozialistischen Pressionen vergleichbare kulturelle Entwicklungen beobachtbar sind,
fallen Unterschiede im Ähnlichen auf. Wie Kalina Kupczyńska (Lódź) bemerkt,
erreicht die autobiographische Welle den polnischen Comicmarkt erst zu Anfang des neuen Jahrtausends, also etwa eine Dekade später als den deutschen

---

10 Luhmann, Niklas: Das Problem der Epochenbildung und die Evolutionstheorie. In: Epochenschwellen und Epochenstrukturen im Diskurs der Literatur- und Sprachhistorie. Hrsg.
von Hans Ulrich Gumbrecht und Ursula Link-Heer. Frankfurt/Main: Suhrkamp 1985, S. 11 –
33, hier: S. 20, 25.

(der seinerseits einer Tendenz aus dem englischsprachigen und franko-belgischen Raum folgte). Warum vollzieht sich die Angleichung an ein Westphänomen deutlich phasenverschoben? Im realsozialistischen Polen vor 1989 war das Image von Comics so stark propagandistisch geprägt, dass selbst nach der Wende einige Zeit verging, bevor man die potentiell kritischen Qualitäten des Mediums entdeckte. Der Standort im ehemals kommunistischen Machtbereich bewirkt jedoch nicht nur, dass man eine westliche Entwicklung erst nachzuholen hat, er gereicht auch zum kommerziellen Vorteil. Ein polnischer Comic vermag dem Publikum Westeuropas etwas zu bieten, was die dortigen ›Konkurrenten‹ nur schwerlich leisten können: den autobiographisch grundierten Rückblick in den Alltag der Volksrepublik Polen mit seiner realsozialistischen Exotik. Sogenannte Westler mit Details des Lebens hinter dem ›Eisernen Vorhang‹ bekannt zu machen, war nach 1989 auch der entscheidende Vorteil jüngerer ostdeutscher Autoren gegenüber ihren gleichaltrigen Kollegen bundesdeutscher Herkunft.[11]

Viele der nach 1989 in Deutschland hervorgetretenen Schriftsteller, vor allem die zweite Generation der Pop-Literatur[12] (Stuckrad-Barre, Kracht u. a.), betrachteten die scharfe Absetzung von der '68er Generation als Muss, zumal sich auf diese Weise ein Band zur jüngeren Leserklientel knüpfen ließ. Anders in Polen, wo die ältere Autorengeneration, besonders die in den Westen gegangenen ›Exilanten‹, aber auch die Zwischengeneration zu einem Referenzrahmen der nachwachsenden Autoren wurde. Wenn Agnieszka Kodzis-Sofińska (Wrocław) die von den deutschen Literaturkritikern heftig geschmähte »Tristesse-Royale«-Runde als durchaus intelligente Konstruktion beschreibt, die die Medienwelt der mittleren 1990er Jahre effektiv archiviert und mit ihren Dandy-Posen die arrivierten Autoren gewitzt herausgefordert habe, so verdankt sich die Würdigung auch der Tatsache, dass es in Polen kein Pendant zu dieser Provokation gab. Womöglich ist dies eine der markantesten Differenzen der Literaturen beider Länder?

Noch allergischer als auf das provokante Gespräch im Berliner Hotel Adlon

---

11 Vgl. Wolting/Białek, Ein sachte abschwellender Bocksgesang. 2012, S. 19.
12 Pop-Literatur selbst ist kein Wendeprodukt. Vgl. dazu Baßler, Moritz: Der deutsche Pop-Roman. München: Beck 2002. Baßler erklärt Christian Krachts Erstling »Faserland« (1995) zwar zum Gründungsphänomen deutscher Pop-Literatur (S. 110), deren Emergenz aber wäre eher vor dem politischen Einschnitt, im Jahr 1983 anzusetzen, also mit Texten von Rainald Goetz (»Subito«) und Peter Glaser (»Der große Hirnriß«). Denn diese Autoren stabilisierten bereits den vorausgegangenen, solitären Einsatz von Rolf Dieter Brinkmann. Zum Verhältnis der Generationen siehe Gansel, Carsten: Adoleszenz, Ritual und Inszenierung in der Popliteratur. In: Text+Kritik. Sonderband: Popliteratur. Hrsg. von Heinz-Ludwig-Arnold und Jörgen Schäfer. München: edition text + kritik 2003, S. 234–257. Zur näheren Begründung der Periodisierung vgl. Joch, Markus: Geschmacksterrorismen. *Eine* Möglichkeit, deutsche Pop-Literatur zu beschreiben. In: Entwicklungen in der deutschsprachigen Gegenwartsliteratur nach 1989. Hrsg. von Carsten Gansel und Elisabeth Herrmann. Göttingen: V&R unipress 2013, S. 91–139, hier: S. 112 ff., 138 f.

reagierte das deutsche Feuilleton auf das ›Verpoppen‹ des Linksterrorismus. Dem Vorwurf, die RAF-Geschichte zu verfälschen und zu verkitschen, gerichtet an Leander Scholz' »Rosenfest«-Roman wie auch an Christopher Roths »Baader«-Film, entgehen gleich zwei Aspekte, auf die Christoph Jürgensen (Wuppertal) aufmerksam macht.[13] So krass das berüchtigte Neuerfinden wie Stilisieren der Baader-Ensslin-Beziehung bisweilen von der Realhistorie abweicht, es ist in sich kohärent. Das scheinbar nur leichtfertige Verfahren funktioniert wie ein Mythos zweiter Ordnung; es macht die nach Kino-Vorbildern gemodelte Selbstinszenierung Baaders als romantischer Outlaw allererst sichtbar. Und wenn die neueren Erzählungen die Geschichte der RAF 1972 abbrechen lassen, weil in diesem Jahr der ›Popstar‹ Baader symbolisch stirbt, steckt darin Erinnerungspolitik. Die Generation der Nachgeborenen beharrt auf ihrem eigenen, am Radical Chic orientierten Narrativ, das auch nicht kontingenter ausfällt als jenes offiziöse der Elterngeneration, das mit dem Deutschen Herbst von 1977 enden *will* – als hätte sich die RAF mit der Nacht von Stammheim aufgelöst.

Gleichen sich Feuilletonstimmen verschiedener Couleur im Unwillen, eine innere Stimmigkeit popkultureller Produktionen auch nur zu erwägen, verengt die Literaturkritik ihre Wertungsgrundlage auf die Frage, wie korrekt sich das verhandelte Artefakt zu den äußeren Tatsachen der Terrorismusgeschichte verhält, um dann dem Werk unisono Substanzlosigkeit nachzusagen, so ist dieses Vorgehen in unterschiedlicher Hinsicht eine Art Symptom. Die Kluft zwischen den Urteilen der Rezensenten und den Vorlieben der Leser, die sich vom Kauf des angeblich Minderwertigen nicht abhalten lassen, zählt generell zu den Merkmalen deutscher wie auch polnischer Popliteratur (obgleich sie, entgegen ihrer Bezeichnung, selten in den Bestseller-Bereich vorgedrungen ist). Zudem schimmert in den rituellen Angriffen auf angebliche literarische Leichtgewichte eine Rezeptionsnorm durch, die das Jahr 1989 überdauert hat: Je ernster und/oder umkämpfter ein Sujet, desto stabiler die Realismus- und Seriositätsforderungen. Dies mag unbewusst auch daran liegen, dass die Rezensenten dem literarischen Schreiben nach wie vor einen so nachhaltigen Einfluss auf das kollektive Gedächtnis zuschreiben wie der Historiographie, was wiederum ein Grund dafür ist, dass den Texten das gleiche Maß an Verantwortung abverlangt wird. Umso schneller keimt der Verdacht eines verantwortungslosen Erinnerns. Zu spüren bekommen hat die *longue durée* der Seriositätsnorm auch Thomas Brussig, freilich in einem ganz anderen Zusammenhang. Sein unterhaltsames und populäres Erzählen von der Endphase der DDR hat man wie-

---

13 Siehe dazu bereits die Gespräche von Carsten Gansel und Norman Ächtler mit Leander Scholz und Christopher Roth. In: Ächtler, Norman/ Gansel, Carsten: Ikonographie des Terrors? Formen ästhetischer Erinnerung an den Terrorismus in der Bundesrepublik 1978 – 2008. Heidelberg: Winter 2010, S. 403 – 414, 415 – 424.

derholt der Diktatur-Verniedlichung bezichtigt. Markus Joch sieht in den Vorhaltungen eine Doxa, eine so eingeschliffene wie fragwürdige Denkschablone im
literarischen Feld. Wer Witz und historische Wahrheit gewohnheitsmäßig ent-
gegensetze, ignoriere, dass der eine die andere transportieren kann. Eben dies
vorzuführen, mache die Differenzqualität von Brussigs Erzählen aus.

Den 1964 in Ostberlin geborenen Brussig kann man, weil sich sein steiler
Aufstieg im gerade wiedervereinigten Deutschland vollzog und seine erfolgreichsten Texte den November 1989 zum Fluchtpunkt haben, problemlos als
Wendeautor bezeichnen. Wie ein Gegenentwurf dazu mutet die Rolle des
zwanzig Jahre älteren Christoph Hein an. Folgt man der Darstellung von Klaus
Hammer (Berlin/Koszalin), bleibt der Heinsche Erzählkosmos aus innerlich
vereisten, am Sozialen desinteressierten und teilweise zynischen Figuren bemerkenswert konstant über den politischen Umbruch hinweg. Den Deformierungen des Individuums geht dieses Œuvre seit 30 Jahren nach, in der untergegangenen sozialistischen wie in der gegenwärtig westlichen, in der geschlossenen wie in der offenen Gesellschaft. Nicht zufällig besteht Hein darauf, seine
Stoffe unbeirrt von politischen Ereignissen zu gestalten. Die Frage, ob das politische Datum von 1989 auch ein literarisch bedeutsames sei, würde er zumindest für die eigene Poetik alltäglichen Unglücks verneinen.

Bleibt die Frage, warum in der Gegenwartsliteratur so wenig Gegenwart
vorkommt. Wie Michael Haase (Heidelberg) herausstellt, fehlt es zwar nicht an
Werken, die in einem vagen Hier und Jetzt spielen, weitaus seltener aber sind
Texte, »die mit diagnostischem Gespür die Folgen der vielbeschworenen Zeitenwende in der heutigen Gesellschaft ergründen«. Eine der Ursachen dafür liegt
fraglos in der Potenz der neuen Kommunikationstechnologien. Indem sie fast
jedes Bild, jeden Text, jede Musik im Nachhinein verfügbar machen, ›fluten‹ sie
die Gegenwart mit Vergangenheit(en).[14] Die Erklärung von Hans Ulrich Gumbrecht erhellt allerdings eher, weshalb Autoren heute mehrheitlich den Gang in
die Tiefe der Zeit antreten, weniger die Scheu, sich mit Gegenwart oder aller-
jüngster Vergangenheit zu befassen. In die Enthaltsamkeit – eine *relative*, am
Übergewicht historischer Stoffe gemessene – dürfte die kollektive Erfahrung
beschleunigter Zeit hineinspielen. Wenn Autoren so wie ihre Leser den Eindruck
gewinnen, dass die Gegenwart eine immer kürzere Zeitspanne umfasst, immer
schneller Vergangenheit wird[15], zeichnet sich ein Risiko bei der Sujetwahl ab. Für
Schriftsteller ist ungewisser denn je, welcher Ausschnitt oder Aspekt des Jetzt
eine Brisanz besitzt, die nicht schon bei Erscheinen des geplanten Buches ver-

---

14 Gumbrecht, Hans Ulrich: Unsere breite Gegenwart. Berlin: Suhrkamp 2010, S. 16.
15 Vgl. Gansel, Carsten; Herrmann, Elisabeth: »Gegenwart bedeutet die Zeitspanne einer Ge-
    neration« – Anmerkungen zum Versuch, Gegenwartsliteratur zu bestimmen. In: Dies.:
    Entwicklungen. 2013, S. 7–22, hier: S. 13.

blasst ist. Haase selbst allerdings will nicht auf Tücken der heutigen Zeit hinaus, sondern vielmehr auf die von ihr eröffneten Chancen. Gefragt sei eine Literatur, die zur Kenntnis nimmt, dass uns spätestens seit 1989 der modernetypische Glaube an klare gesellschaftliche Handlungsoptionen abhanden gekommen sei. Es ist dies eine Literatur, die daraus die Konsequenz zieht, auf die Drogen Utopie und Nostalgie zu verzichten, apokalyptische wie Erlösungstöne zu vermeiden, die Vielfalt des Jetzt frei von Vorurteil und »Thesengewalt« zu beschreiben. Äußern könne sich ein wacher Sinn für die Eigenarten der Gegenwart zum Beispiel in Geschichten, die IT-Karrieristen jener Zukunftsvertraulichkeit aufsitzen lassen, mit der sich schon die Realsozialisten blamierten. Oder die Zeitgenossen schildern, in deren Herzkammer der Sex die politischen Ideale abgelöst hat.

Erfüllt sieht Haase die vorgeschlagenen Kriterien für zeitgemäßes Schreiben von einer Migrantin, einem West- und einem Ostdeutschen – und nimmt dies als Beleg dafür, dass Ost–West-Gegensätze eine immer geringere Rolle spielen. Widerspricht diese Einschätzung jenen Selbstbeobachtungen des literarischen Feldes, die jüngere ostdeutsche Autoren als die Gewinner, jüngere westdeutsche als die Übertrumpften einstufen?[16] Nur scheinbar. Erstere Beschreibung bezieht sich auf die Situation um 2010, letztere auf die um 2000. War bis vor etwa zehn Jahren, sowohl dem Beachtungsgrad wie auch den Konsekrationen (Literaturpreise) nach, tatsächlich ein Übergewicht junger ostdeutscher Autoren zu erkennen (man denke an Brussig, Schulze, Grünbein, Hensel), so sind räumliche Dominanten seither geschwunden. Davon zeugt nicht allein die – was den Proporz von Migranten, West- und Ostdeutschen betrifft – ›ausgewogene‹ Vergabepolitik des Deutschen Buchpreises. Diesen mag man, weil etwas marketinglastig, für einen zweifelhaften Maßstab halten. Aussagekräftiger ist, welche Erzähler in den letzten Jahren den größten Prestigegewinn erfahren haben: Es sind dies fast zeitgleich ein ost- und ein westdeutsch sozialisierter, Uwe Tellkamp mit »Der Turm« und Ulrich Peltzer mit »Teil der Lösung« (2007).

Dass Herkunftsfragen allmählich in den Hintergrund treten, wenn auch nur bei der Verteilung symbolischen Kapitals, verweist auf wenig Überraschendes. Die Literatur der vergangenen 25 Jahre hat selbst verschiedene Phasen durchlaufen, war so schnelllebig wie ihre Umwelt, hat Aktualitäten in Vergangenheiten verwandelt. Ihr Binnenperiodisierungen einzuziehen, drängt sich vor allem aus einem Grund auf: Gaben in den 1990er Jahren in Deutschland grosso modo entpolitisierende und unterhaltungszentrierte Programme den Ton an, so kann davon seit dem 11. September 2001 keine Rede mehr sein. Um das politische Datum kreisen, direkt oder indirekt, ästhetisch so grundverschiedene Texte wie

---

16 Schneider, Peter: Wie der Osten gewann. In: Der Spiegel. 2005. H. 48, S. 174–176, hier: S. 175.

Kathrin Rögglas »really ground zero« (2001) und Katharina Hackers »Die Habenichtse« (2006), um nur die erfolgreichsten zu nennen. Auch forderten 2005 Autoren der mittleren, in den 1950er Jahren geborenen Generation einen »Relevanten Realismus«, der sich nach zwei Seiten abzugrenzen habe: nicht nur vom Hang der Walser und Grass, »die Hand nach dem Ruder des gesellschaftlichen Diskurses auszustrecken«, sondern auch von einer infantilen Zeitgeistversessenheit »gestriegelter Populärliteratur«. Überholt sind demnach die Elaborate der ganz Alten wie der ganz Jungen, und das dritte unbedingt zu Vermeidende heißt »nostalgische Erinnerungsmümmelei«.[17] Man muss die im »Zeit«-Manifest kenntlich werdenden Abneigungen nicht teilen, beachtenswert aber ist die ex negativo begründete Zielvorstellung der Verfasser. Eine Literatur, die, wie projektiert, vergessene oder tabuisierte Fragen der Gegenwart verhandelt, eine Brücke zwischen Moral und Ästhetik baut und dabei auch noch erkennbar Position bezieht – wie könnte sie aussehen?

Einen Kristallisationspunkt des Gewünschten bildet zweifellos »Teil der Lösung«. Peltzers einhellig als Wiederkehr des Politischen gefeierter[18] und mittlerweile bereits in Kanonisierung begriffener Roman[19] zeigt zum einen, wie sich Gegenwartsnähe und Erinnerungsarbeit verbinden lassen, vor allem aber, wie weit repolitisierte deutsche Literatur ab 2000 sich vom vordergründig Verwandten, dem ›engagierten‹ Erzählen vor 1989, entfernt hat. Gerade bei benachbarten Sujets tritt zutage, was Peltzer, Träger des Heinrich-Böll-Preises 2011, von der Mentalität des Namensgebers trennt. Am Verhältnis dieser beiden Autoren sei angedeutet, warum die Diskontinuitäten in der deutschen Literatur wohl schwerer wiegen als die Kontinuitäten.

Den Anspielungshorizont von Bölls »Die verlorene Ehre der Katharina Blum«, des größten Verkaufserfolgs der ja erst 1990 sogenannten Gesinnungsästhetik, bildete 1974 bekanntlich der zeitgenössische Linksterrorismus respektive die ›Sympathisanten‹-Hatz der »Bild«-Zeitung, zu deren Leidtragenden auch der Publizist Böll zählte. Die zeitliche und affektive Nähe zum Geschehen verführte den Erzähler Böll zu einem Schwarz-Weiß-Plot, der den Lesern von Anfang an überdeutlich macht, wer die Schlechten (Springer-Presse, Polizei, Unternehmer) und wer die Guten seien (die verfolgte Unschuld Katharina nebst ihren linksliberalen Freunden). Peltzers im Jahr 2003 angesiedelte Handlung hingegen bezieht ihre Vorzüge unter anderem aus der Distanz des Protagonisten

---

17 Sämtliche Zitate aus Dean, Martin R.; Hettche, Thomas; Politycki, Matthias; Schindhelm, Michael: Was soll der Roman? In: Die Zeit vom 23.06.2005.
18 Vgl. pars pro toto Dotzauer, Gregor: Der Feind, den wir verdienen. Ästhetik und Widerstand. Mit seinem Roman »Teil der Lösung« rettet Ulrich Peltzer die politische Literatur. In: Der Tagesspiegel vom 10.10.2007.
19 Vgl. Die Gegenwart erzählen. Ulrich Peltzer und die Ästhetik des Politischen. Hrsg. von Paul Fleming und Uwe Schütte. Bielefeld: transcript 2014.

zu den 1970er Jahren. Dem Mittdreißiger Christian ist die Geschichte der Roten Brigaden, zu denen er recherchieren will, nur aus Zeitungsartikeln und verschrammten Video-Bildern bekannt. Die fehlende persönliche Erinnerung – typisch für ein bestimmtes Generationengedächtnis (A. Assmann), dem eine Stimme zu verleihen Gegenwartsliteratur definiert –,[20] motiviert den Protagonisten zur Kontaktnahme mit ehemaligen, nun aber eine bürgerliche Existenz führenden Brigadisten. Über die Suche nach Zeitzeugen entgeht dem Helden nun völlig, dass das Fremdartigste an der italienischen Militanz – die um 1980 fließenden Grenzen zwischen normalem Leben und illegaler Aktion – keineswegs Vergangenheit ist, sondern ihm hier und jetzt begegnet: Die junge Frau, in die sich Christian gerade verliebt, die gegen den Überwachungsstaat protestierende Studentin, steht kurz vor dem Sprung in den politischen Untergrund. Eine erste Differenz zu Bölls Erzählung ist das Verschränken von politischer Vergangenheit und Gegenwart beziehungsweise die Wiedergabe einer Wahrnehmung, in der sich Vergangenheit vor Gegenwart schiebt. Die markanteste Distinktion des jüngeren Textes aber besteht in einer konsequent neutralisierten Wertungsteuerung. Peltzer, der einen aufklärerischen Roman geschrieben hat, insofern er die Möglichkeiten von Überwachung detailliert vor Augen führt, vom Sony Center bis zum Berliner Polizeipräsidium, und dies geraume Zeit vor der NSA-Affäre, der engagierte Literatur solcherart erneuert, vermeidet gleichwohl jedes Dämonisieren. Die Tätigkeit der Staatsschutz-Beamten schildert er mit gleicher Sachkenntnis, Differenziertheit, ja leisen Sympathie wie die der von ihnen observierten Stadtguerilla. »Es geht darum«, so der Autor,

> »Geschichte zu erzählen, ohne ins Ressentiment abzurutschen, ohne denunziatorisch zu werden. Das bedeutet beispielsweise, dass ich beim Schreiben grundsätzlich mit dem einverstanden bin, was die Figuren denken und tun. Das ist die einzige Möglichkeit, um mein Interesse wachzuhalten.«[21]

Und das der Leser, möchte man hinzufügen. Warum auch sollten zurechnungsfähige Polizisten nur in »Tatort«-Drehbüchern vorkommen dürfen?

Widerstreitenden gesellschaftlichen Positionen dieselbe Tiefenschärfe zuteil werden zu lassen, nicht um einer ominösen ›Ausgewogenheit‹ willen, sondern um sich und den Lesern das Vergnügen sozialer Allgegenwart zu verschaffen, mag zwar kein Mindestkriterium für geglückte Gegenwartsliteratur sein. Es ist aber eine Qualität, die aufhorchen lässt. Ob und auf welche Weise die deutsche Literatur zwischen 1945 und 1989 sie jemals erreichte, wäre neu zu überprüfen.

Zu danken ist an dieser Stelle Mike Porath (Gießen) für die Korrektur der Beiträge.

---

20 Vgl. Gansel/Herrmann, Gegenwartsliteratur bestimmen. 2003, S. 17.
21 Bender, Jesko: Im Gespräch: Ulrich Peltzer: Warum sind Gefühle nicht das Wahre, Herr Peltzer? In: FAZ vom 28.03.2011.

II. Identität und das Fremde

Hermann Korte (Siegen)

Die Nachbarn als Fremde –
Anna Katharina Hahns Roman »Am Schwarzen Berg«

Anna Katharina Hahn (Jg. 1970) gehört zur jüngeren Schriftstellergeneration, deren Werk bereits eine eigene, unverwechselbare Handschrift trägt. Mit vielen anderen Gegenwartsautoren teilt sie eine germanistische Ausbildung, die sich beispielsweise in literarischen Anspielungen ebenso wie im handwerklichen Know-how ihrer Erzähltechnik bemerkbar macht. Charakteristisch für sie sind jedoch prägnante Milieustudien, die bereits die erste Erzählsammlung »Sommerloch«[1] (2002) kennzeichnen und erkennen lassen, dass die Texte der Autorin sich nicht großen konzeptionellen Entwürfen verdanken, sondern filigranen, Genreszenen vergleichbaren Miniaturschilderungen. 2004 folgt der Erzählband »Kavaliersdelikt«.[2] Ihren ersten Roman »Kürzere Tage« veröffentlichte Hahn 2009.[3] Für ihn sind die Begrenzung der handelnden Personen charakteristisch und der Vorrang des Schilderns und der Rückblenden vor der erst gegen Ende forcierten Dramatisierung der Romanereignisse. Die Fokussierung hat zwei Effekte: Zum einen besteht ein breiter Raum, die Protagonisten in ihrem spezifischen Milieu darzustellen, zum anderen entwickelt sich aus der Figurenrevue die weitere Handlung, konzentriert auf einen einzigen Handlungsort: Stuttgart. Es kennzeichnet Hahns Erzählweise, dass sie mit der Beschränkung auf den einen Ort gleichsam analog zur soziologischen und ethnographischen Feldforschung die Vorteile einer strikten Raumbegrenzung nutzt und ihre literarischen Lebensweltstudien umso genauer zu verorten und topographisch einzukreisen weiß.

Um eine Milieustudie besonderer Art geht es auch im folgenden Beitrag. Der Titel »Nachbarn als Fremde« meint ganz konkret Nachbarn, die Haus an Haus wohnen und zunächst durch nichts einander fremd erscheinen, handelt es sich doch um ein ethnisch wie soziologisch ausgesprochen homogenes Milieu: Zwei

---

1 Vgl. Hahn, Anna Katharina: Sommerloch. Erzählungen. Frankfurt/Main: Achilla Presse 2002.
2 Vgl. Hahn, Anna Katharina: Kavaliersdelikt. Erzählungen. Frankfurt/Main: Suhrkamp Verlag 2004.
3 Vgl. Hahn, Anna Katharina: Kürzere Tage. Roman. Frankfurt/Main: Suhrkamp Verlag 2009.

kleinbürgerliche deutsche Familien in der besseren Wohngegend Stuttgarts, im ehemaligen Weingärtnerdorf Burghalde. Das lässt schwäbische Idylle am Schwarzen Berg vermuten mit vertrauten Nachbarn, einem Wald im Rücken und weit weg vom lärmigen Stuttgarter Talkessel. Das eigene Heim ist Lebensziel, Lebensinhalt, Rückzugsort und Schutzburg zugleich.

Die Topographie des Romans »Am Schwarzen Berg«[4] trägt eine doppelte Signatur; sie repräsentiert eine schwäbische Idyllenkulisse par excellence, zugleich aber ist ihr eine genuin literarische Anspielung eingeschrieben, die auf den Stuttgarter Dichter Eduard Mörike verweist, genauer: auf eine Ortsangabe in dessen Gedicht »Die Elemente«. Dessen erste Strophe lautet:[5]

> »Am schwarzen Berg da steht ein Riese,
> Steht hoch der Mond darüber her;
> Die weißen Nebel auf der Wiese
> Sind Wassergeister aus dem Meer:
> Ihrem Gebieter nachgezogen,
> Vergiften sie die reine Nacht,
> Aus deren hochgeschwungnem Bogen
> Das volle Heer der Sterne lacht.«

Wer die Assoziation des ›Schwarzen Bergs‹ auf dem Hintergrund der ersten Strophe auflöst, behält einen ambivalenten Eindruck zurück: Das Gedicht malt einerseits idyllische Naturszenerien aus (»Die weißen Nebel auf der Wiese«; »Das volle Heer der Sterne lacht«), andererseits wirkt es in Wendungen wie »Vergiften sie die reine Nacht« und dem Eingangsvers »Am schwarzen Berg da steht ein Riese« eher bedrohlich, ja Unheil verkündend. So baut sich eine Spannung auf, die den Stuttgarter Stadtteil ›Am schwarzen Berg‹ in ein etwas trübes Licht taucht: eine Spannung, die auf eigentümliche Weise zum Thema des Beitrags passt.

Die »Nachbarn als Fremde« – worum es geht, lässt sich an einer kleinen Geschichte Franz Kafkas illustrieren. Sie heißt, keine zwei Seiten lang, »Der Nachbar« (1917/1931).[6] Ein Ich-Erzähler, Geschäftsmann, berichtet, wie seit »Neujahr [...] ein junger Mann die kleine, leerstehende Nebenwohnung, die ich ungeschickterweise so lange zu mieten gezögert habe, frischweg gemietet«[7] hat,

---

4 Hahn, Anna Katharina: Am Schwarzen Berg. Roman. Frankfurt/Main: Suhrkamp Verlag 2012. [Im Folgenden unter der Sigle »SB« mit Seitenzahl im Fließtext.]

5 Mörike, Eduard: Die Elemente. In: Ders.: Sämtliche Werke und Briefe. Ausgabe in drei Bd. Hrsg. von Gerhart Baumann in Verbindung mit Siegfried Grosse. Bd. I: Gedichte, Dramatisches, Erzählendes. Stuttgart: Cottasche Buchhandlung 1961, S. 136–138.

6 Kafka, Franz: Der Nachbar. In: Ders.: Gesammelte Werke. Hrsg. von Max Brod. Bd.: Beschreibung eines Kampfes. Novellen, Skizzen, Aphorismen aus dem Nachlaß. Frankfurt/Main: S. Fischer Verlag 1983, S. 100 f.

7 Ebd., S. 100.

und zwar eine Wohnung, die unmittelbar an die eigenen Geschäftsräume an-
schließt. Mehr bedarf es nicht, um einen spannungsreichen, bipolaren literarischen Raum zu schaffen. »Was er dort eigentlich macht«, der Nachbar, »weiß ich
nicht«,[8] bekennt der Ich-Erzähler, und er holt wie selbstverständlich »Erkun-
digungen«[9] ein, ohne wirklich Erfolg zu haben. Der Nachbar, der Fremde, beschäftigt den Erzähler so sehr, dass er von ihm geradezu besessen wird, indem er
ihn als ernsthafte Bedrohung des eigenen Geschäfts ansieht und davon überzeugt ist, dass der Nachbar, Wand an Wand, Telefonate mithört und ihm die
eigenen potenziellen Kunden wegschnappt: »Vielleicht wartet er gar nicht das
Ende des Gesprächs ab«, sondern »huscht nach seiner Gewohnheit durch die
Stadt und, ehe ich die Hörmuschel aufgehängt habe, ist er vielleicht schon daran,
mir entgegenzuarbeiten.«[10] Dieser offene Schlusssatz zeigt, dass die Geschichte,
was die äußere Handlung betrifft, keine echte Sujetstruktur aufweist. Das eigentliche Geschehen spielt sich im Kopf des Erzählers ab und macht aus dem
Nachbarn im Handumdrehen einen bedrohlichen Feind, der das eigene
Selbstbewusstsein schon destruiert, bevor sich überhaupt irgendetwas ereignet
hat.

Kafkas Geschichte »Der Nachbar« modelliert die Begegnung des Selbst mit
dem Anderen in doppelter Weise als ein Fremdwerden, das sich in atemberau-
bender Schnelligkeit abspielt. In dem Maße, wie der Nachbar zur fremden Macht
wird, entfremdet sich auch das eigene Selbst, indem es Selbstbewusstsein und
Handlungssouveränität verliert. Denn alle Energie wird durch die Spekulationen
über den zum Konkurrenten und Feind gewordenen Fremden und die ausge-
malten, die ökonomische Existenz gefährdeten Bedrohungsszenarien aufge-
zehrt. Die imaginierte Begegnung hat längst die tatsächliche – ein harmloses
Zusammentreffen auf der Treppe – verdrängt und die Erinnerung daran bereits
verformt: »Im Augenblick hat er die Tür geöffnet. Wie der Schwanz einer Ratte
ist er hineingeglitten und ich stehe wieder vor der Tür.«[11]

Kafkas Geschichte lässt eine Lesart zu, die das Ganze allegorisch auslegt und
die Nachbarschaft Tür an Tür auf politisch-soziale und geopolitische Räume
transponiert. Hier ist nicht der Ort, eine solche Sicht näher auszuführen. Aber es
mag doch deutlich geworden sein, dass Literatur keineswegs die spannungs-
reiche Konstellation des Eigenen und des Fremden nur interkulturell und in der
Konfrontation differenter politischer, sozialer und ethnischer Wir-Kollektive
thematisiert, sondern eben auch im Modellfall engster Nachbarschaft, die einzelne Individuen aus homogen strukturierten Milieus verbindet.

---

8 Ebd.
9 Ebd.
10 Ebd., S. 101.
11 Ebd., S. 100.

Um eine solche Konstellation des Nachbarn als Fremden geht es auch in Hahns Roman »Am Schwarzen Berg« von 2012, dessen Titel bereits einen Stuttgart-Roman ankündigt, und zwar einen, der im gutbürgerlichen Stuttgarter Schwarzen-Berg-Milieu spielt. Hahn kontrastiert zwei Nachbarfamilien und begrenzt das Personal ihres Romans von vornherein auf ein paar Protagonisten, deren Lebensgeschichte, Gewohnheiten, Eigenarten und psychische Dispositionen mit episch breiter Akribie beobachtet werden. Die Handlung setzt ein, als der kurz vor seiner Pensionierung stehende Deutschlehrer Emil Bub Zeuge wird, wie sich Seltsames im Nachbarhaus ereignet. Peter, Logopäde und Sohn von Carla und Arzt Hajo, kehrt zu seinen Eltern zurück, irgendwie schwer angeschlagen, krank und hilfsbedürftig, offenbar verlassen von seiner Frau Mia und seinen zwei kleinen Söhnen. In ständigen Analepsen entfaltet sich mosaikartig die Beziehungsgeschichte der Familien, deren Schnittstelle Peter ist. Allmählich werden psychische Dispositionen und Konstellationen deutlich, aus denen Spannungen und Konflikte erwachsen: Peters Zusammenbruch erweist sich als das Resultat seiner komplexen Lebensgeschichte. Schon in seinen Kindertagen gerät er immer mehr in den Bann Emils, der, anders als Peters viel beschäftigter und sich seinem Beruf verschreibender Vater Hajo, sich als willkommener Vaterersatz anbietet. Emil und Veronika, kinderlos, sorgen für den heranwachsenden Jungen mit; dieser bewegt sich wie selbstverständlich zwischen beiden Familien. Nun, nach seinem Zusammenbruch, scheint es folgerichtig zu sein, dass sie sich wieder gemeinsam um Peter kümmern: vor allem Emil, indem er ihn wieder in seine literarisch-künstlerische, um das Idol Mörike zentrierte Scheinwelt hineinzuziehen versucht, während ihn Vater Hajo mit Psychopharmaka kurieren will. Beide jedoch können nicht mehr helfen: Peter begeht Selbstmord.

Hahns Kunstgriff besteht darin, dass sie die private, familiale Verfallsgeschichte durchaus nicht auf ihre individualpsychologische Pathologiestruktur reduziert. Peter und Emil sind auf seltsame Weise in ein bürgerliches Milieu einbezogen, das soziologisch zwei Merkmale miteinander verknüpft: ein Selbstverständnis, das alternative – insbesondere ökologische – Lebensweisen favorisiert, und einen spießigen Habitus, der sich erst allmählich offenbart und den der Roman mit deutlich satirischen Intentionen einem politischen Geschehen zuordnet, dem Kampf gegen das Bundesbahnprojekt »Stuttgart 21«, der keineswegs zur politischen Bewusstheit Emils und Peters beiträgt, sondern wie ein Spiegel der unaufhaltsamen privaten Regression erscheint. Die trügerische Idylle des Anfangs löst sich im privaten Milieu konsequent auf, und von den angedeuteten Aktionen gegen den Bahnhofsumbau sind keinerlei Impulse für das Romangeschehen mehr zu erwarten.

Der unprätentiöse Plot und das ›Was‹ des Erzählten stehen diametral entgegengesetzt zum ›Wie‹ des Erzählens. Hahn eröffnet ihren Lesern die Möglichkeit,

Handlungs- und Denklogiken sowie Wahrnehmungen, Gedanken, Verhaltens- und Kommunikationsmuster der Personen detailliert zu studieren. Statt auf spektakuläre Ereignisse zu setzen, beschränkt sich die Autorin mit einer Vielzahl von Analepsen, die den Handlungszusammenhang immer wieder unterbrechen, auf exemplarische Episoden und exakte Milieurecherchen. Hahns Erzählverfahren basiert nicht zuletzt auf erlebter Rede, die einen Einblick in die emotionale Grundstruktur der Figuren ermöglicht. Es sind die Details – Outfit, charakteristische Körperbewegungen, Gesten, Gewohnheiten, Accessoires –, aus denen die präzisen Sequenzen und Feineinstellungen des Romans entstehen.

Erzähltechnisch klingt dies alles keineswegs neu. Entscheidender ist jedoch eine erkennbare Analogiestruktur zu empirisch-wissenschaftlichen Verfahren, konkret: zur wissenschaftlichen Methode der *teilnehmenden Beobachtung*[12], mit welcher die Autorin offenbar seit ihrem Studium der Europäischen Ethnologie in Hamburg vertraut ist und die sie nun literarisch adaptiert. Damit ist das Kompositionsmuster im Roman präformiert: Die Erzählinstanz versteht sich als unpersönliche Beobachterfigur, die Verhaltensweisen exakt beschreibt, aber eigene Wertungen und Normierungen auffällig vermeidet. Es ist der Leser, der in der Handlungslogik der Figuren allmählich deren zumeist unreflektierte Wertungs- und Wahrnehmungshorizonte, deren Selbstverständnisse und Fremdbilder rekonstruieren kann und soll – der intendierte Leser also als mit beobachtende Instanz. Im Unterschied zu Erzählstrategien der Pop-Literatur, die sich auf die epische Suggestion von Ereignis-Oberflächen versteht, erscheint bei Hahn eine durch zunehmende Kommunikationslosigkeit und Fremdheit geprägte, in die Tiefe führende, abgründige Leere, in der die Einzelnen, eben noch in eine wenig aufregende Alltagswelt verstrickt, hilflos wirken und, wie Peter, völlig aus der Bahn geworfen werden können. Das Abgründige beginnt allmählich zu dominieren, aber nicht aufgrund einer sich zuspitzenden Romanhandlung, sondern aufgrund der Rückblenden in die Vergangenheit, in denen beinahe wie in einem analytischen Drama die Katastrophe ihren Lauf nahm. Sie ist fast schon vollzogen, als der Roman beginnt; zu Peters Schlusshandlung, dem sowohl das ihn selbst nicht mehr begreifende eigene Eltern- wie auch das Nachbarschaftspaar fremd geworden sind, bedarf es nur noch eines Schritts. Es gehört zur Paradoxie des Romans, dass Peter der einzige ist, der am Schluss erkennt, dass sich seine Identität völlig aufgelöst hat und er in der Tat, wie Veronika geschockt wahrnimmt, »jetzt eine Halbleiche ist, in die man alles hineinschütten darf, Suppen und Antidepressiva und Gedichte« (SB, 128).

Wer die Geschichte der Fremdheitsmechanismen näher untersucht, wird bereits zu Anfang des Romans einer aggressiven Reaktion auf Fremdes gewahr,

---

12 Vgl. zur Einführung: Aster, Reiner u. a. (Hrsg.): Teilnehmende Beobachtung. Werkstattberichte und methodologische Reflexionen. Frankfurt/Main: Campus 1989.

die ein Motiv aus Kafkas »Nachbarn« aufgreift. Es ist Emil Bub, der bereits am Schwarzen Berg Wohnende, und der »beim Lehrer-Schüler-Stammtisch« oft »stundenlang [...] über Erich Fromm und Mitscherlich diskutieren« (SB, 33) konnte, der nun 1979 den Einzug der Hausfrau Carla, des Arztes Hajo und des kleinen Peter als persönlichen Angriff empfindet:

> »Als die Raus an den Schwarzen Berg zogen, hatten sie das stille Nachbarhaus mit ihrer Gegenwart überrannt. Emil war [...] am Fenster seines Arbeitszimmers gestanden und hatte hinuntergeglotzt, vollständig gelähmt von der Wucht der Ereignisse, die nebenan in Auffahrt und Garten ihren Lauf nahmen« (SB, 30).

Das Motiv des neugierigen, voyeuristischen, zwanghaften Fensterblicks in Richtung Nachbarn kehrt im gesamten Roman häufig wieder. Es liest sich wie eine Umkehrung romantischer Fensterblicke: Das Draußen wird als Bedrohung sondergleichen empfunden. Der Nachbar ist der feindliche Fremde, was Emil sofort in plastischen Attributierungen des Nachbarn mit »Eindringling«, »Spießer« und in sozialer Konnotation mit »Lackaffe, Besserverdiener« und »lumpig[e] Scheckbuch-Existenz« belegt. Entsprechend negativ fällt der erste Blick auf das Kind aus: »Ein Kind auch noch, ein Blag, ein Gör, ein Krott. Das durfte nicht wahr sein! [...] Lärm, Dreck, Unvernunft und, das war das Schlimmste: ein Erinnerer« (SB, 31). Diese Markierung Peters liest sich, vom Ende des Romans her beurteilt, wie ein erster Hinweis auf einen weithin tabuisierten Diskurs, den vergeblichen Kinderwunsch Emils und Veronikas, der – Hahn lässt dies bewusst offen – als ein psychologischer Schlüssel fungiert für deren Versuch, sich Peter als einem Ersatzkind zu nähern, sich selbst das bedrohliche Fremde einzuverleiben: eine Strategie, die Emil und zum Teil auch Veronika gelingt.

Die literarische Konstruktion des Eigenen und des Fremden vermittelt Hahn über eine recht simple literarische Raumstruktur. Die Opposition der beiden Anwesen wird über eine Vielzahl differenter Details des Wohnungsinterieurs und der Gartenkultur vermittelt, selbstverständlich auch (wir sind in Stuttgart) über Automarken und diverse andere Statussymbole. Die Fremde aber ist durch ständige Grenzüberschreitungen präsent: als Blick hin zum Nachbarn, als tatsächliche Überquerung der Grundstücksgrenzen, als gelegentlicher Besuch, als Scheinidylle beim gemeinsamen Grillen und als permanente Ausspähung des Fremden bis hin zur Interpretation alltäglichster Verrichtungen. »Emil stieg auf die Mauer und spähte zum Nachbarhaus hinüber« (SB, 53), heißt es im Text als wiederkehrendes Motiv der Grenzüberschreitung, wobei die Aktivitäten – dies ist für das Verständnis der Romanhandlung wichtig – kaum von den neuen Nachbarn ausgehen.

Emil aber ist zuletzt ein derart geübter Ausspäher, dass er aus bloßen Geräuschen Handlungen von Carla, Hajo und Peter rekonstruieren und sogar in ihren Handlungsmotiven ausdeuten kann.[13] Das alles erinnert in der Tat an Kafkas kleine Geschichte, in welcher der Fremde wesentlich als Objekt einer im Kopf permanent ablaufenden Ereigniskette funktionierte. Und auch der obsessive Charakter der Ausspähung des Nachbarn wird gleich zu Beginn des Romans deutlich. Als der erschöpfte Peter gescheitert nach Hause zurückkehrt (der Anfang der Romanhandlung), informieren sich Emil und Veronika telefonisch über den Stand der Ereignisse im Nachbarhaus. Zu diesem Zeitpunkt jedoch hat vor allem Emils Obsession bereits solche Ausmaße angenommen, dass sich sein Alltag faktisch längst aus dem Beziehungsgeflecht zur Nachbarfamilie definiert. Seine Rollen verdichten und verknappen sich förmlich auf die des Nachbarn. Als der kranke Peter nach Hause zurückkehrt, brennt Emil darauf, vorgelassen zu werden. Auch hier tritt das Motiv der Schwelle hervor (SB, 102 f.):

> »Emil war so erleichtert gewesen, endlich über die Schwelle gelassen zu werden [...]. Zwei Tage lang hatte Carla ihn über die Hecke hinweg mit den gleichen Ausreden abgefertigt. [...] Das Haus verließ sie nicht. [...] Während Emil auf der Lauer lag und das Haus der Raus beobachtete, vertrieb er sich die Zeit mit Gartenarbeit. [...] Die hartnäckige Veronika hatte noch am Abend von Peters Rückkehr nebenan geklingelt. Carla servierte sie mit norddeutscher Kühle ab. [...] Emil hatte nicht gewagt, Hajo anzusprechen.«

Im Roman kehren der Blick aus dem Fenster und die ständige Grenzüberquerung der beiden Grundstücke häufig wieder. Auch der kleine Peter wählt den Weg, denn er fühlt sich insbesondere zu Emil hingezogen, weil dieser ihn mit Geschichten, Gedichten und allerlei Wissensfeldern beliefert; Veronika lockt ihn mit Süßigkeiten. Im Laufe der Zeit haben Peters Eltern die Situation längst akzeptiert, ja sie melden sich zuweilen telefonisch bei Emil und Veronika, nach dem Jungen zu schauen. Peter selbst, von den Eltern im Kindesalter als »Pechvogel« (SB, 70) wahrgenommen, übt einen kindlichen Reiz auf Emil und Veronika aus. Kurz bevor sich die Katastrophe vollzieht, reflektiert Veronika, die übrigens von ihren Kolleginnen in der Bibliothek »die Hex« (SB, 15) genannt wird, die Ausgangslage (SB, 70 f.):

> »Peter war unwiderstehlich gewesen. Er hatte sich in ihrem Innersten eingenistet, ohne den verzweifelten Widerstand zu beachten, mit dem sie zu Anfang gegen diese Besetzung gekämpft hatte. Emil hatte sofort nachgegeben, willig, schwach, befallen von Peteritis bis in die Blutbahn. Veronika wollte sich nicht erobern lassen. Ihre Kinderlosigkeit war irgendwann zu einer ruhigen Gewißheit geworden, mit der sie jahrelang

---

13 Der Roman lässt offen, inwieweit und in welchem Maße verdeckt Emils Interesse an Peter homoerotisch gesteuert sein kann. Eine Nebenfigur des Romans, der Romanistik-Professor Otto Bohnenberger, Freund Veronikas und Emils, deutet in einer Beschreibung des jungen Peter Entsprechendes an, und zwar über das Motiv des schönen nackten Knaben von Caravaggio: »Er war ein schöner Junge, dieser Peter, dabei verschmitzt wie ein Caravaggio-Knabe« (SB, 96).

gut und frei gelebt hatte. [...] Was hatte Peter gebraucht, um all dies über den Haufen zu werfen? Einen Blick, eine Handbewegung, eine Wunde über dem Ellbogen, bei deren Anblick Veronikas eigene Haut brannte?«

Für den Diskurs *Die Nachbarn als Fremde* ist Veronikas Reflexion insofern aufschlussreich, als sie den komplexen Prozess der Annäherung als eine suggestive Kraft wahrnimmt, der sie sich letztlich nicht entziehen konnte. Es geht also nicht einfach um bloße von Abwehr oder umgekehrt von Anziehung geprägte Interaktionszusammenhänge, aggressive Reaktionen oder um Vereinnahmungsstrategien. Ein psychologischer Roman hätte ein Motiv des geheimen Kinderwunsches bei Veronika als Schlüssel zu ihren Handlungen aufgedeckt. Hahns Verfahren der teilnehmenden Beobachtung aber zieht solche Schlüsse nicht, sondern beschränkt sich auf die Wiedergabe von Reflexionsmomenten, ohne ihnen weitere Erklärungsmacht zu verleihen. Zugespitzt: Es gibt keine sozialpsychologischen Modelle, auf welche die Autorin ihren Roman aufbaut. Die Unergründlichkeit des Einzelnen und die Kontingenz von Handlungs-, Sinn- und Denkmustern treten im Ensemble der vielen Details hervor, so dass ein Unbestimmtheitsgefühl beim Lesen durchaus einkalkuliert scheint.

Wie sehr der fremde Nachbarssohn nach der ersten Phase aggressiver Abwehr ihre eigenen Persönlichkeitsstrukturen erfasst hat, veranschaulicht Hahn vom Ende her. Seit Peters Rückkehr »waren sie beide nicht mehr dieselben. Sie fühlten sich aus der Bahn geworfen« (SB, 130). Den Prozess aber, der zu diesem »Aus der Bahn geworfen werden« führt, beginnt viel früher. Nach der Phase der hasserfüllten Reaktion auf das Fremde, die Eindringlinge, übernimmt Emil zunehmend die Kontrolle über den Nachbarsohn, an dessen Leben er von der Kindheit bis hin zu Studium und Beruf von nun als Einfluss-Instanz teilnimmt: als Ersatzvater, Mentor, Erziehungsinstanz, Welterklärer – eine Instanz allerdings, die den Jungen als bloße Projektionsfläche eigener Wünsche und Lebensentwürfe ansieht, als Wiedergänger des eigenen, zunehmend deformierten Selbst. Mit der Hinwendung zu Peter aber ist die Xenophobie keineswegs überwunden: Emil reagiert häufig auf Hajo, Peters leiblichen Vater und Konkurrenten, aggressiv und gereizt, während er zu Carla, Peters Mutter, auf Distanz bleibt, was ihm umso leichter gelingt, als Carla mit ihrem norddeutsch-protestantischen Ordnungs- und Sauberkeitswahn kaum Einfluss auf Peter gewinnen kann. Die Konkurrenz zum leiblichen Vater wird sogar noch deutlicher, als sich alle um den krank Heimgekehrten bemühen und selbstverständlich auch Emil anwesend ist (SB, 111):

»Emil fühlte sich von Hajo ertappt. [...] Hajo war in seinem Haus um diese Tageszeit ein Fremder. Schon in Peters Kindheit war er nur abends für den Sohn dagewesen [...]. An den Wochenenden, wenn der Arzt [...] neben Peter in Richtung Wald davonradelte, hatte Emil eine dumpfe Eifersucht gespürt.«

In ihren Roman hat die Autorin noch eine weitere Ebene einbezogen, welche die Praxis der sachlich beobachtenden ›ethnographischen‹ Feldforschung um eine poetische Dimension ergänzt und somit den Charakter des Romans als Teil eines literarischen Symbolsystems hervorhebt: die leitmotivische intertextuelle Untermischung des Ganzen mit Zitaten aus Gedichten Eduard Mörikes. Es ist auf die Intertextualitätsstruktur insofern näher einzugehen, weil sie wie eine verfremdende, das Geschehen vieldeutig auflösende Erzählkomponente erscheint und die Frage aufwirft, ob sich im Mörike-Bezug weitere Indizien zum Themenfeld *Der Nachbar als Fremder* finden.

Zunächst ist, vermittelt über den Romantitel, das Mörike-Gedicht »Die Elemente« im Text präsent. Die erste Strophe wird an einer Stelle im Roman sogar von Emil und Peter

> »zweistimmig hergesagt, bis sie in einen Rhythmus fielen, aus dem es kein Entkommen gab: ›Am schwarzen Berg da steht ein Riese,/ Steht hoch der Mond darüber her;/ Die weißen Nebel auf der Wiese/ Sind Wassergeister aus dem Meer:/ Ihrem Gebieter nachgezogen/ Vergiften sie die reine Nacht‹« (SB, 22).

Diese Verse gehören »zu Peters Kindheitsmythen« (ebd.); Emil hat sie ihm gelehrt, und der erwachsene Peter hat sie inzwischen an seine Söhne weitergegeben; denn zu den Rezitierenden tritt der »kleinere« und sagt den Schluss[14] auf: »Dann, wie aus Nacht und Duft gewoben,/ Vergeht dein Leben unter dir,/ Mit lichtem Blick steigst du nach oben,/ Denn in der Klarheit wandeln wir« (SB, 23). Es ist evident, dass Intertextualität hier in bitterer Ironie das Geschehen konterkariert, also im Bild der vergifteten Nacht den Katastrophen-Untergrund der gesamten Nachbarschaftsgeschichte spiegelt und in Versen wie »Vergeht dein Leben unter dir« das Ende vieldeutig vorwegnimmt, das völlig unklar und niederziehend bleibt, so dass der Schlussvers des Mörike-Gedichts, »Denn in der Klarheit wandeln wir«, ins Gegenteil verkehrt wird. Die Prolepse-Funktion von Mörike-Gedichten ist auch an anderen Stellen des Romans nachweisbar. Bezeichnend etwa ist Emils Zitat der ersten Strophe aus Mörikes »Feuerreiter«-Ballade – »Sehet ihr am Fensterlein/ Dort die rote Mütze wieder?/ Nicht geheuer muß es sein [...]«[15] (SB, 52) –, das Unheil und Tod ankündigt: ein Verfahren, das auch im Romanschluss wiederkehrt. Diesmal montiert es die Erzählinstanz, die Handlung unterbrechend, in den Textzusammenhang, und zwar die zweite Strophe des von Hugo Wolf vertonten Gedichts »Denk es, o Seele«[16], das heiter-

---

14 Die letzte Strophe des Gedichts »Die Elemente« (s. Anm. 5) lautet: »Und auch die Elemente mögen, / Die gottversöhnten, jede Kraft / In Frieden auf und nieder regen, / Die nimmermehr Entsetzen schafft, / Dann, wie aus Nacht und Duft gewoben, / Vergeht dein Leben unter dir, / Mit lichtem Blick steigst du nach oben, / Denn in der Klarheit wandeln wir.«

15 Vgl. Mörike, Sämtliche Werke. 1961, S. 86 f.

16 Vgl. ebd., S. 103.

idyllisch beginnt, um dann unversehens auf sarkastische, geradezu zynisch wirkende Weise den Ton zu wechseln und eine Todesankündigung wie einen Pointeneffekt auszuspielen:

>»Ein Tännlein grünet wo,
Wer weiß, im Walde,
Ein Rosenstrauch, wer sagt,
In welchem Garten?
Sie sind erlesen schon,
Denk' es, o Seele!
Auf deinem Grab zu wurzeln
Und zu wachsen.

Zwei schwarze Rößlein weiden
Auf der Wiese,
Sie kehren heim zur Stadt
In muntren Sprüngen.
Sie werden schrittweis gehen
Mit deiner Leiche;
Vielleicht, vielleicht noch eh'
An ihren Hufen
Das Eisen los wird,
Das ich blitzen sehe!«

Mörikes Gedicht sprengt die trügerische Scheinidylle jener nachbarlichen Bürger- und Biederlichkeit, die sich dort am Schwarzen Berg des eigenen Abgrunds noch im Miterlebnis des sogleich folgenden Scheiterns nicht bewusst ist.

Hahn geht es mit den Mörike-Anspielungen nicht um Bildungswissen oder gar um die Projektion der Geisterwelt in die Gegenwart. Sie markiert vielmehr von Anfang an – Emil bringt dem kleinen Peter schon früh Mörikes »Die Elemente« bei – den obskuren Phantasie- und Imaginationsraum, zu dem der Name Mörike der Zugangscode ist und den Emil sich geschaffen hat, um den eigenen Alltag auszuhalten. Indem er ihn auf den fremden Jungen projiziert, gewinnt er zugleich eine Macht über ihn, potenziert also förmlich seine eigenen verstiegenen Phantasmagorien. Dort, wo Emil von Mörike spricht, geht es im Kern um eine Art Mörike-Code als Legitimationsformel für ein Leben, das im Rekurs auf Mörikes Krankheiten und dessen Leiden an der tristen, engen Pfarrerexistenz sich zu legitimieren versucht. Das Motiv der Vergiftung der »reine[n] Nacht«[17] lässt sich vor diesem Hintergrund als metaphorische Umschreibung der Atmosphäre am Stuttgarter Schwarzen Berg deuten. Peter wird früh in den Mörike-Kult eingeweiht, ja er begleitet den nach Mörike-Devotionalien suchenden Studienrat Emil Bub auf seinen Mörike-Zügen.

---

17 Vgl. Anm. 5.

Zugleich wird ein komplexes System von Projektionen, Verschiebungen und Übertragungen sichtbar, das auch Emil selbst als Opfer seiner eigenen Phantasmen erscheinen lässt. Literarisch arbeitet die Autorin mit einer Art Technik der Spiegelungen: Emil erschafft sich gleichsam in seinem Ersatz-Sohn Peter noch einmal selbst und überträgt auf ihn sein Mörike-Syndrom, das im Roman selbst sogar noch auf einer weiteren Ebene gespiegelt wird, indem Emil von einem Biographen Mörikes schwärmt, Carl Fridolin Weinsteiger, der 1859 ein Mörike-Buch in geringer Auflage erscheinen ließ, sich bis ins Äußerliche wie Mörike kleidete und als ein solcher sogar öffentlich auftrat. Das Motiv des Ausspähens eines Fremden, der permanenten biographischen Recherche, der Unterwerfung des eigenen Lebens unter die heimliche Kontrolle des Anderen: Emil imitiert sein Vorbild Weinsteiger, für den Mörike im Übrigen trotz jahrzehntelanger Nachstellung ein Fremder blieb, dem er persönlich nie begegnete und der wohl gerade deshalb von Mörike so besessen war, weil er ihm ständig auf den Fersen blieb in immer neuen Verkleidungen, die so perfekt waren, dass sie, wie es im Roman heißt, Kriminalisten später übernommen hätten.

Emil sieht sich in der Nachfolge Weinsteigers, indem er dessen Ausspäh-Technik anwendet, und zwar nicht nur bei den eigenen Nachbarn. Er scheitert allerdings, als er den von der Polizei beendeten Versuch wagt, nach Weinsteigers Art den Stuttgarter Schriftsteller Hermann Lenz auszuspähen – eine Verdoppelung des Spiegeleffekts. Peter ist auch hier einbezogen. Emil fährt mit ihm an dessen ehemaligen Wohnort an der Sonnenbergstraße und zitiert eine Zeile Lenz'. Der schon psychisch angeschlagene Peter indes »reagiert nicht, obwohl Lenz, der Schöpfer des wahren Taugenichts Eugen Rapp, und legitimer Erbe des Leistungsverweigerers Mörike, immer sein Held gewesen war« (SB, 148).[18]

Vor diesem Hintergrund gibt der Mörike-Komplex des Romans auch Aufschluss über Emil als eine desolate, erschöpfte Figur, die schließlich die Nähe zum längst erwachsenen Nachbarskind verloren hat. Er bildet gleichsam multiple Identitäten aus, inszenierte sich selbst in diversen Rollen und konnte zuletzt zwischen ihnen nicht mehr den eigenen Kern ausmachen. Symbolisch schildert der Roman, wie Emil einen psychischen Zusammenbruch erlebt, nachdem er auf einem Mörike-Kongress einen Vortrag über Weinsteiger gehört hat mit dem Titel: »Weinsteigers Mörike-Biographie. Schizophrenie als literarische Identität« (SB, 131). So korrespondiert Emils Deformation spiegelbildlich mit derje-

---

18 Eugen Rapp ist einer der literarischen Schlüsselfiguren mit stark autobiographischen Zügen, die in einer Reihe von Romanen Hermann Lenz' wiederkehren (beispielsweise in »Neue Zeit«, 1975; »Tagebuch vom Überleben und Leben«, 1978; »Der Wanderer«, 1986; »Seltsamer Abschied«, 1988). – Welche intertextuellen Relationen zwischen Hahns und Lenz' Erzählverfahren bestehen und im welchem Maße Hahns Stuttgart-Bild auf Lenz rekurriert, wäre ein eigenes Untersuchungsfeld. Die Autorin und ihr Referenzautor sind genaue Beobachter und entfalten ihre epische Beobachtungskunst anhand von Details und Miniaturschilderungen.

nigen Peters, der, groß geworden unter dem Einfluss Emils, des »Zauberer[s]« (wie es im Roman an einer Stelle einmal heißt [SB, 21]), seinen Eltern entfremdet, zuletzt keine dauerhaften Bindungen mehr eingehen kann, seinen Beruf des Logopäden aufgibt und von Frau und Kindern verlassen wird: verwahrlost, krank, von Aussatz gezeichnet. Nie hatte er ein stabiles eigenes Selbst aufbauen können. Und doch wäre es falsch, in ihm ein unwissendes, hilfloses Individuum zu sehen. Gegenüber Veronika, Emils Frau, formuliert er seine Situation nicht nur illusionslos und klar, sondern karikiert sich selbst auch als ein moderner Spießer, der an seinem Selbstverständnis als Inkarnation des Alternativen gründlich gescheitert ist: »Du weißt schon, man ist Vegetarier, Waldläufer, Konsum- und Schulverweigerer, aber im Grunde ein armes Würstchen. Ein alternativer Kasper ohne Einfluß, der Rad fährt und Ökowaschpulver benutzt« (SB, 83). Umso stärker fällt die Ausweglosigkeit ins Gewicht, die sein komplettes Scheitern bedingt. Peters Selbstbeschreibung als »alternativer Kasper« setzt keine Selbsterkenntnis in Gang, sondern verliert sich in einen obskuren Romantizismus, der mit dem Protest gegen das Abholzen von Bäumen am Stuttgarter Schlossplatz und den geplanten Bahnhofsneubau verknüpft wird. Die Erzählung, wie er mit seinen beiden Söhnen zu den Neubaugegnern geht, kulminiert in Peters Verklärung der Aktionen (SB, 84 f.):

> »Seine Augen glänzten. Die Erkenntnis, daß hier etwas vernichtet werden solle, das er schon immer gekannt habe, sei durch ihn hindurchgegangen wie ein Blitzschlag. Die Liebe, die er auf einen Schlag zu den Bäumen, der ganzen Anlage verspürt habe, sei ungeheuer stark gewesen. Plötzlich habe er den Park mit anderen Augen gesehen. Durch den Schmuck, die Kerzen habe die Umgebung etwas Sakrales bekommen. [...] Seither sei er fast jeden Tag im Park, auch nachts.«

Der satirische Duktus erscheint in dieser Episode zwar zurückgenommen, aber er ist dennoch klar zu spüren: Während seiner romantizistischen Schilderung übt sich Peter darin, »Apfelbutzen auf Veronikas Papierkorb« (SB, 84) zu werfen, ohne zu treffen, und lässt seine kleine Rede im hohlen Pathos der Übertreibung ausklingen: »Als Bürger unserer Stadt verhindern wie eine Barbarei, für die Zukunft unserer Kinder« (SB, 86). Nicht um Widerstand oder um politische Erkenntnis geht es hier, sondern um eine Mischung aus Larmoyanz und Regression; Peters nächster lebensentscheidender Schritt ist daher keine Bürgeraktion, sondern der Suizid.

Hahn entfaltet, zusammengefasst, die Miniaturwelt am Schwarzen Berg mit einer literarischen wie psychologischen Prägnanz, indem sie beide Ebenen, die literarisch-bildhafte wie die analytische, verschränkt und aufzeigt, wie sich auf trügerisch idyllischem Raum die Geschichte einer Nachbarschaft als Geschichte des Eigenen und des Fremden ereignet – bis hin zur Katastrophe. Die Fremd-Fixierung destruiert nicht nur im Schicksal Peters ein immer fremd gebliebenes

Individuum, sondern deformiert das eigene Selbst, das sich allmählich aufzulösen beginnt, weil die Bindung an den Anderen den Kontakt zu sich selbst längst unterbrochen hat. Das Ich reagiert nur noch mit zunehmendem Kontrollverlust, bis hin zur Besessenheit. Das Eigene verliert seine Konturen, denn es hat nie gelernt, das als fremd Markierte zu respektieren, in seiner Eigenständigkeit anzuerkennen und es näher zu verstehen: so, wie es Kafka im Narrativ seiner kleinen Geschichte vom Nachbarn schon vorgezeichnet hat.

Stephan Wolting (Poznań)

Fiktion und Fremde in Hanns-Josef Ortheils Romanen »Die Erfindung des Lebens« und »Die Moselreise«

I. Vorbemerkung und Einleitung

Dem Beitrag ist ein Zitat des englischen Schriftstellers Gilbert Adair vorange-
stellt, das in das sehr spezifische und nicht unproblematische Verhältnis von
Biographie und, etwas allgemein gesagt, ästhetischer Darstellungsform einführt:

> »Nun, ich weiß wohl besser als die meisten anderen, dass es kein wirksameres Wahr-
> heitskriterium als die Fiktion gibt. Obwohl Schriftsteller – und, da bin ich mir ganz
> sicher, auch Filmregisseure – glauben mögen, dass alles an ihrem Werk ausschließlich
> das Ergebnis ihrer Einbildungskraft ist, dringt die Wahrheit, die Wahrheit über die
> eigene Psyche, ihre eigenen Obsessionen doch auf hinterlistige Art und Weise in das
> Gewebe und die Form ihres Werks ein, so, wie Wasser noch den schmalsten Spalt, den
> winzigsten Riss im Boden nutzen wird, um in die Wohnung darunter zu tröpfeln.«[1]

»Es [gibt] kein wirksameres Wahrheitskriterium als die Fiktion [...]« behauptet
also Adair (besser gesagt, er legt es seiner Heldin Evadne Mount in dem Roman
»Ein stilvoller Mord in Elstree« in den Mund), was sich zunächst ja einigermaßen
paradox anhört und als Behauptung nur künstlerisch oder dialektisch zu retten
ist. Dennoch mag diese Auffassung als Ausgangspunkt hiesiger Überlegungen
gelten, die sich um Motive und Begriffe wie »Fiktion«, »Fremde«, besser:
»Verfremdung« und ästhetische Darstellung und damit letztendlich auch um
eine der vielen Auffassungen von Identität (einem ursprünglich eher soziologischen Begriff, der hier aber im Kierkegaardschen Sinne, später u.a. von Max
Frisch etwa im »Stiller« aufgenommen wird: wie sich jemand über einen größeren Zeitraum als identisch mit sich selbst erfahren oder beschreiben kann)
drehen.

Dabei stellt sich in Anschluss an Adair die Frage nach der epistemologischen
Funktion der Annäherung an eine wie auch immer geartete Wahrheitsauffas-
sung durch das Mittel der Literatur. Man konnte die Hegelianische Vorstellung

---

1 Mount, Evadne/ Adair, Gilbert: Ein stilvoller Mord in Elstree [2007]. München: Heine 2009,
   S. 276–277.

vom Irrtum als dem notwendigen Moment der Wahrheit dahin gehend modi-
fizieren, als von der Fiktion – und der damit vollzogenen Verfremdung – als dem
notwendigen Moment der Authentizität zu sprechen, und zwar in dem Sinne: Ich
bin nur da authentisch, wo ich mich künstlerisch veräußere.

Insofern sei gleich am Anfang erwähnt, dass man literaturhistorisch eigentlich nicht ganz im Sinne des V-Effekts von Brecht von »Verfremdung« sprechen
müsste. Dennoch wird im Titel nicht nur aus lautmalerischen Gründen in Anspielung an eine Alliteration von »Fremde« gesprochen, vielmehr im Hinblick
auf eine sich in den letzten Jahren entwickelnde Forschung, die »Fremde« nicht
mehr (nur) ontologisch innerhalb verschiedener Wissenschaftsbereiche deutet,
sondern von der *Konstruktion von Fremde* ausgeht, ähnlich der *Konstruktion der
Vergangenheit*, oder im Kantschen Sinne von den Anschauungsformen von
Raum und Zeit.

Als literarische Grundlage werden zwei Werke von Hanns-Josef Ortheil zur
Analyse herangezogen, die fast zeitgleich erschienen sind und die nach den noch
relativ dünn vorliegenden Forschungsarbeiten als Kommentare des jeweils anderen Werks gelesen werden können. Um dem Einwurf der Funktionalisierung
von Literatur zugunsten von Theoremen gleich zu entgegnen, möchte sich der
Verfasser dafür verbürgen, dass ihn der Titel sowie die Bezeichnung des Un-
tertitels beider Werke sowie die Werke selbst zu seinen Überlegungen inspiriert
haben: Hier die »Erfindung des Lebens« – was als »Roman« bezeichnet wird –,
dort die Notate bzw. »Aufschreibungen« eines Elfjährigen, ebenfalls mit dem
Untertitel »Roman«. Wie kommt Ortheil nun dazu eine autobiographische
Niederschrift wie sie »Die Moselreise« darstellt, die er als 11-Jähriger schrieb
und die er, bis auf Rechtschreibfehler und einige Wiederholungen, die er strich,
so beließ, wie er es damals schrieb, einen »Roman« zu nennen? Was bedeutet es,
wenn er selbst in einem Interview mit Rocco Thiede darauf hinweist, dass sein
Verhältnis zum Autobiographischen ein ganz spezifisches sei, und andererseits,
bezogen auf »Die Erfindung des Lebens«, seine Lebensgeschichte an sich schon
etwas sehr Romanhaftes habe? Welche Auffassung vom Roman oder Roman-
haftem steckt dahinter? Und ist hier nicht wieder mal Marcel Reich-Ranicki
zuzustimmen, der behauptete, dass heute alles vorschnell ein »Roman« genannt
würde, zumal wenn Ortheil, darin Tschechow ähnlich, der das für Erzählungen
postulierte, dann auch noch scheinbar unglücklicherweise erklärt, dass sein
Werk vor allem »aus der Lebenserfahrung« geschrieben sei?

Es soll an dieser Stelle nicht so weit gegangen werden, zu behaupten, dass es
innerhalb der zeitgenössischen deutschsprachigen Literatur eine generelle
Tendenz gäbe, die eigene oder eine andere Biographie zu fiktionalisieren und sie
dann als »Roman« zu bezeichnen, aber es liegen einige bedeutende Beispiele vor,
wie etwa Georg Kleins »Roman unserer Kindheit« (2010), Felicitas Hoppes
»Hoppe« (2012) oder auch Liane Dirks »Vier Arten meinen Vater zu beerdigen«

(2002), die das zu belegen scheinen. Man hätte aber auch andere Romane hinzuziehen können, ich denke etwa an Richard von Schirachs Werk »Im Schatten meines Vaters«[2] (2005). Darüber hinaus sind in jüngster Zeit neben Biographien und Autobiographien von NS-Kindern auch einige andere Werke zur NS-Zeit erschienen, das jüngste Beispiel ist Schirachs »Der Fall Collini«[3] (2011) mit einem sehr aussagekräftigen Satz Hemingways zu Beginn: »Wir sind wohl alle für das geschaffen, was wir tun.«[4] Doch über diese spezielle Problematik ist an anderer Stelle diskutiert worden.[5]

Dass sich Hanns-Josef Ortheil trotz seiner auch wissenschaftlichen Laufbahn[6] selbst in erster Linie als Schriftsteller und erst danach – wenn überhaupt[7] – als Wissenschaftler versteht, erhält aus zwei Gründen besondere Bedeutung: zum einen aus der angedeuteten Spannung einer künstlerischen wie wissenschaftlichen Herangehensweise, die innerhalb der deutschsprachigen Literatur – von einigen Ausnahmen abgesehen und im Verhältnis zu anderen Literaturen (wie beispielsweise der polnischen oder portugiesischen) eher ungewöhnlich erscheint[8], zum anderen aber auch, um von einer gewissen Poetologie her – es sind vor allem Schriftsteller als seine Zeugen anzuführen[9] – eine Lesart beider Werke unter besonderer Heranziehung der Motive der Fremde und Fiktion versuchen.

---

2 Schirach, Richard von: Der Schatten meines Vaters. München: Carl Hanser Verlag 2005.

3 Schirach, Ferdinand von: Der Fall Collini. München Zürich: Piper Verlag 2011.

4 Ebd., S. 5.

5 Wolting, Stephan: »Entschuldungsbücher«? Aus Tätern werden Opfer? – Kulturelles Gedächtnis, Erinnerungs- und Schulddiskurs in neueren Werken deutschsprachiger Literatur. In: Balzer, Bernd/ Kunicki, Wojciech: Germanistischer Brückenschlag im deutsch-polnischen Dialog (II. Kongress der Breslauer Germanistik). Bd. 3 Literaturgeschichte 18.–20. Jahrhundert, Wroclaw/Berlin: Neisse Verlag 2006, S. 273–284.

6 Ortheil war von 1976 bis 1982 wissenschaftlicher Mitarbeiter und von 1982 bis 1988 Hochschulassistent am Germanistischen Institut im Bereich Literaturwissenschaft der Universität Mainz.

7 2008 wurde er Direktor des damals neu gegründeten Instituts für Kreatives Schreiben und Literaturwissenschaft an der Universität Hildesheim, zuvor hatte er dort 1999 den Studiengang Kreatives Schreiben und Kulturjournalismus gegründet.

8 Man denke etwa an Elias Canettis Frage, ob sich denn kein Wissenschaftler der Literaturwissenschaften dafür schämen würde, dass er sein Brotverdienst auf der Not früherer oder vergangener, aber auch heutiger Schriftsteller aufbauen würde? Vgl. Canetti, Elias: Die gerettete Zunge. Frankfurt/Main: S. Fischer Verlag 2003.

9 Bislang ist wenig bis nichts an Forschungsliteratur dazu erschienen, abgesehen natürlich von Rezensionen.

II.   Fiktion, Erinnerung und Identität

Spätestens seit Platons Topos von den »Dichtern, die lügen« in der »Politeia« ist
die Literatur mit Fiktion gleich gesetzt worden. Durch den in den letzten Jahren
und Jahrzehnten immer populärer gewordenen Erinnerungs- und Gedächtnisdiskurs ist zugleich darauf aufmerksam gemacht worden, dass unseren Erinnerungen, was ihren Realitätsgehalt betrifft, nicht zu trauen ist. Sehr überzeugend illustriert dies eine »Erzählung« von Jean Piaget, in der er seine ersten
Erinnerungen beschreibt:

> »Eine meiner ältesten Erinnerungen würde, wenn sie wahr wäre, in mein 2. Lebensjahr
> hineinreichen. Ich sehe noch jetzt mit größter visueller Genauigkeit folgende Szene, an
> die ich noch bis zu meinem 15. Lebensjahr geglaubt habe: Ich saß in meinem Kin-
> derwagen, der von einer Amme auf den Champs-Élysées (nahe beim Grand Palais)
> geschoben wurde, als ein Kerl mich entführen wollte. Der gestraffte Lederriemen über
> meiner Hüfte hielt mich zurück, während sich die Amme dem Mann mutig widersetzte
> (dabei erhielt sie einige Kratzwunden im Gesicht, deren Spuren ich noch heute vage
> sehen kann). Es gab einen Auflauf, ein Polizist mit kleiner Pelerine (über dem Mantel
> getragener Umhang) und weißem Stab kam heran, worauf der Kerl die Flucht ergriff.
> Ich sehe heute noch die ganze Szene, wie sie sich in der Nähe der Metro-Station
> abspielte.
> Doch als ich 15 Jahre alt war, erhielten meine Eltern einen Brief jener Amme, in dem sie
> ihren eintritt in die Heilsarmee mitteilte und ihren Wunsch ausdrückte, ihre früheren
> Verfehlungen zu bekennen, besonders aber die Uhr zurückzugeben, die sie als Be-
> lohnung für diese – einschließlich der sich selbst zugefügten Kratzspuren – völlig
> erfundene Geschichte bekommen hatte. Ich musste also als Kind diese Geschichte
> gehört haben, an die meine Eltern glaubten. In der Form einer visuellen Erinnerung
> habe ich sie in die Vergangenheit projiziert. So ist die Geschichte also eine Erinnerung
> an eine Erinnerung, allerdings an eine falsche. Viele echte Erinnerungen sind zweifellos
> von derselben Art.«[10]

An dieser Stelle beschreibt Piaget eine vermeintliche Realität, sein »Bericht«
mutiert aber zu einer literarischen Geschichte, quasi als Illustrierung der Auffassung von Harald Welzer, wonach Erinnerung und Gedächtnis oft mehr mit
der Gegenwart als mit der Vergangenheit zu tun haben,[11] sich aus völlig unterschiedlichen Quellen speisen und der Identitätsfindung dienen. Es gibt nur zwei
Dinge, worin die menschliche Spezies sich unterscheidet: Jedes Individuum hat

---

10 Piaget, Jean: Nachahmung, Spiel und Traum: die Entwicklung der Symbolfunktion beim
    Kinde. Stuttgart: Klett-Cotta 1969, S. 240.
11 Welzer, Harald/ Moller, Sabine/ Tschuggnall, Karoline: »Opa war kein Nazi.« Nationalso-
    zialismus und Holocaust im Familiengedächtnis. Unter Mitarbeit von Olaf Jensen und
    Torsten Koch. Frankfurt/Main: S. Fischer Taschenbuch Verlag (4, 2003), besonders: Kapi-
    tel 1: Die Vergangenheit im intergenerationellen Gespräch, S. 7 ff. und Kapitel 2: Familien-
    gedächtnis, S. 18 ff.

ein anderes Stimmtimbre (was ein anderes Thema wäre) und jeder besitzt unterschiedliche Erinnerungen.

Schon 1949 hat Raymond Queneau in seinem epochemachenden Werk »Exercises de style« (auf Deutsch: »Stilübungen«[12], worin es um 99 Arten geht, die gleiche Geschichte zu erzählen) darauf aufmerksam gemacht, dass eine Geschichte, aus der Erinnerung erzählt, niemals die gleiche sein kann. Aus diesem Umstand, der seither in der Gedächtnisforschung als Gemeinplatz gilt,[13] scheinen einige Schriftsteller in der zeitgenössischen Literatur eine Tugend gemacht zu haben, indem sie den »Spieß umgedreht haben« und behaupten, dass nur noch fiktiv über Gewesenes gesprochen und geschrieben werden könne. In diesem Zusammenhang ist der Begriff der »Faktion« (ein schon von Truman Capote benutzter Begriff) virulent geworden, und es ist inzwischen davon auszugehen, dass nicht nur die Fiktion aus der Realität ihre Stoffe bezieht, sondern dass die Fiktion wieder umgekehrt in die Beschreibung der Wirklichkeit einfließt, in Anlehnung an das schöne Wort von Max Frisch: »Die Wahrheit kann man nicht beschreiben, nur erfinden.«[14]

Nicht allein unter dem Einfluss der Medien bzw. der Medienwissenschaften sind deshalb verschiedene neue Authentizitätskonzeptionen entwickelt worden, wonach schon etwa unser Ich, unsere Identität nicht authentisch sei (eine Auffassung wie sie etwa der Theaterregisseur René Pollesch vertritt), sondern künstlerisch, zumindest artifiziell. Auf diese Weise wird bereits aus der schieren Beschreibung der Realität Literatur, wie am Beispiel der »autobiographischen Romane« von Hanns-Josef Ortheil im Folgenden bewiesen werden soll.

In diesem Zusammenhang nimmt es nicht Wunder, dass im *century of the brain* und der Hochkonjunktur des Erinnerungs- und Gedächtnisdiskurses das Interesse an (Auto-) Biographien oder biographischen Texten, um es neutraler zu formulieren, gestiegen ist, erfüllen sie doch den gleichen Zweck der Konstituierung von Identität wie der Konstruktion der Fremde. An dieser Stelle werden ganz bewusst die Begriffe »biographische« bzw. »autobiographische« Texte benutzt, insofern einige der hier analysierten zwar als »Romane« erscheinen, aber doch stark auto- bzw. biographie getränkt sind.

---

12 Queneau, Raymond: Stilübungen. Frankfurt/Main: Suhrkamp 2007 (1990, ursprünglich Gallimard 1947: Exercices de style).

13 Vgl. Schacter, Daniel L.: Wir sind Erinnerung. Gedächtnis und Persönlichkeit. Reinbek bei Hamburg: Rowohlt 2001 (1999/1996) (Original: Searching for memory. The Brain, the Mind and the Past); Roth, Gerhard: Das Gehirn und seine Wirklichkeit. Kognitive Neurobiologie und ihre philosophischen Konsequenzen. Frankfurt/Main: Suhrkamp Taschenbuch (8, 2000); als Taschenbuchausgabe stw 1275 1997; Markowitsch, Hans: Das autobiographische Gedächtnis: Hirnorganische Grundlagen und biosoziale Entwicklung. Stuttgart: Klett-Cotta (2, 2006).

14 Frisch, Max: Schwarzes Quadrat. Zwei Poetikvorlesungen. Frankfurt/Main: Suhrkamp 2, 2008.

Bezogen auf den Erinnerungsdiskurs lässt sich analog zu dem oben Festgehaltenen behaupten, dass es sich hierbei um »gestaltete Erinnerungen« handelt, und man könnte mit René Pollesch so weit gehen, von der »authentischen Kuh« (eine Anspielung auf die »Bunte Kuh«) zu sprechen: Authentische Erinnerungen sind nicht mehr zu haben. Jedes Aufschreiben oder Aussprechen von Erinnerung unterliegt bereits der »Stilisierung« im wörtlichen Sinn, bedient sich der Fiktion und damit jener einfachsten und der Basis am nächsten liegenden literarischen Technik. Und genau diese Schnittstelle von (auto-)biographischem und literarischem bzw. künstlerisch gestaltetem Schreiben soll in diesem Zusammenhang besonders nachgegangen werden.

III.   Hanns-Josef Ortheils »Die Erfindung des Lebens« (2009)

Schon im Titel gibt Hanns-Josef Ortheil die Richtung seines Romans vor. Intertextuell erinnert er an das berühmte Zitat aus Max Frischs »Mein Name sei Gantenbein«:

> »›Jeder Mensch erfindet sich früher oder später eine Geschichte, die er für sein Leben hält‹, sage ich, oder eine ganze Reihe von Geschichten‹, sage ich, bin aber zu betrunken, um meinen eignen Gedanken wirklich folgen zu können …«.[15]

Alles dreht sich dabei um das Konzept der *Erfindung*, das zum einen als Fiktion in der Literatur eine Rolle spielt, zum anderen aber in jeder Form der Wiedergabe des eigenen Lebens oder der eigenen Erinnerung signifikant wird. Insofern bleibt jeder Versuch, Erinnertes über das eigene Leben zu schildern, immer der Fiktionalisierung verhaftet. Von daher handelt es sich hier um einen »autobiographischen Roman«, der erfindet und damit zu etwas Fiktionalem, zu einer Gattung von Literatur wird. Ortheil dreht dieses Verhältnis von Realität und Erfindung jedoch um, weshalb er in seinem bislang vorletzten Werk »Die Moselreise«[16] in dessen Untertitel vom »Roman eines Kindes« oder in einem seiner früheren »autobiographischen« Werke, »Lo und Lu«, vom »Roman eines Vaters« spricht[17].

Parallel hat Ortheil in seinen programmatischen Schriften immer wieder von sich selbst berichtet, von seinen Urerfahrungen und den Anfängen seiner künstlerischen Laufbahn. Der 1994 erschienene Band »Das Element des Ele-

---

15 Frisch, Max: Mein Name sei Gantenbein. Frankfurt/Main: Suhrkamp 1964.
16 Vgl. Ortheil, Hanns-Josef: Die Moselreise. Roman eines Kindes. München: Luchterhand Literaturverlag 2010.
17 Vgl. Ortheil, Hanns-Josef: Lo und Lu. Roman eines Vaters. München: Luchterhand Literaturverlag 2001.

phanten«[18] gehört ebenso in dieses Umfeld wie die Essays »Die weißen Inseln der Zeit«[19] mit dem Bach-Aufsatz »Herr, bin ich's?« Strukturell passt sich jede Form der Wiedergabe von etwas Selbsterlebtem in die literarische Form ein, so dass Ortheil in diesem Sinne von einem »Roman« sprechen kann. Autobiographische Schilderungen werden (trotz noch so genauer Recherchen von Ortheil in Kladden und Hefte, die er als Junge unmittelbar nach dem Erlebten schreibt) somit nicht als Realität ausgegeben, sondern als Fiktionen dargestellt. Erinnert sei in diesem Zusammenhang an den Begriff des »autobiographischen« bzw. des »episodischen Gedächtnisses«, bei dem der Neurologe und Mediziner Hans Markowitsch Anleihen bei der Literaturwissenschaft nimmt. Eröffnet ist auf diese Weise auch die Diskussion über den Konnex von kreativem, biographischem und künstlerischem Schreiben. Denn wenn man davon ausgeht, dass alle Arten des Erinnerns letztendlich der Fiktionalisierung unterliegen, so gibt es zunächst einmal keine prinzipiellen (schon graduellen oder ästhetischen) Unterschiede zwischen den erwähnten Arten des Schreibens, des Romansschreibens und des Biographieschreibens. An einigen Stellen liest sich der Roman »Die Erfindung des Lebens« folglich wie ein Kommentar zu neueren Erkenntnissen der Neurologie und Gedächtnisforschung: »Ich ertappe mich dabei, wie ich ganze Passagen dieser Notizbücher umschreibe. Ich lege neue Kladden an und komponiere die Eintragungen zu kleinen Erzählungen.«

Diese Stelle lässt sich – und so ist es von Ortheil auch gemeint – dahingehend konkret lesen und verstehen, dass der Erzähler in der Tat seine Aufzeichnungen, die ihm zu »verspannt«[20] erscheinen, im Hinblick auf die Verbesserung der Qualität umschreibt. Zugleich lässt sich das als Bild verstehen, wie wir es von Welzer[21] oder anderen gelernt haben, dass wir ständig dabei sind, unsere Erinnerungen (hier: die Aufzeichnungen) »umzuschreiben«, sprich den jeweiligen Bedürfnissen der Gegenwart, unseres Gesprächspartners, unserem eigenen Identitäts- und Geltungsbedürfnis anzupassen.

Aus dieser vermeintlichen Not macht der Erzähler in Ortheils Roman eine Tugend, d.h. er gibt auf der einen Seite gar nicht mehr vor, eine Geschichte zu erfinden, sondern er findet diese Geschichte in seiner eigenen Lebensbiographie, die er zugleich ästhetisiert bzw. literarisiert, d.h. fiktionalisiert. Das bedeutet, dass er auf der anderen Seite zugleich der Gefahr entgeht, Erinnerungen

---

18 Vgl. Ortheil, Hanns-Josef: Das Element des Elephanten. Wie mein Schreiben begann. München: Luchterhand Literaturverlag 1994.

19 Ortheil, Hanns-Josef: Die weißen Inseln der Zeit. Lektüren, Orte, Bilder. München: Luchterhand Literaturverlag 2004.

20 Ortheil, Hanns-Josef: Die Erfindung des Lebens. Köln: btb 2010, S. 568.

21 Vgl. Welzer, Opa war kein Nazi. 2003; Browning, Christopher R.: Ganz normale Männer. Das Reserve-Polizeibataillon 101 und die Endlösung in Polen. Reinbek bei Hamburg: Rowohlt 1998.

bzw. die Biographie als etwas Authentisches darzustellen, denn sie bleiben letztendlich immer Fiktion: Wir erinnern uns zu jedem Augenblick anders. »Biographisches Schreiben«, wie ich es hier auch im Hinblick auf die folgenden Hinweise zum eigenen Schreiben einmal nennen möchte, oszilliert also zwischen Faktischem und Fiktivem, und es gilt als absolute Übereinstimmung in der Forschung, dass »authentische Erinnerungen« nicht zu haben sind.

Der Autor Ortheil verleiht seinem Romanhelden den Namen »Johannes Catt« durchaus in dem Versuch, Fiktionalität herzustellen; der Klavierlehrer erhält dagegen seinen fast »richtigen Namen« Erich Fornemann statt Erich Forneberg, jenem Mann, bei dem Ortheil selbst Klavierunterricht hatte. Ortheil geht also noch nicht so weit wie etwa der schon erwähnte Gilbert Adair, der in einem seiner letzten Werke, »Und dann gab's keinen mehr. Evadne Mounts dritter Fall«[22], selbst als Figur auftaucht, ja sogar der Mörder ist.

Dieses Spiel von vermeintlicher, echter und falscher Identität ist ein beliebtes Mittel innerhalb der modernen Literatur und impliziert etwas Kriminalistisches, wie etwa bei Norbert Gstreins »Die englischen Jahre«[23] (2001), Christoph Bauers »Jetzt stillen wir unseren Hunger«[24] (2001) oder Daniel Kehlmanns »Ruhm« (2009) und »Rosalie geht sterben« , in der ein ergreifendes Gespräch zwischen dem Autor und seiner vermeintlichen Protagonistin Rosalie platziert ist:

> »Gibt es keine Chance, fragt sie mich. Es liegt doch alles in deiner Hand. Lass mich leben! Das geht nicht, antworte ich irritiert. Rosalie, was hier mit dir geschieht, ist dein Zweck. Dafür habe ich dich erfunden. Theoretisch könnte ich vielleicht eingreifen, aber dann wäre alles sinnlos! Das heißt, ich kann es eben nicht.«[25]

Es würde sich lohnen noch expliziter darauf einzugehen, hier soll der Hinweis auf das komplexe Verhältnis von (im Roman hergestellter) *Realität* und *Identität* des Autors bzw. des Erzählers jedoch genügen. Es sei dann nicht mehr die Rede vom »Tod des Autors«[26] – oder wenn dann nur noch in einem sehr konkret verstandenen Sinn: So wie Kehlmann in einem Interview darauf hinweist, dass er verschiedene Erzähl(er)perspektiven ausprobiert habe wie den toten Autor

---

22 Adair, Gilbert: Und dann gab's keinen mehr. Evadne Mounts dritter Fall. München: Verlag C. H. Beck 2008 (And then there was no one. London 2009).

23 Gstrein, Norbert: Die englischen Jahre. Frankfurt/Main: Suhrkamp Verlag 2001.

24 Bauer, Christoph: Jetzt stillen wir unseren Hunger. Frankfurt/Main: S. Fischer Verlag 2001.

25 Kehlmann, Daniel: Ruhm. Ein Roman in neun Geschichten. Reinbek bei Hamburg: Rowohlt 2009, S. 64.

26 Barthes, Roland: Der Tod des Autors [1967]. In: Jannidis, Fotis (Hrsg.): Texte zur Theorie der Autorschaft. Stuttgart: Reclam 2000; Eco, Umberto: Das offene Kunstwerk [1962], Frankfurt/Main: Suhrkamp 1973; Foucault, Michel: »Was ist ein Autor?« [1969]. In: Ders. (Hrsg.): Schriften zur Literatur. Frankfurt/Main: Suhrkamp 2003. En passant lässt sich die berühmte Formulierung Roland Barthes', wonach der »Tod des Autors« erst die »Geburt des Lesers« erzeuge, durchaus auf die vorliegende Untersuchung anwenden bzw. diese sich auf seine Idee zurückführen.

(der im übrigen auch schon in der englischen Kriminalistik, etwa in Agatha Christies »Vermächtnis«, auftritt, wenn Hercules Poirot seinen »letzten Fall«[27] schon aus dem Jenseits löst) oder den unsympathischen Autor (über weite Strecken in seinem Roman »Ich und Kaminski«[28]).

Der Erzähler wird zum Teil seiner eigenen Geschichte, insofern die Literatur auf diese Weise umgekehrt eine neue Art von Realität herstellt.[29] Es handelt sich dabei, metaphorisch gesprochen, um den alten Topos des Malers, der in sein eigenes Bild steigt und beschließt, darin zu leben. Den umgekehrten und doch diese Art und Weise bestätigenden Weg geht Ortheils Roman.

Der Löwenanteil des Plots von »Die Erfindung des Lebens« besteht aus Parallelen zu seiner biographischen Realität, worauf er in einem Interview anlässlich einer Rundfunksendung am 20. April 2010 im SWR2 hinweist[30]. Der Plot ist schnell erzählt: Es handelt sich um die Geschichte eines Jungen (im Roman Johannes Catt), der bis zu seinem siebten Lebensjahr kein Wort spricht, weil er in einer Art symbiotischer Beziehung mit seiner Mutter[31] lebt, die durch den Verlust von insgesamt vier Söhnen – zwei davon sterben während des Zweiten Weltkriegs, zwei andere werden tot geboren (die Mutter erlebt das Sterben eines ihrer Söhne aufgrund eines Granatsplitters mit) – im wahrsten Sinne des Wortes »stumm« geworden ist. Im Laufe des Romans, dessen Handlung in Köln, im Westerwald und während des ersten Aufenthalts des Protagonisten in Rom spielt und der in einer Art Parallelhandlung die Geschichte des schon älter gewordenen, nach mehr als dreißig Jahren nach Rom zurückkehrenden Schriftstellers erzählt, entwickeln sich die Haupthelden auf eine Weise, dass der Schriftsteller vor allem über die Musik und schließlich bei einem Fußballspiel die Sprache (wieder-)findet und selbst die Mutter wieder zu sprechen beginnt und sogar in ihren alten Beruf als Bibliothekarin, allerdings nicht mehr in Köln, zurückkehren kann. Einer der Söhne ist in Berlin gestorben, wohin sie aufgrund der beruflichen Tätigkeit des Vaters, der Landvermesser bei der Bahn ist, umziehen.

Als der ruhende Pol erweist sich der Vater, *das Prinzip der Sprache*, der trotz aller Schicksalsschläge nie den Glauben verliert (im wortwörtlichen Sinne des Wortes, denn er ist sehr gläubig) und mit dem der Junge viele Ausflüge in die nähere und weitere Umgebung unternimmt. Er unterweist ihn im Zeichnen und in der genauen Beobachtung der Landschaft (später auch der Menschen). Von Bedeutung erscheint aber auch der zweite Strang der Geschichte, und zwar das Motiv des Klavierspielens, das den Jungen, der schon mit vier Jahren zu spielen

---

27 Christie, Agatha: Vorhang. Hercule Poirots letzter Fall. München: Der Scherz Verlag 1976.
28 Vgl. Kehlmann, Daniel: Ich und Kaminski. Frankfurt/Main: Suhrkamp 2004.
29 Vgl. Benthien, Claudia/ Velten, Hans Rudolf (Hrsg.): Germanistik als Kulturwissenschaft. Eine Einführung in neue Theoriekonzepte. Reinbek bei Hamburg: Rowohlt 2002.
30 Abgedruckt in »Psychologie Heute«, Oktober 2010, S. 35 – 47.
31 Es sei das Prinzip der Musik, wie Ortheil sagt, das besonders starken Einfluss auf ihn ausübe.

anfängt, aus seiner misslichen Lage, unter anderem aufgrund seiner Sprachlosigkeit, erlöst.

Der Junge durchläuft eine Ausbildung bei einem berühmten Musikpädagogen, der ihn zunächst gar nicht aufnehmen wollte, und beginnt ein Musik- bzw. Klavierstudium am Konservatorium in Rom: Er hat dort und woanders einige verheißungsvolle Auftritte, und muss schließlich dennoch seine Karriere aufgrund einer Sehnenscheidenentzündung aufgeben. Kunstvoll verschlingt Ortheil dabei die Geschichte seines ersten Romaufenthalts mit der ersten Liebesgeschichte des Jungen, die fast zeitgleich mit dem Scheitern seiner Pläne als Pianist verläuft, und verknüpft die Geschichte mit der Geschichte der Aufzeichnungen des jetzt gleichaltrigen Ortheil. Dieser kehrt nach mehr als dreißig Jahren nach Rom zurück, wo er seine Geschichte aufschreiben will, der Tochter seiner Nachbarin Antonetta Klavierunterricht gibt, ihr einen großen Auftritt (auf der Straße, Auftritte in Kölner Häusern) verschafft und zum Schluss noch einmal selbst auf die Bühne gerufen wird, um noch einmal ein großes Konzert zu geben. Gleichzeitig wird die Geschichte seines Wandels vom Pianisten zum Schriftsteller erzählt.

Rom aber, das ja ähnlich wie Paris innerhalb der deutschsprachigen Literatur von Goethe bis Ingeborg Bachmann immer eine wichtige Rolle gespielt hat, bedeutet für den Protagonisten mehr als nur eine Stadt: Rom ist Kulminationspunkt, Höhepunkt und Heilort zugleich, wo er es schafft, seinen jugendlichen Ambitionen endgültig zu entsagen und gleichzeitig ein erstes und letztes Mal wieder auf einer Klavierbühne zu stehen. Das Schreibmuster Ortheils verfährt dabei nach folgendem Prinzip: Man muss nicht mehr erfinden, man verändert nur einige Details. In Ortheils Roman ist der Plot schon biographisch vorgegeben und trotzdem schon deshalb linearisiert, weil er erinnerungstheoretisch in neue Zusammenhänge eingesetzt ist. Nur Kleinigkeiten wurden verändert, etwa, dass er im Roman die *Wahrheit* über seine Familie von einem in Essen lebenden Onkel erfährt, der Pfarrer ist, während Ortheil in der Realität darüber von seinem Vater in Kenntnis gesetzt wird:

> »Mein Vater hat mir die Geschichte meiner Brüder erzählt, ganz knapp, wie einen Bericht, in nur wenigen Minuten. Aber dieser knappe, konzentrierte Bericht hatte auf mich eine ungeheure Wirkung. Er hat mein ganzes Leben verändert und bestimmt. Von einem Moment auf den anderen empfand ich mich als Mitglied einer Gemeinschaft, der Gemeinschaft meiner verstorbenen Brüder.«[32]

Der Onkel taucht in der Geschichte nicht mit konkretem Namen auf, sondern nur als Onkel, wie überhaupt der Erzähler einiges bewusst in der Schwebe hält, wie etwa auch die Beschreibung der Stadt Köln, auf die im Gegensatz zu Rom nur

---

32 Ortheil, Erfindung. 2010, S. 566.

teilweise semiotisch angespielt wird. Köln wird wie eine Kleinstadt beschrieben, weil sie dem Jungen auf diese Weise erscheint und der Autor sie aus seiner Erinnerung auch derartig darstellt.

IV.   »Die Moselreise. Roman eines Kindes« (2010)

Noch einen Schritt weiter geht der Autor in dem etwa zeitgleich erschienenen Roman »Die Moselreise«, den man an einigen Stellen als Kommentar zu »Die Erfindung des Lebens« lesen kann. Als elfjähriger wandert Ortheil zusammen mit seinem Vater die Mosel entlang von Koblenz nach Trier. Hier beginnt er mit dem täglichen Aufzeichnen seiner Erlebnisse, das er bis heute beibehalten sollte.

Bekanntermaßen zählt die Kindheitsperspektive mit zu den schwierigsten, was aber geschieht, wenn das Kind selbst schreibt und das Geschriebene erst viele Jahre später von einem inzwischen erwachsenen Mann quasi in einem direkten Verhältnis veröffentlicht wird? Man scheint zunächst geneigt, den Autor für tollkühn zu halten oder naiv, nicht zuletzt deshalb, weil er schon die Aufzeichnungen eines Kindes von neun Jahren, des Kindes, das er einmal war, als »Roman eines Kindes« bezeichnet, demzufolge das Aufschreiben bzw. Niederschreiben schon eine romanhafte Struktur vorgäbe. Es sei zunächst dahin gestellt, inwiefern man so weit gehen kann. Von programmatischer Bedeutung erscheinen hier die Bemerkungen, die Ortheil voranstellt:

> »Dagegen kämpft das Schreiben an, es erscheint wie eine leuchtende Schrift-Spur, die bezeugt, dass und wie die ›Zeit‹ sich gestaltet. Denn in den Spuren der Schrift ist das Vergehen, aber auch die Formung von ›Zeit‹ ablesbar: so ist das gewesen…, dort bin ich gewesen… Indem das Kind diese große Entdeckung macht, weiß es, dass es sich durch das Schreiben retten und am Leben erhalten kann. Es ist nun kein ›stummer Idiot‹ mehr, der Raum und Zeit kaum erlebt, sondern es ist ein ›Leser‹, der Räume und Zeiten auf sich bezieht und ihre Wirkungen auf die Wahrnehmungen protokolliert. So schafft sich das Kind seine ganz besonderen, selbst geschriebenen ›Lese‹- und ›Lebensbücher‹, und so entwirft es das ›Archiv seines Lebens‹.«[33]

An einer anderen Stelle beschreibt er die Collage-Technik seines Romans, mit der er seine Erinnerungen gestaltet:

> »Die Notate benutzte ich als Vorlage zu einer Reisererzählung, und die Schreibübungen integriere ich in diese fortlaufende, chronologisch gestaltete Erzählung in der Form von kurzen Stationen. So entstand die Reise-Collage die Moselreise: als fortlaufende Erzählung einer Reise von Vater und Sohn, aber auch als Stimmen-, Text- und Bilder-Collage des Landschaftsraums Mosel.«[34]

---

33 Ortheil, Die Moselreise. 2010, S. 10.
34 Ebd., S. 12.

Wie eine Quintessenz dieser Aussage könnte folgende Sequenz verstanden werden:

> »Durch den Vergleich mit diesen Welten konstruiert der Junge seine eigenen Welten, ja man könnte sogar sagen, dass er sie genau wie der Vater abgrenzt, vermisst, beschriftet und für sich bewohnbar macht. Dadurch aber wird die Fremde zu einem Raum, der durch den vertrauten und immer selbstverständlicher werdenden Umgang mit dem Vater allmählich seine bedrohliche Fremde nimmt.«[35]

Die romanhafte Gestaltung der Erinnerungen ermöglicht ein Betreten eines zuvor ›fremden‹ und tabuisierten Raumes. Auf diese Weise könnenden ›Geistern der Vergangenheit‹ ihre Schrecknisse genommen und das Schreiben zu einer Art von Ritual werden, um die Phantasmagorien der Vergangenheit zu bannen.

V.   Zusammenfassende Bemerkungen

An den beiden ausgewählten Romanen von Hanns-Josef Ortheil zeigt sich, wie tief die Verbindung von Realität und gestalteter Wirklichkeit (sprich: Literatur und Kunst) verlaufen kann. Es handelt sich nicht umsonst um zwei Texte, die zwei existenzielle Erfahrungen des Menschen thematisieren: hier, in der »Moselreise«, die Reise und die Vater-Sohn-Beziehung, dort, in der »Erfindung des Lebens«, der Tod der Kinder, der bei Mutter und Kind zu einem Sprachverlust führt. Diese Erfahrungen sind von einem solchen Schrecken besetzt, dass man ihnen jede Literaturfähigkeit absprechen möchte. Und doch betont der Autor, dass die Verarbeitung allein durch das Aufschreiben in Form einer wie auch immer gearteten ritualisierten Literatur geschehen konnte. Dabei scheut sich Ortheil nicht, die Person der Mutter, eines äußerst problematischen Menschen, und die sich daraus für das Kind ergebenen Verstrickungen zum Inhalt seines Romans zu machen. Die Grenze zwischen Realität und Fiktion wird zugleich auf diese Weise verschwommener. Gerade dieses Phänomen aber thematisieren moderne Hirnforscher (u. a. auch Gerhard Roth), insofern die Wände zwischen unseren tatsächlichen Erinnerungen und dem, was wir vermeintlich für Erinnerungen halten, immer brüchiger werden und wir oft gar nicht genau wissen, ob wir etwas selbst erlebt, nur geträumt oder medialisiert (durch Film oder Fernsehen) erfahren haben. An dieser Stelle setzt nun gerade das Schreiben eines Schriftstellers an, der sich keinesfalls hinter seiner Kunst verstecken will und zugleich von der Komplementarität einer gestalteten wie erlebten Wirklichkeit ausgeht. So wird jedes biographische Erinnern zur Fiktion, wie umgekehrt der Fiktion Elemente der Wirklichkeit inkorporiert werden. Auf diese Weise setzt

---

35 Ebd.

sich beim Leser ein Erkenntnisprozess in Gang, der nicht mehr zwischen der reinen Realität und der Kunst zu unterscheiden weiß. So werden wir der Fiktionalisierungen unserer Erinnerungen gewahr sowie der realitätsprägenden Strukturen in der Fiktion. Auf diese Komplementarität aufmerksam gemacht zu haben, ist das Verdienst Ortheils.

Klaus Hammer (Berlin / Koszalin)

Individualgeschichten in der Zeitgeschichte –
Zum Prosawerk von Christoph Hein nach der Wende

Christoph Hein versteht sich als Chronist seiner Zeit, der durch seine nüchternen Berichte über eine subjektiv erlebte Welt System- und Zivilisationskritik
übt. Es gibt keine absolute Wahrheit, nur durch die vielstimmigen subjektiven
Blickwinkel seiner Figuren – jede Figur erfährt eine andere Geschichte und
Wirklichkeit – fasst er im Sinne der Benjaminschen Geschichtsvorstellung den
Einzelnen als Subjekt seiner persönlichen Geschichte ins Auge, lässt ihn nicht
zum Erfüllungsgehilfen objektiver historischer Gesetzmäßigkeiten und somit
selbst Objekt werden. Er bereitet die offiziellen faktischen Vorgaben zur Geschichte auf, schreibt selbst Geschichte und Geschichten aus der Sicht der Außenseiter, der Opfer und Besiegten, mögen sie auch Anpasser und Aufsteiger
sein, oder lässt sie von seinen Figuren erzählen. In den meisten Fällen legt er
ihnen einen kritischen Subtext unter. Mit der Kritik am jeweiligen Staatssystem
und der Gesellschaftsform – der untergegangenen sozialistischen wie gegenwärtig westlichen, der geschlossenen wie offenen Gesellschaft – hält Hein dem
Leser immer auch den gegenwärtigen Stand unserer Zivilisation mit ihrer
Fremdbestimmung vor Augen, die gleichermaßen für die Deformierungen des
Individuums verantwortlich sei wie die Ausprägungen eines politischen Systems.

Den Westberliner Rechtsanwalt Wörle im »Napoleon-Spiel« (1993) umgibt
wie die Ostberliner Ärztin Claudia aus »Der fremde Freund« (1982) eine un-
durchlässige Drachenhaut aus absoluter Gleichgültigkeit ihren Mitmenschen
gegenüber, die dem Schutzmechanismus des »Tangospielers« Dallow (in der
gleichnamigen Erzählung von 1989), sich über alles zu belustigen, oder dem
radikalen emotionalen Rückzug Horns bis zur totalen Einsamkeit (in dem
Roman »Horns Ende«, 1985) nur allzu ähnlich ist. Doch was bei Heins Figuren
aus der DDR-Zeit höchste Verletzbarkeit angesichts nicht mehr lebbarer,
fremdbestimmter Gegenwart signalisiert, verweist bei dem im Westen lebenden
Wörle auf die totale Vereinsamung des einzelnen, der in einem individualisti-
schen System sich selbst überlassen bleibt und für sein Leben keinen Sinn zu
entwickeln vermag. Seine innere und äußere Leere füllt er mit seiner Art von

›Spielen‹ aus, die er so plant, dass sie ihn bis zu seinem Lebensende beschäftigen, damit er nicht unversehens einen Freiraum hat, in dem er mit sich allein bleibt.

»Das Napoleon-Spiel« ist eigentlich ein langer Brief des Angeklagten Wörle, eines Juristen von Hause aus, an seinen Verteidiger, Herrn Fiarthes. Dieser soll dem des Mordes angeklagten Zunftkollegen noch vor der Hauptverhandlung zu einer Entlassung aus der Haft verhelfen. Was war geschehen? Wörle hat am 12. Mai 1988 einen Mord in einer West-Berliner U-Bahn ausgeführt. Mit einem Billardstock wurde der Kaufhausangestellte Bernhard Bagnall umgebracht, der dem Mörder nahezu unbekannt war. Das Opfer ist »…das perfekte Neutrum. Die Tötung erfolgte zwar in aller Öffentlichkeit, dennoch war ich erstaunt, dass sein plötzliches Verschwinden so rasch bemerkt wurde«.[1] Der Roman ist eine Lebensbeichte als Sprachkunstwerk in einer stupenden Mischung aus zynischen Apercus, Selbstdarstellung und einer egozentrischen Lebensphilosophie des Spiels, die ihre Vorbilder nicht verleugnet. Er ist eine Art westdeutscher Erfolgsgeschichte: Wörle als kindlicher Verführer der väterlichen Arbeiterinnen, als Organisator eines florierenden Briefmarkenhandels in der Schule, als junger Anwalt in der Kleinstadt, als Graue Eminenz der West-Berliner Politik, als begnadet-perfekter Billardspieler. Je erfolgreicher er ist, umso groteskere Herausforderungen sucht er. Alle Spielzüge plant er im Billardzimmer seines Sylter Ferienhauses.

Heins Grundeinfall: Das Leben als pures Spiel mit immer höherem Einsatz. Die Sucht nach dem immer Neuen, die durch Erfüllung nicht befriedigt, sondern nur auf neue Objekte gelenkt wird, taugt zur Metapher für den Alltag einer durch alternative Ideologien nicht länger gebändigten Industriegesellschaft. Die Wörlesche Lebenschronik gerät passagenweise zur modellhaften Chronik der letzten 50 Jahre. Der Ich-Erzähler ist mit kaum noch identifizierbaren Bruchstücken seiner eigenen Biographie ausgestattet. Hein hat hier die Technik der Rollenprosa perfektioniert. Wo bei Claudia im »Fremden Freund« und Spodeck in »Horns Ende« noch zwischen den irritierend-kompromisslosen Figuren-Standpunkten die Moral des Autors hervorblitzte, passt hier das Zyniker-Kostüm wie maßgeschneidert.

Eigentlich wollte Hein Geschichten ohne Botschaft schreiben, nach dem Marxschen Motto, dass man den versteinerten Verhältnissen ihre eigene Melodie vorspielen müsse, um sie zum Tanzen zu bringen.[2] Doch Erinnerungen und Ausblicke reduzieren sich auf den Überdruss am Bekannten und die Angst vor

---

1 Hein, Christoph: Das Napoleon-Spiel. Ein Roman. Berlin, Weimar: Aufbau Verlag 1993, S. 134.
2 Hein, Christoph: »Ich bin der Leser, für den ich schreibe«. Ein Gespräch mit Frauke Meyer-Gosau. In: Text + Kritik. Heft 111: Christoph Hein. München 1991, S. 89.

der Wiederholung. Hoffnung oder gar Utopie kommen nicht mehr vor; die Dimension der Geschichte scheint weggebrochen.

Mit der immer wiederholten These, seine Figuren seien Warn- oder Provokationsfiguren, will Hein nichts zu tun haben.[3] Im »Napoleon-Spiel« könnte es um einen Vergleich zwischen »offener« und »geschlossener« Gesellschaft gehen und was das für den einzelnen bedeuten könnte. Man muss in einer »offenen Gesellschaft« mit ihren Freiheiten nicht unbedingt glücklicher sein als in einer »geschlossenen« (und hier wird man wohl mit Hein nicht übereinstimmen). Die DDR als »geschlossene« Gesellschaft mit den vielen einzuhaltenden Spielregeln war so etwas wie ein großer Abenteuerspielplatz. Die gegebenen Verhältnisse provozierten ständig zum Überschreiten der Grenze oder zum Überschreiten von Ritualen. Das verschaffte dem einzelnen Erfolg, selbst im Misserfolg. In einer »offenen« Gesellschaft ist das ganz anders, das macht Wörle deutlich: Er wirft ihr in seinen philosophischen Denk-Monologen vor, dass sie in dem Augenblick, da sie ihr Knecht-Dasein verliert, nicht glücklicher sei.

Bewusstwerdung – sagt Hein – ist eine Voraussetzung für Veränderung.[4] Muss man in der Tat bei Wörle nicht fragen: Je bewusster desto schlimmer wird es für den einzelnen?[5]

Kruschkatz äußert über Horn, dass er für seinen Tod bestimmt gewesen sei »wie ein Ochse für den Schlachthof«. Für ihn war Horn nicht »lebenstüchtig«, denn er war »für ein Leben unter Menschen nicht geeignet«.[6] Für Wörle ist es gerade Kennzeichen »des Menschen«, nicht allzu selbstlos zu sein. Darum ist für ihn nicht der Selbstsüchtige das Monstrum, sondern eher der mildtätige Urwald-Doktor. Denn der bleibt die Ausnahme. Wörle: »Die kleine Schäbigkeit, die uns einen Vorteil bringt, kennzeichnet sie nicht genauer das Menschliche?«[7]

Kruschkatz betont, dass es mehrere, einander widersprechende Wahrheiten gibt.[8] Spodeck vergleicht das Bewusstsein mit 1000 Spiegeln, von denen jeder tausendfach gebrochen ist.[9] Das kommt der Struktur eines Puzzle, eines Gewebes, eines Mosaiks, einer Pastiche gleich.

»Das Napoleon-Spiel« endet damit, dass ein neues Spiel einsetzt. Wörle verlangt das Manuskript zurück und will es einem vermeintlichen Schriftsteller geben, der es dann unter seinem Namen veröffentlichen wird. Kunst ist in die-

---

3 Vgl. Gansel, Carsten: Implosion und Sinndefizit. Gespräch mit Christoph Hein. Deutschunterricht. Berlin 1992, S. 3.

4 Hammer, Klaus: Gespräch mit Christoph Hein. In: Klaus Hammer (Hrsg.): Chronist ohne Botschaft. Ein Arbeitsbuch. Berlin und Weimar:Aufbau Verlag 1992, S. 11 ff.; Gansel, Implosion. 1992, S. 5.

5 Vgl. ebd., S. 5.

6 Hein, Christoph: Horns Ende. Berlin und Weimar: Aufbau Verlag 1985, S. 86.

7 Hein, Das Napoleon-Spiel. 1993, S. 143.

8 Hein, Horns Ende. 1985, S. 26.

9 Ebd., S. 279 f.

sem Sinne vollendetes Spiel. Kunst verarbeitet Wirklichkeit aber auch mit Verkehrungen und Spiegelungen und nicht in purer Form wie bei einer Rede oder einem Essay. Die ersten Notizen zum »Napoleonspiel« entstanden seit November 1982. Den Typus Wörle habe er auch schon früher in der DDR getroffen, sagt Hein. Wörle ist das glücklichere Pendant zu Claudia, die aufgrund des Überdrusses im gesellschaftlichen *circulus vitiosus* dem Selbstmord nahe schien. Wörle kann zwar der Überdruss umbringen, aber für Selbstmord ist er nicht der Mann: Er hat noch genügend Spiele auf Lager. Wörles Sorge ist nur, als banaler Mörder verurteilt zu werden. Denn durch den Bezug auf Napoleon ist er mehr als Wörle. »Wenn wir einen Verlust erleiden, hilft es zu sagen: Wir haben nicht verloren, sondern wir sind Opfer. Ein Opfer ist etwas Heroisches«.[10] Es ist sehr hilfreich, wenn Wörle so ein Wort wie »Solidarität«, »Barmherzigkeit« oder Gemeinschaftssinn gänzlich fehlt. »Gnade dem, der Mitleid hat!«[11] Wörle akzeptiert nicht die Grenzen der Freiheit und nicht das menschliche Leben als Wert: Ich bin so frei, jemanden auch zu erschlagen. Asozialität und Freiheit haben miteinander zu tun. Der Gebrauch von Freiheit schließt den Missbrauch immer mit ein. Wörle handelt folglich aus Langeweile, zu erklären aus dem deformierten Zustand der Zivilisation.

Von seiner »Nenn-Tante« Magdalena und seiner Familie hat der Pfarrerssohn Daniel »schon immer erzählen wollen, doch jedes Mal, wenn ich versuchte, darüber zu sprechen, musste ich feststellen, dass die Geschichten in meiner Erinnerung merkwürdige Lücken hatten, ein regelrechter Mottenfraß«.[12] Der autobiographisch geprägte Roman »Von allem Anfang an« (1997) erzählt neun Episoden aus der Ich-Perspektive eines Pubertierenden, die durch die Ironie des Erzählers gebrochen wird.[13] Wahrheit und Lüge ist ein spezielles Thema, nicht nur für den heranwachsenden Daniel, sondern selbst der Vater, der seine Kinder zur Aufrichtigkeit erzogen hat, muss zur Lüge, zur »dicken, fetten Lüge«,[14] wie Daniels Schwester Dorle kommentiert, greifen, als er vom Volkspolizisten nach dem Wohnsitz seines ältesten Sohnes David – West-Berlin – gefragt wird.

Im Mittelpunkt stehen die Erwartungen und Enttäuschungen eines Zwölf- bis Fünfzehnjährigen innerhalb von zwei, drei Jahren, die er Mitte der 1950er Jahre in einem kleinen sächsischen Ort verbracht hat. Er stellt seine Fragen an das Leben, bekommt sie nicht immer von den Erwachsenen beantwortet und macht

---

10 Hein, Das Napoleon-Spiel. 1993, S. 159.
11 Ebd., S. 164.
12 Hein, Christoph: Von allem Anfang an. Berlin: Aufbau 1997, S. 10.
13 »Ein gar nicht nostalgischer Rückblick auf die frühe DDR«, schreibt Volker Hage in Der Spiegel 35/1997 (25.08.1997). Vgl. auch Matt, Peter von in: Frankfurter Allgemeine Zeitung vom 14.10.1997, Leipprand, Eva in: Stuttgarter Zeitung, wikipedia.de, Wagner, Horst in: Berliner Zeitung vom 20.09.1997.
14 Hein, Von allem Anfang an. 1997, S. 178.

deshalb seine eigenen Entdeckungen und Erfahrungen als Aufpasser bei Jochen und Pille, als unerwarteter Zeuge bei Kade und seiner Geographielehrerin Frau Blüthgen sowie als Zuschauer beim Tanz Mareikes. Immer dann, wenn er eine neue Lebenserfahrung macht, wenn er etwas Neues zu entdecken glaubt, wird ihm bedeutet, zu verschwinden. Er stört. Wunderschön, zu welchen Schluss-folgerungen er gelangt, über die Bestimmer, die den Großvater seines Inspek-torpostens entheben, weil er nicht in die Partei eintreten will, die dem mutig intervenierenden Vater das geistliche Amt schwer machen, über die Beziehung von Erotik und Partei, als er hört, dass Pille in die Partei eintreten will, über den Evangelisten Lukas in der Marienkirche, die Schlummernde Venus in der Dresdner Gemäldegalerie. Am Ende werden Überlegungen über Weggehen oder Bleiben angestellt, und es bleibt durchaus offen, zu welchen Entscheidungen Daniel gelangen wird. Daheim zu bleiben, hieße, sich dem gleichen Ablauf des täglichen Geschehens auszuliefern. Aber garantiert das Fortgehen wirklich, dass man der vollkommenen Ereignislosigkeit entflohen ist?

Der Roman ist eine recht kunstlose, unkomplizierte Aneinanderreihung von Geschichten und Begebenheiten, lose verknüpft durch die eingangs bekundete Absicht, nach West-Berlin zu gehen, die am Schluss noch einmal infrage gestellt wird. Dann setzt die Rückblendetechnik ein, indem aus der Perspektive des 13-jährigen pubertierenden Jungen erzählt wird, und zwar in einem Spannungsfeld der Jugendlichen wie Erwachsenen. Die Geschichten weisen »Lücken« auf[15], sie setzen abrupt ein und brechen ebenso abrupt ab. Sie geben allenfalls Andeu-tungen, Hinweise, Indizien, nie aber Lösungen, Erklärungen oder Schlüsse. Die Knaben-Perspektive, für den die Welt sich in einer fragmentarischen Zusam-menschau, in einer Splitterung ergibt, bleibt in jedem Fall gewahrt.

»Alles, was ich erreichen konnte, habe ich erreicht. Ich wüsste nichts, was mir fehlt. Ich habe es geschafft. Mir geht es gut«[16], war Claudias Devise. »Die gesamte Zivilisation ist eine Verdrängung«.[17] Wem es gelingt, sich damit abzufinden, dem geht es gut in dieser Zivilisation. Aber der dafür in Gestalt emotionaler Selbst-verstümmelung zu zahlende individuelle Preis ist ungeheuer hoch.

Ein vorzügliches Lebensarrangement hat sich auch der Ingenieur Willen-brock in dem gleichnamigen Nachwenderoman (2000) zurechtgelegt. In der Gegenwart hat er es geschafft, die Vergangenheit geht ihn nichts mehr an. Und doch gibt es etwas, was den ausgeglichenen Techniker Willenbrock aus dem Gleichgewicht bringt (die Diebstähle auf seinem Autohof, die Einbrüche in sein Haus). Nicht die Angriffe auf sein Eigentum erschüttern ihn. Was ihm aus den Fugen gerät, ist das Vertrauen in eine Grundübereinkunft, die zu den histori-

---

15 Ebd., S. 10.
16 Hein, Christoph: Der fremde Freund. Novelle. Berlin, Weimar: Aufbau Verlag 1982, S. 212.
17 Hammer, Gespräch mit Christoph Hein. 1992, S. 11 ff.

schen Errungenschaften der Zivilisation gehört: Dass der einzelne, der ein
Unrecht erlitten hat, die Garantie erhält, dass der Staat den Rechtsbruch ahndet,
dadurch die Interessen der Geschädigten vertritt und die verletzte Ordnung
wiederherstellt. In der Modellierung seiner Figur Willenbrock macht Hein einen
gesellschaftlich schwer greifbaren Prozess sichtbar, der über viele Zwischen-
schritte zur Aufkündigung dieser zivilisatorischen Grundübereinkunft führt.
Nichts hat Willenbrock prädestiniert, eines Tages zum Anhänger gewalttätiger
Vergeltung zu werden. Er legt sich eine fabrikneue Smith & Wesson (300 DM) zu,
die ein merkwürdiges Eigenleben entwickelt, je länger er sie herumträgt. Hein
zeichnet das Bild eines Erosionsprozesses, der die zivilisatorische Errungenschaft der Rechtsordnung im Zeichen allseits geschürter Kriminalitätshysterie
zu erfassen beginnt. Es geht nicht immer nur um Deutschland mit seinen Ost-
West-Verwerfungen, es geht um Verwerfungen innerhalb der gesamten westlichen Zivilisation. Es vollzieht sich in der Figur Willenbrock ein innerer Umbau,
den er eher über sich ergehen lässt, als dass er ihn bewusst in die Wege leitet. Am
Ende macht es ihm Spaß, »eine richtige Waffe zu besitzen«.[18]

Äußerlich eine Erfolgsgeschichte: Der Autohändler Willenbrock hat es geschafft, er ist ganz in der westlichen Gesellschaft angekommen. Seine Smith &
Wesson schützt ihn besser als die Verfassung des Rechtsstaates. Die »einzigartige« Erfahrung des Umbruchs, des Entschwindens einer Welt und des Neu-
Einrichtens ist in ihrer Alltäglichkeit bisher kaum so beschrieben worden –
diesem Vorgang nimmt Hein in seinem Nachwende-Roman das Aufregende,
Einzigartige, Unerhörte: er beschreibt ihn als etwas durchaus Normales und
reißt doch die Hintergründe auf, die psychische Beunruhigung, die fehlenden
Sicherheiten, die Willenbrock zur Selbsthilfe greifen und ihn zum Täter werden
lassen. Willenbrock ist eine Selbsthelfer-Figur, ein moderner Michael Kohlhaas,
nur wird er nicht wie bei Kleist als »einer der rechtschaffensten zugleich und
entsetzlichsten Menschen seiner Zeit«[19] vorgestellt, sondern als ganz gewöhn-
licher Zeitgenosse, der schnell wieder auf die Beine kommt und in dieser un-
sicheren Übergangzeit zur individuellen Selbsthilfe greift.

In seinem Provinzroman »Landnahme« (2004) greift Hein erneut auf den
literarischen Außenseitertyp zurück, der aber bezeichnende Merkmale der
DDR- und Nach-DDR-Gesellschaft offenbart.[20] Als zehnjähriges Flüchtlingskind

---

18 Hein, Christoph: Willenbrock. Roman. Frankfurt/Main: Suhrkamp 2000, S. 319.
19 Kleist, Heinrich von: Werke in zwei Bänden. Ausgewählt und eingeleitet von Helmut Brandt.
   Bd. 1. Weimar 1961, S. 81.
20 Als Zeit-, Provinz- und auch DDR-Roman bezeichnet ihn Ursula März in: Die Zeit vom
   29.01.2004; Martin Krumbholz sieht hier »die entscheidenden Prozesse in den gesellschaftlichen Mikrostrukturen wirken, gewissermaßen unterirdisch, informell, als eine Art
   Gegenpolitik zur offiziellen.« In: Neue Zürcher Zeitung vom 03.02.2004; für Jörg Magenau
   ist er »der große Deutschlandroman.« In: Die Tageszeitung vom 24.01.2004; für Manuel

kommt Bernhard Haber mit seinen Eltern aus Breslau in die sächsische Kleinstadt Guldenberg, die wiederholt der Schauplatz Heinscher Werke ist. Man begegnet den Vertriebenen mit Ressentiments. Ein Jahr, nachdem Bernhards Vater,
ein kriegsinvalider Tischler, begonnen hat, sich eine kleine Werkstatt einzurichten, brennt sie ab. Bernhards Hund, »sein einziger und wirklicher Freund«[21],
wird umgebracht. Das reicht, um seinen Willen auf ein einziges Ziel zu richten:
es Guldenberg zu beweisen. Und das gelingt ihm, wobei er in seinen Mitteln
nicht wählerisch ist. Am Ende steht er auf der Rathaustreppe und dirigiert das
Karnevalstreiben; er ist Stadtrat, Villenbesitzer, geschäftstüchtiger Unternehmer. Er hat es geschafft, ist oben angekommen. »Eigentum zivilisiert«, sagt
Hein.[22] Haber ist jetzt Besitzender, er wehrt sich nicht mehr. Weil er dann erst
recht ausgestoßen und alles verlieren würde. Keiner von uns kommt ohne De-
formationen durchs Leben. Das ist das Leben – Formation und Deformation.

Aber er ist, immerhin die Hauptfigur, im Grunde auch verschlossen gegenüber der Romanerzählung. Denn diese setzt sich aus fünf Einzelerzählungen
zusammen, jede betitelt mit einem Namen der über Haber Berichtenden: den
Schulgefährten Thomas Nicolas, die Geliebte Katharina Hollenbach, Bekannte
und Geschäftskollegen.[23] Sie berichten von Habers Lebenslauf, es sind Erzählungen, die absichtsvoll kein Ganzes ergeben, sich überschneiden und ergänzen
oder widersprechen. Die fünf kramen heraus, was sie von Haber wissen – und sie
wissen im Grunde über ihn wenig oder nichts. Eigentlich berichten sie mehr
über sich selbst als über diesen, so dass er inmitten der Fülle des Konkreten
merkwürdig abstrakt bleibt, ein »Mysterium«, das die fünf Erzähler umkreisen.

Geschichte wird als etwas Unwiederbringliches aufgefasst, von dem man im
Vorgang des Erinnerns bzw. des Erzählens nur ein verschwommenes, vielfach
durch die eigenen Prägungen und Wahrnehmungsmöglichkeiten gebrochenes
Bild erhält. Geschichte ist bei Hein also immer subjektive Konstruktion, keine
objektiv gegebene, feste und unveränderliche Größe. Diese Position vertreten
sowohl die Figuren Claudia im »Fremden Freund« (»Die Vergangenheit ist nicht
mehr auffindbar. Es bleiben nur die ungenauen Reste und Vorstellungen in uns.

Karasek stellt er »ein Sittenbild der DDR, das genau und liebevoll das Leben der Menschen
festhält«, dar. In: NZ Netzeitung vom 16.02.2004; für Hans-Peter Kunisch hat Hein hier
»erzählerisch ein ungemütliches Land besiedelt und eine DDR entdeckt, die ihre Altlast – den
dumpfen Umgang mit Fremdem – lange schon mit sich schleppt.« In: Der Tagesspiegel vom
26.02.2004, während der Roman für Peter Richter nicht nur die Ost-, sondern auch die
Westperspektive einfängt. In: FAZ vom 22.02.2004.

21 Hein, Christoph: Landnahme. Roman. Frankfurt/Main: Suhrkamp 2004, S. 29.
22 Interview von Daniel-Dylan Böhmer mit Christoph Hein: »Es wird eine Armut geben, die
   Empörung auslöst.« In: Spiegel Online vom 09.04.2004.
23 Zu den Figuren und Figurenkonstellationen ausführlich Flad, Helmut (Hrsg.): Litera Nova.
   Unterrichtsmodelle mit Kopiervorlagen. Christoph Hein: Landnahme. Erarbeitet von
   Swantje Rehfeld. Berlin 2008.

Verzerrt, verschönt, falsch«, heißt es hier[24]) als auch Dr. Horn in »Horns Ende« (»Was ist denn Geschichte anderes als ein Teig von Überliefertem, von willkürlich und absichtsvoll Erhaltenem...«[25]). Hinter dieser skeptischen Geschichtsauffassung steckt der Zweifel an der Authentizität jeglicher autoritativen Geschichtsschreibung. Geschichte erscheint vielmehr stets im gebrochenen Spiegel des menschlichen Bewusstseins.

Heins Roman veranschaulicht diese Erfahrung der Simultanität in sprachlicher Form; er eröffnet verschiedene Dimensionen der Lebensgeschichte des Flüchtlingskindes Bernhard Haber, keiner jedoch ist als einer endgültigen zu trauen, vielmehr vervielfältigt sich die Geschichte des Einzelnen in einem Geschichtenkosmos und zeigt die Relativität des Individuums. Die Leser unterwerfen sich nicht einem gültigen, autoritativen Blick, sondern sind gezwungen, die von ihnen selbst zu entschlüsselnde und individuell zu variierende Bedeutungsvielfalt zu erschließen.

Hein, der Chronist ohne Botschaft, schrieb mit »In seiner frühen Kindheit ein Garten« (2004, der Titel variiert einen Zauberspruch der britischen Poetin Iris Murdoch) ein politisches Buch.[26] Kaum verschlüsselt erzählt er vom Kampf der Eltern des RAF-Terroristen Wolfgang Grams gegen die Behörden, weil Polizei und Justiz angeblich verschleiern, wie Grams 1993 zu Tode kam. Er stellt sich in die Tradition des zu seiner Zeit umstrittenen Buches von Heinrich Böll, »Die verlorene Ehre von Katharina Blum«. Und auch die junge Frau, die von einem Polizeikommando überrascht wird und sich ohne Gegenwehr ergibt – als Terrorismusverdächtige wird sie in eine Einzelzelle gesperrt und fürchtet sich davor, »in den Wahnsinn abzustürzen, der meine kleine Zelle von allen Seiten umschließt«[27] –, heißt bei Hein Katharina Blumenschläger. Während Bölls Ka-

---

24 Hein, Der fremde Freund. 1982, S. 139.

25 Hein, Horns Ende. 1985, S. 228.

26 Zu höchst widersprüchlichen, in der Mehrheit ablehnenden Auffassungen über diesen Roman gelangen Jens Jessen in: Die Zeit vom 03. 02. 2005 (für ihn lautet die Grundthese des Romans: »Der Kampf der Terroristen war schmutzig, weil der Staat schmutzig war«), Roman Bucheli in der Neuen Zürcher Zeitung vom 01. 02. 2005 (»haarscharfes Schrammen am Kitsch«), Ijoma Mangold in der Süddeutschen Zeitung vom 15. 03. 2005 (»Christoph Hein besichtigt die späten Tage der RAF und erfindet eine falsche Geschichte«), Martin Lüdke in der Frankfurter Rundschau vom 29.01. 2005 (er sieht hier »ein ›Lehrstück‹, aber eines, das uns sowohl ›anrührt‹ als auch ›angeht‹«) und Gerrit Bartels in Die Tageszeitung vom 28.01. 2005 (Hein sei »mehr um engagierte Argumentation bemüht, als um komplexe, glaubhafte Figuren«). Für Wolfgang Höbel (Der Spiegel 4/2005) ist die Botschaft des Buches: »Das Unglück dieser Eltern ist auch eine Tragödie des Staates, in dem sie leben«. Vgl. auch Bernhardt, Rüdiger: Interpretation zu Christoph Hein »In seiner frühen Kindheit ein Garten«. Königs Erläuterungen und Materialien. 2010; Schurf, Bernd und Andrea Wagener (Hrsg.): Christoph Hein: In seiner frühen Kindheit ein Garten. Kopiervorlagen. Erarbeitet von Markus Bente und Klaus Wehner. Berlin 2010.

27 Hein, Christoph: In seiner frühen Kindheit ein Garten. Frankfurt/Main: Suhrkamp 2005, S. 166.

tharina Blum eine fiktive Person war, die unschuldig ins Mahlwerk einer Hysterie gerät, sind Heins Katharina Blumenschläger und ihr Kampf- und Liebesgefährte Oliver Zurek realen Personen nachgebildet – Birgit Hogefeld und Wolfgang Grams –, die im Namen der RAF gemordet haben. Richard Zurek, der Vater des toten Terroristen, aus dessen Perspektive Hein erzählt, sieht ein Komplott der Obrigkeit, mit der die Wahrheit vertuscht werden soll: Sein Verdacht ist, dass »sie meinen Sohn, der verletzt und wehrlos am Boden lag, heimtückisch ermordet haben«.[28] Wie den Eltern der Verlust des Sohnes das Leben vergiftet, wie jede Verrichtung zur Qual wird, wie man in der Hinterlassenschaft des Toten Trost sucht, das hat Hein mit großer Eindringlichkeit dargestellt. Aber wenn er aus dem Urteil des Landgerichts Bonn den Anwalt Richard Zureks die Schlussfolgerung ziehen lässt: »Und da sämtliche Untersuchungen eingestellt wurden, ist er heute vor dem Gesetz völlig schuldlos«[29], wirkt Heins Argumentation wenig überzeugend.

Die scheinbare Genauigkeit der Heinschen Erzählungen trügt. Wichtige Unstimmigkeiten werden nicht erklärt oder aufgelöst. Dementsprechend unterschiedlich kann man Heins Geschichten deuten: als Modell scheiternder Kommunikationsversuche oder falscher Einschätzungen von Informationen und Erfahrungen, als Einbruch des Irrationalen (die unerledigte Kränkung wie in »Landnahme« oder ein begangener Verrat wie in »Frau Paula Trousseau« werden zum Trauma, zum Mysterium) in die Rationalität, als Beispiel für Fehlleistungen (»Das Napoleonspiel«) oder auch für die finstere Komik des Aufsteigers bzw. Versagers (»Willenbrock«). Sie erzeugen den »Sog unheimlicher Erwartung«, der Retraumatisierung, die bei den Figuren »in der durch die Gegenwart geisternden Vergangenheit Gestalt annimmt«.[30] Heins Geschichten schauen auf Kränkung zurück und dem Schrecken entgegen, ob er nun eintrifft oder nicht. Ebenso verwirrend ist die Erzählperspektive: Im Stil eher auktorial, sind die Geschichten doch in der Perspektive ihrer Figuren eingerichtet – die aber wird ständig widerlegt. Der kreisförmigen Einengung seiner Figuren setzt Hein dann aber auch wieder Momente punktueller Durchbrechung entgegen.

So scheinen Vieldeutigkeit und Widersprüchlichkeit das Verhältnis zwischen Autor, Text und Leser insgesamt zu bestimmen. Heins Erzählmethode besteht oft im dialektischen Wechsel zwischen Entwürfen einer vorgestellten Wirklichkeit und der Problematisierung bzw. Widerlegung dieser Entwürfe. Der Leser sieht sich durch den Text ständig aufgefordert, einen Sinn zu ermitteln; beim weiteren Lesen aber werden die sinngebenden Akte fortwährend in Frage gestellt. Damit ließe sich auch Heins Stellung zwischen Tradition und Moderne erklären. Oft hat

---

28 Ebd., S. 133.
29 Ebd., S. 261 f.
30 März, Ursula: Ein prächtiger Außenseiter. In: Die Zeit vom 29.01.2004.

er alte Erzählformen nachgeahmt oder umgeschrieben (Hebel, Kleist, Kafka u. a.). Diese Geschichten veranschaulichen fundamentale Wahrheiten über das Leben und überliefern sie zur Belehrung. Zur jüdischen Tradition Kafkas gehörte dabei die jahrhundertealte Folge von Auslegungen und der Streit um die gültige Deutung. Auch Hein scheint die Dialektik der Suche nach Wahrheit bzw. der Vermittlung von Wahrheit in seinem Denken und Erzählen nachzuvollziehen: Erzählung, Auslegung und Zweifel rufen sich gegenseitig hervor.

Heins Leser sollte deshalb nicht versuchen, einen feststehenden ›Sinn‹ hinter den Erzählungen zu finden, sondern die erzählte Geschichte als Vorgang des Erzählens, der Sinnsuche und der Problematisierung mit zu vollziehen. Dass er dabei sein Lebensgefühl wiederfinden kann, hat sicherlich mehrere Gründe. Einmal entspricht diese Erzählweise und Verstehenserfahrung den krisenhaften Wirklichkeitserfahrungen der Zeit. Zum anderen geben die Erzählungen dem Leser Spielraum für die Projektion eigener Erfahrung. Schließlich zeichnen sich darin Grundmuster der konkreten Erfahrung ab. In den typischen Situationen des Alltags- und Familienlebens, den Partnerbeziehungen, der Berufstätigkeit, der Beziehungen zur sozialen Umwelt oder ihren Institutionen (wie Arbeitsstätte, Justiz, Regierung usw.) findet der Leser seine Rollenerfahrungen als Individuum und als Sozialwesen wieder, vor allem die, dass das Individuum sich in seiner Umwelt verunsichert oder gefährdet fühlt, dass es in einen Rechtfertigungszwang gerät oder dass die soziale Verständigung nicht gelingt. Darin vor allem hat Hein offenbar wesentliche soziale Strukturen und Probleme der Gegenwart und die gesellschaftliche Erfahrung der Entfremdung erfasst. Besonders eindrucksvoll sind in dieser Hinsicht die Bilder labyrinthischer Verstrickungen und vergeblicher Anstrengungen des einzelnen.

Heins realitätsvertrautes Erzählen, seine Ästhetik der Unauffälligkeit, des Gewöhnlichen und Alltäglichen kontrastiert auf eigentümliche Weise mit den Realitätsextremen, den Ungeheuerlichkeiten, von denen seine Geschichten ausgehen oder auf die sie zulaufen: Gewalt und Gewalttaten, Barbareien und Pathologien. Der Spieler Wörle legt aus der Haft heraus dar, weshalb sein Denken und Handeln auf einen Willkürmord hinauslaufen musste. Willenbrock wird Zug um Zug in eine Art Bürgerkrieg verwickelt. In »Landnahme« zünden sich Geschäftskonkurrenten gegenseitig die Betriebe an oder stehen in Verdacht, dies tun zu wollen. Jahre nach dem Tod von Bernhard Habers Vater bestätigt sich, was der Sohn schon immer ahnte und was ihn am meisten umtrieb: Sein Vater wurde von Guldenbergern ermordet.

Auch Paula Trousseau in dem gleichnamigen Roman von 2007 scheitert in ihrem Lebensentwurf, wie sie an den Verhältnissen in der DDR scheitert: als Frau und als Künstlerin. Bereits die Ärztin Claudia fühlte sich gegen »alles gewappnet«, sie glaubte sich allein stark, weil sie sich in ihre »unverletzbare Hülle« zurückgezogen hatte.[31] Tatsächlich aber blieb ihr Leben ohne Leben. Die Diagnose, die Hein damals – 1982 – stellte, Entfremdung, Kälte, Liebesunfähigkeit, wird jetzt als eine fortlaufende Entwicklung vorgeführt, komplexer, widersprüchlicher, lebensnäher.[32] Dabei besteht durchaus eine Verwandtschaft von Claudia und Paula. So sagt Paula: »Nein, die Arbeit ist für mich alles. Und es gibt keinen Menschen, mit dem du Hoffnungen verbindest?«, worauf ihre Freundin fragt: »Von dem du träumst? Gott bewahre, sagte ich nur und lachte laut auf«.[33] Während Claudia als Ärztin ihre Patienten nur beschwichtigt, sie hinsichtlich ihrer Krankheiten belügt, um sich mit ihnen keinen Ärger einhandeln zu müssen, zählt für Paula nur ihre Arbeit als Malerin. Nach schrecklichen Erfahrungen im Elternhaus – mit einem autoritären Vater und einer zwischen Alkohol und Suizidversuchen tendierenden Mutter – will Paula, so hält sie zu Beginn ihres Studiums ihrem Vater vor, »endlich auch einmal an mich denken«.[34] Selbst den Verlust ihrer Tochter Cordula nimmt sie als Preis für ihre Freiheit in Kauf. Und dieser Verrat bleibt, auch wenn sie es sich selbst nicht eingestehen will, als Trauma lebenslang zurück. Es ist ja die Tochter, der sie ihren eigenen Erinnerungstext hinterlässt, deren Lektüre diese dann verweigern wird. »Es gab nur noch einen einzigen Termin für mich, eine einzige Dringlichkeit, eine Priorität, und das war ich selber«.[35] Das führt zu ständigen Konflikten, die sie austrägt, außer in den wenigen Fällen, in denen sie an die politischen Grenzen der Verhältnisse stößt. Ihre Aggressivität gegenüber anderen wird immer wieder überdeckt von Sehnsüchten nach Wärme, die Paula weniger bei Männern als bei

---

31 Hein, Der fremde Freund. 1982, S. 209.
32 Vgl. Lüdke, Martin in der Frankfurter Rundschau vom 23.05. 2007. Für ihn ist es »die Geschichte einer gelungenen Emanzipation und zugleich des Preises, der dafür zu zahlen war: der Preis des Lebens«. Meike Fessmann (in: Süddeutsche Zeitung vom 07.05.2007) erkennt die distanzierte Haltung Heins und die Suggestion, es handle sich hier um eine wahre Biographie, als Kunstgriff, der bei ihr den Impuls weckt, »diese Figur zu maßregeln«. Das Urteil von Maja Rettig (in: Die Tageszeitung vom 07.04.2007): »Die ganze Erzählung hat keinen Rhythmus, keine Dramaturgie«. Jochen Hieber (in: Frankfurter Allgemeine Zeitung vom 21.03.2007) vermutet in dem Roman das Kalkül des Autors, den Wunsch der »Fallstudie eines unausweichlichen Unglücks« die passende Atmosphäre zu geben. Nach Martin Krumbholz (in: Neue Zürcher Zeitung vom 09.05.2007) kann man den Roman auf unterschiedliche Art und Weise lesen, als Psychogramm einer von Enttäuschungen und narzißtischen Kränkungen verhärteten Frau ebenso wie als Abgesang »auf die DDR und ihr Kunst-Spießertum«. Für Irmtraud Gutschke ist es »ein Roman über den Tod, darüber, wie unbegreiflich ein anderer Mensch ist, wie er immer ein Gefühl von Schuld hinterlässt, weil man ihn nicht hat halten können. Es ist ein Buch über das Unwiederbringliche, darüber, dass man einen Anderen nie ganz kennt. Und es ist ein Buch über die Barmherzigkeit, deren Bedeutung umso sichtbarer wird, weil sie hier etwas Rares ist.« In: Neues Deutschland vom 20.03.2007.
33 Hein. Christoph: Frau Paula Trousseau. Roman. Frankfurt/Main: Suhrkamp 2007, S. 420.
34 Ebd., S. 23.
35 Ebd., S. 303.

Frauen findet, vom unbändigen Streben nach schöpferischem Selbstausdruck. Wir erfahren über Paula nur aus ihrer Sicht, ihre Einschätzungen dominieren, ihre Kommentare über die anderen, es gibt kein Korrektiv zu ihrer Lebensbeichte, auch die Berichte aus ihrer Jugend, in der über sie in dritter Person gesprochen wird, halten nicht dagegen. Allenfalls die Figuren ihrer Lehrer an der Kunsthochschule, ihrer zeitweiligen Partner und Partnerinnen sprechen Teilwahrheiten über sie aus, die durch ihre Verstrickungen mit dieser jungen Frau, für die menschliche Beziehungen das »Resultat von Missverständnissen« sind, sowieso relativiert werden müssen. Dass es ausgerechnet dieser Sebastian Gliese sein soll, der Paula vor zwanzig Jahren wegen ihrer »traurigen Augen« angesprochen hatte und der dann auf ihrem weiteren Lebensweg kaum noch eine Rolle spielt, dem sie ihre künstlerische Hinterlassenschaft übereignet und der er sich nicht gewachsen fühlt, leuchtet nicht so recht ein. Als Symbol ihrer Lebensträume fungiert das sogenannte »weiße Bild«, eine Welt hinter der Welt, »eines meiner nicht gelebten Leben, Abbild meiner verlorenen Möglichkeiten«,[36] aber da es konturenlos bleibt, geistert es in der Biographie Paulas nur traumatisch irrlichternd herum, es wird nicht zu einer künstlerisch übertragbaren Aufgabe. Hein verzichtet auch hier auf jede Stellungnahme, er präsentiert die Figur Paula, wie sie (glaubt man der vorangestellten Widmung »Für Paula T.«) wirklich gewesen ist oder sein könnte. Denn auch ohne diese Widmung liegt die Mutmaßung nahe, dass der Autor einer Toten gedenkt, die er kannte. Während in den vorangegangenen Werken Heins jeweils die Lebenden über die Toten nachdenken, Erinnern und Vergessen miteinander verschränkt werden, hinterlässt hier die Malerin Trousseau, mit deren Selbstmord der Roman beginnt, ihren eigenen Erinnerungstext.

Dagegen sitzt Rüdiger Stolzenburg, Kulturwissenschaftler an der Uni Leipzig, in einem bis auf den letzten Platz belegten Billigflieger, sich bedrängt fühlend von der »unangenehmen Enge«[37] wie von seinen Sorgen, die ihn bis hierher verfolgen. Er befindet sich in einer im doppelten Sinn aussichtslosen Situation. Was, wenn jetzt der Antrieb des Flugzeugs ausfallen und er abstürzen würde? Vor Angst gelähmt, erwartet er sein ihm vorausbestimmtes Schicksal. Was hier zunächst wie eine beiläufig erzählte Flugzeugepisode wirkt, enthält eigentlich im Kern schon die Quintessenz des 2011 erschienenen Romans »Weiskerns Nachlass«.[38] Dieser inszeniert sich in der Tat als »ein Fensterblick in ein anderes

---

36 Ebd., S. 507.
37 Hein, Christoph: Weiskerns Nachlass. Roman. Berlin: Suhrkamp 2011, S. 7.
38 Christian Metz erkennt in dem Roman eine »scharfe Gesellschaftskritik, und zwar eine am vermeintlich neutralen Blick und unbestechlichen Urteilsvermögen des Beobachters« in: Frankfurter Allgemeine Zeitung vom 27.08.2011. Als einen »zutiefst pessimistischen Roman« charakterisiert ihn Judith Sternburg und kommentiert die »Klammer«, dass Stolzenburg am Anfang und am Ende mit Ängsten im Flieger sitzt: »Wer ohne Halt in der Luft

Leben«.[39] Analog zur Flugzeugszene eröffnet sich für den Leser die Sicht auf Stolzenburgs Leipziger Alltag innerhalb einiger Herbstwochen des ersten Dezenniums im neuen Jahrhundert, die dieser in einer tiefen Lebens- und Sinnkrise verbringt. Denn Stolzenburgs Angst »abzustürzen«, bestimmt auch sein Leben.

Der Akademiker Rüdiger Stolzenburg – er hat gerade lustlos seinen 59. Geburtstag absolviert – sieht keine Chancen mehr im täglichen Überlebenskampf. Alle Hoffnungen auf einen Aufstieg oder wenigstens eine volle Universitätsstelle hat er aufgeben müssen, sein Leben ist zur Routine geworden. Ängstlich setzt er alle nur erdenklichen Bewahrungs- und Beschwichtigungsstrategien ein, um sich nicht noch mehr ins Aus zu katapultieren. Mühselig hält er sich mit Vorträgen, Aufsätzen und Rezensionen über Wasser. Wer wie er über einen heute vergessenen Librettisten aus der Mozart-Zeit forscht, hat keine Chancen, im Wissenschaftsbetrieb zu überstehen. Das Finanzamt verlangt von dem Mittellosen eine Steuernachzahlung, die er nicht aufbringen kann, er geht einem Fälscher auf den Leim, der ihm angebliche Weiskopf-Originaldokumente zum Kauf anbietet, auf der Straße wird er von einer Horde halbwüchsiger Mädchen zusammengeschlagen. Soll man nun Mitleid mit ihm haben oder ihn unsympathisch finden, ist er der Spieler und Hasardeur eines ungelebten Lebens und damit ein Verwandter von Wörle wie von Willenbrock, ein betrogener Betrüger? Einerseits von Scham, Selbstzweifel, Schuld, Verbitterung und Hass gepeinigt, tendiert er andererseits zu Eitelkeit, Überheblichkeit und Selbstüberhebung. Überhaupt spielt der Roman mit Lüge, Täuschung, Fälschung und Betrug. Hein erzählt seine Geschichte im Präsens, er nimmt Stolzenburgs Blick ein, der bitter, zornig und zynisch genug ist, um sowohl Klischees zu bedienen als auch Wahrheiten auszusprechen, und stellt seine Figuren über weite Strecken im direkten Gespräch ohne jeden Erzählerkommentar dar. Allerdings bringen die jeweiligen Erschütterungen, denen er mit allen möglichen Überlebensstrategien, Tricks, Machtspielchen, Sichherausredereien und Phantasiestückchen zu begegnen sucht, Stolzenburgs Welt, seine pragmatische Lebensphilosophie zwar ins Wanken, aber in die Katastrophe stürzen sie ihn nicht. Noch bevor sich alle Verwicklungen lösen, sitzt unser Protagonist am Schluss des Romans schon wieder in exakt jenem Flugzeug, in dem er sich schon zu Beginn befindet. Die zyklische Erzählstruktur soll bedeuten: Nichts hat sich im Leben Stolzenburgs verändert – und es wird sich auch künftig darin wohl nichts ändern. »Das ist der

---

hängt, stürzt ab.« In: Berliner Zeitung vom 20. 08. 2011. In Heins »Gesellschaftsroman« geht es, sagt Janina Fleischer, »nicht nur um die Krise des Wissenschaftsbetriebs in Deutschland, sondern auch um ein Hinterfragen mit dem kritischen Geist der Ost-Sozialisation« in: Leipziger Volkszeitung vom 23. 08. 2011. Michael Angele sieht in Stolzenburg »nicht einfach nur ein Opfer der schlechten Verhältnisse, Betrug findet nicht nur an ihm statt, er geht auch von ihm aus« in: Der Freitag vom 01. 09. 2011.

39 Metz, FAZ vom 27. 08. 2011.

stagnierende, entwicklungshemmende Kreislauf des Immergleichen in der erzählten Zeit«.[40] Wenn dann in der Wiederholung dieses »Immergleichen« der
Blick Stolzenburgs abermals auf das Triebwerk fällt, dessen scheinbares Aus-
setzen ihn so in Todesangst versetzt hat, kommt allerdings doch noch ein Aspekt
hinzu: »Kein Absturz, kein überraschendes Ende, keine endgültige Lösung,
nichts Befreiendes. Nichts Befreiendes, wiederholte er im Kopf, wie schön und
überraschend die Sprache ist, ihm war zuvor nie aufgefallen, dass im Befrei-
enden unübersehbar das Ende steckt. Aber auch diese Hoffnung ist ihm genommen worden«.[41] Nunmehr spielt Stolzenburg mit dem Gedanken, dass ein
Absturz für ihn etwas Befreiendes haben könnte.[42]

Von einem »zweiten Leben« des Autors Christoph Hein in einem vereinigten
Deutschland kann man also keinesfalls sprechen. Sein Gesichtskreis hat sich
zweifellos erweitert, seine Welt- und Figurensicht ist differenzierter und auch
widersprüchlicher geworden, doch seine Werke schreibt er mit einer Kontinuität
und Beständigkeit, die ja Wandelbarkeit keineswegs ausschließt. Danach be-
fragt, wie der Zusammenbruch der DDR und die deutsche Vereinigung auf ihn
gewirkt haben, antwortete er lapidar, er habe noch viele Stoffe auf Lager, die er
unbeirrt von den politischen Ereignissen gestalten wolle. Erinnerungsliteratur
eben, ein rückwärts gewandtes Erzählen, in dem Erinnern und Vergessen miteinander verschränkt, eine große Erzählfülle mit entscheidenden Erzähllücken
kombiniert werden – Individualgeschichten in der Zeitgeschichte.

---

40 Metz, FAZ vom 27.08.2011.
41 Hein, Weiskerns Nachlass. 2011, S. 314.
42 »Das Leben ist ein Billigflug. Es kennt nur zwei Optionen: Entweder man landet, dann geht
    alles so trist weiter wie zuvor. Oder man stürzt ab«, schreibt Christian Metz, FAZ vom 27.08.
    2011.

Sławomir Nosal (Wrocław)

Auf der Suche nach deutschen und polnischen Identitäten – Andrzej Stasiuks »Dojczland«

(Aus dem Polnischen von Monika Wolting und Małgorzata Blach)

»Der nach Deutschland Reisende muss seine Eindrücke immer kontrollieren«[1] – mit diesen Worten beginnt Jerzy Stempowski seine Aufzeichnungen von seinen Deutschlandreisen (»Reisetagebuch durch Österreich und Deutschland«, »Aus dem Reisetagebuch nach Deutschland und Österreich«). Die Überlegungen zu Andrzej Stasiuks »Dojczland« werden hier aus mehreren Gründen mit einer Erinnerung an den Klassiker der polnischen Essayistik verbunden. Stempowski, der einige Male Reisen nach Deutschland unternahm, äußerte sich in seinen Texten des öfteren zu der Problematik, mit der sich die Deutschen nach dem Untergang des Dritten Reiches auseinandergesetzt haben. Seine Reisetagebücher stellen die tiefgründigste polnischsprachige Analyse dieser Art dar und bieten zugleich den ersten Versuch einer Diskussion zu den Dilemmata des Polentums und des Deutschtums an, die in der polnischen Literatur nach 1945 vorzufinden ist. Die Bemerkung des Autors der »Essays für Kassandra« kann Stasiuks Vorahnung bestätigen, insofern die Reise nach Deutschland nicht straffrei sei und immer an eine Psychoanalyse erinnere.[2]

Das im Jahr 2007 erschienene Buch »Dojczland« konnte in dieser Zeit überraschen.[3] Es scheint, dass der Autor in seinen früheren Werken keinem anderen

---

1 Stempowski, Jerzy: Od Berdyczowa do Lafitów. Wołowiec: Czarne 2001, S. 365.

2 Stasiuk, Andrzej: Dojczland. Wołowiec: Czarne 2007, S. 27. [Im Folgenden unter der Sigle »D« mit Seitenzahl im Fließtext; Übersetzung ins Deutsche von Małgorzata Blach.]

3 Aus der Zeitperspektive überrascht die Geste des Schriftstellers. Seit der Herausgabe von »Jadąc do Babadag« (Auf dem Weg nach Babadag) scheint sich Stasiuk immer mehr für die Erschaffung eines »literarischen Atlasses« seiner Reisen zu interessieren. Es ist anzunehmen, dass in den kommenden Jahren Bücher über Russland oder die Mongolei erscheinen werden, wo der Autor immer häufiger hinreist. Die Dominanz des Reise-Elements in diesem Schaffen wirkt sich – wie ich meine – nicht ganz positiv darauf aus. Das, was früher als ein Trumpf oder ein charakteristisches Merkmal des Autors anerkannt werden konnte (ich spreche hier von der Poetik, die er in Büchern wie »Jadąc do Babadag« und »Moja Europa« [Mein Europa, das er

konkreten Land oder einer Nationalität so viel Aufmerksamkeit schenkte wie diesem. Dabei standen ihm immer die Gebiete südlich und östlich von Galizien näher, da Galizien, wie er oft wiederholte, zu seiner »kleinen Wahlheimat« geworden sei.

Das Land auf der anderen Seite der Oder taucht in diesen Werken nur selten auf, vor allem als Erinnerung an die erste der gesehenen Grenzen, die wie ein fremdes Revier beschnuppert und dann verlassen werden sollte.[4] In Stasiuks Wahrnehmung von Mitteleuropa findet Deutschland vorerst keinen Platz. Als Bestätigung seiner Vorstellung führt Stasiuk das Beispiel der melancholischen Empfindungen an, zu denen die Slawen im Gegensatz zu den Deutschen eine spürbare Neigung aufwiesen. Dementsprechend erscheinen die Deutschen in Stasiuks Prosa in der Gestalt von Nazis (von denen der alte Hryćko aus dem »Weißen Raben« mit Wertschätzung spricht[5]) oder geben Anlass zum Spott. Im autobiographischen Text »Wie ich Schriftsteller wurde« erinnert sich Stasiuk an die rockigen siebziger Jahre und berichtet von einem Konzert, das auch Deutsche besuchten. Die deutschen Jugendlichen hatten auf den Ärmeln die deutsche Flagge aufgenäht. Diese Nationalsymbole wurden zum Spottgegenstand der jungen Polen. Damals – konstatiert der Autor – durfte die amerikanische Flagge aufgenäht werden, die deutsche ergab aber keinen Sinn. »Deutschland, das war kein Land. Keiner dachte an Deutschland. Erst später, als einige auf ›arbajt‹ fuhren«[6] – schreibt Stasiuk in seiner Autobiographie.

Der Nationalsozialismus, ›arbajt‹ und das Gefühl von Absurdität im Zusammenprall mit allem, was deutsch ist – das wäre gekürzt die Summe der »deutschen« Akzente in Stasiuks Prosa, bevor er »Dojczland« schrieb. Seine Prosa ist mit Stereotypen übersät, und das aus zwei bestimmten Gründen: Zum einen fehlte ihm sicherlich der Ehrgeiz, seine Analyse zu vertiefen. Der Autor hat es beim Spott oder einer funktionalen, gängigen Meinung, die einfach angewendet werden kann, belassen. Zum anderen ist es relativ einfach, nach stereotypen Vorstellungen zu greifen, die sowohl auf der einen als auch auf der anderen Seite der Oder Verwendung finden. In seiner »Dojczland«-Rezension schrieb Dariusz Nowacki sogar, dass der Autor auch in diesem Buch nichts über die Deutschen notiere, was ein Novum wäre, und seine Bemerkungen würden sich hauptsächlich auf die Transportmittel und auf die Hotelinfrastruktur be-

---

zusammen mit Andruchowycz schrieb – die Übersetzerin] entwickelte), bleibt hier aus und wirkt ermüdend, banalisierend.

4 Stasiuk, Andrzej: Jadąc do Babadag. Wołowiec: Czarne 2005, S. 8.

5 Stasiuk, Andrzej: Biały kruk [Der weiße Raabe]. Wołowiec: Czarne 2010, S. 155 und 157.

6 Stasiuk, Andrzej: Jak zostałem pisarzem (próba autobiografii intelektualnej) [Wie ich Schriftsteller wurde – Versuch einer intellektuellen Autobiographie]. Wołowiec: Czarne 1998, S. 12.

ziehen.[7] Das Deutsche ist in diesem Werk insofern von Bedeutung, obwohl mit
Spott und Ironie ausgedrückt, weil es sowohl die Kehrseite dessen zeigt, was den
Autor interessiert, als auch einen Entwurf der eigenen Identitätsvorstellung des
Autors liefert. Die narrative Festigung des »Ichs« steht nämlich unter einem
eigenartigen, historisch, kulturell und soziologisch determinierten Druck.
Dieser Druck des »Polenseins« und des »Deutschseins« ist eine Umklammerung,
deren Anfänge man sich nur schwer bewusst machen kann und deren Ende zu
suchen, ein aussichtsloses Unterfangen darstellt.

Die Hauptfigur in Stasiuks Erzählung nimmt sich als ein »literarischer
Gastarbeiter« wahr, der die deutschen Städte durchquert und das Publikum
unterhält, das sich in Bibliotheken, Cafés und Literaturhäusern versammelt. Die
Reise ins Nachbarland bedeutet für ihn kein Prestige, er freut sich nicht über das
Interesse des deutschen Publikums, von dem er als ein hervorragender
Schriftsteller gefeiert wird. Schnell gibt er zu, dass er in den Westen nur wegen
des Geldes fährt (D, 28, 99). Schon lange vor der ersten Reise weiß er viel über das
Nachbarland, man kann sogar sagen, er weiß alles, was ein Pole wissen muss:

> »Meine Kollegen fuhren als Gastarbeiter nach Ost-Berlin, Düsseldorf, überallhin. [...]
> Sie blieben arbeitslos und lebten von der sozialen Unterstützung. Ich habe nicht gehört,
> dass sie mit Deutschen befreundet wären. Die Deutschen taugten nicht für eine
> Freundschaft. Die Kollegen bezogen die deutsche Unterstützung, aber in ihren Er-
> zählungen tauchten die Deutschen nicht als Menschen auf. Höchstens als Arbeitgeber,
> Polizisten oder Beamte. Aus diesen Erzählungen folgt, dass Deutschland ein freund-
> licheres Land wäre, wenn es in ihm keine Deutschen gäbe. Wenn nur Gastarbeiter und
> Emigranten bleiben würden. Die Deutschen sollten irgendwohin wegfahren und Geld
> schicken« (D, 29).

Solche Bemerkungen und die Figur des Gastarbeiters, die der Autor konsequent
einsetzt, sollten stutzig machen. Vor allem, weil das Buch als eine Art Jux gedacht
ist, was der Autor nicht verbirgt.[8] Diese Art von Eingriffen ermöglicht nicht nur,
in einer bestimmten Weise die Hauptfigur zu gestalten, sondern auch den Ton
herabzusetzen und sich vom Intellektualismus zu distanzieren. Gewissermaßen
verschafft sie auch die Möglichkeit, Vorwürfen auszuweichen, die die Kritik
hinsichtlich des Buches erheben könnte. Ohne diese Eingriffe könnte Stasiuk
leicht wegen eines falschen Bildes von Deutschland und den Deutschen be-
schuldigt werden. Der Autor zieht aber die Ironie und die subjektiven Urteile vor
und gewährt sich damit das Recht, mit seinen Beurteilungen falsch zu liegen.

---

7 Nowacki, Dariusz: Babadag nad Renem [Babadag am Rhein]. In: Gazeta Wyborcza. 2007,
   Nr. 230.

8 Ein Signal dafür sind die Worte des Autors, die er auf der vierten Seite von »Dojczland«
   notiert: »Es ist eine Erzählung vom schweren Schicksal eines literarischen Gastarbajters. Sie
   ist voll von trefflichen Beobachtungen, brillanten Reflexionen und einem schlichten Humor.
   Der Autor.«

Die Schaffung solch eines falschen Bildes verbirgt dabei einen anderen interessanten Sinn. Der Erzähler (dem Beispiel seiner Landsmänner folgend) wagt sich ins tiefe Deutschland vor, aber nur deshalb, weil er hier Geld verdienen und das Land sogar ausrauben möchte. Wichtig ist der allgemeine Charakter dieser Erfahrung. Die Reiseerinnerungen, auf denen das Buch basiert, werden somit mit all dem belastet, was die Vorstellung vom heutigen Deutschland ausmacht. Diese Ansammlung von Vorstellungen wird mit einer Art von Wissen belegt, das als Generationserfahrung bezeichnet werden kann. Diese Erfahrung hat sich in kurzer Zeit herausgebildet, innerhalb einiger weniger Jahre, als die Erwerbsarbeit hinter der westlichen Grenze möglich und äußerst populär wurde.

Diese Feststellungen führen zu einer ersten Schlussfolgerung. Das Deutschland, in dessen Tiefe sich Stasiuks Hauptfigur wagt, ist zum einen kein unbekanntes Land, zum anderen ist das Bild dieses Landes von der Hauptfigur gut internalisiert. Das alles ist möglich dank der gemeinsamen Vorstellungen, für deren Verbreitung das kommunikative Gedächtnis verantwortlich ist.[9] Jan Assmann erklärt, dass diese Art von Gedächtnis »die Erinnerungen an die naheliegendste Vergangenheit umfasst«, die mit den »derzeitigen«[10] geteilt werden. Diese Erinnerungen beziehen sich nicht auf konkrete Arten von Ereignissen (d. h. Feiertage, Jahrestage, Jubiläen), sondern auf alltägliche Grundprobleme, die sowohl den Einzelnen als auch die Gesellschaft betreffen.

Die Beschreibungen der literarischen Reisen nach Deutschland werden auf diese Weise mit der kollektiven Erfahrung vermittelt. Der Autor mindert deren subjektiven Charakter und verzichtet auf eine spezifisch sensible Erzählweise, die die charakteristischen Züge der Poetik von Stasiuk sind. Die Erzählung über angeblich traumatische und persönliche Erfahrungen wird mit einer spezifischen Erzählweise belastet, in der die eigenen Erinnerungen von gehörten Berichten hervorgerufen werden. Die erzählerische Aufarbeitung der Darlegung mithilfe der Gastarbeiter-Maske verursacht, dass sich die Hauptfigur an der Gemeinschaft beteiligt und dadurch auch einen bestimmten Sprechstil der Verdienstreisenden reproduziert.[11] Dergleichen wiederum führt zur Identifikation und Einsicht, dass die Geschichte der Verdienst-Emigranten, zumindest teilweise, auch ein Beitrag des Erzählers darstellt.

---

9 Siehe: Assmann, Jan: Pamięć kulturowa. Pismo, zapamiętywanie i polityczna tożsamość w cywilizacjach starożytnych [Das kulturelle Gedächtnis. Schrift, Erinnerung und politische Identität in frühen Hochkulturen.] Übersetzt von A. Kapczyńska-Pham. Warszawa: Wydawnictwo Uniwersytetu Warszawskiego 2008.
10 Ebd.
11 Vgl. Welzer, Harald: Materiał, z którego zbudowane są biografie [Der Stoff, aus dem die Lebensgeschichten sind]. In: Pamięć zbiorowa i kulturowa. Współczesna perspektywa niemiecka. Hrsg. von Magdalena Saryusz-Wolska. Kraków: Universitas 2009, S. 39–57.

Diese Art von Verständnis-Strategien kann – nach Astrid Erll – als ein Beispiel der Gedächtnis-Rhetorik, die sich als Erfahrungen vollzieht, verstanden werden:

> »In der Erfahrungsweise wird das, was gesagt wurde, Gegenstand eines für das alltägliche Leben typischen kommunikativen Gedächtnisses. Diese Weise ergibt sich aus der Dominanz der Darstellungsformen, dank denen der literarische Text ein von Erfahrungen gesättigtes Medium wird und die in ihm dargestellte Realität als eine für die gegebene Epoche oder Gesellschaftsgruppe typische Lebenserfahrung inszeniert wird.«[12]

Nicht zum ersten Mal kommt es in Stasiuks Literatur zum Gebrauch solch einer Art von Erzählungsdiskursivität wie in seiner Autobiographie »Wie ich Schriftsteller wurde«. »Dojczland« kann als deren Fortsetzung begriffen werden. In seiner versuchten Autobiographie verändert Stasiuk die Erzählmodalität, die zwischen den Aussagen des bestätigenden »Ichs« und des kollektiven »Wir«, den Teilnehmern der Gegenkultur der 1970er und -80er Jahre, schwankt. Der Erzähler in »Dojczland« spricht in der Sprache des Kollektivs, das er repräsentiert, und teilt mit ihm die Vorstellungen, die die Sprache mit sich bringt. In diesem Sinne kann der »Dojczland«-Erzähler als Pole und als einer von Vielen bezeichnet werden.

Es kann aber nicht vergessen werden, dass »Dojczland« als ego-zentrisches Werk aufgefasst wurde. Die Figuren des Gastarbeiters oder des Zurückgreifens auf kollektive Vorstellungen sollten, wenn man das so sagen kann, im Dienste des »Ich« bleiben. So wäre auch der Einsatz nicht die Dialogaufnahme mit der deutschen Kultur, sondern die Markierung der eigenen Inkongruenz und Eigenart. Des Weiteren wird in der Untersuchung der Versuch unternommen, auf die Fragen zu antworten: Inwieweit es Stasiuk gelingt, dieses Ziel zu erreichen, und wie er versucht, dieses zu realisieren?

Eine sich immer wiederholende Basis-Erfahrung des Subjekts (trotz der folgenden Reisen) ist das Gefühl der Einsamkeit. An die erste Reise zur deutschen Buchmesse erinnert sich der Erzähler als an ein organisatorisches Fiasko. Vom Polnischen Institut mit falschen Fahrkarten versehen, kommt er in Deutschland zu früh an. Leipzig, mitten in der Nacht – eine entvölkerte Stadt, ›wie nach einem Bombenangriff‹:

> »Ich bin aus dem Zug vor Mitternacht ausgestiegen und keiner wartete auf mich, obwohl jemand warten sollte. Jemand aus Polen. Ich bin aus Krakau angereist, hatte zwanzig Mark und keine Adresse, keine Telefonnummer […] Keiner wartete auf mich und daraus resultierte höchstwahrscheinlich meine deutsche Einsamkeit. Ich habe mir Leipzig angesehen. Kehrte zum Bahnhof zurück und schaute mir Leipzig wieder an.

---

12 Erll, Astrid: Literatura jako medium pamięci zbiorowej [Literatur als Medium des kollektiven Gedächtnisses]. In: Pamięć zbiorowa i kulturowa. Współczesna perspektywa niemiecka. Hrsg. von Magdalena Saryusz-Wolska. Kraków: Universitas 2009, S. 242.

[…] Außer mir, haben sich noch Bullen und Skinheads rumgetrieben. […] Die Strassen waren leer. Ich habe dem Schall meiner eigenen Schritte gelauscht. Es war kalt. Deutschland schlief. Ich sollte Ärger empfinden, aber ich empfand ausschließlich Verwunderung. Ich war also in Deutschland. Alles versank in Stille und Dunkelheit. Es lebten nur Bullen und Skinheads. Ich erinnerte mich an den Krieg und an die bombardierten, entvölkerten Städte« (D, 14).

Die Beschreibung der Reise nach Deutschland, von der ersten Reise hinter die Westgrenze angefangen, trägt Merkmale eines Traumas. Die Vereinsamung und das Gefühl der Entfremdung begleiten den Erzähler auf Schritt und Tritt. »Wenn du die wahre Einsamkeit erleben willst, dann solltest du nach Deutschland fahren« (D, 20). Ohne Bedeutung ist dabei sowohl der Ort, in dem sich der Erzähler aufhält, als auch, ob ihn andere Menschen begleiten. In der suggestiven Erinnerung an Henryk Grynberg, der allein am Tisch sitzt, verleiht der Autor den interkulturellen Dilemmata des Zusammenstoßes von Deutschen und Polen seinen Ausdruck:

»Man ging durch die Keller und von den Seiten öffneten sich ständig irgendwelche Nischen, Seitenschiffe, Kellerkappellen mit Eichentischen und Gewölben aus rotem Ziegelstein. Und in einer von ihnen, an einem langen verlassenen Tisch, sah ich Henryk Grynberg. Er aß etwas. Er führte etwas auf der Gabel zum Mund. Langsam und mit bedacht. Der Tisch war vier Meter lang. Drumherum lag Essen. Er war komplett allein. Um dies herum kräuselte sich das Leipziger DDR, und er führte etwas langsam auf der Gabel zum Mund, und seine Brille schimmerte in der Tiefe dieser Ziegelsteinnische. Die Deutschen haben seine Familie ermordet. Die Mutter rettete ihn vor dem Tode. Während der deutschen Besetzung haben die Polen seinen Vater ermordet. Er saß mitten in diesem teutonisch-DDRischen Karneval und schaute zu. Er schaute zu, um sich daran zu erinnern und dieses Bild mitzunehmen, egal wohin er hingeht« (D, 17).

Die von einem schwer zu verarbeitenden historischen Bewusstsein belastete Erinnerung wird zu einer Kontakt-Barriere, in der sich das deutsche und polnische »Ich« frei und auf eine in historischen Erinnerungen nicht vermittelbare Weise ausdrücken kann. »Das war mein deutscher Anfang. Einsamkeit, DDR, Skinheads, Trunksucht, Literatur und Holocaust. Nach Deutschland kann man nicht straflos fahren« (ebd.).

An dieser Stelle kann noch einmal an die oben erwähnte Passage erinnert werden: »*Ich war also in Deutschland. Alles versank in Stille und Dunkelheit. Es lebten nur Bullen und Skinheads. Ich erinnerte mich an den Krieg und an die bombardierten, entvölkerten Städte*« (D, 14 – hervorgehoben vom Verf.). Die deutsche Einsamkeit, das Gefühl der Entfremdung, die der Erzähler erfährt, wird planmäßig »hier und jetzt« mit der Erinnerung an den Krieg verglichen. Dies soll eine Verstärkung der Gefühle hervorrufen und zugleich den Eindruck der Erzählweise intensivieren. Es muss jedoch angeemerkt werden, dass der Erzähler über solche Erinnerungen nicht selbst verfügen kann und sein ganzes Wissen über den Krieg und die Bombardierungen den Handlungsschemata aus Geschichten, Filmen und Büchern entlehnt.[13] Es ist also erkennbar, dass der Erzählhorizont des Erzählers breiter ist als der, den seine eigenen Deutschland-Erfahrungen bilden.

Für das Empfinden der Entfremdung können mehrere Gründe genannt werden. Neben der Geschichte bildet auch die Sprache eine Barriere. »Das bruchstückhafte Deutsch« (D, 30, 80) des Erzählers ähnelt keiner Kommunikation. Die paar Worte, die er kennt, ähneln eher einer Reihe von Zaubersprüchen. Sie erlauben ihm, sich Zigaretten zu kaufen, mit einem Taxi die angegebene Adresse zu erreichen und höchstens an unraffinierten Quasi-Gesprächen teilzunehmen, wie z. B. an dem, das er im Zug mit einem Mütterchen geführt hat:

> »[…] ich hievte ihr Gepäck auf ein hohes Regal. An meinem bruchstückhaften Deutsch interessiert, fing sie an mich auszufragen, woher ich käme. Wir machten daraus ein Ratespiel. Sie nannte fast alle europäischen Länder […] Automatisch antwortete ich ›Nein‹. […] Es blieb uns nur noch Albanien und Polen. Ich stoppte den Atem an… ›Polen‹?… »Yes, my darling, Polen, natürlich. Sie blickte mich enttäuscht an und hat das Interesse verloren« (D, 31).

Die Kommunikationsbarriere wächst sich in Stasiuks Erzählung nicht zu einem besonderen Problem aus. Die Hauptfigur sucht nämlich keine Gesellschaft und ist an näheren Kontakten mit den Deutschen nicht interessiert. Von einigen Personen, die sie näher kennt, sagt sie sogar: »das sind keine Deutschen, nur Bekannte oder Freunde«, als ob das eine das andere ausschließe (D, 88).

Den Eindruck der Entfremdung begünstigt auch die technische Kultur Deutschlands. Przemysław Czapliński bezeichnet die Situation des Subjekts treffend, dass das Verhältnis zur Technizität fast einem »Kampf um das Erhalten der psychischen Gesundheit in Anbetracht des Andrangs einer höheren Zivilisation«[14] ähnelt. Der zivilisatorische Fortschritt wird vom Erzähler als Gefahr betrachtet, aber Momente der Bewunderung für seine Organisation sind ihm auch nicht fremd. Gerade Deutschland ist das technische Zentrum Europas, von dem man fast epiphanisch sprechen kann:

> »Deutschland war für mich etwas in der Art Amerikas. Irgendeine Kraft sprengte es. Das empfand man besonders an Orten wie den Terminals für große Lastwagen oder an Autobahnweichen. Oder auch an Bahnknotenpunkten. An solchen Orten, wo die angestaute, verdichtete Energie durchfließt. Das sah man am Frankfurter Himmel in den sinkenden strahlenförmigen Rauchfahnen der Kompensationsdüsenflugzeuge. Seit zwanzig Jahren war ich ein Dorftrottel, der solche zivilisatorischen Epiphanien bewunderte. Ich schäme mich dafür kaum, obwohl in meinem Land die Bewunderung für irgendetwas aus Deutschland als Fehlen von guten Manieren gilt. Natürlich betrifft das

---

13 Vgl. Welzer, Materiał. 2009.
14 Czapliński, Przemysław: Barbarzyńca na zagrodzie. In: Tygodnik Powszechny. 2007, Nr. 42.

nicht die deutsche Motorisierung und seit einigen Jahren gilt das auch nicht für die Deutsche Mark« (D, 70 f.).

Die Fortschrittsidee und deren Umsetzung begeistern den Erzählenden so lange, wie er sie bestaunen und über sie nachdenken kann. Wenn er es aber mit deren konkreter Gestalt zu tun bekommt, etwa mit dem Geflecht von Gleisanlagen und Autobahnen oder der unterirdischen Bahn, die von keinem Lokomotivführer gesteuert wird, dann muss er all seine Aufmerksamkeit mobilisieren, die vom Angstgefühl geformt wird. Deshalb sucht der Erzähler auch nach einem Fluchtweg. Er schleppt durch Deutschland hauptsächlich Erinnerungen von der Reise zum Balkan mit und setzt sie zum Zweck der Rettung ein. Diese Rettung findet er im Vergleich. Schon am Anfang schreibt Stasiuk:

> »Ich war den fünften Tag unterwegs und musste nach Ähnlichkeiten suchen, um das Gleichgewicht zu halten. Ich musste mich in Stuttgart an Bukarest erinnern, um Deutschland besser in Erinnerung behalten zu können.«

Die »Dojczland«-Lektüre lässt kein Zweifel, dass der Vergleich des »Deutschen« und des »Mitteleuropäischen« als eine Strategie des Erzählens, aber auch des Kennenlernens fungiert, der der Autor vom Anfang bis zum Ende treu bleibt.[15]

> »Ich schleppte durch Deutschland alles mit, was ich vorher gesehen habe. Ich musste all diese Sachen mit mir nehmen, um mit den achtunddreißig deutschen Städten klarzukommen. Man musste erst in Tulcza gewesen sein, um mit dem Anblick von Frankfurt am Main klarzukommen, wenn der Zug vom Norden kommt und man für fünf, sechs Sekunden die Verbindung der Gleisanlagen, die Hochbauhäuser und das Kraftwerk sieht, dann ist dies so groß und gefährlich wie die babylonische Allegorie. Man muss im Herzen den Gedanken an die rumänische Steppe tragen, um daraus heil raus zu kommen« (D, 9).

Es ist selbstverständlich, dass das Vergleichen die Dialektik des Unterschieds in Gang setzt. Mithilfe des Unterscheidungsmechanismus spricht man in »Dojczland« nicht nur über Teile Europas, sondern will mit ihnen auch das Problem der Subjektivität ausdrücken. Zygmunt Bauman stellt fest: »die Identität bedeutet sich von anderen zu unterscheiden: das Anderssein und das eigene Sein dank dieser einmaligen Unterscheidung – demzufolge ist die Suchen nach einer Identität immer das Trennen und das Sich-von-etwas-Distanzieren«[16].

---

15 Das Buch endet mit einem suggestiven Bild der Reise Benedikts XVI. nach Auschwitz. Trotz der vielen Fernsehstationen, die dieses Ereignis übertrugen, bemerkten nur wenige der auf die Abfertigung und den Flug wartenden Deutschen das Knien des Papstes zwischen dem Drahtzaun und den Krematorien. »Der deutsche Papst war einsam in Deutschland« (D, 109), notiert Stasiuk. Es kann geschlussfolgert werden, dass der Bischof von Rom in dieser Einsamkeit dem Erzähler gleicht.

16 Bauman, Zygmunt: Wspólnota. W poszukiwaniu bezpieczeństwa we współczesnym świecie

Sich des Unterscheidens bedienend, bestimmt Stasiuk eine Art Grenze zwischen dem Typ der deutschen Identität und dem der slawischen (beziehungsweise der mitteleuropäischen). Das Problem liegt aber darin, dass sie von Urteilen, ja fast schon von Vorurteilen geprägt sind, die nur gängigen Meinungen folgen. Der Autor bedient sich solcher Urteile und hört bei ihnen gleichzeitig auf. Sie dienen also nicht dem Unterscheiden, dem Zeichnen von scharfen Konturen der eigenen Subjektivität. Sich vom West-Europäer abgrenzend, kämpft Stasiuks Erzähler nicht um das eigene »Ich«, dem es schlecht ginge, wäre es von Vorurteilen bedrängt. Des Weiteren beruht die Identität des »Dojczland«-Helden darauf, dass er von sich meint, er sei Mitteleuropäer, obwohl das nicht viel bedeutet. Es ist schwer über die kollektive Identität und das kollektive Gedächtnis in Mitteleuropa zu sprechen, denn »Mitteleuropa« ist ein so unklarer und vieldeutiger Begriff, dass er sehr oft nichts erklärt.[17]

Ähnliches spielt sich ab, wenn Stasiuk mit der Konvention des Slawen oder der slawischen Seele operiert. Der Erzähler möchte ein Slawe sein, aber nur in einem bestimmten Rahmen, wie etwa in Deutschland, obwohl er sich nicht immer zur polnischen Abstammung bekennt. Er zieht es vor, zu sagen, er sei Russe. Manchmal verleugnet er sogar sein Slawentum, damit man ihn für einen Albaner oder Türken hält. Er will also nicht, dass ihn die Nationalität in Kontakten mit Deutschen beeinflusst. Es sei besser, ein Vertreter z. B. des kleinen Albanien zu sein (D, 61), von dem keiner zu viel weiß, als ein Pole. Es wirkt jedoch paradox, als der Erzähler über seine möglichen Reisen nach Russland nachdenkt, wie er fünftausend Kilometer östlich von Moskau leise flüstern könnte: »Lasst mich in Ruhe, bitte, ich bin ein Deutscher…« (D, 75). Es wird deutlich, dass es den Versuchen des Identitätsaufbaus an Konsequenz fehlt, obwohl die Hauptfigur sich in ihrer Erzählung an ethnische Kategorien anlehnen möchte oder eine solide Matrize der deutschen Identität kreieren will, mit der eine Auseinandersetzung möglich wäre.

Das Polentum wird demzufolge deshalb für den Erzähler zum Problem, weil es eine Barriere in den Nachbarschaftskontakten schafft. Im Kontext der polnisch-deutschen Annäherung sucht Stasiuk nach Quellen eines solchen Zu-

---

[Die Gemeinschaft. Auf der Suche nach Sicherheit in der heutigen Welt]. Kraków: Wydawnictwo Literackie 2008, S. 25.

17 Sehr treffend diskutiert dieses Problem der italienische Schriftsteller, Essayist und ausgezeichnete Germanist und Kenner des habsburgischen Mythos Claudio Magris: »Der Begriff *Mitteleuropa* selbst ist ein Terminus wie *chewing gum*, unter den sich jeder das vorstellen kann, was er selber möchte. Er entstand Ende des 19. Jahrhunderts als Bezeichnung der österreichisch-deutschen-ungarischen Herrschaft in diesem Teil des Kontinents. Für den deutschen Politologen Friedrich Naumann war es später ein nationalistisches Ideal, für andere ein sozialistisches, für noch andere – ein zeitloser, über alle stehende Nationalismus. Faschismen, Sozialismen, Kommunismen«. Magris, Claudio: »Lubię anarchię«. [Das Gespräch führte J. Kurkiewicz.] In: »Zeszyty Literackie« (107) 2009 Nr. 3.

stands und findet in Matejkos »Schlacht bei Grunwald« eine geeignete Konfiguration des Gründungsmythos der polnisch-deutschen Relationen vorgebildet:

> »Einen Ulrich von Jungingen kannte beispielsweise jedes polnische Kind. In jeder polnischen Schule und im jeden polnischen Kindergarten hing eine Kopie von Matejkos ›Schlacht bei Grunwald‹, und das war der erster Deutsche im Leben eines jeden kleinen Polen. Hitler kam etwas später und man musste schon über ein bestimmtes Wissen verfügen, weil, wenn es um seine Bilder geht, so wurden diese nicht aufgehängt. Aber Jungingen war überall, in jeder polnischen Bildungs- und Erziehungsstätte: Auf einem grauen sich aufrichtenden Pferd, in einem weißen, durch den Wind ausgebreiteten Mantel und mit einem großen schwarzen Kreuz auf der Brust. Er füllte den ganzen zentralen Teil des Bildes aus. Nun denke ich nach, ob die ganze Verherrlichung der Stärke der polnischen Streitkräfte nicht vom deutschen Komplex durchdrungen ist. Ulrich fällt zwar gleich, aber wie er aussieht! Die Angst weitet zwar seine Pupillen, aber er kämpft bis zum Ende. Übrigens würde jeder an seiner Stelle auch Angst haben, weil ein halbnackter Litauer in seine Richtung mit dem Speer des heiligen Mauritius zum Schlag ausholend und ein zweiter Kerl in kurzen Hosen und einer roten Henkerskapuze mit einer Axt vordrängen. Es scheint, als ob es sich hier um einen Ritualmord an einem Deutschen handeln würde, als würde es sich um eine Art Opfergabe aus Jungingen handeln. Wieso würde sonst der verwachsene Litauer einen Speer mit einem Nagel vom Heiligen Kreuz haben? Wieso hat der Kerl in kurzen Hosen eine Henkerskapuze auf dem Kopf? Hat er vergessen, sich umzuziehen, als er Richtung Grunwald loszog?« (D, 63 f.)

In dieser schon fast grotesken Interpretation des Bildes von Matejko gibt Stasiuk zu verstehen, dass die Kontakte mit dem westlichen Nachbarn symbolisch geprägt sind und fast immer schon mit Begriffen wie Konfrontation und Kampf geprägt waren. Zum interkulturellen Zusammenstoß, welcher die polnische Identität bestimmt, gehört auch die spezifische Angst vor dem deutschen Einfluss. Im 15. Jahrhundert war es der Widerwille gegen die Christianisierung von Żmudź und Litauen durch den Deutschen Orden. Im 21. Jahrhundert fürchtet sich der Erzähler davor, was die Zivilisation des Westens mit sich bringt. Hierbei ähnelt er einem Sarmaten. Deshalb hat man beim Beobachten der Reihe von literarischen Reisen nach Deutschland den Eindruck, dass die Hauptfigur nicht so sehr etwas über sich selbst herausfinden möchte. Sie will vor allem vermeiden, dass sie »zum *Deutschen*, einem Verkünder der Kulturüberlegenheit des Westens über den Osten, umgekrempelt wird«[18].

Ein Deutscher zu sein, heißt im Prisma »Dojczlands« jemand zu sein, der durch eine bestimmte Form geprägt ist. Die Form für den westlichen Europäer wird als Ideal dargestellt, das angestrebt werden soll, als Garant der Subjektivität und der Teilnahme an der Kultur. Ein Anzeichen der Form ist sowohl die Ordnungspflege als auch die Ritualisierung der kleinsten Alltagstätigkeiten:

---

18 Czapliński, Barbarzyńca. 2007, Nr. 42.

»[…] Die Deutschen wachen zum Leben auf. Sie stehen einfach auf und beginnen den Tag, so wie den gestrigen, den vorgestrigen, hundert und zweihundert Jahre zuvor. Sie wiederholen mit Ruhe die Gesten ihrer Väter, Großväter, sie wiederholen alte deutsche Gesten, ohne die kein neuer Tag anfangen kann, ohne die kein Morgen einen Sinn hat« (D, 78).

Von der Gebundenheit an die Form zeugt zugleich das Beobachten des Verhaltens der Arminia-Bielefeld- und Eintracht-Frankfurt-Fans. Auf dem Bahnhof schreien sie zwar, sie umarmen sich und wiegen sich »wie die Bären in Gefangenschaft« (D, 81), aber einen Fankarneval abhaltend, mit Bier und einem Lied auf den Lippen, achten sie nicht auf die Form. All das hört aber in dem Moment auf, in dem die Fans in den Zug einsteigen. In den Waggons – so Stasiuk – »hörten sie auf, Fans zu sein und verwandeln sich in Passagiere mit einem etwas idiotischen Gesichtsausdruck« (D, 82). Der Autor notiert, dass dies in Polen nicht zu denken wäre, denn die polnischen Fans achten nicht auf die Form. Sie würden das Bahnhofslager wie eine »Verwüstung mit sich bringende« (ebd.) Feuersbrunst durchqueren. Diese Erfahrungen führen den Autor zur folgenden Feststellung:

»Auf dem Weg nach Mainz beginn ich wahrzunehmen, was uns unterscheidet – Slawen und Germanen. Uns unterscheidet die Einstellung zur Form. Die Germanen wollen sie perfektionieren, die Slawen versuchen unaufhörlich sie loszuwerden, die eine in die andere umzuwandeln, die eine mit der Hoffnung aufgebend, dass die andere bequemer sein wird. […] Die Germanen haben ihre Rollen und Verkörperungen perfektioniert, und die Slawen haben die Ihrigen aufgegeben, wegen einer Laune, Enttäuschung oder ohne Grund« (D, 82 f.).

Das hier hervorgehobene Problem der Form ist, wie man weiß, nicht neu und mit einer Menge Tradition belastet. Es wird daher gerechtfertigt sein, die Ausführungen Stasiuks von einem Paratext des wohl größten polnischen »Dichters der Form« kommentieren zu lassen. Im »Testament« notiert Witold Gombrowicz:

»[…] ein Franzose oder ein Engländer wird solche Dissonanzen nicht erfahren, wenigstens nicht in diesem Maße. Ein Franzose, ein Engländer, wie er auch persönlich sein möge, innerlich zerrissen, steigt gleich in eine Form ein – die nationale, die englische, die französische, eine seit Jahrhunderten ausgearbeitete, eine fertige. […]
Ich war ein Pole. […] Was ist eigentlich Polen? Es ist ein Land zwischen Ost und West, wo Europa schon anfängt, sich aufzubrauchen, ein Durchgangsland, wo Osten und Westen sich gemeinsam schwächen. Also ein Land der Durchgangsform…«[19]

Das angeführte Fragment von Gombrowicz klingt an dieser Stelle wie eine bestätigende Replik, wie eine Fortsetzung, obwohl selbstverständlich Stasiuk, als

---

19 Gombrowicz, Witold: Testament. Warszawa: RP 1990, S. 26.

nachgeborener Schriftsteller, ein die Polen fast maßlos quälendes Problem ei-
genständig aufnimmt. Die Perfektionierung der Form *versus* das Aufgeben der
Form. – Was also, wenn die Form den Umriss verliert?

> »Ich stand auf, zündete die Zigarette an und schaute durchs Fenster. [...] Ich rauchte,
> schaute durchs Fenster und fasste Entscheidungen in dieser Art: Frühstück oder ein
> Drink, oder vielleicht ein Drink und dann gleich das Frühstück? Am meisten gefiel es
> mir, wenn es draußen regnete. Der Regen befreite mich auf irgendeine unerklärliche
> Weise von der Verantwortung. Der Regen nahm den Deutschen bis zum Schluss die
> Realität weg. Ich verwarf den banalen Gedanken über das Frühstück und wiederholte in
> Gedanken: ›Ach, was wäre das für ein Land, wenn es in ihm unaufhörlich regnen würde.
> [...]‹ Solch eine Vision hatte ich: Deutschland im Regen. Ich weiß nicht vorher mir das
> kam. Vielleicht ahnte ich voraus, dass der Regen die scharfen Umrisse dieses Landes
> verwischt und verschmiert, und ihm etwas slawischen Lyrismus verleiht?« (D, 96 f.)

Einige Zeilen später stellt sich der Autor vor, dass »die schwarzen, griechischen
und mitteleuropäischen Taxifahrer«, die in deutschen Städten hinter dem
Lenkrad sitzend ihr Geld verdienen, die deutsche Form zerstören werden, »auf
den Straßen fröhliche Fontänen verursachend, auf die einen Tausender werten
Anzüge und Kleider, die zwei ihrer Taxifahrerlöhne wert sind, nicht achtend« (D,
97). Der Abbau des so begriffenen Deutschseins muss aber nicht von außen
kommen. Die Deutschen selber berauben sich hier nämlich der vermeintlichen
Grundlage ihrer Identität, die die Form bilden soll. Dieser Widerspruch ist die
alte DDR und ihre Bewohner.

Die östlichen Bundesländer Deutschlands werden in Stasiuks Text als eine
geographische und mentale Brücke zwischen Ost und West präsentiert. Es ist ein
Ort, wo die westliche Ordnung sich noch nicht etablieren konnte, obwohl seit der
Wiedervereinigung einige Jahre vergangen sind. Die leeren, zerstörten Bahn-
höfchen (D, 19) erinnern den Erzähler an eine Reise auf den Balkan, während die
DDR-Deutschen für ihn Menschen sind, die als Freunde geeignet scheinen (D,
57):

> »Die DDR ist das fehlende Glied zwischen Germanien und dem Slawengebiet. Die DDR
> ist der verlorene Stamm – ein germanischer oder slawischer – keiner wird das je
> entscheiden können. Die DDR, das ist der Moment, wenn die Deutschen etwas den Ton
> ändern« (D, 56).

Daran offenbart sich erneut die Vorliebe Stasiuks für den Zerfall, für die Unregelmäßigkeit und für eine Landschaft, die sich im Prozess des Zerfalls befindet. Alles was in Stasiuks Reisebüchern geschwächt, nicht endgültig gestaltet,
spurenhaft erscheint – dies erlangt für ihn einen besonderen Wert.[20]

---

20 Dieser Aspekt wird in einer Besprechung zu Stasiuks Text näher erörtert: Nosal, Sławomir:
    Tylko trop rzeczywistości. »Jadąc do Babadag« Andrzeja Stasiuka. In: Doświadczenie

Die Bewohner der ehemaligen DDR kennzeichnet in »Dojczland« eine gewisse Unschärfe der Eigenschaften. Sie sind zerrissen, benehmen sich wie
»eingeschüchterte Slawen« (D, 57), den Westdeutschen erscheinen sie etwas
barbarisch. Zudem haben sie im Verhältnis zu ihren westlichen Landsleuten
Komplexe.

> »Ich erinnere mich an immer mehr Ereignisse, bei denen ich nicht recht weiß, was ich
> mit ihnen anfangen soll. Ich kann für sie keinen Platz finden. Sie müssen einen Sinn
> haben, aber ich kann ihn nicht erraten« (D, 21).

Diese Bemerkung fasst auf die knappste Weise das Wesen der deutschen Odyssee
des »Dojczland«-Erzählers zusammen. Die von ihm unternommenen Reisen in
den Westen erlauben es nicht, die Erfahrungen in einem einheitlichen Sinn zu
integrieren. Deswegen erscheint auch das Subjekt in Stasiuks Erzählung als ein
von den historischen Generations- und Konfrontations-Erzählungen ausgelie-
henes Subjekt. Der Aufbau einer eigenen, sinnvollen Erzählung fällt ihm schwer.
Allein die Reise in den Westen – wie Czapliński schreibt –

> »heilt und vergiftet zugleich. Es ist keine [...] Gegenüberstellung der Kulturen, kein
> Gewinnen von Erfahrungen, sondern eine Aufdringlichkeitsreise – eine obsessiv un-
> ternommene Reise, um sich zu überzeugen, dass sich nichts verändert hat.«[21]

---

nowoczesności: perspektywa polska – perspektywa europejska. Hrsg. von Ewa Paczoska,
Joanna Kulas und Mikołaj Golubiewski. Warszawa: Warsaw UP 2011, S. 177–184.
21 Czapliński, Barbarzyńca. 2007, Nr. 42.

Hans-Christian Trepte (Leipzig)

Zwischen Differenz und Integration – Migration und Nomadismus in Texten ausgewählter Autoren ostmitteleuropäischer Provenienz

Im »Kleinen ABC des NOMADISMUS« wird Nomadismus wie folgt definiert:

> »Nomadismus ist eine Wortschöpfung des 19. Jahrhunderts und geht auf das griechische *ho nomás*, im Genitiv *nomádos* zurück, was wörtlich ›der auf der Weide befindliche‹ bedeutet. Je nach Kontext und Fragestellung bezeichnet der Begriff ein Stadium der Menschheitsgeschichte, eine spezialisierte Ökonomie oder Lebensweise. Daher gibt es verschiedene Definitionen, Datierungen, Zuschreibungen und Wertschätzungen.«[1]

Mit »Differenz und Integration« sind die beiden Pole benannt, zwischen denen sich verschiedenartige Begegnungen zwischen Nomaden und Sesshaften bewegen, die vielfältige Formen zwischen Konfrontation, Annährung, Ghettoisierung, Akkulturation bzw. Assimilation aufweisen.[2] Räumliche Mobilität gehört zu den zentralen Lebensbedingungen von Nomaden. Selbst sesshafte Gesellschaften benötigen ein gewisses Maß an Mobilität, während temporäre Sesshaftigkeit zu einer nomadisch bestimmten Lebenswelt gehört. Dabei erfahren Begriffe wie *Nomade* und *Nomadentum* eine Bedeutungserweiterung. »Wer sich durch Unabhängigkeit und spontane, eigenverantwortlichen Entscheidungen auszeichnet, die er ohne Berücksichtigung familiärer oder anderer Bindungen trifft und damit ein hohes Maß an Beweglichkeit erreicht, kann Nomade genannt werden.«[3]

Authentisches Leben nomadisierender Völker in Ostmitteleuropa reflektiert heute im eigentlichen Sinne des Wortes fast nur noch die Literatur der Roma und Sinti. Es ist das erfahrene Leid der »Fahrenden«, das nach der verspäteten Anerkennung des Völkermordes an den Roma (porrajmos) thematisiert wird. In den Vorstellungen der Sesshaften wurden jene Umherziehenden, oft Scherenschleifer, Kesselflicker, Bürstenbinder, Kleinhändler, Vaganten, Musikanten und

---

1 Nippa, Annegret: Kleines ABC des NOMADISMUS. Leipzig: Gutenberg Verlag 2011, S. 140–141.
2 Vgl. ebd. S. 56.
3 Ebd.

Akrobaten, aber auch Umherreisende ohne Aufgabe und Mission, häufig mit
Ängsten vor Kriminalität, Betrug und Gaukelei assoziiert. Der Begriff der Fahrenden, der mobilen Luftmenschen, die ihr tägliches Einkommen aus weitgehend undefinierbaren Quellen beziehen, erfuhr dabei eine Bedeutungserweiterung. So wurde u. a. auch die Subkultur der Straße mit Vaganten, Vagabunden,
Zauberern, mit aus der Gesellschaft Ausgeschlossenen, Rechtlosen zu den Nomaden gezählt. Hinzu kam im philosophischen Sinne das »geistige Nomadentum« (Nietzsche)[4] sowie die »Dienstleistungsnomaden« (Les outiles nomades/
service nomadism).[5] Die häufig aus dem östlichen Europa kommenden Repräsentanten des Nomadismus sind überwiegend Menschen, die ›ihr Glück in der
Fremde suchen‹, um ›des lieben Brotes willen‹, wegen der Freiheit oder wegen
des bloßen physischen Überlebens. Auf ihrer Wanderschaft bleiben sie oft Außenseiter, Ausgegrenzte, Fremde, »Tschuschen«, wie sie in der Umgangssprache
in Österreich genannt werden. Der Begriff der Dienstleistungsnomaden ersetzt
zuweilen die oft negativ konnotierte Sammelbezeichnung für Fahrende, Emigranten oder Migranten. In den meisten Fällen bezieht er sich auf Menschen, die
zumeist verachtete mobile Dienstleistungen anbieten.[6] Nach der Öffnung der
osteuropäischen Staaten infolge des demokratischen Umbruchs von 1989/1990
entdeckten die Mittel- und Osteuropäer nicht nur ihre neu erworbenen demokratischen Rechte, ihre Mobilität und Bewegungsfreiheit, zugleich boten sich
ihnen bisher kaum gekannte lukrative Einkommensmöglichkeiten im westlichen Europa wie auch in Übersee. Willkürlich gezogene, streng bewachte, kaum
zu passierende Grenzen und Mauern waren inzwischen durchlässig geworden
und stellten kaum noch ein Hindernis dar. In der traditionellen räumlichen
Wahrnehmung von Nomaden waren Grenzen ohnehin stets fließend gewesen.
Jetzt aber eröffneten sich den Neuankömmlingen aus dem östlichen Europa
völlig neue Horizonte. Wenn Migration mit einer Bewegung von einem bestimmten Ort A zu einem anderen B verglichen werden kann, dann schließt der

> »erweiterte Begriff Transmigration auch den Umstand ein, dass viele Migranten keinen
> Endpunkt B finden, nicht sesshaft werden, weiterziehen. Migranten wollen ankommen,
> einen Platz in der Gesellschaft finden und bleiben. Transmigranten kommen an, um
> den Ort nach einiger Zeit wieder zu verlassen. Sie führen, gewollt oder erzwungen, ein
> flexibles, mobiles Leben über Staatsgrenzen hinweg. Für sie wird jeder Ort zum

---

4 Günzel, Stephan: Geophilosophie. Nietzsche im Kontext der zeitgenössischen Erd- und
   Raumwissenschaften.   <http://www.stephan-guenzel.de/Material/Guenzel_Nietzsches-Geo
   philosophie.pdf> (Zugriff am 15.01.2013).
5 Vgl. dazu: Streck, Berhard: Systematisierungsansätze aus dem Bereich der ethnologischen
   Forschung. In: Nomadismus aus der Perspektive der Begrifflichkeit. Hrsg. von Stefan Leder
   und Bernhard Streck. Beiträge der ersten Tagung am 11.07.2001. Halle: Orientwissen-
   schaftliche Hefte 3 2001, Mitteilungen des SFB »Differenz und Integration« 1, S. 1–9.
6 Nippa, NOMADISMUS. 2011, S. 48.

Transitraum. Ihre dauerhafte Mobilität und die zunehmende Zahl der Transmigranten entsprechen aber weder dem Paradigma der Integration noch den Kategorien der Migration, denn ihr Status ist mit Asylant, Flüchtling, Gastarbeiter, Einwanderer unzulänglich beschrieben und unterläuft die staatlichen Kontrollmöglichkeiten.«[7]

Das Problem der Zugehörigkeit, bei den Migranten das Herkunftsland, stellt sich bei Transmigranten häufig anders dar. Denn sie fühlen sich im wirtschaftlichen, politischen wie kulturellen Sinn weitaus weniger dem Staat als der Familie, der Gruppe, dem Clan bzw. dem Interessenverband gegenüber verantwortlich, mit dem sie transnationale Beziehungen aufrechterhalten. »Loyalitäten gegenüber den jeweiligen Regierungen, zumal im Konfliktfall«, bleiben dabei zumeist unklar.[8] Das Bild der traditionellen wie der modernen Nomaden ist nicht einheitlich, es kann auf zwei Grundklischees zurückgeführt werden: den edlen Wilden (bon sauvage) auf der einen Seite und den Schmarotzer, Dieb, Räuber, Kriminellen auf der anderen. Unangepasst setzen sich diese Nomaden über die jeweilige staatliche Ordnung wie auch die geltenden Gesetze hinweg. Aus diesem Grunde werden sie häufig als eine von außen kommende Bedrohung angesehen. Neben der Furcht vor den mobilen Nomaden ist die Forderung nach Mobilität zu einem wichtigen Kennzeichen unserer Zeit geworden, so sollen »Jobnomaden«[9] heute möglichst ohne Einschränkung einsetzbar sein.

Das Nomadische bzw. das Nomadentum verfügt aber auch über eine konkrete kulturgeschichtliche und literarische Dimension. 1926 erschien in Berlin ein Roman des weitgehend unbekannt gebliebenen Schriftstellers Paul Grabein mit dem Titel »Nomaden«[10]. Die Protagonisten des Textes sind junge, vermögende Menschen ohne Verpflichtungen, die in den Tag hinein leben und sich an zahlreichen Orten zugleich zu Hause fühlen. Ihre Ungebundenheit, Unruhe und Unrast macht sie zu »Nomaden, die ihre Freiheit genießen, aber nicht nutzen«.[11] In diesem Kontext kann der von Gilles Deleuze und Félix Guattari in ihren Veröffentlichungen »Rhizom« (1978) und »Tausend Plateaus« (franz. 1980, dt. 1992) entwickelte Begriff der *Nomadologie* gesehen werden, ist doch ihrer Auffassung zufolge ein Nomade

> »ein aktiver, undogmatischer, sich in verschiebenden Territorien bewegender, keine Staatsgrenzen anerkennender, landbesitzloser, ständig im Aufbruch befindlicher, unerwartete Verbindungen stiftender, nicht in die Ordnung der Sesshaftigkeit einzu-

---

7 Ebd., S. 218.
8 Ebd.
9 Vgl. dazu: Englisch, Gundula: Jobnomaden. Wie wir arbeiten, leben und lieben werden. Frankfurt/Main und New York: Campus Verlag 2001.
10 Grabein, Paul: Nomaden. Berlin: Peter J. Oestergaard Verlag 1926.
11 Nippa, NOMADISMUS. 2011, S. 128.

gliedernder Angehörigen einer Minorität mit der Begabung höchster Überlebens-
kunst«.[12]

In dieser Beziehung erscheint das »nomadische Denken« eines Künstlers bzw.
Schriftstellers als eine Art »tastendes Voranschreiten in einem Raum voller
Möglichkeiten«, das nicht auf »Widerspruchsfreiheit, System, Homogenität und
Abgeschlossenheit« abzielt, sondern sich auf »Öffnung, Kombination, Weite«
richtet, »Kreativität« idealisiert und zuweilen auch realisiert.[13] Hinzu kommt
eine bis weit ins 20. Jahrhundert hinein reichende Romantisierung nomadischer
Lebenswelten als »künstlerisches Transformationsverfahren« bzw. als »poeti-
sche Operation« (Novalis), nämlich

> »die Wirklichkeit auf eine Weise zu verwandeln, dass sie an ›das Wunderbare‹ grenzt.
> Das Gegebene soll im Modus der Intensivierung und Überhöhung mit dem Schein
> einer nahen Ferne aufgeladen werden und in neuem Licht erscheinen. Daher schwankt
> die Bedeutung des Begriffs zwischen sanftgestimmter Wohlfühlromantik und radi-
> kalem Ästhetizismus«.[14]

Im polnischen Kultur- und Literaturkontext stellt Ola Tokarczuks polyphoner,
multidimensionaler Roman »Bieguni« (Unrast, 2007)[15] eine geradezu beispiel-
hafte postmodernistische Konzeption des Nomadischen, nicht zuletzt auch im
feministischen Kontext dar. Auch hier werden Staaten, Grenzen und Klassen
überaus schnell und problemlos überwunden, Wurzellosigkeit scheint geradezu
eine zentrale Lebensbedingung der heutigen Menschheit zu sein. Ständiges
Unterwegssein schützt vor dem Teufel, dem Bösen, allem Ungemach, es ermöglicht alternative Lebensweisen, wird zum Quell neuer Lebenserfahrungen,
Erkenntnisse und Einsichten. Die heute in Zürich lebende, aus dem slowakisch-
ungarisch-südosteuropäischen Grenzland stammende Schriftstellerin und
Übersetzerin Ilma Rakusa trägt wie die meisten ihrer Protagonisten das Stigma
des modernen Nomaden. Europäische Städte wie z. B. Maribor, Budapest, Triest
oder Zürich werden zu wichtigen Stationen auf einer rastlosen erscheinenden
Wanderschaft durch Europa. Ihre Erinnerungspassagen »Mehr Meer«, für die
Ilma Rakusa 2009 den Schweizer Buchpreis erhielt, geraten zu einem beindru-
ckenden Zeitgewebe, in dem immer wieder die Sehnsucht nach dem offenen
Meer, seinem Rauschen, Geruch und Geschmack artikuliert wird. Dieses Sehnen
betrifft aber häufig auch den mythisierten Osten, dessen Richtung die Autorin
stets mithilfe ihrer inneren Kompassnadel zu finden weiß. Sprachen, Literaturen

---

12 Ebd., S. 142.
13 Ebd., S. 143.
14 Ebd., S. 184.
15 Tokarczuk, Olga: Bieguni. Kraków: Wydawnictwo Literackie 2007; dt. Unrast. Frankfurt/
    Main: Schoeffling 2009.

und Musik stellen für dieses europäische »Unterwegskind«[16] ein Refugium dar, in das es sich während der großen Wanderungen durch Europa zurückziehen kann. Gleichsam vom Winde in seinen unterschiedlichen sprachlichen Konnotationen verweht (Wind, vent, veter, szél), geht der Autorin dank dieses Kompasses die Orientierung nie verloren.[17]

Im kulturellen Kontext von Nomadismus und Literatur spielt auch die aus Kroatien stammende Schriftstellerin Dubravka Ugresic (Ugrešić) eine wichtige Rolle. Infolge des Zerfalls des jugoslawischen Staates und der Balkankriege hatte sie 1993 ihr Heimatland verlassen. Dubravka Ugresic stellt einen Gegenpol zu all jenen Vertretern nomadischer Literatur dar, die in ihrem literarischen Werk einen partiellen bzw. vollkommenen Sprachwechsel gewagt haben. Auch in der Fremde der Durchgangs- und Aufenthaltsländer bleibt sie ihrer Muttersprache treu. Für die Schriftstellerin stellt die nomadische Literatur eine Art Grauzone dar, die in einem engen Zusammenhang mit transkultureller, interkultureller bzw. exterritorialer Literatur genannt wird. Dubravka Ugresic steht mit ihrem literarischen Schaffen für einen besonderen Fall von Nomadismus, der infolge des Auseinanderbrechens von Jugoslawien entstanden ist. Ein ähnlicher, vergleichbarer Fall hatte sich nach dem Zerfall des Sowjetimperiums ergeben. Auf diese besonderen Fälle von Nomadismus nach der Auflösung bzw. dem Zerfall von Vielvölkerstaaten soll an dieser Stelle nicht näher eingegangen werden. Eine aus unterschiedlichen Gründen »unterwegs« befindliche, mobile Literatur grenzt sich in der Mehrheit der Fälle deutlich von einer betont nationalen, patriotischen, fest in der Nationalsprache wurzelnden und entsprechend definierten Nationalliteratur ab. Zumeist steht eine solche Literatur zwischen einer bewusst konstruierten nationalen, regionalen bzw. lokalen Identität auf der einen Seite und einem kosmopolitischen bzw. global bestimmten Bewusstsein auf der anderen.

In nomadisch geprägten literarischen Werken werden häufig neue, fiktionale Welten und Figuren kreiert, die sich in einem dichten Erzählgewebe mithilfe des Reisens frei und ungebunden durch verschiedene Räume bewegen und unterschiedliche Schicksalswege verdeutlichen. Dabei können ein »dritter Raum«, eine »dritte« Geographie mit fließenden Grenzen wie auch ein hybrider »dritter Wert« entstehen. Die amerikanische Schriftstellerin und Soziologin polnischer Herkunft, Danuta Mostwin, erkannte im Bewusstwerden der Vorteile, über welche Emigranten, Wanderer, Nomaden verfügen, die mehrere Sprachen beherrschen und unterschiedliche Kulturen kennen, einen »dritten Wert« (third value), über den Sesshafte, Indigene, Monokulturelle nicht verfügen würden. Der

---

16 Berking, Sabine: Epochenverschleppung. Ilma Rakusa segelt durchs atonale Erinnerungsmeer. In: Frankfurter Allgemeine Zeitung vom 17. 11. 2009, S. 6.
17 Rakusa, Ilma: Mehr Meer. Erinnerungspassagen. Graz: Literaturverlag Droschl 2009.

»dritte Wert« entstehe in Konfrontation mit anderen Sprachen, Kulturen und Mentalitäten, er bereichere das persönliche Denken, bringe größere persönliche Unabhängigkeit mit sich und trage zu einem stärkeren Bewusstwerden der eigenen Individualität bei.[18] Danuta Mostwin verweist auf die vielfältigen Möglichkeiten, die sich den Neuankömmlingen aus dem alten Europa gerade in der Neuen Welt durch eine erzwungene oder freiwillige »Transplantation« eröffnen.[19]

Der polnischen Literaturwissenschaftlerin Maria Podraza-Kwiatkowska zufolge bewegen sich Kultur und Literatur zwischen »Stabilisierung und Nomadismus«, zwischen einer stabilen, verwurzelten Lebensweise in Gestalt einer bestimmten Ortsfestigkeit, »pied à terre«, die auch als eine Form der erzwungenen Stabilisierung auftreten kann (Kerker, Gefängnis, Lager) und einer nomadisierenden, wurzellosen Lebensweise, die u. a. auch tragische Folgen in Gestalt von Heimat- und Obdachlosigkeit zeitigt.[20]

Bohème, cyganeria, Vagabundieren bzw. Vagabondage gehören untrennbar zur Kultur und Literatur des 20. und 21. Jahrhunderts. Nomadische Lebensweisen mit entsprechender Selbststilisierung gehören zu einer sich libertär-emanzipatorisch gebenden Literatur. Dabei wird auch deutlich, dass nomadische Existenzen nicht allein nur »Freiheit« und »Ungebundenheit« bedeuten. Oft sind mit nomadischen Lebensweisen besagte leidvolle Prozesse von Ausgrenzung, Marginalisierung, Diskriminierung und tragisches Scheitern verbunden. Exklusion wie Marginalisierung können nomadische Existenzweisen erst bedingen. Oft wird der Nomade zum Inbegriff von Mobilität, Freiheit, Transgression, des Wanderns zwischen den Welten; er ist undogmatisch und offen für das Andere, Fremde, Exotische, Außerordentliche, das ihn fasziniert und in seinen Bann schlägt. Allerdings setzen nomadische Existenzen die Bereitschaft wie auch den Willen voraus, Familiäres, Vertrautes, Liebgewonnenes aufzugeben. Ihre Vertreter nehmen zumeist bewusst *Entwurzelung*, *Instabilität* wie auch *Unbehaustheit* (unhousedness)[21] in kauf. Nicht selten hängt es vom jeweiligen Betrachter, vom Autor wie auch vom Leser ab, wie die genannten Begriffe verstanden und gewertet werden. Zweifelsohne führen nomadische Lebensweisen zu grundlegenden Veränderungen im traditionellen Wertesystem. Der Kategorie

---

18 Mostwin, Danuta: Trzecia wartość. Wykorzenienie i tożsamość/The Third Value. Uprooting and Identity. Lublin: Katolicki Uniwersytet Lubelski 1995.

19 Mostwin, Danuta: The Transplanted Family: A Study of Social Adjustment of the Polish Immigrant Family to the United States after the Second World War (America Ethni). New York: Arno Press 1980.

20 Podraza-Kwiatkowska, Maria: Wolność i transcendencja. Studia i eseje o Młodej Polsce. Kraków: Wydawictwo Literackie 2002, S. 16.

21 Vgl. dazu: Steiner, George: Extraterritorial (Unhousedness). In: Papers on Literature and the Language Revolution. Hrsg. von George Steiner. New York: Atheneum 1971, S. 3–11.

›Heimat‹ bzw. ›Vaterland‹ und allen damit verbundenen semantischen Facetten kommt in diesem Zusammenhang eine besondere Bedeutung zu. In der Literatur des 20. wie auch des 21. Jahrhunderts führen Mobilität und rastloses Unterwegssein zu Gegenentwürfen einer Kultur der Sesshaftigkeit, die in der Tradition von Homer, Herodot, Odysseus oder Jack Kerouac steht. Das Leben von Nomaden, Flaneuren, Vagabunden, »Touristen« und Kosmopoliten ist das ständige »Unterwegssein«, die Aufgabe der Heimat, d. h., nomadische bzw. neonomadische Lebensweisen signalisieren das Ende der Sesshaftigkeit und die Aufgabe eines begrenzten, eingeschränkten Raumes. Häufig werden Exil, Emigration, Migration im Rückblick nicht mehr als Unglück gezeigt, Kains oder Ahasvers Schicksal wird nicht mehr nur als Strafe, sondern auch oft als ein Akt der Befreiung gesehen. Der Nomade ist somit zu einer positiv besetzten Leitfigur in einer Gesellschaft geworden, in der Flexibilität und Mobilität entsprechend honoriert werden. Andererseits wehrt sich ein solcher Nomade gegen die von ihm erwartete Anpassung, Integration oder gar Assimilation.

Nicht selten stehen die Werke von Schriftstellernomaden für eine Literatur des »Dazwischenseins« im Sinne von Homi K. Bhabhas »in-betweeness«[22]; sie stehen zwischen Territorien, Sprachen, Kulturen und Literaturen bzw. befinden sich in einem Niemandsland. Eine solche Auffassung führt zur Frage, welcher Literatur z. B. Autoren wie Wladimir Kaminer, Jiří Gruša, Libuše Moníková, Radek Knapp, Artur Becker oder Irena Brežná angehören? Sind sie als Fremdkörper in einer anderen Sprache und Literatur anzusehen? Fügen sie sich in den jeweiligen nationalen Literaturkanon ein oder werden sie zu Vertretern einer »littérature mineure« im Sinne von Deleuze und Guattari[23] und damit zu einer Minderheit, die sich einer Mehrheitssprache bedient? Stellen sie als andersartige, fremde, exotische Stimmen eine Bereicherung dieser Literaturen dar?

Eine Literatur des »Dazwischenseins« kann für die nationale Literaturgeschichtsschreibung eine Herausforderung, ja eine Provokation darstellen, zumal traditionelle Zuschreibungen einer in erster Linie an die (National)Sprache bzw. das Nationale gebundenen Literatur heute so nicht mehr funktionieren.[24] Grundlegend verändert hat sich in diesem Prozess auch das Verhältnis von Zentrum und Peripherie. Zunehmend kommt es zu einer Emanzipierung der

---

22 Bhabha, Homi K.: Cultures in Between. In: Questions of Cultural Identity (Chapter 4). Hrsg. von Stuart Hall und Paul du Gay. London: Sage Publications 1996, S. 53–60.

23 Vgl. dazu: Kreuzmair, Elias: Die Mehrheit will das nicht hören. Gille Deleuz' Konzept der littérature mineure. In: Helikon. A Multidisciplinary Online Journal 2010, H. 1, S. 36–37.

24 Vgl. dazu: Dorothee Kimmich: Öde Landschaften und die Nomaden in der eigenen Sprache. Bemerkungen zu Franz Kafka, Feridun Zaimoğlu und der Weltliteratur als »Littérature mineure«. In: Wider den Kulturenzwang: Migration, Kulturalisierung und Weltliteratur. Hrsg. von Özkan Ezli, Dorothee Kimmich und Annette Wernberger. Bielefeld: Transcript 2009, S. 297–316.

Peripherie bzw. des Randes, die sich zugunsten eines inneren und äußeren »Polyglottismus« (Jurij Lotman) zum Zentrum erheben und sich einer sprachlichen und kulturellen Homogenisierung widersetzen.[25] Für Deleuze und Guattari war es die untergegangene mehrsprachige, multikulturelle Welt Prags, die zeigt, dass sich Fremdes und Eigenes nicht ohne Weiteres voneinander scheiden lässt. Im Hinblick auf die (modernen) Sprachnomaden wurde auch der Bezug zu einer Literatur hergestellt, die nicht in der Erstsprache geschrieben wird, in deren Entstehungsprozess eine eigene Poetik der Deterritorialisierung und Reterritorialisierung entsteht, und zwar auf der Ebene von Sprache, Komposition, Narration und Metaphorik. Im Transformationsprozess der »nationalen« Literaturen wird infolge von Migration und Reisen neues literarisches Terrain erschlossen, werden kulturelle Orientierungen auf nicht selten radikale Weise durchdacht bzw. umgedacht. Überlagerungen wie Abgrenzungen von »fremd« und »einheimisch«, von »heimelig« und »unheimlich«, von »geborgen« und »gefährlich« werden dabei immer unübersichtlicher. Dementsprechend können auch die Räume real oder irreal, surreal und imaginär zugleich sein. Häufig dominieren Transgressionen zwischen Tradition und Moderne, zwischen Sacrum und Profanum, Natur und Kultur, Eigenem und Fremden, zwischen den Geschlechtern wie unterschiedlichen Spielarten von Sexualität. Moderne Nomaden unterschiedlichen Zuschnitts bevölkern heute unsere Welt.

Dabei sind die Gründe für ihre Wanderschaft unterschiedlich, sie können ökonomischer (Arbeitssuche), politischer (Freiheit, Demokratie) wie auch sexueller Art (individuelle bzw. sexuelle Freiheit) sein. Nomadische Lebensweisen entwickeln sich zu einem neuen Lebensstil, oft scheinen ihre Vertreter geradezu vom »Reisefieber« gepackt.[26] Während die Vertreter des klassischen Exils als politische Vertriebene, Ausgewiesene oder aber in der Fremde Gebliebene kaum andere Identitätsoptionen besaßen bzw. diese, von den Sprachwechslern abgesehen, auch gar nicht erst in Erwägung zogen, entscheiden sich die modernen »Nomaden« frei für zumeist mehrere Wohnstätten. Blogs im Internet zeigen, dass aus Osteuropa kommende junge Menschen im Westen häufig nicht mehr wissen, wer sie angesichts der unterschiedlichen Erwartungshaltungen eigentlich sind und wo ihr eigentliches Zuhause ist.

> »Für die Engländer bin ich ein in der Kneipe Töpfe scheuernder Polacke, für die Mehrzahl meiner Landsleute zu Hause ein auf britischen Pfundnoten schlafender Glückspilz. Für meinen Großvater, der in der Heimatarmee (AK) kämpfte, ein Verräter

---

25 Lotman, Jurij M.: Dynamische Mechanismen semiotischer Systeme. In: Aufsätze zur Theorie und Methodologie der Literatur und Kultur. Hrsg. von Karl Eimermacher. Kronberg: Scriptor Verlag 1974, S. 430–437, hier: S. 430.
26 Vgl. dazu: Łoziński, Mikołaj: Reisefieber. Kraków: Znak 2006; dt. Reisefieber. Stuttgart: Deutsche Verlags-Anstalt 2008.

des sich in Not befindenden Vaterlandes. Für meine Mutter Hoffnung auf ein besseres Leben. Für meinen Vater ein Maul weniger, das zu Hause zu stopfen ist. Für mein Mädchen bin ich wiederum das Fundament unseres zukünftigen neuen Zuhauses irgendwo in den Vororten von London oder vielleicht auch Dublins. Doch verflucht noch einmal, wo ist MEIN Zuhause?«[27]

Häufig taucht der Fremde als Arbeitssuchender, als Jobnomade in der Gesundheitsvorsorge, in der Hauswirtschaft oder aber beim Putzen auf. Verwiesen sei in diesem Zusammenhang auf das polarisierende Buch von Justyna Polańska »Unter deutschen Betten. Eine polnische Putzfrau packt aus«[28], lustige wie peinliche Geschichten und Begebenheiten einer polnischen Putzfrau in Deutschland.

Zum Nomadentum zählt selbstverständlich auch das Reisen, Pilgerreisen ebenso wie unterschiedliche Formen des modernen Reisens: Bildungs-, Studien-, Abenteuer-, Hochzeits-, Geschäfts-, Städtereisen wie auch Kreuzfahrten. Dabei wird in den auf das Reisen bezug nehmenden literarischen Werken nicht nur das Leben der Nomaden, der Umherziehenden, Wanderer, Heimatlosen und Dienstleistungsnomaden thematisiert, oft wird das Leben selbst als eine symbolische Reise angesehen. So sind für die Roma-Schriftstellerin Ceija Stoika alle Menschen auf dieser Welt »Reisende«. Das signalisiert sie bereits mit dem Titel ihres Buches: »Reisende auf dieser Welt: Aus dem Leben einer Rom-Zigeunerin«.[29] Hier wird der fahrende Zigeuner dem reisenden Menschen gleichgestellt und zumeist hybride Identitäten ihrer Protagonisten sollen die Zugehörigkeit der Roma zu den anderen reisenden Menschen hervorheben: »...wenn mich jemand fragt, wo ich herkomme, sage ich immer, dass ich eine Sintezza bin, ein Frau aus dem Volke der Sinti. Aber auch eine Ravensburgerin, oder eine Berlinerin, zumindest zurzeit.«[30] Diese Art der Reiseliteratur berichtet über den Westen und den Osten Europas und ihre Autoren kämpfen gegen verbreitete Klischees und Stereotype an. Die sich nicht selten in einer Zwischenstellung, einem zuweilen schmerzlichen Spagat zwischen Ost und West befindenden Autoren osteuropäischer Herkunft übernehmen mit ihren literarischen Werken

---

27 Grzybowski, Przemysław Paweł: Tożsamość tułacza – dylematy identyfikacyjne współczesnych emigrantów. In: Socjalizacja i kształtowanie się tożsamości – problemy i sugestie rozwiązań. Hrsg. von Tadeusz Lewowicki. Toruń: Wydawnictwo Adam Marszałek 2008, S. 72. [Deutsche Übersetzung vom Verf.]

28 Polańska, Justyna: Unter deutschen Betten. Eine polnische Putzfrau packt aus. München: Droemer Knaur 2011.

29 Stoika, Ceijka: Reisende auf dieser Welt: Aus dem Leben einer Rom-Zigeunerin. Wien: Picus Verlag 1992.

30 Dotschy, Reinard: Gypsy. Die Geschichte einer großen Sinti-Familie. Frankfurt/Main: Fischer Verlag 2008, S. 47; Vgl. auch: Deike, Wilhelm: Die Literatur von Sinti und Roma im deutschsprachigen Raum – Betrachtung eines jungen Phänomens. <http://www.migration-boell.de/web/integration/47_2021.asp> (Zugriff am 12.01.2013).

dabei eine Vermittlerrolle. Auf vielfältige Weise kommt es zu persönlichen, oft familiär bedingten Begegnungen mit Menschen, Landschaften und Städten. Scheinbar vergessene Kulturregionen rücken wieder in den Mittelpunkt einer deutlich autobiographische Züge tragenden Wurzelliteratur.

Auf eine solche familiär bedingte deutsch-polnische Spurensuche begibt sich z. B. die Schriftstellerin Sabrina Janesch, deren Mutter Polin und deren Vater Deutscher ist und die ihre Kindheit in Niederschlesien verbrachte. Die mit dem Ingeborg-Bachmann-Preis ausgezeichnete Autorin hat in Hildesheim kreatives Schreiben und in Krakau Polonistik studiert. Familiäre Herkunft, Selbstfindung und Identität sind ihre bevorzugten Themen. »Wenn ich in Deutschland bin, umgeben nur von Deutschen, dann finde ich mich sehr polnisch. Wenn ich in Polen bin, dann glaube ich manchmal, dass ich die deutscheste Person auf diesem Planeten bin, wirklich.«[31] Für die ausschließlich in deutscher Sprache schreibende Sabrina Janesch ist das Polnische »eine Art vertraute Fremde«, die »Nähe zu den Leuten und zur Kultur« bringt, weil sich in einer Sprache »auch die Denkweise eines Volkes« spiegelt.[32] In ihrem Debütroman »Katzenberge«[33] (2010) reist eine junge Deutsche aus Berlin, die im Bann der eigenen Familiengeschichte steht, auf den Spuren ihres Großvaters nach Niederschlesien und weiter ins heute ukrainische Ost-Galizien. Dabei verweist die Autorin auf die Erfahrung ihres Großvaters, die widerspiegelt, wie es ist, nicht *aus*, sondern *nach* Schlesien vertrieben zu werden.[34] Auch in ihrem zweiten Roman »Ambra«[35] (2012) interessieren die Schriftstellerin deutsch-polnische Berührungspunkte bzw. Überlappungen in der Geschichte und Kultur wie auch in konkreten menschlichen Schicksalen. Mit Danzig – hier war die Schriftstellerin als Stadtschreiberin angestellt – findet sie einen ganz besonderen Ort. Mit ihrer wechselhaften Geschichte und Tradition, mit den Schicksalen ihrer Bewohner bietet sich die Stadt für das Erzählen neuer Geschichten förmlich an. Das alte Danzig wie auch das moderne, heutige Gdańsk faszinieren die Autorin, stellt doch die Stadt ein »eigenartiges und selbständiges Amalgam«, eine »unheimliche Fülle von Geschichten« dar, die einer Dunstglocke gleich über dieser Stadt am Meer hängt.[36] In Danzig lernt die Autorin auch ihre bis dahin unbekannt gebliebenen Familienmitglieder kennen. Deshalb könnte man den Roman auch als Famili-

---

31 Böttcher, Martin: Herkunft ist ihr Thema. Sabrina Janesch liest in Klagenfurt. <http:///www.dradio.de/dkultur/sendungen/profil/1209113/> (Zugriff am 12.01.2013).

32 Interview mit Sabrina Janesch <http://sabrinajanesch.de/autorin/interview-mit-sabrina-janesch> (Zugriff am 12.01.2013).

33 Janesch, Sabrina: Katzenberge. Berlin: Aufbau Verlag 2012.

34 Interview mit Sabrina Janesch <http://sabrinajanesch.de/autorin/interview-mit-sabrina-janesch> (Zugriff am 12.01.2013).

35 Janesch, Sabrina: Ambra. Berlin: Aufbau Verlag 2012.

36 Sabrina Janesch über »Ambra«: »Danzig hat mich schon immer interessiert.« Ein Interview (PDF), S. 390–396, hier: S. 391 <www.sabrinajanesch.de> (Zugriff am 12.01.2013).

enchronik einer deutsch-polnischen Familie lesen. Im Zusammenhang von Nomadismus und Reisen, der vielfältigen Begegnungen von Deutschen und Polen kommt einer Aussage von Janesch besondere Bedeutung zu:

> »Das Verhältnis zwischen Polen und Deutschen ist heute – abgesehen von einigen Zwischenfällen – entspannter als je zuvor. […] Die meisten der jungen Städter sind viel gereist, in Europa meistens, auch in Amerika, und sie können viele Zwistigkeiten, die zwischen Deutschland und Polen auftreten, gut einordnen als das, was sie sind: von der Politik gemacht. Mit den Menschen haben sie meist herzlich wenig zu tun«.[37]

Einen besonderen Fall des Erkundens der westlichen Welt präsentiert Alexandra Tobors »pop-grotesker Migrationsroman« mit mehr oder weniger versteckten »popkulturellen Referenzen«[38], der den witzig-amüsanten Titel »Sitzen vier Polen im Auto. Teutonische Abenteuer«[39] (2012) trägt. Der Wunschtitel der Autorin war eher »Goodbye, Polen!« gewesen, so wie auf der Rückseite des Buches vermerkt, doch der Verlag entschied anders. Mit ihrem Buch möchte die Autorin Türen zum Fremden öffnen. In einem winzigen polnischen Fiat kommt in den späten 1980er Jahren das achtjährige Mädchen Alexandra (Ola) mit ihrer Familie aus dem polnischen Oberschlesien nach Westdeutschland. Das verheißungsvolle Land mit dem Kürzel BRD (NRF/RFN) glaubt die Protagonistin bereits in Gestalt einer geheimnisvollen Parallelwelt zu kennen, und zwar aus dem »goldenen Buch«, Omas verstecktem »Quelle«-Katalog mit seinen verführerischen bunten Bildern. »Drüben« in der Bundesrepublik scheinen aus der oberschlesischen Perspektive gesehen geradezu paradiesische Verhältnisse zu herrschen. Doch das Eingewöhnen in die neue, bunte Welt stellt sich weitaus komplizierter dar als gedacht. So kommt es zu fast täglichen Auseinandersetzungen mit Stereotypen, Vorurteilen und Klischeevorstellungen. Interessant ist aber auch das von Tobor in ihrem Buch funktional eingesetzte Deutsch polnischer Provenienz, ein oft aus dem Polnischen direkt ins Deutsche übersetzter »Polack-Sprech«, der vor allem von der Gönnerin, Ratgeberin und Möchtegernfreundin der Familie Olas, Dorota Ogórkowa, verkörpert wird.

Die tschechische Schriftstellerin Petra Hulova/Hůlová greift die Rast- und Ruhelosigkeit junger Menschen auf, die den Verlockungen der Fremde folgen, vom Fremden und den Fremden fasziniert sind. In ihrem Debütroman »Kurzer Abriss meines Lebens in der mongolischen Steppe«[40] (2002) zeigt die Autorin die scheinbar uneingeschränkte Beweglichkeit des Lebens ihrer Protagonistin, die

---

37 Ebd., S. 396.
38 Helsper, Stefanie: Von 140 Zeichen zum Bestsellerroman. <http://alexandratobor.de/wp-content/uploads/Rheinzeitung.png> (Zugriff am 12.01. 2013).
39 Tobor, Alexandra: Sitzen vier Polen im Auto. Teutonische Abenteuer. Berlin: Ullstein 2012.
40 Hůlová, Petra: Kurzer Abriss meines Lebens in der mongolischen Steppe. München: Luchterhand 2002; tschechisch: Paměť mojí babičce. Praha: Torst 2002.

sich zwischen dem heimatlichen Tschechien, der exotischen mongolischen Steppe, der Taiga und New York auf der Suche nach dem großen Glück befindet. Die zentrale Figur, Dzaja, ist eine Nomadin aus der Mongolei, die sich im Spannungsfeld zwischen den Generationen, zwischen Tradition und Moderne bewegt; sie reist aus freien Stücken oder befindet sich auf der Flucht. Dabei wird ihre Geschichte aus drei verschiedenen Erzählperspektiven erzählt: ihrer eigenen, der ihrer Mutter sowie ihrer Tochter. Tradition und Fortschritt, vor allem im technischen Sinn aufgefasst, prallen im Zeitalter der Globalisierung aufeinander. Der Sinnlichkeit und Buntheit des Rentier-Nomadenlebens wie auch der Rechtlosigkeit der Frau in der patriarchalischen Nomadengesellschaft stehen die Beliebigkeit und Kälte der westlichen Großstadt gegenüber. Der Westen eröffnet dem fremden Mädchen bisher ungeahnte Möglichkeiten von Freiheit und Emanzipation, doch trotz all dieser Chancen bleibt Dzaja eine Fremde, die Vertreterin einer auch äußerlich erkennbaren Minderheit, der die Einheimischen zumeist mit Misstrauen und Distanz begegnen.

Der in deutscher Sprache schreibende, in (Nord)Deutschland lebende, sich als polnischer Schriftsteller definierende Artur Becker thematisiert in literarischen Essays auch u. a. das Nomadenleben in Verkehrsmitteln.[41] Er vertritt die Meinung, dass alle modernen Nomaden so leben, als wären sie ständig auf Reisen. Dabei können sie aber auch in einem bestimmten Zuhause wenigstens kurzzeitig glücklich werden. Einen solchen »Ort der geistigen Harmonie«, wo Becker zu Hause ist, bezeichnet er als »Kosmopolen«. »Die Idee dazu verdanke ich dem Schriftsteller Andrzej Bobkowski (1913 – 1961), einem anderen großen polnischen Exilanten, der den Neologismus *Kosmopolacy* (die Kosmopolen) geprägt hatte, und zwar für seinesgleichen.«[42] Wie sieht ein solcher moderner Nomade bzw. Kosmopole aus? Was denkt und tut er? Eben das versucht Becker in seinem Text »Der Nomade im Zug«[43] (2011) aufzudecken, den er seinem Schriftstellerbruder Feridun Zaimoğlu widmet.

> »Er ist jedenfalls ein unermüdlicher Wanderer, der zu jeder Jahreszeit durch die deutschen Lande zieht und Europas Hauptstädte und Metropolen besucht, um seine Sehnsucht nach neuen Eindrücken und Menschenbegegnungen zu befriedigen. Er ist ein Mann der Unrast, aber ein ganz besonderer, weil er nicht nur in der Welt haust und

---

41 Becker, Artur: Im Zug durch Deutschland. Ein Reisebericht aus Kosmopolen. In: Dialog 2011 – 2012, Nr. 98, S. 9 – 17.
42 Becker, Im Zug. 2011 – 2012, S. 11.
43 Becker, Artur: Der Nomade im Zug. Ein Porträt des »Bruders Feridun Zaimoglu«. In: chamisso. Viele Kulturen – eine Sprache, Oktober 2011, Nr. 6, S. 9 – 11, hier: S. 9. <http://www.bosch-stiftung.de/content/language2/downloads/Chamisso_Magazin_06_2011.pdf> (Zugriff am 12.01. 2013).

ein Produkt unseres entstehenden 21. Jahrhunderts ist: Sie wohnt auch im Herzen dieses Nomaden, das unruhig in ihm pocht und ihn zum Reisen antreibt.«[44]

Auch in Beckers Text taucht jenes Schlüsselwort »Unrast« auf, das wir bereits aus Olga Tokarczuks gleichnamigen Roman kennen. Und wie sieht Becker zufolge ein solcher Nomade des 21. Jahrhunderts aus? Er zieht sein ganzes Hab und Gut in »einem dieser hässlichen, aber praktischen Trolleys auf zwei Rollern« hinter sich her.[45] Die Wahlverwandtschaft all jener rastlos Umherreisenden, Brüder im Reisen, kennzeichnet ein Leben im Zug, im Flugzeug, auf Bahnhöfen und Flughäfen. Beim Reisen gehen Länder ineinander über und verschmelzen miteinander. Die Mehrzahl der Nomaden lebt in einem bestimmten Land, das zugleich Nomadenland ist. In Beckers Fall bedeutet das: Deutschland einig Nomadenland. In einer Zeit der Globalisierung und Wurzelsuche begegnen sich Schriftsteller aus aller Herren Länder, die eine bestimmte Schreibsprache adoptiert haben. So zählen zu den Nomaden deutscher Zunge u. a. Wladimir Kaminer, Artur Becker, Irena Brežná oder Iija Trojanow, d. h. Autoren, die nicht sesshaft werden durften bzw. nicht sesshaft werden wollten.

Durch die Lektüre von Czesław Miłosz und Thomas Stearn Eliotts hatte Artur Becker erst begriffen, dass diese Schriftsteller zu jenen modernen Nomaden zählen, welche die geographische und sprachliche Verpflanzung miteinander verbindet. So fühlt sich Becker mit der in deutscher Sprache schreibenden slowakischen Schweizerin Irena Brežná nicht zuletzt auch schicksalsmäßig verbunden als zwei Menschen, die viel vom Verlust der Heimat verstehen. Aus ihrem slowakischen Paradies der Kindheit wurde die heute in Basel lebende Irena Brežná vertrieben. Nicht zufällig trägt ihr Buch, das darüber genauer Auskunft gibt, den Titel »Die beste aller Welten« (2008).[46] In einem weiteren Text, »Die Sammlerin der Seelen« (2003), schreibt die Schriftstellerin: »Mir ist die Heimat abhandengekommen, es war vor über drei Jahrzehnten, und seitdem sehe ich mich in der halben Welt nach ihr um, spüre sie mit einem feinentwickelten Heimatorgan auf.«[47] Auch Artur Becker ist das einstige Paradies der Kindheit abhanden gekommen, jenes kleine Stückchen Erde, »Ermland/Warmia« genannt, das ihm in Deutschland zunehmend zu einem Fremdkörper geworden ist.

Zu den in deutscher Sprache schreibenden Schriftstellernomaden zählt auch der in Bulgarien geborene Ilija Trojanow, der im Alter von sieben Jahren nach Deutschland kam, später mit seinen Eltern nach Kenia zog und in Südafrika

---

44 Ebd.
45 Ebd.
46 Brežná, Irena: Die beste aller Welten. Berlin: edition ebersbach 2008.
47 Brežná, Irena: Die Sammlerin der Seelen. Unterwegs in meinem Europa. Berlin: Aufbau Verlag 2003, S. 11.

ebenso wie in Indien beheimatet ist. In seiner ersten Heimat sprach er Bulgarisch, in der Schule dann abwechselnd Deutsch und Englisch, und Kisuaheli lernte er in Afrika. Sesshaft zu werden interessiert den Autor eigentlich nur wegen seiner Bibliothek, denn jemand, der Bücher kauft und sammelt, sei kein echter Nomade mehr. In Trojanows Buch »Der Weltensammler«[48] (2006), in dem das Leben des britischen Spions, Diplomaten und Entdeckungsreisenden Richard Francis Burton thematisiert wird, geht es vor allem um transnationale und nomadische Identität.[49] Trojanow lädt seine Leser ein, am Nomadenleben teilzuhaben: »Wir sind alle Gäste. Wir sind alle Wanderer. Seien sie einer von uns.«[50] Vor dem Erscheinen seines Romans schreibt er:

> »Die nomadische Reise durch eine sich ewig wandelnde Definition der eigenen Idee steht im eklatanten Widerspruch zu der Forderung nach Assimilierung, durch die der Nationalstaat seinen vorgeblich einheitlichen Körper vor fremden Einflüssen zu schützen sucht. Vergeblich, denn während die Literatur der selbstbestimmten Wurzeln gedeiht, liegt der Nationalstaat im Sterben, zumindest als ideologisches Muster. [...]. Mit dem Nationalstaat löst sich auch das Denken in binären oppositionellen Mustern auf.«[51]

Die Figur des kulturellen Grenzgängers Francis Burton dient dem Schriftsteller als Vorbild, ihm widmet er auch sein Buch »Nomade auf vier Kontinenten. Auf den Spuren von Sir Richard Francis Burton«[52] (2007). Trojanow unterstreicht, dass die kulturelle Differenz nicht etwas darstellt, das es zu überwinden gilt. Vielmehr erkennt er in der »différance« (Derrida)[53] ein beglückendes wie inspirierendes Angebot an Offenheit und Vielfalt, eine Art Naturzustand. In der Kulturentwicklung sieht er eine fortwährende, ewige Hybridisierung und in der Zwei- bzw. Mehrsprachigkeit ein wertvolles Geschenk. Trojanow zufolge durchläuft der »Eingesprachte« zwei Phasen:

> »In der ersten bemüht er sich um Anpassung, richtet seinen Ehrgeiz auf grammatikalische, idiomatische und lexikalische Korrektheit, will sich keine Fehler nachsagen lassen [...], dann emanzipiert er sich! Er realisiert, dass die Sprache fähig sein muß,

---

48 Trojanow, Ilija: Der Weltensammler. München: Carl Hanser Verlag 2006.

49 Vgl. dazu: Haberkorn, Michaela: »Treibhaus« und »Weltensammler«. Konzepte nomadischer Identität in den Romanen von Libuše Moníková und Ilija Trojanov. In: Von der nationalen zur internationalen Literatur: Transkulturelle deutschsprachige Literatur und Kultur im Zeitalter globaler Migration. Hrsg. von Helmut Schmitz. Amsterdam: Rodopi 2009.

50 Trojanow, Der Weltensammler. 2006, S. 111.

51 Trojanow, Ilija: Döner in Walhalla oder welche Spuren hinterlässt der Gast, der keiner mehr ist. In: Döner in Walhalla. Texte aus der anderen deutschen Literatur. Hrsg. von Ilija Trojanow. Köln: Kiepenheuer & Witsch 2000, S. 10.

52 Trojanow, Ilija: Nomade auf vier Kontinenten. Auf den Spuren von Sir Richard Francis Burton. Frankfurt/Main: Eichborn 2007.

53 Derrida, Jacques: Die différance: Ausgewählte Texte. Stuttgart: Reclam Philipp Jun. 2004.

seinen Weg, seine ganze Identität widerzuspiegeln, und wenn sie dazu nicht in der Lage ist, muß er sie dazu in die Lage versetzen.«[54]

Für Irena Brežná, die ihre »sprachliche Promiskuität« als »Flirtsucht« beschreibt, ist die deutsche Sprache nicht zur Heimat geworden. In der »undankbaren Fremde«[55] gleicht sie vielmehr einem Geschenk des Zufalls, ist sie ein solide genähter Arbeitsanzug für das Überlebenstraining:

> »Mehrere Kulturen in sich zu tragen, mehrere Sprachen zu beherrschen, muss nicht Zerrissenheit, sondern kann Erweiterung sein. [...] Diese vielbeklagte Wurzellosigkeit ist auch eine Kraft. Man kann mich irgendwohin stellen und ich finde mich zurecht. Ich bleib dieselbe, bloß hülle ich mich jeweils in andere Kleider.«[56]

Dem kann auch Artur Becker ganz zustimmen. Sein Selbstbewusstsein, sein deutsches Ego hat er sich »durch die Emigration schwer erkämpft«, seine Metamorphose nennt er eine deutsche,

> »weil sie in diesem Staat stattgefunden hat, und nicht woanders. Das Selbstbewusstsein, das(s) ich in einer fremden Sprache genau das sagen kann, was mein intimstes, in Polen geborenes Herz diktiert, ist ein wunderbares Geschenk.«[57]

---

54 Trojanow, Ilija: Und hätte ich nur eine Sprache. Eine Liebeserklärung. S. 3 <http://www.ilija-trojanow.de/downloads/Deutsche_Sprache.pdf> (Zugriff am 12.01.2013).
55 Vgl. dazu: Brežná, Irena: Die undankbare Fremde. Berlin: Galiani 2012.
56 Brežná, Irena: Eure Angst hat mich immer erstaunt. Zeit Online <http://www.zeit.de/2012/11/CH-Interview-Irena-Brezna/seite-2> (Zugriff am 12.01.2013).
57 Becker, Im Zug. 2011–2012, S. 9.

Kirsten Prinz (Gießen)

Mauerfall, Migrationsdebatten und Generationen – Türkisch-deutsche Geschichtsdarstellung in Yadé Karas Wenderoman »Selam Berlin«

I. Geschichtsdarstellung und türkisch-deutsche Literatur

Lange wurde Migration *gerade nicht* als ein zentraler Aspekt bundesrepubli-
kanischer Geschichtsdarstellung und gegenwärtiger kollektiver Erinnerungs-
bildung wahrgenommen. Migrantinnen und Migranten wurden von der Gesellschaft, wenn nicht als geschichtslos, dann zumindest nicht als Teil einer
bundesrepublikanischen Geschichte betrachtet. Symptomatisch erscheint in
diesem Zusammenhang die Rede vom 22. Mai 2009 des damaligen Bundespräsidenten Horst Köhler aus Anlass des 60-jährigen Bestehens der Bundesrepublik
Deutschland, die zwar die Rolle Deutschlands in Europa erwähnt, die historische
Bedeutung von »Gastarbeitern« aber unerwähnt lässt.[1] Parallel zu diesem
»Vergessen« weisen jedoch Äußerungen in den Medien punktuell auf eine
Stärkung transnationaler Gedächtnisbildung hin. So widmete »Die Zeit« eine
ganze Serie zum Thema »50 Jahre Anwerbeabkommen mit der Türkei«. Be-
merkenswerterweise wurde in diesem Zusammenhang auch an eine bereits
existierende türkisch-deutsche Geschichte erinnert, so z.B. an die Bedeutung
der Türkei als Exilland während des Nationalsozialismus.[2]

Bereits seit etwa 2005 wurde in den Literaturwissenschaften, insbesondere
durch die angloamerikanischen »German Studies«, für die Neufassung eines
›deutschen‹, von Migration geprägten Gedächtnisses plädiert. Innovativ wirkte
hier vor allem Leslie A. Adelsons Arbeit »The Turkish Turn in Contemporary
German Literature« (2005) und ihre Ausführungen zu *Touching Tales*, um einen
gemeinsamen, sich berührenden und überschneidenden Erfahrungsraum
deutscher Geschichte als türkisch-deutsche Geschichte und Geschichten zu

---

1 Festansprache des Bundespräsidenten Horst Köhler aus Anlass des 60-jährigens Bestehens
  der Bundesrepublik Deutschland <http://www.bundespraesident.de/SharedDocs/Reden/DE/
  Horst-Koehler/Reden/2009/05/20090522_Rede.html> (Zugriff am 25.09.2013).
2 Topcu, Özlem/ Ulrich, Bernd: Zu Hause in der Fremde, fremd zu Hause. ZeitOnline 50 Jahre
  Anwerbeabkommen. 19.11.2011 <http://www.zeit.de/2011/43/50-Jahre-Migration-Reuter>
  (Zugriff am 25.09.2011).

beschreiben. Dabei betont das Konzept der *Touching Tales* die Bedeutung von Literatur bei der Fassung dieses gemeinsamen Geschichtszusammenhangs. Bislang nicht zusammengedachte Bezüge zwischen Holocaust, Kaltem Krieg, europäischer Modernität und dem türkischen Genozid an den Armeniern, können so nach Adelson, in einen gemeinsamen Zusammenhang von deutscher Geschichte und türkischer Migration gebracht werden.[3]

Die in den letzten Jahren verstärkt in den Fokus geratenen Fragen von Gedächtnisbildung in der sog. türkisch-deutschen Literatur deuten zugleich eine methodische Verschiebung an. Probleme der Transkulturalität spielen nach wie vor eine zentrale Rolle. Zugleich weist der Aspekt der Geschichtsdarstellung und Erinnerung über den der Inter-/Transkulturalität hinaus und regt somit neue methodische Zugänge an. Die Frage nach kulturellen Konstruktionen, Zuschreibungsmechanismen wird somit keineswegs obsolet, allerdings wird türkisch-deutsche Literatur durch die Verbindung mit historischen Perspektiven von Lesarten und Festlegungen zur Inter-/und Transkulturalität entlastet und damit eine Neuverortung innerhalb literarischer Genres erleichtert.

Sicherlich wäre es lohnenswert den ›Erinnerungsturn‹ in der türkisch-deutschen Literatur literaturgeschichtlich als Nachwendephänomen eingehender zu untersuchen. Dabei scheinen historische Tiefenschichten zum einen über Familienromane literarisch generiert und vermittelt zu werden, zum anderen avancieren sowohl der Wende- als auch der Berlinroman zu zentralen Genres türkisch-deutscher Geschichtsdarstellung.[4] Der vorliegende Beitrag widmet sich Strategien historischer Darstellungsweisen in Yadé Karas Roman »Selam Berlin«.

Wie zahlreiche Romane mit türkisch-deutschen Themen, so nimmt auch Yadé Karas 2003 erschienener Debütroman »Selam Berlin« Fragen von Identitätsverhandlungen und Zuschreibungen auf, geht jedoch über diese hinaus, indem der Mauerfall zum zentralen Thema des Romans erhoben wird. Dies bedeutet eine Einschreibung in den Wenderoman als dem neuen deutschen literarischen

---

3 Vgl. Adelson, Leslie A.: The Turkish Turn in Contemporary German Literature. Toward a New Critical Grammar of Migration. New York: Palgrave Macmillan 2005, S. 20. Richtungsweisend ferner die Beiträge von Konuk, Kader: Taking on German and Turkish History: Emine Sevgi Özdamar's »Seltsame Sterne«. In: Gegenwartsliteratur 6 (2007), S. 232–256. Littler, Margaret: Cultural Memory and Identity Formation in the Berlin Republic. In: Contemporary German Fiction. Writing in the Berlin Republic. Hrsg. von Stuart Taberner. Cambridge u.a.: Cambridge University Press 2007. Michael Rothberg und Yasemin Yildiz: Memory Citizenship: Migrant Archives of Holocaust Remembrance in Contemporary Germany. In: Parallax 17, 2011, H. 4, S. 33–48.

4 Beispiele für Berlinromane bzw. für den Wenderomane: Dilek Zaptçıoğlu: »Der Mond isst die Sterne auf« (2001), Emine Sevgi Özdamar: »Die Brücke vom Goldenen Horn« (1998) sowie »Seltsame Sterne starren zur Erde Wedding – Pankow 1976/77.« (2003), Zafer Şenocak: »Gefährliche Verwandtschaft« (1989).

Genre nach 1989 und zugleich eine Transformation des Genres: Mauererinnerung und Mauerfall erscheinen nicht länger als ein deutsches (bzw. deutschdeutsches) Thema. Vielmehr wird eine bereits gesellschaftlich vorhandene türkisch-deutsche Perspektive der Wende nun in den Modus des Literarischen transferiert und auf diese Weise wiederum eine gedächtnisstärkende Wirkung ermöglicht.

Die Handlung des Romans beginnt mit dem Mauerfall und endet mit Silvester 1990, der Wiedervereinigungsfeier mit dem Feuerwerk am Brandenburger Tor. Die historischen Ereignisse konstituieren und rahmen somit die Handlung ein. Bereits der Beginn vermittelt den Mauerfall medial zwischen Berlin und Istanbul: Hasan Kazan, der Protagonist und homodiegetische Erzähler, befindet sich in Istanbul, wo er gerade sein Abitur an der Deutschen Schule abgeschlossen. Im elterlichen Istanbuler Wohnzimmer sieht Hasan im Fernsehen den Fall der Mauer, während er heimlich masturbiert. Hasan kehrt nach Berlin zurück, um an der »Berlin-Party« (SB, 9)[5] teilzunehmen. Er erzählt seine Erinnerung an die Kreuzberger Kindheit, berichtet vom Berlin im Umbruch und erlebt die Trennung der Eltern. . Denn schließlich ist es der Mauerfall, der das Geheimnis des Vaters ans Licht bringt – ein familiäres Doppelleben in West- und Ost-Berlin und seinen Halbbruder Adem. Durch die Interaktion der Figuren, insbesondere mit seiner Cousine Leyla und seinem Freund Kazim, wird ein breites Themenspektrum angeführt, dass von Popkultur und Postkolonialismus bis zu den Schilderungen des alten und des neuen Berlins reicht. Immer wieder sind es Auseinandersetzungen mit Klischees und Fremdzuschreibungen des Türkischen, mit denen sich Hasan konfrontiert sieht und die durch den Mauerfall ihre eigene Virulenz und Wirkung entfalten. Auf diese Weise gewinnt das Motiv der Rollenfestlegung im Roman gleich in mehrfacher Hinsicht an Bedeutung: Abgrenzungen des ›Deutschen‹ und des ›Türkischen‹ werden auf Filmrollen übertragen und vorgeführt. Besonders deutlich wird dies bei Wolf, dem »bekanntesten Regisseur hierzulande« (SB, 92), bei dem Hasan zunächst jobbt und später eine Rolle erhält. Die permanente Festlegung auf Vorstellungen ›des Türken‹ und die damit verbundenen Selbstbestätigungen der eigenen/deutschen Wahrnehmung durchziehen die Dialoge und Kommentare. Abschied von der Kindheit, Familienzusammenbruch und die vergebliche Liebe zur Setfotografin Cora machen den Mauerfall zur Initiation. »Selam Berlin« ist somit ein Adoleszenz- und Wenderoman mit türkisch-deutscher Perspektive. Zudem lassen sich Bezüge zur Tradition des Großstadtromans herstellen, wenn der Protago-

---

5 Kara, Yadé: Selam Berlin. Zürich: Diogenes 2004. [Im Folgenden unter der Sigle »SB« mit Seitenzahl im Fließtext.]

nist sich permanent durch Berlin bewegt und die Eindrücke der Stadt einfängt.[6]
Ein Erzählen in Bewegung und ein szenisch-dialogisches Erzählverfahren, das
den Blick auf ein Berlin des Umbruchs und der Auflösung alter Grenzen lenkt,
kennzeichnen den Roman. Hasans Durchquerung Berlins eröffnet immer zugleich Szenen. Die einzelnen Figuren erinnern in ihrer typisierenden wie charakteristischen Darstellung an Filmfiguren. Darauf deutet bereits der lautma-
lerische Name Hasan Kazan hin. Ebenso dienen markante geschichtsträchtige
Orte wie private Räume als Kulisse für Gespräche und Figureninteraktionen. So
bewegt sich Hasan Kazan durchaus im Sinne eines filmischen Erzählverfahrens
sequentiell von Szene zu Szene durch Berlin. Die so wechselnde Figureninteraktion ist geprägt von den Wendeereignissen und von Debatten gesellschaftlicher In- und Exklusion. Trotz dieser durch Dialoge und Figureninteraktion
literarisch produzierten Unmittelbarkeit der Wendeereignisse ermöglicht gerade diese Vorführung eine Gemachtheit von Bildern sowohl des ›neuen Berlin‹
als auch der Klischees ›des Türken‹. Auf diese Weise kommt ein im Wenderoman
deutsch-deutscher Façon ausgeblendetes Thema zur Darstellung: Die Auflösung
von Ost-West-Grenzziehungen und die damit verbundene Virulenz und Neu-
konstitution einer neuen deutschen Selbstvergewisserung, die den ›Anderen‹
benötigt, um sich über neue Grenzziehungen erfahrbar zu machen, und die
gerade gegen Ende des Romans in zunehmenden Rassismus mündet. Mit der
Darstellung von Mauerfall und Rassismus nimmt der Roman ein bereits eta-
bliertes Motiv auf.[7] »Selam Berlin« nimmt den Mauerfall als Fixpunkt, von dem
aus spätere Kontroversen um Integration und rassistischer Gewalttätigkeit
vorweggenommen und überblendet werden. Indes schreibt sich der Roman auch
in die Leserwartungen an türkisch-deutsche Literatur ein, wenn Fragen von
Identität aufgenommen und zentral thematisiert werden. Auf dieses komplexe
Wechselverhältnis zwischen Erwartung und Schreibverfahren hat Tom Cheesman hingewiesen. So seien die Texte türkisch-deutscher Autoren häufig den
Lasten der Repräsentation unterworfen. Diese »burdens of representation«[8], so

---

6 Der Roman stellt selbst Bezüge zu den Avantgarden und zur klassischen Moderne her, wenn
   Hasan die Piscator-Bühne, Brecht, Musil und Fallada ins Gedächtnis ruft (SB, 196).
7 Zu denken ist hier u. a. an Dilek Zapçıoğlus Roman »Der Mond isst die Sterne auf« (2001). Vgl.
   ferner auch Peters, Laura: Zwischen Berlin-Mitte und Kreuzberg. Szenarien der Identitäts-
   verhandlung in literarischen Texten der Postmigration (Carmen-Francesca Banciu, Yadé Kara
   und Wladimir Kaminer). In: Zeitschrift für Germanistik. Neue Folge 21, 2002, S. 501–521,
   hier: S. 512.
8 Cheesman, Tom: Juggling the Burdens of Representation: Black, Red, Gold and Turquoise. In:
   German Life an Letters 59, 2006, H. 4, S. 471–487, hier, S. 477. Ein »Zwang zur Repräsentation« zeichnet sich nach Auffassung Withold Bonners auch im zweiten Roman Yadé Karas,
   »Cafe Cyprus« (2008), ab. Vgl. Bonner, Withold: Vom Cafe Cyprus zu Mitropa und Volks-
   bühne. Räume bei Yadé Kara und Emine Sevgi Özdamar. In: Metropolen als Ort der Begegnung und Isolation. Interkulturelle Perspektiven auf den urbanen Raum als Sujet in Literatur
   und Film. Hrsg. von Ernest W. B. Hess-Lüttich. Frankfurt/Main: Lang 2011, S. 257–271.

Cheesman, bedingen Schreibweisen, die sich auf eine Achse von Identität und Differenz hin ausrichten. Zu fragen ist daher, inwiefern »Selam Berlin« trotz Einschreibung in den Wenderoman dieser Last unterworfen ist.

Vor dem Hintergrund dieses Erzählverfahrens sollen zentrale Aspekte der literarischen Wendedarstellung in den Blick genommen und Rückschlüsse auf die durch Migration geprägte, literarische Geschichtskonzeption gezogen werden. Der Fokus dieses Beitrags richtet sich dabei auf drei Aspekte: erstens die Bedeutung der Stadttopographie Berlin für die Darstellung der Wende, zweitens der Roman als Austragungsort von Verhandlungen zwischen Text und gesellschaftlichem Kontext, drittens die narrative Bezugnahme auf die Generation als Strategie historischer Positionierung und Abgrenzung.

II. Berliner Stadttopographie und Wendedarstellung

Ein Wenderoman ist »Selam Berlin« nicht allein wegen des Mauerfalls als prägendem Handlungselement, sondern auch weil er den Mauerfall zum Austragungsort historischer Teilhabe werden lässt. Bereits Alexandra Lübcke hat auf die Präsenz netzwerkartiger und in sich widersprüchlicher Erinnerungsformationen in der Gegenwartsliteratur hingewiesen und den Begriff der Erinnerungstopographien hierfür verwendet.[9] Dieses topographische Element, das sowohl multiple Gedächtnisformierungen als auch Geschichtswahrnehmungen vermittelt, ist von zentraler Bedeutung für den Roman. Literarisch und dialogisch in Szene gesetzt wird eine migrantisch geprägte Geschichtsteilhabe der zweiten Generation. Wie sehr über die Topographie Berlins und die Darstellung einzelner Areale und Mikrokosmen zugleich historische Positionierungen vermittelt werden, verdeutlicht der Kontrast zwischen dem Reichstag als Zentrum des Ereignisses und der medialen Aufmerksamkeit und dem unverändert gebliebenen Kreuzberg mit Hasans Graffitimauer.

Ein Blick auf einzelne Details der Darstellung zeigt Kreuzberg als den Knotenpunkt von Migration. Das enge Verhältnis von Mauer und Migration erweist sich an Hasans Haus in der Adalbertstraße 8. Hier wohnen neben den Wessels und Hasans Familie »Laz vom Schwarzen Meer [...], Kurden und Fellachen aus dem Süden« (SB, 35). Nationalität wird hier zugunsten von Multi-Ethnizität und Migration aufgelöst. Das trifft selbst auf die Wessels zu, die zwar die »einzigen Deutschen« im Haus sind, doch ursprünglich aus Schlesien stammen (vgl.

---

9 Vgl. Lübcke, Alexandra: Enträumlichungen und Erinnerungstopographien: Transnationale deutschsprachige Literaturen als historiographisches Erzählen. In: Von der nationalen zur internationalen Literatur. Transkulturelle deutschsprachige Literatur und Kultur im Zeitalter globaler Migration. Hrsg. von Helmut Schmitz. Rodopi: Amsterdam, New York 2009, S. 77–97, hier: S. 85 f.

SB, 37). Gleichzeitig unterläuft Hasans Beschreibung eine homogene Vorstellung des Türkischen, indem das Haus und seine Bewohner pars pro toto auf türkische Multi-Ethnizität verweisen.[10]

Kreuzberg steht zudem für Hasans Kindheits- und Jugenderinnerung. Gerade die Passagen, die die Kindheit und Jugend an der Mauer erzählen, erweisen sich als Erinnerungstext im engeren Sinne, da hier ein erinnernder Erzähler explizit in Erscheinung tritt. Hier erzählt Hasan von seiner »Grafitttimauer«, die ihn durch die Schulzeit begleitete (vgl. SB, 35). Dieses nostalgische Moment steht im deutlichen Kontrast zur negativen Wahrnehmung deutscher Teilung, wie sie im Roman beispielsweise durch die Flucht Tante Ingrids während des Mauerbaus und ihre Verletzung durch eine Selbstschussanlage (vgl. SB, 105) zum Ausdruck gebracht wird. Aufgenommen wird in dieser Kindheitserinnerung auch die enge Verbindung von Mauer und Migration. Anders als im etablierten bundesrepublikanischen Gedächtnis mit seiner negativen Doppelkonnotation von Mauer und Migration erfährt die Kreuzberger Mauertopographie eine positive, geradezu erinnernd-idyllische Deutung. In Umkehrung zu bundesrepublikanischen Erinnerungsdiskursen der Wende vermittelt der Text eine Perspektive, die weniger auf die Deutung der Mauer als Symbol deutscher Teilung als auf ihre alltagsprägende Bedeutung zielt. Gerade die zur Darstellung gebrachte positive Wahrnehmung verweist auf die enge Bindung zwischen Mauer und Migration. »Selam Berlin« zeigt hier Gemeinsamkeiten mit anderen Romanen sog. türkisch-deutscher AutorInnen, die ebenfalls die Mauer als Ort des Übergangs, der Erinnerung und Erfahrung darstellen.[11]

Im deutlichen Kontrast zu diesem erinnernden Erzählverfahren steht der gegenwärtig wirkende Medienrummel auf dem Reichstagsgelände. Hier scheint Hasan ganz in das Ereignis des Mauerfalls involviert. Vorgeführt wird eine mediale Produktion der Bilder, wenn Hasan Dreharbeiten an der Mauer beschreibt. So posiert er auf Anweisung der Setfotografin Cora, seiner vergeblichen Liebe, der er hier zum ersten Mal vor der Kamera begegnet. Der Roman nimmt hier Stereotype der medialen Mauerdarstellung auf, wenn Hasan durch die Löcher der Mauer sieht in die »eisblauen Augen eines Wachtpostens der DDR« (SB, 55) und dabei »was von Glasnost, Perestroika und Gorbatschow« redet. Die

---

10 Einzelne Passagen in »Selam Berlin« lassen somit ›das Türkische‹ als Konstruktion erscheinen und verweisen auf türkische Multi-Ethnizität. Zum Hinterfragen der kemalistisch geprägten Homogenisierungspolitik siehe unter anderem: Turkey beyond Nationalism. Towards Post-Nationalist Identities. Hrsg. von Hans-Lukas Kieser. London, New York: I. B. Tauris 2005.

11 Beispielhaft erwähnt für die Darstellung der Mauer als Teil eines Erfahrungsraums sei hier Emine Sevgi Özdamars »Die Brücke vom Goldenen Horn« (1998) sowie »Seltsame Sterne starren zur Erde Wedding – Pankow 1976/77.« (2003). Vgl. ferner: Marven, Lyn: Crossing Borders: Three Novels by Yadè Kara, Jeanette Lander und Terézia Mora. In: Gegenwartsliteratur 8, 2009, S. 148–169.

klischeeartige Häufung von Repräsentationen wird hier noch zugespitzt durch die begeisterte Bemerkung der Fotografin, dies sei die »originellste Szene« des Tages (SB, 56). Hasan als Erzählinstanz ist somit nicht allein auf die Vermittlung seiner Kreuzberger Mauererinnerung festgelegt, sondern auch Akteur bei der Produktion von Bildern des Mauerfalls. Gerade diese Vermittlung der Bilder wirkt ambivalent: Die Schilderungen der Erzählinstanz Hasan lassen offen, ob das Erzählverfahren tatsächlich eine Kritik an der Gemachtheit von Bildern impliziert oder bereits etablierte Ikonografien der Wende bloß reproduziert.

Eine übertriebene Häufung von Stereotypen findet sich auch am Schluss des Romans. Dabei verdichten sich kosmopolitische Assoziationen und nationale Symbole. Hasan steht an der (damals noch nicht vorhandenen) Baustelle am Potsdamer Platz[12] und beobachtet das Silvesterfeuerwerk. Programmatisch verkündet er ein Leben als »Nomade«, den es zu »neuen Orten, Plätzen, Städten und Straßen« (SB, 382) wie London, New York, San Francisco im Westen und nach Tokio, Teheran, Taschkent im Osten treiben wird. Der Potsdamer Platz mit seinen »Kränen« und »Baustellen«, aber auch mit seinen »Trümmern« (ebd.) verbindet in Hasans Beschreibung das alte und das neue Berlin, eröffnet aber auch einen Blick auf die Symbole deutscher Einheit:

> »Der Nomade in mir trieb mich zu neuen Orten, Plätzen, Städten und Straßen. Ich wollte weiter nach Westen, nach London, New York, San Francisco oder nach Osten? Nach Tokio, Teheran, Tashkent. [...]
> Über mir die Lichter von Kränen und Baustellen, unter mir die Trümmer vom Weltkrieg. [...]
> Von Weitem hörte ich Raketenschüsse. Sie kamen aus der Richtung vom Reichstag. Und ich wußte: In diesem Moment wird die deutsche Flagge gehißt. Und aus zwei Staaten wurde um Mitternacht wieder ein Deutschland. Ich wärmte mich an meiner Kippe und wußte plötzlich, wo es langgeht in meinem Leben... Ha!« (SB, 382)

Auch an dieser Stelle lässt sich fragen, ob Ikonografien der Wende hier forciert zitiert werden und somit Teil eines bewusst artifiziellen Schreibverfahrens sind oder ob die Darstellung klischeeartig zu werden droht.

Wenn die Darstellungs- und Schreibweise des Romans an einigen Stellen durchaus kritisch hinterfragt werden kann, so müssen darüber hinaus auch spezifische Bedingungen des Schreibverfahrens in Betracht gezogen werden. Zwar mag die Häufung nationaler Ikonografien im Rahmen einer deutsch-deutschen Wendeerzählung lediglich konventionell erscheinen, sie gewinnt indes im Rahmen einer von Migration geprägten Geschichtsdarstellung an Bedeutung: Über die Figur Hasans wird eine Identifizierung mit nationaler Ge-

---

12 Peters sieht in der Zusammenführung von Baustelle und Feuerwerk ein Indiz dafür, wie der Stadtraum »zur Konstruktion individueller und kollektiver Identitätsdiskurse genutzt wird«. Vgl. Peters, Zwischen Berlin-Mitte und Kreuzberg. 2011, S. 512.

schichte vorgeführt, die in zeitgleichen gesellschaftlichen Debatten um Integration zumeist in Abrede gestellt wird.[13] Das Moment des Gegenanschreibens, Aufnehmens und Verhandelns gesellschaftlicher Debatten ist somit wesentlich für die Darstellungsweise, die für dieses rezitierende Verfahren auf Stereotypbildungen zurückgreift.

Das Ende bleibt ambivalent zwischen kosmopolitischen Visionen und Abwendung von Berlin. Schließlich ist Hasans Aufbruchstimmung und gleichzeitige Abkehr das Ergebnis einer zunehmenden rassistischen Gewalttätigkeit, die sich für Hasans Freund Kazim lebensbedrohlich auswirkt.[14] Mit der zunehmenden rechtsextremen Gewalt wird ein wiederkehrendes Motiv türkischdeutscher Literatur aufgenommen, aber auch eine zentrale migrantische Wahrnehmung der Wende literarisch aufgegriffen.[15] Der Roman überblendet zudem historische Ereignisse, indem er über eine Bemerkung von Hasans Mutter proleptisch auf Hoyerswerda, Solingen und Mölln verweist (vgl. SB, 120).

Die Ambivalenz des Schlusses resultiert aus unterschiedlichen Positionierungen des Textes gegenüber gesellschaftlichen Kontexten. Einerseits wird gewalttätiger Rassismus als zentrale Erfahrung und Angst vieler MigrantInnen inhaltlich aufgenommen, andererseits zielt der Schluss des Romans auf eine Einschreibung in die national geprägte Erzählung der »Wiedervereinigung« und die damit geradezu programmatisch verbundene migrantische Teilhabe an deutscher Geschichte. Zugleich wird deutlich, wie intensiv der Text in seiner Berlin- und Wendedarstellung den gesellschaftlichen Kontext von Migration aufnimmt, um diese historisch zentral zu positionieren.[16] Text-Kontext-Verhandlungen[17] beziehen sich jedoch nicht allein auf die Wendedarstellung selbst,

---

13 Explizit aufgenommen wird im Roman die sog. Kopftuchdebatte (vgl. SB, 169) sowie die Integrationsdebatte (SB, 373). Eine umfangreiche Dokumentation zu diversen Themen bietet Transit Deutschland. Debatten zu Nation und Migration. Hrsg. von Deniz Göktürk, David Gramling, Anton Kaes und Andreas Langenohl. Konstanz: University Press 2011.

14 Zur pessimistischen Deutung des Schlusses zwischen Identifikationsverweigerung und »global drifting« vgl. auch Stehle, Maria: Transnationalism meets Provincialism: Generations and Identifications in »Faserland«, »Kurz und schmerzlos«, and »Selam Berlin«. In: Genrational Shifts in Contemporary German Culture. Hrsg. von Laurel Cohen-Pfister und Susanne Vees-Gulani. Rochester/New York: Camden House 2012, S. 269–286, hier: S. 280 f.

15 Zur Angst vor zunehmender rassistischer Gewalttätigkeit nach dem Mauerfall vgl. auch Littler, Margaret: The Fall of the Wall as Nonevent in Works by Emine Sevgi Özdamar and Zafer Şenocak. In: New German Critique 116, 2012, H. 39, 2, S. 47–62 sowie Çil, Nevim: Der vergessene Teil der Einheit. Türkische Migrantinnen und Migranten in Deutschland nach dem Mauerfall. In: Migration und Alltag. Unsere Wirklichkeit ist anders. Hrsg. von Dirk Lange und Ayça Polat. Schwalbach/Taunus: Wochenschau Verlag 2012, S. 41–51.

16 Eine weitere Deutung des Schlusses nimmt Petra Fachinger vor, wenn sie die transnationale kosmopolitische Perspektive insbesondere des Endes hervorhebt. Vgl. Fachinger, Petra: Yadé Kara's »Selam Berlin«. In: The Novel in German since 1990. Hrsg. von Stuart Taberner. Cambridge: Cambridge University Press 2011, S. 251 f.

17 Das hier konstatierte enge Wechselverhältnis zwischen gesellschaftlichem Kontext und li-

sondern werden wesentlich über Figurenäußerungen und Konstellationen aus-
getragen, wie im Folgenden skizziert sei.

III. Der Roman als Austragungsort gesellschaftlicher Debatten und Zuschreibungen

Wie sehr die Figurendialoge als Reaktion und Kommentar auf gesellschaftliche
Debatten zu verstehen sind, führt der Roman in einer permanenten Inszenierung von Gesprächen[18] vor. Beispielhaft zeigt sich das in der Beschreibung der
Cousine Leyla und den gemeinsamen Gesprächen, die ein breites Themenspektrum von Postkolonialismus bis Popkultur abdecken.

Darüber hinaus werden in diversen Dialogen Zuschreibung und Klischees
›des Türken‹ aufgenommen, zudem von Ost-West-Wahrnehmungen und Wendeereignissen überlagert oder mit ihnen in bezug gesetzt. Als markante Überspitzung werden gängige Stereotypen (Großfamilie, Grillen, Hammelschlachten
in der Badewanne) bei Hasans Vorstellungsgespräch in der Wohngemeinschaft
der »Drei-D-Mädels« Doris, Dora, Dörte zitiert und parodiert (vgl. SB, 201 f.).
Auch hier ist es der Kontext der Wende, der von Hasan genutzt wird, um sich
selbst als zentrale Erzählinstanz und spöttischer Kommentator einzusetzen. So
bemerkt er gleich den »Paderborner Biersuff« seiner Mitbewohnerinnen und
ergänzt mit spitzer Bemerkung: »Alles, was nicht nach Berlin klang, hatte was
von Paderborn« (SB, 198). Die Zuordnung zur westdeutschen Provinz wird hier
zur einer demaskierenden Gegenstrategie, die nicht nur die Klischees der Mitbewohnerinnen lächerlich macht, sondern zugleich Hasans Berliner Identität
und seine besondere Verbundenheit mit der neuen tonangebenden Metropole
unterstreicht. Der Roman nutzt den Kontext der Wende folglich dazu, Zuschreibungen und Zugehörigkeiten als Konstruktionen zu entlarven. Trotz der
Reinszenierung, Kommentierung und Persiflierung einseitiger Identitätszu-
weisungen zeichnen sich auch hier stellenweise literarische Schwächen in der

---

terarischem Text ist dem New Historicism entlehnt. Vgl. beispielsweise Greenblatt, Stephen:
Die Zirkulation sozialer Energien. In: Ders.: Verhandlungen mit Shakespeare. Innenan-
sichten der englischen Renaissance. Berlin: Wagenbach 1990, S. 7 – 24.

18 Zu den Figurenkonstellationen schwerpunktmäßig unter dem Gesichtspunkt der Identi-
tätsverhandlungen vgl. auch Elste, Nico: »Mann, Ehre, Waffe – Hesse, Hitler, Holocaust« –
Die Desillusionierung kultureller Idealismen in Yadé Karas »Selam Berlin«. In: Nach-Wende-
Narrationen. Das wiedervereinigte Deutschland im Spiegel von Literatur und Film. Hrsg. von
Gerhard Jens Lüdeker und Dominick Orth. Göttingen: Vandenhoeck & Ruprecht 2010,
S. 73 – 84, hier: S. 75 – 81.

Darstellung ab, gerade wenn über die Hasan-Figur Gemeinplätze fortgeschrieben und somit gestärkt werden.[19]

Obwohl Hasan eine privilegierte Position als Erzähler und Kommentator einnimmt, steht er keineswegs außerhalb von Zuschreibungsmechanismen. Deutlich wird dies beispielsweise in seiner Beschreibung von Ost-Berlinern in der U-Bahn, aber auch an deren musterndem Blick, die ihn auf die Position des Fremden verweisen. Auf diese Weise werden über die dominierenden Blickrichtungen Ab- und Ausgrenzungen vorgeführt und mit Ost-West-Positionierungen überlagert.[20]

Zudem verbindet der Roman wiederum seine stark von Figurenkommentaren und Dialogizität geprägte szenische Darstellungsweise mit einer Reflexion über die Gemachtheit von Rollen und reproduzierten Festlegungen. Dies zeigt sich insbesondere an der Figur des Regisseurs Wolf und seiner Filme. Vorgängig kursierende gesellschaftliche Debatten werden nicht nur durch Wolf im Modus des Literarischen re-zitiert, darüber hinaus werden Rollen, wie z. B. des »Spielautomatentürken« (SB, 253), während der Dreharbeiten auch re-inszeniert und die Fixierung auf Klischees von türkischer Familienehre und Messerstechereien vorgeführt (vgl. SB, 245). Kreuzberg wird hier zum Setting für Wolfs Gangster-Türkenfilm und zum Ort eines vermarktbaren Multikulturalismus. Wie eng der Roman vorgängige Kontexte aufnimmt, verdeutlicht Hasans Kommentar zu bereits bestehenden Repräsentationen ›des Türken‹ im Fernsehen: »Die Dialoge und Drohungen waren oft so künstlich, so wie die Türken in der *Tatort*-Krimiserie immer reden« (SB, 220).[21] Dieses doppelt reflexive Verfahren, das sowohl über Dialoge als auch über die Einführung des Films die Gemachtheit von Rollen vorführt, wird wiederum von den Figuren wie Leyla, Kazim und Hasan im gemeinsamen Gespräch aufgenommen, um Rollenerwartungen an Schauspieler zu kritisieren. Auch hier werden kontextuelle Bezüge hergestellt, denn es stellt sich heraus, dass Hasan die Rolle lediglich erhalten hat, weil »Murat Kaya, der den Kommissar in der ZDF-Serie spielt«, abgesprungen ist (SB, 249).[22] Repräsentationen von Migration, insbesondere von Türken, werden

---

19 Gemeint sind hiermit überstrapazierte Vergleiche wie das Seilspringen zwischen zwei Sprachen (vgl. SB, 88). Auf die Ambivalenz von Brechung und Fortschreibung von Klischees in Karas Roman verweist auch Vlasta, Sandra: Jenseits des Dazwischen – Ausbildungen von Identitäten in Texten von Imran Ayata, Yadé Kara, und Feridun Zaimoğlu. In: Von der nationalen zur internationalen Literatur. Hrsg. von Helmut Schmitz. 2009, S. 101 – 117, hier: S. 113.

20 Vgl. Fachinger, Yadé Kara's »Selam Berlin«. 2011, S. 243.

21 Vgl. auch ebd., S. 244.

22 Ein Blick auf wikipedia.org zeigt indessen, dass es sich bei Murat Kaya um einen Comiczeichner handelt. Hier spielt die fiktionale Darstellung folglich mit außerliterarisch-kontextuellen Bezügen. Wikipedia, Artikel »Murat Kaya«: <http://de.wikipedia.org/wiki/Murat_Kaya> (Zugriff am 26.09.2013).

somit nicht allein über Figurendialoge und Erzählkommentare im Modus des Literarischen integriert, sondern darüber hinaus durch den Einbezug des Films medial-reflektierend gebrochen.

Dabei bietet der Film ebenfalls das Setting, um über die Figurendialoge die historische Partizipation zur Sprache zu bringen. Besonders virulent erscheint hierbei der Dialog zwischen dem Regisseur Wolf und einem Produzenten: Absprache und Teilhabe an deutscher Geschichte erfolgen provokativ in der konkurrierenden Gegenüberstellung von Juden und Türken. Während Wolf von Juden aus Riga mit »Pep« (SB, 373) spricht, hält der Produzent dagegen, dass das Nachkriegsdeutschland nicht jüdisch, sondern türkisch sei: »Da kann man doch eine ganze Menge rausholen?« (SB, 372) Diese hier zugespitzte Konkurrenz zwischen Juden und Türken führt die Nähe zwischen einem positiv vermarktbaren Philosemitismus und den Negativwertungen über »nicht integrierbare« (SB, 373) Türken vor.

Die Brisanz liegt dabei nicht allein in der fiktional zugespitzt in Szene gesetzten Exotisierung des Judentums, das nun als kulturell überlegene Konkurrenz zur »Türkenthematik« (ebd.) besseren filmischen Stoff bietet. Indirekt verwiesen wird hier auch auf die Umkehrung einer bereits in der ›alten‹ bundesrepublikanischen Wahrnehmung bestehenden Deutung der Türken als Juden von heute, die insbesondere in der Fortführung des 68er-Diskurses[23] zu finden war und in der Figur Wolfs verkörpert wird. Obgleich diese Gleichsetzung im bundesrepublikanischen Erinnerungsdiskurs einer eingehenden Hinterfragung und Untersuchung bedarf,[24] ist bemerkenswert, dass der Roman nun vor dem Hintergrund des neuen multikulturellen Berlin diese Assoziation aufgreift und die einstmalige Operanalogie in ein Konkurrenzverhältnis umkehrt, bei dem »den Türken« eine historische Teilhabe abgesprochen wird.

Andere Stellen hingegen greifen die bereits bestehende Gleichsetzung auf, insbesondere wenn Mauerfall, die Weltmeisterschaft 1990 und rassistische Gewalttätigkeit thematisiert werden (vgl. SB, 332–334). So erinnert sich Hasan in Anbetracht zunehmender Bedrohung an den Bericht einer Frau, die in der Berliner »Pogromnacht« U-Bahn fuhr, um nicht aufzufallen (vgl. SB, 347), wobei Hasan noch hinzufügt, dass ihm selbst diese Möglichkeit aufgrund seines Äußeren verwehrt sei (vgl. ebd.). Die Darstellung rechtsradikaler Gewalt steigert sich bis zum Ende des Romans. Berlin als neuer Hauptstadt wird das Potential einer globalisierten Weltmetropole abgesprochen, stattdessen verstärken sich Assoziationen zu Rassismus und nationalsozialistischer Vergangenheit.

---

23 Als popkulturelle Beispiele, die diese Analogiesetzung veranschaulichen, seien genannt: »Kristallnaach« (1982) von BAP und »Sie brauchen keinen Führer« (1984) von Udo Lindenberg.

24 Vgl. Rothberg/Yildiz, Memory Citizenship. 2011, S. 40 und Adelson, Turkish Turn. 2005, S. 85 f.

Dialoge, Kommentare sowie die intermediale Bezugnahme auf den Film sind wesentliche Verfahren, über die eine enge Relation zwischen literarischem Text und gesellschaftlichem Kontext hergestellt werden. Aufgenommen werden hierbei gesellschaftlich vorgängig kursierende Äußerungen zu Migration, die rezitiert und re-inszeniert, auf die Negierung von Migration und historischer Teilhabe verweisen. Während über die Stadtdarstellung Berlins und über Hasans Wahrnehmung der Wende eine Kreuzberger türkisch-deutsche Perspektive eingenommen und narrativ vermittelt wird, agiert insbesondere der Regisseur Wolff als antagonistischer Widerpart. Gerade der linksliberale Alt 68-er Wolff zitiert außertextuell-gesellschaftlich vorhandene Positionen, die eine zentrale Verankerung von Migration innerhalb deutscher (Wende-)Geschichte in Abrede stellen. In diesem Spannungsfeld von Einschreibung migrantischer Perspektiven in den Wenderoman und kritischem Kommentar zu gesellschaftlichen Migrationsdebatten bewegt sich der Text.

IV. Generation als historische Darstellungsstrategie

Ein drittes Element historischer Darstellungsstrategien besteht im Rückgriff auf die Einteilung nach Generationen. Auf die Kategorie der ›Generation‹ und ihre Bedeutung für die Stiftung geschichtlichen Sinns, aber auch für die Positionierung zu diesem Sinn, hat Sigrid Weigel bereits anhand des Nachkriegsgedächtnisses der Bundesrepublik hingewiesen.[25] Die Forschung hat ferner 1968 und 1989 als zentrale historische Fixpunkte für Generationenkonstrukte pointiert.[26]

Auch die Einteilung in Migrationsphasen bedient sich der Unterscheidung nach Generationen. Mit Rückgriff auf die familiäre Generationenfolge wird primär zwischen Migration nach oder Geburt in Deutschland unterschieden,[27]

---

25 Weigel, Sigrid: »Generation« as a Symbolic Form: On the Genealogical Discourse of memory since 1945. In: The Germanic Review 77, 2002, H. 4, S. 264–277.

26 Vgl. Anz, Thomas: Generationenkonstrukte. Zu ihrer Konjunktur nach 1989. In: Konkurrenzen, Konflikte, Kontinuitäten. Generationenfragen in der Literatur seit 1990. Hrsg. von Andrea Geier und Jan Süselbeck. Göttingen: Wallstein 2009, S. 16–29.

27 Grundsätzlich wird die Generationenzählung unspezifisch verwendet, das Anwerbeabkommen von 1961 ist kein historischer Fixpunkt bei der Konstituierung der Generationenkategorien. Vgl. Prinz, Kirsten: Geschichte und Aufbruch. Zum Generationenbegriff in der ›türkisch-deutschen‹ Literatur. In: Geier/Süselbeck, Konkurrenzen. Konflikte. Kontinuitäten, 2009, S, 189–203. Zur Bedeutung der Generationenkategorie für die sog. Integrationsfrage vgl. Aumüller, Jutta: Wie viele Generationen dauert Integration? Wie Begriffe unser Bild von Gesellschaft prägen. In: Bis in die dritte Generation? Lebensrealitäten junger MigrantInnen. Online-Dossier der Heinrich-Böll-Stiftung, November 2010. <http://www.migration-boell.de/downloads/integration/Dossier_Dritte_Generation.pdf> (Zugriff am 25.09.2013).

bundesrepublikanische Geschichte und deren Generationenunterscheidung wird folglich nicht miteinbezogen. »Selam Berlin« synthetisiert nun beide Generationenzählungen, indem der Roman einerseits mit Hasan eine Abgrenzung der zweiten Generation von den Eltern einführt, andererseits generationenspezifische historische Erfahrungen aufgreift und transnational überlagert.

Gerade durch die Wende als dem historischen deutsch-deutschen Ereignis werden generationenspezifische Wahrnehmungen veranschaulicht. Während Tante Ingrid die Mauer als Bedrohung erlebte, zeigt sich Hasans Mutter vom Mauerfall unberührt: »Berlin, Mauer, Ost, West gingen an Mama vorbei. Obwohl sie direkt neben der Mauer wohnte« (SB, 120). Hier wie auch an anderer Stelle zeichnet sich eine Distanz zwischen Hasan und seinen Eltern ab. Auch Onkel Breschnew, Tante Ingrids Mann, der eigentlich Halim heißt, scheint von der Mauer, aber auch vom Mauerfall wenig beeindruckt. So sei dieser »ganze Tamtam« eine »rein deutsch-deutsche Angelegenheit« (SB, 50). Eine Meinung, die Hasan nur mit Befremden kommentiert (vgl. SB, 51).

Die unterschiedlichen türkisch-deutschen Wahrnehmungen werden nicht nur über die türkisch-deutsche Familienkonstellation miteinander verbunden, darüber hinaus ermöglicht der Rückgriff auf eine Generationen-Konstellation eine weitere Differenzierung innerhalb einer von Migration geprägten Geschichtswahrnehmung. Hasans Erlebnis der Wende und das Bestehen auf seine Mauererinnerung steht im deutlichen Kontrast zum »Transit«-Lebensgefühl der Eltern und ihrem Selbstverständnis als »Gäste« (SB, 65). Hier ist es zugleich die nachfolgende Generation, die den Status und das Selbstverständnis der Eltern als Gastarbeiter als längst überlebt kommentiert. Zudem impliziert die privilegierte Erzählposition Hasans die Hierarchisierung einer Wahrnehmungsweise, die im Gegensatz zu den Eltern die eigene Teilhabe an Geschichte einfordert. Der Mauerfall ist daher nicht allein das zentrale historische Ereignis des Romans, sondern auch Teil einer Erzählstrategie, die eine generationelle Ablösung und geschichtliche Neuverortung begründet. Die Wende wird literarisch zum zentralen historischen Ereignis der zweiten Generation erhoben.

Trotz dieser hervorgehobenen Position Hasans erhalten prägende generationenspezifische Erfahrungen breiten Raum. Hasans Vater und Onkel Breschnew betrachten sich seit ihrem gemeinsamen Studium als bekennende Marxisten, was von Hasans Bruder Ediz als »Gelaber von gestern« (SB, 135) abgetan wird. Gerade durch die Elterngeneration werden indes die marxistische Studentenbewegung in der Türkei und der türkische Militärputsch sowie Deutschland als Exil vermittelt. Gerade die 68er-Bewegung gilt als verbindendes Element einer transnationalen Geschichtsperspektive. So ist es das Berlin des Schah-Besuchs und der 68er-Revolte, in dem sich Onkel Breschnew und Tante Ingrid kennenlernen (vgl. SB, 26). Generationenprägende Ereignisse werden somit in das literarische Erzählen aufgenommen und zu einer türkisch-deutschen Geschichtskonstellation figuriert.

V.   »Selam Berlin« zwischen Erfüllung und Entgrenzung von Leseerwartungen

»Selam Berlin« reiht sich mit seiner Erscheinung 2003 in den Boom filmischer und literarischer Darstellungen des Mauerfalls ein. Gerade die Re-Inszenierung der Wende, die zugleich mit späteren rassistischen Gewaltakten und Debatten um Migration und Integration überblendet wird, weist den Roman als Nachwende-Roman aus.

Kennzeichnend für den Roman ist ein zitierendes Verfahren, das vorgängige außertextuelle Debatten und Bilder ›des Türken‹ aufgreift. Dabei sind es insbesondere Figurenäußerungen, durch die außertextuelle Positionen integriert und zitiert werden. Ihre Vorführung im literarisch-fiktiven Modus wirkt nicht nur ironisierend und persiflierend, sondern demaskiert eine Rhetorik des Ausschlusses, die eine migrantische Teilhabe an Wende und ›deutscher Geschichte‹ in Abrede stellt.

Diese enge Text-Kontext-Relation scheint zudem eine weitere Funktion zu erfüllen, die Tom Cheesman bereits als »burden of representation« bezeichnete. Damit werde eine Darstellungsweise intensiviert, die sich auf die Achse von Identität und Differenz konzentriere und die Annahme einer mehr oder weniger pädagogischen Vermittlung zu Folge habe.[28] Auch bei »Selam Berlin« ist eine Fixierung auf Migrationsfragen zu beobachten. Cheesman betont zudem an anderer Stelle die klischeebehaftete Darstellung des Romans.[29]

Dem ist allerdings entgegenzuhalten, dass auf der Handlungsebene demaskierend mit Identitätszuschreibungen gespielt wird. Die Spannung zwischen Fortführung und dem spielerischen Umgang mit etablierten Leseerwartungen prägt den Roman. Die Verbindung aus Wendedarstellung und Identitätsverhandlungen kann zwar als aktualisierte Neuauflage des alten Themas türkischdeutscher Identitätskonflikte und gesellschaftlicher Zuschreibungen gelesen werden, gleichzeitig besteht aber auch gerade hierin eine literarische Entgrenzungsstrategie, die das Genre des Wenderomans türkisch-deutsch transformiert. Die hier vorgestellte Deutung schließt sich daher dem Urteil Petra

---

28 Vgl. Cheesman, Juggling Burdens of Representation. 2006, S. 477 f.

29 Vgl. Cheesman, Tom: Novels of Turkish German Settlement. Cosmopolite Fictions. Rochester, New York: Camden House 2007, S. 96. Zu einer ähnlich negativen Einschätzung des Romans kommt auch McGowan. Vgl. McGowan, Moray: Turkish-German fiction since the mid 1990s. In: Contemporary German Fiction. Hrsg. von Stuart Taberner. 2007, S. 196–214, hier: S. 200.

Fachingers an, die »Selam Berlin« nicht allein als »first Turkish-German *Wen-deroman*«[30] würdigt, sondern ihm eine zentrale Bedeutung zuweist

> »by adressing the most salient topics in German history such as the Holocaust, the German-Jewish relationship, the German students movement, and unification within a transnational context, and by using some of the strategies of pop literature.«[31]

Gerade durch die Aufnahme historischer Themen erweist sich der Text selbst wiederum als gedächtnisstiftend. Im Modus des Literarischen wird eine gesellschaftlich bereits existierende türkisch-deutsche Perspektive innerhalb deutscher Geschichte hervorgehoben, kommuniziert, archiviert[32] und somit ein von nationaler Deutung dominiertes Gedächtnis transnational aufgebrochen.

---

30 Petra Fachinger: Yadé Karas »Selam Berlin«, S. 242.
31 Ebd.
32 Zum »Funktionspotenzial«, speziell bezogen auf »Nach-Wende-Narrationen«, vgl. das Vorwort von Lüdeker und Orth. In: Nach-Wende-Narrationen. 2010, S. 7–17, hier: S. 10 f.

Anita Jonczyk (Wrocław)

Die Identitätssuche im Emine Sevgi Özdamars Roman »Die Brücke vom Goldenen Horn« und im Theaterstück »Perikızı. Ein Traumspiel«

»Identitätssuche ist ein [sic!] private archäologische Graberei« – so sieht Emine Sevigi Özdamar in einem Interview die Beziehung zwischen Literatur, Sprache und kultureller Identität.[1] Es gilt als unbestritten, dass sie zu den erfolgreichsten deutsch-türkischen LiteratInnen neben Zafer Şenocak, Feridun Zaimoglu und Yadé Kara gehört. Die mit dem Adalbert-von-Chamisso-Preis auszeichnete Schriftstellerin entdeckte für sich die Literatur als Platz für die Neuerfassung ihrer eigenen Identität und ihrer Sprache, in dem sie sich der eigenen autobiographischen Stoffe bedient. Die drei folgenden Romane gehören zu der »Istanbul-Berlin-Trilogie«, in der sich die Ich-Erzählerin auf einer Identitätssuche befindet. Der erste, »Das Leben ist eine Karawanserei, hat zwei Türen, aus einer kam ich rein, aus der anderen ging ich raus«, erzählt die Geschichte eines türkischen Mädchens in den 1950er Jahren. Der darauffolgende Roman, »Die Brücke vom Goldenen Horn«, vermittelt die Eindrücke einer jungen Gastarbeiterin in Deutschland Ende der 1960er. Der dritte Roman, »Seltsame Sterne starren zur Erde«, behandelt ihr Pendeln im geteilten Berlin Mitte der 1970er. Zwölf Jahre nach der Veröffentlichung von »Die Brücke vom Goldenen Horn« entstand das Theaterstück »Perikızı« im Rahmen des Großprojekts RUHR 2010 »Odyssee Europa« als eine von sechs Neuinterpretationen von Homers »Odyssee«. In diesem Stück

> »geht es unter anderem um Integration und um türkisch-deutsche Geschichte: Eigentlich treibt es die junge Perikızı als weiblichen Odysseus anders als den antiken Held genau in die verkehrte Richtung – nicht zu den Barbaren, sondern ins vermeintlich zivilisierte Deutschland. Weg von der Enge der Familie, von der Last der Geschichte, will sie dort Freiheit finden. Allerhand skurrile Begegnungen und ein Abstecher in die Unterwelt lassen sie sich auf der Irrfahrt ihrer eigenen Geschichte wieder annähern.«[2]

---

1 Konuk, Kader: Identitäten im Prozeß. Literatur von Autorinnen aus und in der Türkei in deutscher, englischer und türkischer Sprache. Literaturwissenschaft in der Blauen Eule 28. Essen: Die Blaue Eule 2001, S. 95.

2 Gies, Gabi: Emine Sevgi Özdamar stellt die Odyssee auf den Kopf. <http://www.derwesten.de/nrz/staedte/nachrichten-aus-moers-kamp-lintfort-neukirchen-vluyn-rheurdt-und-issum/

Das postmigrantische Berliner Theater »Ballhaus Naunynstrasse« nahm im Jahr 2011 dieses Stück in sein Repertoire auf.

Der erste Teil des Romans »Die Brücke vom Goldenen Horn« (unter dem Titel »Der beleidigte Bahnhof«) handelt von einer jungen türkischen Gastarbeiterin, die von der Schauspielerei träumt, aber deren Welt sich im ›Wunderland Deutschland‹ hinter den Mauern eines Frauenwohnheims und einer Arbeiterfabrik schließt. Wittgensteins Hypothese »Die Grenzen meiner Sprache bedeuten die Grenzen meiner Welt«[3], wird lebendig, indem sich die Welt für die Protagonistin erst dann öffnet, als sie die Landessprache erlernt und mit der linken Berliner Szene zu sympathisieren beginnt. »Die Brücke vom Goldenen Horn« ist nicht nur der Titel des gesamten Romans, sondern auch seines zweiten Teils, in dem die Protagonistin nach Istanbul zurückkehrt und mit einem neuen Selbstbewusstsein eine Schauspielschule besucht.

Anders als im Roman-Titel wird im Theaterstück-Titel ihre autobiographische Reise als »Traumspiel« dargestellt. Der *European Dream* ihrer Schauspielkarriere wird als die Geschichte von Millionen von Menschen erzählt, deren Identität in der Fremde neue Züge erhält. Eine bewusste Reise nach Deutschland, wie die im Roman, war es jedoch nicht, Perikızı musste, verdammt durch den Fluch ihrer Mutter, in ein fremdes Land gehen, wie es ihre Großmutter vorhergesehen hatte. Das Drama wurde durch Homers »Odyssee« und Lewis Carrolls »Alice im Wunderland« inspiriert und mit dem Namen »Perikızı« (Feenkind) betitelt. Das Werk provoziert und kommentiert die aktuellen Debatten um die Integrationsproblematik in Deutschland. Einerseits kann dieses »Traumspiel« als eine Zusammenfassung des ersten Teils des Romans gesehen werden, wo Überlappungen und Parallelen nachgewiesen werden können. Andererseits ist das nicht der einzige Interpretationsschlüssel dieses Werkes, denn das Drama ist als eine symbolreiche Erweiterung der im Roman angesprochenen Motive zu begreifen. In diesem Fall hat nicht die Ich-Erzählerin den Einfluss auf die Identitätsreise der Protagonistin, sondern verschiedene Gestalten, die sie auf ihrem Weg trifft. Diese angesprochenen Motive, deren sich die Autorin bedient, sollen für die Vergleichsanalyse ausschlaggebend sein.

Als Hauptmotiv sind die Erfahrungen mit »der Fremde/den Fremden« anzusehen. Die Protagonistin sagt ihrer Mutter, dass sie die Schule nicht schafft und ihr Abitur nicht machen möchte, um Schauspielerin zu werden. Nach einem heftigen Streit, der sowohl im Roman als auch im Drama mit wortwörtlich demselben Dialog dargestellt wird, meldet sich die Achtzehnjährige bei der

---

emine-sevgi-oezdamar-stellt-die-odyssee-auf-den-kopf-id2476325.html> (Zugriff am 10. 10. 2013).

3 Wittgenstein, Ludwig: Tractatus logico-philosophicus. United States of America: Barnes&Noble Publishing 2003, S. 118.

Istanbuler Vermittlungsstelle als freiwillige Arbeiterin, die dann für ein Jahr nach Berlin geschickt wird:

> »PERIKIZI Mama, meine Lehrerin sagte, ich werde sitzenbleiben. Ich will nicht mehr in die Schule, ich will Schauspielerin werden.
> MUTTER Kann jetzt Shakespeare oder Moliere dir helfen? Das Theater hat dein Leben verbrannt.
> PERIKIZI Das Theater ist mein Leben, wie kann mein Leben sich selbst verbrennen? Ava Gardner hat auch kein Abitur gemacht, aber du liebst sie, Mutter. Auch Harold Pinter hat für das Theater die Schule verlassen.
> MUTTER Die heißen aber Ava Gardner und Harold Pinter.
> PERIKIZI Ich werde in die Schauspielschule gehen.
> MUTTER Wenn du keinen Erfolg hast, wirst du unglücklich. Du wirst verhungern. Du könntest Anwältin werden, du liebst es zu reden. Anwälte sind wie Schauspieler, aber sie verhungern nicht. Was meinst Du, mach dein Abitur.«[4]

In »Perikızı« wird die Reise in die Fremde nicht bewusst angetreten. Zwar möchte die Hauptheldin nach Europa gehen, um dort zu schauspielern, sie wird aber durch den Fluch ihrer Mutter auf eine Traumreise geschickt, indem sie durch eine Spiegeltür geht. Die ersten Entfremdungserfahrungen erlebt sie während der Zugfahrt:

> »(Ich setzte meine Sonnenbrille auf und fing an, leise zu weinen.) Ich sah auf dem Zugboden keine Schuhe, die von meiner Mutter waren. Wie schön hatten ihre und meine Schuhe nebeneinander gestanden«[5],

was sowohl im Roman als auch im Drama zu lesen ist. Dem Teil »Mit dem Hurenzug nach Europa« wird aber ein ganzer Akt gewidmet, während auf der »Bühne drei Paare Frauenschuhe von den Huren nebeneinander« stehen und drei Huren zu Perikızı barfuß kommen, mit ihren Nylonstrümpfen bis unter die Knie gerollt.[6] Von ihnen erfährt Perikızı, wo sie ist und was sie in dem nächsten Jahr als Gastarbeiterin erwartet. Alle Figuren fahren in die Fremde, um die Freiheit für sich zu gewinnen: die Huren wollen nicht mehr »zu Diensten der Pimmel«[7] stehen, und die Heldin sucht die Unabhängigkeit von ihren Eltern. Sie trägt während der Fahrt eine Eselmaske, die sie beim ihrer Rollentexte aus Shakespeares »Titania« nicht abgenommen hat, wodurch sie eine symbolische Funktion erhält: Die Huren beschimpfen die Titelfigur als »Esel«, um ihre Dummheit ihrer Taten zu unterstreichen; sie ist stur wie ein Esel und hört nicht

---

4 Özdamar, Emine Sevgi: Perikızı. In: Carstensen, Uwe B./ von Lieven, Stefanie: Theater Theater. Aktuelle Stücke 20/10 Odyssee Europa. Frankfurt/Main: Fischer Taschenbuch Verlag 2010, S. 283.

5 Özdamar, Emine: Die Brücke vom Goldenen Horn. In: Dies.: Sonne auf halbem Weg. Die Istanbul-Berlin-Trilogie. Köln: Kiepenheuer & Witsch Verlag 2006, S. 445.

6 Özdamar, Perikızı. 2010, S. 292.

7 Ebd., S. 295.

auf ihre Eltern; sie wird von der Mutter mit einem »Esel« verglichen, der wie sie auch seine eigenen Wege geht; und, da sie die Gabe hat, in den Träumen zu sehen, was geschehen wird, hat sie die Nacht davor über einen Esel geträumt und damit ihre Reise vorhergesehen. Auf dem Weg bekommt Perikızı von den drei Huren »Ein Handbuch für die Arbeiter, die in die Fremde arbeiten gehen«, das zahlreiche groteske Ratschläge enthält, unter anderem wie man die Toilette benutzt oder an welchen Wochentagen man Liebe macht.

> »ERSTE HURE In Europa studieren sogar die Hunde in Hundeschulen.
> DIE DREI HUREN *lesen aus dem Buch* In Europa laufen Sie bitte auf
> dem Bürgersteig rechts.
> Es ist peinlich, sich zu zweit oder dritt auf dem Bürgersteig laut zu
> unterhalten.
> Lachen Sie bitte nicht laut auf den Straßen.
> Wenn der Europäer es nicht wünscht, dass Sie sein Essen bezahlen,
> müssen sie es akzeptieren.
> Bitte klopfen Sie nicht an Nachbartür, um Petersilie, Zwiebel, Gabel
> oder Löffel zu leihen, oder Tomatenmark.
> In der Straßenbahn bitte nicht in der Nase bohren, lieber Arbeiter.
> Europäer machen nur Mittwochs- und Samstagabend Liebe.
> Die Toiletten in Europa sind anders als bei uns, wie ein Stuhl. Bitte,
> lieber Arbeiter, hocken Sie sich nicht auf die Klobrille, setzen Sie
> sich unbedingt darauf.
> Für die Sauberkeit benutzt man nicht Wasser, Blätter, Erde oder Stein,
> sondern ganz feines Toilettenpapier.
> [...]
> ERSTE HURE In Europa trägt man kein Kopftuch. Wenn Sie Kopftuch
> Tragen, wird Europa Sie nicht lieben.
> Wenn es unbedingt sein muss, tragen Sie bitte Ihr Kopftuch so, wie
> die europäischen Filmschauspielerinnen ihr Kopftuch tragen.«[8]

Die Huren eignen sich schnell »das Fremde« vor allem insofern an, indem sie als Punkt und Komma das Wort »Motherfuck« benutzen.

Ortrud Gutjahr merkt an, dass in der literarischen Thematisierung des Fremden sich oft des Motivs der Reise bedient wird, was aber nicht nur negativ gesehen werden soll:

> »Das Fremde als das noch Verständliche bezieht sich auf Nicht-Gewusstes, aber auch
> auf die Möglichkeit des Wissens und Kennenlernens. Bei dieser Inszenierung von
> Eigenem und Fremdem in der Literatur werden Struktur und Topos der Reise für die
> Ästhetisierung der Selbst- und Fremdbegegnung maßgeblich.«[9]

---

8 Ebd., S. 296–297.
9 Gutjahr, Ortrud: Fremde als literarische Inszenierung. In: Dies. (Hrsg.): Fremde, Würzburg: Königshausen & Neumann 2002, S. 51.

In dem »Traumspiel« irrt die Protagonistin umher, bevor sie im Wohnheim ankommt (im Roman wird ihr Leben als Gastarbeiterin gleich nach der Zugfahrt beschrieben) und wird mit der fremden/deutschen Kulturikone konfrontiert: »*Der Sänger Heino mit Sonnenbrille kommt, setzt sich in den Fotoautomat, fotografiert sich, singt* [...]: Muss i denn, muss i denn zum Städtele hinaus, Städtele hinaus...«[10], für den sie unsichtbar ist. Dieser Akt trägt den Untertitel »Erste Entdeckung der Einsamkeit«, was darauf hinweist, dass die Vertreter der fremden Kultur die Gastarbeiter in ihre Gesellschaft nicht aufnehmen wollen und sie gar nicht bemerken. Der Verweis auf die von ihnen gesungenen Volkslieder ist mit der Fokussierung auf die eigene Kultur gleichbedeutend. Dabei kommen diese in der Fremde zum ersten Mal mit der Einsamkeit in Berührung, und zwar mit der eigenen Einsamkeit. Dieses Motiv wird sowohl in dem Roman als auch in dem Drama angesprochen. Als Beispiel ist hier die Passage zu nennen, in der die Arbeitsbedingungen beschrieben werden. Die türkische Dolmetscherin (zu der auch die Ich-Erzählerin im Roman mit der Zeit befördert wird) erklärt den Arbeiterinnen, dass ähnlich der Toiletten, die in Europa anders sind als bei ihnen, so auch die Arbeitsregeln in Europa differieren. In dem Akt »Akkordarbeit im halb verbrannten Wald« wird dies folgendermaßen beschrieben:

> »[...]
> Schnelligkeit, Disziplin, Gehorsamkeit,
> seid bitte nicht vogelfrei,
> ohne Schweiß ist kein Fleiß,
> [...]
> Macht Akkord, Akkord!
> Und jetzt an die Arbeit, fort!«[11]

In beiden Texten wird der Umstand hervorgehoben, dass während der Arbeitszeit nicht einmal Zeit bleibt, um auf die Toilette gehen zu können:

> »PERIKIZI [...]
> Ich muss pinkeln.
> HÜHNERCHOR Du schreist umsonst. Weiter!
> PERIKIZI Ich muss aber!
> HÜHNERCHOR Du schreist umsonst. Weiter! Weiter!
> *Perikızı pinkelt im Stehen auf den Staubsauger.*«[12]

Die Protagonistin hat nicht nur mit schweren Arbeitsbedingungen zu kämpfen, sondern sehnt sich nach dem Zuhause und vermisst ihre Eltern. Im Roman kommt die folgende Szene zum Vorschein: Als die Hauptfigur mit ihren Ar-

---

10 Özdamar, Perikızı. 2010, S. 300.
11 Ebd., S. 314.
12 Ebd. S. 315.

beitskolleginnen auf dem Weg zur Arbeit an einer Telefonzelle vorbeigeht, sprechen sie sehr laut, damit ihre Familien in der Türkei sie hören können. Im Drama tritt eine Telefonzelle ohne Telefon auf und stellt sich vor Perikızı auf. Das Mädchen ruft, ähnlich wie im Roman: »Mama, wenn ich laut rede, wirst du mich in Istanbul hören, nicht? Mama, bitte höre meine Stimme. [...]«[13] Die Ich-Erzählerin erklärt im Nachhinein, dass sie dies allmählich verworfen hat, da sie ihre Eltern immer weniger vermisste.

Insofern ist »Fremde als literarische Inszenierung«

> »vielmehr ein Relations- oder Unterscheidungsbegriff zum Eigenen und somit ohne das Eigene gar nicht denkbar. Das Fremde und das Eigene sind demnach heuristisch als operationale Größen einer Bedeutungszuschreibung zu verstehen, die somit auch erst durch die Operationalisierung hervorgebracht werden.«[14]

Daraus folgt, dass die Wahrnehmung des Fremden nicht ohne die Wahrnehmung des Eigenen existiert und auch das Erforschen vom Eigenen nicht ohne die Erfahrung des Fremden erfolgt. Somit ist die Identitätssuche der Protagonistin ohne die Auseinandersetzung mit dem Fremden irreführend. Gutjahr verweist überdies auf die Tatsache, dass bei der Inszenierung vom Eigenen und Fremden in der Literatur die Struktur und der Topos der Reise für die Ästhetisierung der Selbst- und Fremdbegegnung maßgeblich werden.[15]

In der Fremde wird die Protagonistin zum ersten Mal durch die Zuschreibung von verschiedenen Rollen mit der Frage nach dem Eigenen konfrontiert, indem ihr das scheinbar Eigene durch den »medialen Diskurs« im Sinne von Jürgen Link[16] aufgezwungen und ihre Familiengeschichte angesprochen wird. Diese Aspekte werden im Roman als auch im Drama thematisiert und unterschiedlich gewichtet:

> »Die Weigerung der Erzählerin und Protagonistin [im Roman – die Verf.], sich auf eindeutige und statische Identität festlegen zu lassen, wird bereits dadurch zum Ausdruck gebracht, dass sie dem Leser ihren Namen vorenthält. Stattdessen wird Erzählerin von den ihr begegnenden Menschen stets mit anderen Namen und infolgedessen auch mit immer neuen Identitätszuschreibungen bedacht, die sie scheinbar unterschiedslos annimmt. In Frauenwohnheim wird sie ›Das Mädchen mit der Hose‹ (32)

---

13 Ebd. S. 314.
14 Gutjahr, Fremde. 2002, S. 47.
15 Ebd., S. 51.
16 Jürgen Link spricht außerdem von »außerliterarischen Diskursen«, wie dem politischen und religiösen Diskurs. Unter dem medialen Diskurs wird weiterhin eine Gesamtheit von öffentlichen Aussagen und Debatten zu einem bestimmten Thema verstanden. Siehe dazu: Link, Jürgen/ Link-Heer, Ursula: Diskurs/Interdiskurs und Literaturanalyse In: Zeitschrift für Literaturwissenschaft und Linguistik, Philologische Grundbegriffe 20/77 (1990), S. 88 – 99.

genannt, der Wohnheimleiter nennt sie ›Zucker‹ (37) und ›Titania‹ (102), [...] der deutsche Student Bodo bezeichnet sie als ›türkische Sultanin‹ (151)«[17],

(und weitere Benennungen) notiert Jochen Neubauer. Diese Namen tauchen auch in »Perikızı« auf. Die »türkische Sultanin« erscheint in der Aussage ihrer Mutter, indem diese vor der Reise nach Europa warnt:

»Europa! Du glaubst Europa wartet auf dich? Wenn Du kommst, werden sie dich als türkische Sultanin mit tausendundeiner Nacht Querflöten empfangen, weil du aus tausendundeiner Nacht kommst?«[18]

Bodo hat die Protagonistin als zeitgenössische »türkische Sultanin« empfangen und ihr eine Unterkunft in Berlin organisiert. Shakespeares Figur »Titania« taucht dagegen vom Anfang an in dem Drama auf, wo Perikızı ihre Rolle übt und davon träumt, mit ihr die Bühnen Europas zu erobern. Im Drama besitzt die Protagonistin auch einen eigenen Namen, was im Roman nicht der Fall ist. Sie wird von ihren Eltern »Perikızı« genannt, seitdem sie von ihrer Mutter in ein Grab am Friedhof gelegt worden ist, um den Tod zu überlisten. Ihre Mutter glaubt, dass die Geister sie mit einem ihrer Feenkinder vertauscht haben. Seit diesem Moment wird sie »Perikızı«, d. h. »Feenkind« genannt und zieht eine Parallele zur Figur der Titania: »Mama, Titania aus dem ›Sommernachtstraum‹ ist auch ein Geist. Eine Fee. Sie sagt zu Oberon, gib dein Herz zur Ruh, das Feenland kauft mir dieses Kind nicht ab«[19]. Dann erfährt sie jedoch von ihrer Mutter die wahre Geschichte ihres Namens: »Nein, du warst ein sehr ungewöhnliches Kind. Ein mutiges Kind. Du hattest die Gabe, in deinen Träumen zu sehen, was geschehen wird.«[20] In dieser Hinsicht transformiert sich das ganze Drama zu einem Traumspiel.

Die Erzählerin wehrt sich gegen keine dieser Zuschreibungen, denn solch ein Umgang mit den Fremdattribuierungen scheint für Neubauer nahezulegen, dass die Protagonistin die Identität als etwas Außengesteuertes erlebt,[21] d. h. als etwas, was vom Fremden definiert und aufgezwungen wird: »Jeder dieser Namen steht für den Versuch, eine bestimmte Perspektive durchzusetzen und die Protagonistin auf die ihr zugedachte Rolle festzulegen«.[22]

In beiden Werken nimmt die Protagonistin verschiedene Rollen an und be-

---

17 Neubauer, Jochen: Türkische Deutsche, Kanakster und Deutschländer. Identität und Fremdwahrnehmung in Film und Literatur: Fatih Akin, Thomas Arslan, Emine Sevgi Özdamar, Zafer Senocak und Feridun Zaimoglu. Würzburg: Königshausen & Neumann 2011, S. 358.
18 Özdamar, Perikızı. 2010, S. 285.
19 Ebd., S. 284.
20 Ebd.
21 Neubauer, Türkische Deutsche. 2011, S. 357.
22 Ebd., S. 357.

dient sich in den Dialogen der Rollentexte, was für Özdamars Schreibstil charakteristisch zu sein scheint. So wie ihre eigene Identität durch die Benennungen stigmatisiert und befremdet wird, erhalten ihre Antworten dieselbe Funktion. »Die Antworten in Form von Rollentexten auf Fragen oder Einwände, die in alltäglicher Sprache formuliert sind, haben sowohl auf den Interaktionspartner [...] als auch den Leser eine befremdliche Wirkung«[23].

Perikızıs Vater versucht mit seinen Warnungen, ihre Reise nach Europa zu verhindern. Er erzählt ihr von Odysseus, der als Niemand, als Namenloser sich in der Fremde verirrte: »Tochter, stell dir vor: Die ganze Höhle ist voll Blut, und der Riese fragt den Odysseus, wie er heißt. Odysseus sagt: ›Mein Name ist Niemand. Niemand.‹«[24] Dabei will er seiner Tochter bewusst machen, welche Namen und Identitäten ihr in der Fremde aufgezwungen werden. Auf Perikızıs Frage, warum es ihr als Schauspielerin in Europa anders als in der Türkei ergehen sollte, da sie in beiden Staaten Rollen spielt, antwortet er:

> »Wenn du gehst, gehst du als Titania fort und kommst dort als Putzfrau an. [...] Schau, die Frauen unserer Landsleute sind dort Putzfrauen. Und auf einer europäischen Bühne ist eine türkische Frau eine türkische Frau, und eine türkische Frau ist eine Putzfrau.«[25]

Diese Passage kann als eine Anspielung auf die reale Lage türkischstämmiger Künstler gedeutet werden: Bis in die 1990er Jahre haben sie in Filmen oder Theaterstücken vorwiegend die Rollen der Gastarbeiter spielen müssen, und somit wurde ihre Identität lediglich auf ihre Herkunft begrenzt. Auch in der Literatur wurde die Gestalt des Türken ähnlich dargestellt. Diese Erscheinung wurde allerdings mit dem Generationswechsel der Autoren immer seltener.

Der Vater hat aber Perikızıs Einsamkeit vorhergesehen:

> »[...] Dort wirst du nur deine eigenen Schritte hören wie das Schaf seine Glocke am Hals. Tschang-tschang-tschang. Du wirst dich schämen. In den fremden Gassen vor den fremden Wörtern ohne Kindheit wirst du dich schämen, denn in einer fremden Sprache haben Wörter keine Kindheit.«[26]

In dem Akt »Perikızı hat an den Füßen Schafsglocken« werden die Worte ihres Vaters schließlich bestätigt.

Die Andeutung, dass »fremde Sprachen keine Kindheit haben« würden, knüpft an die Rede der Autorin an. Ein Jahr nach der Erscheinung von »Die Brücke vom Goldenen Horn« erklärte Özdamar in ihrer Dankesrede anlässlich der Verleihung des Adalbert-von-Chamisso-Preises, der deutschsprachige Autoren, die nichtdeutscher Sprachherkunft sind, auszeichnet: »Meine deutschen

---

23 Ebd., S. 358.
24 Özdamar, Perikızı. 2010, S. 287.
25 Ebd., S. 289.
26 Ebd., S. 287.

Wörter haben keine Kindheit, aber meine Erfahrung mit deutschen Wörtern ist ganz körperlich. Die deutschen Wörter haben Körper für mich.«[27] Michael Hofmann meint, in diesem Falle sei die Sprecherin imstande, den deutschen Wörtern in einer gewissermaßen künstlichen Kindheit gegenüberzutreten, d. h. sie könne die Wörter und die Sätze für sich betrachten und ihnen Bedeutungen entnehmen oder verleihen, die hinter den Konventionen der Sprachgemeinschaft verborgen seien.[28] Er weist auf die spezifische Sprache der Autorin hin, die sich nicht selten der Mimikry bedient. Die Künstlerin spielt mit Wörtern und Sprichworten, überdies verleiht sie ihnen neue Bedeutungen. Nicht zuletzt eignet sich deshalb Özdamars literarische Sprache und Schreibweise zum Gegenstand wissenschaftlicher Analyse.[29]

Die weitere Identität, die Perıkızı in Europa zugeschrieben wird, ist »ein Thema«, worüber sie wiedermal von ihrem Vater aufgeklärt wird:

> »Die Fremden werden das Land, in dem sie ankommen, immer zweiteilen. Das bedeutet Wörterkrieg unter den zweigeteilten Einheimischen. [...]
> Du wirst dich schämen, weil du dauernd ein Thema bist. Kein Mensch mehr, ein Thema. Morgens wirst du nicht mehr wie hier in deinem Blumenbett aufwachen, sondern in den Zeitungen. Willst du zu ein paar Zeilen werden in den muffigen Blättern, die gefaltet in den Taschen stecken oder in den U-Bahnen vergessen werden? IN WARHEIT IST DER BESTE TÜRKE FÜR EUROPA DER ALS TÜRKE VERKLEIDERTE EUROPÄER.«[30]

Hier wird als Erster der zeitgenössische mediale Diskurs in Deutschland angesprochen, der den Migranten eigene Identitäten aufzwingt. Der Vater prophezeit seiner Tochter, dass sie als »Pionierin der türkischen Künstler«, »Aufklärer der unterdrückten türkischen Mädchen«, »eine Brücke zwischen der Türkei und Europa«, »die einzige emanzipierte Türkin« und »Beispiel für Integration«[31] beschrieben werden wird. Diese Bezeichnungen schränken sie nur auf ihre Herkunft ein, ohne dabei Perıkızıs Schaffen hervorzuheben. Dies ist nicht nur als Kritik an den Medien zu verstehen, sondern auch an der deutschen Gesellschaft und – was ebenfalls unterstrichen werden sollte – an den Literaturwissenschaftlern und Literaturkritikern, die diese entfremdende Tendenz sich aneignen, anstatt sie zu reflektieren.

»Die, die weggegangen sind, sind die Armen, die Kulturlosen, die Sklaven.

---

27 Hofmann, Michael: Interkulturelle Literaturwissenschaft. Eine Einführung. Paderborn: Wilhelm Fink Verlag 2006, S. 217.

28 Vgl. Ebd., S. 217–218.

29 Siehe dazu: Jonczyk, Anita: Tekst jako forma komunikacji międzykulturowej na przykładzie twórczości niemiecko-tureckiej pisarki Emine Sevgi Özdamar. In: Browarny, Wojciech/ Wolting, Monika: Opcja niemiecka. Kraków: Universitas 2014, S. 223–235.

30 Özdamar, Perıkızı. 2010. S. 288.

31 Ebd., S. 290.

Durch sie wird in Europa unsere wahre Identität, unsere reiche Geschichte klein gemacht. Plötzlich schrieb Europa unsere reduzierte Geschichte«[32], warnt der Vater vor Verlust ihrer kulturellen Identität. Aber wer ist hier als »unserer« gemeint? Die Türken? Die Armenier? Die Kurden? Die Muslime? Und was macht die »wahre Identität« aus? Am Ende des Dramas belehren die drei Schuldgefühle-Giganten Perikızı, dass sie zu ihrer »wahren Identität« stehen und ein Kopftuch tragen sollte. Die zwei gutbürgerlich-schicken Mädchen sind der Meinung, dass junge Türkinnen mit einem Kopftuch aus dem Haus gehen und erst, wenn sie von ihren Eltern nicht gesehen werden, das Kopftuch in ihre Tasche stecken sollen. Sie stellen dazu Perikızı ungewöhnliche Fragen:

> »GRETEL UND LIESEL Wir haben einen Verein gegründet – wir wollen den türkischen Mädchen, die solche Probleme haben, helfen. Trägst Du kein Kopftuch, oder hast du es auch in der Tasche?
> PERIKIZI Tasche?
> GRETEL UND LIESEL Ach, in deiner Tasche. Wenn du Hilfe brauchst, ruf uns an. Hast du Brüder, schlagen sie dich?
> PERIKIZI Hmh?
> GRETEL UND LIESEL Schlagen sie dich?
> PERIKIZI Schlagen?
> GRETEL UND LIESEL Ach, schlagen!
> Hier ist unsere Karte, wenn sie dich wieder schlagen, ruf uns an.
> Fassen sie dich auch an?«[33]

Sie nehmen es als offensichtlich, dass Perikızı durch ihre Familie unterdrückt und misshandelt wird. Der Zeitmann dagegen fragt sich, wie ein türkisches Mädchen das Wort »Schwanz« in den Mund nehmen kann und sucht dafür einen Grund: »[...] Ist das ein Zeichen drastischer Sexualität? Ist das ein bewusster Bruch von Tabus? Ist das Provokation? Oder ist das ein Zugeständnis an den europäischen Publikumsgeschmack? Verstehst Du?«[34] Dabei scheint er die Tatsache nicht in Rücksicht zu nehmen, dass es sich um keine Art von Manifest handeln könnte. Denn bereits Perikızıs Großmutter trägt kein Kopftuch und raucht Zigaretten. Überdies behandelt sie das Thema Sexualität ohne innere Hemmung, indem sie offen mit ihrer Enkelin über den Orgasmus spricht:

> »GROSSMUTTER Ja, der dritte, der ist nach Istanbul gegangen, dort soll er oft die Huren besucht haben. Die sollen ihm beigebracht haben, dass eine Frau auch oben sitzen kann. Er kam zurück, nahm mich in der Nacht über sich, da sind meine Beine von der Erde hochgeflogen. Ein Feuer kam aus meinen Füßen wie ein Pfeil und ging

---

32 Ebd., S. 288.
33 Ebd., S. 322.
34 Ebd., S. 317.

durch meinen Körper durch aus meinen Kopf heraus.
PERIKIZI Das nennt man Orgasmus, Großmutter.«[35]

Ebenso wie sich Perikızı mit ihren Eltern bezüglich ihrer Zukunft auseinandersetzte, rauchte sie mit ihnen und trank Raki. In beiden Texten findet sich kein Verweis auf jegliche Unterdrückung im Sinne des bereits erwähnten zeitgenössischen medialen Diskurses, im Gegenteil, die Protagonistin steht für den Gegendiskurs: Sie handelt selbstbewusst, selbstbestimmend und emanzipiert. Ihre Mutter jedoch hat im Roman blond gefärbte Haare (eine in den 1970ern populäre Erscheinung, die grundsätzlich durch das türkische Fernsehen beeinflusst wurde), was ihre Selbstbestimmung und Weltoffenheit betonen soll.

Das unterschiedliche Verständnis von Identität wird von der Schriftstellerin Zehra Cırak mit der Frage reflektiert:»Kulturidentität // Ist das etwas, womit ich mich wieder erkenne, oder ist das etwas, womit andere mich einordnen können?«[36] Gibt es also etwas, an dem sich das Eigene orientiert oder woran es das Fremde erkennt? Zuhause hat sich die Protagonistin nicht weniger befremdet gefühlt als im Ausland – dies war auch der Grund dafür, dass sie die Entscheidung getroffen hat, nach Europa zu gehen, um sich als Schauspielerin zu versuchen. Ist also die kulturelle Identität etwas Kollektives oder Individuelles?

»In der Fremde wird der Mensch auf sich selbst zurückgeworfen, weil er andauernd daran erinnert wird, dass er anders ist«[37], behauptet Perikızıs Vater. Demnach wird das Individuum in der Fremde mit (s)einer kollektiven Identität stärker konfrontiert und weiterhin dazu aufgerufen, die eigene Identität zu definieren. Im Akt »Assimilationsdiskurs des Zeitmanns« meint die mit der Zeitung »Die Zeit« bedeckte Gestalt, dass Integration ihren Preis habe, und stellt sich dabei folgende Frage:

> »Dürfen Türken schwul sein? Dürfen Türken lesbisch sein? Die Mehrheitsgesellschaft muss lernen, ihre Ansprüche weniger schnarrend zu äußern. Blablabla. Diese Emigrantin muss lernen, die beliebte Opferrolle aufzugeben und sich als ein eigenverantwortlicher teil der Gesellschaft zu sehen. Emanzipation oder Barbarei. Blablabla. Als was fühlt sie sich? Als Türkin oder als Europäerin? Unter den jungen Leuten findet sich diese gespaltene Identität, politischer Kern des Integrationsproblems. Blablablabla.«

Die gespaltene bzw. undefinierte Identität der Einwanderer ist hier als Quelle des Integrationsproblems zu sehen. Das Individuum wird in der Fremde aufgerufen, sich als Teil eines Kollektivs zu definieren, wobei es sich an den intimsten Sachen der Existenz orientieren müsse – der Sexualität und Religion. Diese Entscheidung soll das in Parallelgesellschaften zerfallene Land angeblich weiterbrin-

---

35 Ebd., S. 278–279.
36 Konuk, Identitäten im Prozeß. 2011, S. 129.
37 Özdamar, Perikızı. 2010, S. 289.

gen.[38] Das »Blablabla« zwischen den Zeilen nimmt dabei der sehr bedeutsamen Thematik die Ernsthaftigkeit.

Die Distanz der deutschen Gesellschaft zu Identitätsfragen der Einwanderer kommt durch die folgende, durchaus provokative Szene zum Vorschein, in welcher der Zeitmann seinen Monolog auf dem Klosett sitzend hält, danach aufsteht, in seinem Kot stochert, ihn leckt und anschließend zu den Zuschauern sagt: »Schmeckt gut, wollt ihr auch.«[39]

Die Protagonistin will sich im Roman so schnell wie möglich von ihrem »Diamanten« (wie sie die Jungfräulichkeit nennt) befreien, da ihr ein türkischer Freund gesagt hat, dass sie nur auf diese Art und Weise ihre Freiheit als Schauspielerin gewinnen würde. Hierzu Michael Hofmann:

> »Es zeigt sich in diesem Zusammenhang, dass gerade der Bereich der Sexualität einen wesentlichen Bestandteil des Selbstverständnisses bestimmter Kulturen ausmacht. Wenn sich aber jemand aus dem Geltungsbereich dieser Kultur hinaus begibt, dann kommt es zu einer Situation der Freiheit und Selbstbestimmung, die mit einem neuen System von Normen und Verhaltensmustern ›aufgefüllt‹ werden muss.«[40]

Es wird hervorgehoben, dass Elemente der kulturellen Identität ausgewechselt werden können und durch andere ersetzt werden müssen. Die Identität ist folglich nicht als statische und homogene, sondern als eine hybride, sich ständig verändernde und entwickelnde Kategorie zu betrachten. Kader Konuk ist der Ansicht, dass »[w]eder das ›Ich‹ noch das kollektive ›Wir‹ auf eine festgelegte Identität reduziert werden [können]. Identität ist demzufolge eine sich permanent im Prozess befindende Produktion.«[41]

> »Weil sie [die türkischen Migranten – die Verf.] mit der neuen Sprache Probleme haben, sind sie dort noch mehr Türken geworden als Türken hier. Obwohl die Türkei sie rausgespuckt hat. [...] In der Fremde wird der Mensch auf sich selbst zurückgeworfen, weil er andauernd daran erinnert wird, dass er anders ist«[42],

meint Perikızıs Vater und empfiehlt ihr die Sprache des Landes zu beherrschen, indem sie die Schlagzeilen aus den Zeitungen auswendig lernt.

> »PERIKIZI *liest die Überschriften* Wenn aus Hausrat Unrat wird.
> Schweinetransporte haben angefangen.
> Schnorrerkönig Poldi hat ausgeschnorrt.
> Ballermann ballert wieder.

---

38 Ebd., S. 318.
39 Ebd.
40 Hofmann, Interkulturelle Literaturwissenschaft. 2006, S. 223.
41 Konuk, Identitäten im Prozeß. 2011, S. 129.
42 Özdamar, Perikızı. 2010, S. 289.

[...]
17 – schon Brustoperation.«[43]

Diese Schlagzeilen deuten darauf hin, dass sich das Drama nicht am zeitlichen Rahmen orientiert. Die Autorin bedient sich hier eher zeitgenössischer Persönlichkeiten und Motive, die in den Medien auftauchen, wie z. B. »Poldi«, »Ballermann« und »Brustoperation«. Die Narration wird dagegen auf das Ende der 1970er Jahre – in der Zeit, wo die Gastarbeiter seit mindestens zehn Jahren nach Deutschland kommen – fixiert.

Beide Texte haben gemeinsam, dass die Protagonistin Schlagzeilen lernt, ohne sie zu reflektieren, und sie bedient sich deren ähnlich wie der Rollentexte im Theater. Neubauer bemerkt dazu:

> »Die unpassende Anwendung der zu Rollentexten umfunktionierten deutschen Schlagzeilen verdeutlicht das anfängliche Gefühl der Fremdheit der Protagonistin in Deutschland. Gleichzeitig steht die selbstverständliche Benutzung der ihr unverständlichen Sätze für einen selbstbewussten Umgang mit dieser Fremdheit.«[44]

Bemerkenswert ist dabei die Tatsache, dass die Protagonistin den medialen Diskurs nicht ernst nimmt.

Als ein weiterer Aspekt, der zur Reflexion über das Eigene in der Fremde motiviert, ist die Geschichte zu nennen. Die eigene (Familien-)Geschichte macht sowohl die individuelle als auch die kollektive Identität aus. Perikızıs Vater wirft *Europa* vor, dass sie *ihre* reduzierte Geschichte schreibt. In diesem Zusammenhang thematisiert Özdamar die gemeinsame Geschichte vom Osmanischen und dem Deutschen Reich. Auch wird auf das Armeniergenozid angespielt[45], das im Roman nur angedeutet und im Drama Rahmenmotiv ist. Neben der Figur der Großmutter, die aufgrund der damaligen Geschehnisse unter Alpträume leidet, behandelt das Drama noch weitere Personen: einen jungen, toten türkischen Soldat aus dem Ersten Weltkrieg ohne Kopf (Perikızıs Großvater), der nicht verstanden hat, warum ein deutscher Kaiser sich zum Beschützer des Osmanischen Reiches aufspielte,[46] sowie zwei tote armenische Mädchen, die nicht sprechen dürfen. Auf diese Geschichte wird Perikızı zum ersten Mal in der Fremde von drei »Hühnern«, den Bewohnerinnen ihres Wohnheims, aufmerksam gemacht. Sie brandmarken Perikızı wegen der Geburtsstadt ihres Vaters als Armenierin, was von den Türken hinsichtlich einer Bezeichnung als Beleidigung wahrgenommen wird[47]:

---

43 Ebd., S. 302–303.
44 Neubauer, Türkische Deutsche. 2011, S. 359.
45 Darauf kommt auch Kirsten Prinz in ihren Ausführungen zu sprechen.
46 Özdamar, Perikızı. 2010, S. 311.
47 Ebd.

> »ERSTES HUHN Mein Vater war Dieb, mein Großvater war Dieb
> ich bin Dieb auf Anhieb.
> *Blättert in Perikızıs Pass.*
> Oh, wo ihr Vater geboren ist
> ist bedeutsam genug. Kayseri.
> Kayseri.
> [...]
> Dort lebten viele Armenier.
> ZWEITES HUHN [...] erspar dir dein Türkenwahn.
> [...]
> PERIKIZI *schreit* Vater, sind wir Armenier?
> VATER *zeigt sich kurz von seinem Platz* Nein, aber wer weiß.«[48]

Die Protagonistin stellt fest, dass sie tausende Kilometer nach Europa fahren musste, um die eigenen Landsleute kennenzulernen.[49] In diesem Zusammenhang werden die gemeinsame Geschichte mit Deutschland zum Eigenen und die Landsleute zum Fremden, wobei die Grenzen der kulturellen Identität verschwimmen.

Die Einsamkeit wird in beiden Texten reflektiert. Im Roman beschreibt die Ich-Erzählerin z. B. ein Licht, das aus dem gegenüber dem Frauenwohnheim befindlichen Theater blinkt. Dieses Bild beobachtet sie stets vor dem Einschlafen. Im Drama wird es folgendermaßen geschildert:

> »*Ein Reklamelicht draußen geht an und aus. Perikızı setzt sich unter dieses Licht.*
> [...]
> Mama, gegenüber diesem Hühnerstall gibt es ein Theater. Sein Reklamelicht geht im Dunkeln an und aus. Ich habe niemanden auf dieser Welt, in der ich bin, außer diesem Theaterlicht. Unter diesem Licht ist es warm, schön.«[50]

Das Einzige, was der Protagonistin vom Theater in Deutschland übrigblieb, ist ein Reklamelicht, das sie an ihre Träume erinnert. Die Wärme dieses Lichtes reicht ihr aus, um die Verwirklichung ihres Traumes fortzusetzen (was sie auch im Roman im Nachhinein tut). Dies sei ein Beweis dafür, dass sie, unabhängig davon im welchen Land und in welcher Kultur sie sich befinde, ihrer Leidenschaft treu bleibe. Sie zitiert oft aus Theaterstücken, liest Bücher (vor allem europäischer Autoren, die zum Kanon der europäischen Literatur gehören) und lernt die Sprache mit Hilfe der Schlagzeilen – auch im wirklichen Leben als Arbeiterin bleibt sie dem treu, was ihr Freude bereitet und was sie/ihre Identität als Individuum ausmacht – sowie dem Theaterspielen. Diese Erscheinung zeigt,

---

48 Ebd., S. 306.
49 Ebd., S. 308.
50 Ebd.

dass nicht die nationale oder kulturelle Identität ausschlaggebend ist, sondern ein Lebensstil, der durch die individuellen Merkmale geprägt wird.

Sie besitzt aber ebenfalls eine gemeinsame Geschichte mit den fremd wirkenden »Hühnern« – die Einwanderungsgeschichte. Diese wird in dem Drama provokativ dargestellt: Ein als Intellektueller verkleideter Wolf stiehlt Perikızıs Gedicht und behauptet, es wäre sein eigenes. Um es zu schreiben, habe er angeblich 200 Türkinnen und seine Mutter abgelauscht. Die Journalisten glauben ihm diese Rechtfertigung, weil »[e]ure Geschichten alle gleich [sind]« und [...] [d]as Türkische allen Türken gehört«.[51] Hier wird auf die autobiographische Plagiats-Debatte, die in den Medien in Bezug auf Feridun Zaimoğlu »Leyla« und Özdamars »Karawanserei« diskutiert wurde und im Frühsommer 2006 einen ›neuen‹ Literaturstreit in Deutschland über Plagiat, Intertextualität und gemeinsamer Geschichte auslöste, angespielt.[52] Dabei wurde vor allem die Frage nach dem individuellen Fremden in dem kollektiven Eigenen gestellt.

> »Mit Homers Erzählung geht in Özdamars ›Traumspiel‹, das selbst märchenhaft und voller Fabelwesen ist, ein Prozess der Selbsterkenntnis einher, dessen Fluchtpunkt nicht Europa ist, sondern jene für uns fremde Heimat, die hinter Europas Grenzen liegt.«[53]

Die Protagonistin begibt sich (im Roman und im Drama) auf eine Identitätssuche in die Fremde, lässt sich jedoch in die »türkische Schublade« des medialen Diskurses nicht einquetschen.

Die hybride Identität, die sich als dynamische Transformation sich permanent im Prozess befindlicher, historisch veränderbarer kultureller Identitäten und Praktiken (nach Stuart Hall) versteht,[54] ist keine dauerhafte Konstruktion. Sie ist in einem permanenten Entwicklungsprozess begriffen, in dem Elemente des Fremden zum Eigenen werden und die Grenzen vom Fremden und Eigenem verschwimmen. Die Suche nach der eigenen Identität erfolgt durch die Konfrontation mit der Fremde/dem Fremden, die sowohl auf der kulturellen Makroebene (der Gesellschaft) wie auf der Mikroebene (des Individuums) stattfindet. Diese Erscheinung beschreibt Wolfgang Welsch mit dem Begriff der »Transkulturalität«.

---

51 Ebd., S. 330
52 Dieses Problem hat auch Gabriela Ociepa in ihrem Beitrag über Feridun Zaimoglu angesprochen.
53 Stockhausen, Katja: 59 Sekunden aus Perikızı. <http://www.katja-stockhausen.de/perikizi.html> (Zugriff am 10.10.2013).
54 Konuk, Identitäten im Prozeß. 2011, S. 135.

Adrian Golly (Wrocław)

Japanische Ästhetik im Werk von Wilhelm Gössmann

Wilhelm Gössmann gehört zu der Gruppe von Autoren, deren Schaffen eine Vielzahl von Themen umfasst. Das Ziel dieses Beitrags ist die Darstellung von Elementen japanischer Ästhetik im Werk von Wilhelm Gössmann. Der thematische Schwerpunkt liegt in der Kunst der Haiku-Dichtung und des Blumensteckens (Ikebana). Wilhelm Gössmann, Schriftsteller und Germanistik-Professor an der Universität Düsseldorf, erlernte die Kunst des Ikebana während eines mehrjährigen Aufenthalts in Japan. Viele seiner literarischen Texte behandeln das Thema Japan, seine Einwohner und die japanische Kultur. Der 1926 geborene Gössmann verbrachte seine Kindheit auf dem väterlichen Bauernhof. Das ruhige, bäuerliche Leben, das er später in mehreren Werken beschreibt, wurde durch den Zweiten Weltkrieg und den damit verbundenen Arbeits- und Wehrdienst unterbrochen. Von 1946 bis -55 studierte Gössmann Germanistik, Philosophie und Theologie in Münster und München, ehe er im Anschluss für fünf Jahre als Dozent an die Sophia- und Tokio-Universität ging. Nach seiner Rückkehr nach Deutschland wirkte Gössmann als Hochschullehrer an der Pädagogischen Hochschule Weingarten und der Pädagogischen Hochschule Rheinland, worauf er bis 1991 einen Lehrstuhl für deutsche Literatur an der Heinrich-Heine-Universität Düsseldorf innehatte. Gössmann setzt sich stark für die Popularisierung von Literatur und Kultur ein und war Gründungsmitglied der Christiane-Koch-Gesellschaft, der Deutsch-Japanischen-Gesellschaft und der literarischen Vereinigung des Sauerlandes. Darüber hinaus fungierte er als Vorsitzender der Heinrich-Heine-Gesellschaft und der Initiative »Verein zur Förderung der Kultur auf dem Lande«. Zu den wichtigsten Motiven im Werk Gössmanns zählen: Religion und Religiosität in der Zeit der Postmoderne (»Religion: ein Menschenleben«, 1981; »*Der* verschwiegene Gott«, 1988), Kultur auf dem Land und im bäuerlichen Leben (»Langenstrot«, 1968), die Urbanisierung des Landes (»Umbau. Land und Leute«, 1978), die frühmittelalterliche Geschichte Westfalens (»Anna und Christof«; »Der Heilige und die Sarazenin«) sowie die japanische Ästhetik (»Mit Blumen leben«, 1995; »flos«, 1997). Zu seinen bedeutendsten Publikationen gehört »Die deutsche Kulturgeschichte im Grundriß«.

Das Haiku ist eine der drei wichtigsten Gedichtformen, die im Japan des 20. und 21. Jahrhunderts betrieben werden.[1] Das Haiku und das Tanka (»kurzes Lied«) sind traditionelle japanische Formen der lyrischen Kunst, ihnen steht das Shi als oppositionelle Form gegenüber. Als Shi werden moderne Gedichte bezeichnet, die auf der europäischen und amerikanischen Dichtkunst basieren. Spezifisch für Japan ist die Isolation jeder dieser Formen voneinander. Japanische Dichter verstehen sich in den meisten Fällen als Experten nur einer der drei lyrischen Formen und wagen nur selten den Versuch, aus diesem Rahmen auszubrechen. Man kann also sagen, dass sich im modernen Japan drei Fronten gebildet haben. Die Tanka-, Haiku- und Shi-Dichter gründen ihre eigenen Vereine, vergeben ihre eigenen Preise und geben ihre eigenen Zeitschriften heraus.[2]

Die ersten heute noch bekannten Haikus stammen aus dem 13. Jahrhundert. Das Haiku entsprang dem Tanka und wurde als Scherzgedicht an den japanischen Höfen schnell beliebt.[3] Das Tanka entstand bereits im 6. Jahrhundert und besteht aus 31 Moren (japanische Äquivalente zur Silbe), die in zwei Strophen aufgeteilt sind. Die erste trägt den Aufbau 5-7-5 Silben, die auf drei Zeilen verteilt werden, die zweite besteht aus zwei Zeilen mit jeweils 7 Silben. Das Haiku ist eine verkürzte Form des Tanka und besteht aus ihrer ersten Strophe, also drei Zeilen mit 5-7-5 Moren. Die Blütezeit des Haiku ist das 17 Jahrhundert, in Japan als die Edo-Periode bekannt. In dieser Zeit werden das feudale System und das Prinzip der Klassen-Gesellschaft von dem Herrscherhaus der Tokugawa, die den Shogun stellten, konsequent eingehalten, das Leben innerhalb einer Klasse rigoros reglementiert. Der Beruf, den man erlernen und ausüben durfte, die Kleidung, das Essen und sowohl die Größe als auch die Einrichtung des Hauses waren von der Zugehörigkeit zu einer Kaste bestimmt. In dieser Zeit der sozialen Teilung des Staates kam es jedoch nie zur Revolte. Die Japaner akzeptierten ihre eingeengte Situation. Da ihr Spielraum für Kreativität stark beschränkt war, entwickelten sie eine Vorliebe und einen Sinn für das Detail. Kunstformen wie das Dichten, Blumenstecken, die Teezeremonie usw. werden bis zur Vollkommenheit entwickelt.[4]

Das Haiku ist die formal einfachste, weitverbreitetste Gedichtform der Welt. Es wird nicht betitelt, es kennt keinen Wechsel von langen und kurzen oder

---

1 Melanowicz, Mikołaj: Literatura Japońska. Poezja XX wieku. Teatr XX wieku. Warszawa: Wydawnictwo Naukowe PWN 1996, S. 16.

2 Ebd., S. 21 f.

3 Krusche, Dietrich: Haiku. Japanische Gedichte. Ausgewählt, übersetzt und mit einem Essay herausgegeben von Dietrich Krusche. München: Deutscher Taschenbuch Verlag GmbH & Co. KG 1994, S. 121.

4 Ebd., S. 121 ff.

betonten und unbetonten Silben und die einzelnen Wortgruppen bilden keine Reime. Haikus kennen ebenfalls keine Dualismen, wie z. B. Form und Sinn oder Gut und Böse. Spezifisch dafür ist seine Melodik, die aus der Intonationsmöglichkeit des Japanischen herrührt, ein Spiel mit Assonanzen und Alliterationen und ein ausgeprägter Rhythmus.[5] Ihre Aufgabe besteht darin, Beobachtungen über die Natur (im traditionellen Sinne) zum Ausdruck zu bringen.[6] Ihre allgemeinste Aussage ist moralisch neutral und soll die Welt zeigen »wie sie ist«[7]. Ihre Kürze ist darauf zurückzuführen, dass sie in einem Atemzug rezitiert werden sollten.[8] Dietrich Kruschke führt drei dichterische Regeln an, an die sich Haiku-Dichter bis ins 19 Jahrhundert gehalten haben, um Stileinheit zu bewahren: 1.) Haikus müssen einen Naturgegenstand erwähnen, der außerhalb der menschlichen Natur liegt, 2.) es muss sich auf eine einmalige Situation beziehen, und 3.) diese Situation soll als gegenwärtige dargestellt werden[9]. Mit dem Haiku versucht man die Erfahrung, mit der man in einem besonderen Augenblick, an einem ganz besonderen Ort bereichert wurde, einzufangen. Aus diesem Grund lässt sich diese Gedichtform nicht als »bloße«, sondern als »Universalpoesie« bezeichnen, d. h. als eine Formel, in der man das Ganze mit nur einem Objekt ausdrückt.[10]

Einer der wichtigsten Haiku-Dichter war Matsuo Bascho (1644–1694), auf den man allgemein die beschriebene Aufbauform, die heute als die »klassische« bezeichnet wird, zurückführt. Sein bekanntestes Gedicht handelt von einem Frosch, der in einen Teich springt:

> »Furu Ike ya
> Kawazu tobikomu
> Mizu no oto«[11]

Die deutsche Übersetzung kann entweder

> »Ein alter Teich
> In den ein Frosch springt
> Wasserplätschern«[12]

lauten oder:

---

5 Ebd., S. 115–118.
6 Melanowicz, Literatura Japońska. 1994, S. 29.
7 Krusche, Haiku. 1994, S. 118.
8 Gössmann, Wilhelm: Landschaft und Kultur als Lebenserfahrung. Essays und literarische Texte. Soest: Westfällische Verlagsbuchhandlung Mocker & Jahn 2012, S. 150.
9 Krusche, Haiku. 1994, S. 116.
10 Ebd., S. 118.
11 Ebd., S. 153.
12 Ebd.

»Uralter Teich
Ein Frosch springt hinein
Plop!«

Das Gedicht beschreibt die Stille der Natur, denn die Natur ist immer absolut still. Sie wird nur kurz von dem Geräusch des Wasserplätscherns, das von dem springenden Frosch verursacht wird, unterbrochen. Dann kehrt wieder Stille ein.[13]

Nach dem Zweiten Weltkrieg beginnt eine große Wende für die Haiku-Dichtung in Japan. Die naturbeschreibenden Haikus galten als veraltet und drohten immer mehr ins dichterische Abseits zu geraten. Die modernen Shi-Gedichte erfreuten sich dagegen immer größerer Beliebtheit. Die Haiku-Dichter fanden wieder zum Publikum, indem sie keine reinen Naturgedichte mehr verfassten, sondern sich der sozio-kritischen Thematik zuwandten.[14] Im Laufe der Jahre wurde das Haiku zu einer beliebten Massenunterhaltung der Japaner. Das Haiku-Literaturhaus in Tokio ist ein bedeutendes Tagungs- und Konferenzhaus sowie Archiv und Bibliothek zugleich, das sich dem Verbreiten und Fördern der Haikus widmet. Bei den Japanern gilt das Verfassen von Haikus als exzellente Übung, um das geistige Gleichgewicht aufrechtzuerhalten und sich für die Schönheit der Kunst zu öffnen.[15] Das Haiku wurde außerhalb des japanischen Sprachraumes Anfang des 20. Jahrhunderts bekannt. Im deutschsprachigen Raum erschien es in den 1920er Jahren des 20. Jahrhunderts Inzwischen erfreut sich das Haiku eines recht breiten Publikums. Namenhafte deutsche Haiku-Verfasser sind mit der Deutschen Haiku-Gesellschaft verbunden.[16]

Florian, eines von mehreren Alter Egos Gössmanns aus dem Roman »Die Sieben Männer« (1999) trifft über sich selbst folgende Aussage: »Ich bin in Japan geworden, wozu ich bestimmt war. Ich bin ein Ästhet geworden. Ästhetische Verstöße stören mich seither mehr als moralische.«[17] In seiner Studie »Landschaft und Kultur als Lebenserfahrung« (2012) beschreibt Gössmann, was zum Schreiben und Lesen von Haikus nötig sei, und zwar eine meditative Grundhaltung, die ein wesentliches Kennzeichen der japanischen Kultur ist.

> »Beschränkung auf das Wenige und ästhetisch Notwendige führt zu einer geistigen Einstellung, die das Wesentliche erkennt und beachtet. Entscheidend ist die Form, in die [...] Wörter hineingebracht werden, allerdings bei Beachtung eines inneren Schönheitssinns.«[18]

---

13 Ebd., S. 151.
14 Melanowicz, Literatura Japońska. 1996, S. 21 f.
15 Ebd., S. 104 f.
16 http:// deutschehaikugesellschaft.de/die-dhg/ Zugriff am 02.12.2013.
17 Gössmann, Wilhelm: Die sieben Männer. Düsseldorf: Grupello Verlag, 1. Auflage 1999, S. 182.
18 Gössmann, Landschaft. 2012, S. 156.

Die Form, die dieses »Wenige« und »ästhetisch Notwendige« beinhaltet, beschreibt Gössmann in seinem Essay »Fernöstliche Ästhetik und ihre Übertragung in unsere Kultur«. Meditation ist hier als ein die Religionen übergreifender Begriff gemeint. Sie ist stark im Buddhismus verwurzelt, aber Andeutungen lassen sich auch in der christlichen Mystik und anderen Religionen finden. Die Meditation ist immer mit der Natur untrennbar verbunden. Durch den Umgang mit der Natur vermittelt sich eine innere seelische Freiheit und der Mensch wird von der Beschäftigung mit sich selbst befreit. Auf diese Weise lässt sich die Welt als Schöpfung vergegenwärtigen. Die Meditation des Zen unterscheidet sich von anderen Formen dadurch, das sie inhaltslos bleibt. Es gibt keine Fixierung auf einen bestimmten Inhalt oder Gedanken. Die Gedanken und Gefühle sollen sich entspannen und lösen.[19] Es gibt mehrere Tätigkeiten, die Gössmann als *meditativ* bezeichnet: 1.) Lesen, d. h. literarische Lektüre, 2.) ein Spaziergang, der ein Landschaftserlebnis beinhaltet, 3.) bildnerische Tätigkeiten wie z. B. Töpfern, 4.) Gartenarbeiten, sofern sie als keine körperliche Belastung empfunden werden, 5.) Tagebuch und Briefe verfassen, 6.) das Spielen eines Musikinstrumentes, 7.) persönliche Gespräche und Konversationen, 8.) gymnastische Übungen und Tänze.[20]

Dieses meditative Verständnis der umgebenden Welt hat einen starken Einfluss auf die Kunst in Japan.

> »Die Erfahrung des Zen, die bewusstseinsmäßig also auf nichts Bestimmtes zielen, sind jedoch bei den traditionellen japanischen Künsten auf einen Gegenstand, auf einen Vorgang oder auch auf eine Tätigkeit gerichtet und werden meditativ umgeformt. Hierdurch haben die japanische Gartenkunst, das Blumenstecken, also die vegetativen Künste, ihren meditativen Charakter erhalten.«[21]

Der Autor schreibt nur über die Natur-Haikus, die den Großteil aller verfassten Haikus bilden. Die einfache Form ist das wichtigste äußere Merkmal dieses Gedichtes. Das Silbenschema von 5-7-5 Silben, die sich in drei Verszeilen fügen ist nicht zufällig. Diese Kürze stellt die Zeitlänge eines Atemzuges dar.[22] Gössmann notiert: »Der Atemzug wird zum Sprechvorgang«[23]. Darüber hinaus kann nur das Naturleben, das in einem metaphysischen Augenblick erfasst wird, zum Gegenstand des Haiku werden, weil die Natur im Grunde genommen (genau wie das Haiku) ziemlich ›einfach‹ ist, auch wenn sie kompliziert erscheinen kann.

---

19 Gössmann, Wilhelm: Unter dem Sonnenbogen. Aufenthalte und Orte. Düsseldorf: Grupello Verlag 2006, S. 101 f.

20 Gössmann, Wilhelm: Die Kunst Blumen zu Stecken. Eine Schule des Lebendigen und Meditativen ostasiatisch-europeisch. Mit Fotografien und Illustrationen. Frankfurt/Main: Insel Verlag 1980, S. 32.

21 Ebd.

22 Gössmann, Landschaft und Kultur. 2012, S. 150.

23 Ebd.

Das Stilprinzip des Haiku reduziert die äußere Welt auf ein einfaches Bild. Auf diese Weise wird das zufällig Vernommene wichtig und der unbedeutende Hintergrund ausgeblendet.[24] Diese hohe Sensibilität für den Augenblick nennt Gössmann »eine seelische Präsenz«[25], weshalb ein naturalistisches Haiku unmöglich sei, da es diese seelische Präsenz, diese geistige Komponente im Gedicht nicht berücksichtigen könne. »Ein naturalistisches Haiku ist schlechterdings undenkbar. Denn das Haiku beansprucht eine seelische Präsenz, einen geistigen Hinweis.«[26]

Das Dichten von Haikus kann und darf nicht isoliert von anderen Kunstarten betrachtet werden. Es ist Teil der sogenannten »Altjapanischen Kunstübungen«[27]. Außer dem Haiku zählen die Teezeremonie, das Bogenschießen, die Kalligrafie, die Gartenkunst, das Blumenstecken sowie traditionelle Sportarten und handwerkliche Arbeiten dazu. Alle diese Kunstformen haben eine längere Tradition in der japanischen Kultur und sind auf den Zen-Buddhismus zurückzuführen. Die Entstehung der Vorformen dieser Kunstgattungen fällt in die Zeit, in der Japan chinesische Kulturgüter zusammen mit dem Zen-Buddhismus übernommen hatte.[28] Die Lehre des Zen basiert darauf, dass die Erleuchtung intuitiv in einem Augenblick kommt. Man kann sie nicht durch mönchisches Leben, Arbeit oder das Theologiestudium erzwingen. Der Auslöser dafür kann jede Art der lebendig-sinnhaften Wahrnehmung sein. Das Weltverständnis lässt sich nur aus sich selbst entfalten und nicht von außen.[29] Diesen Gedanken weiterführend, formuliert Gössmann vier Prinzipien, die die japanische Kunst auszeichnen:

1.) »Andeutungen« – Erfahrungen oder Stimmungen werden angedeutet. Bei der knappen Form des Haiku reicht schon ein einziges Wort, um eine komplexe Erfahrung anzudeuten.

2.) »Unregelmäßigkeit« – dieses Prinzip lässt sich sowohl auf die Form als auch auf den Inhalt übertragen. Eine Teeschale für die Teezeremonie ist niemals regelmäßig, sondern etwas verformt, wodurch sie einmalig wird. Bei Haikus sind es unerwartete Wörter, die eine überraschende Wendung herbeiführen.

3.) »Einfachheit« – hierfür könnte man auch »Reduktion« sagen. Das Wenige steht für das Viele. Bei Haikus sind es die 17 Silben, die einen komplexen metaphysischen Augenblick beschreiben.

4.) »Naturnähe« – es liegt in der japanischen Lebensart, viel mit der Natur zu verkehren, die Natur zwar zu kultivieren, jedoch auf eine Art und Weise, ihre natürliche Schönheit in einer konkreten Form auszudrücken. Darum wer-

---

24 Ebd., S. 151.
25 Ebd.
26 Ebd.
27 Gössmann, Unter dem Sonnenbogen. 2006, S. 60.
28 Ebd., S. 60 f.
29 Krusche, Haiku. 1994. S. 134.

den Steine in Gärten so aufgestellt, damit sie am besten zum Vorschein kommen. Auch aus dieser Naturnähe sind Haikus überwiegend Naturgedichte.[30]

Gössmann sieht die Ästhetik der japanischen Kunst ebenfalls in der Form ihres Erlernens. Jede Regel und jeder Handgriff werden minutiös unter dem strengen Auge eines Meisters erlernt, denn es darf keine Willkür herrschen. Ein Schüler muss das harte Gesetz des Lehrens vor die Selbstbestimmung stellen. Erst wenn der Schüler die Würde des Meisters erreicht, braucht er sich nicht mehr zu beugen und darf seinen eigenen Weg einschlagen.[31]

Bei Übersetzungsversuchen stellt sich oft die Frage, ob die 17-silbige Form mitberücksichtigt werden kann. Die Unterschiede, die auf eine andere Sprachfamilie und eine gänzlich andere Kultur zurückzuführen sind (vor allem das Detailverständnis), scheinen oft zu groß zu sein. In den meisten Fällen wird nur die Wiedergabe der Bilder und Bildvorgänge durchgenommen. Oft werden die Andeutungen im Haiku durch ein längeres Gedicht durchgeführt.[32] Haikus, die einem strengen japanisch-traditionellen Sinn unterliegen, kommen für Übersetzungen nicht in Frage. Für diejenigen, die eine allgemeine oder mehrere Deutungsmöglichkeiten haben, besteht die Möglichkeit einer Abweichung von der Form, solange der Kern der Bedeutung erhalten bleibt. Bei Übersetzungen ins Deutsche wird gar nicht der Versuch unternommen, die Silbenzahl 17 einzuhalten. Quantitativ gesehen, wird über den Wortbestand des Haiku nicht hinausgegangen. Komplikationen erscheinen bei japanischen Eigen- oder Gattungsnamen, wenn es z.B. wenn in Deutschland schneit, trägt man keinen Schirm, aber einen Hut, in Japan dagegen schützt man sich vor dem Schnee mit einem Schirm, deshalb wurde schon mal »Schirm« als »Hut« übersetzt.[33]

Zum Werk Wilhelm Gössmanns gehört auch der Zyklus »Am Berg der Berge. Meditative Landschaft«, bestehend aus 21 Haikus, die dem Berg Fuji gewidmet sind. Wie der Titel verrät, halten sich diese Haikus an die Regeln des künstlerisch-meditativen Schaffensprinzips und stellen einen einzigartigen Augenblick des Erkennens dar.

Das erste Gedicht lautet:

>»Die weiße Wolke
>Streift einmal vor dem Morgen
>Den Dreieck-Vulkan«.[34]

---

30 Ebd., S. 61 f.
31 Ebd., S. 61.
32 Gössmann, Landschaft und Kultur. Soest 2012, S. 154.
33 Krusche, Haiku. 1994, S. 145 f.
34 Gössmann, Wilhelm: Mit Blumen leben. Glück und Zeiterfahrung. Soest: Westfälische Verlagsbuchhandlung Mocker & Jahn 1995, S. 50.

Gössmann unterstreicht häufig, wie sehr ihn sein Japan-Aufenthalt geprägt und die japanische Kultur fasziniert und beeinflusst hat. Mit dem Dreieck-Vulkan wird hier der Fuji, Japans größter und bekanntester Berg bezeichnet. Diesen imposanten Berg streift eine kleine weiße Wolke, doch der Fuji scheint nichts davon zu bemerken und lässt die kleine Wolke weiterziehen, bis sie sich schließlich in der Luft auflöst und aus der Welt verschwindet. So verhalte es sich auch mit den Menschen: Sie tauchen auf und versuchen sich die Welt, die Natur untertan zu machen, bis ihre Zeit abläuft. Die Natur, hier durch den Berg symbolisiert, bleibt zurück und wartet bis die nächsten Wolken-Menschen auftauchen und sich wieder in Luft auflösen. Die Farbe Weiß ist nicht zufällig, in Asien steht sie für Trauer und Sterblichkeit. Die Wolke, wie auch der Mensch, ist im Gegensatz zum Berg sterblich.

Der Autor betont mit den folgenden Haiku-Gedichten die Verbindung der japanischen Künstler mit dem Fuji, der sich schon oft als Quelle der Inspiration und ästhetischer Erlebnisse für Dichter erwiesen hat:

> »Viele Geschichten
> haben ihn den hohen Berg
> poetisch gemacht«.

Ein Großteil der Haikus aus diesem Zyklus handelt von der Größe und Herrlichkeit des Fuji. Ein einsamer, aber großer und massiver Berg von der Form eines Dreiecks inmitten des Flachlandes und in der unmittelbaren Nähe der Hauptstadt Tokio machte seit Anbeginn Eindruck auf die Bewohner der Insel:

> »Der Berg der Berge
> aufsteigend in den Himmel
> aus dem Meer empor«.[35]

> »Vom Schnee gezeichnet
> im Blau des Sonnentages
> leuchtender Fuji«.[36]

> »Schwarz vor dem Himmel
> der unvergängliche Berg
> in der Dämmerung«.[37]

Das nächste Haiku handelt von der rauen Kraft der Natur:

---

35 Gössmann, Unter dem Sonnenbogen. 2006, S. 44.
36 Ebd.
37 Ebd.

>>Das Meer ob es schweigt
Vor den kieselnden Steinen
Nur ein Haiku lang<<.[38]

Der Augenblick, in dem das Meer schweigt, wenn es überhaupt schweigsam ist, ist nur so lang wie ein Haiku, also so lang wie ein menschlicher Atemzug. Die Wellen des tobenden Meeres treffen auf eine Küste mit kieselnden Steinen. Sowohl das Meer als auch die harten Steine bilden eine Gefahr für den Menschen, der im Grunde genommen klein und schwach ist, so dass überall Verletzungsgefahr auf ihn lauert. Der Dichter verweist hier ebenfalls auf das Band zwischen Haiku und Natur.

Die titellosen Verse aus dem Band >>Wann die Seele aufklärt. Lyrische Erfahrungen<< sind hingegen als eine Mahnung vor den Tücken der modernen Wissenschaft zu verstehen. Sie wurden durch den Besuch Gössmanns im Hiroshima-Museum inspiriert, wo der Dichter, durch die Ästhetik Japans für die Schönheit der Kunst sensibilisiert, mit den Schrecken des Atomtodes konfrontiert wurde:

>>Zuerst ein Erschrecken
Dann die Einsicht
Die bleibt

Hiroshima
Nagasaki
Und-

Bäume wachsen im Park
An der Seite zum Atomtod hin
Lange Narben

Blumen an der Gedenkstätte
Ich unterließ es<<.[39]

Dieser Gedichtband verarbeitet verschiedene Erfahrungen des Dichters. Unter mehreren Gedichten, die Japan und seiner Kunst gewidmet sind, finden sich auch einige zum Ikebana, dem Blumenstecken, das einen wichtigen Bereich seines Lebens bildet:

>>Weder Sonne
Noch Mond
Nur die Atmosphäre

---

38 Gössmann, Landschaft und Kultur. 2012, S. 156.
39 Gössmann, Wilhelm: Wann die Seele aufklärt. Lyrische Erfahrungen. Düsseldorf: Grupello Verlag 2009.

> Der Gestirne
> Durchstimmt die Seele
> Higan-Bana
> Die Blume
> Der Tag- und Nachtgleiche«.[40]

Zwischen den Künsten der japanischen Dichtung und dem Blumenstecken lassen sich mehrere Parallelen ziehen: Beide setzen die Erfahrung der Natur-schönheit voraus und akzentuieren die Form:

> »Die Erfahrung des Schönen in der Natur, daß sie mit ihrem Formenreichtum schön ist
> und die Sinne der Menschen sensibilisiert, ist in Japan durch die Dichtung möglich
> geworden, schon durch die sehr frühe Dichtung, die von der natur-kosmischen My-
> thologie beeinflusst ist, und dann vor allem durch den Zen-Buddhismus, exemplarisch
> in den Haiku-Dichtungen Baschos greifbar.«[41]

Die geschichtlichen Anfänge des Ikebana liegen in der Darbringung von Blumen und anderen Pflanzen vor Buddha-Statuen. Wachstum und Lebenskraft von Pflanzen sind Ausdruck von naturhafter Beseelung, Lobpreisung des Lebens und auch der Meditation. Der erste klar beschriebene Stil des Blumensteckens entstand in den Jahren um 1500 und ist als »Rikka-Stil[42]« bekannt. Diese Be-zeichnung war lange mit dem Begriff des Blumensteckens gleichgestellt. Es war ein reicher, prunkvoller Stil der Aristokratie. Abhandlungen, die aus dieser Zeit stammen, beschreiben diesen Stil als Ausdruck von menschlichen Stimmungen und Gefühlen. Das Ikebana erlebte eine Umwandlung im 16. Jahrhundert, als es in das Ritual der Teezeremonie aufgenommen wurde, in der es einen meditativen Charakter erhielt und als notwendiges Zubehör eingesetzt wurde. Auf diese Weise übernahm es das Prinzip des Zen-Buddhismus und wurde unter dem Einfluss des Bürgertums popularisiert, was das Erlernen einfacher gestaltete. Im 19. Jahrhundert einigten sich die Schulen des Blumensteckens auf das soge-nannte »Drei-Prinzip«, d. h. eine asymmetrische Form mit drei Hauptzweigen.[43]
Im Prinzip des Ikebana liegt es nicht, etwas völlig Neues zu erschaffen, son-

---

40 Ebd.
41 Gössmann, Mit Blumen leben. 1995, S. 100.
42 Das Rikka ist ein Stil des Blumenarrangements, das sich aus dem Tatehana, einer Arran-
    gierform des buddhistischen Blumenopfers entwickelte, das ab dem 15. Jahrhundert gepflegt
    wurde. Bis ca. 1700 war es aus sieben Hauptlinien aufgebaut, seit ca. 1800 besteht es aus neun
    Hauptlinien, die jeweils von weiteren Nebenlinien unterstützt wurden. Es stellt eine ideali-
    sierte Landschaft dar, wofür man umfangreiche Regeln entwickelte. Diese betreffenden
    Charakter der Linien, Länge, Materialkombinationen, Einsteckpunkte im Kenzan (Blu-
    menschalen) oder Komiwara (Strohbündel), Abgangsposition und -winkel von der Mitte
    usw. und sind nur durch regelmäßiges und mehrjähriges Üben zu meistern. Rikka sind für
    zeremonielle Anlässe und Ausstellungen gedacht. Sie sind zumeist sehr groß und ihr Aufbau
    erfordert höchste technische und künstlerische Fertigkeiten.
43 Gössmann, Unter dem Sonnenbogen. 2006, S. 63 f.

dern dem vorhandenen Material eine neue Form zu geben und etwas hervorzuheben.[44.] In dieser Handlung steckt eine wichtige künstlerische Grundeinstellung: Jeder Mensch ist durch seinen Charakter, seine Abstammung, seine Ausbildung usw. vorgeprägt. Wenn man diese Prägung erkennt, kann man mit dem Umformen seines Selbst und seiner Umgebung anfangen. Man kann nicht gänzlich Neues erschaffen, man muss mit dem Vorhandenen arbeiten. Es entsteht ein Verhältnis zur Tradition, nicht immer um sie zu erhalten, sondern um sie progressiv weiterzubilden. Bei der Kunst ist es genauso: Man verändert nicht alles von Grund auf, sondern setzt Akzente, um im Kontrast zum Vorhandenen etwas Neues zu bilden.[45] Blumengestecke des Ikebana können deshalb nicht einfach als Dekoration gelten, das ästhetisch Anspruchsvolle an ihnen ist der Prozess der Entwicklung der vorhandenen Form in eine neue Form.[46]

Gössmann betrachtet den Umgang mit der vegetativen Natur als ein ästhetisches Erlebnis. Sie fordert und reizt alle Sinne: Das Sehen durch Farben und Formen, den Geruchssinn durch Duft, den Geschmackssinn durch Früchte, den Tastsinn durch die Oberfläche und das Gehör durch das Blätterrauschen, das Geräusch fallender Früchte oder Nüsse usw. Diejenigen, die sich mit Naturgedichten beschäftigen, erfahren sowohl Sinnesrausch als auch Todesnähe. Diese Zweisamkeit ist schon seit der Antike bekannt und symbolisch durch Eros und Thanatos dargestellt. Die vegetativen Künste, die mit Blumen, Steinen, Wurzeln und Blüten arbeiten, bringen diese wertvolle Lebenswahrheit ins menschliche Bewusstsein.[47.]

Das Erlernen und auch das Einhalten der Regeln des Ikebana sind im Grunde die praktische Umsetzung der ästhetischen Prinzipien, die für die japanischen Kunstübungen gelten. Die Blumengestecke sind asymmetrisch angeordnet, die Länge und Größe der Zweige, die Form nach der Beschneidung, die Abstimmung der Farben und die Wahl der Vasen und Schalen unterliegen strengen ästhetischen Vorstellungen.[48] Ein Gesteck darf z. B. nicht langweilig sein und muss ein unerwartetes Staunen auslösen, weswegen sie als poetisch gelten, weil sie nicht einfach Dekoration oder Natur sind, sondern vor allem eine Sammlung ästhetischer Gestaltungsregeln.

Der Umgang mit den japanischen Kunstübungen, sei es mit dem Haiku, dem Ikebana oder anderen, entfalten den Kunstsinn und die Sensibilität für das Ästhetische. Sie sind von der Fremde stimuliert und gehen über den Rahmen der

---

44 Gössmann, Wilhelm: Die Kunst Blumen zu Stecken. Eine Schule des Lebendigen und Meditativen ostasiatisch-europäisch. Mit Fotografien und Illustrationen. Frankfurt/Main: Insel Verlag 1980, S. 50.
45 Ebd., S. 51.
46 Ebd.
47 Gössmann, Mit Blumen leben. 1995, S. 97.
48 Ebd., S. 112.

eigenen Kultur hinaus, indem sie sich dem Fremden und Exotischen hingeben, wobei am Ende in der Hauptsache der innere Schönheitssinn weiß, was aus der eigenen Kultur stammt und was außen bleiben muss. Nichtsdestotrotz ist das ästhetische Grundgefühl um vieles bereichert.

III. Erinnerung und Gedächtnis

Carsten Gansel (Gießen)

Zwischen Störung und Affirmation –
Zur Rhetorik der Erinnerung im Werk von Günter Grass

I.

Mit dem Album »Ballast der Republik« gelang den »Toten Hosen« 2012 ein Riesenerfolg. Die sechzehn Songs des Albums, die sich auf deutsch-deutsche Geschichten sowie aktuelle Entwicklungen in den alten und neuen Bundesländern bezogen, wurden über Monate in den deutschen Medien gespielt.[1] Als erstes war die Singleauskopplung »Tage wie diese« im Mai 2012 vor Erscheinen des Albums publiziert worden. Der Song erreichte schon bald den Status einer ›Folklorisierung‹ und wurde bei der Bundestagswahl 2013 von der siegereichen CDU während der Wahlparty euphorisch intoniert. Durchaus nicht weniger erfolgreich lief der Song »Altes Fieber«, der Jugenderinnerungen aufscheinen lässt und zum Gegenstand des vorliegendes Beitrags führt:

> »Wo sind diese Tage / An denen wir glaubten / Wir hätten nichts zu verlieren / Wir machen alte Kisten auf / Holen unsere Geschichten raus / Ein großer, staubiger Haufen Altpapier / Wir hören Musik von früher / Schauen uns verblasste Fotos an / Erinnern uns, was mal gewesen war / Und immer wieder / Sind es dieselben Lieder / Die sich anfühlen / Als würde die Zeit stillstehen (…)«.[2]

Wollte man schon jetzt erinnerungstheoretisch argumentieren, dann könnte man sagen, in diesem Song holt jemand etwas aus dem Speichergedächtnis ins »lebendige Gedächtnis«, in das sogenannte »Funktionsgedächtnis«. Dass ein solcher Vorgang des Erinnerns in der Popmusik funktioniert, hätte man noch bis vor wenigen Jahren für eher unwahrscheinlich gehalten. »Altes Fieber« ist – anders als für Punk-Rock oder Pop üblich – ein selbstreflexiver Song. In der

---

1 Dieser Beitrag zu Günter Grass wurde zwischenzeitlich zuerst in: Deutsche Zeitschrift für Philologie, Sonderheft 2012, S. 173 – 198 publiziert. Da Teile des Aufsatzes die Grundlage für das Eröffnungsreferat im Rahmen der Wroclawer Tagung waren, wird der Text an dieser Stelle in seiner vollständigen Fassung erneut abgedruckt. Die Einleitung mit dem Bezug auf die Toten Hosen findet sich im Sonderheft der Deutschen Zeitschrift für Philologie nicht.
2 Die Toten Hosen: Altes Fieber. Produziert von Vicent Sorg und den Toten Hosen. JKP 118. Booklet. 2012.

»Communal-Voice«, der Wir-Stimme, wird an frühere Zeiten und alte Geschichten erinnert. Der Frontman der Band, Campino, spricht für eine Gemeinschaft. Das »Wir« zeigt an, dass es sich um gruppenbezogene Erfahrungen und Erinnerungen handelt. Medien, die beim Erinnern helfen, sind – wie in der Literatur – »verblasste Fotos« und natürlich die »Musik von früher«. Campino – er ist inzwischen um die 50 – erinnert auf dem neuen Album an Geschichten aus der (Post)Adoleszenz aus den späten 1970er und 1980er Jahren. Wie wichtig das ›Prinzip Erinnerung‹ in diesem Fall ist, das zeigt sich zudem auf dem Bonusalbum zu »Ballast der Republik«. Unter dem Titel »Die Geister, die wir riefen« haben die »Toten Hosen« alte Titel – von früheren ›Rivalen‹ und Vorbildern – gecovert: Falcos »Amadeus«, Kraftwerks »Model«, Hannes Waders »Heute hier, morgen dort«. Das Covern von Titeln setzt zweierlei voraus: erstens die Erinnerung an das Original, und zweitens muss das Original zu seiner Zeit erfolgreich gewesen, ja in gewisser Weise kanonisiert sein, weil es sich nur dann als »Wiedergebrauchstext« bzw. Wiedergebrauchssong im Sinne von Jan Assmann eignet.[3] Die Toten Hosen sind damit ein Beispiel dafür, wie problematisch pauschale Bewertungen sind, die für die Gegenwart davon ausgehen, Pop sei gedächtnislos.[4] Campinos Song – es wäre auch Udo Lindenbergs Retro-Platte »MTV Unplugged« zu nennen – sind ein populäres Beispiel für den nach wie vor anhaltenden Memory Boom in der deutschen Kultur. Das ›Prinzip Erinnerung‹, um das es hier geht, hatte bereits eine nicht unbedeutetende Rolle gespielt, als sich Ende der 1990er Jahre in Verbindung mit dem Erfolg einer jungen deutschen Popliteratur eine neue Autorengeneration zu Wort meldete. Das Besondere dabei war, dass diese jüngeren Autoren – sie waren damals Ende 20 – ihren Einstand in der deutschen Literatur mit Texten gaben, die Kindheit und Jugend in der alten Bundesrepublik erinnern. Angesichts dieser Entwicklungen erscheint es einmal mehr von Interesse, erneut die Frage zu diskutieren, auf welche Weise die alte Autorengeneration Erinnerungen inszeniert, und dies umso mehr, als es um das Reflektieren wie Erinnern von traumatischen Erfahrungen geht, um Nationalsozialismus, Krieg und Holocaust.

Der folgende Beitrag wird mit Blick auf das Früh- und Spätwerk von Günter Grass danach fragen, wie es durch die Inszenierung von Erinnerung zur Irri-

---

3 Dies gilt auch – und damit ist eine weitere Variante auf eben diesem Album markiert – für die Vertonungen von Hermann Hesses »Im Nebel«, Erich Kästners »Stimmen aus dem Massengrab« wie auch für das Lied von den Moorsoldaten.

4 Die Popmusik, so hatte der Kritiker Dirk Peitz Mitte 2005 noch notiert »versinkt gerade im schwarzen Loch ihrer eigenen Bestimmung: in der ewigen, zukunfts- und vergangenheitslosen Gesellschaft«. Siehe dazu den Beitrag von Christoph Jacke und Martin Zierold, die eben diese Position zu Recht in Frage stellen. Siehe Dies.: Populäre Kultur und soziales Gedächtnis: theoretische und exemplarische Überlegungen zur dauervergesslichen Erinnerungsmaschine Pop. In: Sonderausgabe SPIEL, 24 (2005), Heft 2.

tation bzw. Provokation der jeweiligen Erinnerungskultur gekommen ist. Dabei wird die Auffassung vertreten, dass die frühen Texte das kollektive Gedächtnis ›aufstörten‹, weil sie gerade keine konsensfähige Geschichte im Dienst einer gesellschaftlichen Identitätsbildung erzählen. Im Unterschied dazu bringt das in Grass' Spätwerk verfolgte ›Prinzip Erinnerung‹ – entgegen der vermeintlichen ›Aufstörung‹ – sich nolens volens in Übereinstimmung mit dem hegemonialen Erinnerungsdiskurs.

II.

Hans Magnus Enzensberger hatte seine euphorische Rezension von Günter Grass' Roman »Die Blechtrommel« im Süddeutschen Rundfunk vom 18. 11. 1959 mit der Prognose eingeleitet: »Wenn es noch Kritiker in Deutschland gibt, wird die ›Blechtrommel‹, der erste Roman eines Mannes namens Günter Grass, Schreie der Freude und der Empörung hervorrufen.« Mögliche Angriffe gegen den Text vorwegnehmend, hieß es, man werde Grass zu Unrecht der »Provokation verdächtigen«. Der sei dem Skandal »weder aus dem Weg gegangen, noch hat er ihn gesucht; aber gerade das wird ihn hervorrufen, daß Grass kein schlechtes Gewissen hat, daß für ihn das Schockierende zugleich das Selbstverständliche ist.« Dieser Autor, so die Auffassung, »greift nichts an, beweist nichts, demonstriert nichts, er hat keine andere Absicht, als seine Geschichte mit der größten Genauigkeit zu erzählen.«[5] Vergleichbar wie Enzensberger argumentierte ein weiterer junger Autor, dessen 1959 erschienener Roman mit dazu beitrug, dass die deutsche Literatur das »Klassenziel der Weltkultur« wieder erreichte, nämlich Uwe Johnson. Auf die komplizierte Erzählstruktur seines Debüts »Mutmassungen über Jakob« (1959) angesprochen, wurde er nicht müde zu betonen: »Ich wollte nur die Geschichte erzählen.«[6] Nun war es im Fall von Grass allerdings keineswegs die Erzählstruktur, die irritierte. Enzensberger sah den maßgeblichen Grund, der Ende der 1950er Jahre das Provokant-Skandlöse der »Blechtrommel« ausmachte, in der veränderten Sicht auf jene »›welthistorischen‹ Jahre zwischen 1933 und 1945« (WM, 221). In den Rückblicken des Ich-Erzählers Oskar Matzerath wurden in der Tat historische Facta zutage gefördert, die quer standen zum Konsens der etablierten Erinnerungsgemeinschaften der Nachkriegsjahre. Das »Was« und »Wie« des Erinnerns spielte zwei Jahre danach auch für die Novelle »Katz und Maus« (1961) eine entscheidende Rolle. Erneut

---

5 Enzensberger, Hans Magnus: Wilhelm Meister auf der Blechtrommel. Süddeutscher Rundfunk, Stuttgart, 18. 11. 1959. Zitiert aus Ders.: Einzelheiten. Frankfurt/Main: Suhrkamp, 1962, S. 221 (nachfolgend als WM).

6 Neusüß, Arnhelm: Über die Schwierigkeiten beim Schreiben der Wahrheit. Gespräch mit Uwe Johnson: In: Konkret 8 (1962), Heft 1, S. 18 f.

bohrte hier ein Ich-Erzähler in den Erinnerungslücken der Nachkriegsgesellschaft. Vierzig Jahre später beim Erscheinen der Novelle »Im Krebsgang« (2002)
und der Autobiographie »Beim Häuten der Zwiebel« (2006) wurde wiederum
der Eindruck erzeugt, das ›Prinzip Erinnerung‹ sei ein »Schreiben gegen den
Zeitgeist«.[7] Derartigen Einschätzungen gegenüber soll im Folgenden ein Vergleich der ›Rhetorik der Erinnerung‹ zeigen, dass Günter Grass' Früh- und
Spätwerk sich umgekehrt proportional verhalten: Während die frühen Texte das
kollektive Bewußtsein dadurch aufstören, dass über die Figuren Erinnerungen
(re)konstruiert werden, die eben nicht auf eine konsensfähige Geschichte im
Dienst einer gesellschaftlichen Identitätsbildung aus sind, zielt das Spätwerk
genau darauf ab und sucht sich durch die Art und Weise des Erinnerns in
Übereinstimmung mit dem existierenden Kollektivbewußtsein der Deutschen
zu bringen.

III.

»Ich beginne weit vor mir; denn niemand sollte sein Leben beschreiben, der
nicht die Geduld aufbringt, vor dem Datieren der eigenen Existenz wenigstens
der Hälfte seiner Großeltern zu gedenken. Ihnen allen, die Sie außerhalb meiner
Heil- und Pflegeanstalt ein verworrenes Leben führen müssen, Euch Freunden
und allwöchentlichen Besuchern, die Ihr von meinem Papiervorrat nichts ahnt,
stelle ich Oskars Großmutter mütterlicherseits vor.«[8] Es handelt sich hier zwar
nicht um den vielzitierten Beginn der »Blechtrommel« (1959), wohl aber um die
Schaltstelle, an der Oskar Matzerath von seinen Reflexionen über Möglichkeiten,
eine Geschichte zu erzählen, zur eigentlichen Geschichte wechselt. Und diese
Geschichte führt in die Vergangenheit, sie setzt ein mit einer Analepse: »Meine
Großmutter Anna Bronski saß an einem späten Oktobernachmittag in ihren
Röcken am Rande eines Kartoffelackers« (BT, 9). Bereits im Romandebüt baut
Günter Grass auf ein Wechselspiel zwischen Gegenwarts- und Vergangenheits-
ebene.

    Diese spezifische Variante der *Zeitdarstellung* gehört zu den wesentlichen
narrativen Elementen der Inszenierung von Erinnerung. Insofern ist der Roman
ein frühes Beispiel für eine Subgattung, die in den 1990er Jahren eine zentrale
Bedeutung für die deutschsprachige Gegenwartsliteratur erlangt, die sogenannten ›*fictions of memory*‹. Unter ›*fictions of memory*‹ werden Erzähltexte

---

7 Wer ein Jahr jünger ist, hat keine Ahnung. Ein ZEIT-Gespräch zwischen Martin Walser und
   Günter Grass. In: Die Zeit (14. 07.2007), S. 59.

8 Grass, Günter: Die Blechtrommel. Göttingen: Steidl, 1993, S. 9 (Im Weiteren fortlaufend im
   Text als BT).

gefasst, für die der Aspekt der Erinnerung in den Status einer ›systemprägenden Dominante‹ gelangt.[9] In entsprechenden Texten gewinnt neben den Gegenständen besonders die Art und Weise des Erinnerns eine zentrale Bedeutung für die Figuren und wird maßgeblich im Rahmen einer erinnernden Rückschau verhandelt.[10] In dem Fall, da wie bei Grass' »Blechtrommel« ein homodiegetischer Erzähler agiert, ist zwischen dem *erinnernden Ich* und dem *erinnerten Ich* zu unterscheiden. Das *erinnernde Ich* befindet sich auf der Gegenwartsebene der Basiserzählung; das *erinnerte Ich*, bei dem es um die Präsens auf einer Vergangenheitsebene geht, kommt zustande durch eine oder mehrere Analepsen. Die Entscheidung, zwischen Basiserzählung und Analepsen zu wechseln, bietet Grass überhaupt erst die Möglichkeit einer kritischen Darstellung des Vergangenen. Grass würde diese Zeit »aufschlitze(n)«, um ihr »Unterfutter in seiner ganzen Schäbigkeit« zu zeigen, so Enzensbergers Einschätzung. Dabei bleibe nichts übrig vom fatalen Glanz, »den gewisse Filme, angeblich geschaffen, um unserer Vergangenheit ›mutig zu Leibe zu rücken‹, über die SS-Uniform werfen.« Die Darstellung komme – das betont Enzensberger zu Recht – ohne eine Dämonisierung der Nazis aus: »WHW, BdM, KdF, aller höllischen Größe bar, erscheinen als das, was sie waren: Inkarnationen des Muffigen, des Mickrigen und des Schofeln« (WM, 222).

Und in der Tat liefert Grass mit der »Blechtrommel« eine veränderte Sicht auf die Jahre zwischen 1933 und 1945. In Frage gestellt wird nunmehr eine jener Gründungserzählungen, die gerade von der jungen Autorengeneration um die Gruppe 47 nach 1945 erfolgreich installiert worden war, nämlich die von der jungen Generation als Opfer von Gewaltherrschaft und Krieg.[11] Hans Werner Richter, Alfred Andersch, Walter Kolbenhoff, Wolfdietrich Schnurre, Günter Eich, Wolfgang Weyrauch wie auch Heinz Friedrich oder Walter Mannzen rekurrierten nach der Rückkehr aus Krieg und Gefangenschaft zunächst in der Publizistik auf einen »gemeinsamen Erlebniskern«[12] und stellten die junge Generation als tragisches Opfer dar.[13] Hans Werner Richter war es, der den Bogen

---

9 Siehe Gansel, Carsten: Formen der Erinnerung in der deutschsprachigen Gegenwartsliteratur nach 1989. In: Gansel, Carsten/ Zimniak, Pawel (Hrsg.): »Das Prinzip Erinnerung« in der deutschsprachigen Gegenwartsliteratur nach 1989. Göttingen 2010: Vandenhoeck & Ruprecht, S. 17–34.

10 Vgl. Neumann, Birgit: Erinnerung – Identität – Narration. Gattungstypologie und Funktionen kanadischer »Fictions of Memory«. Berlin, New York: Walter de Gruyter 2005, S. 137.

11 Zum ›Soldatischen Opfernarrativ‹ siehe die profunde Arbeit von Ächtler, Norman: Generation in Kesseln. Das Soldatischen Opfernarrativ im westdeutschen Kriegsroman 1945–1960. Göttingen: Wallstein 2013.

12 Andersch, Alfred: Gruppe 47: Fazit eines Experiments neuer Schriftsteller, Sendemanuskript Abendstudio/ Radio Frankfurt (1949). Ders. Gesammelte Werke Bd. 8: Essayistische Schriften I. Zürich: Diogenes 2004, S. 227–252.

13 Siehe dazu erneut Ächtler 2013.

der gemeinsamen Erfahrung »von der Inquisition bis zum Fronterlebnis, vom Kozentrationslager bis zum Galgen« spannte.[14] Zweifellos zielte die Verbreitung eines solchen ›soldatischen Opfernarrativs‹ auf einen stabilisierenden Identitätsrahmen und forcierte eine (literarische) Gruppenbildung. Es war daher durchaus kein Zufall, wenn Alfred Andersch bereits in seinem Beitrag »Das junge Europa formt sein Gesicht« die junge Generation auf jene »Männer und Frauen zwischen 18 und 35 Jahren« festlegte. »Von den Älteren«, so Andersch, würde sie sich »durch ihre Nicht-Verantwortlichkeit für Hitler, von den Jüngeren durch das Front- und Gefangenenerlebnis, durch das ›eingesetzte Leben‹ also« unterscheiden.[15] Damit war der Abstand zu Exilautoren (»Front- und Gefangenenerlebnis«) ebenso markiert wie zu jenen arrivierten Autoren der inneren Emigration (»Nicht-Verantwortlichkeit für Hitler«). Das Alter von 33 Jahren entschuldete nämlich jene Jungen, die 1933 unter 23 Jahren und somit nicht wahlberechtigt waren. Es war nur folgerichtig, wenn Andersch als einer der wichtigsten Wortführer der jungen Autoren in seinen »notwendigen Aussagen zum Nürnberger Prozess« die junge Generation deutlich von jenen Funktionseliten abgrenzte, die sich für die zutage tretenden Verbrechen verantwortlich zeichneten. »Die erstaunlichen Waffentaten junger Deutscher in diesem Krieg und die ›Taten‹ etwas älterer Deutscher, die gegenwärtig in Nürnberg verhandelt werden, stehen in keinen Zusammenhang«, so Andersch. »Die Kämpfer von Stalingrad, El Alamein und Cassino, denen auch von ihren Gegnern jede Achtung entgegengebracht wurde, sind unschuldig an den Verbrechen von Dachau und Buchenwald. Die Distanz, welche die ehemaligen Soldaten von den Verfluchten, die sie begingen, trennt, ist so groß, daß sie die Täter nicht einmal wegen des reinen Tatbestandes hassen können.«[16] Mit dem Opfernarrativ wurde ein Kollektivsymbol entworfen, das in der Lage war, die Erfahrungs- und Erinnerungsgemeinschaft des zum Opfer gewordenen (jungen) deutschen Soldaten zu gründen. Die Selbstautorisierung der Gruppe erfolgte über eine *communal voice*, eine Wir-Stimme, und führte in der Folgezeit zum Entwurf einer Generationsgestalt, die bevorzugt in Romanen und Erzählungen inszeniert wurde und den Landser zum Opfer eines diktatorischen Systems machte. Dazu gehören Romane wie Theodor Pliviers »Stalingrad« (1945), Hans Werner Richters »Die Geschlagenen« (1949), Heinrich Bölls »Wo warst du, Adam?« (1951), Alfred Anderschs »Die Kirschen der Freiheit« (1952), Heinrich Gerlachs »Die verratene Armee« (1957) oder eben Wolfgang Borcherts Drama »Draußen

---

14 Richter, Hans Werner: Warum schweigt die Junge Generation. In: Der Ruf, 1,2/1946/47.
15 Andersch, Alfred: Das junge Europa formt sein Gesicht. In: Der Ruf. Nr. 1, 1. Jg. 15. August 1946.
16 Andersch, Alfred: Notwendige Aussage zum Nürnberger Prozeß. In: Der Ruf 1,1 (1946/47). 2.

vor der Tür« (1947)[17] Selbst in den Fällen, da Stalingrad nicht explizit zum Chronotopos des Erzählens wurde, existierte mit dem ›soldatischen Opfernarrativ‹, ein ›Masternarrativ‹, das in der Lage war, für größere Teile der Kriegsgeneration Erfahrung neu zu organisieren und die erlittenen ›Störungen‹ im »Dienst der Herstellung sozialer Verbundenheit und konturierter Identität« in einer gemeinsamen Geschichte zusammenzufassen.[18] Es waren nicht zuletzt literarische Texte, die in dieser Weise das das hegemoniale Kollektivgedächtnis prägten. Literatur hatte insofern eine stabilisierende Funktion und zielte darauf, durch das Erinnerte eine Stärkung der Gemeinschaft herzustellen. Dabei funktionierte ein Prozess, der darauf hinauslief, für das Kollektivgedächtnis Widersprüche einzuebnen oder aber zu minorisieren. Dies ist erinnerungstheoretisch nur folgerichtig, denn es ging darum, historische Differenzen, Verwerfungen, ja Traumata zugunsten einer konsensfähigen Geschichte im »Dienste nationaler Identitätsstiftung« aufzubauen. Das Kollektivgedächtnis, mithin die es tragenden Instanzen bzw. Gruppen, zielen nämlich darauf – so die Historiker Konrad Jarausch und Martin Sabrow –, »Große Geschichten« bzw. ›Meistererzählungen‹ zu installieren. Beim ›soldatischen Opfernarrativ‹ handelte es sich um eine solche »kohärente, mit einer eindeutigen Perspektive ausgestattete [...] Geschichtsdarstellung«, deren prägende Kraft nicht nur »innerfachlich schulbildend« wirkte, sondern »öffentliche Dominanz« erfuhr. Das ›Masternarrativ‹ vom Soldaten als Leidtragendem und Opfer gewann erst »durch ihre Materialisierung, Verbreitung und Institutionalisierung« eine gesamtgesellschaftliche Geltung in der Bundesrepublik. Dass sich also das ›soldatische Opfernarrativ‹ seit Ende der 1940er Jahre durchsetzte, hing damit zusammen, dass es »kulturelle Zeitströmungen« reflektierte, »den Ton der Zeit« traf und über »geeignete Mittel und Wege« verfügte, sich »fachwissenschaftlich und außerfachlich Gehör zu verschaffen.«[19]

Mit der »Blechtrommel« wurden neben dem ›soldatischen Opfernarrativ‹ auch zwei weitere ›Opfernarrative‹ aufgebrochen. Die von Oskar Matzerath präsentierten Geschichten – etwa im Kapitel »Glaube Hoffnung Liebe« (BT 236 – 247) – stellten zudem das ›Opfernarrativ‹ vom ›hilflos ausgelieferten Kleinen Mann‹ in der Diktatur in Frage wie auch die von älteren Generation reklamierte ›Große Geschichte‹ vom Einzelnen, der in stummer Opposition verharrt und gelitten habe. Diese neue und kritische Sicht auf die Jahre zwischen 1933 bis 1945

---

17 Vgl. Ächtler 2011. Ich danke meinem Mitarbeiter Norman Ächtler für Anregungen im Rahmen des ›soldatischen Opfernarrativs‹.

18 Boothe, Brigitte: Das Narrativ: Biografisches Erzählen im psychotherapeutischen Prozess. Stuttgart: Schattauer 2011, S. 80. Vgl. dazu Ächtler 2011, S. 34 ff.

19 Jarausch, Konrad H./ Sabrow, Martin (2002): »Meistererzählung« – Zur Karriere eines Begriffs. In: Dies. (Hg.) Die historische Meistererzählung: Deutungslinien der deutschen Nationalgeschichte nach 1945. Göttingen: Vandenhoeck & Ruprecht 2002, hier: S. 16, 17, 21.

war an die Spezifik der Figur des Blechtrommlers gebunden. Die zeitgenössische
Kritik nahm Oskar Matzerath sehr wohl als zentrale Instanz der Präsentation der
Geschichte wahr. »Wie dem auch sei«, notierte Günter Blöcker nach Erscheinen
des Romans in der FAZ, »man darf Günter Grass bescheinigen, daß ihm mit
seinem Oskar Matzerath, der uns da [...] seine krause Biographie, versetzt mit
Zeitgeschichte, ins Ohr trommeln darf, eine allegorische Figur von schwer zu
überbietender Scheußlichkeit gelungen ist.« Vom »kindlichen Voyeur« war die
Rede, der »Beobachtungsposten bezieht«.[20] Und in der Tat hatte Grass mit Oskar
einen Erzähler installiert, der im Sinne von Niklas Luhmann Fremdbeobachtung
von Gesellschaft vornahm. Die Demaskierung der verdeckten Seiten der Ver-
gangheit durch Oskar und die durch ihn zutage geförderten Perversionen, Un-
menschlichkeiten, Amoralitäten wurden letztlich wegen der konstatierten
›Scheußlichkeit‹ der Hauptfigur hingenommen, die es den Rezipienten möglich
machte, Distanz zu halten. Zudem erfolgte die Präsentation des Vergangenen wie
Gegenwärtigen durch einen unzuverlässigen Erzähler. Unzuverlässig war Oskar
insofern, als er eine »mangelnde Glaubwürdigkeit« besaß und sich offensichtliche Widersprüche, Unstimmigkeiten und Lügen in seiner Darstellung zeigten.[21] Bereits mit dem ersten Satz der »Blechtrommel« hatte Grass – wohl kal-
kulierend – die Fragwürdigkeit des Erzählers unübersehbar herausgestellt:

> »Zugegeben: ich bin Insasse einer Heil- und Pflegeanstalt, mein Pfleger beobachtet
> mich, läßt mich kaum aus dem Auge; denn in der Tür ist ein Guckloch, und meines
> Pflegers Auge ist von jenem Braun, welches mich, den Blauäugigen, nicht durchschauen
> kann.
> Mein Pfleger kann also gar nicht mein Feind sein. Liebgewonnen habe ich ihn, erzähle
> dem Gucker hinter der Tür, sobald er mein Zimmer betritt, Begebenheiten aus meinen
> Leben, damit er mich trotz des ihn hindernden Guckloches kennenlernt. Der Gute
> scheint meine Erzählungen zu schätzen, denn sobald ich ihm etwas vorgelogen habe,
> zeigt er mir, um sich erkenntlich zu geben, sein neuestes Knotengebilde« (Grass, 6).

Das erste Wort (»Zugegeben«) markierte die besondere Situation, in der der Ich-
Erzähler sich befand. Sie bestand nämlich darin, dass er Patient einer Psychatrie
war. Nun muss dies noch nichts bedeuten. Allerdings notiert Oskar sodann
selbstbewusst, dass der Wärter, dem die Geschichten präsentiert werden, den
Erzähler »nicht durchschauen kann« und auch nicht erkennt, dass ihm etwas
»vorgelogen« wird. Bevor also das Erzählen der Geschichten beginnt, wurde vom
Ich-Erzähler eine Relativierung derselben vorgenommen und die aufstörende
Sicht auf die Jahre zwischen 1933 und 1945 abgedämpft. So provokant Oskars

---

20 Blöcker, Günter: Rückkehr zur Nabelschau. In: Frankfurter Allgemeine Zeitung, 28.11.1959.
21 Zum ›unzuverlässigen Erzähler‹ siehe Nünning, Ansgar: Unreliable Narration. Studien zur
    Theorie und Praxis unglaubwürdigen Erzählens in der englischsprachigen Erzählliteratur.
    Trier: Wissenschaftlicher Buchverlag 1998, S. 27 f.

Erinnerungen im Folgenden auch waren, die in den bundesdeutschen Erinnerungskulturen inzwischen etablierten ›nationalen Mythen‹ vom Soldaten als Opfer von Nationalsozialismus und Krieg, vom hilflosen ›Kleinen Mann‹ wie der leidvollen ›inneren Emigration‹ bekamen Risse, aber sie wurden nicht grundsätzlich in Frage gestellt.

IV.

In seiner Autobiographie erinnert Günter Grass den Wechsel von der »schicken Luftwaffenhelferuniform« zu den »wenig kleidsamen Klamotten des Reichsarbeitsdienstes«. Neben der als »kackbraun« eingestuften Farbe war es vor allem die Kopfbedeckung, die dem adoleszenten Jungmann Grass damals lächerlich vorkam, ein »hochgebeulter Filzhut mit Delle«, der nur zum Wegwerfen geeignet schien und »›Arsch mit Griff‹« genannt wurde.[22] Eben diesen »unansehnlichen Hut« habe zeitweilig Joachim Mahlke getragen, jene »tragikkomische Figur«, der frühen Novelle »Katz und Maus«, die – so Grass rückblickend – »kaum erschienen, als jugendgefährend eingestuft werden sollte, dann aber als Schulstoff freigegeben wurde und seitdem der Interpreationslust mehr oder weniger lehrplangläubiger Pädagogen ausgesetzt ist« (HZ, 93). Es soll hier nicht um die bei Günter Grass zum Standard gehörende Polemik gegen den Deutschunterricht gehen, die gänzlich verkennt, dass es diese Institution gewesen ist, die entscheidend zur Kanonisierung eines in der Öffentlichkeit keineswegs unumstrittenen Autors und seiner Texte beitrug. Von Interesse in diesem Rahmen ist die von Grass ins Spiel gebrachte Einschätzung, es handle sich bei »Katz und Maus« um eine jugendgefährende Schrift. Und in der Tat: Der damalige Hessische Minister für Arbeit, Volkswohlfahrt und Gesundheitswesen begründete den im September 1962 gestellten Antrag damit, dass der Text »zahlreiche Schilderungen von Obszönitäten (enthält), die geeignet sind, Kinder und Jugendliche sittlich zu gefährden.«[23] Mit dem Antrag, die Novelle zu indizieren, wurde offenbar, in welcher Weise das ›Was‹ und ›Wie‹ des Erzählens in »Katz und Maus« in den Status einer Störung geriet. Denn: Störungen irritieren die Toleranzgrenzen von Systemen, dies können psychische Systeme sein, also ganz konkrete Personen oder aber gesellschaftliche Teilsysteme (das System Politik, das System Wirtschaft, das Mediensystem). Weil Störungen eine »Denormalisierung« (J. Link) bedeuten, provozieren sie ein beständiges Ausloten der existierenden

---

22 Grass, Günter: Beim Häuten der Zwiebel. Göttingen: Steidl 2006, S. 93 (Im Weiteren als HZ).

23 Der Antrag des Ministers sowie die Gutachten finden sich in der Ausgabe der Bibliothel Suhrkamp. Grass, Günter: Katz und Maus. Eine Novelle. Mit einem dokumentarischen Anhang. Frankfurt a.M.: Suhrkamp 2000, S. 175. (Nachfolgend als KM). Auch die Gutachten werden im Weiteren jeweils unter KM mit der entsprechenden Seitenzahl nachgewiesen.

Normen, ja sie fordern eine Überprüfung des bestehenden kollektiven Konsensus. Über Störungen werden daher die Grenzen eines Systems offenbar bzw. markiert.

Die Novelle »Katz und Maus« hat nicht nur im Handlungssystem Literatur aufstörend gewirkt. Mit dem Antrag des Hessischen Ministers geriet der Text in eine gesamtgesellschaftliche Kommunikation und erzeugte Irritationen auch im ›System Politik‹. Wollte man nach den Gründen fragen, erscheint ein Präzisierung der Kategorie Störung unter Bezug auf die Systemtheorie von Niklas Luhmann angeraten. Durchaus vergleichbar mit Adaptionsmodellen aus der Evolutionstheorie, der Biologie und der Kybernetik begreift Niklas Luhmann *Umweltphänomene* dann als »aufstörend«, wenn sie einen »Informationsverarbeitungsprozess in Gang setzen«, mithin eine auf (Re)Stabilisierung angelegte innersystemische Kommunikation anregen. Genau diese Funktion hatte der politisch motivierte »Antrag auf Aufnahme in die Liste der jugendgefährdenden Schriften«. Er stellte nichts Anderes dar, als den Versuch, die durch den Text verursachte Störung »im Bewusstsein durch Überlegung oder durch Umlenkung der Wahrnehmung auf die Störstelle« zu bewältigen »oder in Kommunikation kommunikativ (zu) behandel(n).«[24] Auch die vom Hermann Luchterhand Verlag beigebrachten Gutachten erfüllten diese Funktion. Sie trugen nur umso mehr zur Popularisierung des Autors wie seines Textes bei, da die gesamtgesellschaftliche Aufmerksamkeit auf den Störvorgang gerichtet wurde. Immerhin handelte es sich um Einschätzungen von Fritz Martini, damals einer der wichtigsten Hochschulgermanisten, dem Ehrenpräsident des Deutschen PEN-Zentrums, Kasimir Edschmid, Hans Magnus Enzenberger und Walter Jens, Literaturkritiker im Umfeld der Gruppe 47 und Rhetorik-Professor an der Universität Tübingen. Abgehoben wurde in den Gutachten zunächst auf die im Text vorgenommene Darstellung von Adoleszenz. So recht behaglich war aber auch Fritz Martini bei jenen Episoden nicht, die insbesondere die erwachende Sexualität der adoleszenten Jungmänner wie auch die Rolle von Tulla Pokriefke betrafen. Martini suchte daher Joachim Mahlke von den anderen Protagonisten abzusetzen. Mahlke sei nämlich eine »durchaus komplex angelegte Figur«, die ihn von dem »Anheimfall an sexuelle etc. Verirrungen abhebe« (KM, 185). Zudem werde gezeigt, dass »jener in der Tat etwas extreme Vorgang Seite 38–40 wiederum nichts mit sexueller Perversion zu tun hat, sondern mit seiner psychologischen Grund-anlage«. Die inkriminierten Stellen hätte Grass zudem nicht »um einer aufreizenden, sehr primitiven Lusterregung willen geschrieben und veröffentlicht«. »Alle diese Stellen«, so Martini, »sind jeweils eingebaut in einen Zusammenhang, der durch Psychologie, Milieu usw. zugleich charakterisiert und relativiert wird, sie sind also nicht um ihrer selbst willen hingesetzt, sondern

---

24 Luhmann, Niklas: Einführung in die Systemtheorie. 2004, S. 126 f.

sie haben eine deskriptive Funktion im Realitätspanorama« (KM, 185). So zutreffend die Argumentation war, so blieb reichlich nebulös, welches »Realitätspanorama« denn nun konkret gemeint war.

Walter Jens wurde in seiner Bewertung etwas präziser. Auch er ging zunächst auf die literarische Darstellung von Adoleszenz ein und hielt die Figur des ›Großen Mahlke‹ für eine der ergreifendsten und glaubhaftesten Jungen-Gestalten in der modernen Dichtung. Es sei erstaunlich, wie es Grass gelinge, »das Nebeneinander von Derbheit und Frömmigkeit, Ausgelassenheit und Scheu, Prahlerei und Verzeiflung glaubhaft zu machen« (KM, 191). Wenngleich der Begriff Adoleszenz nicht fällt, tasteten sich beide Gutachter an die Kennzeichnung dieser Phase heran, für die Größen- und Allmachtphantasien eine zentrale Rolle spielen. Freilich waren, und dies muss bedacht werden, Anfang der 1960er Jahre Forschungen zur Adoleszenz noch wenig verbreitet und in der Literatur war man auf die Schulromane, -erzählungen und -dramen um 1900 verwiesen, nämlich auf Arno Holz' »Der erste Schultag« (1889), Emil Strauss' »Freund Hein« (1902), Rainer Maria Rilkes »Turnstunde« (1904), Robert Musils »Die Verwirrungen des Zöglings Törleß« (1906), Friedrich Huchs »Mao« (1907) sowie Hermann Hesses »Unterm Rad« (1906). Gemeinsam ist den Texten, dass die männlichen Protagonisten scheitern, die Identitätsbildung und Sinnfindung misslingt. Sexualität taucht in diesen traditionellen *Adoleszenzromanen* zumeist nur versteckt auf, sie wird nicht thematisiert und auf der Ebene des *discours* finden sich lediglich verdeckt-symbolische Anspielungen. Dass es sich bei der Adoleszenz um eine lebensgeschichtliche Phase handelt, in der es zu einem Mit- und Gegeneinander von körperlichen, psychischen und sozialen Prozessen kommt und eine ›Neuprogrammierung‹ der physiologischen, psychologischen und psychosozialen Systeme erfolgt, war um 1960 nicht unbedingt akzeptiert.[25] Die Auffassung von Adoleszenz als einer Art *Zwischenzeit*, in der es zu Grenzüberschreitungen, Störungen, häufig auch zur Regellosigkeit kommt, setzte sich erst ab den 1970er Jahren durch.

Zu Irritationen führten auch die auf der Ebene der *histoire* angelegte Vorgänge, die sämtlichst für die literarische Gestaltung von männlicher Adoleszenz in der modernen Literatur kennzeichnend sind und entsprechend in Grass' Text eine Rolle spielten. Dazu gehörte das offensichtliche Bemühen, sich von den Eltern abzulösen, die Distanz gegenüber Lehrern, die Suche nach einem Wert- und Normgefüge, das Erleben erster sexueller Kontakte oder auch die auffälligen Körperinszenierungen von Mahlke. Für die in »Katz und Maus« präsentierte

---

25 Zu neueren Positionen siehe Gansel, Carsten: Zwischenzeit, Grenzüberschreitung, Störung – Adoleszenz und Literatur. In: Gansel, Carsten/ Zimniak, Pawel (Hrsg.): Zwischenzeit, Grenzüberschreitung, Aufstörung – Bilder von Adoleszenz in der deutschsprachigen Literatur. Heidelberg 2011: Winter, S. 15–48 sowie S. 261–288.

Peergroup um den Ich-Erzähler Pielenz und den ›Großen Mahlke‹ kam noch etwas Anderes hinzu, es ging hier um die Gestaltung von Adoleszenz unter Bedingungen von Krieg und Diktatur. Insofern traf Walter Jens den Punkt, wenn er Günter Grass bescheinigte, eindrucksvolle Bilder für jene spezifischen Adoleszenz- bzw. Generationserfahrungen gefunden zu haben, die bis dahin in der deutschen Literatur nicht in dieser Prägnanz gestaltet wurden.

Was für Walter Jens also ein im *literarischen Feld* bislang so nicht gestaltetes Phänomen war, geriet im *Feld der politischen Öffentlichkeit* in den Status einer Störung. Teile der bundesdeutschen Öffentlichkeit (Politik, Medien, Literatur) sahen sich durch den Ich-Erzähler und seine Redeweise über Sexualität und Jugend im Dritten Reich irritiert bzw. aufgestört, weil die »etablierten Erwartungsstrukturen« (Luhmann)[26], die man bislang an derartige Texte zu legen pflegte, enttäuscht wurden. Die Tatsache, dass in der Folgezeit der Hessische Minister die Klage bei der Bundesprüfstelle für jugendgefährdende Schriften zurückzog und darauf verwies, dass »der Antrag auf Indizierung des Buches ›Katz und Maus‹ von der zuständigen Fachabteilung meines Hauses ohne mein Wissen geestellt worden ist« (Grass 196), bedeutete keineswegs, dass die Novelle nunmehr auf breite Zustimmung in der bundesdeutschen Öffentlichkeit stieß. Die Irritation, die sich bevorzugt aus den vermeintlichen sexuellen Obszönitäten ergab, gründete – ohne, dass dies den Kritikern in jeder Hinsicht bewusst war –, auf Grass' ›Umgang‹ mit jenen Master-Narrativen, die der bundesdeutschen Gesellschaft bis dahin Halt und Legimation gaben. Es betraf dies das ›Soldatische Opfernarrativ‹ und die daran gebundenen ›Tugenden‹ wie Tapferkeit. Hinzu kam der Umstand, dass die Erinnerungssequenzen des Ich-Erzählers Pielenz genau das Gegenteil einer erwarteten sentimentalen Verklärung des Vergangenen darstellten, sondern mit dem »Was« und »Wie« seines Erinnerns das in der Bundesrepublik der 1950er Jahre aufgebaute Bild dekonstruierte. Freilich war dieses ironische Unterlaufen an den Äußerungen von Pilenz nicht direkt festzumachen. Eine Besonderheit der Novelle – und dies war ein Aspekt, der ihre Modernität ausmachte –, bestand ja gerade darin, dass die ironische Distanz sich gewissermaßen hinter dem Rücken des Erzählers einstellte, also über den ›impliziten Autor‹ (W. C. Booth) vermittelt wurde. Dabei handelt es sich beim ›impliziten Autor‹ – vereinfacht gesagt – um eine Art Wertsetzungzentrum des Textes. Durch das Herausfinden des ›impliziten Autors‹ erkennt der Leser »wo er in der Welt der Werte steht«, das heißt, er weiß, »wo ihn der Autor stehen sehen

---

26 Nach Luhmann geraten Informationen aus der Umwelt in den Status einer Irritation erst durch den »internen Vergleich von (zunächst unspezifizierten) Ereignissen mit eigenen Möglichkeiten, vor allem mit etablieren Strukturen, mit Erwartungen« (Luhmann, Die Gesellschaft der Gesellschaft. 1997, S. 118.).

will.«[27] Teile der Leserschaft zu Beginn der 1960er Jahre wollten nun auf gar keinen Fall in einer Distanz zu den beschworenen Tugenden stehen, sie wollten ihre Erinnerungen nicht beschädigt sehen, eine Einfühlung in die Opfer und eine Auseinandersetzung mit den Verbrechen hätte die Erinnerungen entwertet und die eigene Identität beschädigt. Daher fühlten sich Teile der Kritik zunächt durch den Realitätsbezug der Novelle irritiert. Die in der Zeitschrift »Unser Danzig« abgedruckte Besprechung unter dem Titel »Günter Grass – ein Danziger Schriftsteller?« war exemplarisch und zeigte, wie durch »internen Vergleich« der vorliegenden Darstellung »Erwartungen« enttäuscht worden waren. Entsprechend ging der Rezensent zunächst mit der Darstellung des Schauplatzes Danzig ins Gericht, die das Gegenteil dessen sei, was man sich als Danziger erhoffe, eine realistische Darstellung der Stadt und eine Werbung für ihre Menschen. Umso schlimmer sei es, dass Grass auf Wiederkennungseffekte setze, indem er »so genau in der Beschreibung von Einzelheiten verfährt, z. B. bei der Anwendung von Straßennamen usw.«.[28] Zweifellos wolle der Autor damit »den Eindruck des Wahrhaftigen, der tatsächlichen Verhältnisse hervorrufen«. »Der unbefangene und unkundige Leser wird also die dadurch in ihm erweckte Gläubigkeit«, so die Position, »unbedenklich auf das Ganze übertragen.« Dagegen nun »müssen wir uns zur Wehr setzen«, zumal Grass, das »eigentliche, das wirkliche Danzig mit seiner reichen Architektur, seiner Stein gewordenen Geschichte [....] nicht erlebt [hat]« (EDS, 8). Nachdem sich Präzisierungen zum Raum des Gymnasiums, dem Conradinum, finden, wandte sich der Rezensent den Figuren zu, die in keiner Weise stellvertretend für die Danziger Schülerschaft stehen könnten. Dies treffe den »Held der Erzählung«, den »abnormen Schüler Mahlke«, den Grass bewusst in eine Konstellation hineinstelle, die es ihm ermöglicht, dass er dem »Kaleu (den es nie gegeben hat) das Ritterkreuz klauen kann« (EDS, 8). Überhaupt gehe mit Grass die Phantasie durch, ja er sei geradezu zügellos. Dabei gerieten – wie in der zeitgenössischen Rezeption – einmal mehr die sexuell aufgeladenen Episoden in die Kritik. »Zügellos ist Grass vor allem auch in den überreichlichen Beschreibungen des Unsauberen«, so die Einlassung, um die ablehnende Haltung dann in einer Art Frage an die Leser zusammenzufassen: »Die traurigen Helden dieser Orgien seit ihr, ihr Conradiner, ihr Danziger Gymnasiasten, also wohl auch Pilenz-Grass und seine Klassenkameraden. Das

---

27 Booth, Wayne C.: Die Rheotrik der Erzählkunst (2 Bde). Heidelberg: Quelle & Meyer 1974, S. 80.

28 Wallerand, Theodor: Günter Grass. Ein Danziger Schriftsteller. In: Unser Danzig, Jahrgang 14/1962, S. 20. Januar 1962, Nr. 2., S. 8 (Im Weiteren als EDS). Der Hinweis auf die Rezension danke ich dem Beitrag von Korte, Hermann: Kriegskinder in der Danziger Bucht. Zur Novelle ›Katz und Maus‹ von Günter Grass. In: Gansel, Carsten/ Zimniak, Pawel (Hg.): Kriegskindheiten und Erinnerungsarbeit. Zur historischen und literarischen Verarbeitung von Krieg und Vertreibung. Berlin: Erich Schmidt 2012, S. 125–137.

muß einmal ausgesprochen werden. Waren die Conradiner solche Schweine?«
(EDS, 8)

Nun waren in dieser Kritik an »Katz und Maus« die Störmomente deutlich
erkennbar, sie betrafen die Denk- und Verhaltensweisen der Protagonisten
insgesamt. Dabei kulminierte die Verstörung (Stufe 2) letztlich in dem die Novelle gründenden ›unerhörten Ereignis‹, nämlich dem Diebstahl des Ritter-
kreuzes durch den ›Großen Mahlke‹. Wie tief diese Verstörung noch 1967
reichte, zeigte der Umstand, dass es nach der Verfilmung des Textes erneut zur
Skandalisierung kam. Immerhin beschlossen »Vertreter von 75 Traditions- und
Soldatenverbänden der ehemaligen deutschen Wehrmacht« in einer Auflage von
100.000 Stück eine Flugblattaktion gegen den Film »Katz und Maus«. Anlaß des
Protestes war eine Filmszene, so die Replik in »Aufwärts«, der Jugendzeitschrift
des Deutschen Gewerkschaftsbundes, in der »Brand der Jüngere getreu der
Graßschen Buchvorlage und von der freiwilligen Selbstkontrolle nur unwe-
sentlich beschnitten, mit dem Ritterkreuz pubertären Schabernack treibt.«
Immerhin ließen die Soldatenverbände obendrein »rechtliche Möglichkeiten für
ein Strafverfahren prüfen«.[29] An anderer Stelle war die Rede davon, Grass habe
»in widerlichster Weise in den Dreck gezogen«, was »höchster Ausdruck ›heiliger Pflicht‹ gewesen sei.«[30] Anders gesagt: Günter Grass' Umgang mit jenen im
kulturellen Gedächtnis der jungen Bundesrepublik wertgeschätzten Artefakten
– dies betrifft u. a. die im Ritterkreuz symbolisieren soldatischen Tugenden und
Ehrbegriffe – stellte die im kulturellen Gedächtnis etablierte ›Große Geschichte‹
in Frage.

Hermann Korte hat mit Recht darauf verwiesen, dass bei den öffentlichen
Debatten »um Pornographie, Blasphemie, vaterländische Nestbeschmutzung
und schändlichste Heldenschmäh [...] die Erzählerfigur und die Erzählweise
noch kaum in den Blick geraten [war]«. Und er vermutet, dass dies mit dem noch
»fehlenden Bewusstsein literarischer Modernität und moderner Erzählkunst«
zu tun hat.[31] Dem ist zuzustimmen, denn in der Tat stellte sich der Anschluss an
die literarische Moderne in den 1960er Jahren erst schrittweise her. Insofern
griffen die Kritiken das Naheliegendste auf, nämlich das, was sich auf der Ebene
der *histoire* unmittelbar greifen ließ. Noch weitgehend unbemerkt blieb der
Umstand, wie subtil Grass den Prozess des Erinnerns baute und einmal mehr
zwischen Basiserzählung (bundesdeutscher Gegenwart) und Analepse (Danzig
im Krieg) wechselte. »Katz und Maus« kann daher mit einigem Recht als weiteres
Beispiel für eine Novelle gelten, die den ›*fictions of memory*‹ zuzuordnen ist.

---

29 Angermann, Gerd: Katz und Maus. In: Aufwärts. Jugendzeitschrift des Deutschen Gewerkschaftsbundes Nr. 3, Jahrgang 20/1967. Die Novelle wurde von Hansjürgen Poland 1966
   verfilmt. Dabei agierten die Söhne von Willi Brand (Lars und Peter) in Hauptrollen.
30 Korte, Hermann: Kriegskinder. 2011, S. 127.
31 Ebd., S. 128.

Denn: Der Ich-Erzähler Pilenz, der in Westdeutschland lebt und inzwischen 33 Jahre alt ist, erinnert sich im Jahr 1960 an die Geschichte um seinen Mitschüler und Freund Joachim Mahlke. Aufgerufen sind die Jahre zwischen dem Sommer 1940 und dem Sommer 1944 in Danzig, Langfuhr, Brösen, Oliva und der Danziger Bucht. Der Text setzt – durch Auslassungszeichen deutlich hervorgehoben – *in medias res* ein:

> »… und einmal, als Mahlke schon schwimmen konnte, lagen wir neben dem Schlagballfeld im Gras. Ich hätte zum Zahnarzt gehen sollen, aber sie ließen mich nicht, weil ich als Tickspieler schwer zu ersetzen war.« (KM, 7)

Pielenz, der Ich-Erzähler, erinnert sich also an eine Begebenheit, die schon länger zurück liegt (»und einmal«). Es ist dies jene den Erinnerungsvorgang auslösende Episode, da eine junge Katze Joachim Mahlkes ausgeprägten Adamsapfel für eine Maus hält und ihn anspringt: »Jedenfalls sprang sie Mahlke an die Gurgel; oder einer von uns griff die Katze und setzte sie Mahlke an den Hals, oder ich […] packte die Katze, zeigte ihre Mahlkes Maus« (KM, 8), notiert der Erzähler. Das Ich scheint sich nicht sicher zu sein, denn zunächst ist nicht ganz klar, warum die Katze Mahlke ansprang, war es tierischer Raubinstinkt, Zufall oder hatte da jemand nachgeholfen? Die Frage wird aufgelöst, in dem der Erzähler dann doch bekennt:

> »Ich aber, der ich Deine Maus einer und allen Katzen in den Blick brauchte, muß nun schreiben. Selbst wären wir beide erfunden, ich müsste dennoch. Der uns erfand, von Berufswegen, zwingt mich, wieder und wieder Deinen Adamsapfel in die Hand zu nehmen […] und so lasse ich am Anfang die Maus über den Schraubenzieher hüpfen, werfe ein Volk vollgefressene Seemöwen hoch über Mahlkes Scheitel in den sprunghaften Nordost, nenne das Wetter sommerlich und anhaltend schön […]« KM, 8).

Damit ist ganz zu Anfang unmerklich auf die ›Gemachtheit‹ des Textes verwiesen (»der uns erfand«). An verschiedenen Stellen des Textes finden sich dann jeweils unmerkliche Wechsel auf die Gegenwartsebene, die schlaglichtartig Einblicke in die bundesdeutsche Gegenwart geben, so wenn Pater Alban Pielenz den Rat gibt »Setzen Sie sich einfach hin, lieber Pilenz und schreiben Sie drauflos […] greifen Sie zur Geige, oder schreiben Sie sich frei […]« (KM, 126). Der Albansche Hinweis auf das »Freischreiben« verweist auf die therapeutische Funktion von Pielenz' Bericht.

Erneut installierte Günter Grass mit Pielenz einen unzuverlässigen Erzähler, von dem offensichtlich war, dass er mit der Wahrheit nur stückweise herausrückte. In diesem Fall allerdings – und dies unterscheidet ihn von Oskar Matzerath – handelt es sich um eine Erzählerfigur, die so gänzlich normal und durchschnittlich daher kam, dass sie geradezu repräsentativ für den deutschen Bürger der Adenauer-Zeit stehen konnte. Pielenz führte in der Art und Weise, wie und was er erinnerte, vor, dass die jugendliche Peergroup keineswegs in dem

Maße in der Schule indoktriniert wurde, wie man vermuten konnte; als Opfer fungierten sie auf jeden Fall nicht. Die in der bundesdeutschen Öffentlichkeit immer noch wertgeschätzten Ritterkreuzträger werden von den Danziger Jungen nicht wirklich ernst genommen, emotionale Bewegtheit entsteht bei der Rede des »hochdekorierten Leutnants« (KM, 61) nicht. Im Gegenteil wird das abschließende Bekenntnis (»Jungs, das sage ich euch: Wer draußen im Einsatz steht, denkt immer wieder gerne und oft an die Schulzeit zurück!«) mit johlenden Bemerkungen ironisiert, wenn es heisst: »Wir klatschten lange, grölten und trampelten« (KM, 63).

Auch von ideologischer Festigkeit weiß Pielenz ebensowenig zu berichten wie von Idealen, für die zu kämpfen es sich gelohnt hätte. Heldenverehrung, Antibolschewismus oder Polenfeindlichkeit sucht man vergeblich. Wo erwartet wird, dass der Raum der ›deutschen Stadt‹ Danzig ausgeleuchtet und ihr ›Verlust‹ wehmütig erinnert wird, schleichen sich in Pielenz' Rede durchweg polnische Markierungen ein: Das fängt an mit Mahlkes Vater, der eben nicht bei der Deutschen Reichsbahn und Reichsbahndirektion Danzig angestellt war, sondern bei der polnischen Eisenbahn. Zudem kommt er 1934 bei einem Unfall in Dirschau ums Leben. Er hatte versucht, Menschen zu retten und wurde dafür mit einer Ehrendmedaille der PKP postum geehrt. Das geht weiter mit der ausführlichen Beschreibung jener Gegenstände, die Mahlke beim Tauchen zutage fördert, nämlich den »Seesack des Matrosen Witold Duszynski oder Liszanki« (KM 22), dazu eine »handgroße Bronzeplatte« auf der unter dem »kleinen erhabenen polnischen Adler« der Name des Besitzers verzeichnet war und die auf der »anderen Seite das Relief eines schnauzbärtigen Generals zeigte«. Während deutsche Geschichte im Text gar nicht vorkommt – selbst die Nazi-Repräsentanten finden keine Erwähnung –, wird mit Pilsudski eine zentrale Figur polnischer Geschichte wiederholt genannt. Mehrfach betont Pielenz mit der Bewertung »erhaben« dessen Wertschätzung. Die Rede ist vom »stark erhabenen Relief der Jungfrau mit Kind«, bei dem es sich, »wie die gleichfalls erhabene Inschrift bewies, um die berühmte Matka Boska Czestochowska« handelte (ebd.).

Der Rezensent aus »Unser Danzig« fühlte sich denn auch durch die Anspielungen auf Polnisches irritiert und schlussfolgerte, dass man von der Stadt Danzig einen fatalen Eindruck bekommen müsse: »Es war doch im Grunde eine miese Stadt, vor allem auch eine Stadt mit stark kassubischem oder auch polnischen Einschlag!« (S. 8) Dies führte schließlich zu der Frage: »Ist Grass vielleicht kassubischer Abstammung? Könnte er Graszewki oder so heißen« (ebd.). Für sämtliche der evozierten Sichtweisen auf den Schauplatz Danzig machte Wallerand den Autor Grass verantwortlich und verkannte, dass es der Erzähler und Erinnerer Pielenz ist, dessen »dolle Geschichten« unbewußt den polnischen Raum und das Polnische ›über Gebühr‹ positiv darstellten: »Auffallend ist immerhin seine [gemeint ist Grass, C.G.] liebevolle Bevorzugung alles Polnischen. Er hat nach dem Kriege zweimal die Stadt – er vergißt nicht, sie Gdansk zu nennen! – und die deutschen Ostgebiete – für ihn sind es die ›sogenannten‹ – besucht« (ebd.).

Dass »Katz und Maus« also in dieser Weise verstörend wirkte, hing letztlich vor allem mit Pielenz' Art und Weise des Erinnerns zusammen. Durchweg hielt er im Erinnern die damalige Jungenperspektive ein, die Ereignisse in Danzig wurden mithin konsequent aus der Sicht des damaligen (adoleszenten) Erlebens erfasst. Eine Evaluation und Bewertung des früher Erlebten fand nicht statt, ja es wurde im Gegenteil gegen den übergeordneten und gegenwärtigen Wissenshorizont abgedichtet. Was der Ich-Erzähler also anbot, das waren ›*field memories*‹, wodurch es zur Verschmelzung von *erinnertem* und *erinnerndem* Ich kam.[32] Diese ›Rheotrik der Einnerung‹ hatte einschneidende Folgen, sie lag quer zu den Erinnerungskulturen der 1950er und 1960er Jahre, sie unterlief die nostalgische Kriegserinnerung, sie ironisierte durch den ›unschuldigen‹ Blick alles Heroische, sie decouvrierte die Erinnerungen der stolzen Ritterkreuzträger und sie stellte sich damit quer zum Kollektivgedächtnis der frühen Bundesrepublik. Das war nämlich darauf aus, einen *usable past* zu schaffen und eine Harmonisierung von Gegenwart und Vergangenheit herzustellen. Die durch »Katz und Maus« nunmehr Anfang der 1960er Jahre eingebrachte Perspektive stellte die Hegemonie der dominanten Erinnerungskultur in Frage und suchte eine alternative Vergangenheitsversion einzubringen.[33] Damit beförderte der Text das Entstehen eines »Gedächtnisses zweiter Ordnung«, es ging um ein Gegengedächtnis im Sinne des *contre-mémoire* von Michel Foucault.[34] Insofern kann Günter Grass rückblickende Einschätzung, die sich auf die »Blechtrommel« bezog, auch für »Katz und Maus« in Anwendung bringen: es war ein gezieltes »Schreiben gegen den Zeitgeist«.[35] Dies wird vierzig Jahre später gänzlich anders sein.

V.

Beim Treffen der Nobelpreisträger in der litauischen Hauptstadt Vilnius erweckte Günter Grass einmal mehr den Eindruck, er würde »gegen den Zeitgeist schreiben«, denn öffentlichkeitswirksam machte er auf vermeintliche Lücken im Kollektivgedächtnis ›der Deutschen‹ aufmerksam:

---

32 Siehe dazu: Schacter, Daniel: Wir sind Erinnerung. Gedächtnis und Persönlichkeit. Reinbek
    b. Hamburg: Rowohlt Taschenbuch 2001, S. 45 – 48.
33 Siehe auch hier die profunde Darstellung von Neumann, 2005, S. 113 f.
34 Foucault, Michel: Nietzsche, die Genealogie, die Historie. In: Ders.: Von der Subversion des
    Wissens. Frankfurt a. M. 1987, S. 69 – 90.
35 Wer ein Jahr jünger ist, hat keine Ahnung. Ein ZEIT-Gespräch zwischen Martin Walser und
    Günter Grass. In: Die Zeit (14. 07.2007), S. 59.

»Merkwürdig und beunruhigend mutet dabei an, wie spät und noch immer zögerlich an die Leiden erinnert wird, die während des Krieges den Deutschen zugefügt wurden. Die Folgen des bedenkenlos begonnenen und verbrecherisch geführten Krieges, nämlich die Zerstörung deutscher Städte, der Tod Hunderttausender Zivilisten durch Flächenbombardements und die Vertreibung, das Flüchtlingselend von zwölf Millionen Ostdeutschen, waren nur Thema im Hintergrund. Selbst in der Nachkriegsliteratur fand die Erinnerung an die vielen Toten der Bombennächte und Massenflucht nur wenig Raum«.[36]

Die Novelle »Im Krebsgang« sollte nun, so die kalkulierte Wirkung, einmal mehr das Kollektivgedächtnis aufstören, die Hegemonie der dominanten Erinnerungskultur aufbrechen und ein vermeintliches Tabu angehen. Dass es sich nachfolgend um eine medial inszenierte Debatte handelte, hat Michael Braun nachgewiesen.[37] Gleichwohl wurde betont, Günter Grass sei mit der Novelle ein »Tabubrecher« insofern gewesen, als er »dem deutschen Gerede ein Thema« wiedergeben hat, »über dem bisher ein kollektives Schweigegebot lag«, so Ulrich Raulfs in seiner Besprechung in der Süddeutschen Zeitung.[38] In maßgeblichen Teilen der Literaturkritik wurde der Eindruck erweckt, Grass bezöge sich mit seinem Text auf W.G. Seebald, der Mitte der 1990er Jahre die in der Literatur vermeintlich fehlende Darstellung der Bombardements auf deutsche Städte im Zweiten Weltkrieg kritisierte. Von der »Unfähigkeit einer ganzen Generation deutscher Autoren« war die Rede, die versäumt hätten das »aufzuzeichnen und einzubringen in ihr Gedächtnis«, was sie »gesehen hatten.[39] Seebald nahm bei seinem auf mediale Aufmerksamkeit zielenden Vorwurf Teile der deutschen Literatur schlichtweg nicht zur Kenntnis, denn sehr wohl gab es seit den 1950er Jahren eine Vielzahl von Texten, die Krieg, Flucht, Vertreibung und auch Bombentod zum Thema gemacht hatten. Freilich avancierten diese Texte angesichts des Zivilisationsbruchs der Jahre zwischen 1933 und 1945 nicht zum »festen Bestand« an Inhalten und Sinngebungen im ›kulturellen Gedächtnis‹, sie gerieten in der deutschen Erinnerungskultur nicht in den Status von »Widergebrauchs-Texten«, in deren »›Pflege‹ sie ihr Selbstbild stabilisiert und vermit-

---

36 Grass, Günter: Ich erinnere mich … In: Ders./ Miłosz, Czesław/ Szymborska, Wisława: Die Zukunft der Erinnerung. Hrsg. von Martin Wälde. Göttingen 2001, S. 31.
37 Braun, Michael: Die Medien, die Erinnerung, das Tabu: »Im Krebsgang« und »Beim Häuten der Zwiebel« von Günter Grass. In: Ders. (Hrsg.): Tabu und Tabubruch in Literatur und Film: Königshausen & Neumann 2007, S. 117–134.
38 Raulff, Ulrich: Untergang mit Maus und Muse. Gunter Grass will den Leidschatz der Vertreibung aus der Ostsee heben: Heute erscheint seine Novelle »Im Krebsgang«. In: Süddeutsche Zeitung, 05.02.2002.
39 Seebald, W. G.: Luftkrieg und Literatur. Mit einem Essay zu Alfred Andersch. Frankfurt/ Main: Suhrkamp 2002 (1999), S. 7.

telt«.[40] Dies war der Grund, warum Seebalds Beitrag überhaupt die Chance hatte, nunmehr die Debatte vom Täter- hin zum Opferstatuts der Deutschen zu verändern. Die Rezension im »Spiegel« gab denn auch den Tenor vor und suggerierte, es handele sich bei der Novelle um »einen von der deutschen Literatur lange gemiedenen Stoff«.[41] Uwe Wittstock war einer der wenigen Rezensenten, die aus dem literaturkritischen *mainstream* herausfielen und der Position vom Tabubrecher widersprachen. Unter Verweis auf die vielfältige Behandlung des Vertreibungsthemas notierte er: »Ein sensationeller Tabubruch liegt also nicht vor.« Die Novelle hätte solchen Erfolg gehabt, weil sie zu einem Texttyp gehöre, die »mit großem Aplomb angeblich fest verrammelte, tatsächlich aber weit offen stehende Türen einrennen.«[42]

So kritisch man also der Inszenierung eines vermeintlichen Tabubruchs begegnen kann, offensichtlich ist, dass der Erfolg von Grass' Novelle erneut mit dem Umstand zusammenhängt, *wie* Grass die Erinnerung an das Trauma des Untergangs des Flüchtlingsschiffs »Wilhelm Gustloff« am 30. Januar 1945 inszeniert hatte. Angesichts der komplexen Struktur sei der Blick auf drei Besonderheiten der Rhetorik von Erinnerung gelenkt. Ein *erster Aspekt* betrifft die Grundstruktur der Novelle, Textanfang wie paratextuelle Gestaltung: Auch »Im Krebsgang« setzt unvermittelt *in medias res* ein: »›Warum erst jetzt?‹ sagte jemand, der nicht ich bin«.[43] Es findet sich keine explizite Hinführung auf die Geschichte, eine *invocatio* fehlt, und insofern gibt es auch keine Begründung dafür, was erzählt wird. Allerdings verweist die paratextuelle Gestaltung mit dem Vermerk »Eine Novelle« sowie der Widmung »in memoriam« bereits auf das Zusammenspiel von Fakt und Fiktion sowie den Status der Erinnerung. Diese Erinnerung wird dann auf verschiedenen Ebenen in neun Kapiteln inszeniert. Das erste Kapitel führt die Figuren ein: Paul, den Erzähler, dann den Alten, eine Art *alter ego* des Autors und schließlich Tulla, Pauls Mutter, die die Gustloff-Katastrophe selbst miterlebt hat. Mit diesen Figuren ist bereits auf das Problem der Vergegenwärtigung von Erinnerungen verwiesen. Kapitel 6 liefert schließlich den Wendepunkt, denn hier wird die Katastrophe um die »Wilhelm Gustloff« wiedergegeben: »Er sagt, mein Bericht habe das Zeug zur Novelle. Eine literarische Einschätzung, die mich nicht kümmern kann. Ich berichte nur«, notiert der homodiegetische Erzähler (KG, 123). Nunmehr kommt der Ich-Erzähler Paul auch auf seine Geburt zu sprechen und stellt die Verbindung zwi-

---

40 Assmann, Jan: Kollektives Gedächtnis und kulturelle Identität. In: Ders./Hölscher, Tonio (Hrsg.): Kultur und Gedächtnis. Frankfurt/Main: Suhrkamp 1988, S. 9–19, hier: S. 15.

41 Hage, Volker: Das tausendmalige Sterben. In: Der Spiegel vom 04.02.2002.

42 Wittstock, Uwe: Die weit offen stehende Tabu-Tür. In: Die Welt vom 15.02.2002.

43 Grass, Günter: Im Krebsgang. Göttingen: Steidl 2002, S. 7. [Im Folgenden unter der Sigle »KG« mit Seitenzahl im Fließtext.]

schen Leben und Tod her: »Also verließ ich in Mutters Leib das sinkende Schiff«. (KG, 139).

Der *zweite Aspekt* betrifft die zeitliche Struktur der Novelle, die Folgen für die Inszenierung von Erinnerung hat. Zeitlich gesehen, umfasst die Handlung die Jahre 1936 bis 1999, sie spielt im Nazideutschland, im besetzten Deutschland nach 1945, in den beiden deutschen Staaten nach 1949 (Westberlin – Paul; Schwerin/DDR – Tulla) und schließlich im vereinten Deutschland nach 1990. Dabei läuft der Erinnerungsvorgang nicht chronologisch ab, sondern wird durch eine Reihe von partiellen Analepsen durchbrochen. Wie das vom Erzähler fingierte Zusammenspiel zwischen Gegenwarts- und Vergangenheitsebene funktioniert, zeigt sich exemplarisch, als Paul über das Stichwort »Stalin« an seine Kindheit in den 1950er Jahren in der DDR erinnert wird:

> »Jetzt muss ich mich im Rückgriff wiederholen. Deshalb steht hier: Als in Ost und West Stalins Tod bekanntgemacht wurde, habe ich Mutter weinen sehen. Sogar Kerzen ließ sie brennen. Ich stand achtjährig am Küchentisch [...] Während meiner Kindheit in der Lehmstraße, und solange ich in Schwerin Oberschüler gewesen bin, habe ich sie nie wieder weinen sehen« (KG, 169).

Ausgehend von der Gegenwartsebene (»Jetzt muss ich mich im Rückgriff wiederholen«), wird in die Vergangenheit gewechselt (»Als in Ost und West Stalins Tod bekanntgemacht wurde«).

Schließlich gibt es einen *dritten Aspekt,* der für die Rheotrik von Erinnerung kennzeichnend ist. Grass bindet die Erinnerung an die Katastrophe um die »Gustloff« an drei Generationen, die jeweils ihren sehr speziellen Umgang mit der Vergangenheit pflegen. Das sind Tulla Pokriefke, jene Figur, die bereits den ›Großen Mahlke‹ zu Höchstleistungen motiviert hatte und von der man annehmen konnte, sie sei auf der Flucht mit der »Gustloff« umgekommen. Tulla repräsentiert die *Generation der Zeit- bzw. Primärzeugen,* denn sie hat Krieg wie Nachkrieg als Betroffene erlebt. In der Nacht des Untergangs hat Tulla auf dem Beiboot »Löwe« ihren Sohn geboren. Paul gehört daher zur *Generation der Sekundärzeugen,* die auf Grund der späteren Geburt weder Opfer noch Täter werden konnten und insofern auch nicht über entsprechende Erfahrungen sowie Erinnerungen verfügen. Was er aufschreibt, das weiß er aus den Erzählungen der Mutter sowie aus Dokumenten, also verschiedenen Medien. Schließlich erinnert auch Konrad, Pauls Sohn und Tullas Enkel, an die »Gustloff«-Katastrophe. Er ist der Generation des *›postmemory‹* zuzurechnen, einer Generation also, die die Erfahrungen und Erinnerungen der Zeitzeugen aufnimmt.

Die drei Generationen verfügen über sehr verschiedene Sichten auf der Vergangene, die jeweils an das individuelle, kulturelle sowie kollektive Gedächtnis gebunden sind. Das bleibt nicht ohne Folgen für das Erinnern. Beginnen wir mit Paul, dem Ich-Erzähler. Paul stellt die vergangenen Ereignisse aus der Gegenwartsperspektive dar. Da er keine lebendigen Erinnerungen besitzt, verfügt er über eine größere emotionale Distanz. Seine Beobachtererinnerungen (*observer memories*) berufen sich zudem auf Dokumente. Er erinnert sozusagen indirekt, durch die Erzählungen seiner Mutter und anhand des gesammelten Stoffes über die »Wilhelm Gustloff«. »Ich kann nur berichten, was von Überlebenden an anderer Stelle als Aussage zitiert worden ist«, betont er. Paul stützt sich mithin auf verschiedene Medien, um die Katastrophe möglichst objektiv wiederzugeben. Dazu gehören Tatsachenberichte über den Untergang der »Gustloff« auf die er explizit verweist: »Da ich meine Geburtsvision, die zugegeben, eher eine Vision ist, nicht belegen kann, halte ich mich an die von Heinz Schön überlieferten Fakten, nach denen Doktor Richter nach Mitternacht von dem Torpedoboot übernommen wurde« (KG, 147). Heinz Schön, Zahlmeister auf der »Gustloff«, hatte den Tatsachenbericht »Die Gustloff-Katastrophe« publiziert. Pauls ›*observer memories*‹ ermöglichen ihm daher eine vom Wissen um die damaligen Vorgänge reflektierte Auseinandersetzung mit der Vergangenheit. Anders gesagt: Das Vergangene wird im Licht der Gegenwart erinnert. Ganz anders muß dies bei seiner Mutter Tulla sein. In dem Fall, da im Text Tullas Erinnerungen zur Sprache kommen, wechselt die Fokalisierung. Tulla erfasst die Katastrophe wie auch Flucht und Vertreibung aus der Sicht eines erlebenden Ichs. In ihren ›*field memories*‹ kann sie gar nicht anders, als das Geschehene unmittelbar zu erinnern. Dies wiederum erzeugt die suggestive Kraft des Authentischen, die noch durch den kaschubischen Dialekt verstärkt wird. »Wie aisig die See jewesen is und wie die Kinderchen alle koppunter.« (KG, 31). »Kam alles ins Rutschen«, heißt es weiter. »Kann man nicht vergässen, so was. Das heert nie auf. Da träum ech nich nur von, wie, als Schluß war, ain ainziger Schrei ieberm Wasser losjing. Ond all die Kinderchen zwischen die Eisschollen …« (KG, 57) Für Tulla ist das Vergangene nicht tot, das Trauma bleibt, die Ereignisse haben sich in ihr Gedächtnis eingebrannt und spätere Fakten vermögen nicht, einen Abstand zu den Schrecken herzustellen. Mit ihrer emotionalen Darstellung hat sie im ›*memory talk*‹ ihren Enkel, Konrad, geprägt. Dieser übernimmt ihre Erinnerungen ungebrochen. Und da das Gespräch mit dem Vater ausfällt, also keine Kommunikation stattfindet, wird es durch eine rechtsradikale Interpretation aufgeladen.

Vergleicht man nun die drei Formen des Erinnerns, dann wird deutlich wie in der Novelle eine Art Multiperspektivität dadurch entsteht, dass sich drei Modelle von Erinnerung gegenüber stehen (Tulla – Paul – Konrad). Auf diese Weise erfolgt eine Konfrontation mit unterschiedlichen Vergangenheitsversionen, ja es geht *nolens volens* um verschiedene Erinnerungsgemeinschaften bzw. -kulturen. Der im individuellen und kommunikativen Gedächtnis noch vorhandenen Version von Tulla wird die von Paul rekonstruierte Variante aus dem kulturellen Gedächtnis gegenüber gestellt. Pauls Version vom Untergang der Gustloff ist an

»feste Objektivationen« gebunden, sie ist offiziell gestiftet und transportiert einen »festen Bestand« an Inhalten und Sinngebungen.[44] Konrad schließlich versucht über das Medium Internet eine nationalsozialistisch-rechtsradikale Gegenerinnerung in das kollektive Gedächtnis einzuschleusen. Freilich steht die Frage, ob die von Tulla wie vom Alten behauptete Tabuisierung der »Gustloff«-Katastrophe ein hinreichender Grund für das Entstehen einer rechtsradikalen Erinnerungsvariante ist. Treffend hat Michael Braun notiert, dass Günter Grass viel tut, »um den Rechtsradikalismus als Konsequenz der Tabuisierung erscheinen zu lassen.«[45]

Zudem stimmt es bedenklich, wenn der *in* und *mit* »Im Krebsgang« behauptete Tabubruch als eine Art »Selbstmonopolisierung« des Autors inszeniert wird, Günter Grass also so tut, als ob es erneut an ihm sei, das Schweigen zu brechen.[46] Diese von Grass intendierte Wirkung hängt mit der ›Rhetorik der Erinnerung‹ zusammen und führt an den Textanfang zurück. »›Warum erst jetzt?‹ sagte jemand, der nicht ich bin. Weil Mutter mir immer wieder ... Weil ich wie damals, als der Schrei überm Wasser lag, schreiben wollte, aber nicht konnte... Weil die Wahrheit kaum mehr als drei Zeilen ... Weil jetzt erst...«, so der gesamte Textbeginn (KG 7). Mit diesem Textanfang und dem »Weil erst jetzt« wird der Eindruck erzeugt, es gehe hier um Erinnerungstabus. Durchaus plausibel wird dabei die Erzählkonstruktion mit einem Grundproblem des Erinnerns vernetzt, der Frage nämlich, warum die Betroffenen über ihre Traumata Jahrzehnte nicht sprechen oder darüber schreiben konnten. Wenn es dem erinnernden Ich nicht gelingt, seine Erinnerungen sinnstiftend an die aktuelle Situation sowie gegenwärtige gesellschaftliche wie individuelle Rahmenbedingungen anzuschließen, dann besteht die Gefahr, dass die Identität geschwächt, ja in Frage steht. Dies ist vor allem dann der Fall, wenn es sich um traumatische Erlebnisse handelt. Dazu gehören Massenmord, Vergewaltigung, Bombentod, Verrat. Solche traumatischen Ereignisse lassen sich nur schwer mit Gewinn in die eigene Biographie integrieren. Erfahrungen dieser Art wird das »Ich« nach Möglichkeit ausschließen, sie werden im Speichergedächtnis isoliert oder wie Peter Härtling sagt: »Es gibt nach wie vor Zellen, die der Wärter vorsätzlich vergisst, die er verschließt.«[47] Was im Falle von Peter Härtling in jeder Hinsicht glaugwürdig ist – es geht um den Tod der Mutter – wird von Günter Grass genutzt, um eine erzählerische Begründung für den »Besitzanspruch auf die

---

44 Vgl. Assmann, Jan: Kollektives Gedächtnis. 1988, S. 15.
45 Braun, Michael: Die Medien, die Erinnerung, das Tabu, S. 124.
46 Ebd.
47 Gansel, Carsten/Hernik, Monika: »Es gibt nach wie vor Zellen, doe der Wärter vörsätzlich verschließt«. Gespräch mit Peter Härtling. In: Gansel, Carsten/Zimniak, Pawel: Das ›Prinzip Erinnerung‹ in der deutschsprachigen Gegenwartsliteratur nach 1989. Göttingen: Vandenhoeck & Ruprecht 2010, S. 491–507, hier: S. 498.

deutsche Opfergeschichte« vorzugeben. Obwohl Günter Grass es suggeriert, eines ist die Novelle im »Krebsgang« auf keinen Fall: ein Text, der »quer zum Zeitgeist« liegt, Störungen im Sinne einer Selbstirriation finden sich nicht. Das Gegenteil ist der Fall: Günter Grass schließt sich mit der in »Im Krebsgang« inzenierten Erinnerung an das hegemoniale Kollektivgedächtnis an, er reitet gewissermaßen auf dem Zeitgeist und bestätigt ihn. Mit der dadurch erzeugten Sympathiewelle arbeitet er jenem Text vor, der dann öffentlichkeitswirksam den eigenen »blinden Fleck« offenbart.

VI.

Günter Grass war mit 17 Jahren bei der Waffen-SS und nicht Flakhelfer. Das späte Eingeständnis des Nobelpreisträgers erzeugte 2006 erneut einen Medienrummel. Auf allen TV-Kanälen, wie auch in Tages- und Wochenzeitungen war dies die Hauptnachricht. Einmal mehr handelte es sich um eine geschickte Selbstinszenierung mit einem überwältigenden Erfolg. Die »FAZ« hatte Günter Grass für sein Eingeständnis am 12. 8. 2006 immerhin zwei Seiten für ein Gespräch mit dem Herausgeber Frank Schirrmacher und dem Feuilleton-Chef Hubert Spiegel eingeräumt. Grass gestand daher ein, dass er – wie seine Helden in »Katz und Maus« – von der U-Boot-Flotte fasziniert war und sich freiwillig gemeldet habe, dass er aus Alters- und Kapazitätsgründen abgelehnt und schließlich zur Waffen-SS einzogen worden sei.[48] Die habe er damals als »Eliteinheit« geschätzt, die »immer dort eingesetzt wurde, wo es brenzlig war, und die wie sich herumsprach, auch die meisten Verluste hatte.« Dieses späte Bekenntnis tat dem Verkauf seiner Autobiographie »Beim Häuten der Zwiebel« keinen Abbruch, im Gegenteil innerhalb kürzester Zeit war die Startauflage von 150.000 Exemplaren verkauft. Insofern war die ausgelöste Debatte geradezu ein Lehrbeispiel dafür, wie eine erfolgreiche Selbstinszenierung in einer Mediengesellschaft funktioniert: Günter Grass wollte nichts anderes, als die Enthüllung spektakulär in einem Interview plus Vorabdruck preiszugeben. Allein dieser Umstand macht das Bekenntnis problematisch. Nicht, weil dahinter gleichermaßen Selbstbewusstsein wie -gerechtigkeit aufscheinen, sondern weil die ›Buße‹ medial zugerichtet war und nach sofortigem Verständnis heischte. Es ist schwerlich glaubhaft, dass dem Medienprofi Günter Grass nicht klar war, wie die Öffentlichkeit sein nachholendes Bekenntnis aufnehmen würde. Auch deshalb wirken die aufgeregten Reden seiner Verteidiger wenig überzeugend. Eine ›Kampagne‹

---

48 Ganz in diesem Sinne teilt die Figur des Mahlke dem Ich-Erzähler Pilenz vor dem Ausgang der Sakristei mit: »Hab mich übrigens freiwillig gemeldet [...] ich will zu den Ü-Booten. Na also, endlich! Das ist die einzige Gattung, die noch Chancen in sich hat« (KM, 118).

hat es nirgendwo gegeben, und zu keinem Zeitpunkt war der Autor – wie er meinte – zur »Unperson« gemacht worden. Keiner der Beiträger hatte Günter Grass kritisiert, weil er mit 17 Jahren in die Waffen-SS geraten war oder Idealen des Nationalsozialismus anhing.

Gleichwohl sorgte die Offenbarung für Verstörungen. Es ging im Kern um die Frage, wie es um einen Moralisten in dem Fall bestellt ist, da er einen ›Makel‹ nicht selbst eingestanden hat. Die Antwort erscheint simpel: Natürlich wäre das Gewicht von Günter Grass in den Debatten seit den 1950er Jahren um Krieg wie Nationalsozialismus nicht annähernd so groß gewesen, wenn die Angegriffenen mit dem Verweis auf seine eigene Vergangenheit hätten kontern können. Grass hätte differenzierter oder anders gesagt, er hätte intellektueller agieren müssen. Und das bedeutete, »eine Sache anzusehen auf alle ihre Ecken und Kanten, und wie sie mit anderen zusammenhängt« (Uwe Johnson). Nur so funktioniert eine intellektuelle Existenz, und genau dies macht sie mitunter qualvoll. Doch Grass hatte dort, wo er sich politisch engagierte, zumeist zugespitzt, polemisiert, agitiert, moralisiert. Die ›Ecken‹ und ›Kanten‹ kamen weniger zur Sprache. Das angewandte ›Prinzip Vereinfachung‹ machte den Autor vernehmbar und zur ›moralischen Anstalt‹.

Betrachtet man nun den zum Irritationsanlaß gewordenen autobiographischen Erinnerungstext, dann weist er narratologisch insofern eine Besonderheit auf, als eine formale Identität von Autor, Erzähler und Hauptfigur existiert. Darüber hinaus spaltet Günter Grass die Erzählerrolle – wie auch schon bei den frühen Texten – in ein erinnerndes Ich auf, das sich auf der Gegenwartsebene befindet und ein erinnertes Ich, das die Vergangenheit präsentiert. Die Begründung für diese Inszenierung von Erinnerung liefert der autodiegetische Erzähler. »Schicht auf Schicht lagert die Zeit«, notiert er. »Was sie bedeckt, ist allenfalls durch Ritzen zu erkennen. Und durch solch einen Zeitspalt, der mit Anstrengung zu erweitern ist, sehe ich *mich* und *ihn* zugleich« (HZ, 51).[49] Den Unterschied zwischen erinnerndem und erinnertem Ich markiert Grass so: »Ich bereits angejahrt, er unverschämt jung, er liest sich Zukunft an, mich holt die Vergangenheit ein; meine Kümmernisse sind nicht seine« (HZ, 51). Und es folgt der Satz: »Zwischen beiden liegt Blatt auf Blatt die verbrauchte Zeit« (HZ, 51). Durch die »dritte oder zweite Person« wird eine zeitliche und räumliche Distanz zur Gegenwart hergestellt und die Vergangenheitsebene markiert. Die Rede ist von dem »Jungen, der du einmal warst«, dem »maßlosen Jungen« (HZ, 43), dem »Rekrut meines Namens auf einem Truppenübungsplatz der Waffen-SS« (HZ, 126), einem »uniformierten Selbst« (HZ, 106), später dann auf der Zeitschiene fortfahrend ist vom »Bildhauer, der sich als Dichter sah« (HZ, 460) die Rede. Auffällig dabei ist, dass das Sprechen in der »dritten Person« jeweils dann ein-

---

49 Hervorhebung – d. Verf.

setzt, wenn das Erinnern schwierig wird, »Blindstellen« (HZ, 75) existieren, ja eigenes Versagen eingestanden werden muß.[50] Der Erzähler verweist denn auch auf diese distanzherstellende Funktion der dritten Person, wenn er mitteilt:

> »Weil aber so viele geschwiegen haben, bleibt die Versuchung groß, ganz und gar vom eigenen Versagen abzusehen, ersatzweise die eigene Schuld einzuklagen oder nur uneigentlich in dritter Person von sich zu sprechen: Er war, sah, hat, sagte, der schwieg … Und zwar in sich hinein, wo viel Platz ist für Versteckspiele« (HZ, 36).

Nun ist dieses Schreiben in der »dritten Person« für Autobiographien durchaus kein Einzelfall. Erich Loest hat das in seiner Autobiographie »Prozesskosten« vergleichbar getan. Der Text beginnt mit einem Einstieg ab ovo wie folgt:

> »Erzählt soll werden von politischen Umwälzungen in der Sowjetunion, in Polen und Ungarn und von Gerichtsverfahren in der tiefen DDR, in die ein Schriftsteller verwickelt war, Erich Loest, hier meist L. genannt, auch ›Mark‹ in der Sprache des Ministeriums für Staatssicherheit, oder 23/59, so meldete er sich gegenüber dem Anstaltspersonal in seiner Zuchthauszeit.«[51]

Auch nach fünfzig Jahren ist es dem Autor Loest nicht möglich vom Trauma der Verhaftung, dem Prozess und der »gemordeten Zeit« im Zuchthaus Bautzen zwischen 1956 bis 1964 in der ersten Person zu erzählen. Entsprechend heißt es:

> »Aus dem Bericht in der dritten Person wird nach zwei Jahrzehnten und einigen Buchkapiteln ein Zusammenfließen möglich sein: Der Chronist und sein Objekt vereinen sich zum schlichten Ich« (ebd.).

Das Schreiben in der »dritten Person« ist ein Hilfsmittel für den Autor-Erzähler immer dann, wenn es um traumatische Ereignisse geht. Damit die eigene Identität keinen Schaden nimmt, scheint das Ich auch nach Jahrzehnten gezwungen, im Erzählen einen Abstand zu den Vorgängen herzustellen. Dies ist auch bei Günter Grass so, wenngleich es in seiner Autobiographie nicht darum geht, das Erlittene abzudämpfen, sondern gerade darum, ein Mittel zu finden, um sich dem eigenen »blinden Fleck« zu nähern und ihn gleichzeitig verharmlosend zu »bewältigen«. Dies führt erneut zu der Frage, auf welche Weise die inkriminierten Ereignisse erzählt werden. Erfolgt im Abstand eine Bewertung, die das Vergangene (kritisch) im Licht der Gegenwart erfasst oder wird der Versuch gemacht, die Vergangenheit und das Jahrzehnte zurückliegende Denken und Tun aus der Sicht des damaligen (kindlichen) Erlebens zu gestalten? Günter Grass verweist auf eben diese Schwierigkeit für den Erzähler:

---

50 Vgl. dazu auch Braun, Michael: Die Medien, die Erinnerung, das Tabu, S. 127.
51 Loest, Erich: Prozesskosten. Bericht. Göttingen: Steidl 2007, S. 5. Siehe dazu ausführlich Gansel, Carsten: »Ihr habt keine Ahnung, Kinder« – Erich Loest im Kontext der Literatur in der DDR. In: Gansel, Carsten / Jacob, Joachim (Hrsg.): Geschichte, die noch qualmt. Erich Loest und sein Werk. Göttingen 2011: Steidl, S. 16 – 35.

»Sobald ich mir den Jungen von einst, der ich als Dreizehnjähriger gewesen bin, her-
beizitiere, ihn streng ins Verhör nehme und die Verlockung spüre, ihn zu richten,
womöglich wie einen Fremden, dessen Nöte mich kalt lassen, abzuurteilen, sehe ich
einen mittelgroßen Bengel in kurzen Hosen [...] Er weicht mir aus, will nicht beurteilt,
verurteilt werden. [...] Ich versuche, ihn zu beruhigen, und bitte ihn, mir beim Häuten
der Zwiebel zu helfen, aber er verweigert Auskünfte, will sich nicht als mein frühes
Selbst ausbeuten lassen. Er spricht mir das Recht ab, ihn, wie er sagt, ›fertigzumachen‹,
und zwar ›von oben herab‹« (HZ, 37).

Wenn das Ich sich dagegen wehrt »von oben herab« abgekanzelt zu werden,
dann meint dies erinnerungstheoretisch die Abspaltung des erinnernden vom
erinnerten Ich. Der Erzähler spricht nicht von seinem damaligen Ich in der Ich-
Form, sondern berichtet vom »Jungen, der du einmal warst«. Insofern sieht der
Erzähler die vergangen Ereignisse im Licht der Gegenwart. Es erfolgt mit dem
Blick auf die Vergangenheit eine Evaluation und Bewertung der Ereignisse, es
handelt sich also um ›observer memories‹, um Beobachtererinnerungen. Derartige Passagen finden sich natürlich wiederholt in Grass' Text, auch dort, wo es
an die sensibelsten Stellen seiner Autobiographie geht. »Die doppelte Rune am
Uniformkragen war mir nicht anstößig« (HZ, 126), heißt es rückblickend. Auf
der anderen Seite gibt es das Bemühen, sich in das damalige Sein hineinzuver-
setzen, in die Situation des »Jungen von einst«. Dies ist nun genau dort der Fall,
wo Grass auf jene zentrale Blindstelle zusteuert, nämlich das im Rekrutie-
rungsbüro unübersehbare »doppelte S« auf den Kragenspiegeln. »Eher werde
ich die Waffen-SS als Eliteeinheit gesehen haben, die jeweils dann zum Einsatz
kam, wenn ein Fronteinbruch abgeriegelt, ein Kessel, wie der von Demjansk,
aufgesprengt oder Charkow zurückerobert werden musste«, heisst es (HZ,
126).[52] Durch diesen Wechsel in die *interne Fokalisierung*, also die aktoriale
Mitsicht, wird die Vergangenheit aus der Sicht des erlebenden bzw. erinnerten
Ichs erfasst, der übergeordnete und gegenwärtige Wissenshorizont tritt zurück.
Die Ereignisse und Erinnerungen werden aus der Sicht des damaligen Erlebens
präsentiert. Erinnerungstheoretisch kann man in diesen Fällen von ›fields memories‹, von Felderinnerungen sprechen. Grundsätzlich sind Felderinnerungen
ein wichtiges Mittel zur Innenweltdarstellung und von daher auch für Autobiographien unverzichtbar. Das Problematische in Grass' Autobiographie liegt
nun genau darin, dass er auf diese Felderinnerungen auch genau dort setzt, wo er

---

52 Es sei auf folgenden Aspket verwiesen, der in diesem Rahmen nicht weiter ausgeführt werden
    kann: Was in der Autobiographie bis zur letzten Konsequenz unverstellt formuliert wird,
    findet sich in »Katz und Maus« versteckt. Dorothea Dickmann hat dies pointiert so for-
    muliert: »Betrachtet man die hormonelle Ursuppe, die Grass unterm Deckschutz konser-
    vativer Pornographievorwürfe gekocht hat im Licht freudscher Militär- und Faschismus-
    analysen, so sind die Ingredenzien des SS-Staates nicht zu übersehen.« (Dieckmann, Do-
    rothea: Örtlich betäubt. In: Neue Zürcher Zeitung vom 28.08.2006).

vom täglichen Militärdrill in der SS-Division »Frundsberg« erzählt. Eine Evaluation bzw. Bewertung findet nicht statt, mögliche nachgelieferte Informationen zur schwarzen Uniform und der Rolle der SS-Verbände im Krieg finden sich nicht. Welche Blutspur die SS-Division durch Europa zog, dazu gibt der Erinnerer Grass keinerlei Informationen. Mit anderen Worten: die individuellen Erinnerungen werden durch das spätere Wissen nicht in Frage gestellt oder ergänzt.

Es kann hier nicht darum gehen, im nachhinein einen 17-jährigen zu verurteilen, der endsieggläubig war wie viele seiner Generation, sich als »Jungnazi« (HZ, 43) bezeichnet, keine Frage gestellt hat (45) oder glaubte, jemand sei im ›Konzertlager‹ gut aufgehoben (102). Wohl aber wird man fragen können, ob es angesichts des Zivilisationsbruchs, den die Verbrechen des Nationalsozialismus darstellen und angesichts des fast sechzig Jahre Verschwiegenen nicht problematisch ist, genau dort, wo es an die »blinden Flecken« geht und sie zum Gegenstand des Erzählens werden, das Vergangene den *field memories* bzw. dem ›Kinderblick‹ zu überantworten.

Der Einsatz von *field memories* ist im Rahmen der von Günter Grass verfolgten ›Rhetorik der Erinnerung‹ ein Grund für die Störungen, die die fiktionalen Texte in der bundesdeutschen Nachkriegsgesellschaft erzeugen konnten. Im »Krebsgang« sind die ›Felderinnerungen‹ künstlerisches Mittel, um bei der Inszenierung von Erinnerung eine erhöhte Authentizität zu erreichen und sich in Übereinstimmung mit der aktuellen Erinnerungskultur zu bringen. In der Autobiographie schließlich, einem faktualen Text, führt der Einsatz von field memories bei der Näherung an die ›blinden Flecken‹ nolens volens zum selbst erteilten Freispruch. Wie problematisch, ja geradezu gefährlich der Einsatz von ›Felderinnerungen‹ in einem Erinnerungskonzept sein kann, das hat Uwe Johnson in seinem opus magnum »Jahrestage« gezeigt. Seine Figur Gesine, die beständig versucht, ihrer Erinnerung auf die Spur zu kommen, um eine »Wiederholung des Gewesenen« zu erreichen, »darinnen noch einmal zu sein, dort noch einmal einzutreten«, vermag es eben nicht, das spätere Wissen um die Kriegsjahre auszuschließen. Im Gegenteil: Die authentische Erinnerung an glückliche Kindertage wird durch das inzwischen vorhandene Wissen vom Holocaust, von Mord und Vernichtung, entwertet. Insofern erteilt Gesine dem Versuch, das *erinnerte* und das *erinnernde* Ich in eins zu bringen, eine Absage. Sukzessive dringt der übergeordnete und gegenwärtige Wissenshorizont in die Erinnerung ein. Dadurch wird offenbar: Ein nochmaliges authentisches Erleben des Vergangenen ist nur möglich um den Preis des Nicht-Wissens! Was Johnson letztlich am Beispiel von Gesine vorführt, ist die Unmöglichkeit angesichts der Verbrechen der Deutschen in der Zeit des Nationalsozialismus überhaupt har-

monische Kindheiten erinnern zu *können*.[53] Das Wissen um den Zivilisations-
bruch hat – so Johnsons Auffassung – jegliche authentische Erinnerung abge-
tötet bzw. entwertet. Man wird eine so konzipierte Haltung nicht anders, denn
moralisch nennen können.[54] Aber wenn dies so sein sollte, als was hätte dann
Günter Grass' Position zu gelten?

VII.

Am 4. April 2012 veröffentlichte Günter Grass in der Süddeutschen Zeitung ein
Gedicht, das – so hatte es den Anschein – in hohem Maße eine Irritation produzierte und die deutsche Öffentlichkeit aufstörte. Hat sich damit die in diesem
Beitrag angesteuerte Denkfigur erledigt und ist der Autor auf diese Weise wieder
zum Aufstörer der 1950er Jahre geworden? Mitnichten! Darin hieß es:

> »Es ist das behauptete Recht auf den Erstschlag, der das von einem Maulhelden un-
> terjochte und zum organisierten Jubel gelenkte iranische Volk auslöschen könnte, weil
> in dessen Machtbereich der Bau einer Atombombe vermutet wird.«[55]

Warum, so stellt sich die Frage, wird die Kritik an Israel nicht argumentativ
entfaltet, etwa in Form eines Essays, eines Kommentars, eines politischen
Statements oder gar einer Streitschrift? Warum wählt Günter Grass die lyrische
Form mit vierhebigen Versen? Eine mögliche Antwort kann so aussehen: Günter
Grass verpackt die Kritik mit Bedacht in einem überkohärenten Text. Warum?
Ein kohärenter Text ist an eine bestimmte Situation gebunden, und er verschwindet mit dem Vergehen dieser Situation, er fällt aus dem Gedächtnis.
Anders der überkohärente Text. Hier wird die Kohärenz – so hat Karl Eibl
herausgestellt – u. a. durch »neutrale Rekurrenzen« wie Vers und Reim, also
durch spezifische Mittel, verstärkt.[56] Mit der Versform und dem Zeilenbruch
etwa zielt Grass auf Überkohärenz. Auf diese Weise wird der Text »verschnürt«
und von der offensichtlichen räumlichen wie zeitlichen Referenz ›entlastet‹.

---

53 Siehe Gansel, Carsten: »Wir haben nichts gesehen… Heute weiß ich es.« Dekonstruierte
    Kindheitsidyllen im Zeichen des Holocaust in Uwe Johnsons »Jahrestage«. In: Gansel,
    Carsten/ Zimniak, Pawel (Hrsg.): Kriegskindheiten und Erinnerungsarbeit. Berlin 2011:
    Erich Schmidt, S. 171 – 184.
54 Vgl. Butzer, Günter: »Das Vergangene als solches gibt es nicht.« Erinnerung und Wissen in
    der deutschen Nachkriegsliteratur am Beispiel von Uwe Johnson und Martin Walser. In:
    Wider das Vergessen. Literatur nach 1945 über Schuld und Versöhnung. Bad Boller Skripte 5/
    2005, S. 80 – 89.
55 Grass, Günter: Was gesagt werden muß. In: Süddeutsche Zeitung, Nr. 80, 04.04.2012, S. 1.
56 Eibl, Karl: Zurück zu Darwin. Bausteine zur historischen Funktionsbestimmung von
    Dichtung. In: Titzmann, Michael (Hg.): Modelle des literarischen Strukturwandels. Tü-
    bingen: Max Niemeyer Verlag 1991, S. 347 – 366, hier: S. 363.

Thomas Steinfeld hat die Funktion der lyrischen Form präzis erfasst: »Sie dient dazu, den Schriftsteller der Kritik zu entziehen. Indem er sich – scheinbar – nach innen wendet und sein Innerstes nach außen kehrt, indem er, vor und anstatt einer politischen Auseinandersetzung, als lyrische Empfindsamkeit auftritt, will er einen Standpunkt über allen einnehmen und sich unangreifbar machen.«[57]

Günter Grass bringt also die politische Botschaft in die Form eines überkohärenten Textes, wobei es nicht darum geht, Wirklichkeit zu verfremden oder um den Versuch, den Menschen ein »›neues Sehen‹ zu lehren«. Die poetischen Verfremdungen haben die Funktion, die »Aufmerksamkeit auf den herausgehobenen Text zu lenken«, damit die in ihm gespeicherten und in ihn hineingedeuteten »Regelmäßigkeitsannahmen als ein Objektives erscheinen und so das jeweilige Weltbild (oder ›System‹) zu stabilisieren«.[58] Bei Günter Grass' Rede von Schuld bzw. Mitschuld fühlt man sich zudem an Karl Jaspers Schrift »Die Schuldfrage« (1946) erinnert, in der Jaspers sich nach Krieg und Holocaust mit der Frage von Schuld und Verantwortung für die Verbrechen des Nationalssozialismus auseinandersetzt und vier Formen von Schuld unterscheidet: die kriminelle, die politische, die moralische und die metaphysische Schuld. Grass Text appelliert an die metaphysische Schuld, die die Mitverantwortung für alles Unrecht in der Welt sieht und den einzelnen vor das Problem stellt, dass er oder sie mitschuldig wird, wenn er/sie nicht alles tut, um Unrecht zu verhindern. Als Instanz zur Klärung dieser Form von Schuld bzw. Mitschuld sieht Jaspers Gott!

Günter Grass – so der Eindruck – sieht sich mit seinem Text und der in ihm »verschnürten Botschaft« einmal mehr in der Rolle des Mahners, des Priesters, des Rhapsoden. Es geht weniger darum, Ratlosigkeit zu produzieren, zu irritieren, aufzustören, Regelmäßigkeitsannahmen zu revidieren oder im Sinne von Niklas Luhmann ein erhöhtes Kontingenzbewußtsein zu erzeugen. Günter Grass lyrische Einlassung dient eher der eigenen Inszenierung und der Stabilisierung des »Weltsystems Grass«.

---

57 Steinfeld, Thomas: Dichten und meinen. In: Süddeutsche Zeitung, Nr. 81, 05./06. April 2012, S. 13.
58 Eibl, Karl. Zurück zu Darwin. 1991, S. 363.

Jürgen Joachimsthaler (Marburg)

Gedächtnis-Imperien –
Die Rückgewinnung literarischer Imaginationshoheit über das Vergangene[1]

I.   Synapsen. Erinnerungen

Es gibt keine Literatur ohne Erinnerung: Zeichen wollen (wieder-)erkannt sein und lösen mehr aus im Rezipienten als nur den kognitiven Aufruf eines lemmatisierten Lexikoneintrags. Worte, egal ob aus gesprochenen Lauten, Tinte oder Bildschirmlettern geformt, bedürfen des Lesers, der sie unterhalb ihrer nur zeichenhaften Vordergrunderscheinung durchtaucht und ihren semantischen Echo- und Imaginationsraum anfüllt mit seinen Assoziationen, Erinnerungen, Hoffnungen und Bedrängnissen. Nicht die Syntax, nur der Leser vermag sie zu verknüpfen zum im großen Wähnen treibenden und wuchernden Sinn- und Vorstellungsgeflecht. Wer jedoch, aus dem hermeneutischen Abenteuer der Textrezeption auftauchend, innehalten und wissenschaftlich gültige, »objektive« Aussagen treffen will über die Literatur insbesondere seiner eigenen Zeit, ihre Strömungen und Tendenzen, befindet sich in einem vergeblichen Wettlauf mit seinem Gegenstand, dessen Entwicklung ihm zwangsläufig immer etwas voraus sein muss: Während der Literaturwissenschaftler noch nach fertiger Meta-Sprache sucht, ist der Fluss der geschriebenen Worte schon an ihm vorübergezogen und lockt ihn, sofort wieder einzutauchen. Distanz zu gewinnen gelingt

---

1 Dieser Text korrespondiert mit älteren Vorarbeiten, auf die hier aus Platzgründen hinsichtlich dort umfangreich zitierter weiterführender Literatur verwiesen werden muss: Joachimsthaler, Jürgen: Gespaltenes Gedächtnis. Deutsche Erinnerungsliteraturen. In: Germanistik in und für Europa. Faszination – Wissen. Texte des Münchener Germanistentages 2004. Im Auftrag des Vorstands des deutschen Germanistenverbands hrsg. von Konrad Ehlich. Redaktion: Diana Kühndel. Bielefeld: Aisthesis 2006, S. 325–333; Ders.: Philologie der Nachbarschaft. Erinnerungskultur, Literatur und Wissenschaft zwischen Deutschland und Polen. Mit einem Nachwort v. Marek Zybura. Würzburg: Königshausen & Neumann 2007; Ders.: Die memoriale Differenz. Erinnertes und sich erinnerndes Ich. In: Gedächtnis und kultureller Wandel. Erinnerndes Schreiben – Perspektiven und Kontroversen. Hrsg. von Judith Klinger und Gerhard Wolf. Tübingen: Niemeyer 2009, S. 33–52; Ders.: Text-Ränder. Die kulturelle Vielfalt in Mitteleuropa als Darstellungsproblem deutscher Literatur. Heidelberg: Winter 2011, insbesondere Bd. 3, S. 206–273.

nur um den Preis, den akuten Moment des »gerade jetzt« schon versäumt zu haben. Eine besondere Herausforderung birgt diese unvermeidliche Verspätung der Wissenschaft immer dann, wenn sie sich mit dem Nachhall der Vergangenheit in der gerade aktuellen Literatur befassen möchte, denn mit der immer nur augenblickskurzen Gegenwart verschiebt sich unaufhörlich auch die Vergangenheit, die ja immer nur die einer bestimmten Gegenwart sein kann. Dem widerspricht nicht, dass seit 1945 insbesondere im deutschen Kontext »die Vergangenheit« stillzustehen scheint, wird hier unter »der Vergangenheit« doch in erster Linie die NS-Ära verstanden mit dem Holocaust im Mittelpunkt. Der fortschreitenden Zeit gegenüber erweist diese Vergangenheit sich aufgrund ihres besonderen Gewichts als äußerst stabil, spätere historische Erfahrung (Nachkriegszeit, »1968«, Friedens- und Umweltbewegung, DDR und »Wende«, kulturelle und ökonomische Konjunkturen etc.), mag sie auch von immer umfangreicher werdender Literatur thematisiert werden, wird vom Leser oder Hörer nicht als vorrangig relevante Bedeutungsebene assoziiert, wenn von »der Vergangenheit« in Deutschland die Rede ist.

Die Statik des zum Gravitationszentrum der Gedächtnisarbeit geronnenen Schreckens kann jedoch nicht verhindern, dass zwar nicht dieses fast schon geschichtstranszendent »Eigentliche«[2], aber das Verhältnis der fortlaufenden Gegenwart ihm gegenüber sich verändert. Für die Nachgeborenen existiert keine primäre synaptische Verknüpfung mehr mit eigenen Erinnerungen an diese Schrecken, sondern nur noch sekundäre Erinnerung an Erzählungen Betroffener[3] (kaum jedoch Verantwortlicher) und an mediale oder didaktische Vermittlungen. Das sich erinnernde Ich sieht sich nicht (s)einem erinnerten Ich gegenüber, sondern Angelerntem, Gehörtem und Angelesenem. Dieses generiert subjektiv durchwirkte Imagination, Gefühle und Phantasien, mit denen das rezipierende Bewusstsein auf »die Vergangenheit« reagiert. Bei späterem, nochmaligem sich Einsenken in »die Vergangenheit« evozierende Texte kann dann die Erinnerung an das Rezeptionserlebnis erinnert werden – Bewusstseinsinhalt ist dann nicht primäre Erinnerung an Selbsterlebtes, sondern an die Erlebnisse, die fremde Vermittlungen im jeweiligen Subjekt auslösten (wobei bei mangelnder kognitiver Distanz die Verkürzung der sekundären zur im subjektiven Erleben primären Erinnerung geschehen kann und die Vorstellung fremden Leidens angeeignet werden kann als Vorstellung eigenen Erlebens – in jedem Fall ist es ja die eigene Vorstellung, die dieses memoriert[4]).

---

2 Vgl. den der Gedächtnispolitik und ihrer Auswirkung auf den Einzelnen gewidmeten Roman Hanika, Iris: Das Eigentliche. Roman. Graz, Wien: Droschl 2010.
3 Literarisch wirkungsvoll umgesetzt hat dies Sebald, W. G.: Austerlitz. München, Wien: Hanser 2001.
4 Bekanntes Beispiel wäre Wilkomirski, Benjamin: Bruchstücke. Aus einer Kindheit. 1939 –

Erinnerung, insbesondere sekundäre Erinnerung, bedarf der Imaginations-auslöser, der Zeichen, der Worte, der Literatur, von der älteren Generation bewusst weitergegebener oder unversehens aus der bloßen Gegenwart heraus- und ins Vergangene zurückragender Informations-Rudimente, Bruchstücke oder wie auch immer überlieferter Quellen und Zeugnisse.[5] Nicht umsonst wird in der Gedächtnisliteratur der Nachgeborenen immer häufiger dieser Vermittlungs-vorgang thematisiert: Der äußere, gesellschaftliche, politische oder auch »nur« familiäre Erinnerungsrahmen mit seinen Gedächtnisvorgaben formt und prägt, was als individuelles Gedenken in ihm – und oft gegen ihn[6] – stattfindet. Die Verbindung zwischen der sichtbaren Welt der Gegenwart und der unsichtbaren noch nachlebender Vergangenheit[7] droht dann abzureißen, wenn diejenigen, denen überkommene Gedächtnis-Inhalte zur weiteren Tradierung übertragen sind, über keine eigene Erinnerung mehr verfügen, sondern nur noch über Erinnerungen daran, was und wie in sie hineinerinnert worden ist – mit all den unausgefüllten Lücken, nicht hinreichend geklärten Nachfragen und Ungenau-igkeiten sowie den eigenen Gedächtnisschwächen, die dieses sekundäre Ge-dächtnis seinerseits brüchig werden lassen. Erinnerung und Gedächtnis können so auch um ihrer selbst und ihrer Gegenwart und eben nicht nur um des Erin-nerten willen zum handlungstreibenden Thema von Literatur werden[8] – bis hin zur Möglichkeit, sie nur zu thematisieren, um sich eben nicht auf das einzu-lassen, was Erinnerungsauslöser auslösen wollen.[9]

Nicht umsonst gibt es in den letzten Jahren zunehmendes literarisches Interesse für die memoriale Funktion der »Dinge«, der überkommenen Zeugnisse und ihrer Bedeutung für die Gegenwart. Auf dem Umweg über diese erhält »die Vergangenheit« eine der Gegenwart zugewandte sinnliche Seite, so dass eine der Vergangenheit sich annähernde Literatur von diesen »Dingen« und Hinterlas-senschaften ausgehen kann. Sie sind ein Stück überlebender Vergangenheit, bewahren deren Farben, Form, haptische Struktur etc. Sie können deshalb als

---

1948. Frankfurt/Main: Jüdischer Verlag 1995; zum Fall vgl. Mächler, Stefan: Der Fall Wilko-mirski. Über die Wahrheit einer Biographie. Zürich/München: Pendo 2000.

5 Vgl. z. B. Maron, Monika: Pawels Briefe. Eine Familiengeschichte. Frankfurt/Main: Fischer 1999.

6 »[D]ie Erinnerungen mißtrauen dem Gedächtnis.« Schäfer, Hans Dieter: Blogs. In: Ders.: Die unsichtbare Tätowierung. Erkundungen. Göttingen: Wallstein 2013, S. 169–200, hier: S. 180.

7 Schäfer, Blogs. 2013 [wie Anm. 6], S. 175.

8 Z. B. Rygiert, Beate: Brojas Erbe. Roman. München: List 2001; Dorn, Anne: Siehdichum. Roman. Berlin: Dittrich 2007; Gruber, Sabine: Stillbach oder Die Sehnsucht. Roman. Mün-chen: Beck 2011.

9 Bezeichnenderweise ist es ein deutsch-türkischer Autor, der, nicht ohne Verweise auf die deutsche Gedächtnisarbeit, einen Roman um die Vergangenheit des türkischen Großvaters seines Protagonisten so anlegt, dass dieser bis zum Ende des Romans nicht wirklich nach-gegangen wird. Vgl. Şenocak, Zafer: Gefährliche Verwandtschaft. Roman. München: Babel 1998.

Sinnlichkeitsbrücken zur Vergangenheit dienen, die damit ihrerseits selbst bei all ihrem besonderen historischem und moralischem Gewicht als sinnliches Erlebnis dargestellt werden kann wie in Marcel Beyers Roman »Flughunde«[10], der das »Dritte Reich« aus Sicht eines seine akustische Seite aufnehmenden Toningenieurs als mit Worten beschriebenen Hör-Raum evoziert. In den meisten derartigen Gedächtnistexten wird jedoch (anders als bei Beyer) nicht die Vergangenheits-, sondern die Gegenwartsseite des Imaginationsauslösers betont, »die Vergangenheit« wird in den Erinnerungsrahmen hereingeholt als vergangene, die in ihrem nun ferngerückten »Damals« nur noch rekonstruiert werden kann mithilfe solcher Überbleibsel. Diese Konstruktion erlaubt es, trotz des Übergewichts »der Vergangenheit« auch das »Jetzt« der Vergegenwärtigung, den Erinnerungsrahmen zu thematisieren – und die inneren oder äußeren Konflikte, die die Beschäftigung mit »der Vergangenheit« in der Gegenwart mit sich bringt, in der die Vergangenheit eben nicht nur ein unveränderlich Gegebenes ist, sondern immer auch ein Objekt, um dessen Deutung gestritten wird[11] – wenn die Konzentration auf die noch wahrnehmbare Außenseite der Reste der Vergangenheit nicht gleich dazu verführt, Beschäftigung mit ihr als reinigende »Auszeit« aus dem normalen Alltag der Gegenwart zu imaginieren.[12]

Die wachsende zeitliche Distanz zu »der Vergangenheit« führt zu ihrer Enteigentlichung – sie rückt ferner und kann gerade von Jüngeren nur noch mit Hilfe von Medien, Kunst und Vermittlungshilfen überbrückt werden, die, mögen sie auch der Vergegenwärtigung der Vergangenheit dienen, doch zugleich in der Literatur der letzten 20 Jahre zunehmend dazu genutzt werden, einen Eigenwert des konkreten Hier und Jetzt, innerhalb dessen erinnert wird, zu evozieren und damit auch die Frage nach dem Verhältnis der Nachgeborenen zur nun ihnen übertragenen Vergangenheit zu diskutieren. Außerhalb Deutschlands ist diese Entwicklung, die ja nicht nur Deutsche betrifft, sondern Nachkommen aller Täter- wie Opfergruppen der NS-Zeit, schon länger und in der konkreten Ausgestaltung oft prägnanter zu beobachten, weil es hier leichter fällt, die Frage nach dem Gewicht der Vergangenheit zu verknüpfen mit der nach denen, auf die dieses Gewicht drückt. Nicht zufällig ist es vor allem der jüdische Erinnerungskontext, in dem die Wirkungen dieser übermächtigen Vergangenheit auf die Nachgeborenen systematisch untersucht wird – die amerikanische Literaturwissenschaftlerin Marianne Hirsch prägte für deren Erfahrungen bereits in den frühen 1990er Jahren den Ausdruck »postmemory« (als »Nach-Gedächtnis« von Norbert Finzsch aus Anlass der Übersetzung eines Textes von Ronit Lentin

---

10 Beyer, Marcel: Flughunde. Roman. Frankfurt/Main: Suhrkamp 1996.

11 Solche Debatten löste Günter Grass nicht nur aus, sondern behandelte sie im Medium literarischer Fiktion selbst: Ders.: Im Krebsgang. Novelle. Göttingen: Steidl 2001.

12 Aktuell wäre hier zu nennen Bonné, Mirko: Nie mehr Nacht. Roman. Frankfurt/Main: Schöffling 2013.

über die polnische Jedwabne-Debatte[13] ins Deutsche übertragen; in Polen ist der Begriff mittlerweile eingebürgert als postpamięć[14]):

>»Postmemory describes the relationship that the generation after those who witnessed cultural or collective trauma bears to the experiences of those who came before, experiences that they ›remember‹ only by means of the stories, images, and behaviors among which they grew up. But these experiences were transmitted to them so deeply and affectively as to seem to constitute memories in their own right. Postmemory's connection to the past is thus not actually mediated by recall but by imaginative investment, projection, and creation. To grow up with such overwhelming inherited memories, to be dominated by narratives that preceded one's birth or one's consciousness, is to risk having one's own stories and experiences displaced, even evacuated, by those of a previous generation. It is to be shaped, however indirectly, by traumatic events that still defy narrative reconstruction and exceed comprehension. These events happened in the past, but their effects continue into the present. This is, I believe, the experience of postmemory and the process of its generation.«[15]

Das Nachleben »der Vergangenheit« prägt somit das Leben der Nachgeborenen, deren jeweils individuelle Erinnerung überschattet ist von den gewichtigeren Erfahrungen und Traumatisierungen der Vorgängergeneration. Damit stellt sich ein doppeltes Problem, das auch mehr und mehr die jüngere deutschsprachige Literatur beschäftigt: Wie kann man mit fremden Erinnerungen, die gewichtiger sind als die eigenen, so umgehen, dass man sich ihnen so weit wie möglich annähern kann, ohne dass die eigenen, ganz anderen Erfahrungen von »der Vergangenheit« völlig überlagert und verdrängt werden? Inwiefern können jüngere, in der Regel harmlosere Erfahrungen vor ihr überhaupt Gültigkeit beanspruchen? Genau besehen betreffen beide Fragen sogar noch die jüngere(n) Erlebnisgeneratione(n), endete deren Leben doch nicht mit Krieg und Nachkrieg. Diejenigen, die nach der politischen Wende von 1989/90 noch leben und schreiben, haben die 1930er und -40er Jahre in so jungen Jahren erlebt, dass der quantitativ größere Teil ihres Lebens nach diesen Ereignissen stattgefunden hat. Auch für diese gilt: Wie verhält man sich den verschiedenen Vergangenheiten gegenüber? Können – und falls ja: wie – lassen Erinnerungen und Gedächtnisse sich so gewichten, dass es ihrem moralischen und politischen Gewicht entspricht und dabei auch dem »Danach« noch Raum lässt?

---

13 Lentin, Ronit: Nach-Gedächtnis und der Auschwitz-Code. In: Mittelweg 36 (2002), H. 4), S. 53–68, online zugänglich unter: <http://www.eurozine.com/articles/article_2002-09-06-lentin-de.html> (Zugriff am 16.09.2014).
14 Vgl. etwa den Band Wojna i postpamięć. Hrsg. von Zbigniew Majchrowski und Wojciech Owczarski. Gdańsk: Wydawnictwo Uniwersytetu Gdańskiego 2011.
15 Hirsch, Marianne: The Generation of Postmemory. In: Poetics today 29 (2008), H. 1, S. 103–128; hier: S. 106 f.

II.   Engagement. Fiktion. Fremdheit

»Verdrängung« war eines der wichtigsten Schlagwörter gedächtnispolitischer
Auseinandersetzungen in der alten Bundesrepublik. Das weitverbreitete Be-
schweigen der NS-Zeit durch Angehörige der Erlebnisgeneration provozierte
immer bohrendere Fragen der Jüngeren, die das häufige Ausbleiben nachvoll-
ziehbarer Antworten als so belastend erfuhren, dass sie es sich mit psycho-
analytischer Begrifflichkeit als eine solche »Verdrängung« verständlich zu machen suchten, welche der Auflösung bedürfe. Unmittelbare Sprengkraft enthielt
ihr Nachfragen, weil es notwendig die Aufdeckung verheimlichter Verbrechen
und die Enttarnung einstiger NS-Verbrecher mit sich bringen musste. Aus dieser
vergangenheitspolitischen Agenda hat der Gedächtnisdiskurs bis in die Wissenschaft hinein heute noch nachwirkende Problemstellungen übernommen,
die, eng verknüpft mit der Schuldproblematik, alle das Problem dieser »Verdrängung« fokussieren: Jeder Erinnerungstext wird darauf hin überprüft, was
wahr ist an ihm und was nicht. Erinnerungs-Kriminalistik ist Teil der Literatur
wie der Literaturkritik geworden – der Streit um Günter Grass' Darstellung
seiner SS-Vergangenheit zeigt dies ebenso deutlich wie die Auseinandersetzung
um Binjamin Wilkomirskis bzw. Bruno Dössekkers falsche Erinnerungen[16] oder
Martin Walsers als »Verdrängung« angegriffener[17] Entscheidung, in seinem
Roman »Ein springender Brunnen«[18] die NS-Zeit aus einer Kindheitsperspektive
zu erzählen, die freigehalten wird vom späteren Wissen des Autors um die
zeitgleichen Verbrechen. Nun lässt sich Walser gewiss eine problematische
Aufspaltung späteren Wissens vorhalten, doch ob diese auf »Verdrängung«
zurückzuführen ist? Oder nicht doch auf eine *bewusste* Entscheidung, auf ein
gezieltes sich Anerinnern gegen die Vorgaben des zeitgenössischen Erinne-
rungsrahmens? Immerhin bescherte dieser »Skandal« Walser sehr gute Verkaufszahlen, während, um nur ein gewichtiges Gegenbeispiel zu nennen, Manfred Peter Heins konzeptionell gegenläufige (und literarisch anspruchsvollere)
»Fluchtfährte« bis heute ein Geheimtipp geblieben ist.[19]

Mit seinem Erzählansatz behauptet Walser eine Authentizität von späterem
Wissen nicht tangierbarer Erinnerung, die spiegelverkehrt mit dem gleichen
Argument arbeitet wie seine Kritiker, dem Beharren auf einer unverfälscht zu-
gänglichen Vergangenheit. Die Einsicht, dass Authentizität nicht einfach gege-

---

16 Wilkomirski, Bruchstücke. 1995 [wie Anm. 4].
17 Öffentlichkeitswirksam war etwa Benjamin Ortmeyers GEW-Vortrag »Wie Martin Walser
     das ›Wegdenken‹ erlernt und kultiviert hat«, das als Manuskript nun über die Website der
     Goethe-Universität Frankfurt am Main zugänglich ist: <http://www.uni-frankfurt.de/fb/
     fb04/download/ortmeyer/Gegen_Walser1.pdf> (Zugriff am 16.09.2014).
18 Walser, Martin: Ein springender Brunnen. Roman. Frankfurt/Main: Suhrkamp 1998.
19 Hein, Manfred Peter: Fluchtfährte. Erzählung. Zürich: Ammann 1999.

ben ist, hat sich freilich bereits vor Walsers Roman in der Gedächtnistheorie durchgesetzt; das Konzept der »Verdrängung«, so problematisch es ist, unterstützte die Einsicht in die Nichttrivialität des Erinnerten, das sich eben nicht einfach darauf berufen kann, es sei so gewesen, wie im Erinnerungsakt festgehalten und in seiner Niederschrift wiedergegeben. Das in der Folge entwickelte sensible gedächtnistheoretische Instrumentarium von der wirkungsmächtigen Unterscheidung der Assmanns zwischen Speicher- und Funktionsgedächtnis über die diversen literaturwissenschaftlichen Methoden der Gedächtnisanalyse[20] bis hin zur Differenzierung zwischen Gedächtnisrahmen, erinnertem und sich erinnerndem Ich[21] ist aus heutiger Sicht gekennzeichnet von einer eigenartigen Doppelgesichtigkeit: Einerseits erleichtert es als analytisches Werkzeug, den »falschen« Anteil vom »richtigen« in individueller Erinnerung und kollektivem Gedächtnis zu unterscheiden, andererseits lädt es zugleich dazu ein, die »wahr«/»falsch«-Opposition zugunsten der Betrachtung des Eigenwertes eines Erinnerungstextes in seiner gegebenen Gestalt zu unterlaufen und nicht mehr nach seiner »Wahrheit« zu fragen, sondern nach seiner Funktion. Der Fall Wilkomirski mit seiner Ununterscheidbarkeit zwischen betrügerischer Leser-Täuschung und psychologisch interessanter Selbsttäuschung eröffnete die Möglichkeit, dass ein »lügender« Autor an Identitätsverwirrung leiden und selbst glauben kann, was er nachweisbar nur erfunden. Ist er dann ein Lügner? Die scheinbar stabile Differenz zwischen real Geschehenem und zu dessen möglichst exakter Wiedergabe verpflichteter Erinnerung geriet mit exakt den Ansätzen aus dem Gleichgewicht, die sie nur auf den ersten Blick klar zu formulieren schienen.

Die Einsicht in die Unzuverlässigkeit des Gedächtnisses verträgt sich nur schwer mit der Überprüfung desselben unter kriminalistischen und moralischen Gesichtspunkten hinsichtlich seiner Übereinstimmung mit der Wirklichkeit. Wie soll Erinnerungsliteratur, die als Literatur selbst im Modus des »als ob« agiert, mit der Eigengesetzlichkeit des Gedächtnisses umgehen? Dieses Problem ist unabhängig vom speziellen deutschen Kontext ein grundsätzliches Problem jeder Erinnerungsliteratur und zeigt sich besser, wenn man kurz auf von der NS-Problematik nicht tangierte Texte und Kontexte blickt. Samuel R. Delany, eine der markantesten Figuren der amerikanischen Postmoderne, schreibt im Vorwort zu seinen Erinnerungen, dass er den Tod seines Vaters in zwei sich widersprechenden Sätzen notieren muss, weil er ihn falsch erinnert:

---

20 Gedächtniskonzepte der Literaturwissenschaft. Theoretische Grundlegung und Anwendungsperspektiven. Hrsg. von Astrid Erll und Ansgar Nünning. Berlin/New York: de Gruyter 2005.

21 Vgl. Joachimsthaler, Die memoriale Differenz. 2009 [wie Anm. 1].

>»My father died of lung cancer in 1958 when I was seventeen.‹ ›My father died of lung cancer in 1960 when I was eighteen.‹ The first is incorrect, the second correct. [...] Now a biography or a memoir that contained only the first sentence would *be* incorrect. But one that omitted it [...] would be incomplete.«[22]

Für »falsche« Erinnerung gilt dasselbe wie für sekundäre: Diese ist Teil des Imaginariums des jeweiligen Menschen und als Teil des semantischen Assoziationsraums nicht mehr wirklich auf Wahrheitswerte rückführbar, allenfalls konfrontierbar mit einer von ihr abweichenden historischen Faktenlage. Aber damit hört die falsche Vorstellung nicht auf zu existieren, sie ist Bestandteil des individuellen Bewusstseins. In der Vorstellung Erinnertes erhält seine unberechenbar sich wandelnde Gestalt ja durch das unentwegte Herumschweifen des Subjekts in den Verästelungen des gedächtnisdurchsättigten individuellen Imaginariums, das nicht einfach nur ist, sondern vom sich erinnernden Ich immer neu hervorgebracht wird und nur in stets variabler Augenblicksform existiert, an der ständig weiterimaginiert wird. Die dadurch entstehenden Bilder sind (subjektive) Tatsache. Eine eindeutige Grenze zwischen Erinnerung und Fiktion existiert nicht, weil beide dasselbe sind: Vorstellung. Nicht umsonst veröffentlichen viele Autoren ihre Gedächtnistexte, in die unterschiedlich viel Autobiographisches eingeflossen sein mag, explizit als »Roman«. Im Bereich des »als ob«, im Bereich der Fiktion geht es nicht mehr darum, was »wahr« ist oder »falsch«, sondern um die Überzeugungskraft der Imagination bzw. ihrer literarischen Wiedergabe. Bezeichnenderweise sind viele der Texte, die den Erinnerungs- und Gedächtnisdiskurs in Deutschland nachhaltig prägten, Romane, deren Aufgabe es, genau besehen, gerade nicht ist, autobiographische Erinnerung authentisch wiederzugeben, sondern das kollektive Vorstellungsvermögen anzuregen, sich Gewesenes auch dann vorzustellen, wenn dessen »wahre« Gestalt nicht mehr rekonstruierbar ist. Der bewusste Rückgriff auf die Fiktion ermöglicht es ja, Texte über Vergangenes zielgenau dort zu platzieren, wo es im privaten oder kollektiven Bild der Vergangenheit Lücken gibt, die auch durch geschichtswissenschaftliche Rekonstruktion nicht mehr auffüllbar sind – die oft unvermeidliche Fremdheit der »eigenen« Vorgeschichte also abzurunden durch ihre Ergänzung mit Hilfe von Erfindung, die dem semantischen Taucher suggestive Verbindungswege eröffnet zwischen scheinbar weit voneinander entfernten Überlieferungsfragmenten, erratischen Identitätsblöcken und noch unbeschliffenen Imaginations-Bruchstücken.

Auch dies gilt natürlich nicht nur für die deutsche Literatur, auch dies ist außerhalb Deutschlands bereits prägnanter formuliert worden. Für die jüngere polnische Literatur hat Olga Tokarczuk Bewusstseinslücken thematisiert, die

---

22 Delany, Samuel R.: The Motion of Light in Water. East Village Sex and Science Fiction Writing: 1960–1965. New York 1993: Richard Kasak, S. XXII.

sich sowohl für Polen als auch für Deutsche aus der Westverschiebung Polens und dem Bevölkerungsaustausch in den betroffenen Regionen ergaben: Den einen fehlt das Wissen um die Vorgeschichte ihrer neuen Heimat, den anderen die Beobachtung der weiteren Entwicklung des ihnen Vertrauten.

»Es gibt in Europa wohl keinen Ort mit einem solchen Hunger nach historischer Kontinuität wie Niederschlesien. Einem solchen Hunger nach Mythos, Hunger nach einer Erzählung, die diese zerbrochene Welt heilen, Raum und Zeit zähmen könnte. [...] Beide Geschichten, die polnische wie die deutsche, waren wie Fragmente eines großen mitteleuropäischen Epos in zwei Sprachen. Fragmente einer – da sie beide Seiten zu sehr schmerzte – noch immer nicht erzählten Geschichte.«[23]

Von hier aus begründet sich nicht nur ein Teil von Olga Tokarczuks fiktionalem Schreiben[24], das um die Schaffung verbindender Geschichtsbilder bemüht ist, von hier aus erklärt sich ebenso ihr Interesse an eklektizistisch erfundenen Traditionen, mit deren Hilfe die neuen polnischen Bewohner dieser ehemals deutschen Gebiete sich in diese einzuwurzeln versuchen, ein Vorgang, den Tokarczuk als »so etwas wie kollektive Psychotherapie«[25] bezeichnet. Erfundene Geschichte wird an historischen Schmerz- und Abbruchstellen platziert, die ein nur am objektiv Rekonstruierbaren orientiertes Erinnern nicht mehr überwinden kann. Fiktion hilft über diese Abgründe hinweg synaptische Verbindungen zu erstellen zu ansonsten völlig Unzugänglichem. Literatur produziert im Modus des »als ob« Vorstellungen davon, wie es gewesen sein könnte – oder gewesen sein sollte, schafft sich ihre sekundären Erinnerungen also nach ihren eigenen Bedürfnissen. Solche Arbeit an »der Vergangenheit« dient dann nicht mehr primär einer Wahrheitsfindung, sondern dem Wunsch der Gegenwart, mit dem umgehen zu können, was aus der Vergangenheit noch in sie hereinragt. Tokarczuks Verständnis für diese Art der Gedächtnisvervollständigung entspricht (mag die Psychologin und Therapeutin Tokarczuk selbst auch Jungianerin sein) durchaus Einsichten Sigmund Freuds, der keineswegs naiv glaubte, Vergessenes oder Verdrängtes ließe sich zweifelsfrei wieder herstellen. An der gegenwärtigen Situation seiner Patienten orientiert, bewertete er die während der Therapie hergestellte (!) Erinnerungs-»Konstruktion« (im Sinne einer Vorstellung über die Vergangenheit) nicht nach ihrem Wahrheitswert, sondern nach ihrem therapeutischen Nutzen. Nicht was wirklich gewesen sei, sei von Bedeutung, sondern dass das mit den Mitteln der Psychoanalyse produzierte Vorstellungsbild von der Vergangenheit geglaubt werde: »Anstatt dessen erreicht man bei ihm [dem Patienten – der Verf.] durch korrekte Ausführung der

---

23 Tokarczuk, Olga: Stalins Finger. In: Kafka 2001, H. 3, S. 46–51; hier: S. 49.
24 Tokarczuk, Olga: Dom dzienny, dom nocny. Wałbrzych: Ruta 1999.
25 Ebd., Stalins Finger. 2001 [wie Anm. 23], S. 49.

Analyse eine sichere Überzeugung von der Wahrheit der Konstruktion, die therapeutisch dasselbe leistet wie eine wiedergewonnene Erinnerung.«[26]

Mit dem von Tokarczuk beschriebenen Konzept Gedächtnislücken auffüllender kreativer Konstruktion wird heute in Polen in vielen Regionen gearbeitet – ich erinnere nur an die »Danziger Schule« oder die »Borussia« – , deren international beachtete Literatur wiederum auch bei einigen mit Polen befassten deutschen Schriftstellern rezipiert wird und sich in deren Werken verfolgen lässt.[27] Doch auch ohne diesen polnischen Einfluss führt bei jüngeren deutschen Schriftstellern der vom Schweigen der Erlebnisgeneration verursachte Gedächtnisbruch dazu, dass dieser mit – durch archivalische, historische und familiengeschichtliche Funde oft abgesicherten – Erfindungen gefüllt wird. Arbeiteten die »68er« mit einer Mischung aus Kriminalistik und Psychoanalyse an der Aufhellung verschwiegener Wahrheit, so geht es in der jüngeren Literatur eher darum, sich eine eigene Vorstellung vom Gewesenen zu ermöglichen. Überlieferungslücken werden mit Fiktion angefüllt und möglichst exakt mit Fundstücken der Vergangenheit vernetzt. Uwe Timm etwa platzierte an einer solchen Bruchstelle seinen Rekonstruktionsversuch »Am Beispiel meines Bruders«[28], der bereits in der Titelgebung anzeigt, dass er zugleich exemplarisch gemeint ist. Schritt für Schritt weiter geht Hans-Ulrich Treichel, der über mehrere Bücher hinweg in die familiengeschichtliche Lücke hineinfrägt und -dichtet, die das Verschwinden seines erstgeborenen älteren Bruders während der Flucht seiner Eltern aus Ostpreußen gerissen – das nicht stillzustellende Thema verwandelt sich ihm von Text zu Text mehr und mehr in Fiktion.[29]

Der Beispiele solch nachhelfender Fiktion sind viele. Wurde von der ersten literarischen Nachkriegsgeneration auf der Suche nach Wahrheit mit den Vätern »abgerechnet«, so geht es den Jüngeren zumindest (auch) um ein Verständnis, das oft nur im Bereich der Phantasie herstellbar ist[30]: Fiktion tritt an die Stelle dessen, was man nicht weiß. In Andreas F. Kelletats Roman »Von Ihm zu ihm«[31] rekonstruiert der Erzähler anhand ihm überkommener Aufzeichnungen seines Vaters staunend dessen Leben während der NS-Zeit und erlaubt sich in mimetisch sie bis zur Erkennbarkeit wiederholender Wiedergabe von Formulierun-

---

26 Freud, Sigmund: Konstruktionen in der Analyse In: Ders.: Gesammelte Werke. Frankfurt/
     Main. 1999, Bd. XVI, S. 43–56; hier: S. 53.
27 Z. B. Grass, Günter: Unkenrufe. Erzählung. Göttingen: Steidl 1992; Janesch, Sabrina: Ambra.
     Roman. Berlin: Aufbau 2012.
28 Timm, Uwe: Am Beispiel meines Bruders. Köln: Kiepenheuer & Witsch 2003.
29 Treichel, Hans Ulrich: Von Leib und Seele. Berichte. Frankfurt/Main: Suhrkamp 1992; Ders.:
     Der Verlorene. Frankfurt/Main: Suhrkamp 1998; Ders.: Menschenflug. Roman. Frankfurt/
     Main: Suhrkamp 2005; Ders.: Anatolin. Roman. Frankfurt/Main: Suhrkamp 2008.
30 Z. B. Medicus, Thomas: In den Augen meines Großvaters. München: dtv 2004; Monika
     Jetter: Mein Kriegsvater. Versuch einer Versöhnung. Hamburg: Hoffmann und Campe 2004.
31 Kelletat, Andreas F.: Von Ihm zu ihm. Roman. Germersheim: Queich 2011.

gen aus dessen Tagebuch ein Maximum an Nähe zu einem Denken, das er dennoch als ein ihm fremdes vorführt – und das er stets ergänzen muss um Imaginationen des Alltags, dem diese Notizen entstammen. »Die Vergangenheit« erschließt sich ja, gestützt von Büchern, Quellen und dem enormen Wissen über sie (wohl kaum je ist in so kurzer Zeit einer Epoche so intensiv nachgeforscht worden), letztlich doch nur im Bereich imaginierender Vorstellung. Auffällig ist denn auch, dass in vielen Texten mehr und mehr nicht mehr nur die Suche nach einer unzugänglich gewordenen Wahrheit im Mittelpunkt steht, sondern der fiktionale Anteil an jeder Rekonstruktion derselben hervorgehoben wird (etwa durch märchenhaft phantastische Elemente bei Schmidt[32], Janesch[33] oder Libera[34]); der Erinnerungstext erhält damit ästhetischen Eigenwert. Ausgerechnet der erfolgreiche Nazi-Jäger Thomas Harlan (Sohn des NS-Regisseurs Veit Harlan) nutzt in seinem Roman »Rosa«[35] die Erinnerung an seine Suche nach Spuren von NS-Verbrechen in Polen während der Nachkriegsjahrzehnte für einen phantastischen Roman voller grotesker Elemente, der die dokumentarisch verbürgte Wirklichkeit und kriminalistisches Nachforschen in Dunkelstellen hinein transformiert zu einer von jedem naiven Glauben an »die Wahrheit« sich verabschiedenden Übersteigerung realen Geschehens zu Bildern von hyperrealem Charakter; das Ungeheure wird verwandelt in Schreckensbilder von mythischer Kraft, juristische Vergangenheitsaufarbeitung ins Ästhetische überführt und aus einer Wirklichkeit entrückt, der das Kunstwerk nur noch entstammt, um von ihr hinfort zu weisen. Die Intensität des vergangenen Schreckens wird durch diese Poetisierung jedoch nicht abgemildert, sondern imaginativ sogar noch gesteigert.

III.   Gedächtnis-Imperien. Synapsen

Der wachsende Abstand von der Vergangenheit führt dazu, dass deren Überreste für die Nachgeborenen mehr und mehr beliebig verfügbar scheinen, was einen ästhetisch freien Umgang mit ihnen erlaubt. Der Hardcoverumschlag von Iris Hanikas Roman »Das Eigentliche« zeigt zu einer Kurve geformte Eisenbahnschienen, die im Kontext des Buches unmittelbar auf die Eisenbahntransporte deportierter Juden nach Auschwitz verweisen. Auf dem Schutzumschlag sind diese Eisenbahnschienen ergänzt um weitere Schienenelemente, durch die diese

---

32 Schmidt, Kathrin: Die Gunnar-Lennefsen-Expedition. Roman. Köln: Kiepenheuer & Witsch 1998.
33 Janesch, Sabrina: Katzenberge. Roman. Berlin: Aufbau 2010.
34 Libera, Leszek: Der Utopek. Roman. Roman. Mit einem Nachwort von Jürgen Joachimsthaler. Dresden: Neisse 2011.
35 Harlan, Thomas: Rosa. Roman. Frankfurt/Main: Eichborn 2000.

Schienen nun eindeutig einer Modelleisenbahn für Kinder zuzuordnen sind –
»die Vergangenheit« wird zum Kinderspielzeug, deren Elemente in der Gegenwart spielerisch neu zu montieren sind. Der Protagonist, ein bis in sein innerstes
Empfinden hinein ganz an sein Leiden an »der Vergangenheit« gebundener
Mitarbeiter des »Instituts für Vergangenheitsbewirtschaftung« erlebt am Ende,
dass ihm sein festgefügtes Geschichts- und Vergangenheitsrepertoire in seine
Einzelteile zerfällt:

> »[D]ie verschiedensten Wörter flogen ihm durch den Kopf, doch hatten sie keinen
> Inhalt mehr, sie waren nur noch Buchstabengruppen. Schulz!, Stahlhelm, Waffen-SS,
> *dort bin ich sehr intim*, und es war eine große Erleichterung, daß es schließlich anfing,
> ihn zu heulen, denn mit den Tränen floßen die ganzen Wörter aus ihm heraus, KZ,
> Sonderkommando, Deutsches Reich [...].«[36]

Diese Zeichen verlieren ihren zwingenden Zusammenhang mit dem von ihnen
bis dahin beherrschten Leben des Protagonisten – sie standen ihm bis dahin
gegenüber als eine Mahnung, die ihn dazu brachte, einen ausschließlich um sich
selbst und sein beständig überprüftes Gewissen drehenden solipsistischen
Selbstbetrachtungskreisel um sich herum aufzubauen, der mit dieser Auflösung
des ihn beherrschenden Diskurses in seine Bestandteile zerspringt. Das Gewicht
»der Vergangenheit« hatte sich ihm zuvor verwandelt in das Wissen um das
Gewicht, das die Vergangenheit haben sollte für ihn, in eine Erinnerungsauf-
gabe, der nachzukommen nicht leicht fällt, weil man dem Vergangenen unvermeidlich immer fremder gegenübersteht, ohne dass dies die Last der Erinne-
rungs- und Gedenkpflicht von den Nachgeborenen nehmen würde. Sie können
dies nur in ihren Texten thematisieren. »Dies müßte ein Gedicht werden / über
Pogrome und Feueröfen«[37] heißt es in einem Gedicht von Ludwig Steinberr, das
dann eben kein Gedicht wird »über Pogrome und Feueröfen«, dies aber in einem
Text, der ein solcher Text gerade nicht ist, ausdrücklich vermerkt. Dass dieses
»müßte« in den Text einfließt, bindet auch alles andere in ihm zurück an die auf
diese Weise doch noch miterinnerte Vergangenheit – und thematisiert die
zwischen Verantwortung, Verlegenheit, Hilflosigkeit, vergeblichem Achselzu-
cken und immer wieder sich aufrichtender Verpflichtung schwankende Bindung
vieler Nachgeborener an sie.

Aus ihren einstigen Zusammenhängen herausgelöst, stehen die Zeichen und
Reste der Vergangenheit dadurch aber zugleich zu freier Disposition und kön-

---

36 Hanika, Das Eigentliche. 2010 [wie Anm. 2], S. 173.
37 Steinberr, Ludwig: Im Bamberger Dom. In: Ders.: »Ganz Ohr«. Gedichte. München: Allitera
    2012, hier zit. nach: FAZ, 13. 09. 2013 (Frankfurter Anthologie), online zugänglich unter:
    <http://www.faz.net/aktuell/feuilleton/bilder-und-zeiten/frankfurter-anthologie/gedicht-
    interpretation-lesung-im-bamberger-dom-von-ludwig-steinherr-12569156.html> (Zugriff
    am 16. 09. 2014).

nen spielerisch genutzt werden in einem mit »seinen« Elementen hantierenden Kunstwerk; sie werden zu Bausteinen für neu zu Schaffendes, in das mit ihnen freilich der Nachhall der Vergangenheit stets mit eingesenkt ist und dazu reizt, sie immer wieder aufzurufen, imaginativ zu durchschweifen und dem eigenen Text und dem eigenen Leben so einzuverleiben, dass sie nicht »verschwinden«, aber doch ein selbstbestimmtes Umgehen mit ihnen möglich wird. Dies beginnt angesichts der Ubiquität dieser Zeichen heutzutage oft schon vor aller bewussten künstlerischen Tätigkeit im Spiel von Kindern und Heranwachsenden, für die solche Zeichen und Male selbstverständlicher Teil der ihnen vorgängigen Umwelt sind. Aus Anlass seines Buches »Lata walk ulicznych«[38] (Jahre des Straßenkampfes) – um noch einmal ein prägnantes polnisches Beispiel sprechen zu lassen – bemerkte Michał Zygmunt im Interview mit Karolina Sulej: »Als Kindern stand uns die ganze Mythologie des Krieges zur Verfügung [...], um uns Späße auszudenken. Es ist also nicht weiter verwunderlich, dass wir Konzentrationslager spielten.«[39] In solcher »popkultura«[40] werden unerwartete Verknüpfungen von Zeichen und Motiven möglich, die auch despektierlich wirken können, empörend, denn der Skandal des Holocaust kann so schließlich selbst zum Objekt vorausberechenbarer medialer und ästhetischer Skandal-Inszenierungen[41] werden – man denke nur an den Hitlergruß des Performance-Künstlers Jonathan Meese.[42]

Durch diese Verlagerung der Zeichen der Vergangenheit ins Ästhetische wird der artifizielle Charakter der Gedächtnistextur offengelegt, die Arbitrarität ihrer Verknüpfungen und Verknüpfungsverbote (»Tabus«), das in jeder Vergangenheitskonstruktion immer präsente »Als ob«, das allein erst synaptische Assoziationsverschränkungen ermöglicht. Auf dieser Basis werden nach wie vor fast pflichtgemäß splitterhafte Hinweise auf »die Vergangenheit« in Erinnerungstexte Jüngerer integriert, ohne freilich noch vordergründiger Hauptgegenstand des Erinnerns sein zu müssen. Autor und Leser stoßen, tasten sie sich durch den semantischen Echoraum der von einem solchen Text ausgelösten Assoziationen hindurch, immer wieder auch auf sie – sekundäres Erinnern wird immer wieder an unvorhergesehener Stelle aktiviert, das Wissen um »die Vergangenheit«

---

38 Zygmunt, Michał: Lata walk ulicznych. Warszawa: Wydawnictwo Krytyki Politycznej 2010.
39 »Jako dzieciaki mieliśmy do dyspozycji całą wojenną mitologię [...], żeby wymyślać zabawy. Nie ma się co dziwić, że wymyśliliśmy obóz koncentracyjny.« Surlej, Karolina: Miłość i walka. In: Gazeta Wyborcza. Wysokie Obcasy. 19.11.2010. <http://www.wysokieobcasy.pl/wysokie-obcasy/2029020,53668,8643537.html> (Zugriff am 16.09.2014).
40 Ebd.
41 So die Verknüpfung von Nationalsozialismus und Pornografie in Thor Kunkel: Endstufe. Roman. Frankfurt/Main: Eichborn 2004.
42 Jonathan-Meese-Prozeß: Realsatire mit Hitlergruß. In: Spiegel Online, 19.07.2013, <http://www.spiegel.de/kultur/musik/prozessbericht-zum-jonathan-meese-und-hitlergruss-a-9119 99.html> (Zugriff am 16.09.2014).

durch eher sporadischen, aber funktionierenden Aufruf wachgehalten und verknüpft mit Erinnerungen an die jeweilige spätere Lebenssituationen zu der Zeit, zu der Holocaust, Krieg und Kriegsfolgen zum ersten Mal als Thema bewusst registriert worden sind – Auschwitz ist endgültig zur sekundären Erfahrung geworden und kann nur noch als solche erinnert werden, bildet aber als solche einen nicht mehr unbedingt stets explizit aufgerufenen, implizit aber unvermeidlich immer mit vorhandenen semantischen Bezugs- und Resonanzraum auch spätere Zeiten rekonstruierender deutscher Erinnerungstexte.

Die »alte Bundesrepublik« der Erlebnisgenerationen war literarisch geprägt von vielbändigen literarischen Gedächtnis- und Erinnerungs-Projekten von Grass' »Danziger Trilogie« und ihren Folgetexten über Uwe Johnsons »Jahrestage«, Bieneks »Gleiwitzer Tetralogie«, Kempowskis »Deutscher Chronik« (und schließlich sein erst nach der »Wende« verwirklichtes »Echolot«-Projekt) bis zu Dieter Fortes Trilogie »Das Haus auf meinen Schultern«. Umfangreiche Erinnerungstexturen wuchsen zu eigenen Gedächtnis-Imperien heran und überdeckten mit ihrer Erinnerungsarbeit oftmals das, was sie erinnerten. In »Beim Häuten der Zwiebel« erklärt Grass im Rückblick, nicht mehr unterscheiden zu können zwischen eigener Erinnerung an Danzig und in früheren Werken Oskar Matzerath zugeschriebener: »Oskar besteht auf Vortritt, weiß alles besser und verlacht meine löchrige Erinnerung«.[43] Diese für die Erlebnisgeneration zentrale Frage nach der Wahrhaftigkeit tritt für die Jüngeren, die aufgewachsen sind in massenmedial überformter Umgebung, in der das Suchen nach authentisch »Echtem« illusorisch erscheint, endgültig in den Hintergrund gegenüber der Lust an der sprachlichen Inszenierung, dem Aufbau dicht vernetzter Erinnerungstexturen, die nicht mehr an ihrem Wahrheitsgehalt gemessen werden wollen, sondern an ihrer poetischen Evokationskraft. Bereits seit den 1970er Jahren entstand eine breite literarische Welle zumeist in regionalen Lebenswelten verankerten Erinnerns, in dem freilich das Problem der »Vergangenheitsbewältigung« immer mitthematisiert wurde. Selbst noch die jüngere (zweite) Pop-Literatur der 1990er Jahre, die scheinbar ganz ihrer Gegenwart und dem Augenblick zugewandt ist, enthält Erinnerungsarbeit in großem Umfang an die Konsum- und d. h. an die Alltagsgeschichte der alten Bundesrepublik[44] inklusive sekundärer Erinnerungen an »die Vergangenheit«.[45] Erinnerungstexte sind auch bei den Jüngeren angesagt, werden aber eher bescheiden neben die inhaltlich (das ist keine Frage des Umfangs) gewichtigeren Bücher über »die Vergangenheit« gestellt, konzentriert auf den zumeist unspektakulären Alltag der letzten Jahrzehnte. Mit diesem wird dann jedoch häufig auch die Erinne-

---

43 Grass, Günter: Beim Häuten der Zwiebel. Göttingen: Steidl 2006, S. 353.
44 Baßler, Moritz: Der deutsche Pop-Roman. Die neuen Archivisten. München: Beck 2002.
45 Vgl. z. B. Kracht, Christian: Faserland. Roman. Köln: Kiepenheuer & Witsch 1995.

rungskultur der jeweiligen Zeit an »die Vergangenheit« miterinnert. Dies nicht nur, weil sie zur erinnerten Zeit gehört, sondern auch, weil ihr gegenüber die hauptsächlich erinnerte Zeit (zumeist Kindheit oder Jugend in Bundesrepublik und DDR aufgewachsener Autorinnen und Autoren) den beabsichtigten Charakter des nicht Besonderen, nicht so gewichtigen »Normalen« erhält – der Schatten »der Vergangenheit« wird ästhetisch genutzt zur Sicherung des biedermeierlichen Charakters einer ihr gegenüber klein und harmlos wirkenden späteren Zeit, was es wiederum erlaubt, auf den großen Geschichtsbewältigungsanspruch zu verzichten und an seine Stelle ein Schreiben zu stellen, das eher dem Eigenwert imaginativer Gedächtnis-Assoziation verpflichtet ist als kriminalistisch überprüfbarer Wahrheitsforderung. Nicht umsonst überträgt Arnold Stadler für sein erstes Prosabuch das Präteritum der Fiktion auf das dadurch zugleich etwas relativierte erinnerte und erzählte Subjekt: »Ich war einmal«.[46] Im Extremfall kann diese Selbstzurücknahme umschlagen zu einem lustvollen Spiel ästhetischer Wirklichkeitsvertauschung. Die Büchnerpreisträgerin von 2012, Felicitas Hoppe, veröffentlichte zeitnah zur Entgegennahme des Preises den nicht-autobiographischen Roman um eine alternative Lebensgeschichte Hoppes[47], die ein so nie gelebtes Leben in Kanada und Australien imaginiert, von dem aus ein in der Fiktion nicht gelebtes Leben in Deutschland imaginiert wird, das wiederum autobiographische Momente der realen Autorin enthält und innerhalb derselben eine spurenelementhafte Rückbindung an »die Vergangenheit«, die als Rückgrat des Erinnerns so noch in die Wirklichkeit bewusst verdrehender Fiktion unaufdringlich, aber wirkungsvoll gegenwärtig bleibt.

Auffällig ist in großen Teilen dieser jüngeren deutschen Erinnerungsliteratur eine zur inhaltlichen Gewichtsreduzierung gegenläufige Zunahme des Umfangs beschriebener Seiten, in denen längst nicht mehr nur das historisch Bedeutsame erinnert wird, sondern die kleinen, kapillar vernetzten Assoziationen an kleinste Haut-, Seh- Hör- und Fühleindrücke, aus deren waberndem Gewoge mikrosensitiv feinste Erinnerungssplitter, Regentropfen am Mooshang, Spinnweben, die Färbung des Lichts im Zimmer in immer weiter ausufernden Gedächtnis-Texturen eingefangen werden, zwischen deren Assoziationsclustern dann immer wieder gelegentliche Auslöser sekundärer Erinnerung an »die Vergangenheit« platziert sind. Es scheint, als gehe es den schreibenden Individuen mehr und mehr darum, sich in eine Textur hinein auszubreiten, die sich ganz dem sich selbst weiterimaginierenden Entwickeln fließender Erinnerungs-Visionen öffnet, sei es, dass einzelne Autoren über Jahre und Jahrzehnte Erinnerungstext auf Erinnerungstext folgen lassen, sei es, dass sie ihre literarischen

---

46 Stadler, Arnold: Ich war einmal. Salzburg: Residenz 1989.
47 Felicitas Hoppe: Hoppe. Roman. Frankfurt/Main: S. Fischer 2012.

Erinnerungsgänge gleich in vorab geplante großangelegte Zyklen gießen, deren ausgreifende Weite nur in eigenartigem Widerspruch stehen kann zu einer auf das Private, Kleine, Intime konzentrierten Detailliebe ihrer Ausführungen. Peter Kurzecks Roman-Reihe »Das alte Jahrhundert« umfasst bisher fünf Bände[48], geschrieben in einer assoziationsreich den Leser zum Schwimmen und zum Erstellen kapillarer Verbindungen einladenden wortmächtig virtuosen Sprache, Andreas Maiers Zyklus »Ortsumgehung«[49] ist angelegt auf 11 Bände, die konzentrisch in immer größeren Kreisen um den räumlichen Ausgangspunkt das mit seinem Alter langsam zunehmende Bewegungsfeld des erinnerten Ich verfolgen sollen: Das Zimmer, das Haus, die Straße ... – man frägt sich unwillkürlich: Soll am Ende der gesamte Kosmos stehen? Das sich erinnernde Ich breitet sich aus über hunderte und tausende von Seiten und herrscht über ein wachsendes Gedächtnis-Imperium – die Erinnerungstextur wächst und wuchert.

Abschließend sei auf ein jüngst erschienenes, nur auf den ersten Blick gegenläufiges Buch hingewiesen, Hans Dieter Schäfers »Die unsichtbare Tätowierung«, das freilich bei genauerem Hinsehen ebenfalls in Richtung eines Gedächtnis-Imperiums tendiert, wenn auch auf Basis jeweils nur wenige Seiten umfassender kurzer »Erkundungen«, die Teil sind eines Wissenschaft und Literatur vereinenden, jahrzehntelangen Schreibprojekts. Autobiographisches mischt sich mit Essayistischem, primäre mit sekundärer Erinnerung. Durch schreibende Einfühlung versucht Schäfer von andernorts nur Gehörtes (etwa aus dem Irak, aber auch aus »der Vergangenheit«) imaginativ zu vergegenwärtigen aus Sicht eines sensibel auf kleinste Sinneswahrnehmungen achtenden Subjekts, das selbst in der schrecklichen Ausnahmesituation, in der Vorstellung deutscher Kriegsverbrechen, auf das sinnlich unmittelbar Berührende sich konzentriert. Einfühlende Beobachtung und Fiktion – auch anhand überkommener Gedächtnismotive aus NS-Komplex und Holocaust – vermischen sich mit unvermeidlich fiktiven Momenten eines in seinen historischen Einzelheiten wiederum penibel recherchierten ungeschriebenen Romans. Schäfer eröffnet kapillare Bezüge, synaptische Verknüpfungen von oft erstaunlicher Dichte und Prägnanz. Historische Rekonstruktion wird mit sinnlicher Phantasie durchwoben und dabei erinnert von einem erzählenden Subjekt, das den Eigenwert

---

48 Kurzeck, Peter: Übers Eis. Basel/Frankfurt/Main: Stroemfeld–Roter Stern 1997; Ders.: Als Gast. Basel/Frankfurt/Main: Stroemfeld–Roter Stern 2003; Ders.: Ein Kirschkern im März. Basel/Frankfurt/Main: Stroemfeld–Roter Stern 2004; Ders.: Oktober und wer wir selbst sind. Basel/Frankfurt/Main: Stroemfeld–Roter Stern 2007; Ders.: Vorabend. Basel/Frankfurt/Main: Stroemfeld–Roter Stern 2011.

49 Bisher erschienen sind Maier, Andreas: Das Zimmer. Frankfurt/Main: Suhrkamp 2010; Ders.: Das Haus. Frankfurt/Main: Suhrkamp 2011; Ders.: Die Straße. Frankfurt/Main: Suhrkamp 2013.

sich erinnernder Texturen mit einer nun ausdrücklich gegenwartsbezogenen Aufgabe versieht:

>»Das Erzeugen eines klaren Bewusstseins über die Verluste unseres Computer-Zeitalters ist der einzige Weg zur Wiederaneignung des Lebens mit seinem verschwenderischen Reichtum an Farben, Formen und Möglichkeiten. Wenn man gegen die Speichermethoden elektronischer Archive das Zurückdenken trainiert, werden Kortexstrukturen außerhalb der Schläfenlappen verbreitert – in seiner ruhelosen Flutung scheint das Erinnern dem Regen zu gleichen, der nach Mitternacht über die Donau zurückgekommen ist und durch Ahornbäume tropft oder die im letzten Winter ausgesägten Kronen der Kastanien.«[50]

Lesend bewegt der Rezipient solcher Texte sich durch den Echoraum lange nachhallender fremder und eigener, primärer und sekundärer Erinnerung, Imagination speist sich aus Realität und Fiktion, das Fluten der Bilder führt zu immer neuer synaptischer Verknüpfung, semantische Schatten treten aus »der«, aus jeder Vergangenheit heraus. Rudimente, Trümmer, zeichenhaft wirkende Reste treiben vorüber und bedeuten.

---

50 Schäfer, Hans Dieter: Erinnerungstraining. In: Ders., Die unsichtbare Tätowierung. 2013 [wie Anm. 6], S. 39–49; hier: S. 39.

Jan Süselbeck (Marburg)

Die Kraft der Tränen –
Über die Melodramatisierung des ›Täterinnenschicksals‹ in Bernhard Schlinks Roman »Der Vorleser« und in Stephen Daldrys Verfilmung »The Reader«

Kritische Analysen des in Deutschland begeistert aufgenommenen Romans »Der Vorleser« von Bernhard Schlink kamen bisher vor allem aus dem angloamerikanischen Raum, wo sich 2002, also erst sieben Jahre nach der Erstveröffentlichung in Deutschland, anhand der amerikanischen Übersetzung des Buchs im »Times Literary Supplement« eine Leserbrief-Debatte entwickelte, die dann wiederum ins deutsche Feuilleton ›importiert‹ und dort teilweise erstaunt zur Kenntnis genommen wurde.[1]

> »Dass Schlink erstens die Täter zu Opfern, zweitens die Zweite Generation zu Opfern dieser Opfer und zugleich zu Opfern der Anklage der tatsächlichen Opfer macht, und dass drittens letztere im Buch so gut wie gar nicht vorkommen – all dies hat Schlink den Vorwurf der Exkulpation der Täter und der Relativierung der Schuld eingetragen,«

so referiert Matthias N. Lorenz eine Kritik,[2] wie sie im Verlauf der Debatte neben William Collins Donahue unter anderem auch der Historiker Omer Bartov[3] und die Literaturwissenschaftlerin Ernestine Schlant[4] geäußert haben.

---

1 Vgl. dazu etwa Donahue, William Collins: Der Holocaust als Anlass der Selbstbemitleidung. Geschichtsschüchternheit in Bernhard Schlinks »Der Vorleser«. In: Rechenschaften. Juristischer und literarischer Diskurs in der Auseinandersetzung mit den NS-Verbrechen. Hrsg. von Stephan Braese. Göttingen: Wallstein Verlag 2004, S. 177–197. Weitere Informationen und bibliographische Hinweise zur internationalen Debatte um den Roman, die hier nicht noch einmal in allen Einzelheiten rekapituliert werden soll, bietet bereits Hans-Joachim Hahn in seinem Lexikon-Artikel zu Schlinks »Vorleser«. In: Lexikon der »Vergangenheitsbewältigung« in Deutschland. Debatten- und Diskursgeschichte des Nationalsozialismus nach 1945. Hrsg. von Torben Fischer und Matthias N. Lorenz. Bielefeld: transcript Verlag 2007, S. 345–347, hier besonders: S. 346. Hahns Dissertationskapitel zum Thema ist von einer bemerkenswerten Bemühung um eine Differenzierung der Kritik geprägt. Siehe Ders.: Repräsentationen des Holocaust. Zur westdeutschen Erinnerungskultur seit 1979. Heidelberg: Universitätsverlag C. Winter 2005, S. 215–240.
2 Lorenz, Matthias N.: ›Political Correctness‹ als Phantasma. Zu Bernhard Schlinks »Die Beschneidung«. In: Literarischer Antisemitismus nach Auschwitz. Hrsg. von Klaus-Michael Bogdal, Klaus Holz und Matthias N. Lorenz. Stuttgart/Weimar: J. B. Metzler 2007, S. 219–242, hier: S. 228. Siehe dazu außerdem Donahue, Der Holocaust. 2004, S. 182 und S. 188.
3 Vgl. Bartov, Omer: Germany as Victim. In: New German Critique 80, 2000. S. 29–40.

Im Folgenden soll gezeigt werden, wie es Schlink unternimmt, die ›private‹ und äußerst diffuse Abwehr einer schmerzhaften ›Vergangenheitsbewältigung‹ als oktroyierten ›Opfergang‹ der Nachgeborenen darzustellen, dieses Motiv für den Leser über eher irrational wirksam werdende literarische Effekte sukzessive zu plausibilisieren und seinen Roman somit zu einem geschickt konstruierten ›Gefühls-Modulator‹ wider den angeblichen Zwang zu machen, geliebte Angehörige – also etwa deutsche Eltern oder Großeltern, deren genaue Rolle im Nationalsozialismus ungeklärt geblieben ist – rückwirkend aufzuklären, juristisch zu belangen oder sogar – *horribile dictu* – persönlich zu ›verurteilen‹. Am Ende dieses Beitrags soll dazu auf die Rolle der Verfilmung des Romans durch Stephen Daldry eingegangen werden, um zu zeigen, wie diese Adaption die spezifischen Emotionalisierungsstrategien von Schlinks Text mittels melodramatischer Inszenierungen und szenischer Ergänzungen sogar noch verstärkt.

I. Bernhard Schlinks Roman »Der Vorleser« als revisionistischer ›Gefühls-Modulator‹

Schlinks Erzähler Michael Berg, der sich zunächst an seine Jugendzeit erinnert, gerät dort in eine emotionale Abhängigkeit zu der viel älteren NS-Täterin Hanna, die am Ende des Zweiten Weltkriegs an dem Feuertod weiblicher KZ-Häftlinge während eines Todesmarsches mitschuldig wurde. Als eine aus unterprivilegierten Verhältnissen stammende Analphabetin sei sie in ihre Täterrolle »hineingeraten«, meint Berg.[5] Der Protagonist diagnostiziert in seinen scheinbar besonders skrupulösen Überlegungen, denen für die Lesersicht auf die durch ihn erinnerte Geschichte erzähltechnisch eine bedeutende perspektivierende Rolle zukommt, sowohl bei den jüdischen Opfern des Holocaust als auch bei Hanna und nicht zuletzt seiner eigenen Generation eine gemeinsame »Betäubung« angesichts der geschehenen NS-Verbrechen. Ein ominöses, alle betreffendes Leid, das dazu geeignet zu sein scheint, die Unterschiede zwischen der Vergangenheit von Tätern und Opfern zu verwischen. So beschäftigt ihn, »dass die Betäubung sich nicht nur auf Täter und Opfer gelegt hatte, sondern auch auf uns legte, die wir als Richter oder Schöffen, Staatsanwälte oder Protokollanten später damit zu tun hatten«.[6]

Der Roman ist von vielen solchen pseudophilosophischen Reflexionen Michael Bergs durchzogen, die dem kritischen Leser in meist doch seltsam banal

---

4 Vgl. Schlant, Ernestine: Die Sprache des Schweigens. Die deutsche Literatur und der Holocaust. München: C. H. Beck 2001.

5 Schlink, Bernhard: Der Vorleser. Zürich: Diogenes Verlag 1995, S. 128.

6 Ebd., S. 98 f. Siehe dazu auch Donahue, Der Holocaust. 2004, S. 188.

und unverhältnismäßig anmutenden Gedankengängen nahelegen, die deutsche ›Vergangenheitsbewältigung‹ der Generation von 1968, welcher der zurückblickende Erzähler mit seinem »den Roman kontrollierenden Bewusstsein«[7] ausdrücklich zugeordnet wird, sei etwas, das anmaßend, aporetisch und letztlich von Anfang an sinnlos gewesen sei – auch wenn der Erzähler diese Relativierungen an einzelnen Stellen sogar wieder selbst zaghaft infrage stellt.[8]

Donahue hat bereits darauf hingewiesen, dass diese bezeichnend wenigen Stellen, an denen Berg seine Gleichsetzung von Tätern und Opfern wieder kurz in Zweifel zieht, einerseits verhindern, dass sich die Leser kritischer mit Bergs revisionistischen Gedankenspielen auseinandersetzen, andererseits aber den bleibenden Effekt der tatsächlichen Verharmlosung von Hanna Schmitz' Taten – und zwar auch in der nachträglichen und resümierenden Auffassung des Rezipienten – nur noch zu *intensivieren* scheinen. Eine Vermutung, die Donahue im übrigen auch in internationalen Rezeptionszeugnissen zu Schlinks Roman bereits vielfach bestätigt sieht.[9] »Bewahrt uns Bergs eigene und nicht unbeträchtliche Reserviertheit gegenüber Hannas Charakter davor, sie unkritisch, das heißt wesentlich als Opfer der Umstände wahrzunehmen?«, fragt er sich deshalb rhetorisch, und antwortet sich gleich selbst mit einer bedenkenswerten ›Mikro-Emotionstheorie‹:

> »Tatsächlich scheint genau das Gegenteil zuzutreffen. Denn Berg verstärkt nur die Wirkung von Hanna, indem er eine Folie der Kritik ins Spiel bringt, die das, was ich die ›Hanna-Funktion‹ nennen würde, eher autorisiert als unterläuft.«[10]

Donahue hat sich auch im universitären Lehrbetrieb in den USA, wo Schlinks Roman mittlerweile als kanonisierter Text Verwendung findet, intensiv mit den rhetorischen Finessen und ›Fallen‹ des Werks auseinandergesetzt und seine diesbezüglichen Überlegungen in einer ausführlichen Monographie dargelegt.[11] Darin hat er unter anderem noch einmal genauer herausgearbeitet, dass es Berg, dessen homodiegetische Erzählperspektive den Roman prägt und gewissermaßen alles ›filtert‹, was der Leser über Hanna erfährt, entgegen der von den

---

7 Ebd., S. 182.

8 Siehe etwa Schlink, Vorleser. 1995, S. 99: »[...] als ich dabei Täter, Opfer, Tote, Lebende, Überlebende und Nachlebende miteinander verglich, war mir nicht wohl, und wohl ist mir auch jetzt noch nicht«. Unmittelbar darauf folgt aber bereits wieder eine ausufernde Serie rhetorischer Fragen, die den Erzähler genau deshalb als bemitleidenswertes ›Opfer‹ unlösbarer Anforderungen der ›Vergangenheitsbewältigung‹ in Szene setzen und damit dem Leser eine ›befreiende‹ Empörung gegenüber solchen andauernden ›Belästigungen‹ dringend nahelegen: »Was sollte und soll meine Generation der Nachlebenden eigentlich mit den Informationen über die Furchtbarkeiten der Vernichtung der Juden anfangen?« (ebd.)

9 Vgl. Donahue, Der Holocaust. 2004, S. 190.

10 Ebd., S. 184.

11 Vgl. Donahue, William Collins: Holocaust Lite. Bernhard Schlinks »NS-Romane« und ihre Verfilmungen. Bielefeld: Aisthesis Verlag 2011.

bisherigen Interpreten oft betonten Ambiguität seiner Auslassungen tatsächlich mit der geschickten Rhetorik eines juristischen Plädoyers verstehe, einen durch vielfache Identifikationsangebote nahegelegten »Freispruch« für Hanna zu erwirken. Dies gelinge Berg, indem er zunächst verschiedene Argumente gegen die Unschuld der Täterin aufliste und diese sodann mit großem suggestiven Geschick Schritt für Schritt wieder in Frage stelle.[12] Der Jurist Schlink manipuliert also letztlich auch den Leser mit einer rhetorischen Überzeugungstechnik, die augenscheinlich nicht nur vor Gericht, sondern auch in der Literatur gut funktioniert.

Hannas eigenes überraschendes (und fragwürdiges) Geständnis ihrer Schuld aber, das der Stoßrichtung dieser persuasiven Strategie des Erzählers schockhaft entgegensteht, stelle für die Leser der zweiten und dritten Generation nach Auschwitz im Roman paradoxerweise noch einmal eine weitere Entlastung dar. Wirke es doch wie eine »Quelle großer Erleichterung«, da es einen »Schlussstrich« unter jene »kulturelle Trauerarbeit« ziehe, an welcher auch der Protagonist Berg laboriere.[13] Hanna bremst demnach die Wahrheitsfindung des Gerichtsprozesses mit ihrer bewussten Falschaussage ganz einfach aus: Damit erspart sie den Lesern weitere komplexe und quälend detaillierte Aufklärungen des kollektiv begangenen Verbrechens eines von SS-Bataillonen vorangetriebenen Todesmarsches, indem sie als Protagonistin pauschal die Schuld für alle Mitangeklagten auf sich nimmt.

Dieser zutreffenden Analyse Donahues ist hinzuzufügen, dass sich dahinter ein altes christliches Motiv verbirgt: Wie Jesus Christus opfert sich Hanna selbstlos für das Heil der Anderen, sie durchleidet eine sühnende Passion und stirbt in diesem Sinne am Ende auch *für* die erleichterten und dankbaren deutschen Leser. Offenbar aber nicht nur für diese: Donahue berichtet in seinem erwähnten Buch, dass auch in den USA bei seinen Studierenden längst eine Stimmung des Überdrusses angesichts des Holocaust-Themas vorherrsche, weswegen Schlinks Roman als »Holocaust Lite«-Geschichte bei ihnen bestens ankomme. Auch in den USA sei eine *Selbstviktimisierung* verschiedenster Gesellschaftsgruppen (etwa der Evangelikalen) in Mode gekommen, die versuchten, sich unter Verweis auf den Holocaust zu ›gleichwertigen‹ Opfern von Diskriminierungen zu stilisieren. Hierin liege offensichtlich auch in den Staaten der Reiz einer Identifikation mit dem vollkommen unschuldigen Nachgeborenen-»Opfer« Michael Berg verborgen, der den gigantischen Bestseller-Status von Schlinks Roman in Übersee erklären helfe – einen singulären Verkaufserfolg, der übrigens den in Deutschland weit übertreffe.[14]

---

12 Ebd., S. 124 ff.
13 Ebd., S. 118 f.
14 Vgl. dazu vor allem das Kapitel »*Der Vorleser* als amerikanischer Roman«, ebd., S. 223–249.

Damit hülle Schlinks Text alle diejenigen in der Welt, die sich von einer Vergangenheit, die ›nicht vergehen will‹, mittlerweile ermüdet fühlen, in »einen geistigen Nebel, der moralische Überlegungen eher konterkariert als fördert – und uns gleichzeitig erlaubt, uns ganz wohl in unserer Haut zu fühlen«.[15] Schlink enthebe seine Leser nicht zuletzt »antihistorisch« dem Zwang, herauszufinden, was die Täter und vielleicht auch die eigenen Eltern oder Großeltern im Nationalsozialismus getan haben könnten, »da er impliziert, dass es überflüssig sei weiterzusuchen, weil wir bereits wissen, dass wir nicht wissen können«.[16] Damit werde speziell in Deutschland »das Versäumnis vieler Familien gerechtfertigt, sich darüber zu informieren, was ihre Angehörigen der ›ersten Generation‹ während des Krieges getrieben haben, sodass dieser Umstand als die natürlichste Sache der Welt erscheint«.[17]

Gleichzeitig wünsche sich der Rezipient Hannas Selbstmord am Ende von Schlinks Roman geradezu herbei. Erscheine Hanna hier doch nicht mehr begehrenswert, vernachlässige ihre Körperpflege und entsorge durch ihren Freitod auch die ganze unliebsame Geschichte, für die sie stehe, gleich mit.[18] Eine weitere wichtige Komponente dieser emotionalisierenden »Hanna-Funktion« ist die zuvor breit thematisierte erotische Beziehung zwischen ihr und dem zunächst noch jugendlichen Michael Berg. Diese ist tatsächlich »mehr als bloß ein Schokoladenüberzug«, wie Donahue feststellt:[19] »Indem er an die Erotik appelliert, evoziert Schlink universale Kategorien von menschlicher Anziehung und Bindung, die scheinbar keiner näheren Erklärung mehr bedürfen.«[20]

Dem ist zuzustimmen: Allein schon durch die emotionale ›Überwältigungsstrategie‹, die Schlinks erzählerische Betonung der sexuellen Beziehung zwischen dem »Jungchen«, wie Berg von seiner Liebhaberin den gesamten Roman hindurch immer wieder genannt wird, und der älteren NS-Täterin darstellt, wird auch der Leser buchstäblich ›befangen‹ gemacht. Dass Hanna als SS-Täterin[21] in Auschwitz an den Selektionen in die Gaskammern teilnahm und

---

15 Ebd., S. 107.
16 Ebd., S. 108.
17 Ebd.
18 Ebd., S. 239.
19 Donahue, Der Holocaust. 2004, S. 183.
20 Ebd.
21 Vgl. Donahue, Holocaust Lite. 2011, S. 282. Donahue bemerkt hier fälschlicherweise, dass es historisch gesehen gar keine Frauen in der SS gegeben habe. Obwohl diese Behauptung des Kritikers nicht den historischen Tatsachen entspricht (vgl. Mühlenberg, Jutta: Das SS-Helferinnenkorps. Ausbildung, Einsatz und Entnazifizierung der weiblichen Angehörigen der Waffen-SS 1942–1949. Hamburg: Hamburger Edition, HIS Verlag 2012), ist Schlinks Figurencharakterisierung dennoch problematisch. Denn wenn hier Hanna im Gefühl des Lesers zu einem ›Prototyp‹ einer in Wahrheit unschuldigen SS-Täterin wird, so ist damit auch etwas über die Verbrechen der SS allgemein ausgesagt, das einer Relativierung der Geschichte gleichkommt und perfiderweise beim Publikum seine Wirkung entfaltet, ohne dass diese

einen Todesmarsch mitorganisierte, bei dem fast alle Opfer starben, erscheint dem Leser des Textes am Ende als ein fast schon seltsam entrücktes Detail. Auch dass sie ihr »Jungchen« im Grunde missbraucht und bei ihm eine lebenslange Sexualneurose verursacht, wird in großen Teilen des Romans eher als ganz neue Form einer hinreißenden Liebesgeschichte dargestellt.

So wirkt Hanna in dem beschriebenen Gerichtsprozess, in dem sie schließlich zur Hauptangeklagten abgestempelt wird, weil sie absurderweise lieber nicht zugeben möchte, eine Analphabetin zu sein, als dafür lebenslang eingesperrt zu werden, in der Anteil nehmenden Leserwahrnehmung tatsächlich mehr wie ein *Opfer* als die anonym bleibende jüdische Mutter und ihre Tochter, die den zur Debatte stehenden Todesmarsch als Einzige überlebten und nun gegen Hanna aussagen sollen. An einer Stelle tritt die jüdische Opfer-Tochter obendrein als Zeugin für die *Menschlichkeit* Hannas auf, die sich in Auschwitz kindliche »Lieblinge« aussuchte, um diese einige Zeit vor der ›Vergasung‹ zu bewahren, besser zu verpflegen und sich etwas von ihnen vorlesen zu lassen.[22]

Der Prozessbeobachter Michael Berg, dem mit Hanna Ähnliches widerfuhr und der schon allein deshalb erzählerisch in die Nähe der in Auschwitz ›vergasten‹ Kinderopfer gerückt wird, ist mittlerweile Jurastudent und Teilnehmer eines Seminars über die Möglichkeit gerichtlicher Ahndungen von NS-Verbrechen. Er wird in seinen Beschreibungen immer mehr zu einem stillen Anwalt der Angeklagten und steuert so die Gefühle des Lesers ihr gegenüber in maßgeblicher Weise.

Vor diesem Hintergrund ist Schlinks Roman, nicht zuletzt durch die in ihm als ungerechte *Farce* dargestellten Gerichtsszenen, als ein intertextueller Gegenentwurf zu Peter Weiss' Drama »Die Ermittlung« (1965) zu lesen, oder auch zu Rolf Hädrichs heute weitgehend vergessenem deutschen Fernsehfilm »Mord in Frankfurt« (Deutschland 1968), in dem ein Holocaust-Überlebender bei einer den Frankfurter Auschwitzprozessen (1963–1965) nachempfundenen Verhandlung aussagen soll, dabei aber zu seinem Entsetzen – und damit auch demjenigen des Zuschauers – eher als Angeklagter denn als Zeuge und Opfer vernommen wird.

Bei Schlink verhält sich dies alles genau umgekehrt. Durch Weiss' Stück wie auch durch Hädrichs Film sollten die Rezipienten einmal zu einer eigenständigen Analyse der Verbrechen von Auschwitz und ihrer mangelhaften Aufarbeitung ermutigt werden: Wo früher im Sinne Bertolt Brechts die Mündigkeit und die Aufklärung des Publikums angeregt werden sollten, übt sich Schlinks Text ganz im Gegenteil in der erzählerischen Steigerung von narrativer Diffusität

---

Verharmlosung der Rolle der SS in der Shoah im Roman überhaupt explizit formuliert werden müsste.

22 Vgl. Schlink, Vorleser. 1995, S. 111 f.

gerade auch dort, wo Hannas Verstrickung in die Greuel des Vernichtungslagers explizit werden müssten – in der Schilderung ihres Prozesses, wie schon Donahue unterstrichen hat.[23]

Hanna avanciert hier als Täterin zum unschuldigen Opfer des sie umgebenden Täterkollektivs, das es im Prozess erfolgreich unternimmt, seine Schuld auf sie allein abzuwälzen. Sie wird also für etwas verurteilt, was sie gar nicht getan hat. Und damit nicht genug: Am Ende bringt sie sich deswegen sogar noch wie eine Märtyrerin um, und zwar in dem dramatischen Augenblick, in dem ihre Entlassung unmittelbar bevorsteht. Hanna, die erst lesen lernen muss, um vor ihrem Tod noch mit beeindruckender Tapferkeit Reue zu zeigen und in ihrer Zelle alle greifbare Literatur über den Holocaust zu studieren,[24] wird so zu einer wahrhaft heroischen Heiligen, die in ihrem Leben letztlich sogar weit mehr und länger zu leiden scheint als die im Prozess gegen sie (und, wie beschrieben, sogar teils auch *für* sie) aussagenden Jüdinnen, die ursprünglich ihre Opfer waren.

Diese Frauen waren schließlich bald wieder souverän und international unterwegs, während Hannas ärmliches Leben im Deutschland der Nachkriegszeit einem traurigen, provinziellen Versteckspiel glich. Die überlebenden Jüdinnen konnten statt dessen in Freiheit und im mondänen Exil in New York längst wieder ein gutes, ja offenbar sogar *besseres* Leben denn je führen. Die Tochter der jüdischen Zeugin, die am Ende von Schlinks Roman auftritt, ist also wohlhabend. So müssen diese jüdischen Figuren in der emotionalen Reaktion des Lesers auf den Roman letztlich *negativ* bewertet werden, was hier doch etwas mehr als ungerecht erscheint – und zwar zu Ungunsten der NS-Täterin Hanna, auf deren Seite sich der Text mit Michael Berg perspektivisch immer mehr positioniert, damit er um emotionale Anteilnahme für ihre *Aufopferung* werben kann, trotz der offenkundigen und keineswegs verschwiegenen Mitschuld der Figur am Tod so vieler Jüdinnen und Juden.[25]

Mehr noch: Bei Schlink vermögen letztlich sogar die tatsächlichen Holocaust-Opfer als die ›Bösen‹ zu erscheinen. Die Szene, in der Berg die äußerst stereotyp gezeichnete Überlebende der von Hanna mitverschuldeten Verbrechen in New York besucht, um ihr Hannas Gefängnis-Ersparnisse zu überbringen, ist ein schlagendes Beispiel für Elemente des *literarischen Antisemitismus* in der

---

23 Donahue, Der Holocaust. 2004, S. 187 f.

24 Vgl. Schlink, Vorleser. 1995, S. 193. Michael Berg sieht sich in der Gefängniszelle der Toten um: »Ich trat an das Regal. Primo Levi, Elie Wiesel, Tadeusz Borowski, Jean Améry – die Literatur der Opfer neben den autobiographischen Aufzeichnungen von Rudolf Höss, Hannah Arendts Bericht über Eichmann in Jerusalem und wissenschaftliche Literatur über Konzentrationslager.«

25 Die gesamte literarische Darstellung begünstigt am Ende insgesamt eine Parteinahme des Lesers für Hanna als begehrenswerte Liebhaberin, später als bemitleidenswerte Analphabetin und schließlich als reuige Sünderin, die sogar ehrlich und ausdauernd Buße getan hat, um dafür eindeutig viel zu hart bestraft worden zu sein.

deutschsprachigen Gegenwartsliteratur: Diese jüdische Frau ist selbstverständlich reich und lebt am Central Park in einer der teuersten Gegenden der Metropole. Als sei es eine Anspielung auf den ›Ewigen Juden‹ Ahasver, der nicht sterben kann, wirkt ihr Gesicht auf den Erzähler »eigentümlich alterslos«.[26] Berg kommentiert diese Beobachtung mit einem pejorativen und ›postmodern‹ anmutenden Vergleich: »So sehen Gesichter aus, die geliftet worden sind.«[27]

Hier wird die von Donahue entdeckte »Hanna-Funktion« in ihr negatives Gegenteil verkehrt: Nicht die Sympathie, sondern das Misstrauen, eine gewisse Abneigung oder gar Empörung gegenüber der jüdischen Figur sind dem Leser mit diesen abschätzigen Bemerkungen bereits explizit nahegelegt worden, wenn dann doch noch eine zaghafte und unvollkommene Relativierung dieser negativen Zuschreibung in Erinnerung an den Zeugenauftritt der Frau vor Jahrzehnten in Deutschland und während Hannas Prozess nachgeschoben wird: »Aber vielleicht war [ihre Physiognomie] auch unter dem frühen Leid erstarrt – ich versuchte vergebens, mich an ihr Gesicht während des Prozesses zu erinnern.«[28] Diese Infragestellung der despektierlichen Kritik am Aussehen der Figur wirkt aber im Grunde nur noch *verschärfend* auf den Leser: Muss ihm doch diese Jüdin nunmehr bloß noch als unheimliches Gespenst erscheinen oder als wandelbares, unnahbares Phantom.

Diese auf subtile Weise unvorteilhaft beschriebene Frau reagiert nicht zuletzt betont unfreundlich auf den deutschen Gast und seine ›rührende‹ Bitte, Hannas aufopferungsvoll erspartes Geld anzunehmen. Sie wirkt arrogant und einschüchternd. Sie will die Summe, die ihr Berg mitgebracht hat, überhaupt nicht haben: »Was soll ich damit?«[29] Selbst symbolische deutsche ›Entschädigungszahlungen‹, die bekanntlich noch nie in ausreichendem Maße für Holocaust-Überlebende und NS-Zwangsarbeiter entrichtet wurden, müssen dem geneigten Leser durch diese perfide literarische Darstellung eines patzig reagierenden, noch dazu ohnehin ›steinreichen‹ Opfers als unnötige deutsche Selbstquälerei erscheinen. Geben sie den offenbar bestens versorgten jüdischen Überlebenden im Zweifelsfall doch auch noch Anlass zu neuerlichem Hohn und Spott.

---

26 Schlink, Vorleser. 1995, S. 200.
27 Ebd.
28 Ebd., S. 200 f.
29 Ebd., S. 201.

II.   »Der Blick des Säuglings aus dem Kinderwagen«: Zu Stephen Daldrys Verfilmung »The Reader«

Als einzige wirkliche Identifikationsfigur kann in diesem subtilen manichäischen Arrangement neben dem Erzähler letztlich nur Hanna erscheinen. Noch stärker wird diese Relativierung deutscher Schuld in der Kino-Adaption des Romans nahegelegt, als der Michael-Berg-Darsteller Ralph Fiennes an dieser Stelle in Stephen Daldrys Verfilmung des Romans (USA/Deutschland 2008) seiner strengen jüdischen Gastgeberin mit Tränen in den Augen gegenübersitzt: Auf die spezifischen cineastischen Potenzierungen der Affekte, die durch solche Szenen ausgelöst werden sollen, soll im Folgenden noch kurz eingegangen werden.

Donahue arbeitet jedenfalls heraus, wie wichtig es (sowohl im Roman als auch in der Verfilmung) für die Entlastung von deutscher Schuld in der Wahrnehmung bzw. im Empfinden des Zuschauers ist, dass es ausgerechnet eine *Jüdin* ist, die dem erzählenden Protagonisten an dieser Stelle seinen Opferstatus als Nachgeborenem zuerkennt, weil er von Hanna missbraucht worden sei.[30] Anhand von Daldrys Verfilmung weist Donahue außerdem richtig darauf hin, dass die reiche New Yorker Jüdin Ilana Hannas Geld dort zwar nicht annimmt, jedoch deren Teedose sehr wohl, um diese in ihrem luxuriösen Loft direkt neben eine gerahmte Fotografie ihrer im Holocaust umgebrachten Familie zu stellen. Damit schließt der Film mit einem ihre demonstrative Unversöhnlichkeit gegenüber Hannas Botschaften kontrastierenden Bild: Die NS-Täterin und die vernichtete jüdische Familie stehen hier nun schiedlich-friedlich vereint nebeneinander, als sei nichts gewesen.

Der anfänglichen Unerbittlichkeit der Jüdin zum Trotz »fungiert diese emotionale Inbesitznahme der Teedose als Geste der Versöhnung schlechthin und dient obendrein dazu, einen Schlussstrich unter den Holocaust zu ziehen.«[31] Unabhängig von der dialogischen Ebene arbeitet der Film hier aber auch mit machtvollen Gefühls-Motivierungen, deren Emotionalisierungsfaktor letztlich weit schwerer wiegt und beim Zuschauer nachhaltigere Effekte erzielt als die in der Szene vorangegangenen Wortwechsel der Darsteller – auch wenn diese zunächst noch in eine ganz andere Richtung wiesen. Nicht zuletzt spielt in Daldrys *Mise-en-scène* der Dialogszene die Mimik der Darsteller eine große Rolle: Sie verabschieden sich mit zaghaft versöhnlichen und zunehmend hoffnungsfroher lächelnden Gesichtern voneinander. Dies sind in dem Fall tatsächlich Bilder, die mehr als tausend Worte sagen.[32]

---

30 Donahue, Holocaust Lite. 2011, S. 236.
31 Ebd., S. 294.
32 Was nicht heißen soll, dass nicht auch der Dialog dieser Filmszene bemerkenswert sei.

Durch die Verfilmung des Schlink-Romans durch Stephen Daldry erlangte der literarische Stoff des Werks endgültig Weltgeltung, zumal Hanna-Darstellerin Kate Winslet mit einem Oscar für die beste Hauptdarstellerin ausgezeichnet wurde. Die Kino-Adaption bewirkt schon allein durch Winslets Besetzung, die bereits als monumental und melodramatisch inszeniertes weibliches Liebesobjekt in James Camerons »Titanic« (1997) berühmt wurde, eine gewisse positive Voreingenommenheit des Zuschauers gegenüber der abermals als große Verführerin in Szene gesetzten Figur der Protagonistin. Winslet ist mit letzterer Rolle endgültig ›unsterblich‹ geworden als Darstellerin melodramatischer Heroinen, die vor einem großen und grandiosen Verhängnis, einer apokalyptischen Katastrophe, leiden – wobei Hermann Kappelhoff in seiner instruktiven Analyse des Films »Titanic« auch daran erinnert, dass der »katastrophische Background von jeher zur Rhetorik des klassischen Melodramas«

Donahues Hinweis, dass Ilana im Film plötzlich und vollkommen ohne jeden Bezug zum Gesprächsthema Sätze über die Sinnlosigkeit von KZ-Gedenkstättenbesuchen spricht, die sinngemäß aus Ruth Klügers Shoah-Überlebenden-Autobiografie »weiter leben. Eine Jugend« (1992) stammen (ebd., S. 290 f.), sollte genauer ausgedeutet werden. Ilana sagt hier plötzlich: »People ask all the time what I learned in the camps. But the camps weren't therapy. What do you think these places were? Universities? We didn't go there to learn. One becomes very clear about these things. […] My advice, go to the theatre, if you want catharsis. Please. Go to literature. Don't go to the camps. Nothing comes out of the camps. Nothing.« Hier zitiert nach dem online abrufbaren Drehbuchtext: <http://www.dailyscript.com/scripts/The_Reader.pdf> (Zugriff am 03.10.2012). Bei Ruth Klüger steht die Passage, an die diese Äußerung offensichtlich angelehnt ist, im Zusammenhang mit der Bemerkung eines Göttinger Doktoranden, der sich über den angeblichen Rassismus eines ungarischen Shoah-Überlebenden empört, den er in Auschwitz getroffen und der über Araber geschimpft habe, sie seien alle schlechte Menschen. Darauf die Erzählerin Klügers: »Ich hake ein, bemerke, vielleicht härter als nötig, was erwarte man denn, Auschwitz sei keine Lehranstalt für irgendetwas gewesen und schon gar nicht für Humanität und Toleranz. Von den KZs kam nichts Gutes, und ausgerechnet sittliche Läuterung erwarte er?« Vgl. Klüger, Ruth: weiter leben. Eine Jugend. Göttingen: Wallstein Verlag 1992, S. 72. Die zweite zitierte Feststellung von Ilana, man solle lieber ins Theater gehen oder die Literatur konsultieren, als zu den Lagern zu fahren, bezieht sich auf Klügers kritische Bemerkung über das Gedenkstättenwesen: »Es liegt dieser Museumskultur ein tiefer Aberglaube zugrunde, nämlich dass die Gespenster gerade dort zu fassen seien, wo sie als Lebende aufhörten zu sein.« In Wahrheit verleiteten diese Besuche jedoch nur zur »Sentimentalität« und zur »Selbstbespiegelung der Gefühle«: »Wer fragt nach der Qualität der Empfindungen, wo man stolz ist, überhaupt zu empfinden?« (Ebd., S. 76). Es ist gut möglich, dass Schlink, in dessen Roman verblüffend ähnliche Überlegungen in der Szene, in der Michael Berg zur KZ-Gedenkstätte nach Struthof fährt, eine wichtige Rolle spielen (vgl. Schlink, Der Vorleser. 1995, S. 144–152), von Klüger übernommen hat. Problematisch ist allerdings, dass Bergs Unfähigkeit, angesichts der Überreste des Lagers in Struthof das zu realisieren, was dort geschah, bei Schlink abermals in den Dienst der Suggestion des Gesamtromans gestellt wird, es sei deshalb unnötig, sich als Deutscher *überhaupt* noch zu etwas zu zwingen, dass ohnehin nicht funktionieren könne und daher sinnlos sei. Berg fährt im Roman sogar zweimal nach Struthof und stellt fest, dass es vergeblich gewesen sei, habe er doch nur ein »Gefühl kläglichen, beschämenden Versagens« verspürt (ebd., S. 149).

gehörte – »das berühmteste Beispiel ist der brennende Himmel in ›Gone with the Wind‹«.[33]

Es ist allerdings bezeichnend, dass nicht nur der Untergang der Titanic, sondern eben auch und gerade die Shoah mittlerweile zu einer solchen, zynischerweise ›todsicher‹ emotionalisierenden und ›melodramatischen‹ Kino-Kulisse avanciert ist. Sicher passt dabei auch Kappelhoffs Vermutung, »Titanic« habe offenbar »grundlegende psychische Energien auf der Ebene *individueller psychischer Erfahrungen*« aktiviert, um zu einem solchen gigantischen Welterfolg zu werden,[34] ebenso die Rezeption von Daldrys Schlink-Literaturverfilmung »The Reader«.

Wenn Winslet in diesem Film in einer Großaufnahme vor Rührung weint, während sie kleine Kinder in einer idyllischen Kirche auf dem Land »Gloria in excelsis Deo« singen sieht – eine Szene, die es im Roman nicht gibt –, dann kann der ergriffene Zuschauer kaum noch anders, als mit ihr zu fühlen.[35] Abgesehen davon, dass das Lied davon handelt, dass Jesus Christus die Sünden der Welt

---

33 Kappelhoff, Hermann: Matrix der Gefühle. Das Kino, das Melodrama und das Theater der Empfindsamkeit. Berlin: Vorwerk 8 2004, S. 308.

34 Vgl. ebd., S. 307.

35 Dass diese Szene ausgerechnet in einer ländlichen *Kirche* inszeniert wurde, ist aus dem Blickwinkel religiöser Symbolisierungen von ›Gut‹ und ›Böse‹, die damit beim Zuschauer unweigerlich angesprochen werden, nicht unerheblich. Die mutmaßliche Auslösung der Erinnerung an ihre jüdischen ›Lieblingskinder‹ in Auschwitz, die Hanna hier so rührt, macht sie nicht nur zur sorgenden und gefühlvollen *Mutterfigur*, sondern rückt sie als Charakter mitten hinein in den Bereich christlicher Heilsvorstellungen und Nächstenliebe, ohne dass im Film auch nur ein Wort darüber gesprochen werden müsste. Hanna steht damit eher auf der Seite des ›Guten‹, während die ›Ewige Jüdin‹ in New York in diesem Schema eher auf der Seite des ›rachsüchtigen‹, unnachgiebigen ›Bösen‹ steht, das gerade im *christlichen Antisemitismus* ohnehin schon immer mit dem Judentum assoziiert wurde. Zwar wirkt die Jüdin Ilana in Daldrys Film im Laufe der Szene zusehends freundlicher, doch sind hier die Details sowie die Montage genauer zu beachten: So wird Berg in der riesigen Luxus-Wohnung von einer *schwarzen Dienerin* mit Schürze und weißer Haube empfangen, was die Hausherrin als Wohlhabende in eine anachronistische soziale Hierarchie einordnet, die eher an die rassistischen Südstaaten der USA vor dem Bürgerkrieg denken lässt denn an die Lebenswirklichkeit einer amerikanischen Shoah-Überlebenden in der Gegenwart. Auch der Gegensatz der kontrastierten Settings ruft alte manichäische Weltbilder auf: Die Idylle der deutschen Landschaft mit der Kirche steht im Film unmittelbar dem ›Zentrum des Kapitalismus‹, der Stadt New York, gegenüber; direkt nach der in Manhattan spielenden Szene werden wir wieder durch einen harten Schnitt an den Kirchen-Schauplatz zurückversetzt, den ein sentimental gestimmter, gealterter Michael Berg noch einmal mit seiner Tochter aufsucht, weil dort im Film Hanna begraben liegt, wie wir nun erfahren. Als Schlussbild des Films wird hier also anders als im Roman die Verbundenheit der Figur Hannas mit dem *christlichen Ort* noch einmal ikonografisch besonders betont, im Sinne von »Kitsch und Tod« (Saul Friedländer): Das tragische, sakralisierte Totengedenken des Films gilt damit am Ende vor allem *ihr* als Täterin und ›Heiliger‹ – nicht aber den Opfern der Shoah, die man zuvor nur auf einem Schwarz-Weiß-Foto neben Hannas Teedose kurz und überaus *glücklich* sah.

tilge:[36] Hier wird der bis in die tiefste Psyche wirksame, individuelle bildliche Reizauslöser der Frau als ein besonders gefühlvolles, fürsorgliches und also mütterliches Wesen inszeniert, ein emotionalisierendes ›Schlagbild‹, das dekontextualisiert von der Handlungsrahmung im Film subjektiv bei jedem Zuschauer seine affektive Wirkung entfalten soll. »Ein Gesicht lesen heißt, sich in den Körper versetzt zu denken und dessen Bewegung als eine solche des eigenen Empfindens zu deuten«, schreibt Hermann Kappelhoff:[37]

> »Das Gesicht entsteht buchstäblich im Verbergen des Körpers und bringt ihn zugleich als ein Ornament des erotischen Begehrens zur Erscheinung. Es ist die nach außen und vorne gekehrte Fassade des verborgenen Körpers, das Lichtspiel sublimierter Empfindsamkeit, der Schattenwurf von Trauer und Schmerz, das Blitzgewitter der Affekte.«[38]

Es handelt sich also bei dem Gesicht, insbesondere dem von Frauen als ›Mutterfiguren‹, um ein Zeichen, das basalste menschliche Regungen anzusprechen vermag:

> »Die Miene des sich mir zuwendenden Gesichts, freundlich oder schroff, ist die flüchtigste körperliche Berührung. Sie bezeichnet einen Grenzwert, an dem der symbolische Tausch dem Nullpunkt unmittelbarer körperlicher Verschmelzung zustrebt, eine Zone des Übergangs zwischen Semiose und physischer Aktivität. Man kann es auch umgekehrt beschreiben: die Mimik, das ist die erste Lösung aus einer physischen Verschmelzung, die, für kurz oder lang unterbrochen, in eine immaterielle Berührung abgleitet – nicht mehr körperlich und noch nicht symbolisch. Man kann deshalb im Schema der Gesichtswahrnehmung eine Art vorsprachlicher Semiose verstehen, die sich der Erlebniswelt des Kindes im Angesicht der Mutter zuordnen läßt. [...] Das Gesicht kann über das Individuum hinauswachsen, das Ich sich in der Wahrnehmung des Gesichts verlieren; dies gilt für das Kino im buchstäblichen Sinne: Dort ist der Zuschauer, der sich dem überdimensionierten Gesicht auf der Leinwand ausliefert, durch die Größenproportionen in ein Nähe-Verhältnis verschoben, die den Blick des

---

36 Vgl. dazu auch Donahue, Holocaust Lite. 2011, S. 285 – 287. Dass Hanna als Analphabetin den lateinischen Text wohl kaum verstehen kann, wie Donahue hier etwas spöttisch erinnert (S. 287), ist für die *emotionale* Wirkung der Szene im Zusammenspiel mit der elegischen Musik auf den Zuschauer ohne Belang. Es kommt auf die vielfache symbolische Verdichtung von Bild und Sound an, die den Rezipienten überwältigt, ganz unabhängig irgendwelcher logischer Unstimmigkeiten, die er in dem kurzen Moment überhaupt nicht zu realisieren vermag.

37 Kappelhoff, Hermann: Bühne der Empfindungen, Leinwand der Emotionen – das bürgerliche Gesicht. In: Blick. Macht. Gesicht. Hrsg. von Hermann Kappelhoff in Zusammenarbeit mit Helga Gläser und Bernhard Groß. Berlin: Verlag Vorwerk 8 2001, S. 1 – 21, hier: S. 5. <http://www.hermann-kappelhoff.de/01/buehne_der_empfindungen.pdf> (Zugriff am 09.08.2012).

38 Ebd., S. 15.

›Säuglings aus dem Kinderwagen‹ und den Blickverlust beim Küssen gleichermaßen nachzubilden scheint.«[39]

In seiner Studie über die »Figur im Film«, in der er sich ausführlich mit der Entstehung emotionaler Anteilnahme, von Empathie oder der Identifikation beim Zuschauer auseinandersetzt, schreibt auch der Filmwissenschaftler Jens Eder über die Voraussetzungen für derartige Reaktionen, dass die Großaufnahme weinender Personen solche Wirkungen besonders provozieren kann. Insbesondere die *Empathie* als das Teilen von Figuren-Gefühlen und somit eine emotionale Disposition, die nicht eine komplette Perspektivenübernahme (nämlich die totale Identifikation) mit einer Figur erfordert – zumal diese im Fall der NS-Täterin Hanna Schmitz auch problematisch erscheinen muss –, kommt hier zum Tragen:

> »Manchmal empfinden wir ähnliche Gefühle wie eine Figur, teilen also ihre emotionale Perspektive, indem sich etwa ihre Gefühle auf uns übertragen, wir uns mit ihr identifizieren oder in ihre Lage hineinversetzen. Die wesentlichen Gefühlsauslöser sind hier das situative Erleben und emotionale Ausdrucksverhalten der Figur, ihre Mimik und Gestik, ihr Lachen und Weinen.«[40]

Winslets Hanna gehört als Protagonistin zudem in eine auffällige Reihung weiblicher Kinofiguren, die als NS-Täterinnen wahlweise als hysterische »Andere« aus einer imaginierten nationalen Gemeinschaft exkludiert oder als missverstandene, viktimisierte Opfer zur Identifikation bzw. zur teilweisen Anteilnahme an ihren Gefühlen angeboten werden.[41] Zum ersteren Typus gehört etwa die von Corinna Harfouch verkörperte Magda Goebbels in Oliver Hirschbiegels Film »Der Untergang« (2004), während Winslets Darstellung der Hanna aus Schlinks Roman eher letzterem Skript folgt.

Festzuhalten bleibt: Die enorme *emotionalisierende Effizienz*, die das melodramatische Dispositiv rund um Schlinks Roman längst entwickelt hat und die sich auf die öffentliche Wahrnehmung des Holocaust in kommenden Generationen weiter auswirken wird, ist nicht mehr zu übersehen.

39　Ebd., S. 16.
40　Eder, Jens: Die Figur im Film. Grundlagen der Figurenanalyse. Marburg: Schüren 2008, S. 667. Zur Differenzierung zwischen Identifikation, Sympathie und Empathie siehe auch ebd., S. 677: »Vereinfacht: Identifikation ist Perspektivenübernahme, Empathie das Teilen von Figuren-Gefühlen. Im Gegensatz zur Sympathie als zeitübergreifende Disposition des Fühlens *für* eine Figur besteht Empathie also im situationsbezogenen Fühlen *mit* einer Figur. Sympathie beruht vor allem auf den konstanten Eigenschaften einer Figur, Empathie auf ihrer vorübergehenden Lage; man kann auch mit Figuren empathisieren, die man nicht sympathisch findet.«
41　Siehe hierzu Winter, Sebastian: Arischer Antifaschismus. Geschlechterbilder als Medium der kulturindustriellen Bearbeitung der Erinnerung an den Nationalsozialismus am Beispiel der Filme *Der Untergang*, *Sophie Scholl* und *Napola*. In: Deutschlandwunder. Wunsch und Wahn in der postnazistischen Kultur. Hrsg. von kittkritik. Mainz: Ventil Verlag 2007, S. 52–68.

Ewelina Kamińska (Szczecin)

Im Spiegel der Erinnerungen und Gespräche –
Waldemar Mierzwa auf der Suche nach der lokalen Identität

»Es war einmal ein Städtchen namens Gilgenburg …«, könnte der erste Satz
lauten und den Leser in die Stimmung eines Märchens versetzen. Aber der von
Waldemar Mierzwa gewählte Anfang lautet weniger verzaubernd, sondern etwas
traurig, pessimistisch. Der Autor gesteht, schon viele – Polen und Deutsche,
Interessierte und Gleichgültige – durch den Ort Dąbrówno geführt zu haben,
und zugleich bedauert er, ihn vielen anderen nicht mehr zeigen zu können.
»Miasteczko« ist – in strukturaler Hinsicht – nicht schwer einzuordnen: Es ist
eine reportageartige Sammlung von erzählten Menschenschicksalen, von Geschichten der Gebäude oder Betriebe, von Gesprächen mit Besuchern und
Touristen, von Beschreibungen der lokalen Bräuche; erinnert wird an die mit
dem Ort bzw. der Region verbundenen Schriftsteller, an historische Ereignisse,
sogar an die kulinarischen Spezialitäten – all das wird vor dem Hintergrund des
sieben Jahrhunderte umfassenden Panoramas (14.–21. Jahrhundert) reflektiert.
Derartige Reportage-Literatur wird häufig mit Archäologie verglichen, weil
aufgrund der oft fragmentarischen Funde oder Spuren entfernte Welten, sogar
historische Wirklichkeit rekonstruiert werden können. Aber ist das Verb »rekonstruieren« hier überhaupt angebracht? Ist es nicht wahrscheinlicher, dass im
21. Jahrhundert das Gewesene, Fremde, Überlieferte nur als Konstrukt
menschlicher Vorstellung leben mag?

I.   Zum kulturwissenschaftlichen Kontext

Der Titel »Miasteczko« (Städtchen) lässt den Leser vermuten, das »Städtchen«
sei hier der eigentliche Held des Erzählten. Dies führt wiederum zur Annahme,
der Autor möchte in die Fußstapfen der Forscher[1] treten und beabsichtigt eine

---

1 Zum Raum vgl. u.a. folgende Arbeiten: Weigel, Sigrid: Zum ›topographical turn‹. Karto-
   graphie, Topographie und Raumkonzepte in den Kulturwissenschaften. In: KulturPoetik.
   Bd. 2, H. 2, 2002, S. 151–165; Schlögel, Karl: Im Raume lesen wir die Zeit. Über Zivilisati-

Auseinandersetzung mit dem für ihn bedeutenden Raum. Was käme in einer solchen Situation infrage? Vielleicht die Untersuchung der dortigen Codes, Gewohnheiten und Praktiken oder Versuche, den Raum mit Symbolen aufzuladen. Derartige Bemühungen wären teilweise zum Scheitern verurteilt, denn der Raum ist eine veränderbare Größe in geografischer, topografischer, zeitlicher, sozialer oder mentaler Hinsicht. Er existiert und erhält seine literarische Dignität dank dem vielschichtigen Wandel, nicht dank der Affirmation oder Konservierung des Bestehenden. Waldemar Mierzwa ist sich dessen bewusst. Er porträtiert die Wandlungen einer Stadt, die symbolisch für mehrere ähnliche Ortschaften Masurens steht, er schildert nicht nur Schicksale einzelner Familien, sondern Erfahrungen einer ganzen Generation von Deutschen und Polen.

Eine der Hauptschwierigkeiten, den Raum zu erfassen, resultiert aus der Geschichte. Zwar sind Gilgenburg und Dąbrówno auf den Landkarten auf derselben Stelle zu finden,[2] doch haben sie zwei verschiedene Geschichten mit der Zäsur im Jahr 1945. Zu den Kriegsauswirkungen gehörten ja Namensänderung, Staatszugehörigkeits-, Verwaltungs- und Sprachwechsel sowie Bevölkerungsaustausch. All das führte zu einer Jahrzehnte dauernden parallelen Geschichtsschreibung. Während die Gilgenburger oder die deutschen Historiker sich vorwiegend auf die deutsche Zeit konzentrierten, hoben die polnischen Forscher hauptsächlich frühere Beziehungen zu Polen und die Verwandlung nach 1945 hervor. Erst das gegen Ende der 1990er Jahre neu aufkommende Regionalbewusstsein der Einwohner und neue sozialpolitische Verhältnisse in Polen trugen zum verstärkten Interesse an der nicht-polnischen Geschichte der Ortschaften und Regionen bei. Kündigte Jan Józef Lipski in seinen weitsichtigen Essays in den 1980er Jahren die Pflicht der Polen an, das in den ehemals deutschen Gebieten vorgefundene Kulturerbe zu schätzen und zu pflegen,[3] so geht heute Robert Traba noch weiter und hält die nach dem Krieg geborenen Polen für – zumindest geistige – (Mit-)Nachfolger (Sukzessoren) dieses Erbes, weil gerade diese Generation das deutsche Kulturerbe Masurens und die Last der

---

    onsgeschichte und Geopolitik. München: Hanser 2003; Bachmann-Medick, Doris: Cultural Turns. Neuorientierungen in den Kulturwissenschaften. Reinbek bei Hamburg: Rowohlt-Taschenbuch-Verlag 2006; Raumtheorie. Grundlagentexte aus Philosophie und Kulturwissenschaft. Hrsg. von Jörg Dünne und Stephan Günzel. Frankfurt/Main: Suhrkamp 2006; Topologie. Zur Raumbeschreibung in den Kultur- und Medienwissenschaften. Hrsg. von Stephan Günzel. Bielefeld: Transcript-Verlag 2007; Raum. Ein interdisziplinäres Handbuch. Hrsg. von Stephan Günzel. Stuttgart/Weimar: Metzler 2010.

2 Gilgenburg/Dąbrówno – ein Ort im Kreis Ostróda (Osterode), auf einer Landenge zwischen den Seen Dąbrowa Mała (Kleiner Damerau-See) im Westen und Dąbrowa Wielka (Großer Damerau-See) im Osten.

3 Vgl. Lipski, Jan Józef: Powiedzieć sobie wszystko … Eseje o sąsiedztwie polsko-niemieckim/ Wir müssen uns alles sagen… Essays zur deutsch-polnischen Nachbarschaft. Gliwice/Warszawa: Wydawnictwo Polsko-Niemieckie 1996.

Familienerfahrung in gleichwertige Komponenten der eigenen Identität umzuwandeln vermag.[4] Im Zuge des neuen Umgangs mit der Region geht nun Mierzwa auf die Erinnerungen und Erlebnisse mehrerer in Masuren lebender Nationalitäten ein, schreibt gegen den Einheitsmythos an und sucht Kontakte zu ehemaligen Einwohnern, die für ihn als Brücke zu der ›fremden‹ Zeit fungieren. So beschreibt er den Raum und schreibt ihn für andere.[5] Er ›produziert‹ den Raum – »durch Aneignung, durch Mühe und Arbeit, durch Bewegung, durch den Körper, durch kulturelle Praxis«[6] – und macht ihn dadurch zu einer gesellschaftlichen Orientierungseinheit. Erst in einem so angeeigneten Raum können Erinnerungsorte – *lieux de souvenir* – entstehen, die dem Menschen sowohl die Äußerung »Ich erinnere mich« als auch die »Ich werde durch etwas erinnert« ermöglichen.[7]

Die historisch-politisch bedingten Brüche in der Geschichte Gilgenburgs und Masurens stellen den Autor vor die Unmöglichkeit, sich auf eigene, familiäre oder polnische kollektive Erinnerungen zu stützen. Das Vergangene kann somit nur in Anlehnung an fremde Erinnerungen und Narrative, an Fotos, Berichte, literarische Werke oder andere Zeugnisse erschlossen werden. Nach Marianne Hirsch darf man, um eine derartige Situation zu charakterisieren, den Terminus des »*post-memory*« verwenden.[8] Mierzwa gehört zu den spät und andernorts Geborenen, die bestimmte Inhalte nur aus zweiter Hand kennen bzw. kennenlernen. Orte und Dinge sind – so Aleida Assmann – die wichtigsten Auslöser des unsortierten, vorbewussten und meist zufällig auftretenden Mich-Gedächtnisses, das allerdings nur dann aktiv werden kann, wenn »eine Erfahrung über längere Zeit in einen Zustand der Latenz und des Vergessens gerät, in dem sie sich aber nicht auflöst, sondern im Gegenteil ihre spezifische ›Frische‹ bewahrt.«[9] Mierzwa stößt an die Grenzen seines autobiografischen (Ich- und

---

4 Vgl. Traba, Robert: Historia – przestrzeń dialogu. Warszawa: Instytut Studiów Politycznych PAN 2006; Traba, Robert: Mazury: o wymazywaniu i odzyskiwaniu. In: Prusy: wzlot i upadek. Pomocnik historyczny. Polityka. Wydanie specjalne 3/2012, S. 127 ff.

5 Zu Stadt als Diskurs vgl. Barthes, Roland: Semiologie und Stadtplanung. In: Ders.: Das semiologische Abenteuer. Frankfurt/Main: Suhrkamp 1988, S. 199–209.

6 Bachmann-Medick, Cultural Turns. 2006, S. 288 f. Von der »Produktion des Raumes« sprach als erster Henri Lefebvre in: La production de l'espace (Paris: Ed. Anthropos 1974).

7 Zu *lieux de souvenir* vgl. Assmann, Aleida: Der lange Schatten der Vergangenheit. Erinnerungskultur und Geschichtspolitik. München: C. H. Beck 2006, S. 119–124, bes. S. 121 f.

8 Vgl. Hirsch, Marianne: Family Frames. Photography, Narrative and Postmemory, Cambridge. Massachusetts u. a. 1997; Dies.: Surviving Images: Holocaust Photographs and the Work of Postmemory. In: The Yale Journal of Criticism, Volume 14, 2001 Nr. 1, S. 5–37, hier zit. nach: <socialdifference.columbia.edu/files/socialdiff/project/surviving images_0.pdf> (Zugriff am 22.10.2012). Die Arbeiten von Marianne Hirsch konzentrieren sich auf die Darstellungen des Holocaust, der Begriff *post-memory* darf allerdings ausgedehnt und auf andere Aspekte der Vergangenheitsaufarbeitung bezogen werden.

9 Assmann, Der lange Schatten. 2006, S. 123.

Mich-)Gedächtnisses, da ihm bei der Beschäftigung mit Gilgenburg weder der Ort Dąbrówno noch Dinge als Träger fremder Geschichten helfen. In »Miasteczko« lässt er deshalb die alten Gilgenburger sprechen, die bei ihren Besuchen in der Heimat vom Mich-Gedächtnis angetrieben werden, in Erinnerungen schwelgen und die Gegenwart des Ortes kaum wahrnehmen. So treffen zwei Parallelwelten und zwei Diskurse über Raum und Geschichte aufeinander, deren Zusammenstellung eine tiefgründige Auseinandersetzung mit Gilgenburg/Dąbrówno möglich macht. Waldemar Mierzwa versucht den deutschen und polnischen Diskurs zu verbinden, um Leerstellen zu füllen sowie eine möglichst umfangreiche und vielseitige Darstellung des Raumes bieten zu können.

II.   Zur Problematik von »Miasteczko«

»Miasteczko« umfasst mehrere Mikroerzählungen, die sich puzzleartig ergänzen, doch können nicht alle Lücken dieses Porträts gefüllt werden. Gerade die fehlenden Elemente regen zum Fragen und Nachdenken an.

Menschen

Im Mittelpunkt des Textes stehen die Menschen, Vertreter verschiedener im Laufe der Jahre mit der Region verbundener Nationalitäten und Ethnien. Bereits die ersten Geschichten (von den Gilgenburger Schülern und ihrer Lehrerin Erna sowie von der Eroberung der Stadt von der Roten Armee) verraten die vom Autor gewählte Methode: Er verknüpft Privates, Unwichtiges und Überliefertes mit überprüfbaren Informationen, die einem Lexikon entnommen werden können. Die Privatisierung der Geschichte ermöglicht einen tieferen Einblick in bewegende Schicksale von Einzelpersonen. Mit der Anhäufung der Schicksalsschläge (desorientierte Zivilisten, Flucht in kaltem Winter, vermisste Verwandte, vergewaltigte Frauen, verwaiste Kinder, abgebrannte Dörfer) wird die Situation der Deutschen in der letzten Phase des Krieges und in der unmittelbaren Nachkriegszeit umrissen. Heinrich, Oswald, Ewald, Kurt, Berta, Familie Sakowitz stehen exemplarisch für viele, deren Welt 1945 einen Zusammenbruch erlitten hat. Es waren Durchschnittsmenschen, die im Grunde genommen alle masurischen Städtchen bevölkerten. Nach dem Krieg haben sie im westlichen Deutschland ihre Existenz neu bauen müssen. Mierzwa erzählt u. a. von den Ausreiseanträgen und den Besuchen der ehemaligen Gilgenburger im alten Land.[10] Die Informationen sammelt er in direkten Gesprächen, wobei sein In-

---

10 Vgl. Mierzwa, Waldemar: Miasteczko. Dąbrówno: Oficyna Retman 2011, u. a. S. 26 f., 110 ff.

teresse an den Erlebnissen einfacher Dorfbewohner häufig auf Unverständnis oder Verwunderung stößt.

Charakteristisch sind dabei drei Gruppen von Deutschen: 1.) Sie schlagen Wurzeln im Westen, behalten das Land der Kindheit und Jugend in Erinnerung, sammeln Fotos, Karten oder andere Andenken, doch dominiert bei ihnen die Vergangenheitsbezogenheit. Diese Gilgenburger suchen kaum Kontakt zu Dąbrówno, ihre Treffen in der Kreisgemeinschaft Osterode in Ostpreußen sind eine Gelegenheit, Nachrichten aus der Heimat zu erfahren, Fotos auszutauschen und Volkslieder zu singen.[11] Ein Besuch der Polen aus Dąbrówno (Autor mit Freunden) wird zu einer Sensation, denn zum ersten Mal sitzen die Gilgenburger in der Gesellschaft der jetzigen Ortsbewohner am gemeinsamen Tisch, fühlen sich jedoch in ihrem Wesen etwas gestört. Ein Freund des Autors erklärt, die Reden von der Versöhnung seien hier eine Modeerscheinung und ändern wenig, da die alten Ostpreußen keine Fremden in ihrer Geschichte wünschen, es sei denn, die Polen wären bereit, die deutsche Version der Geschichte zu hören.[12] Eine andere Einstellung haben 2.) diejenigen, die als Ostpreußen oder Masuren so tief in ihren Dörfern verwurzelt sind, dass sie das Leben in Deutschland ablehnen und trotz der Versuche, dort eine Existenz aufzubauen, in ihre Ortschaften zurückkehren. Dies gilt insbesondere für die alte, in der vorindustriellen Zeit aufgewachsene Generation, die sich in den entwickelten westlichen Städten fremd fühlt und nicht einleben kann.[13] Andere wiederum können 3.) als Heimwehtouristen bezeichnet werden. Sie reisen in Gruppen, mit dem Ziel, ihre alte Region zu besuchen, oft auch in einer allgemeinnützlichen Mission, z. B. mit Medikamentenspenden für Krankenhäuser.[14] Sie versuchen zwar in einem beschränkten Ausmaß die Gegenwart Masurens kennenzulernen, doch werden sie dazu vom Wunsch, das Frühere und das Jetzige miteinander zu vergleichen, motiviert. Auf ihren Fahrten gilt ein festes Programm: Besuche bei lokalen Kulturvereinen, Paddelfahrten auf dem Fluss Krutinnen und Mahlzeiten in Restaurants, in denen regionale Spezialitäten serviert werden. Mierzwa beschreibt u. a. seine Versuche, mit diesen Touristen Bekanntschaften zu schließen und von ihnen Informationen über die Vergangenheit Masurens zu erhalten, doch immer wieder spürt er eine gewisse Unsicherheit der anderen Seite. Er urteilt jedoch nicht, er bemüht sich die gegenseitigen Gefühle mit historischen, politischen oder sozialen Erfahrungen der Deutschen und Polen zu erklären.

Bei der Darstellung der in Dąbrówno und Masuren wohnhaften Polen überwiegt die Gegenwart. Zwar werden manche Persönlichkeiten erwähnt, die bereits

---

11 Vgl. ebd., S. 66 f, 74 ff.
12 Vgl. ebd., S. 76.
13 Vgl. ebd., S. 24–28 (Kurt), 110 ff. (Berta).
14 Vgl. ebd., S. 39–44.

im 19. Jahrhundert und in der Zwischenkriegszeit die Bindungen der Masuren
zu Polen zu stärken versuchten – u. a. Pfarrer Antoni Wolszlegier, Karol Małłek,
Emilia Sukertowa-Biedrawina, Stanisław Wilemski, Roman Licznerski[15] –, doch
das Augenmerk des Autors richtet sich primär auf die heutigen Einwohner der
Region. Er porträtiert Menschen, die das Schicksal um und nach 1945 nach
Masuren verschlagen hat, deren Verbundenheit mit dieser Gegend aber von
relativ kurzer Dauer ist. Obwohl vor 1945 die polnische Sprache in Gilgenburg
unter den Masuren bekannt war und es noch 1938 Mitglieder des Bundes der
Polen in Deutschland gab, konnte Mierzwa nur deren Namen ermitteln,[16] fand
aber keine Gilgenburger, die sich an diese Nachbarn erinnert hätten. So beginnt
die polnische Zeit anscheinend erst 1945, in einem für die deutsch-polnische
Verständigung sehr ungünstigen Moment. Als erste, gleich nach den Rotarmisten, erreichen die nach Kriegsbeute suchenden Polen aus der Gegend von
Mława das »Städtchen«,[17] an die nur einmal erinnert wird. Kurze Erwähnung
findet auch der erste Vogt von Dąbrówno, dessen Tochter im Warschauer Aufstand gefallen ist.[18] Die Polonisierung Masurens wird hier nämlich mit einer
Zeitraffung geschildert. Als ein nächstes wichtiges Datum steht das Jahr 1956. In
der zweiten Hälfte der 1950er Jahre begeistern sich die Einwohner von Dąbrówno für den geplanten bzw. erhofften Wiederaufbau der Bahnstrecke nach
Działdowo/Soldau. Im Rahmen der Vorbereitungen zum 550. Jahrestag der
Schlacht bei Grunwald (Tannenberg 1410) war die Gegend prominent, aber die
Hoffnungen wurden nicht erfüllt und der Ort verfiel weiter. Ansonsten schildert
Mierzwa die Nachkriegszeit in großen Zeitsprüngen, ohne auf Lebensläufe von
konkreten Personen oder auf die städtebauliche Entwicklung einzugehen, als
fände er die Deutschen und ihr Gilgenburg anziehender. So spricht er nur von
einigen kleinen Unternehmern, die eine Pension für Touristen führen; von reichen Familien, die prunkvolle Hochzeiten veranstalten; von einzelnen Gaststätten oder dem örtlichen Kino. Ausführlich werden dagegen die Geschichten
derjenigen behandelt, die ihre Identität nicht eindeutig bestimmen können.
Symbolisch für die Wirrungen des 20. Jahrhunderts ist das Schicksal von Maria,
die erst in hohem Alter ihre wahre Herkunft entdeckt: Sie, angeblich ein von den
Deutschen germanisiertes Mädchen Ryszarda Sznajer, wurde von einer polnischen Familie aus Warschau adoptiert und bemerkte im Laufe der Jahrzehnte
etliche Unstimmigkeiten in ihren Dokumenten. Sie lernte schließlich ihren ursprünglichen Namen (Reintraud Schmeier) und Geburtsort (Allenstein) kennen
und sucht bis heute nach Informationen über ihre Verwandten. Mittlerweile

---

15 Vgl. ebd., S. 29 f., 34, 38, 81.
16 Vgl. ebd., S. 38.
17 Vgl. ebd., S. 6.
18 Vgl. ebd., S. 82 f.

akzeptiert sie ihre deutsche Herkunft und ihre polnischen Pflegeeltern und bezeichnet sich selbst, dank den Sommeraufenthalten in Masuren, als Ostpreußin.[19]

Außer für Deutsche und Polen interessiert sich Waldemar Mierzwa noch für die Vertreter anderer mit dem Ort verbundener Volksgruppen, u. a. für die Gilgenburger Juden, deren Namen auf den Listen der Holocaust-Opfer stehen. Es gelingt ihm, ihre Geschichte bis zum 18. Jahrhundert sowie ihren Einfluss auf die Entwicklung des Städtchens zu ermitteln,[20] dies vor allem aufgrund der Dokumenten-Recherche, weil die deutschen Einwohner sich an ihre ehemaligen Nachbarn kaum erinnern können.

In der letzten Kriegsphase und den ersten Nachkriegsjahren tauchen in Ostpreußen die Russen auf, hauptsächlich die Rotarmisten, deren Panzer den Tod für die letzten deutschen Soldaten und Volkssturmmänner bedeuteten. Das individuelle und kollektive Gedächtnis der Gilgenburger hat die Rotarmisten als Plünderer und Brandstifter[21] aufbewahrt, ausnahmsweise auch als kinder- oder tierliebende Männer,[22] die wegen ihrer Erinnerung an die eigenen Familien oder an ihre Höfe Mitleid mit den nun schwachen Deutschen hatten.

Mierzwa untersucht die lokale Vergangenheit mit dem Wunsch, die Identität der Region zu erfassen, doch er gesteht ein, trotz der vielen Gespräche, der studierten Dokumente und Recherchen, immer noch zu wenig über dieses Phänomen zu wissen.[23] So ergänzt er den Blickpunkt des Durchschnittsmenschen um die Meinungen bekannter, für die Region verdienter Schriftsteller oder Wissenschaftler, die somit zu einer separaten Gruppe von ›Befragten‹ werden. Informationen zu den Traditionen sucht er u. a. in der deutschen Literatur. Zitiert wird aus »Heimatmuseum« (1978) von Siegfried Lenz sowie aus mehreren Romanen von Hans Hellmut Kirst (»Deutschland deine Ostpreußen«, 1968; »Die Wölfe«, 1967; »Die merkwürdige Hochzeit in Bärenwalde«, 1988; »Die seltsamen Menschen von Maulen«, 1984), die über die Ess- und Trinkgewohnheiten der Ostpreußen Auskunft geben.[24] Mierzwa findet bei den deutschen Autoren ein widersprüchliches Bild der Stadt. Die Beständigkeit des mit einer Grenzlandfestung verglichenen Gilgenburg aus dem pathetischen Gedicht von Agnes Miegel wirkt gekünstelt gegenüber den nüchternen Beschreibungen von Kirst, der den Ort als ein Nest voller Klatschsüchtiger darstellt.[25] Auf polnische Werke

---

19 Vgl. ebd., S. 115 ff.
20 Vgl. ebd., S. 39, 45 f., 85 ff.
21 Vgl. ebd., S. 9, 20, 25.
22 Vgl. ebd., S. 13, 21.
23 Vgl. ebd., S. 29.
24 Vgl. ebd., S. 35, 37, 104 f.
25 Vgl. ebd., S. 108 f. Kirst wurde 1914 in Osterode geboren, besuchte ein Jahr lang die Gil-

kann sich Mierzwa nicht berufen, denn zu seinem Bedauern hat der Ort vor ihm keinen Schriftsteller inspiriert. Es existiert jedoch eine umfassende Abhandlung zur Geschichte Gilgenburgs von dem dort geborenen und nicht gerade polenfreundlichen Helmuth Maye (»Die Geschichte der Stadt Gilgenburg in Ostpreußen 1326–1926: zur Feier des 600jährigen Bestehens der Stadt«), zudem können noch etliche deutsche Publikationen zum Kreis Osterode genannt werden, denen nur späte, erst ab den 1990er Jahren entstehende polnische Veröffentlichungen gegenüber gestellt wurden.[26] Diese Asymmetrie resultiert aus den politischen Entwicklungen Polens nach 1945 und den damaligen Versuchen, die Vergangenheit ehemals deutscher Regionen zu verfälschen, sowie dem erst gegen Ende der 1980er Jahre aufkeimenden Regionalbewusstsein breiterer Gesellschaftskreise.

Geschichte

Kleine Ortschaften brauchen eine sensationelle Begebenheit, damit sie das Interesse der Öffentlichkeit auf sich lenken können – stellt der Autor ironisch fest[27] und sammelt Informationen über Gilgenburger Sensationen. Diese sind proportional zum Rang des Ortes, können den familiären Überlieferungen oder Lokalzeitungen entnommen werden und dokumentieren die Sehnsucht der Einwohner nach außergewöhnlichen, über den Alltag hinausgehenden Situationen. Für Unterhaltung sorgten z. B. 1909 Gerüchte von einem diebischen Schuster oder 1911 der Selbstmord eines Bürgers, der Angst hatte, dass seine oft von ihm geschlagene zweite Frau der Polizei seine Schuld am Tod ihrer Vorgängerin verraten könnte, wobei sich die Klatschsüchtigen in ihrer Reaktion einig waren: Wer seine Frau verprügelt, der darf ihr niemals Geheimnisse anvertrauen.[28] In der polnischen Zeit ließen ebenso kleine wirtschaftliche Affären Gerüchte aufkommen, so etwa der Unternehmergeist eines Kinooperators, der selbst alle Eintrittskarten gekauft hat, seinen Vorgesetzten eine musterhafte Zuschauerstatistik vorzeigen und dafür Prämien und Preise bekommen konnte.[29] Derartige Sensationen mögen lange im Gedächtnis bleiben, doch ihre Erwähnung erlaubt Mierzwa Zeitsprünge und einen geschickten Übergang zu

---

genburger Schule und verewigte beide Orte im Namen »Gilgenrode«, u. a. in: 08/15 in der Partei.

26 U. a. die Artikel im Jahrbuch Okolice Ostródy; Mierzwa, Waldemar: Dąbrówno. Olsztyn: Retman 2000; Mierzwa, Waldemar: Dąbrówno, Gilgenburg, którego nie ma/Gilgenburg, das es nicht mehr gibt. Dąbrówno/Olsztyn: Retman 2000.

27 Vgl. Mierzwa, Miasteczko. 2011, S. 30.

28 Vgl. ebd., S. 31.

29 Vgl. ebd., S. 100.

wichtigeren historischen Ereignissen, die sich mit Hilfe von Dokumenten ermitteln lassen. Werden Morde oder Diebstähle erwähnt, so liefern sie eine Gelegenheit, über das Gerichtsgebäude, seine Geschichte oder Prozesse von Prominenten zu sprechen,[30] sogar über die in der Reformationszeit herrschenden Konflikte oder damals begangene Verbrechen zu berichten. Die Geschichte des schlauen Kinooperators wird gleichzeitig zum Vorwand, auf den Untergang dieser Institution und die allgemeine Kulturmisere im Ort aufmerksam zu machen.

Als Element der Geschichte fungieren auch Beschreibungen einiger Gebäude. Symptomatisch ist hier das Schicksal der Synagoge: Zuerst geht Mierzwa auf die Ansiedlung der Juden im 18. Jahrhundert ein, dann auf den Einfluss dieser Gruppe auf die Entwicklung der Stadt bis zu den Repressionen der NS-Zeit, schließlich schildert er seine eigenen Bemühungen um die Rettung der Synagoge und ihre Verwandlung in ein Regionalmuseum, die allerdings an den von der Stiftung zur Erhaltung des Jüdischen Erbes (Fundacja Ochrony Dziedzictwa Żydowskiego) gestellten Bedingungen sowie an dem Unverständnis und dem Unmut der Einwohner von Dąbrówno gescheitert sind.[31] Der Vorfall mit der Synagoge verdeutlicht, dass die Leute das nach dem Krieg als Magazin und Laden verwendete, dann verlassene Gebäude als einen Teil der Landschaft akzeptieren, doch keine Veränderungen seines Status wünschen. In Dąbrówno gibt es niemanden, der sich an die Gilgenburger Juden erinnern könnte bzw. möchte, denn eine gewisse Rolle spielt auch die Angst vor möglichen Eigentumsansprüchen. In dieser Hinsicht stellt der Ort keine Ausnahme dar, was typisch für die meisten kleinen Gesellschaften und ihr Misstrauen gegenüber Neuheiten und Vorschlägen von außen ist.

Mit dem Gespür eines Historikers sammelt der Autor Informationen über Einrichtungen, Vereine oder Plätze, denen der Ort einst seine Spezifik verdankte. Erwähnung finden also die Feuerwehr mit ihrer immer modernerer Ausrüstung[32]; die Brauerei und ihre bis zum 17. Jahrhundert hinein reichenden Traditionen[33]; Sportvereine und ihre Veranstaltungen für die Gemeinde[34] sowie mehrere Hotels und Restaurants. Die Vergangenheit der Feuerwehr, der Brauerei oder der in einem so kleinen Ort in überraschend großer Anzahl wirkenden Organisationen (Kleinkaliberschützenverband, Radfahrerverein, Motorklub, Sportverein, Literaturverein, Liedertafel, Schützengilde) lässt sich infolge solcher Recherchen ermitteln, denn über die Veranstaltungen – Sportwettkämpfe, Feste, Lesungen und Theatervorstellungen – berichteten die lokalen Zeitungen.

---

30 Vgl. ebd., S. 29 ff.
31 Vgl. ebd., S. 85 – 93.
32 Vgl. ebd., S. 77 f.
33 Vgl. ebd., S. 96 ff.
34 Vgl. ebd., S. 60 ff.

Die Hotels und Restaurants spielten anscheinend eine noch größere Rolle im öffentlichen Leben. Aus den Darstellungen von Mierzwa geht hervor, dass dort sowohl Touristen als auch Einheimische gern verkehrt haben. Aufgezählt werden das »Germania«-Hotel der Familie Werner, das von Herrn Böhnke verwaltete »Dietrichshotel« und das »Deutsche Haus« der Familie Schittkow;[35] die Rede ist auch von zahlreichen – hier namenlosen – Gilgenburger Restaurants und Gaststätten in der Zwischenkriegszeit.[36] Diese Einrichtungen dienten als Treffpunkte für Familienfeiern, Dienstreisen, aber auch für politisch wichtige Anlässe. Im »Deutschen Haus« fanden des weiteren Versammlungen der Nationalsozialisten und der NSDAP-Mitglieder statt, denn Gilgenburg war die erste und einzige Stadt Ostpreußens, die Adolf Hitler zum Ehrenbürger ernannte – die Urkunde wurde feierlich am 24. März 1933 in Osterode überreicht.[37]

Mierzwa berichtet über die ehemaligen Industriebetriebe, Firmen, Restaurants sowie Sportvereine[38], und aus diesen Beschreibungen kann nur eine Schlussfolgerung gezogen werden: Gilgenburg war schöner, reicher und lebendiger als Dąbrówno. Die Bevölkerung fühlte sich dem Ort verbunden und sorgte – ungeachtet der Nationalität – für seine Entwicklung. Dabei hat der Autor eine Erklärung für den tristen heutigen Zustand: Lange Zeit haben die Polen die Region nicht als ihr Eigentum behandelt, die Neuankömmlinge waren zu arm, um etwas Schönes zu errichten, und dachten in erster Linie an ihre eigenen Bedürfnisse; erst wenn diese befriedigt sind, werden sie die Außenwelt wahrnehmen, deshalb darf man die Hoffnung auf ein schönes Dąbrówno nicht aufgeben.[39]

Traditionen

Waldemar Mierzwa versucht das Interesse an lokalen Traditionen zu beleben, z. B. mit Themen und Gegenständen, die breite Kreise der Gesellschaft ansprechen, wie Kochrezepte. Er hat bereits »Smaki Mazur. Kuchnia dawnych Prus Wschodnich« (Dąbrówno 2006) herausgegeben. In »Miasteczko« nutzt er geschickt die beschriebenen Hotels und Feste, um Kulinarisches zu popularisieren. Auffallend, denn fettgedruckt, sind die Rezepte für Bärenfang[40], Bauernfrühstück[41], süße Kartoffelhörnchen[42] und hart gekochte Eier in Salzbrühe[43]. Au-

---

35 Vgl. ebd., S. 63, 96 f.
36 Vgl. ebd., S. 97.
37 Vgl. ebd., S. 103.
38 Vgl. ebd., S. 59.
39 Vgl. ebd., S. 24.
40 Vgl. ebd., S. 35 ff.
41 Vgl. ebd., S. 102 f.

ßerdem werden noch als regionale Spezialitäten Alkoholgetränke – wie Neidenburger Nikolaschka oder Grog[44] – sowie Fischgerichte[45] erwähnt. Häufig wird die Bedeutung der regionalen Küche durch Zitate aus Kirsts Romanen verstärkt. Ein Hochzeitsschmaus oder nur eine üppige Mahlzeit mit regionaltypischen Zutaten fungiert als identitätsstiftendes Element und symbolisiert eine Art Brücke zwischen der Gilgenburger Vergangenheit und der Gegenwart von Dąbrówno.

Andere Bräuche (u. a. verschiedene Vereinsfeste, das Frühlingsfest oder das Erntedankfest) lassen sich heute nicht so leicht ins Leben rufen, weil sie mit der alten gesellschaftlichen Ordnung verloren gegangen sind. Diese Unmöglichkeit illustriert treffend der Fall des Nachbarortes Altstadt (Stare Miasto): Am Schloss fand einst eine Tanzveranstaltung mit Orchester und Picknick statt, zu der die Gilgenburger auf dem Fuß- oder Wasserwege schnell gelangen konnten. Der Ort Altstadt mit seinem Schloss, 63 Häusern, einer Schule und einem Krug ist fast gänzlich von der Erdoberfläche verschwunden. Im Rahmen der Kollektivierungsaktion hat man dort zuerst eine landwirtschaftliche Produktionsgemeinschaft errichtet und die Bauern sind umgesiedelt worden, woraufhin viele Masuren die Ausreise in die Bundesrepublik beantragt haben und der Ort größtenteils verwaldete.[46] Waldemar Mierzwa bedauert diesen Wandel und versteht ihn zugleich. An mehreren Beispielen beobachtet er Veränderungen, die vom Geist der neuen Zeit zeugen. Anders sieht es u. a. mit dem Markthandel aus. Statt der ehemaligen, mit Pferdefuhrwerken eintreffenden Bauern, die ihren Handel über viele Stunden abgewickelt und dann im Krug begossen haben, begegnet man heute lediglich Geschäftemachern mit Kleidung oder billigen Waschmitteln; als Agrarprodukte werden bestenfalls Gartenpflanzen verkauft.[47] Derartige Veränderungen sind nicht aufzuhalten und keiner kann bzw. will das Gewesene erneut zum Lebensmuster erklären.

III.   Fazit

Mierzwa schafft keine Literatur mit geschichtsmythologischer Dimension und legt keinen großen Wert auf die Erhaltung oder Glorifizierung der alten Ordnung, sondern auf die Rettung des regionalen Kulturerbes vor dem Vergessen. Das Bewusstsein der Einwohner von Dąbrówno kann durch seine Publikationen

---

42 Vgl. ebd., S. 80.
43 Vgl. ebd., S. 104.
44 Vgl. ebd., S. 37.
45 Vgl. ebd., S. 98.
46 Vgl. ebd., S. 63.
47 Vgl. ebd., S. 46.

und die Aktionen ähnlich passionierter Historiker, schließlich selbst durch den Umgang mit den Überresten von Gilgenburg positiv beeinflusst werden. Wer im Alltag die Spuren fremder Kulturen – etwa die evangelischen oder jüdischen Friedhöfe, Kirchen verschiedener Konfessionen, Denkmäler für die im Ersten Weltkrieg Gefallenen oder nur alte Gebäude – findet, der soll sich für diese Fremden interessieren. »Miasteczko« bietet eine Möglichkeit, die Fremden kennenzulernen und zugleich über den Verlauf der Zeit nachzudenken.

Bisher liegen zu diesem Text keine tieferen Analysen vor, die Rezensionen beschränken sich lediglich auf Informationen über Lesungen in den Bibliotheken Ermlands und Masurens; der Band wird als eine wichtige Stimme in der Diskussion über die Identität der Region gedeutet.[48] Aus diesem Grund wurde »Miasteczko« im Frühling 2012 für den Literaturpreis von Ermland und Masuren für das Jahr 2011 (Wawrzyn – Literacka Nagroda Warmii i Mazur) nominiert (der Preis ging an Tomasz Białkowski für den Roman »Teoria ruchów Vorbla«).

Nach der Lektüre kann man sich allerdings des Eindrucks nicht erwehren, dass die Identität des Ortes und der Einwohner nicht eindeutig definiert werden kann. Während sich Gilgenburg – eine bereits abgeschlossene Lebensform – als eine kleine Industrie-, Handwerks- und Handelsstadt mit Mischkultur, eigenständigen Traditionen und Menschen, die sich mit der Umgebung identifiziert und für sie gewirkt haben, bezeichnen lässt, scheint Dąbrówno noch kein Profil zu besitzen. Der Untergang der alten Wirtschafts- und Bevölkerungsstruktur erwies sich als verhängnisvoll und führte – neben den Kriegszerstörungen und der nachfolgenden sozialistischen Misswirtschaft – zur Herabstufung des Ortes.[49] Spricht Mierzwa von einem »Städtchen«, so meint er die ehemalige Repräsentationsform, da Dąbrówno seit August 1946 nur den Status eines Dorfes hat.[50] Aus den Reportagen geht unwiderlegbar hervor, dass Gilgenburg in vielerlei Hinsicht Dąbrówno übertroffen haben muss. Diese Rück-Entwicklung

---

48 Vgl. u.a. <http://kultura.onet.pl/literatura/nowe-ksiazki/miasteczko-waldemar-mierzwa,1,48 85978,artykul.html> (Zugriff am 22.10.2012);< http://gizycko.wm.pl/74221,Waldemar-Mierzwa-o.mazurskich-losach.html> (Zugriff am 22.10.2012); <http://www.piszkulturalnie.pl/ muzeum-ziemi-piskiej/czlowiek-ksiki-waldemar-mierzwa> (Zugriff am 22.10.2012).

49 Die wenig vorteilhafte Nachkriegsentwicklung mancher ehemals deutscher Orte kann ebenfalls in anderen Regionen Polens konstatiert werden. Für Aufsehen sorgte Filip Springer mit dem Reportageband »Miedzianka. Historia znikania« (Wołowiec: Wydawnictwo Czarne 2011), in dem der Untergang von Kupferberg erörtert wird. Springer macht in einem Interview auf die sich verschlechternde Ästhetik vieler einst gepflegter Orte aufmerksam, vgl. Taka zwyczajna klątwa. Rozmowa Doroty Jareckiej z Filipem Springerem. In: Gazeta Wyborcza 11.09.2012, S. 15.

50 Vgl. <http://pl.wikipedia.org/wiki/Dąbrówno_(województwo_warmińsko-mazurskie)> (Zugriff am 22.10.2012); <www.dabrowno.pl> (Zugriff am 22.10.2012). Im Ort befinden sich heute u.a. Touristenunterkünfte, ein Restaurant, mehrere Imbissstellen, eine Bank, eine Tankstelle, eine Poliklinik; in der Umgebung spielen Ferien- und Erholungsanlagen eine wichtige Rolle.

resultiert aus den wirtschaftspolitischen Umständen der Nachkriegszeit, doch gleichermaßen wahrscheinlich aus der zuerst mangelnden Verwurzelung sowie dem relativ spät und langsam entstehenden Regionalbewusstsein. Während die in Deutschland verstreuten alten Gilgenburger ihre Zugehörigkeit zum Ort betonen, scheint sie bei den Einwohnern von Dąbrówno weniger ausgeprägt zu sein. Diejenigen, die in der Heimat geblieben sind, sprechen offen von der Gleichgültigkeit der Jüngeren,[51] die das dörfliche Leben nicht mehr anziehend finden und lieber ins Ausland reisen.

Als ein eindeutiger Verlust ist der Untergang der Mischkultur einzuschätzen. Ein besonders harter Schicksalsschlag traf die Masuren, die sowohl von den Deutschen als auch den Polen misstrauisch behandelt oder sogar als Werkzeug in politischen Polemiken benutzt wurden. Ein gewisser Kurt, Jahrgang 1938, stellt fest, er müsse ein Masure sein, da ihn die Deutschen für einen Polen und die Polen für einen Deutschen halten.[52] Mierzwa selbst bekennt, dass in seinen Reportagen die Masuren zu den Hauptfiguren gehören,[53] doch empfiehlt den Band nicht nur als Geschichte eines Ortes in Masuren zu lesen, sondern als Geschichte der ganzen Region und Erfahrungen einer Generation.[54] Tatsächlich dürfte man in »Miasteczko« eine Ergänzung zu den Werken des wohl berühmtesten polnischen masurischen Autors Erwin Kruk sehen, der in den Gedichten, in der »Kronika z Mazur« (Chronik aus Masuren, 1989) und in »Spadek« (Erbschaft, 2009) das Schicksal dieser Volksgruppe reflektiert. Die Deutung des Bandes darf selbstverständlich noch erweitert werden. Im 20. Jahrhundert existieren in Polen infolge der geschichtlichen Entwicklungen mehrere Regionen mit deutscher Vergangenheit, deren Einwohner auf der Suche nach ihrer Identität sind. Für sie kann »Miasteczko« eine Inspiration zur Auseinandersetzung mit der Geschichte ihrer Ortschaften sein. U. a. aufgrund dieser Universalität wurden Fragmente des Buches in der Sondernummer »Prusy: wzlot i upadek« (Preußen: Aufschwung und Untergang) der Zeitschrift »Polityka« abgedruckt.[55]

Nach der Lektüre stellt sich noch die Frage, wen Mierzwa für den Adressaten des Bandes halten mag? Aus seinen Gesprächen mit den Mitgliedern der Kreisgemeinde Osterode wird deutlich, dass die in Deutschland lebenden Gilgenburger ihre eigenen Erinnerungen sowie entsprechende Bilder aus der Heimat vor den Augen haben und kein Buch zu dieser Problematik brauchen.

---

51 Vgl. Mierzwa, Miasteczko. 2011, S. 27, 113.
52 Vgl. ebd., S. 28.
53 Vgl. <http://kultura.onet.pl/literatura/nowe-ksiazki/miasteczko-waldemar-mierzwa,1,4885
978,artykul.html> (Zugriff am 22.10.2012).
54 Vgl. <http://www.piszkulturalnie.pl/muzeum-ziemi-piskiej/czlowiek-ksiki-waldemar-mier
zwa> (Zugriff am 22.10.2012).
55 Vgl. Prusy: wzlot i upadek. Pomocnik historyczny. Polityka. Wydanie specjalne 3/2012,
S. 114 f.

Demnach müssen in erster Linie die heutigen Einwohner von Dąbrówno, Ermland und Masuren oder vielleicht ganz Polen die anvisierte Zielgruppe sein, die die Geschichte ehemaliger deutscher Kulturlandschaften, heute ihrer Wohnorte, kennenlernen möchten, und sei es mithilfe der fremden, geliehenen Erinnerung, die manchmal ein Bild einer retrospektiven Utopie vermittelt. Die Sehnsucht der einen nach unwiederbringlich verlorenen, besseren Zeiten und Jugendjahren mag die anderen entweder ärgern und langweilen oder zur Mitverantwortung für die Gestaltung des eigenen Umfelds inspirieren. So gesehen leistet Waldemar Mierzwa mit »Miasteczko« einen Beitrag zur Diskussion über die regionale Identität, aber auch zur Herausbildung einer modernen, den freiheitlichen Wertvorstellungen verpflichteten Bürgergesellschaft.

Grzegorz Jaśkiewicz (Rzeszów)

Individuelle Geschichten und jugendliche Identitäten in der DDR

Seit der Vereinigung Deutschlands 1990 sind Autobiographien, Memoiren und Tagebücher in Hülle und Fülle verlegt worden. Nicht wenige davon wurden von ostdeutschen Schriftstellern verfasst. Die Literaturkritik stellte eine Entwicklung in der deutschen Literaturlandschaft nach 1989 fest und es kamen verstärkt Texte jüngerer Autoren auf den Buchmarkt. Die neue Schriftstellergeneration verbrachte in der DDR (nur) ihre Kindheit und Jugend, danach wurde sie in eine andere Wirklichkeit des vereinigten Deutschland versetzt. DDR-sozialisiert büßten sie auf einmal das Althergebrachte ein.

Ist das ein Zusammenbruch? Ist das ein Verlust? Und vor allem: Wie denkt man an die vergangene DDR zurück? Wie erscheint die DDR in den Erinnerungen der jungen DDR-Generation. Inwieweit ist sie eine Heimat, ein Gefängnis, ein Identifikationspunkt? Mögliche Konzeptualisierungsversuche sollen nachfolgend an drei exemplarischen Fällen gezeigt und erörtert werden. Jakob Hein, Jana Hensel und Jan Josef Liefers liefern den Untersuchungsstoff in Form ihrer autobiographischen Texte. Gerade die Autobiographie ist ein Genre, das glaubwürdig erscheint, weil es voraussetzungsmäßig – u. a. nach Roy Pascals oder Paul Lejeunes Betrachtungsweise – nicht fiktionalisiert, demnach wahrheitsgetreu darstellt.

Jakob Hein ist der zweite Sohn des Schriftstellers Christoph Hein. Geboren 1971, sollte er seine Kindheit und Jugendzeit in der DDR verbringen, bis er 1990 sein Abitur machte und das Erwachsenenleben in dem vereinigten Deutschland beginnen konnte. In der »neuen Zeit« studierte er Medizin in Berlin, aber auch in Stockholm und Boston. 2000 promovierte er in Berlin zum Doktor der Medizin. Jakob Hein praktizierte als Oberarzt in der Kinder- und Jugendpsychiatrie der Berliner Charité, bis er im Jahre 2011 die Klinik aus freien Stücken verließ. Seitdem lebt er als freier Schriftsteller in Berlin.[1]

---

1 Damit ist auch die Ungewissheit darüber, was man in Zukunft werden wird: »vielleicht eine Karriere als Arzt oder Schriftsteller. Oder beides«, die im Text Henryk M. Broders »In Mutters

Er debütierte im Jahr 2000 mit der beim Piper-Verlag erschienenen Sammlung »Mein erstes T-Shirt« von autobiographisch fundierten Erzählungen. Darauf folgten weitere Veröffentlichungen, insgesamt dreizehn[2], von denen mindestens drei die DDR, ihren Nachlass oder die Erinnerungen an sie zum Grundthema haben: »Mein erstes T-Shirt« (2000), »Antrag auf ständige Ausreise und andere Mythen der DDR« (2007), »Liebe ist ein hormonell bedingter Zustand« (2009). Der Erstling weicht von den übrigen Texten Heins, auch von den letztgenannten, ab, weil er deutlich autobiographische Züge und dabei auch einen niedrigeren Fiktivitätsgrad aufweist. Die Sammlung ist in durchdachter, logischer und chronologischer Folge aufgebaut, mit einem Ich-Erzähler, reicher Motivik und breiter Palette autobiographischer Erinnerungen. Eine Gemeinsamkeit bilden das retrospektive, autobiographische Moment und die DDR als dessen Hintergrund. Den Referenzrahmen für Heins Erinnerung bildet demnach die DDR. Die dargestellten Begebenheiten umfassen das letzte Jahrzehnt der Existenz der »Grauzone« (Grünbein), die 1980er Jahre, und das Ende wird völlig nachvollziehbar mit dem Jahr 1989 markiert, d. h. mit der Zeit der Wende und dem mit äußeren Zerfallserscheinungen einsetzenden Untergang der DDR. Nur selten greift Hein in die 1970er Jahre zurück, sei es in Erinnerung an seinen Kindergarten, sei es an den Einschulungstag. Die Zeit davor existiert in seiner Prosa so gut wie kaum, nur in Erinnerungen, und besonders in Rekonstruktionen der eigenen Familie. Und so wie sein Blick vorrangig auf die DDR der 1980er Jahre fokussiert ist, so wird sich diese auch dem Leser präsentieren.

Die Gliederung von »Mein erstes T-Shirt« in einzelne Geschichten erleichtert womöglich die Lektüre, aber wichtiger erscheint ihre Funktion im Gefüge des Gedächtnisses, denn jede der Geschichten ist um ein Problem konstruiert, das als ein Splitter der Erinnerung, als ein konstitutives Element des Memorierens fungiert. Es ist das Funktionsgedächtnis[3], das die nahe, erlebte Vergangenheit ausfüllt. Wie kleine (Bau-)Steine werden einzelne Bilder zu einem mehr oder weniger vollständigen Porträt der Kindheit und Jugend zusammengetragen. Die Retrospektive setzt da ein, wo ein Ansatzpunkt in Form von der Semantik der Marken und Bezeichnungen sowie den kindheitsimmanenten Träumen und Wünschen vorhanden ist. Bei Hein sind es – nur auszugsweise – die erträumte Gitarre, ein Poesiealbum, ein Nicki (»T-Shirt«), Mixgetränke, MITROPA, Wahlen etc. Diese werden in kausale Ordnungen gebracht, wodurch kohärente

---

ewig kalter Küche« über das Erzähldebüt Heins ausgesprochen wird, zumindest vorläufig geklärt. (Broder, Henryk M.: In Mutters ewig kalter Küche. In: Der Spiegel, 29. 10. 2001, S. 44.)

2 2011 ist beim Galiani Verlag in Berlin »Wurst und Wahn – Ein Geständnis« erschienen.

3 Zur Rolle des Funktions- und Speichergedächtnisses vgl. Assmann, Aleida: Erinnerungsräume. Formen und Wandlungen des kulturellen Gedächtnisses. München: Beck 1999. Eine komprimierte Auslegung der Theorie findet man in Erll, Astrid: Kollektives Gedächtnis und Erinnerungskulturen. Eine Einführung. Stuttgart/Weimar: Metzler 2005, S. 31 f.

Strukturen der Erinnerung – einzelne Geschichten – entstehen, die einen jeweiligen Sinn verliehen bekommen. Die meisten dieser Strukturen weisen zwei feste Elemente in ständiger Wechselwirkung auf: den gleichen Ich-Erzähler, Jakob Hein, und die DDR. Von 26 Geschichten in der Sammlung sind es lediglich zwei Geschichten – »Gitarre« und »Das sogenannte ›Denken‹ in der Pubertät« –, deren distinktives Merkmal die Absenz der DDR in toto ist. Mit keinem Wort und keiner Schilderung wird der Schauplatz der Geschichte – die DDR – offengelegt, so dass die knappe Handlung überall hätte spielen können. In drei weiteren Geschichten – »No. 3«, »Muß doch alles gar nicht sein« und »Sex in meiner Kindheit« – wird die latente DDR-Landschaft allenfalls mit einzelnen Signalen reflektiert, sei es in Form eines DDR-typischen Wortes, wie etwa: »T-Shirts hießen damals noch Nickis«[4], sei es in Form von einem eingestreuten Satz: »Nie hätte ich gedacht, daß man als Kind im Osten so etwas Cooles bekommen könnte«[5], oder aber mit einem beiläufig und einmalig gemachten Hinweis auf die Diskrepanz zwischen der BRD und der DDR: »Das hing von Ostschuhen oder Westschuhen […] und anderen Faktoren ab«[6]. Folglich ist die DDR im Grunde genommen der »Deuteragonist« in »Mein erstes T-Shirt«.

Die Topologie der Erinnerung Heins steht geradezu plakativ für die Ergebnisse der Forschung über das autobiographische Gedächtnis[7], denn er verarbeitet in seinem Text episodische und generische Erinnerungen. So etwa die Geschichte mit dem ersten T-Shirt, die in »Mein erstes T-Shirt« mit »No. 3« überschrieben ist, in der der Ich-Erzähler sich nicht bloß an einen gelben Niki erinnert, sondern vielmehr an »erste« Dinge denkt. Damit sind Gegenstände oder Ereignisse gemeint, deren Erstmaligkeit mit besonderer Emotionalität verbunden ist:

> »Ich wollte das hellgelbe Nicki jeden Tag anziehen, denn es war mein erstes, auf dem etwas draufstand. […] Mit einem Rennauto drauf, zigarrenförmig, Räder an der Seite, nicht unten drunter. Vom Fahrer sah man nur einen Helm und eine Rennfahrerbrille rausgucken. Darüber stand ›Nummer 1‹.«[8]

Die Schilderung besticht mit ihrer Detailliertheit, die von dem richtig großen Wert des T-Shirts für das Kind zeugt. Auch die gemeinsamen Frühstücke, an denen man das Toastbrot aß, das, in einem ungarischen (!) Toaster geröstet, löchrig wurde und Butter, Marmelade oder Honig durchlaufen ließ, wozu der Vater bemerkt: »Was regst du dich auf? In dir drinnen geht doch sowieso wieder

---

4 Hein, T-Shirt. 2003, S. 30.
5 Ebd., S. 71.
6 Ebd., S. 97.
7 Dazu mehr in Wagner-Egelhaaf, Martina: Autobiographie. Stuttgart/Weimar 2005, S. 87 ff.
8 Hein, T-Shirt. 2003, S. 30 f.

alles zusammen«[9], sind im Gedächtnis haften geblieben. Womöglich dadurch, dass die magische Kraft des eigenen Körpers, die zu sich genommenen Essensteile wieder zu einem Ganzen zu vereinigen, für das kindliche Gemüt überwältigend war. An die lichten Bilder schließen sich sogleich Reminiszenzen aus dem Kindergarten: »Im Kindergarten mußte ich mittags schlafen und konnte nicht. Das ist das erste, woran ich mich erinnere.«[10] Da der kleine Jakob der Anweisung der Kindergärtnerinnen zum Schlafen nicht folgen will, wird er bestraft: der Kindergarten-Alptraum. Die wiederkehrenden Ereignisse, den Mittagsschlaf zu verweigern und dafür bestraft zu werden, den Knoten nicht binden zu können und aus diesem Anlass mit Frau Rose meckern zu müssen oder aber die dicken, mit Binden umwickelten Beine der Frau Jahke, an deren Tisch der Protagonist schlafen musste, weil er immer noch nicht einschlafen konnte, sind ebenso ein Teil des Erinnerungsgutes der DDR-Sozialisierung, wenn auch die DDR allein kaum präsent ist. Das erste T-Shirt, das Jakob in seiner frühen Kindheit bekommen haben muss, ist nicht nur das Lieblingskleidungsstück, sondern auch ein Statussymbol. Ein kleines Kind kann das nicht richtig einschätzen und ein erwachsener Autor kann das Phänomen verschwiegen oder gar nicht erkannt haben. Wie die Jeanshose waren T-Shirts Symbole des westlichen Lebensstils und für die Partei- und Staatsführung womöglich nur schwer verdaulich. Allerdings ergab sich mit der Machtübernahme durch Erich Honecker eine gewisse Liberalisierung, die auch bestimmte gesellschaftliche Wahrnehmungsmodelle umgestaltete, z. B. in Richtung der in der DDR lange Zeit verpönten Konsumgesellschaft:

> »Freizeit wurde im Arbeiter- und Bauern-Staat im Laufe der 70er Jahre immer wichtiger. [...] Vater und Mutter tragen Jeans und T-Shirt und verkörpern damit die junge, moderne Familie, die sich in der Konsumgesellschaft DDR ein Auto, modische Kleidung und diverse andere Güter leisten kann.«[11]

Nicht anders bei den Heins: T-Shirt, ungarischer Toaster ... Der Universalismus der kindlichen Kindergartenerlebnisse sowie der liebevolle Umgang mit kindlichen »Schätzen«, da diese wohl den meisten Kindern eigen sind, und Indianer- und Cowboyspiele auf dem Spielplatz[12] sind mit der DDR grundiert.

---

9   Ebd., S. 32.
10 Ebd., S. 33.
11 Menzel, Rebecca: Jeans in der DDR: vom tieferen Sinn einer Freizeithose. Berlin: Ch. Links Verlag 2004, S. 99.
12 Diese kommen im Zusammenhang mit der Fernsehserie »Western von gestern« vor, an die sich Hein als jene erinnert, die im Fernsehen kamen und mit besonderer Vorliebe gesehen wurden. Ein Beitrag zur Mechanik der Erinnerung: »Western von gestern« war eine ZDF-Fernsehserie, die vornehmlich alte amerikanische Westernfilme umfasste und in den Jahren 1978–1986 ausgestralt wurde, allerdings nicht in der DDR. Seine Lieblingshelden »Fuzzy« und »Matt Steward«, deren Namen sogar auf seiner Frühstückstüte geschrieben stehen

Während die Substanz der meisten Geschichten das Leben und die Entwicklung eines Individuums ist und die DDR bloß eine ergänzende Funktion hat, gibt es auch Geschichten, in denen die DDR deutlich zum eigentlichen Stoff der jeweiligen Erzählung wird. Der Schwerpunkt wird schon mit dem Titel angekündigt: »Wahlen«, »Beim Fernsehen ist auch viel Betrug dabei«, »Sozialistischer Realismus«, »Die Mauer in meinem Kopf«, »Rinks und lechts«, »Wie es damals wirklich war«. Unvoreingenommen berichtet Jakob Hein über die ostdeutsche Gesellschaft und ihre Haltung zum politischen Geschehen im Staat, über die Rolle des (Ost- und West-)Fernsehens im Leben der jungen Ostdeutschen, den sozialistischen Realismus, der in Heins Geschichte nicht etwa für die Kunstrichtung steht, sondern dem begriffsimmanenten Optimismus zum Trotz für die ostdeutsche Misswirtschaft, die Mauer, die Menschen trennt, fehlende Demokratie in der immerhin demokratischen Republik oder über die einsetzende unblutige Revolution, die Wende in der DDR. Unvoreingenommen bedeutet in diesem Zusammenhang eine Haltung des Ich-Erzählers, die keine Schwarz-Weiß-Malerei ist, keine didaktisch-moralisierenden Töne anschlägt und doch Missstände der Republik zum Gegenstand der Betrachtung hat.

> »In der DDR waren Wahlen etwas anders. Man ging dazu meistens in die nächste Schule. [...] Die meisten Leute aber schliefen an diesen Tagen aus und bügelten dann bei Westfernsehen die Wäsche oder nutzten den freien Tag, um ihren Fluchtplänen in den Westen den letzten Schliff zu geben.«[13]

Den Wahlen in der DDR kehrte man offensichtlich den Rücken, aber trotzdem wurde an der Stimmabgabe teilgenommen, denn das ›aufmerksame Auge‹ eines SED-Genossen wachte. Hein unterteilt die ostdeutsche Gesellschaft in Normale und in Schleimer, wofür die Fahne als Kriterium fungiert, die ausgehängt wird: Die Schleimer hatten immer zwei Fahnen – die eine rot, die andere in den DDR-Farben. Auch standen in den Wahllokalen Wahlkabinen, die aber nur dazu dienten, »eine ungültige Stimme abzugeben. Ab zweimal nicht geflaggt und einmal Wahlkabine oder umgekehrt galt man als unzuverlässig.«[14]

---

durften, konnte der junge Jakob wohl nur über das Westfernsehen empfangen, was seit 1977 auch in der DDR nicht nur gestattet (dies war früher der Fall), sondern sogar in Farbe möglich war. Vgl. Wolle, Stefan: Die heile Welt der Diktatur. Berlin: Ch. Link 1998, S. 69 ff. Kennzeichnend und von universaler Bedeutung ist dabei die Tatsache, dass gerade diese Filme einen Eindruck auf Heins westliche Zeitgenossen genommen haben. Eine Erinnerung an »Western von gestern« erscheint etwa in Benjamin von Stuckrad-Barres »Livealbum: Erzählung« (1999, S. 254), Florian Illies' »Generation Golf: Eine Inspektion« (2001, S. 22), Angelika Mosers »Beinahe ein Roman« (2003, S. 222) oder aber in Alexa Hennig von Langes »Woher ich komme« (2003, S. 46). Sowohl in West- als auch in Ostdeutschland war die Serie ein wesentliches und auch weltanschauungsbildendes Element der Kindheit der 1970er und -80er Jahre.

13 Hein, T-Shirt. 2003, S. 56.
14 Ebd., S. 58.

Auch über das Ostfernsehen ›plaudert‹ Hein, das »auf geheimnisvolle Art von niedrigen Einschaltquoten [lebte]«[15] und »nicht dazu bestimmt [war], Menschen glücklich zu machen«[16]. Die Diagnose über das Westfernsehen, welches in der DDR empfangen und gesehen wurde[17], ist wohl die gleiche: alles »nur Etikettenschwindel«[18]. Die Redegabe ist ihm nicht abzusprechen, als er im sozialistischen Realismus »das zielgerichtete Betrinken«[19] entlarvt, denn diese Erfahrung macht er während seiner Arbeit bei der MITROPA. Dort wird geklaut und getrunken und für diese »Vergehen am Volkseigentum auch noch reichlich entlohnt«[20]. Die sozialistische Arbeitsmoral ist nicht vorhanden, dafür aber greift der Alkoholismus um sich. Die Mauer steht seit Ewigkeit, und die Generation Heins ist in diese Situation hineingeboren, die Mauer ist ein festes Element der Landschaft geworden und keiner der gleichaltrigen Zeitgenossen macht sich Gedanken darüber, »daß die Mauer gebaut wurde, um die Ausschleusung von Ressourcen aus der DDR nach der BRD und Westberlin zu verhindern«[21], wie man es in der Schule lernte. Die Existenz der Mauer und die Unabänderlichkeit dieses Status werden dem Ich-Erzähler erst in dem Moment klar, als seine Freundin, Sarah – beide sind um die vierzehn Jahre alt –, ihm erklärt, ihre Familie warte auf die Entscheidung über den gestellten Ausreiseantrag, denn sie würde bald in den Westen ziehen.

> »Ich mußte tatsächlich weinen und haßte an diesem Tag das erste Mal die Mauer und die ganze Scheiße. [...] Wir sprachen nie wieder über den Ausreiseantrag, aber unsere Küsse schmeckten danach nicht mehr nur nach überfälligem Sex, sondern auch nach Sehnsucht und Schmerz durch unsere drohende Trennung.«[22]

Nachdem die Begeisterung über Sarah vorübergegangen ist, ist auch der Hass gegen die Mauer weg.[23]

Es sind alles – so der Kritiker Henryk M. Broder – Erinnerungen »aus einer düsteren DDR-Jugend«[24]. Allerdings ist der Tenor aller hier dargestellten Beispiele eher ein anderer. »Düster« ist die Jugend nicht, »düster« ist unter Umständen die DDR. Der Ich-Erzähler reflektiert über die DDR mit Attributen wie

---

15 Ebd., S. 87.
16 Ebd., S. 88.
17 Hier bringt Hein einen Schulkameraden ins Spiel, dessen Eltern bei der Stasi arbeiteten und ihren Sohn auf das Ostfernsehen fixieren wollten, während sie selbst Westfernsehen schauten, nachdem das Kind früh ins Bett abkommandiert worden war.
18 Ebd., S. 89.
19 Ebd., S. 91.
20 Ebd., S. 93.
21 Ebd., S. 110.
22 Ebd., S. 116.
23 Vgl. ebd., S. 118.
24 Broder, Mutters ewig kalter Küche. 2001, S. 44.

etwa: »graue Zeit«[25], also über eine Realität, die »ihr häßliches Haupt erhob«[26], weshalb es »[b]esonders schwer war […] in der DDR.«[27] Auf knapp 150 Seiten findet man nur solche direkten Kommentare (auch wiederholt in unterschiedlichen Geschichten) zu dem Leben in der DDR. Der Duktus der Schilderung ist dagegen witzig, ironisch, manchmal sarkastisch. Die Gefangenschaft in Sibirien heißt hier daher »mehrjähriger Urlaub in Sibirien«[28]; »[s]chlechte Mitarbeit, keine Hausaufgaben gemacht […] Westfernsehen gucken und Comics lesen«[29] bedeutet Gefährdung für den Sozialismus; Kontrollen durch die SED-Genossen an Wahltagen sind bei Hein »schöne[s], aber anstrengende[s] Tagewerk«[30] und die Mauer ist »eine alle Menschen im Geiste verbindende Installation aus Beton, Stacheldraht und Tausenden Aktionskünstlern in Fantasieuniformen« sowie »unser anachronistisches Kunstwerk«[31]. Auch Kommentare zu soziologischen, politischen oder kulturellen Erscheinungen der ehemaligen DDR werden von einem frechen, ironischen Grinsen begleitet:

> »Das Ostfernsehen lebte auf geheimnisvolle Art von niedrigen Einschaltquoten. Leider ist das Patent verschollen. Als sich die Einschaltquoten des DDR-Fernsehfunks steigerten, dauerte es nur noch eine kurze Zeit, bis er für immer abgeschaltet wurde. Das Model war nicht ganz ausgereift.«[32]

Und zur Wende in der DDR heißt es:

> »Da sich unsere Regierung nicht dazu entschließen konnte, auf Leute wie uns zu schießen, war das ganze System gestürzt. Es lag natürlich auch daran, daß die Union der Sozialistischen Sowjetrepubliken keine Unterstützung für eine solche Schießerei geben wollte. Vorher hatte die Sowjetunion ihren Partnern immer recht tatkräftig bei solchen Dingen beigestanden, aber das war nun vorbei.«[33]

Die Respektlosigkeit im Umgang mit der Geschichte, die auch ein Merkmal der deutschen Popliteratur ist, wobei diese vor allem auf die Schaffung und Aufbewahrung eines autonomen Raumes für Erinnerung und eigene Vergangenheit abzielt, sticht ins Auge.[34] Jakob Heins Erinnerung ist insofern ebenso »sein« Reich, und die Verarbeitung der Vergangenheit bedarf des Komischen[35].

---

25 Hein, T-Shirt. 2003, S. 85.
26 Ebd., S. 88 f.
27 Ebd., S. 124.
28 Ebd., S. 41.
29 Ebd., S. 48.
30 Ebd., S. 57.
31 Ebd., S. 85.
32 Ebd., S. 87 f.
33 Ebd., S. 146 f.
34 Vgl. dazu Degler, Frank/ Paulokat, Ute: Neue Deutsche Popliteratur. Paderborn: Wilhelm Fink. 2008, S. 70 ff.
35 Die nachfolgend verwendeten Begriffe Komik, Humor, Witz, Ironie werden austauschbar

Komik[36], bissiger Humor, Spott und Ironie sind hier Mittel zur Errichtung einer Distanz im Erzählen vom Unrechtstaat der DDR. Zugleich ermöglicht sie eine unvoreingenommene Betrachtung der jüngsten Geschichte und ist ein Werkzeug, eine individuelle Geschichte in ihren Einzelheiten zu erschließen und genau wiederzugeben. Das Komische ist das Gegenteil des Tragischen und die individuelle Geschichte, die vor dem Hintergrund der tragischen Abläufe im real existierenden Sozialismus rekonstruiert wird, kann sich somit persistent der bestehenden und womöglich zu erwartenden Schwarz-Weiß-Malerei entziehen.

Mit den Mitteln des Komischen lässt sich aber auch die Gefahr des Moralisierens umgehen, was angesichts der Diktatur und des von ihr gestifteten Unheils eo ipso eintreten sollte. Dagegen funktioniert der Witz[37] als ein Entschärfungsmittel, ein Ablenkungsmanöver[38] von dem bedrückenden Bewusstsein über das geschehene Böse. Es ist einem therapeutischen Verfahren ähnlich, mit Lachen eine kathartische Wirkung auf den Ich-Erzähler wie auf das Lesepublikum zu erzielen. Das Lachen[39], hier als Ergebnis des Komischen bzw. einer komischen Schilderung des Gegebenen, ist insofern auch eine Reaktion auf eine Grenzlage, und als solche ist wohl das Leben in der DDR anzusehen. Als Norm gilt nun das schwarze Bild der Diktatur, »düstere Jugend«, Unterdrückung und Verfolgung[40]. Die Verletzung der Norm erfolgt durch einen Widerspruch[41], eine

---

eingesetzt, sofern ihre Bedeutungen durch nähere Bestimmungen oder Querverweise nicht voneinander divergieren oder definiert werden.

36 Darunter wird nach Gottfried Müller »jede Handlung, Erzählung oder Erscheinung, die zum Lachen reizt oder zum mindesten ein lustvolles Wohlbehagen auslöst« (Müller, Gottfried: Theorie der Komik: Über die komische Wirkung im Theater und im Film. Würzburg: Triltsch 1964, S. 1.), verstanden.

37 Der Witz wird in diesem Zusammenhang im Sinne Hellenthals gebraucht, der notiert: »Während der Humor, unterstützt von Intelligenz, die ordnende Hand darstellt, welche ein Werk aufbaut, präsentiert der Witz den Aspekt der sprachlichen Realisation.« (Hellenthal, Michael: Schwarzer Humor: Theorie und Definition. Essen: Die Blaue Eule 1989, S. 35.)

38 In der bereits zitierten Arbeit Gottfried Müllers heißt es simpel und zugleich plausibel: »Daß der Mensch gern lacht, ist eine bekannte Tatsache. Je schlechter die Zeiten sind, um so lieber lenkt er sich ab.« (Müller, Komik. 1964, S. 1.)

39 Zu der Rolle des Lachens vgl. auch Plessners Arbeiten, u. a. »Lachen und Weinen«. (Plessner, Helmuth: Lachen und Weinen. Bern/München: Francke 1961, S. 111 ff.)

40 Zu der Darstellungs- bzw. Wahrnehmungsnorm vgl. u. a. Maaz, Hans-Joachim: Der Gefühlsstau. Ein Psychogramm der DDR. Berlin: Argon Verlag 1990. Der Psychiater Hans-Joachim Maaz untersuchte psychische Befindlichkeiten der Ostdeutschen unter Einwirkung staatlicher Drangsalierung: »Der ›real existierende Sozialismus‹ hat vierzig Jahre bestehen können: Die Wahlfarce wurde von 99 Prozent der Bevölkerung mitgemacht, Millionen von Menschen haben sich regelmäßig an den großen Jubelaufmärschen beteiligt, die überwiegende Mehrzahl von uns war Mitglied der Jungen Pioniere, der FDJ, ging zur Sozialistischen Jugendweihe und hat im Freien Deutschen Gewerkschaftsbund die eigenen Interessen verraten. Mehr als eine halbe Million Menschen soll sich an der entwürdigenden Schnüffelpraxis des Staatssicherheitsdienstes beteiligt haben. Und es kann bestimmt keiner behaupten, er hätte die gnadenlose Vergiftung und Zerstörung unserer Umwelt, den Verfall unserer Städte,

Gegensinnigkeit[42], deren sprachliche Realisierung die vorgenannten Zitate zeigen. Dagegen wurde der Vorwurf erhoben, Hein spiele mit dieser Darstellungsform das Tragische der vierzigjährigen Existenz der DDR herunter. In der Tat können komische Elemente den Ernst unterminieren und das Böse verharmlosen. Aber der Habitus Heins ist anders, denn er geht in seiner Rekonstruktion des eigenen Lebens in der DDR mit Verzerrungen häufig so weit, dass er hie und da ein Korrektiv in den Erzählfluss einflechten muss, etwa »[...] denn wir lebten in einer Diktatur«[43]. Der Bericht Heins, gleichwohl in ständiger Wechselwirkung mit der DDR, wird schließlich auf der Grundlage eigener Erlebnisse gegeben, oft mit beschränktem Horizont der kindlichen bzw. jugendlichen Weltbetrachtung. Wenn Hein etwa über seine ersten sexuellen Kontakte (»Die Mauer in meinem Kopf«) erzählt, so schmückt er die Schilderung mit Bemerkungen über die Mauer, deren Hässlichkeit und Potenz, die Liebenden zu trennen, aus. Im Grunde genommen ist es aber immerfort eine Erzählung über sein erstes Mal.

Von dieser Darstellungsweise unterscheidet sich Jana Hensels Text grundlegend. Für Hensel, 1976 in Leipzig geboren, ging ihre Kindheit in der DDR mit 13 Jahren zu Ende, als die Mauer in Berlin fiel. Hensel studierte Romanistik und Neuere Deutsche Literatur in Leipzig und Berlin, aber auch in Marseille und Paris. Im Jahre 2002 debütierte sie mit dem Erinnerungsband »Zonenkinder«. Dann folgten 2008 »Neue deutsche Mädchen« und 2009 »Achtung Zone – Warum wir Ostdeutschen anders bleiben sollten«. Bekannt ist sie jedoch auch für ihre Essays und Feuilletons u. a. im »Spiegel« und »Der Freitag«, zudem war sie Herausgeberin der Literaturzeitschrift »EDIT«. Die ersten zwei Publikation tragen deutlich autobiographische Züge, allerdings sind sie keine Autobiographien im strengen Verständnis des Begriffes.

Jana Hensel ist die Autorin, die genau mit dem Mauerfall ihre Kindheit abschloss. Ihr Buch ist jedoch keine exakte Autobiographie, in der die Entwicklung des Ich zum mündigen Bürger bzw. erwachsenen Menschen dargestellt wird,

---

die zynische Verlogenheit in den Medien und öffentlichen Verlautbarungen, die albernen Losungen, den Verfall der Moral und die Zerstörung der Beziehungen durch Korruption, Bespitzelung, Denunziation, Speichelleckerei und Anbiederung an die Macht nicht gesehen, erlebt oder irgendwie mitgemacht. Das auffälligste Symptom ist eher, daß wir duldsam geschwiegen und weggeschaut haben.« (Ebd., S. 14 f).

41 Auf diese Kategorie verwies schon Sören Kierkegaard: »[...] überall, wo Leben ist, ist Widerspruch, und wo Widerspruch ist, ist das Komische anwesend«. Sowie: »Der Widerspruch ist eigentlich die Kategorie des Komischen.« Hier zit. nach Bühler, Peter: Warum braucht das Pathetische den Humor? Humor und Religiosität bei Johannes Climacus. In: Cappelørn, N. J./ Deuser, H./ Söderquist, K. B.: Kierkegaard Studies Yearbook 2005. Berlin/New York: Walter de Gruyter 2005, S. 155.

42 »Gegensinnigkeit« ist eine Kategorie in Plessners Auffassung des Komischen.

43 Hein, T-Shirt. 2003, S. 137.

sondern es ist vielmehr eine literarische Kreation einer DDR-Generation. Davon zeugt u. a. die verwendete Form von »Wir« als Erzählform, die Hensel ziemlich eigensinnig für die ganze Generation reklamiert, auch indem sie die verschwundene DDR »unser Land« nennt und die Zeit in der DDR als »unsere Kindheit« abstempelt. Auch der Titel »Zonenkinder« weist die Pluralform auf. Damit erstrecken sich die in dem Buch dargestellten Entwicklungen – verallgemeinernd – auf alle jungen DDR-Bürger, die zu Zonenkindern aufsteigen. Die »Zone«, die keine seltene Bezeichnung für die DDR und eher negativ konnotiert war, erhält damit eine kaum erwartete Bedeutung, denn sie wird zu einer Erkennungsmarke einer Spezies: der ehemaligen DDR-Deutschen bzw. DDR-Bürger. Die von einer Autobiographie in Anspruch zu nehmende persönliche Entwicklung des Ich mutiert demnach in Hensels Text zu einer Autobiographie der ostdeutschen Generation. Elke Brüns will darin gar »das Ost-Pendant zur *Generation Golf* von Florian Illies«[44] erkennen, und Hannes Krauss formuliert:

> »Parallelen dieses Schreibens zur einige Jahre älteren westdeutschen Popliteratur, insbesondere zu ihrem Hang, vergangenen Alltag durch das Benennen seiner Elemente aufzubewahren, sind offensichtlich.«[45]

Die Erzählstrategie für die Erinnerung, die Hensel entwickelt, beruht auf Konfrontation. Das auslösende Moment ist die Existenz des Neuen, der bundesrepublikanischen Realität, an der die eigene Vergangenheit gezeigt, gemessen und bewertet wird. Zur Erinnerung fordern die in dem vereinigten Deutschland vorgefundenen, neudefinierten Paradigmen heraus, die bei Hensel wie folgt kategorisiert werden und gleichzeitig die Untertitel der einzelnen Kapitel bilden: »unsere Kindheit«, »die schöne Heimat«, »der gute Geschmack«, »unsere Eltern«, »unsere Erziehung«, »Liebe und Freundschaft«, »Körperkultur und Sport«, »unsere Zukunft«.

Mit der Kreation von gemeinsamen Erinnerungs- und Vergangenheitsmustern macht Hensel ihre ganze Generation zum Protagonisten ihres Buches. Die Folge ist der Bruch mit der diachronischen Darstellung des eigenen Lebens, die die Entwicklung, Bildung, erinnernde Rekonstruktion des eigenen Werdegangs voraussetzt. Hensel spricht sozusagen im Namen ihrer Gleichaltrigen mit dem DDR-Hintergrund und erzielt mit diesem Erzählgestus eine (kollektive) Privatisierung der Erinnerung.

Nach der Wende vollzieht sich – ihrem Erzählimpetus ist es zu entnehmen – nach und nach ein Wandel, der diverse Lebensbereiche umfasst. Allmählich verschwindet das Gewohnte, das Heimatliche. Hensel bringt diese Entwicklung

---

44 Brüns, Elke: Nach dem Mauerfall. Paderborn: Fink 2006, S. 237.
45 Krauss, Hannes: Zonenkindheiten. (Literarische) Rückblicke. In: Weiterschreiben. Zur DDR-Literatur nach dem Ende der DDR. Hrsg. von Holger Helbig. Berlin: Akademie-Verlag 2007, S. 92.

auf den Punkt: »Unsere Kindheit [ist] ein Museum ohne Namen«[46]. Dieser Zustand hat schwerwiegende Folgen: »weil das Haus keine Andresse hat, weiß ich nicht, welchen Weg ich einschlagen soll, und komme in keiner Kindheit mehr an.«[47] Der Verlust der Kindheit bedeutet somit Entwurzelung und Orientierungslosigkeit und verursacht damit Schwierigkeiten beim Aufbau der eigenen Identität bzw. mit deren Wiedergewinnung:

> »In der Fremde treibt einen zu Gleichgesinnten, und so verstand ich mich in meinem Marsailler Studienjahr mit Österreichern am besten. Sie kannten das Gefühl aus einem kleinen Land zu kommen und überall für Deutsche gehalten zu werden, und nahmen es mit Humor. Ich brauchte lange, bis ich für eine Deutsche gehalten werden wollte und nahm es nicht kommentarlos hin. Tatsächlich wurde ich aber erst sieben Jahre nach der Wende das erste Mal gefragt, wo ich eigentlich herkäme.«[48]

Oder:

> »Nach der Wende kam mir *Ich bin Deutsch* nie so richtig über die Lippen, und aus dem Westen wollte ich gleich gar nicht mehr sein. Stets und ständig setzte ich an, Erklärungen über meine Herkunft anzufügen, und meine Zuhörer nahmen die Information, ich sei zwar Deutsche, aber aus Leipzig, aus Ostdeutschland und also aus der ehemaligen DDR, mit jener freundlichen Nachsicht auf, die man für Desinteresse halten konnte.«[49]

Das Herkunftsland ist wie eine Brandmarke, aber man ist stolz darauf, denn es gehört nun einmal zum eigenen Leben dazu. Die Wiedervereinigung machte ehemalige DDR-Bürger zu Verlierern, während die Gewinner, die »Wessis«, die Vergangenheit zu verunglimpfen versuchen, indem all die, die daran teilhatten, ihre »Wurzeln so schnell wie möglich [...] vergessen, geschmeidig, anpassungsfähig und ein bisschen gesichtslos [...] werden« sollen.[50] Demzufolge appelliert die Erzählerin an ihre Gleichgesinnten: »Überhaupt sollten wir DDR-Kinder endlich aufhören, so zu tun, als kämen wir aus dem Nichts und seien ganz allein auf der Welt.«[51]

Die Kindheit Hensels verschwindet in demselben Tempo, in welchem auch bisherige Bezeichnungen ausgetauscht werden, etwa: »Die Kaufhalle hieß jetzt Supermarkt, Jugendherbergen werden zu Schullandheimen, Nickis zu T-Shirts und Lehrlinge zu Azubis.«[52] Der Schwund der bisherigen Identität, des Be-

---

46 Hensel, Zonenkinder. 2004. S. 24.
47 Ebd.
48 Ebd., S. 37.
49 Ebd., S. 39.
50 Ebd., S. 71.
51 Ebd., S. 65.
52 Ebd., S. 20. Hensel nennt in diesem Zusammenhang weitere, an die 15 in der DDR geläufige Bezeichnungen, die in dem wiedervereinigten Deutschland eine Neusemantisierung erfahren haben. Vgl. dazu ebd., S. 20 ff.

zugspunktes, der referenziellen Selbstbegründung hängt mit der neuen Se-
mantisierung der Realität zusammen. Es heißt, dass die tradierte Realitäts-
wahrnehmung zerbröckelt und an die Stelle der bisher sinnstiftenden Refe-
renzpunkte neu semantisierte, den bisher bekannten Dingen Gewalt zufügende
Phänomene treten. Hensel protestiert gegen die amputierte Vergangenheit,
indem sie – das Wort sei nochmal genannt – »stolz« auf ihre Eltern, ihre Erfolge
und ihre Verdienste pocht, obwohl sie nach 1990 plötzlich als Verlierer da
standen. Der abrupte Wechsel in der historischen Entwicklung mündet in die
Mythologisierung der DDR. In Hensels »Zonenkinder« wird diese DDR zu
einem Hort und einem glücklichen, Geborgenheit spendenden Raum. Als
Identifikationsmarke gilt nun die Zone.[53] Die Naivität dieser Betrachtungsweise
sticht zwar hervor, aber sie rückt die eigene Kindheit, die unvermittelt zu Ende
gegangen ist, in den Mittelpunkt. Und was bleibt? Lediglich Reflexe der eigenen
Kindheit …

Für Jan Josef Liefers, den berühmten Schauspieler, Musiker und ältesten der
drei in diesem Text Untersuchten (geb. 1964 in Dresden), ist seine Erinnerung an
die DDR durch Musik fundamentiert. Mit seinem Musikprojekt »Jan Josef Liefers & Oblivion« gibt er schon über 10 Jahre lang Konzerte und nimmt Platten
auf. So spielt die Band neben eigenen Musikstücken auch Lieder alter DDR-
Bands. 2007 erschien ihr Album »Soundtrack meiner Kindheit«, das als künstlerische Vorlage für das gleich betitelte Buch diente. Das Erzählgerüst der Autobiographie Liefers' bilden demnach Lieder, insgesamt 18, die im Text in ex-
tenso zitiert werden. Als Fundstücke aus dem Nachlass der DDR-Rockmusik
werden sie von Liefers und »Oblivion« reaktiviert und damit vor dem Vergessen
»gerettet«, wodurch sie einen Erinnerungsprozess in Gang setzen. Insoweit
stellen die Lieder ein Sozialisationselement dar, mit dem eine DDR- bzw. ostdeutsche Identität[54] aufgebaut werden konnte und weiterhin währt. Die Lieder
bilden darüber hinaus »soziale Bezugsrahmen« (Halbwachs), in denen sich die
individuelle Erinnerung einrichtet. Sie fordern die Erinnerung heraus und – bei
Liefers nicht selten – kommentieren und beurteilen das Erinnerte mit den dem
jeweiligen Lied eigenen Metaphern, wie das etwa in der letzten Passage der

---

53 Vgl. Steinig, Valeska: Abschied von der DDR, Autobiographisches Schreiben nach dem Ende
    der politischen Alternative. Frankfurt/Main/Berlin/Bern/Bruxelles/New York/Oxford/Wien:
    Peter Lang 2007, S. 142 f.

54 Damit ist freilich keine Identität im Sinne nationaler Identität gemeint. Es ist viel mehr das
    Gefühl der Zusammengehörigkeit, der gemeinsamen Vergangenheit, der »situativen Er-
    fahrung, die übersituativ verarbeitet und generalisiert wird« (Frey, Hans-Peter: Identität.
    Stuttgart: Enke 1987, S. 21). Mit dieser Erscheinung hängt noch ein anderes Phänomen
    zusammen: die bereits soziologisch fundierte Ostalgie, von der Liefers allerdings Abstand
    nimmt, indem er behauptet, er sei in keiner Ostalgie-Show gewesen und finde derartige
    Gettoisierungen furchtbar (vgl. ein Interview bei Brigitte.de, »Wo einer herkommt, ist egal«
    <http://www.brigitte.de/kultur/leute/jan-josef-liefers-542125/> (Zugriff am 25.01.2013).

Autobiographie der Fall ist, als die Wende in der DDR und die Wiedervereinigung, die bei vielen Ostdeutschen als ungleiches Geschäft galt, behandelt werden. Die Rolle der Lieder in der Lieferschen Autobiographie erhalten folglich eine ordnende Funktion, die das Individuum in einem kollektiven Denk- und Erfahrungsmuster verortet[55]. Bezieht man diese Erkenntnis auf »Soundtrack meiner Kindheit«, ist festzustellen, dass der Erinnerungshorizont die Kindheits- und Jugendzeit sowie die DDR in ihrer Wechselbeziehung umfasst. Liefers' Lebensbeschreibung beginnt mit seiner Geburt oder früher, in der Vorgeburtsphase. Auf jeden Fall ist der Hintergrund stets die DDR der 1960er Jahre, die, wie bereits angedeutet, ein aktiver Mitspieler im Erzählstrang ist. Immer wieder bezieht sich der Erzähler kommentierend auf den Staat, in dem er herangewachsen ist:

> »In der DDR stand Individualität nicht besonders hoch im Kurs. Am liebsten sollten alle gleich sein. Das Kollektiv war wichtig, nicht der Einzelne. *Wir erziehen hier sozialistische Schülerpersönlichkeiten*, wurde meiner Mutter klargemacht, als sie mal wieder in der Schule für mich die Kartoffeln aus dem Feuer holen musste.«[56]

Der Kollektivismus und die Verbannung der Individualität samt Schaffung eines neuen Menschen sind die Grundprinzipen einer (totalitären) Diktatur[57]. Liefers

---

55 Halbwachs schreibt in diesem Zusammenhang über Denkschemata, die die menschliche Wahrnehmung und Erinnerung in bestimmte Bahnen lenken. (Vgl. Erll, Astrid: Kollektives Gedächtnis und Erinnerungskulturen. Eine Einführung. Stuttgart-Weimar 2005, S. 15.)

56 Liefers, Jan Josef: Soundtrack meiner Kindheit. Reinbek bei Hamburg: Rowohlt Taschenbuch-Verlag 2011, S. 74.

57 Die vorgenommene Einschränkung entspringt der bestehenden Uneinigkeit in der Bewertung der Diktatur in der DDR. Die Meinungen schwanken zwischen einer totalitären bis autoritären Diktatur. Der Politologe Eckhard Jesse analysiert in dem Beitrag »War die DDR totalitär« dieses Phänomen aus formaler und politischwissenschaftlicher Sicht und behauptet, die DDR habe in ihrer frühen Phase (unter Ulbricht) totalitäre Züge aufgewiesen, während unter Honecker sich der Staat zu einem autoritären System entwickelt habe. (Vgl. Jesse, Eckhardt: War die DDR totalitär? In: Aus Politik und Zeitgeschichte 40/1994, S. 12 – 23.) In dem hier präsentierten Zusammenhang wird auf die Schriften Hannah Arendts verwiesen. Auch wenn sie sich in ihrem Werk »Elemente und Ursprünge totalitärer Herrschaft« (1951) nur auf das nationalsozialistische Deutschland und die Sowjetunion konzentriert, so liefert sie doch eine umfangreiche Charakteristik totalitärer Systeme. Es ist zwar der Terror, den Arendt in den Vordergrund als konstituierendes Element des Totalitarismus rückt, wobei dieser in seiner krassesten Ausprägung in der DDR kaum feststellbar ist, jedenfalls nicht in dem Maße, wie dieser im Dritten Reich oder in der UdSSR unter Stalin vorherrschte. Allerdings sind weitere Merkmale der totalitären Herrschaftsform mit besonderer Berücksichtigung ihres gesellschaftlichen Einflusses erkennbar. In den 10. und 11. Kapiteln der Analyse Arendts, die dementsprechend »Klassenlose Gesellschaft« und »Totalitäre Bewegung« überschrieben sind, weist sie auf die Vermassung, Atomisierung und demnach auf die Herausbildung eines neuen Menschen als die grundlegenden Verfahren einer totalitären Herrschaft hin. Auch in vielen weiteren Definitionen des Totalitarismus, etwa von C. J. Friedrich, J. Linz, H. Buchheim, L. Schapiro, stehen im Mittelpunkt die für die Theoretiker gemeinsamen Komponenten der Kollektivität, der übergreifenden Kontrolle bis

Ansatzpunkt für seine Schilderung der DDR ist somit vor allem die totalitäre Diktatur und sein Platz darin. Die wenige Zeile darunter stehende Charakteristik der DDR ergänzt das Bild:

> »[...] So problematisch die Existenz für nicht wenige Menschen in der DDR auch wurde, im Alltag lief es doch meistens nach dem Prinzip *Leben und leben lassen*. Eigentlich gab es die DDR dreimal. Eine, in der man jeden Tag lebte, die zweite, die in der Zeitung stand, und die dritte, die so war, wie man sie sich gewünscht hätte. Es gab auch zwei Wahrheiten, eine für zu Hause, die Familie und Freunde und eine für draußen, für die Schule, die Arbeit, die Partei und die Stasi. Das war dann nur die halbe Wahrheit, eine Wahrheit *light*.«[58]

Diese dreiteilige Existenz ist für die diktatorische Herrschaftsform charakteristisch, die den Menschen verachtet, jedenfalls in seiner menschlichen Individualität stark beeinträchtigt, denn sie schafft keine Identifikation mit dem Staat und mit der Gesellschaft. Es bestehen diverse Formen der DDR, die stark voneinander divergieren, weil Utopie, Realität und Propaganda parallel existieren. Für Diktaturen ist es jedoch kennzeichnend, dass diese auch ungewollt, eine Spaltung in der Gesellschaft entstehen lassen, mehr noch, sich durch die gezielte Zersplitterung der gesellschaftlichen Bindungen und die Gleichschaltung der Schichten zwangsläufig diverse Öffentlichkeiten gründen lassen, die offiziell oder inoffiziell funktionieren können.[59] Die genannten zwei Wahrheiten gehören sozusagen zu den Überlebensstrategien eines Staates, der stets auf Aufsicht und Einfluss bedacht ist. Mit der Idee der zwei Wahrheiten wird also auch ein Riss zwischen dem Staat und dessen Vertretern, Funktionären, Behörden etc. und der Gesellschaft angedeutet. Familie und Freunde bilden eine Nische[60], in der das Individuum anscheinend ohne die staatliche Bevormundung funktioniert bzw. funktionieren möchte. Liefers selbst schreibt an einer Stelle, dass eine solche Nische etwa eine Zuflucht gewährende Insel, ein »Schleichweg durch die Nie-

---

in den privaten, moralischen Bereich des Menschen, sowie der Idee eines Menschen nach dem Abbild der eingerichteten Diktatur. Trotz existenter definitorischer Unklarheit ist anzunehmen, dass der Autor Jan Josef Liefers seine DDR-Sicht auf der bereits festgeprägten und im öffentlichen Bewusstsein kursierenden Meinung, die derartig wissenschaftlich fundierte Schattierungen nicht wahrnimmt, aufbaut, dass die DDR ein totalitärer Staat war.

58 Liefers, Soundtrack. 2011, S. 74 f.

59 Vgl. dazu Saldern, Adelheid von: Öffentlichkeiten in Diktaturen. In: Diktaturen in Deutschland – Vergleichsaspekte. Strukturen, Institutionen und Verhaltensweisen. Hrsg. von Günther Heydemann und Heinrich Oberreuter. Bonn: BpB 2003, S. 448 ff.

60 Die »Nischengesellschaft« ist der Begriff, der von Günter Gauss, dem ehemaligen ständigen Vertreter der BRD in der DDR, geprägt wurde und sich auf eine besondere Form der gesellschaftlichen Aktivität bezieht, die sich der obrigkeitlichen, politischen Gängelung und Unfreiheit zu entziehen und sich im Privaten einzurichten suchte. Vgl. dazu Gauss, Günter: Texte zur deutschen Frage. Mit den wichtigsten Dokumenten zum Verhältnis der beiden deutschen Staaten. Darmstadt: Luchterhand 1981, S. 27 ff.

derungen des real existierenden Sozialismus«[61] sei, insbesondere für diejenigen, wie er selbst, die nicht biegsam seien, sondern sich gegen jede Ungerechtigkeit auflehnen und Autoritäten kritisieren.

Bekanntlich ist Liefers' Ansatzpunkt der Schilderung der DDR jener, der den Arbeiter- und Bauernstaat primär als totalitäre Diktatur definiert. Die Tatsache, dass die Schilderung sich vornehmlich auf die ostdeutsche Gesellschaft bezieht, lässt diesen harten Darstellungswillen abmildern. Die einzelnen Passagen zeigen, dass sich die Menschen in der DDR an die vorhandenen Bedingungen anpassen konnten. Seine Darstellung sucht die Vor- und Nachteile des sozialistischen Systems abzuwiegen und der DDR, auch wenn diese Schilderung von vornherein mit vorgefertigten und doch im Bewusstsein des heutigen Menschen fest verankerten Bildern einer ›grausam‹ erscheinenden Diktatur aufwartet, durchaus vorteilhafte Züge abzugewinnen. So berichtet der Protagonist z. B. über die bereits angedeutete Geburten- und Familienpolitik, indem er auf die Gleichstellung der Frauen, die Ermöglichung ihrer Selbstverwirklichung im Beruf und in der Familie sowie eine mehr oder weniger konstante finanzielle Unabhängigkeit hinweist.[62]

»Soundtrack meiner Kindheit« als autobiographisch fundierter Text weist bereits mit dem Titel darauf hin, dass im Mittelpunkt der Erinnerung die Kindheit stehen wird. Aber das wirkt insofern täuschend, als die Kindheit mit jenem Alter assoziiert wird, in dessen Endphase – zumindest aus dem biologischen bzw. medizinischen Blickwinkel – das Kind in seine Pubertätszeit übergeht. Die Psychologie verweist auf die Zeit der Bewusstseinsbildung, die mit revolutionären und familienflüchtigen Tendenzen charakterisiert ist und zum ›Ziel‹ hat, aus der bekannten Umgebung auszubrechen.[63] Die von Liefers erzählte Lebensgeschichte geht zu Ende, als er im Alter von 25 Jahren die DDR reformieren und anschließend das Heimatland verlassen will. Insofern erstreckt sich seine Kindheit auch auf die Pubertät und Adoleszenz, was biologisch gesehen völlig falsch ist. Allerdings ist sein Vorhaben nachvollziehbar, weil seine in der Autobiographie anvisierte und geschilderte Kindheit mit der Wiedervereinigung beendet ist. Die Kindheit des Erzählers ist demnach völlig mit der DDR erfüllt und zugleich erfüllbar. Erst mit dem Debakel der DDR und den damit verbundenen Entscheidungen über sich selbst verlässt der Autor die Kindheitszeit. Er erreicht somit einen Zustand, in dem die Abneigung gegen die DDR und das Bewusstsein um die Enge des Arbeiter- und Bauernstaates so groß sind, dass ihm nichts anderes übrig bleibt, als reif zu werden und die Bevormundung

---

61 Liefers, Soundtrack. 2011, S. 95.
62 Dieses bestätigen auch die vorhandenen Untersuchungen. Vgl. dazu Schäfers, Bernhard/ Zapf, Wolfgang. (Hrsg.): Handwörterbuch zur Gesellschaft Deutschlands. Bonn: BpB 1998, S. 246.
63 Vgl. dazu Brettschneider, Kindheitsmuster. 1982, S. 13.

durch die Partei- und Staatsführung zu subversivieren. Erst jetzt sei man für sein weiteres Leben verantwortlich. Das Erwachsensein beginnt mit der Übernahme der Verantwortung für sich selbst. Allerdings bleibt das Reich der Kindheit[64] zurück, welches die Grundlage für das weitere Leben und Selbsterkenntnis bildet.

Das gemeinsame, bzw. verbindende Element dieser Texte ist also die ostdeutsche Identität. Ein konstituierendes Merkmal dieser Identität ist ihr »infantil-juveniler Charakter« (Valeska Steinig), da diese Identität (bzw. Identitäten) unter zwei nicht unwichtigen Aspekten geprägt wurde: in der DDR und in der Zeit der Kindheit und Jugend. Was aber für Jakob Hein und Jan Josef Liefers ein abgeschlossenes Kapitel und zugleich eine Neueröffnung auf die Zukunft bedeutet, ist für Jana Hensel ein abgeschlossenes Kapitel mit dramatischen Folgen, der Grund für ihre Orientierungslosigkeit in der bundesdeutschen Realität. Während die Erinnerung an die DDR für Hein und besonders Liefers eine Bewältigung der DDR-Vergangenheit ermöglichte, stellt sie für Hensel ein Manifest der Entwurzelung dar, obgleich sie alle hauptsächlich Geschichten präsentieren, die Kindheit, Pubertät und Adoleszenz beschreiben.

---

64 Diese wird in weiteren Überlegungen als die Zeit bis zum Schulabschluss verstanden, obwohl Liefers seine Kindheit, was bereits erörtert wurde, bis auf sein 24. Lebensjahr ausdehnte.

Christoph Jürgensen (Wuppertal)

Und natürlich kann erfunden werden! – Die RAF im Zeichen der Popkultur

Die popkulturelle »Verkultung«[1] der RAF ist kein neues Phänomen. So veröffentlichte die Punkband »S.Y.P.H.« bereits im Jahr 1979 die Single »Viel Feind, viel Ehr«, die die RAF über ihre ›Verpackung‹ ins Zeichen der Popkultur setzt und damit zugleich sich selbst ins Zeichen der RAF: Die vordere Seite des Umschlags zeigt mit dem Kinderwagen der Schleyer-Entführung eines derjenigen Bilder, die durch unablässige massenmediale Reproduktion geradezu ikonische Geltung erreichten, während sich auf der Rückseite ein Bild von Christian Klar findet. Und wenig später verwendete die Band »Abwärts« Horst Herolds legendäre Ankündigung »Wir kriegen sie alle« auf ihrer LP »Amok Koma« (1981) als Endlosrille – leicht ließen sich weitere Beispiele anführen.

Offenkundig weist die RAF grundsätzlich eine »hohe Popkompatibilität«[2] auf. Genauer gesagt: Ihr radikaler Gestus, öffentlich gemacht mittels einer effektvollen Zeichen- und Bildpolitik, faszinierte die rebellierende Jugendkultur schon in der Hochphase des Linksterrorismus, sie bot namentlich der ›Gegengegenkultur‹[3] des Punk ein erhebliches Identifikationspotential. Mit dem Kulturwissenschaftler Thomas Elsaesser lässt sich daher pointieren, dass die RAF »Germany's only super-band«[4] gewesen sei: Im Gegensatz zu den Rolling Stones, die in »Street fighting man« zwar proklamiert hatten, dass »summer's here and the time is right for fighting in the street, boy«, dann aber resigniert konstatierten: »But what can a poor boy do / Except to sing for a rock n roll band / Cause in sleepy london town, / There's just no place for a street fighting man«[5] – im Gegensatz zu dieser Resignation also war man direkt ›zur Sache‹ gekommen und

---

1 Weinzierl, Rupert: Fight the Power! Eine Geheimgeschichte der Popkultur und die Formierung neuer Substreams. Wien: Passagen Verlag 2002, S. 58.

2 Ebd., S. 60

3 Diederichsen Diederich: Gegengegenkultur. In: Süddeutsche Zeitung, 24.02.2001.

4 Elsaesser, Thomas: From Censorship to Over-Exposure. The Red Army Fraction. In: I Limiti della Rappresentazione / The Bounds of Representation. Hrsg. von Leonardo Quaresima, Allesandra Raengo und Laura Vichi. Udine: Forum 2000, S. 289–308, hier: S. 299.

5 The Rolling Stones: Street Fighting Man. Auf: Beggars Banquet. London: Decca Records 1968.

hatte eine *Band* ganz anderer Art gegründet. In diesem Sinne erinnert sich Inga Humpe in Jürgen Teipels ›Dokuroman‹ »Verschwende Deine Jugend«:

> »Wir hatten damals noch keine eigenen Rebel-Popstars. Die Einzigen, die für mich so einen Popstarappeal hatten – das waren die Leute von der RAF. Da war ich Fan. Für mich waren das Helden. Das waren die Einzigen, denen ich zugetraut habe, dass sie wirklich etwas verändern wollen.«[6]

Die ›Verpoppung‹ der RAF ist also kein neues Phänomen, hochkonjunkturell wurde sie aber erst, nachdem sich die RAF mit ihrem ›Abschiedsbrief‹ an das BKA 1998 endgültig in die Geschichte entlassen hatte und das Bilder- und Zeichenmaterial nun sozusagen freigegeben schien zum ästhetischen Spiel, zur Entkontextualisierung, Rekombination und semantischen Neucodierung. Gerade erst ›gestorben‹, feierte sie zügig ihre Wiederauferstehung als »popkulturelles Artefakt«[7]. Der Poprapper Jan Delay etwa brachte 2001 ein Album mit dem Titel »Searching for the Jan Soul Rebels« heraus, auf dessen Cover eine Straßenschlachtszene zu sehen ist und das u. a. den Song »Söhne Stammheims« enthält, in dem Delay singt:

> »Nun kämpfen die Menschen nur noch für Hunde und Benzin, / folgen Jürgen und Zlatko und nicht mehr Baader und Ensslin / Für die, die Unheil und Armut und Krankheit verbreiten / für die herrschen sorglose Zeiten, / da kein bisschen Sprengstoff sie daran hindert, / ihre Geschäfte zu betreiben / Endlich haben sie keine Angst mehr / Verkaufen fröhlich ihre Panzer / Jeden Tag sieben / Kinder abschieben / Und dann zum Essen mit dem Kanzler.«[8]

Und nostalgisch textet die Zwei-Mann-Combo »Deutsch-Amerikanische Freundschaft«, besser bekannt unter dem Akronym »DAF«, in ihrem Song »Kinderzimmer« von 2003:

> »In meinem schönen Kinderzimmer / damals noch im Ruhrgebiet, / herrschte immer die Guerilla / Guerilla ist der kleine Krieg / Ulrike Meinhof war für mich / als Kind ein echter Superstar / an meinem Heldenfirmament / mit Valentina Tereskova, Emma Peel, Raquel Welch […] Die RAF war für mich / ein echtes Superheldenteam / mit Overath und Cassius Clay, / Che Guevara und Bruce Lee / Andreas Baader war für mich / ein Stern an meinem Firmament.«[9]

---

6 Teipel, Jürgen: Verschwende Deine Jugend. Ein Doku-Roman über den deutschen Punk und New Wave. Frankfurt/Main: Suhrkamp Verlag 2001, S. 69.

7 Kraushaar, Wolfgang: Mythos RAF. Im Spannungsfeld von terroristischer Herausforderung und populistischer Bedrohungsphantasie. In: Die RAF und der linke Terrorismus. Hrsg. von Wolfgang Kraushaar. Bd. 2. Hamburg: Hamburger Edition 2006, S. 1186 – 1210, hier: S. 1206.

8 Delay, Jan: Söhne Stammheims. Auf: Searching for the Jan Soul Rebels. Hamburg: Indigo 2001.

9 Deutsch Amerikanische Freundschaft: Kinderzimmer. Auf: Fünfzehn neue DAF-Lieder. Berlin: Superstar/Universal 2003. Vgl. hierzu Christian Jäger: Die »härteste Band von allen«. Terrorismus in der gegenwärtigen Literatur und Populärkultur. In: Mythos Terrorismus. Vom

Die Protagonisten der RAF werden zu Superhelden der Kindheit verklärt, zu Popstars, es wird sorglos ›Ensslin‹ auf ›Benzin‹ gereimt und die RAF als Symbol einer vergangenen Zeit benutzt, als es noch klare politische Leitbilder gab, klare Oppositionen, den ›kleinen Krieg‹ sozusagen von ›uns hier unten‹ gegen ›die da oben‹ – und der Verlust dieser Zeit innerer Zeit wird beklagt. Oder mit John von Düffel geseufzt: »Das Land zu RAF-Zeiten war der letzte große Abenteuerspielplatz der Geschichte.«[10] Eine vergleichbare Stilisierung der RAF findet sich in der Popliteratur der Jahrtausendwende, auch hier feierte sie kurz nach ihrer Auflösung fröhliche Urständ als Retro-Phänomen. So kreisen die Diskussionen des mittlerweile legendären ›popkulturellen Quintetts‹ im Berliner Hotel Adlon nicht nur um die Bedeutung von Rockmusik, um die neuen Medienberufe, das Internet usf., sondern auch um die Frage, wie der allgegenwärtigen Langeweile am Ende der Geschichte zu entgehen sei, denn, so lautet die Diagnose: »Wir werden von vorne bis hinten entertained. Die Spannung ist weg.«[11] Dieser Ennui ist es, der eine Sehnsucht nach der Radikalität der RAF aufkommen lässt. Die Mitglieder der RAF hätten noch »ein Glühen in den Augen, zumindest für ein paar Jahre ihres Lebens« und wenigstens noch ein Ziel besessen, »das, was früher [...] einmal Utopie hieß oder Vision«, nämlich »nach der Zerstörung etwas Neues zu schaffen. Die wollten also etwas zerstören für einen Neuanfang, von dem sie eine konkrete Vorstellung hatten.«[12]

Alles in allem wird die RAF also benutzt, um eine Haltung des Dagegenseins und ein Lebensgefühl der Tat und der Freiheit auszudrücken, sie wird auf einen Gestus reduziert. Vielleicht drückt sich dieses von allen konkreten politischen Inhalten entleerte Image der RAF, ihr ›radical chic‹, darin am deutlichsten aus, *dass* und *wie* die Mode sich ihrer angenommen hat. Es gibt T-Shirts mit dem RAF-Emblem oder Fahndungsplakate, Designer-Label wie Mägde und Knechte spielen mit den Symbolen, indem sie etwa eine Kalaschnikow auf ihren Kleidungsstücken prangen lassen, es gibt Militärjacken, die den Aufdruck ›Prada Meinhof‹ tragen, und die Fotostrecke »RAF-Parade« der (mittlerweile wieder eingestellten) Zeitschrift »Tussi Deluxe« deutete die RAF-Symbole zum ›ultraangesagten‹ Modedesign um: Ein Model posiert als Porsche-Macho Andreas Baader in Woolworth-Pantoffeln, und ein anderes Model lungert als Jan-Carl-Raspe dekorativ vor einem schicken Mercedes wie demjenigen, in dessen Kof-

---

Deutschen Herbst zum 11. September. Hrsg. von Matteo Galli und Heinz-Peter Preusser. Heidelberg: Universitätsverlag Winter 2006, S. 117–127.

10 Damals war was los. Dramaturg John von Düffel, 33, über die Sehnsucht nach Radikalität. Gespräch mit Christiane Grefe. In: Die Zeit 37 (2000).

11 Bessing, Joachim: Tristesse Royale. Das popkulturelle Quintett mit Joachim Bessing, Christian Kracht, Eckhart Nickel, Alexander von Schönburg und Benjamin von Stuckrad-Barre. Berlin: Ullstein Verlag 1999, S. 138.

12 Ebd., S. 156.

ferraum der entführte und später ermordete Arbeitgeberpräsident Hanns-Martin Schleyer lag.

Diese Zusammenhänge, also *wie* und *warum* die RAF in popkultureller Imprägnierung aufgerufen wird, sollen im Folgenden an zwei Werken genauer rekonstruiert werden, und zwar an Leander Scholz' Roman »Rosenfest« aus dem Jahr 2001 sowie an Christopher Roths Spielfilm »Baader« von 2002. Sie scheinen ein günstiges Explorationsfeld für die Frage nach Versionen der RAF im Zeichen der Popkultur zu bieten, da sie beispielhaft den Umgang einer nachgeborenen Generation demonstrieren, die die RAF nicht als Zeitgenossen erlebt hat und sie daher »nur von Plakaten, Fotos, Filmen und Presseausschnitten«[13] kennt, die sie zitiert, überblendet, entkontexualisiert und neu arrangiert. Auf eine gut strukturalistische Opposition gebracht: Nicht in die historische Tiefe soll gebohrt, sondern die Oberflächen der Bilder sollen reflektiert werden. Die Geschichte der RAF wird folglich als mythisches System begriffen, das kommentiert und nach Skripten der Populärkultur weitergeschrieben wird. Dementsprechend ist es Scholz und Roth anstatt um Politik um die Reflexion eines Mythos zu tun – und doch sind diese Werke in gewisser Weise politisch, und zwar erinnerungspolitisch. Denn sie etablieren ein neues Narrativ, das gegen das dominierende, gleichsam ›offizielle‹ Narrativ der Elterngeneration in Stellung gebracht wird.[14] Zentral für dieses Narrativ ist, *was* und *wie*, vor allem aber, was *nicht* erzählt wird, genauer: Die Profilierung gegenüber der ›offiziellen Geschichte‹ erfolgt in beiden Fällen vorrangig darüber, dass das Narrativ deutlich früher geschlossen wird, vor denjenigen Ereignissen nämlich, die sich mit dem Geschichtszeichen ›Stammheim‹ belegen ließen.

I.   »fiction is not about changing names« – Leander Scholz' »Rosenfest«

Zugegeben: Der Roman von Leander Scholz macht vieles falsch. So hat nicht Baader das berühmte »burn, warehouse, burn«-Flugblatt verfasst, um den Brand eines Brüsseler Kaufhauses zu feiern, sondern die ›Kommune I‹. Auch konnten Baader und Ensslin nicht am Tag nach dem legendären Anschlag auf ein Frankfurter Kaufhaus nach Paris fliehen, weil sie unmittelbar danach verhaftet

---

13 Scholz, Leander: Die Gespenster der RAF. Warum ich über Andreas Baader und Gudrun Ensslin einen Roman geschrieben habe. In: Frankfurter Rundschau, 02.02.2001.

14 Zu »Rosenfest« als Positionsnahme in einem generationellen ›Kampf der Erinnerungen‹ siehe ausführlich Beck, Sandra: Leander Scholz' »Rosenfest« (2001). Der nachgeborene Autor und die Geschichtsbemächtigung. In: Ikonographie des Terrors? Formen ästhetischer Erinnerung an den Terrorismus in der Bundesrepublik 1978–2008. Hrsg. von Norman Ächtler und Carsten Gansel. Heidelberg: Universitätsverlag Winter 2010, S. 269–294.

wurden. Ebenso wenig war es ihnen möglich, in Paris Zeugen der Revolte zu werden und vom Dutschke-Attentat in Berlin zu hören, weil dafür der Mai vor Ostern liegen müsste. Vor allem aber lernte sich das spätere Pärchen nicht während der Proteste gegen den Schah-Besuch kennen, da der historische Baader zu der Zeit wegen eines Autodelikts im Gefängnis saß – um nur die augenscheinlichsten Verfälschungen anzuführen, die sich dem Buch vorhalten lassen. Und auf diejenigen Fakten, Personen und Ereignisse, die er nicht ›verfälscht‹, verzichtet der Text gleich ganz, die Baader-Befreiung aus dem Deutschen Zentralinstitut für soziale Fragen beispielsweise, die vielfach als eigentliche Geburtsstunde der RAF interpretiert wurde, oder mit Ulrike Meinhof auf *die* intellektuelle Führungsfigur.

Nicht verwundern kann bei diesem freien Umgang mit der Realgeschichte, dass die Feuilleton-Variante eines »shitstorms« über den Autor hereinbrach, als sein mit Spannung erwarteter Roman 2001 erschien. »Darf der das?«[15], hatte sich »Die Welt« zuvor schon angesichts der Verlagsankündigung skeptisch gefragt, darf die Geschichte der RAF als Liebesgeschichte erzählt werden, zumal von einem Autor, der Jahrgang 1969 ist? Die Antwort auf diese Frage fiel wünschenswert klar aus. Moniert wurden von der ›seriösen‹ Kritik zwar auch die »kitsch-triefenden Dialoge«[16], der »Terror-Chic« als neueste Spielart der »antizivilisatorische Coolness«[17] sowie die fast »vollständige Ausblendung des politisch-biografischen Kontextes«[18]. Sehr viel grundlegender aber wurde fast unisono die fehlende Zeitgenossenschaft des Autors thematisiert, dabei zunächst jeweils konzediert, dass ein Roman natürlich alles dürfe, Scholz' Form des Umgangs mit zeithistorischen Referenzen aber letztlich als unzulässig bewertet. Durchaus verwundern könnte hingegen die Vielzahl der ausführlichen Besprechungen, wenn sich »Rosenfest« mit Volker Weidermann tatsächlich als Roman »um beinahe nichts«[19] verstehen lässt. Anscheinend ging es hier doch um einiges – und zwar um die Deutungshoheit über ein immer noch nicht aufgearbeitetes Kapitel der jüngeren bundesrepublikanischen Geschichte.

Dass Scholz sich nicht in die Tradition einer gewissermaßen ›aufklärerischen‹ Form der Vergangenheitsbearbeitung oder gar -bewältigung einreiht, die den

---

15 Krause, Tilman: Die Jungen lesen die Jungen: In: Die Welt, 30. 12. 2000.

16 Löffler, Sigrid: Wenn Liebe die Geschlechter streichelt. Wie ein Roman Dinge über Andreas Baader und Gudrun Ensslin ausplaudert, die keiner wissen will. In: Literaturen, 2 (2001). S. 32 f., hier: S. 33.

17 Maak, Niklas: Komm in meine Arme. Innere Unsicherheit: Die RAF geistert durch Künste und Moden. In: Süddeutsche Zeitung, 2001.

18 Klopotek, Felix: Die Gudrun und der Andreas. Leander Scholz' »Rosenfest« erzählt die Liebesgeschichte von Baader und Ensslin mit Zeitkolorit und ohne historischen Kontext. In: Jungle World, Nr. 11, 07. 03. 2001.

19 Weidermann, Volker: Sie kämpften. Wir wissen nicht warum. In: Die Tageszeitung, 15. 02. 2001.

Diskurs bis dahin dominiert hatte, sondern vielmehr gerade gegen diese Tradition anschreibt, verdeutlicht schon der Paratext des Romans, präziser: das Zusammenspiel aus Cover, Titel und Motto. Zusammengebracht werden hier Hoch- und Trivialkultur auf eine Weise, die Leslie Fiedlers programmatische Forderung »Cross the border, close the gap« geradezu idealtypisch erfüllt. Auf der einen Seite färbt das Cover die ikonische Schwarz-Weiß-Fotografie von der Frankfurter Anklagebank zeichenhaft bzw. plakativ rot ein und stellt ihr eine stilisierte Pistole an die Seite, ganz zu schweigen von dem Rosenarrangement, auf das die Bilder gesetzt sind. Auf der anderen Seite kommentiert Scholz seine Fiktionalisierung der Realgeschichte durch ein der Hochkultur entlehntes Motto, das dem Text nachgestellt ist. Dort zitiert er Don DeLillos poetologisches Diktum: »fiction is not about changing names.«[20] Nur vordergründig sind seine Protagonisten dementsprechend mit ihren historischen Vorbildern zu identifizieren, auch wenn sie ihre Namen tragen. Und noch hochkultureller wird es schließlich mit dem Titel. Lediglich von Sigrid Löffler wurde überhaupt bemerkt, dass dieser Titel Kleists »Penthesilea« zitiert bzw., wie die Kritikerin mäkelt, dass er sich »aus unerfindlichen Gründen« an Kleists Drama »vergreift«[21].

So »unerfindlich« sind diese Gründe allerdings keineswegs, wenn man genauer auf Scholz' Text blickt. Gleich der erste Satz des Romans weist sowohl darauf hin, dass die Geschichte der RAF in anderen narrativen Mustern rekapituliert wird, als es der gängigen Memorialkultur entspricht, als auch, welches Motiv dabei dominieren wird:

> »Als Hänsel gefangengenommen wurde, ging Gretel ins Kaufhaus, um sich eine rote Bluse zu kaufen. Als Gretel an der Kasse gefangengenommen wurde, sagte sie zu den Häschern, was für ein Glück, und sie gab die Bluse zurück« (RF, 7; kursiv im Original).

An diesen Anfang wird die Erzählhandlung nach einer vollständigen Analepse am Ende zurückkehren, es wird also das ›Märchen von Hans und Gretel‹ auserzählt. Und auserzählt wird es, so deutet es sich im Eingangssatz an, nach dem Liebesmotiv, das unter dem Vorzeichen der Kleistschen Begehrenskonstellation steht: Mit dem bei Scholz titelgebenden ›Rosenfest‹ greift Kleist bekanntlich den Amazonen-Mythos auf, demzufolge sich die Amazonen mit gefangen genommenen Kriegern paaren, um ihre Reproduktion sicherzustellen. Intertextuell folgerichtig ist daher für Scholz' Mythos zweiter Ordnung, dass sich Baader und Ensslin – oder besser: Andreas und Gudrun, denn der Text nennt die beiden

---

20 Scholz, Leander: Rosenfest [2001] München: DTV 2003, S. 247. [Im Folgenden unter der Sigle »RF« mit Seitenzahl im Fließtext.]
21 Löffler, Wenn Liebe die Geschlechter streichelt. 2001, S. 33.

zumeist vertraut beim Vornamen – wie Penthesilea und Achilles gleichsam auf dem ›Schlachtfeld‹ kennenlernen.

Nach seinem Auftakt springt der Roman demgemäß zum 2. Juni 1967 zurück, mitten hinein in die Proteste gegen den Schah. Wie ein unbeteiligter, ja gelangweilter Beobachter, ausgestattet mit Kamera, Sonnenbrille, Lederjacke, »dunklem Hemd und [...] engen, selbstgeschneiderten Seidenhosen« (RF, 8) sowie »ein wenig Koks« (RF, 9), ist der Dandy Andreas zufällig mitten unter die protestierenden Studenten geraten. Mag man dem Autor glauben, dann wollte er Baader damit einen Wunsch erfüllen, denn für ihn müsse es tragisch gewesen sein, diese Demonstrationen zu verpassen.[22] Im sich rasch steigernden Tumult trifft also der einzige »in der Menschenmenge, der elegant gekleidet war« (RF, 8) (so selbstbewusst in interner Fokalisierung Andreas), auf Gudrun, eine hilfsbedürftige Pfarrerstochter mit vor Angst »rotgeheulte[m] Gesicht« (RF, 14), die »mit ihrem beigen Rock und der bleichrosa Bluse aussieht wie eine Kaufhausangestellte« (RF, 26). Schon über das Zeichensystem Mode deutet sich hier an, wie die Rollen im Folgenden stilisiert sein werden, wer männlich-aggressives Anführertum und wer weiblich-passives Opfertum verkörpern wird. Gemeinsam taumeln sie nun durch das Auftaktkapitel, auf der Flucht vor den Knüppeln von Jubelpersern und Polizei, stürzen und raffen sich wieder auf und finden noch Zeit, sich auf dieser Flucht anzunähern, in einem Wechsel aus Küssen und Ohrfeigen – Küsse und Bisse, denkt sich der Kleist-Leser –, bis das Szenario in die Erschießung Benno Ohnesorgs mündet, literarisiert als Action-Sequenz. Gleichsam musikalisch kommentiert wird diese Initiation der Liebe durch die gemeinsame Erfahrung der staatlichen Gewalt mittels einer Parallelmontage von Szenen, die zeitgleich auf der Bühne der Berliner Oper dargestellt werden. Bezeichnenderweise wird bei Scholz allerdings nicht die »Zauberflöte« gegeben, wie es historisch korrekt wäre, sondern »Figaros Hochzeit« – im Sinne einer ästhetischen Stimmigkeit wird damit akzentuiert, dass der Roman das Kraftfeld ›Liebe‹ vermisst, d.h. nach dem Verhältnis zwischen Macht und Liebe fragt.

»Andreas und Gudrun rannten, ihre Flucht begann« (RF, 20), endet das erste Kapitel. Die Exposition ist damit abgeschlossen und der Handlungsfaden ausgelegt, dem die Narration folgen wird. Die Entstehung der RAF wird in »Rosenfest« augenscheinlich nicht primär politisch erklärt, sondern als das fast zufällige »Resultat einer sich radikalisierenden Paardynamik«[23]. Unmissverständlich bekräftigt der Roman diese Interpretation der Geschichte, indem er Gudrun wenige Stunden später auf die Ereignisse dieses folgenreichen Tages

---

22 Siehe hierzu Gansel, Carsten; Ächtler, Norman: »Das Spiel mit Namen und Fakten«. Gespräch mit Leander Scholz über den Roman »Rosenfest«. In: Dies., Ikonographie des Terrors? 2010, S. 403–413, hier: S. 405.

23 Beck, Scholz' »Rosenfest«. 2010, S. 288.

zurückblicken lässt. Von ihrem (fiktiven) Freund Georg hatte sie sich gerade erst noch drei Wochen Zeit auserbeten, um sich zu entscheiden,

> »ob sie weiterstudieren, weiter Zeit vertun [...] oder endlich zu existieren anfangen sollte. *E-x-i-s-t-e-n-z*, sie hatte das Wort wiederholt buchstabiert, so langsam, daß selbst ihr nicht entgehen konnte, wie wenig sie ahnte, womit sie das Wort füllen sollte. *E-x-i-s-t-e-n-z im emphatischen Sinne*, hatte sie angestrengt betont [...]« (RF, 45; Kursivierungen im Original).

Lange vor Ablauf der Frist ist augenscheinlich entschieden, dass Gudrun diese Zeit nicht mehr braucht, dass das Wort bereits mit Sinn gefüllt ist und empathisches Leben für sie fortan darin bestehen wird, mit Andreas dem Primat der Praxis zu folgen.

Zunächst erfüllen sie dieses Primat, indem sie das eben bereits erwähnte Flugblatt »burn, warehouse, burn« verteilen und durch das berühmte lebende Plakat gegen Bürgermeister Albertz protestieren, dann aber übersetzt sich die innere Flucht aus der repressiven Gesellschaft qua Haltung in eine äußere. Genretypologisch gesprochen: Der Roman folgt in seinem weiteren Verlauf dem klassischen Muster der Road Novel bzw. des Road Movie. Entworfen werden Andreas und Gudrun auf ihrer Flucht als Variante von Bonnie und Clyde[24], als zahme Variante allerdings: Das größte Problem bei der Fluchtvorbereitung ist nämlich nicht, wie sich beispielsweise Waffen oder falsche Pässe auftreiben lassen, sondern ob Gudrun Sandalen und »Söckchen« (RF, 77) mitnehmen soll oder nicht – diskutiert wird dieses ›Problem‹, als ginge es auf eine Urlaubsreise. Handlungslogisch konsequent ist, dass die Flüchtenden, nachdem das Problem gelöst ist – Gudrun hat sich in diesem Fall übrigens einmal durchgesetzt – an der Autobahnraststätte noch schnell »Kakao und Limonade« kaufen, eine Bildzeitung klauen und anschließend ausgelassen »We all live in a yellow submarine« (RF, 91 f.) in den Fahrtwind grölen. Ebenso konsequent ist, dass Gudrun »ganz ohne politische Gedanken« (RF, 101) durch das Kaufhaus Schneider läuft und merkt: »Sie ist glücklich« (RF, 101), während Andreas den Brandanschlag gegen die Realgeschichte in Alleinregie durchführt. Statt des Gefühls einer ›bleiernen Zeit‹ beherrscht also eher ein Hochgefühl den Sommer der Anarchie, wie es Godard in »À bout de souffle« eingefangen hat – wenn man so will, hätte die Fahrt des Liebespaars konsequenterweise auch dann nach Paris führen müssen, wenn die Realgeschichte dieses Reiseziel nicht vorgegeben hätte.

Voll ausgespielt wird nun das Klischee von Paris als ›Stadt der Liebe‹: Programmatisch interessieren sich die beiden »nicht für Geschichte«, sondern bummeln stattdessen »durch das aufregende städtische Treiben«, gehen in den

---

24 Vgl. zu diesem narrativen Muster im ästhetischen RAF-Diskurs Baumann, Cordia: Die RAF als Abenteuer: Der Bonnie-und-Clyde-Mythos. In: Ächtler/Gansel, Ikonographie des Terrors? 2010, S. 245–267.

Parks spazieren, erkunden ihre Gefühle füreinander, drücken sich die Nasen an »den übergroßen Schaufenstern« platt und »kritzeln kleine Botschaften in das angehauchte Glas, das alles, finden sie, macht in Paris Spaß« (RF, 136). Die Protagonisten sind folglich naiv, der Roman hingegen ist es nicht. Wie schon die Auftakt-Sequenz inszeniert er auch die Paris-Passagen als Mythos zweiter Ordnung, indem er seine Figuren dabei beobachtet, wie sie die legendären, verwischten Café-Fotos machen. Diese Bilder, namentlich von Astrid Proll[25], die erst nach 1998 Karriere gemacht haben, finden sich hier quasi »wie in einer Collage zerschnitten« und nach einem neuen »Motiv, dem Liebesmotiv«[26], wieder zusammengesetzt.

Die Road Novel führt von Paris über Italien zurück nach Deutschland, wo es nach einer Reihe von Bombenanschlägen zum dramatischen Showdown kommt, zu einem veritablen Kugelhagel:

> »Wenige Schritte vor dem Auto wird der zielstrebige Lauf von Andreas jäh zu einem Zickzackkurs. Eine Kugel hat seine Schulter aufgerissen. Lediglich ein klaffender Riß ist in der Lederjacke zu sehen. Er taumelt. Setzt seinen Weg wieder fort. Schießt, feuert, ohne zu wissen, wohin. [...] Er wird auf keinen Fall aufgeben und seine Hände hochstrecken. Auch wenn das Magazin leer ist, wird er die Pistole nicht loslassen. [...] Er wird auf keinen Fall aufgeben« (RF, 231).

Schließlich wird Andreas als würdiger Nachfolger von Bonnie und Clyde oder Belmondo in Godards Klassiker des Nouvelle-Vague-Kinos niedergeschossen. Anders als die Role Models von der Kinoleinwand stirbt er beim Shoot-Out allerdings nicht, wie Gudrun aus den Nachrichten erfährt – und sich daraufhin widerstandslos festnehmen lässt. Durch den Blusenkauf will sie, »romantisch gesagt, dem Geliebten hinterher«[27], und opfert ihr Leben der Geschichte.

Dem popkulturell vorgegebenen Handlungsmuster entsprechend kann die Geschichte gar nicht anders enden als im Tod bzw. in der Todeszelle, und ist insofern strukturell kohärent konstruiert. Aber das narrative Muster ist ja nicht ohne Grund gewählt und keineswegs eine beliebige semantische Neucodierung des historischen Materials: Vielmehr erlaubt gerade dieses Muster, die Geschichte der RAF ein halbes Jahrzehnt vor dem ›deutschen Herbst‹ mit der Schleyer-Entführung, der Kaperung der »Landshut« und der Stammheimer Todesnacht enden zu lassen. Scholz bietet also ein alternatives Abschluss-Narrativ an, das ausgerechnet auf diese Ereignisse verzichtet – noch genauer profilieren lässt sich dieses Deutungs-Angebot durch den vergleichenden Blick auf Christopher Roths Biopic »Baader«.

---

25 Proll, Astrid: Hans und Grete: die RAF 67–77. Göttingen: Steidl 1998.
26 Stahl, Enno: Im Gespräch mit Leander Scholz. Auf: http://www.satt.org/literatur/ 01_06_scholz_1.html. (Zugriff am 22.02.2013).
27 Ächtler/Gansel, »Das Spiel mit Namen und Fakten«. 2010, S. 406.

II.   »Pierrot le Fou. Ha! Das machen wir selbst!« – Christopher Roths »Baader«

Christopher Roths »Baader« macht weniger ›falsch‹ als Scholz »Rosenfest«, aber immerhin noch genug, um für Entrüstung bei der Presse zu sorgen. So setzte »SpiegelOnline« seine Besprechung des Films nach der Uraufführung auf der Berlinale im Jahr 2002 unter den programmatischen Titel »Ausgebuht«[28], kritisierte die Mythologisierung des ›Helden‹ und ridikülisierte Roths popkulturelles Konzept im Besonderen wie die Popkultur im Allgemeinen, indem er »Baader« in den Kontext einer »heilen Werbewelt« rückte, in der alles »mööööglich«, aber nichts notwendig sei. »Meide die Popkultur«, lautet das Fazit der Rezension mit einem Song von Peter Licht, »dann geht es dir besser.« Als Teil des Problems und nicht als Teil der Lösung erscheint »Baader« offensichtlich nicht vorrangig wegen der ›Modifikation‹ einzelner Fakten, sondern wie in »Rosenfest« aufgrund seiner Haltung zur Geschichte insgesamt.

Dahingestellt sei, ob es einem mit der Popkultur nun besser oder schlechter geht – in jedem Fall markiert der Film seine Poetik ähnlich offensiv, wie es bei »Rosenfest« zu beobachten ist. Auch in diesem Fall spricht sich diese Haltung bereits im Paratext aus, genauer: im Epitext. Während der Titel ›Baader‹ neutral gehalten ist und eine historisch einwandfreie Annäherung an die Figur erwarten lassen könnte, lehnt sich das Filmplakat mit der Spiegelung von Flammen in der Sonnenbrille Baaders an Oliver Stones »Natural Born Killers« an – der sich übrigens auch als Variante der Bonnie-und-Clyde-Story verstehen lässt. Und wer das Plakat übersehen haben sollte, wird durch den Auftakt hinreichend deutlich darüber informiert, welchem ästhetischen Programm Roths Kombination des Zeichenmaterials gehorcht.

Besonders interessant für den hier verfolgten Zusammenhang scheint zunächst der gut zweiminütige Vorspann des Films: zum einen deshalb, weil sich die ›Bande‹ hier in stilisierten Schwarz-Weiß-Bildern auf offenem Feld wie eine Theatergruppe inszeniert, indem sie Revolutions-Szenarien nachstellt, sich dabei selbst mit der Kamera filmt und die Zuschauer überdies mit einem Brecht-Zitat direkt adressiert, indem es von der Gudrun Ensslin-Darstellerin Laura Tonke metaleptisch in die Kamera gesprochen wird[29] – sozusagen eine filmische Variante des Epischen Theaters. Nicht um Authentizität wird es im Folgenden gehen, soll der Zuschauer verstehen, sondern vielmehr um Inszenierung, prä-

---

28 (N.N.): Berlinale Tagebuch (9): Ausgebuht: http://www.spiegel.de/kultur/kino/berlinale-tagebuch-9-ausgebuht-a-182779.html (Zugriff am 21.02.2013).

29 Baader. Regie: Christopher Roth. Deutschland 2002. Deklamiert werden die Verse: »Wenn das bleibt, was ist / Seid ihr verloren. / Euer Freund ist der Wandel / Euer Kampfgefährte ist der Zwiespalt. / Aus dem Nichts / Müßt ihr etwas machen, aber das Großmächtige / Soll zu nichts werden. / Was ihr habt das gebt auf und nehmt euch / Was euch verweigert wird.«

ziser, um Selbstinszenierung. Gewissermaßen wird »Baader« damit zu demjenigen Film, den der historische Baader selbst gerne über sich gedreht hätte, getreu seinem vielzitierten Ausruf über Godards Klassiker: »Pierrot le fou. Ha! Das machen wir selbst!«[30] Anders gewendet: Um den selbst geschaffenen Mythos ›Baader‹ als Wiedergänger Belmondos ist es dem Film zu tun, der sichtbar gemacht und zugleich dekonstruiert werden soll. Und zum anderen ist der Vorspann bemerkenswert, weil nach dieser Auftaktsequenz, aber noch vor der Einblendung des Titels dokumentarische Quellen der Zeit aufgerufen werden, Aufnahmen von den Studentenunruhen über Vietnam bis zu den Rolling Stones oder Modeschauen, und in raschen Schnitten neben semi-dokumentarisches Material gestellt werden, inszeniert als Aufnahmen mit einer Super-8-Kamera. Eingeebnet wird dabei die Differenz zwischen Fakten und Fiktionen und enthierarchisiert das Verhältnis von politischen und popkulturellen Phänomenen – das alles anachronistisch unterlegt mit »Kick Out the Jams« von MC5. Dies ist unser Material, so die programmatische Geste dieser audiovisuellen Konstellation, fangen wir an, mit ihm zu spielen.

Das ›Spiel‹ setzt dann 1972 ein: Frank Giering sitzt als Baader im Dunkeln in seinem Wagen, ein Polizist nähert sich zur Kontrolle, ein Schusswechsel und eine Flucht folgen, begleitet von rockigen Klängen – so muss ein Gangsterfilm beginnen. Danach springt der Film zurück ins Jahr 1967, zeichnet zunächst ein Bildnis des jungen Helden als cooler Autoknacker, der herrlich lässig dafür in den Knast geht. Und er schickt ihn, kardinal für die selbstreflexive Dimension des Films, mit Gudrun Ensslin ins Kino, und zwar in Klaus Lemkes »48 Stunden bis Acapulco«, einen Thriller aus dem Jahr 1967, in dem dessen ›Held‹ nach den titelgebenden 48 Stunden mit dem Leben für seinen Versuch bezahlt, durch den Verrat von Industriegeheimnissen zu Reichtum und einen Platz im glitzernden Jet Set zu kommen. Es wird nicht überraschen, dass diese Szene nicht nur selbstreflexiv den Rekurs des Films bzw. der Baaderschen Selbststilisierung auf Kinovorbilder thematisiert, sondern darüber hinaus präfigurativ funktioniert. Im Gegensatz zu »Rosenfest« schreitet »Baader« die Stationen der RAF chronologisch und weitgehend vollständig ab, stellt also Baaders Verhaftung ebenso dar wie ausschnitthaft den Frankfurter Prozess und die spektakuläre Befreiung bzw. den ›Fenstersprung‹. Er folgt den künftigen Terroristen nach einer bizarren Szene, in der Gudrun ihrem Vater im Winter barbusig gegenübersteht und deklamiert, »Sie können uns verfolgen, sie können uns einkerkern, brechen können sie uns nicht« (0:29:37 ff.), in die Wüste Jordaniens, durch die Baader, ganz

---

30 In diesem Sinne hat Roth in einem Artikel ausgeführt: »Andreas Baader hat bis zu seiner Verhaftung 1972 einen riesigen Film entworfen, mit ihm selbst und Gudrun Ensslin als seiner Geliebten in den Hauptrollen.« Roth, Christopher: Der Stil des Terrorismus. BMW, Seidenhemden und Samthosen: Warum ich einen Film über Andreas Baader drehe. In: Süddeutsche Zeitung. 17.03.2001.

der Bandleader, in roter Samthose robbt, während die Frauen der Gruppe zum Missfallen der Jordanier halbnackt in der Sonne lümmeln, und zeigt die Bank- überfälle sowie die Rekrutierung weiterer Mitglieder. »Du bist der Baader«, fragt eine der Anwärterinnen, die fiktive Karin Rubner (angelehnt wohl an Petra Schelm) den lässig im stylishen Mantel gegen seinen Sportwagen gelehnten Anführer einmal, und auf die Bestätigung kann es im Sinnzusammenhang des Films nur eine Reaktion geben: »Wow« (0:52:00 ff.). Immer an Baaders Seite ist dabei Ensslin, sie halten auf der Frankfurter Anklagebank Händchen, fahren eng aneinandergeschmiegt zu rockigen Klängen Motorrad, schmeißen Trips ein, und wenn Baader endlose Diskussionen radikal mit »Nix ausdiskutieren – es muss auf die Fresse geben« beendet, himmelt sie ihn an: »Du bist toll«. Nur beim Sex sieht man Bonnie und Clyde redivivus nicht, denn sie sind die Hohepriester der Revolution. Am anschaulichsten wird die Inszenierung von Baader als ro- mantischer Outlaw aber nicht in diesen Reenactments, die sich bildsprachlich den Anschein des Authentischen geben, sondern in zwei erfundenen Szenen. Zunächst trifft Baader kurz vor Ende des Films nachts auf einer Landstraße auf den BKA-Chef Kurt Krone, der Horst Herold nachempfunden ist und von Vadim Glowna knurrig-väterlich gespielt wird (1:25.30 ff.) (Abb. 1 u. 2). Die Konstel- lation erinnert an Michael Manns Action-Film »Heat«, wo sich Al Pacino als Jäger und Robert de Niro als Gejagter in einem Café gegenübersitzen (Abb. 3), sich als zwei Versionen eines Typs durchaus sympathisch sind, aber wechsel- seitig versichern, im Falle des Falles nicht zu zögern, sondern den Gegenspieler zu erschießen. Alles wisse sein Computer über ihn, gibt Krone dem Kontra- henten Baader zu verstehen, und dass er vielleicht sogar mit seinen Zielen sympathisiere, nicht aber mit den Mitteln. »Was sagt der Computer zu einem Typ, der sich über Monate auf seinen Tod zubewegen kann, bewusst, wie ein Projektil«, fragt Baader, und Krone repliziert so trocken wie bezeichnend: »Der Computer ist nur bedingt romantisch veranlagt.« Baader ist allerdings, das dürfte deutlich geworden sein, durchaus ›romantisch‹ veranlagt, und es kann nur ein plausibles Ende für diese Story geben: ein Shootout. In einem lang geratenen Showdown werden Baader und Raspe in einem Mietshausviertel ge- stellt, Baader tritt schließlich vor das Tor der Garage, in der sie sich verschanzt hatten, fällt im Kugelhagel der Polizei wie all seine Kinovorgänger und stirbt in den Armen Krones, so wie De Niro in den Armen Al Pacinos. Wie in »Rosenfest« kann es an dieser Stelle nicht weitergehen, und so verzichtet der Film auch auf einen Abspann, der mittels einer Tafel darauf hinweist, dass die Terroristen tatsächlich in Stammheim gestorben sind.

Wenn das Erzählprogramm sowohl von »Rosenfest« als auch von »Baader« mit einer Ulrike Meinhof-Paraphrase auf den Punkt gebracht werden darf: Natürlich kann erfunden werden! Aber beide Werke präsentieren keine belie- bigen, sondern vielmehr in sich kohärente Erfindungen. Als wollten sie Walter

Benjamins Einsicht illustrieren, dass Geschichte in Bilder zerfällt, nicht in Geschichten,[31] nehmen sie das historische Bildmaterial auseinander und setzen es
nach einer popkulturellen Logik neu zusammen. In dieser Logik *muss* Baader
mit der Verhaftung 1972 sterben, weil mit ihr der ›Popstar‹ Baader symbolisch
stirbt; unter dem Geschichtszeichen ›Stammheim‹ wäre eine andere Geschichte
zu erzählen gewesen. Gerade diese Geschichte aber ist zentral für dasjenige
Narrativ, das früh die Deutungshoheit nicht nur über den ästhetischen Diskurs
über die Geschichte der RAF erringen konnte und diese Hoheit bis heute im

---

31 Benjamin, Walter: Das Passagen-Werk. In: Ders.: Gesammelte Schriften, Bd. V.1. Hrsg. von
   Rolf Tiedemann und Hermann Schweppenhäuser. Frankfurt/Main: Suhrkamp 1982, S. 596.

Wesentlichen behauptet: Dieses Narrativ interpretiert den ›Deutschen Herbst‹ als Bewährungsprobe des Staates, die letztlich erfolgreich bestanden wurde und dergestalt eine zweite ›Geburtsstunde‹ der BRD bedeutete, mit der sie erst zu einem Nationalgefühl im emphatischen Sinne gefunden habe.[32] Um nur ein neueres Beispiel zu nennen: So folgt Bernd Eichingers Spielfilm »Der Baader-Meinhof-Komplex« diesem Narrativ im Rahmen einer hollywoodesken Geschichtsstunde, die Stefan Austs wirkmächtiges Sachbuch detailgetreu adaptiert; selbst die Zahl der abgefeuerten Schüsse ist akribisch recherchiert und peinlich genau eingehalten. »Ich habe nichts zu sagen. Nur zu zeigen«[33], lässt sich der Gestus dieses Films noch einmal mit Walter Benjamin pointieren – doch entsteht im Zuge der ›authentischen‹ Inszenierung der Ereignisse freilich kein objektives Bild, sondern ›naturgemäß‹ eine Interpretation von Geschichte, die sich den Anschein des Realismus gibt. Scholz wie Roth hingegen kritisieren durch ihre ästhetische Praxis gerade einen solch naiven Realismus und stellen provokativ ein anderes Abschluss-Narrativ gegen den sich ›unverfälscht‹ gebenden offiziellen Gründungsmythos – ein alternatives Narrativ für eine nachgeborene Generation, die gegen die Zeitgenossen auf ihrem eigenen Zugang zur Geschichte beharrt.

---

32 Zu diesem Narrativ siehe ausführlich: Jürgensen, Christoph: Geliebter Feind. Literarische (Re-)Konstruktionen des ›Deutschen Herbstes‹ 1977. In: Zeichen des Krieges in Literatur, Film und den Medien. Bd. 3: Terror. Hrsg. von Christer Petersen und Jeanne Riou, Kiel: Ludwig Verlag 2008, S. 221–258.
33 Benjamin, Passagen-Werk. 1982, S. 574.

Magdalena Kardach (Poznań)

Drei Generationen und eine Geschichte – Erinnerungsstrategien und Autobiographisches in Texten von Christoph Hein, Ingo Schulze und Jakob Hein

Geht man von der in der kulturwissenschaftlichen Forschung formulierten Position aus, dass Literatur ein Medium ist, über das in Form von narrativen Inszenierungen individuelle und generationsspezifische Erinnerungen für das kollektive Gedächtnis bereitgestellt werden, dann kann die Art und Weise der narrativen Inszenierung in literarischen Texten etwas über die in einer Gesellschaft funktionierenden Prozesse der Gedächtnisbildung aussagen. Es besteht daher die Möglichkeit, mit der Untersuchung von Texten herauszufinden, welche Erinnerungen in der jeweiligen Generation einer Gesellschaft bereitgestellt werden, auf welche Weise dies erfolgt und welche Rolle sie zu spielen scheinen.

Dafür eignen sich die literarischen Werke von ostdeutschen Autoren, die in der Zeit nach der Vereinigung erschienen sind, um an ihnen aufzuzeigen, nicht nur *woran*, sondern auch *wie* und *warum* in den Werken der drei Generationen ostdeutscher Autoren erinnert bzw. nicht erinnert wird. Das Generationskriterium und das autobiographische Momentum in den Romanen bilden zwei Auswahlkategorien für den literarischen Textkorpus.

Die Autobiographie bzw. Prosawerke mit autobiographischen Zügen spielten in dem Jahrzehnt nach der Vereinigung eine besondere Rolle. Sie wurden zu einem Medium, das es ermöglichte, Erinnerungen und Emotionen auszudrücken, die in Zusammenhang mit jenem Ereignis entstanden sind. In den Jahren nach der Wende wurden zahlreiche belletristische Werke veröffentlicht, die ausdrücklich auf autobiographischem Material fußen. Es muss unterstrichen werden, dass die meisten autobiographischen Werke aus dieser Zeitperiode von Autoren stammen, die in der DDR gelebt haben oder die DDR – freiwillig oder gezwungenermaßen – verlassen haben. Es hat den Anschein, dass viele von ihnen in dieser Weise dem Bedürfnis folgten, Rechenschaft über das eigene Leben, über den eigenen Werdegang in der DDR abzulegen. Solche Werke erfreuten sich großer Popularität unter den Lesern, denn sie gaben individuelle Auskunft über den subjektiven Anteil von öffentlich bekannten Persönlichkeiten an historischen Zusammenhängen dieses Jahrhunderts. Als Beispiele seien die Werke von Günter de Bruyn, Ludwig Harig, Christoph Hein, Walter Janka, Stefan

Heym, Hermann Kant, Ruth Klüger, Günter Kunert, Heinz Knobloch, Erich Loest, Hans Mayer, Heiner Müller, Nicolaus Sombart und nicht zuletzt Christa Wolf genannt.

Es geht natürlich nicht darum, die Literatur als Wirklichkeitswiderspiegelung wahrzunehmen, es geht vielmehr um den Wirklichkeitsbezug der analysierten Romane, die autobiographische Züge aufweisen. Des weiteren muss man den Aspekt der zur Untersuchung gewählten Prosawerke in Betracht ziehen, insofern sie durch verschiedene Erzählformen gekennzeichnet sind, die als ein Merkmal verschiedener Ausdrucksformen in der jeweiligen Generation von Schriftstellern wahrgenommen wurden.

Die Jahre 1968, 1978 und 1989 weisen auf drei verschiedene Dezennien hin, in denen Christoph Hein, Ingo Schulze und Jakob Hein das Erwachsenenalter in der ehemaligen DDR erreichten. Für die Autoren dieser Jahrgänge ist es kennzeichnend, dass sie aufgrund der sehr unterschiedlichen historischen Lebensbedingungen und Sozialisation ihrer Jugendzeit in der DDR als Angehörige dreier verschiedener Generationen gelten und dabei in ihren literarischen Werken die jeweils unterschiedliche Perspektive gegenüber der Zeit und der Geschichte darstellen. Die Interpretation der autobiographisch inspirierten Romane »Von allem Anfang an« (1997) von Christoph Hein, »Simple Storys. Ein Roman aus der ostdeutschen Provinz« (1998) von Ingo Schulze und »Mein erstes T-Shirt« (2001) von Jakob Hein ließe sich so anlegen, dass sich die in ihnen implizierten Konstruktionen sowohl von *Vergangenheit* als auch von *Gegenwart* und noch mehr ihre prognostischen Leistungen in Richtung *Zukunft* aus deren generationeller Bedingtheit verständlich machen. Die unterschiedlichen Reaktionen der literarischen Protagonisten in den Werken der Autoren dieser drei Generationen bezüglich der Prozesse des gesellschaftlichen Wandels um 1990 werden im Hinblick auf die Kategorie der »Identität« untersucht.

Der 3. Oktober 1990 leitete zahlreiche Veränderungen in der deutschen Gesellschaft ein. Die Imponderabilien des großen Wandels wirken weiter und lassen sich immer noch auf verschiedenen Gebieten ablesen – auch auf dem Gebiet der Literatur. Die zeitliche Distanz schafft eine neue Perspektive auf das Vergangene.

Den Ausgangspunkt bildet zwar ein einziges historisches Ereignis – das der Vereinigung der beiden deutschen Staaten –, gleichwohl wurde es unterschiedlich verarbeitet, insbesondere im bezug auf die eigene wie die kollektive Identität. Um diese Differenzen zu verstehen, reicht es nicht aus, die unterschiedliche Sozialisation der DDR- oder BRD-Bürger zu berücksichtigen. Zur vollständigen Einschätzung der durch den Vorgang der deutschen Vereinigung entstandenen Situation ist es vielmehr erforderlich, die Tatsache miteinzubeziehen, dass sich der Prozess des Identitätswandels in verschiedenen Altersgruppen unterschiedlich vollzogen hat und demnach je nach Alter der Autoren auch verschieden in ihren Werken reflektiert wird. Aufgrund dessen liegt es nahe, unterschiedliche Altersgruppen separat zu untersuchen.

Dabei kann davon ausgegangen werden, dass die Art und Dauer dieser lebensgeschichtlichen Erfahrungen vor und nach der ›Wende‹ von maßgeblicher Bedeutung für die jeweiligen Deutungsmuster gewesen ist, mit denen jene Erfahrungen bewertet wurden. Das bedeutet, dass die Generationszugehörigkeit der Betroffenen unbedingt in Betracht gezogen werden muss.

Für die Klärung von alltäglichen Zugehörigkeiten der Menschen und damit auch ihrer kulturellen Identifikationen wird das Deutungsmuster der »Generationalität« verwendet. Nach der Erklärung von Jürgen Ruelecke bezeichnet Generationalität

> »[…] ein Ensemble von altersspezifischen inhaltlichen Zuschreibungen, mittels derer sich Menschen in ihrer jeweiligen Epoche verorten und die teils mehr, teils weniger zugespitzt ausformuliert werden. Gleichzeitig und in enger Verbindung mit diesen Selbstverortungen ordnet das Denken in Generationsabfolgen die Geschichte im Rückblick: Generationen und Generationenfolgen werden in der Vergangenheit identifiziert und zur Deutung historischer Abläufe und Strukturen herangezogen.«[1]

Die Definition von Ruelecke[2] sollte auf jeden Fall um den Aspekt sowohl der gegenwärtigen als auch der zukünftigen Deutung der Generationen als einer Konstruktion erweitert werden, was auch Hubert Orłowski unterstreicht. Er vertritt mit seinem Beitrag »Generationsselbstverständnis und Autobiographie«[3] die These, dass das Generationskriterium sowohl auf die Gegenwart hindeutet als auch in einem teleologischen Konzept die Zukunft organisiert.[4]

Karl Mannheim weist darauf hin, dass die Entstehung einer Generation nicht nur auf die ähnliche historische Situation eines Geburtsjahrgangs zurückzuführen sei. Der Generationszusammenhang entstehe viel mehr durch die gemeinsame Teilhabe an bestimmten historischen Ereignissen. Erst aufgrund

---

1 Ruelecke, Jürgen: Generationen und Biographien im 20. Jahrhundert. In: Psychotherapie in Zeiten der Veränderung: Historische, kulturelle und gesellschaftliche Hintergründe einer Profession. Hrsg. von Bernhard Strauß und Michael Geyer. Wiesbaden: VS Verlag für Sozialwissenschaften 2000, S. 26–40.

2 Nicht nur Ruelecke misst die Gegenwarts- und Zukunftsdeutung der Generationen. Auch Andreas Schulz deutet in seinem Beitrag auf die retrospektive Konstruktion der Generationen hin. Vgl. dazu: Schulz, Andreas: Individuum und Generation – Identitätsbildung im 19. und 20. Jahrhundert. In: Geschichte in Wissenschaft und Unterricht, 7/8, 2001.

3 Orłowski, Hubert: Generationsselbstverständnis und Autobiographie. In: Die biographische Illusion im 20. Jahrhundert. (Auto-)Biographien unter Legitimierungszwang. Hrsg. von Izabela Sellmer. (Posener Beiträge zur Germanistik, Bd. 1). Frankfurt/Main: Peter Lang 2003, S. 143–156, hier bes. S. 147–153.

4 Zu dieser Meinung kommt Orłowski nach der Analyse von literarischen Werken der Autoren, die der Generation ›neuzehnhunderttraurig geborenen‹, bzw. der ›überflüssigen Generation‹ angehörten.

einer gemeinsamen Problemlage findet ein bewusster Zusammenschluss von Individuen statt. Im Sinne Orłowskis kann erst die einmalige, gemeinsame geballte Ladung, also eine außergewöhnliche Intensität der generationsspezifischen Erfahrung zu einem Wandel des Selbstverständnisses führen, damit von der Entstehung einer kollektiven Gruppe im Sinne einer Generation gesprochen werden kann.

Im Fall der »Generation 68« war es die 68er-Revolte, die in der Folgezeit eine reformierte Gesellschaft entstehen ließ. Die »Generation 78« wurde zum ersten Mal 1992[5] mit dem Begriff ›78er‹ von Reinhard Mohr erfasst. Eine intensive Debatte um sie ist jedoch erst 1997 entbrannt:

> »Die 78er, die heute auf vierzig zugehen, kamen zu spät zur Revolte der sechziger Jahre und standen dann, in den Achtzigern, vor den verschlossenen Türen der reformierten Gesellschaft, die sie gar nicht zu brauchen schien. Dass sie für eine gewisse Larmoyanz und die philosophische Wehklage außergewöhnlich anfällig waren, hing mit ihrer sozialen Metaexistenz zusammen: Als Angehörige einer historisch ›überflüssigen‹ Zwischengeneration fielen sie durch den imaginären Rost des Zeitgeistes. Anders als die ›Alt-68er‹ und die postmodernen ›Neonkids‹ haben die 78er keine politisch oder kulturell griffige Symbolik entwickelt, die sie auf Anhieb identifizierbar machte. Sie verfügten über kein Label, kein Erkennungszeichen.«[6]

In der Mediendebatte um die 78er Generation hatte Matthias Politycki das führende Wort, der die 78er Generation als eine »gesellschaftliche Schwellengeneration zwischen 68ern und 89ern, zwischen Schrift- und Hyperlink-Kultur« bezeichnet.[7]

Zur Etablierung der 78er Generation kam es also nur ex negativo und verspätet. Als man nämlich die 89er Generation entdeckte, tat sich zwischen ihr und den »68ern« eine systematische Lücke auf, die nun erst durch das Konstrukt einer 78er Generation ausgefüllt wurde.

Für die Entstehung der »Generation 89« wird die Wende als konstituierendes Ereignis angenommen. Mit ihr werden diejenigen Menschen bezeichnet, die in den Jahren des gesellschaftlichen Umbruchs erwachsen wurden und als erste gesellschaftliche Gruppe ihr erwachsenes Leben von Anfang an im vereinigten Deutschland zu organisieren hatten.

Die drei oben genannten Generationen bilden daher zeitliche Zäsuren für die Auswahl der literarischen Werke, die im Folgenden analysiert werden sollen.

Das Verständnis der Generation wird hier also nicht auf konkrete gemeinsame

---

5 Der Begriff erschien zum ersten Mal in dem Buch: Mohr, Reinhard: Zaungäste. Die Generation, die nach der Revolte kam. Frankfurt/Main: S. Fischer 1992.

6 <www.single-generation.de/kohorten/reinhard_mohr.htm#zaun> (Zugriff am 19.07.2006).

7 Politycki, Matthias. In: Süddeutsche Zeitung, 30./31.08.1997.

Geburtsdaten der jeweiligen Autoren fixiert, es kommt vielmehr auf das Verständnis der *Generation als einer Erfahrungsgemeinschaft* an.

Eine Referenztheorie für diese Auffassung von ›Generation‹ liefern Reinhart Kosellecks Theoreme des »Erfahrungsraums« und des »Erwartungshorizonts«, die sich vorzüglich für das Phänomen der Generation adaptieren lassen: In seinem Beitrag »›Erfahrungsraum‹ und ›Erwartungshorizont‹ – zwei historische Kategorien«[8] merkt er an, dass verschiedene Generationen, obwohl sie in einem gemeinsamen *Erfahrungsraum* leben, diesen Raum je nach Altersgruppenzugehörigkeit und sozialem Standort perspektivisch gebrochen wahrnehmen können.[9] »Aus dem einen Zeitverlauf wird eine Dynamik mehrschichtiger Zeiten zur gleichen Zeit«[10], so Koselleck.

Diese Wahrnehmungsdifferenz kann mit Recht auf die Zeit nach der Wende angewendet werden, weil das Ereignis der Wiedervereinigung so einflussreich und weitreichend auf die verschiedenen Ebenen des gesellschaftlichen Lebens wirkte, dass es die Lebensbedingungen und Denkweisen in verschiedenen Altersgruppen tendenziell verändert hat. Demnach erscheint es unentbehrlich, *in Generationszusammenhängen zu denken*, um die davon bedingten Differenzen im Prozess der Erfahrung der jeweiligen zeitgenössischen Wirklichkeit präzise zu erfassen.

Es ist davon auszugehen, dass Werke einzelner ostdeutscher Autoren, obgleich subjektiv verfasst, weit über das individuelle Leben hinaus reichen und daher als Beispiele für die Wahrnehmung des historischen Wandels durch eine bestimmte Altersgruppe in einem bestimmten gesellschaftlichen Umfeld gelten können.

Christoph Hein (geb.1944) hat die Lebensmitte deutlich überschritten, als er unter dem Druck der Wende seine Erinnerungen 1997 in seinem stark autobiographisch geprägten Roman »Vor allem Anfang an« thematisierte. Er empfand in diesem Abschnitt seines Lebens das Bedürfnis, in die Jahre seiner Kindheit zurückzublicken.

Was hoffte er aber, auf den Pfaden der Erinnerung zu finden? Den Schwerpunkt der Erinnerung in Heins Roman bildet die Kindheit des zwölfjährigen Jungen Daniel. Der Weg des jungen Protagonisten gleicht dem des Autors in vielen Einzelheiten: Auch Hein wurde in Schlesien geboren (Heinzendorf im heutigen Polen) und ist Pastorensohn, ebenso wächst Daniel in der Kleinstadt Bad Düben bei Leipzig auf und kann als Pastorensohn nicht die Oberschule der

---

8 Koselleck, Reinhart: »Erfahrungsraum« und »Erwartungshorizont« – zwei historische Kategorien. In: Vergangene Zukunft. Zur Semantik geschichtlicher Zeiten. Hrsg. von Reinhart Koselleck. Frankfurt/Main: Suhrkamp 1989, S. 349–375.

9 Vgl. dazu ebd., S. 367.

10 Ebd.

DDR besuchen, sondern muss nach West-Berlin gehen. Mit diesem Ereignis endet seine Geschichte als 14-Jähriger.

Mit seinem Roman, geschrieben aus der Perspektive eines Jugendlichen, begibt sich Hein auf den Weg der Erinnerung an seine Kindheit in der DDR der 1950er Jahre. Dabei leitet ihn nicht eine nostalgische Lust auf Heimkehr, wie man auf den ersten Blick annehmen könnte, sondern ein Bedürfnis nach Sicherung seiner frühen Lebensspuren:

> »Von ihr [der Tante Magdalena] und meiner Familie habe ich schon immer erzählen wollen, doch jedes Mal, wenn ich versuchte, darüber zu sprechen, musste ich fest-stellen, dass die Geschichten in meiner Erinnerung merkwürdige Lücken hatten, ein regelrechter Mottenfraß. [...] Doch wenn ich noch länger warte, stirbt noch der eine oder andere, der mir dies und das berichten oder berichtigen kann. Deshalb habe ich einfach begonnen und werde versuchen, die Lücken zu füllen. [...] Ich versuche die Geschichten zu vervollständigen, sie mit den Bruchstücken der Erinnerung anzufüllen, mit Bildern, die sich mir einprägten, mit Sätzen, die aus dem dunkel schimmernden Meer des Vergessenseins dann und wann aufsteigen und ins Bewusstsein dringen.«[11]

Der Autor signalisiert sein Verständnis gegenüber zweier wichtiger Aspekte autobiographischen Schreibens: die Autofiktion und die Perspektive. Dies kommt vor allem dann zum Ausdruck, wenn der Icherzähler zwar von seiner Vergangenheit, z. B. seiner Tante, erzählen möchte, aber auf Erinnerungslücken stößt, die keine zusammenhängende Geschichte ermöglichen. Diese Lücken füllt er mit »Bruchstücken der Erinnerung« aus, »mit Bildern, die sich mir ein-prägten«. Folglich kombiniert er die Erinnerungsfragmente derart, dass sie in die Lücken der Geschichte passen. Insofern wird auf den konstruktiven Cha-rakter dieser Geschichten hingewiesen. Das Ergebnis ist in der Tat eine *Auto-fiktion*.

Als »Von allem Anfang an« im Jahre 1997 veröffentlicht wurde, war der Autor 54 Jahre alt. Der große Abstand zur eigenen Kindheit erklärt die »merkwürdi-ge[n] Lücken«[12] in seiner Erinnerung, auf die Hein in dem letzten Zitat hinweist. Sie bilden die Leerräume, in denen die mythenschaffende Kraft autobiogra-phischer Erinnerung wirksam werden kann und die narrative Konstruktion der »erinnerten« Geschichten realisiert. Damit wird ausdrücklich auf die subjektive (Re)Konstruktion und auf das mögliche Vorhandensein von fiktionalen und literarisierenden Zügen hingewiesen, ein Umstand, der bereits mit dem Unter-titel »Roman« angedeutet wird.

Besondere Bedeutung erlangt deshalb die Berücksichtigung der Zeitper-spektive, aus der das gelebte Leben des erzählenden Ich reflektiert wird. Im vorliegenden Fall ist also zu beachten, dass es erst die Zeit nach der Wende ist,

---

11 Hein, Christoph: Von allem Anfang an. Roman. Berlin: Aufbau-Verlag 1997, S. 12.
12 Ebd., S. 12.

die den Autor dazu veranlasst, den Prozess einer narrativen Vergegenwärtigung seiner Kindheitserinnerungen, also seines Lebens in den fünfziger Jahren, in Gang zu setzen.

Da der Autor sich dieser frühen Phase seines Lebens, also der intensivsten Phase der menschlichen Sozialisation[13], zuwendet, kann vermutet werden, dass der Ich-Erzähler den komplexen Prozess seiner eigenen Sozialisation und Habitualisierung zu rekonstruieren versucht. Und um der Gefahr zu entgehen, dass sein Roman ein »leicht vergoldeter Rückblick werden« könnte,[14] wählt er als Erzählperspektive die eines Jugendlichen.

Diese Entscheidung bietet dem Autor noch einen weiteren Vorteil, um ein grundlegendes Problem des autobiographischen Erzählens zu lösen: Jeder autobiographische Schreibprozess, unabhängig davon, ob er in der ersten oder der dritten Person erfolgt, funktioniert perspektivisch. Er resultiert aus der Perspektive des *erinnernden*, aber niemals aus der des *erinnerten* Ich. Auch wenn der Autor sich bemüht, die Perspektive des erinnerten Ich zu rekonstruieren, kann dies aufgrund des Zeitabstands nicht gelingen, weil das erinnernde Ich mit dem erinnerten Ich nicht mehr identisch ist, und zwar umso weniger, je größer der Zeitabstand ist, d. h. je tiefgreifender dieses Ich sich durch seine Lebenserfahrungen verändert hat.

Christoph Hein überwindet dieses Problem, indem er das erinnernde Ich mit dem erinnerten Ich in ein und derselben Perspektive verschmilzt und somit das erinnernde und das erinnerte Ich fiktionalisiert. Hein bewegt sich in seinem Roman wie ein Chronist, dessen jugendliches Alter eine gewisse Naivität hinsichtlich seiner Weltsicht bedingt.

Eine Möglichkeit zu kritischer Perspektivierung der erzählten Ereignisse schafft sich Hein durch die Einführung weiterer Figuren, deren Ansichten für den Protagonisten von Bedeutung sind und daher im Erzählvorgang Geltung erlangen. Hierzu gehört vor allem Tante Magdalena, die das Leben aus der Perspektive einer reifen Frau beurteilt und kommentiert. Auch Daniels Eltern fungieren als Instanzen, durch die das Geschehen aus einer oppositionellen Sicht gewertet wird. Dies geschieht jedoch insoweit konsequent, als deren Ansichten für den kindlichen Protagonisten von Bedeutung sind. Daher werden von ihm keine gesellschaftlichen oder gar politischen Angelegenheiten zur Sprache ge-

---

13 Die Soziologen weisen in ihren empirischen Untersuchungen darauf hin, dass die intensivste Phase der Sozialisation des Menschen, die einen erheblichen Einfluss auf die Entwicklung des Habitus und daher der personalen Identität besitzt, in die Jahre zwischen dem 12. und 18. Lebensjahr fällt. Hierzu vgl.: Reinhold, Gerd/ Lamnek, Siegfried/ Recker, Helga: Soziologielexikon. München: Oldenbourg: 2000, S. 604–608.

14 Das Spiegel-Gespräch: »Ich vermisse die alte BRD«. Der Schriftsteller Christoph Hein über die Zukunft des deutschen PEN-Zentrums, den Reiz der Erinnerung und die Gefahr der Verklärung. In: Der Spiegel, 09.11.1998.

bracht, vielmehr rekapituliert der Erzähler Anschauungen und Lebensweishei-
ten, die einen Einfluss auf den Sozialisationsprozess des Ich Erzählers nehmen,
sein Norm- und Wertesystem prägen und dauerhafte Dispositionen in ihm
entwickeln.

Die Chronologie des Textes lässt die Herausbildung der Identität des Protagonisten in folgenden Etappen seines Habitualisierungs- und Institutionali-
sierungsprozesses erkennen: Seine Wahrnehmungs- und Handlungsmuster
bilden sich unter dem Eindruck seiner Erziehung durch die Pastorenfamilie
einerseits und andererseits unter dem Einfluss der Institutionen, die das Alltagsleben eines Dreizehnjährigen in der DDR der 50er Jahre prägten, also der
systemkonformen Schule[15] und der FDJ-Organisation für die Grundschüler, den
sogenannten »Thälmannpionieren«[16]. Dadurch, dass sich Daniel von der Schule,
der für den jungen Menschen wichtigsten staatlichen Institution, aufgrund
seiner familiären Herkunft diskriminiert fühlt, kommt es bei ihm zu keiner
positiven Herausbildung eines nationalen Habitus. Dies zeigt sich zum einen in
seinem festen Entschluss, trotz Angst und Unsicherheit seine Familie zu verlassen und in eine fremde Stadt – nach Westberlin – umzuziehen, und an seiner
Vorfreude auf den Besuch des dortigen Gymnasiums.

Die Chronologie von Daniels Aufzeichnungen fällt mit dem November 1956
zusammen.

Angesichts der erheblichen Schwierigkeiten, die Christoph Hein mit dem
DDR-Staat gehabt hat, lag es nahe, von seinem autobiographischen Roman eine
politische Abrechnung mit der DDR zu erwarten. Mit dem Roman »Von allem
Anfang an« hat er jedoch solche Erwartungen nicht erfüllt und seine persönliche
Identität eher mit seiner Herkunft aus einem Pfarrhaus erklärt. Damit erweist
sich diese Geschichte der eigenen Kindheit insgesamt als eine der Rettung der
eigenen individuellen Persönlichkeit angesichts der totalitären Ansprüche des
DDR-Systems. Der Prozess der Vereinigung der beiden deutschen Staaten hat
Hein dazu veranlasst, sich *seinen Erinnerungen* zu nähern, um die Erfahrungen
zu ermitteln, die seine heutige Identität prägen – also eine Selbst-Erfahrung aus
laufender Perspektive.

Er ist damit in seiner Generation, die sich zum Zeitpunkt der Wende in der
Reifephase ihres Lebens befand, nicht allein. Allerdings erfüllen die Erinnerungen dabei durchaus verschiedene Aufgaben: Zum einen zielen sie auf eine
therapeutische Wirkung für das Ich ab, denn sehr oft dient das erinnernde
Schreiben der Neuorientierung innerhalb der neuen Verhältnisse; dann wie-

---

15 Einen ausführlichen Beitrag »Bildung und Ausbildung. Bedeutung für Individuum und
    Sozialstruktur« zum Schulsystem und eine Analyse von Grundzügen des Bildungssystems in
    der DDR liefert Schäfers, Bernhard: Sozialstruktur und sozialer Wandel in Deutschland.
    Stuttgart: Lucius & Lucius 1995, hier bes. S. 150–163.
16 Ebd., S. 187.

derum werden die eigenen Lebensdaten daraufhin untersucht, ob man gut und richtig gelebt habe, und sehr häufig, um sich vor der Öffentlichkeit zu rechtfertigen. Zum anderen stellen die Erinnerungen das einzige Paradies dar, aus dem wir nicht vertrieben werden können, wie Jean Paul sagt. »Bei Jean Paul ist Erinnerung weniger ein Mittel, um die Vergangenheit wieder bewusst zu machen, als vielmehr ein Freudenbringer.«[17]

Der Generation, die am meisten von der Wende betroffen wurde, gehören diejenigen Menschen an, die sich zur Zeit der Wiedervereinigung in der mittleren Phase ihres Lebens befanden, also zu jener Zeit ungefähr dreißig Jahre alt waren oder Anfang vierzig. Für sie bedeutete die Wende einen radikalen Umbruch in ihrem Leben. Diese Umbruchssituation verband sich sehr häufig mit der Entwertung vorhandener beruflicher Qualifikationen, was meistens Arbeitslosigkeit zur Folge hatte. Vor allem aber gerieten gewachsene soziale Bindungen in eine Krise, und dies führte zahlreiche Menschen in eine Identitätsunsicherheit und stürzte sie in tiefe Verzweiflung. Der Umbruch äußerte sich vor allem dadurch, dass bisher Vertrautes durch Fremdes und Neues ersetzt wurde, was die Lebenswelt der meisten DDR-Bürger – in manchen Fällen bis heute – ins Wanken geraten ließ.

Ingo Schulzes »Simple Storys. Ein Roman aus der ostdeutschen Provinz«[18] wurde im Jahre 1998 veröffentlicht. Der 35-jährige Autor zeichnet darin in 29 Episoden, die von ihm »simple Storys« genannt werden, das Bild der ostdeutschen Provinz nach der Wende.

Den unmittelbaren Schreibanlass lieferte für Schulze, ähnlich wie für Hein und Becker, die Wende und die durch sie zustande gekommene Wiedervereinigung:

> »Beide Bücher [es geht um das hier besprochene Buch »Simple Storys« wie auch um Schulzes »33 Augenblicke des Glücks« – die Verf.] wären ohne die Erfahrung der Umwandlung eines wie auch immer sozialistischen Systems in ein wie auch immer kapitalistisches System so nicht entstanden. (Die Möglichkeit, zwei Systeme zu kennen, also vergleichen zu können, empfinde ich als Vorteil.) Diese ›Transformation‹ ist aber nicht mein zentrales Thema, sondern der Stoff, in dem all die alten Geschichten von Liebe und Tod für mich Gestalt gewinnen.«[19]

Das ›Was‹ und ›Wie‹ Franz Fühmanns, das sich Schulze in diesem Zitat zu eigen macht, enthält zugleich die Motivation, die das Erzählen in seinem letzten Roman bestimmt: Es geht darum, zu untersuchen und literarisch zu verarbeiten,

---

17 Bruyn, Günter de: Deutsche Zustände. Frankfurt/Main: S. Fischer 2001, S. 11.
18 Schulze, Ingo: Simple Storys. Ein Roman aus der ostdeutschen Provinz. Berlin: Berlin-Verlag 1998.
19 Schulze, Ingo: Lesen und Schreiben. Wie wird man ein Schriftsteller? Und warum? Auf der Suche nach Atemwende, Gleichnis, Zauberwort. In: Süddeutsche Zeitung, 06.07.2000.

wie die Vereinigung Deutschlands das ostdeutsche Alltagsleben verändert hat und welche Richtung dadurch die Lebensläufe erhielten.

Schulze erklärt ausdrücklich, dass er nur die Geschichten schreiben kann, die an Orten seiner Sozialisation spielen:

> »Ich bin nun mal ein ostdeutscher Schriftsteller in dem Sinne, dass meine Kontrastmasse immer dieser Osten ist. Ich merke langsam, dass ich viel mehr Ostler bin, als ich glaubte. Ich hätte Schwierigkeiten, einen Westdeutschen ordentlich zu beschreiben.«[20]

In allen Geschichten wird die aufgelöste DDR auf dem Weg ins wiedervereinigte Deutschland dargestellt. Diese Bilder werden aus dem Alltagsleben verschiedener Ich-Erzähler zusammengestellt. Der Leser begleitet sie als Zeuge ihrer privaten Geschichten in einer ganz bestimmten Situation: dem Beginn der neunziger Jahre in Ostdeutschland. Den Kern jeder Geschichte bilden die Probleme der Menschen, die in der DDR aufgewachsen sind und nach der Wende mit einer neuen Wirklichkeit konfrontiert werden, in der sie genötigt sind, neue Regeln des alltäglichen Lebens zu lernen.

Ort der Geschichten ist bei Schulze die Thüringer Kleinstadt Altenburg. Die einzelnen Erzählungen sind in der Tradition der amerikanischen Short Story[21] gehalten. Es ist kein Zufall, dass der junge Schriftsteller diesen Erzählstil wählt. Mittels dieser Erzählform gelingt es Schulze, die neuen gesellschaftlichen Befindlichkeiten im vereinigten Deutschland angemessen ästhetisch zu verarbeiten. Sein Erzählstil ist geprägt von Lakonismus und selbstbewusster Ironie. Seine 29 Geschichten werden von vielen Ich-Erzählern präsentiert, aus deren Leben jeder jeweils eine selbst erlebte Episode erzählt, dann verschwindet er, um in einer späteren Geschichte in einem ganz anderen Kontext wieder aufzutauchen.

In dem Roman »Simple Storys« wird am Beispiel mehrerer Personen aus verschiedenen Gesellschaftsschichten geschildert, wie deren Lebensläufe infolge der Wende in unvorhergesehener Weise ihre Orientierung verloren haben und in der Mehrzahl der Fälle bei dem Versuch scheitern, eine neue Orientierung und damit Kontinuität für den eigenen Lebensgang zurückzugewinnen. Zu den eindrucksvollsten Passagen des Romans gehören die Szenen, in denen die scheinbar realistische Erzählung kaum merklich in Phantasie übergeht, um die allgemein herrschende *Atmosphäre der Angst vor der neuen Wirklichkeit* zu deuten. Der Autor gestattet seinen Figuren keinen inneren Monolog, keine Ge-

---

20 ›Gefeit vor Utopien‹. Thomas Brussig und Ingo Schulze, Erfolgsautoren der Nach-Wende-Generation, im Gespräch über die DDR und den Osten, über Literatur und die Schwierigkeiten, den Westen zu verstehen. In: Die Tageszeitung, 05. 10. 1998.

21 1995 verbrachte Schulze ein halbes Jahr in New York. Dort freundete er sich mit amerikanischen Schriftstellern an, vor allem mit Richard Ford und Raymond Carver. Von dem literarischen Stil der beiden Autoren ließ sich Schulze beim Schreiben seines letzten Romans »Simple Storys« inspirieren.

fühlsäußerungen. Deshalb wirken die Episoden, in denen von der Arbeitslosigkeit, von der Beziehungslosigkeit zwischen den Menschen und von der Orientierungslosigkeit in dem ostdeutschen Alltag nach der Vereinigung Deutschlands erzählt wird, besonders intensiv.

Außer den bereits angedeuteten literarischen Mitteln ist die *Sprachlosigkeit* von Schulzes Romanfiguren besonders hervorzuheben. Von der Literatur dürfen wir mehr verlangen als bloße Widerspiegelung, deshalb fungiert das Signal der Sprachlosigkeit auf verschiedenen Ebenen. Es liegt aber nahe, dass Schulze damit insbesondere den Schock der ehemaligen DDR-Bürger andeuten wollte. Sie sind – wie man sagt – »sprachlos« wegen der zerstörerischen Folgen der Wende, aber auch angesichts der Entdeckung der Möglichkeiten eines Lebens in Freiheit.

Obwohl in dem Buch keine Spur von Psychologie zu finden ist, wird mit dem Roman auf die psychische Kondition der ehemaligen DDR-Gesellschaft angespielt. Geprägt ist diese psychische Verfassung – so zeigt die Analyse der literarischen Texte – vor allem durch Angst und Sprachlosigkeit, die sich unmittelbar mit dem Verlust des Vertrauens in der neuen Lebenswelt verband. Dass diese psychischen Befindlichkeiten im Vordergrund stehen, kann damit erklärt werden, dass die bisher in der primären und sekundären Sozialisation ausgebildeten Wahrnehmungs- und Handlungsmuster, die die bisherige Gestaltung von Handlungen und Verhalten sowie die Orientierung in der gegebenen Lebenswelt leiteten, sich in der neuen Wirklichkeit als nicht mehr tauglich erweisen.

»Simple Storys. Ein Roman aus der ostdeutschen Provinz« – aus der Sicht des Ostdeutschen Ingo Schulze geschrieben – verweist ausdrücklicher auf die tiefe Identitätskrise. In dem Roman wird nicht erinnert. Alle Figuren, die im Roman hervortreten, scheitern in ihren intensiven Bemühungen, die Alltagsschwierigkeiten nach der Wiedervereinigung zu bewältigen.

Die Erzählung von Jakob Hein (geb. 1971) »Mein erstes T-Shirt«[22] sucht zu schildern, in welcher Weise Autoren der jüngsten Generation ästhetisch-literarisch auf den sozialen Wandel, den die Wende mit sich brachte, reagiert haben.

Wenn man jedoch die begrifflichen Nuancen der modernen Autobiographietheorie rekapituliert, so bemerkt man, dass es – zumindest bei diesen Beispielen – zwei verschiedene Erinnerungskräfte sind, die die Kindheitserinnerungen dieser beiden Generationen vorantreiben. Denn das Erinnerte hängt von den verschiedenen Situationen, also Lebensphasen ab, in denen Erinnerungen abgerufen werden. Die narrative Konstruktion verläuft in verschiedenen Lebensphasen unterschiedlich: Während sich im Falle der älteren Generation eine Mythen schaffende Erinnerungskraft um die Erzeugung eines Bildes der

---

22 Hein, Jakob: Mein erstes T-Shirt. München: Piper 2001.

Vergangenheit bemüht, versucht im Falle der jüngeren Generation das archivalische Gedächtnis, die Zuverlässigkeit, Genauigkeit und Wahrheit des von ihm Aufbewahrten zu garantieren. Die Erinnerungen werden sachlich abgerufen, um dem eigenen Sozialisationsprozess auf die Spur zu kommen.

Jakob Hein konstruiert eine Lebensgeschichte, in der autobiographische Züge erkennbar sind, so dass seine Prosa über weite Strecken als ein referentieller Text wahrgenommen werden kann. Der Ich-Erzähler ist 13 Jahre alt, als er in der ersten Geschichte des Buches auftaucht, um den Leser während der zwanzig Geschichten zu begleiten und ihm dabei die Sozialisationsprozesse eines Heranwachsenden in der DDR näher zu bringen.

Die Genese der persönlichen Geschichte, also das wesentlichste Strukturmerkmal der Autobiographie, die Identität der Hauptfigur, sowohl die des erzählenden als auch des erzählten Ich wird durch die Fokalisation des Rückblicks, hier eines 30-jährigen Mannes, determiniert. Die Geschichten werden vorwiegend in der Ich-Form im Imperfekt in einer einfachen Sprache erzählt, in die oft Charakteristika der Jugendsprache eingeflochten werden, durch die die erinnerten Lebenssituationen des erzählten Ich vergegenwärtigt werden: »Ob die Gitarre zwischen den Knien hing oder auf dem Rücken, ob der Hals ganz nach unten oder nach oben zeigte, es war eigentlich alles egal, solange man nur einen eiskalten Blick dabei draufhatte, dass man jederzeit auch ein paar tausend Arschlöcher killen würde.«[23] Der Erinnerungsvorgang wird allerdings ab und zu durch die Reflexionen des erzählenden Ich unterbrochen:

> »Ich musste tatsächlich weinen und hasste an diesem Tag das erste Mal die Mauer und die ganze Scheiße [damit sind die Repressalien des DDR-Systems gemeint – die Verf.]. Heute denke ich, dass unsere Beziehung in dieser Zeit wahrscheinlich auf ihrem Höhepunkt war. Mehr als die Suche nach einer gemeinsamen Basis gab es nicht für uns, aber die Tragödie verband uns.«[24]

Konsequent (mit Ausnahme dieser Kommentare aus der Perspektive eines 30-jährigen erzählenden Ich) werden die Geschichten der DDR-Jugend aus der Perspektive eines Dreizehnjährigen reflektiert.[25] Wir haben es in dieser Erzählung demnach nicht nur mit den beiden Erzählperspektiven des erzählten und des erzählenden Ich zu tun, sondern noch mit einer dritten, und zwar einer fiktiven. In der Autobiographie hat die fiktive Perspektive sehr oft die Funktion, eine Außenperspektive in bezug auf die autobiographischen Fakten zu gewinnen. In Jakob Heins Erzählung wird mit dieser Perspektive eine Distanz ge-

---

23 Ebd., S. 13.
24 Ebd., S. 116.
25 Es entsteht eine Assoziation mit der Schriftstellerwerkstatt des Vaters Christoph Hein in dem Roman »Von allem Anfang an«.

genüber den Erfahrungen der Jugend in der sozialistisch organisierten DDR geschaffen.

Paradoxerweise herrscht die *fiktive* Perspektive besonders im letzten Kapitel vor, das den Titel trägt: »Wie es damals *wirklich* war«[26]. Mittels einer fiktionalen Geschichte wird dargestellt, wie es zur Wende in der DDR kam, und zwar mit wesentlicher Beteiligung des Ich-Erzählers. Es ist wahrscheinlich, dass der Autor beabsichtigte, mithilfe der Autofiktion zwei Dimensionen anzusprechen, um eine ambivalente Einstellung zum Ereignis der Wende sichtbar zu machen: die eine betrifft die Distanz des Ich-Erzählers zu dem regierenden System der DDR, die andere gleichzeitig die Verunsicherung gegenüber dem Ereignis der Wende.

Im Vergleich zu der mittleren Generation erscheint die Identität der Angehörigen der jüngsten, die ihre Jugend auch noch unter den Bedingungen des Systems des real existierenden Sozialismus erlebt hatte, viel stabiler, selbstkritischer und souveräner. Sie erlaubt sich eine kritische Beurteilung der sie umgebenden Wirklichkeit und verfügt sogar über Selbstironie.

Der Grund dafür besteht wahrscheinlich darin, dass die meisten Angehörigen dieser Generation den Umbruch während der Pubertät erlebten. Für sie gehörte die Ideologiewelt samt allen Pionieren, FDJ-Treffen usw. zu ihrer Kindheitswelt. Wenn man – wie Hein – bereits 17 oder 18 Jahre alt war, als die Mauer fiel, hatte man zwar die Schulzeit noch im DDR-System erlebt, sich aber noch nicht in diesem System positioniert und es daher leichter als die Älteren, sich eine kritische Meinung zu bilden, zumal dann, wenn (wie im Falle Heins) das Elternhaus von vornherein eine kritische Distanz zum herrschenden Sozialismus vermittelte. Außerdem standen viele Angehörige dieser Generation unter einem größeren Einfluss der westlichen Kultur, die für viele ein Vorbild darstellte. Vermittelt wurden die maßgeblichen Trends in Musik und Kleidung durch das westdeutsche Fernsehen, zu dem diese Generation viel leichter Zugang hatte als die vorherige.

Man merkt, dass die jungen Ostdeutschen, die gleich nach der Wende in die westliche Gesellschaft integriert werden wollten, ohne als »Ossi« aufzufallen, nach zehn Jahren Einheit eingestehen, dass sie sich ihrer ostdeutschen Identität erst jetzt bewusst geworden seien und sie nicht mehr ablehnten. Es kann daraus geschlossen werden, dass dieser Prozess eine gewisse Zeit brauchte, in der es wahrscheinlich um die Bestätigung ging, dass sie sich in die westdeutschen Verhältnisse eingelebt und mit ihnen arrangiert hatten. Sie brauchten diese Zeit, damit in ihnen ein Bewusstsein reifen konnte, dass es eigentlich gleichgültig sei, ob man in dem östlichen oder in dem westlichen Teil Deutschlands lebt und aus welchem Teil man stammt. Für diese junge Generation ist es die Hauptsache, dass sie das Leben bewältigen, in ihren Berufen zurechtkommen, Geld verdienen

---

26 Hein, Mein erstes T-Shirt. 2001, S. 137–141.

und ihre Werte pflegen können. Darin unterscheidet sich die Situation der jüngsten Generation der Ostdeutschen, die die Wende als Teenager erlebt haben, diametral von der Situation der mittleren Generation der Ostdeutschen, die in das wiedervereinigte Deutschland nach Abschluss ihrer Ausbildung, mitten im Berufsleben stehend und verantwortlich für ihre Familien eingetreten sind. Ihre Identität wurde, wie die literarische Analyse gezeigt hat, ernsthaft gefährdet.

Die *Identität der jüngeren Ostdeutschen* hatte infolge der Wende keinen Schaden erlitten, wie der neueste Identitätsdiskurs erwies. Auch die literarische Analyse des Erzählbandes des ostdeutschen Schriftstellers Jakob Hein bestätigt das durchgehend. In dessen letzten Zeilen bekräftigt der Ich-Erzähler seine Erfahrung, dass die Wende für ihn persönlich einen Gewinn bedeute (das bestätigt der Autor Jakob Hein auch in einem Gespräch, »Wir waren Wendeprofiteure«[27], so dass hier eine Referenz zu der wirklichen Situation besteht), denn:

> »Plötzlich konnten wir die Kinos in Westberlin besuchen und zu Konzerten von den Bands gehen, die wir immer nur imitiert hatten. Interessant waren die Sachen, die wir kauften. Ich glaube, ich habe mir eine Programmzeitschrift gekauft. [...] Wir bezahlten mit Geld, das uns von der BRD geschenkt wurde; 100 Deutsche Mark, die Währung der BRD. [...] Ich merkte, dass Geld, sogar echtes Westgeld, nie im Mittelpunkt meines Interesses stehen würde, und ging auf die Suche nach neuen Lebenszielen in der Wunderwelt des Kapitalismus.«[28]

Das resultiert natürlich aus der Ausgangssituation (Alter, Ausbildung, Zukunftsaussichten), in der sich die Ostdeutschen der jüngeren Generation zur Zeit der Wende befanden. Im Übrigen darf nicht übersehen werden, dass auch die Jungen eine gewisse Zeit brauchten, um diese neue Wirklichkeit zu verarbeiten. Das bestätigen sowohl die Äußerungen der jungen Reporter in Jana Simons Veröffentlichung[29], als auch das Bild, das die zeitgenössische Literatur vermittelt. Ebenso deutet darauf das Phänomen hin, dass es erst zehn Jahre nach der Wende auf dem Buchmarkt zu einer Welle ostdeutscher Kindheitserinnerungen gekommen ist. *Diese Erinnerungen* verbinden sich sicherlich auch mit der Notwendigkeit, ein Heimatgefühl zu definieren. In einem Interview beantworten jüngeren ostdeutsche Autoren, die der sprichwörtlichen »Generation Trabant« zugehören, die Frage, auf welche Art und Weise und warum die DDR in ihren Büchern vorkommt. So erklärt beispielsweise Jana Hensel, die Autorin von »Zonenkinder«[30]: »Ich beschreibe einen Verlust, aber werte ihn nicht. Ich bin da

---

27 Hein, Mein erstes T-Shirt. 2001, S. 137–141.
28 Ebd., S. 149 f.
29 Simon, Jana/ Rothe, Hans/ Andrasch, Wiete (Hrsg.): Das Buch der Unterschiede. Warum die Einheit keine ist. Berlin: Aufbau-Verlag 2000.
30 Hensel, Jana: Zonenkinder. Reinbek bei Hamburg: Rowohlt 2002.

sozusagen neutral. Es ist eher eine Sehnsucht, aber nicht ideologisch gemeint.«[31] Auf die Frage: »Herr Hein, liegt Ihr Sehnsuchtsort auch in der DDR?«[32], antwortet er: »Na ja, der liegt nicht unbedingt in der DDR, der liegt in der Kindheit«.[33]

Dies ist wahrscheinlich die Antwort auf die Frage, warum sich *die jüngeren ostdeutschen Autoren auf eine Erinnerungsreise* in ihre DDR-Kindheit begeben. Die Sehnsucht verbindet sich im Falle dieser Generation nicht mit einem System, das sie vermissen, nicht mit einer verlorenen sozialen Sicherheit und auch nicht mit der nostalgischen Sehnsucht nach den vertrauten Lebensmittelprodukten, sondern einfach nach der eigenen Jugend, die eben ihren Ort in dem ehemaligen DDR-Staat gehabt hat. Und wie die literarische Analyse veranschaulicht, bestand der Antrieb, sich den eigenen Erinnerungen zu nähern, nicht in einer Sehnsucht nach einer verlorenen Heimat, sondern an diese und die staatlichen Organisationen als Institutionen der sekundären Sozialisation insofern zu erinnern, als diese Orte darstellen, mit denen die Erinnerungen an die eigene Kindheit und Jugend verbunden sind.[34]

---

31 Generation Trabant. Angekommen im neuen Deutschland? »Zonenkinder« im Gespräch. In: Die Welt (Die literarische Welt) vom 09.11.2002.

32 Ebd.

33 Ebd.

34 Der hier präsentiere Beitrag entstand anhand eines größeren Projektes, den die Verfasserin zur Untersuchung des Identitäts- und Mentalitätswandels in der autobiographisch inspirierten Literatur nach der ›Wende‹ durchgeführt hat. Das abgeschlossene Projekt erschien als eine Monographie: Kardach, Magdalena: Auf der Suche nach einer neuen Selbstbestimmung: Identitäts- und Mentalitätswandel in der autobiographisch inspirierten Literatur nach der Wende. Frankfurt/Main: P. Lang 2011.

Robert Jonczyk (Wrocław)

Auf der Suche nach der vergangenen Wende – »Trotzdestonichts oder Der Wendehals« von Volker Braun

Zwar hat 1989 die deutsche Teilungsgeschichte ihr politisches Ende gefunden, doch auch nach dem Mauerfall wurde immer noch zwischen ost- und westdeutscher Literatur unterschieden. Auslöser und zugleich Höhepunkt dieser Differenzierungsversuche war der berühmte deutsch-deutsche Literaturstreit, der sich im Laufe der Veröffentlichung der Erzählung »Was bleibt« (1990) von Christa Wolf entzündete. Die heftige Diskussion über die moralische und politische Haltung der Werke ostdeutscher Künstler bewirkte eine tiefgreifende und unabdingbare Umstrukturierung des literarischen Feldes der Bundesrepublik Deutschland.[1] In der Mikroperspektive hieß es also für die »Feldspieler«, die eigene Stellung im Feld neu zu definieren und neues Kapital zu gewinnen.

Die Auswirkungen der Wende, vor allem die Einführung von Demokratie und freier Marktwirtschaft, betrafen alle Aspekte der Gesellschaft in der ehemaligen DDR, also auch das literarische Leben. Im Gegensatz zur BRD war der ostdeutsche Literaturbetrieb streng durch den Staat kontrolliert, wurde aber auch in gleichem Maße gefördert. Aber welche Folgen hatte die Zensur im Gewand des sogenannten »Druckgenehmigungsverfahrens«? »Zensur«, schrieb Christa

---

1 Die Veröffentlichung von »Was bleibt« wurde zum unmittelbaren Auslöser des deutsch-deutschen Literaturstreits, dem jedoch ein tiefer greifendes Phänomen zugrunde lag. Bereits 1989 stellte Joachim Fest in seinem Essay »Schweigende Wortführer. Überlegungen zu einer Revolution ohne Vorbild« die Frage nach der Rolle der Intellektuellen im Wiedervereinigungsprozess. Der wichtigste Vorwurf wurde auf die Essenz des Intellektuellen-Typus, das Wort-Ergreifen, bezogen: »[D]as Außerordentliche an der deutschen Revolution sei eben gewesen, dass sie, anders als in der osteuropäischen Geschichte gängig, ohne ›Vordenker‹, überhaupt ohne intellektuelle Beteiligung‹ allein aus dem Volke gekommen sei. Den zahlreichen Vorwürfen gegen Christa Wolf in der Presse, folgten im Nachhinein weitere Kommentare, die den Intellektuellen-Begriff abwerteten. Vgl. Behring, Dietz: Die Epoche der Intellektuellen. 1898–2001. Geburt, Begriff, Grabmal. Berlin: University Press 2010, S. 448. Die Auswirkungen, die die Depotenzierung von Intellektuellen im deutschen literarischen Feld im Jahr 1990 zur Folge hatte, schildert Joch, Markus: Zwei Staaten, zwei Räume, ein Feld. Die Positionsnahmen im deutschen Literaturstreit. In: Gilcher-Holtey, Ingrid (Hrsg.): Zwischen den Fronten. Positionskämpfe europäischer Intellektueller im 20. Jahrhundert. Berlin: Akademie Verlag 2006, S. 333–377.

Wolf, »ist ein kompliziertes, konfliktreiches Handeln zwischen Personen, nicht nur der anonyme Eingriff einer staatlichen Institution in Publikationsmöglichkeiten«.[2] Sie verweist somit auf das besondere Verhältnis, das über den institutionellen Rahmen hinausging. Dietrich Löffler schildert das Druckgenehmigungsverfahren als eine Praxis, die den Texten trotz der ideologischen Anforderungen zur Veröffentlichung verhelfen sollte:

> »Die Zensur fand in der Verlagsarbeit statt und gestaltete sich als ein Ringen zwischen den Intentionen der Autoren und den von der Partei gestellten Anforderungen, in das die Lektoren vermittelnd eingeschaltet waren. Die Zensurarbeit war eine Anstrengung im Verlag, einen Text bei Einhaltung vorgegebener Werte und gesellschaftlicher Standards so zu bearbeiten, dass er erscheinen konnte. Ihr Ziel war paradoxerweise das Erscheinen, nicht die Verhinderung der Werke«.[3]

Es muss jedoch betont werden, dass Autor und Werk die ideologischen Voraussetzungen erfüllen mussten, damit eine Veröffentlichung erfolgen konnte. Und, wie Löffler an weiterer Stelle erwähnt: Die Beteiligung vieler Autoren an der Lektoratsarbeit war gleichbedeutend mit der Zustimmung zum Zensurverfahren.[4]

Die bisherigen politischen Rahmen des Literaturbetriebs wurden nach 1989 endgültig abgeschafft und die besondere Stellung der Schriftsteller in der DDR erlitt einen rapiden Bedeutungsverlust. Vor allem die von den ostdeutschen Intellektuellen unternommenen Versuche, in der Endphase der DDR eine politische Alternative mit den Erwartungen der DDR-Bürger in Einklang zu bringen, zeugten von der Unfähigkeit, die Bedürfnisse der ostdeutschen Bevölkerung realistisch einzuschätzen – womit besagte Intellektuellenfraktion einen Großteil ihres symbolischen Kapitals verspielte.[5] Die oft vehement vorgetragene und die

---

2 Mittenzwei, Werner: Die Intellektuellen. Literatur und Politik in Ostdeutschland 1945–2000. Leipzig: Faber und Faber 2002, S. 265.
3 Löffler, Dietrich: Buch und Lesen in der DDR. Ein literatursoziologischer Rückblick. Bonn: Bundeszentrale für politische Bildung 2011, S. 128–129.
4 Vgl. ebd., S. 129.
5 Das sichtbare Zeichen der auseinandergehenden Interessen der führenden Intellektuellen und der DDR-Gesellschaft war die Unterzeichnung des Manifests »Für unser Land«, das am 26. November 1989 in »Neues Deutschland« veröffentlicht wurde. Diesem Appell stand eine Entweder-Oder-Entscheidung zugrunde, die folgende Alternativen zur Wahl stellte: »Entweder können wir auf der Eigenständigkeit der DDR bestehen und versuchen, mit allen unseren Kräften und in Zusammenarbeit mit denjenigen Staaten und Interessengruppen, die dazu bereit sind, in unserem Land eine solidarische Gesellschaft zu entwickeln, in der Frieden und soziale Gerechtigkeit, Freiheit des einzelnen, Freizügigkeit aller und die Bewahrung der Umwelt gewährleistet sind. Oder wir müssen dulden, dass, veranlasst durch starke ökonomische Zwänge und durch unzumutbare Bedingungen, an die einflussreiche Kreise aus Wirtschaft und Politik in der Bundesrepublik ihre Hilfe für die DDR knüpfen, ein Ausverkauf unserer materiellen und moralischen Werte beginnt und über kurz oder lang die Deutsche

natürlich die Betroffenen kränkende Abwertung der Rolle der Schriftsteller in der Gesellschaft hatte zur Folge, dass sich »ein Teil von ihnen [...] nun als ›Schriftsteller(in) ohne Auftrag‹ [sieht].«[6] Es überrascht daher nicht, dass die Wende dermaßen intensiv von den Künstlern in Ost- und Westdeutschland rezipiert wurde, wenngleich die Gründe dafür nicht immer identisch waren.

Für Volker Braun, der 1989 wie Christa Wolf zu den Unterzeichnern des Manifests »Für unser Land« gehörte, waren die damaligen Ereignisse zunächst kein Anzeichen für eine mögliche Wiedervereinigung beider deutscher Länder oder derart spektakuläre politische Erscheinungen in Osteuropa in den kommenden Jahren. Wolfgang Düsing legt Brauns Verständnis der Wendeereignisse folgendermaßen aus:

> »Die revolutionäre Stimmung vor der Wende hat er begrüßt, aber in einer Verkennung der politischen Realitäten hierin die Anfänge eines neuen demokratischen Sozialismus zu sehen geglaubt, nicht aber die Vorboten für den Zusammenbruch des Systems, für das ›Unglaubliche [...], *die deutsche Einheit*; rasch und roh, wie wir es uns nicht träumen ließen‹.«[7]

Ein wichtiges Indiz für Brauns Haltung liefert überdies der Eintrag vom 09. November 1989 in seinem Arbeitsbuch, in dem der Autor die damaligen Ereignisse als literarische Imagination überlegen festhält – und noch keineswegs verdammt:

> »daß wir eine revolution durchlaufen, sieht man auch daran, wie rasch die texte veralten. im frühjahr schrieb ich geschichten über DAS NEUE DENKEN, das unvermutet, aber unaufhaltsam aus dem asphalt schlägt und die stadt besetzt. ich schrieb das im herausfordernden präsens, in halsbrecherischer gewißheit. und es war doch die zugemauerte zeit. jetzt lese ich daraus in der neuen szene in leipzig wie aus augenzeugenberichten. Der titel der veranstaltung, TEXTE ZUR WENDE, anfang september vorgeschlagen und von hauswald tollkühn akzeptiert, klingt nun wie anbiederei, die wirklichkeit selbst wagt die wende, wilder als unsere wünsche. und während die frage gestellt wird: wann wird die mauer geöffnet? und ich antworte: ich glaube, eben jetzt – geschieht es tatsächlich, durch ein mißverständnis, das vollkommen genügt. schabowski verliest auf einer pressekonferenz mit ungläubigem glotzen den zettel, der ihm gereicht wird: die grenze sei offen – für die ausreiser, war gemeint, ab sofort. [...] das

---

Demokratische Republik durch die Bundesrepublik vereinnahmt wird«. S. dazu: NN: Für unser Land. http://www.ddr89.de/ddr89/texte/land.html (Zugriff am 20.09.2012).

6 Reimann, Kerstin: Schreiben nach der Wende – Wende im Schreiben? Literarische Reflexionen nach 1989/90. Würzburg: Königshausen & Neumann 2008, S. 66.

7 Düsing, Wolfgang: Volker Braun. In: Deutsche Dramatiker des 20. Jahrhunderts. Hrsg. von Allo Allkemper und Norbert Otto Eke. Berlin: Erich Schmidt 2000, S. 612. Zitiert nach: Volker Braun: Texte in zeitlicher Folge. 10 Bände. Halle/Leipzig: Mitteldeutscher Verlag 1983–1993, Bd. 10, S. 199.

volk nimmt den unfreiwilligen eulenspiegel beim wort und zieht seine schuhe an und zieht binnen stunden über den kudamm«.[8]

Der thematisch-stoffliche Bezug zur Wende ist bei Braun besonders ausgeprägt und auch zeitlich ausgedehnt. Gemeint sind hiermit alle Werke, die unmittelbar auf diese Zeit zurückgreifen und sie fiktional wie auch reflexiv thematisieren: das Gedicht »Das Eigentum«[9], das Drama »Iphigenie in Freiheit«[10] sowie der Prosaband »Trotzdestonichts oder Der Wendehals«[11]. Ohne diese ist es nur schwer möglich, der Erfahrung der Wende bei Volker Braun auf die Spur zu kommen, vor allem, da die Texte zwar in einem zeitlichem Abstand voneinander entstanden sind, aber im Nachhinein die Wiedervereinigung jeweils aus einer ähnlichen Perspektive reflektieren. Die Wende selbst äußert sich bei Braun in verschiedener Hinsicht, grundsätzlich aber als zeitliche Zäsur für sein dramatisches Schaffen. Mit Ausnahme von »Iphigenie in Freiheit« schrieb er nach 1989 fast keine Theaterstücke, verlegte sich stattdessen auf Lyrik und Prosawerke. In dem 1990 veröffentlichten Gedicht »Das Eigentum« kommentiert das lyrische Ich den Verlust dessen, »was ich niemals besaß« – und »was ich nicht lebte, werde ich ewig missen«.[12] Die resignative Haltung wie auch der deutliche Utopieverlust bilden einen inneren Rahmen für den Wiederaufbau des Ich, dem das Gefühl der Unsicherheit zugrunde liegt, denn »unverständlich wird mein ganzer Text«[13], was darauf schließen lässt, dass wegen des Verlustes eines Staates und eines bestimmten kulturellen Gebildes das künstlerische Werk gefährdet sein kann. Dem ersten literarischen Versuch der Aufarbeitung der Wende folgte dann die »Iphigenie in Freiheit«, deren Hauptfigur im Gegensatz zu Goethes Fassung eine Niederlage erleidet und zum Opfer des kapitalistischen Systems wird. Braun versucht an der Figur von Iphigenie »den Identitätsverlust der Ostdeutschen«[14] zu schildern. Darüber hinaus knüpft Braun an die Problematik der »Kolonialisierung« sowie »Ausbeutung« der ostdeutschen Länder an, was die Figuren von Thoas und Orest verkörpern.[15]

---

8 Deckert, Renatus (Hrsg.): Die Nacht, in der die Mauer fiel. Schriftsteller erzählen vom 09. November 1989. Frankfurt/Main: Suhrkamp/Insel 2009, S. 133.

9 Braun, Volker: Das Eigentum. In: Die Zeit, 10.08.1990.

10 Braun, Volker: Iphigenie in Freiheit. Frankfurt/Main: Suhrkamp 1992.

11 Braun, Volker: Trotzdestonichts oder Der Wendehals. Frankfurt/Main: Suhrkamp Taschenbuch Verlag 2000.

12 Braun, Das Eigentum. 1990.

13 Ebd.

14 Vgl. Haas, Birgit: Theater der Wende – Wendetheater. Würzburg: Königshausen & Neumann 2004, S. 49; auch Visser, Anthonya: »Und so wie es bleibt ist es«. Volker Brauns »Iphigenie in Freiheit«: Eine Dekonstruktion des deutschen Einigungsprozesses? In: Wendezeichen? Neue Sichtweisen auf die Literatur der DDR. Hrsg. von Elrud Ibisch und Ferdinand van Ingen. Amsterdam Atlanta: Rodopi 1999, S. 131.

15 Vgl. Haas, Theater der Wende. 2004. S. 52.

Im Unterschied zu den beiden früheren Werken greift Volker Braun in seinem Prosaband »Trotzdestonichts oder Der Wendehals« auf ein konkretes gesellschaftliches Phänomen der damaligen Zeit zurück: den Wendehals, also »jemand, der aus Opportunismus [plötzlich] das politische Lager wechselt«. Der Begriff erschien im Rechtschreibduden erst 1991.[16] Diese Haltung geriet bereits unmittelbar vor der Wende ins Visier; im Oktober 1989 war auf einer Demonstration in Leipzig folgende Losung präsent: »Wer gestern schrie für Stalin hurra, / ist heute als Reformer da«.[17] Dementsprechend wurde der Wendehals auch literarisch bearbeitet, wovon zahlreiche Veröffentlichungen sowie Kunstwerke zeugen, z. B. Friedrich Christian Delius' »Die Birnen von Ribbeck« oder Klaus Pohls »Karate-Billi kehrt zurück«.[18]

Volker Brauns Originalausgabe aus dem Jahre 1995 wurde unter dem Titel »Der Wendehals. Eine Unterhaltung« veröffentlicht und enthielt neben der gleichnamigen Erzählung einen weiteren Teil, »Die Fußgängerzone«. In der 2000 erschienenen Taschenbuchausgabe wurde das Werk um die Erzählung »Das Nichtgelebte« ergänzt und unter dem Titel »Trotzdestonichts oder Der Wendehals« herausgegeben. Das gemeinsame Motiv der drei Texte ist der Alexanderplatz in Berlin. Die vor 1989 geteilte Stadt wird somit zur Bühne, und das Szenenbild sind die Schicksale der Menschen, die nach der Wende auf der Suche nicht nur nach ihrer neuen, sondern auch ihrer alten Identität sind. Der Alexanderplatz dient daher als Ausgangspunkt für den Handlungsverlauf und bildet eine Schnittstelle für die unterschiedlichen zeitlichen Ebenen in allen Geschichten. Bezeichnend ist der resignativ wirkende Einleitungssatz des Erzählers in »Das Nichtgelebte«: »Noch immer gehe ich in diesem brennend sehnsüchtigen Leib umher und glaube zu ersticken vor Traurigkeit; ruhelos und zu nichts entschlossen, ganz verloren und lebendig. Aber genug. Jetzt die Maskerade.«[19] Die Aussage verweist auf die zeitliche Distanz des Auslösers dieses Zustands (»Noch immer«) und zugleich auf dessen Langzeitwirkung.

Die Erzählung selbst beginnt und endet mit folgendem Satz über die Hauptfigur: »Georg wollte den Platz überqueren, aber eigentlich war es ihm nicht ernst damit«[20], der jeweils ausgebaut wird. Beide Passagen werden zur Erkenntnis der Entfremdung von der neuen Wirklichkeit zusammengeführt und signalisieren die Distanz zum Konsumdrang der Gesellschaft:

---

16 Duden: Wendehals. <http://www.duden.de/rechtschreibung/Wendehals> (Zugriff am 05. 10. 2012).

17 Grub, Thomas Frank: ›Wende‹ und ›Einheit‹ im Spiegel der deutschsprachigen Literatur. Berlin New York: de Gruyter 2008, S. 535.

18 Ebd., S. 533.

19 Braun, Trotzdestonichts. 2000, S. 9.

20 Ebd., S. 9 und 26.

»Georg wollte den Platz überqueren, aber da es ihm nicht ernst damit war, wandte er sich nur nach der anderen Seite herum und erblickte eine groteske Gestalt, die mit gestrecktem Bein auf ihn losging, ihn mit beiden Händen grüßend: die eine aufwärts vorgestreckt, die andere neben dem Ohr verlegen zur Faust geballt, das übrige Bein aber schien dem Boden verhaftet; so dass der Kerl wie ein Zerrissener wirkte, der doch blindlings einen Schritt wagte: auf das Schaufenster des Kaufhofs zu.«[21]

Das eher simplifizierende Bild der Nachwendezeit wird an weiteren Stellen noch deutlicher und bildet den Rahmen für die eigentlichen Handlungselemente – Georgs Beziehung zur Geliebten Luise und zum ehemaligen Vorgesetzten Schaber. Über Georg selbst wird wenig berichtet, man erfährt nur, dass er vor der Wende in einem Institut gearbeitet hat und dort bestimmte Änderungen beansprucht hatte. Gegenüber Schaber kennzeichnet Georg eine ambivalente Haltung, während sein Hass sich mit einer gewissen Bewunderung paart. Das Verhältnis zu Luise ist weniger zweideutig, die Rollen sind klar verteilt – Georg ist ein reflexiver älterer Mann, Luise wird hingegen als eine »Kindfrau« dargestellt, die durch Bedürfnisse wie »Hunger, Müdigkeit und Lust determiniert« ist.[22] Was die beiden Beziehungen aber verbindet, ist Georgs mangelnder Wille, der das zwiespältige Verhältnis zu Schaber erklärt, wie er auch der Grund dafür ist, warum er Georg nie geweckt und ihm nie Gewalt angetan hat, denn »es hatte ihm der rohe Mut gefehlt«.[23] Verena Kirchner hebt ganz zu Recht die Tatsache hervor, dass bei Ernst Bloch, dessen Einflüsse im Werk von Volker Braun besonders präsent sind, die Begriffe »Mut« und »Wille« identisch sind.

Der Erzähler schildert die ungewohnten, fremd wirkenden Erscheinungen, denen die Fußgänger ausgesetzt sind:

»[…] und diese Belebung rings! Diese neue Lust! Die Kaufhäuser und Läden waren von einer fremden, ausschweifenden Macht erobert, deren Fahnen an den Fronten wehten und Leuchtreklamen die Häuserfirne okkupierten. Die Waren quollen aus den Eingängen auf herausgerückte Stellagen, zum Getöse von Musik; und die Schreie der Straßenhändler unter den Stadtbahnbrücken, hinter Tischen voller Früchte oder Plunder, und selbst die Müßiggänger, die sich in den Weg warfen, gaben sich als ambulante Schwengel zu erkennen, die irgendetwas loswerden mussten, ein Zeug.«[24]

Hinzu kommt die Beschreibung gewisser Tücken der neuen Zeit, denen die Leichtsinnigen, in diesem Fall Schaber, zum Opfer fallen:

---

21 Ebd., S. 26.
22 Vgl. Kirchner, Verena: ›Das Nichtgelebte‹ oder der Wille zur Utopie. Ernst Blochs Hoffnungs-Philosophie und die Demonstration vom 04. November 1989 – Zu einer Erzählung von Volker Braun. In: Wendezeichen? Neue Sichtweisen auf die Literatur der DDR. Hrsg. Von Roswitha Skare und Rainer B. Hoppe. Amsterdam Atlanta: Rodopi 1999, S. 231.
23 Braun, Trotzdestonichts, 2000, S. 13.
24 Ebd., S. 9.

»Georg wandte sich, auf dem Platz, unter seiner abgelaufenen Uhr [...] und erkannte zwischen den dreisten Hütchenspielern einen Mann. Der stierte auf die Schächtelchen, unter denen sie kleine Kugeln aus Stanniol hielten, die sich mit Leichtigkeit orten ließen, aber, wenn der Einsatz gezahlt war, niemals aufzufinden waren. Er hatte eben 100 Mark verloren und setzte, seiner Sache äußerst sicher, ein zweites Mal; und verlor wieder. Der Mann richtete sich, weiß vor Wut, auf, ein heulender Ton entwich seinem hageren Leib, er sah mit einem wehen Blick um sich, in die unverständliche Menge.«[25]

In solche Bilder der Nachwendezeit werden die Rückblenden auf die Ereignisse des Jahres 1989 eingebettet. Der Alexanderplatz wird zum stummen Zeugen der damaligen Zeit, denn »der Platz war – der riesige Platz, auf dem er sich befand – eines Tages wirklich vollgefüllt gewesen«.[26] Die Anspielungen auf die Demonstration vom 04. November 1989 liefern bestimmte Angaben wie zum Wetter oder Status der Veranstaltung. Überdies kommentiert der Erzähler leicht vorwurfsvoll das verspielte Potenzial der damals auf dem Platz versammelten Menschenmenge:

»Sie hätte, an diesem Tag, die Macht zu unglaublichen Dingen gehabt, aber es hatte ihr genügt hier zu sein. Zugehörig dieser herrlichen, nichts achtenden Heiterkeit. Sie war ein Souverän gewesen, der sich begnügte mit diesem Beieinanderstehn, dem Gefühl der ungeheuren Möglichkeit.«[27]

Dem folgt an anderer Stelle eine regelrechte Klage über die ungenutzte Chance, ohne dass die anderen, beträchtlicheren Folgen der Wende überhaupt in Betracht gezogen werden:

»Wir werden es nie wissen. Es geschieht uns recht. Nun müssen wir damit leben, in diesem Universum des Nichterlebten. Und für den einzelnen, nur für ihn, wächst die Vergangenheit zu einem riesigen Raum, und die Zukunft wird immer kleiner, die Zukunft, die doch beginnt! Beginnt und endet, in dem besinnungslosen Treiben, der ewigen Lauferei hier, etwas Unwiederbringliches suchend, die Möglichkeit.«[28]

Hinsichtlich der Erzählung »Das Nichtgelebte« notiert Verena Kirchner, dass Georg viele Gemeinsamkeiten mit Figuren aus anderen Werken Brauns aufweist. Diese kennzeichnet vor allem die wachsende Verzweiflung des Autors über die »fortdauernde Hierarchie zwischen Herrschenden und Angeherrschten«[29] sowie der Glaube an einen möglichen Neubeginn. Erinnert sei hier an die Gestalt des Anton aus dem Drama »Die Übergangsgesellschaft«. In »Das Nichtgelebte« findet man jedoch keine Hoffnungen, vielmehr wird mit vorwurfsvollem Unterton gefragt, warum das heutzutage »Unwiederbringliche« unerreichbar blieb.

---

25 Ebd., S. 18.
26 Ebd., S. 13.
27 Ebd., S. 13.
28 Ebd., S. 26.
29 Kirchner, Das Nichtgelebte. 1999, S. 231.

Dem wird das »ungeheure Unmögliche« gegenübergestellt, der Bericht über die Stimmung und Atmosphäre jener Novembertage: »nachdem man auf den Platz gekommen war, hatten alle, auf dem Platz, an das eine ungeheure Unmögliche gedacht, die Lösung, die auf einem andern Platz geprobt worden war, die entsetzliche, alles zunichtemachende, die Chinesische Lösung.«[30]

Braun entwirft ein abwertendes, rein pessimistisch wirkendes Bild einer Gesellschaft, die ganz dem Konsum verfallen sei und ihre Chance auf einen Neubeginn nicht genutzt habe. Der Titel der Erzählung wird zur Metapher der endgültig aufgegebenen Utopie und verspielten Möglichkeiten sowohl auf der Makro- als auch der Mikroebene. Die Wende scheint daher eine negative Erscheinung zu sein, deren Folgen der Erzähler als »besinnungsloses Treiben« empfindet.

In »Trotzdestonichts oder Der Wendehals« kommt das überspitzte Bild der Nachwendezeit noch stärker zum Vorschein. Der Text ist zwischen Drama und Prosa anzusiedeln und hat einen unmittelbaren intertextuellen Bezug. Winfried Grauert verweist auf den philosophischen Dialog »Rameaus Neffe« (1761 – 1774) von Denis Diderot, dessen Aufbau mit dem des »Wendehalses« identisch sei.[31] In beiden Werken handelt es sich um zwei Hauptfiguren: ICH und ER, an denen die gesellschaftsorientierten Fragen problematisiert werden. Bei Braun steht das in Verbindung mit einem direkten Bezug zur »Erlebnisgesellschaft« (Gerhard Schulze). Die Einbeziehung von Fragmenten seines Werks in die Textstruktur von »Wendehals« zielt darauf ab, »die Widersprüche der Erlebnisgesellschaft vor dem Hintergrund der möglichen Weiterentwicklung der kapitalistisch strukturierten technischen Zivilisation zu einer humanen, umwelt- und sozialverträglichen Zivilisation [zu schildern]«[32], so Grauert. Auf diesen bewussten literarischen Eingriff weisen zahlreiche Passagen hin, in denen die Begriffe »Erlebnis« oder »Erleben« besonders exponiert werden.

ER betont an mehreren Stellen die Möglichkeit des Erlebens, das grundlegend für die neuen Verhältnisse ist und sein Handeln prägt. Er richtet sich nach einer PEPSI-COLA-Parole für die neue Generation: »Je mehr ich haben, machen, sein kann, souffliere ich, desto besser will es mir gehen!«[33] Seinen Spaziergang mit der Figur des ICH zeichnen die Ereignisse aus, die zu Erlebnissen werden und denen man sich aussetzt. Gleichzeitig meint ER: »…wir leben wirklich. Wir sind am Ziel.«[34] Kurz darauf kommt es im Restaurant, wo die beiden Figuren sich

---

30 Braun, Trotzdestonichts. 2000, S. 21.
31 Grauert, Winfried: Nach der Natur leben. Zivilisationskritik in Volker Brauns Der Wendehals. In: Volker Braun in perspective. German Monitor. Amsterdam New York 2004, H. 58, S. 139.
32 Ebd., S. 150.
33 Braun, Trotzdestonichts. 2000, S. 85.
34 Ebd., S. 51.

unterhalten, zum grotesk-derben Versinnbildlichen des Konsumdrangs nach der Wende:

> »[…] aber sein dicker Atem weht mich an, dass ich gegen die Stuhllehne weiche; und in dem Augenblick wirft er sich nach vorn und erbricht sich, kotzt die Mahlzeit über den Tisch, die Meeresalgen hängen ihm über die Letzen. Er keucht:
>
> Es war zu viel.
>
> ICH
> Kann du es nicht für dich behalten.
>
> ER
> Zu viel des Guten. Aber jetzt ist wieder Platz im Magen.
>
> Sagt es mit zufriedenem, erstem Ausdruck und drück sich an meine Brust […]«.[35]

Grauert stellt überdies die These auf, der »Wendehals« sei generell Ausdruck einer »Wende zu einer anderen, humanen, ökologisch und sozial orientierten Zivilisation«.[36] Darüber hinaus wirft er den literaturwissenschaftlichen Analysen zu »Wendehals« fehlende Objektivität vor, weil »die Rezeption dieses Werkes in der von westdeutschen Beiträgern dominierten Literaturkritik und -wissenschaft schleppend, oberflächlich und vorwiegend im Zeichen polemischer Abwicklung verläuft«.[37] Die von Grauert vertretene Ansicht scheint nicht ganz zutreffend zu sein, denn dass die Bilder der Wende im »Wendehals« arg überspitzt und schlicht geraten sind, lässt sich kaum von der Hand weisen. Das bringt unter anderem Beatrix Langner zum Ausdruck:

> »Niemand stieß sich auch daran, als Braun gegen die ›feuilletonistischen Ratten‹ seine anarchistischen Antikapitalismus-Tiraden ausstieß und zugleich die Genossen von einst als verfressene Konsumenten mit bekleckerten Westen und nackten Ärschen porträtierte. Sie waren Komplizen eines ruhmlosen Untergangs. Das Volk war weg und Volker saß in der Rezeptionsfalle, ein Dichter Ohneland im Asylum der feindlichen Übernahme.«[38]

Sie verweist auf die Art und Weise, *wie* Braun die neue Wirklichkeit wahrnimmt und hebt seine überaus kritische Haltung hervor, die den Grund für die vermeintliche »Rezeptionsfalle« bildete.

Der Erzähler im »Wendehals« ist eine der Hauptfiguren – ICH, der den Leser

---

35 Ebd., S. 52.
36 Grauert, Nach der Natur leben. 2004, S. 139.
37 Ebd., 139.
38 Langner, Beatrix: Salto postmortale. Sechzehn Thesen über die verspäteten Klassiker der DDR-Literatur: Christa Wolf und Volker Braun. In: Text + Kritik. Zeitschrift für Literatur. Sonderband, 2000, S. 51.

in seine Scheinwelt einführt und die Wirklichkeit mit ironischen Kommentaren versieht. Von ER wird er immer mit Titeln wie »Herr Kommissar«, »Herr Botschafter«, »Herr Aufsichtsrat« sowie »Herr Literat« angesprochen. Sich selbst bezeichnet er als »arbeitslos, wie alle Weltanschauer und Veränderer hier, innerlich abgewickelt und entlassen von der zahlungsunfähigen Geschichte, die solche Angestellten nicht länger unterhalten kann: denn so genügsam wir bekanntlich waren, der Preis unserer Pläne war zu hoch.«[39]

ICH spaziert in der neu eingerichteten Fußgängerzone und schildert seine eigene Lage nicht ohne Sarkasmus:

> »Aber was für ein Genuss, meine übrigen Freunde, jetzt verstehe ich euch erst, nicht denken zu müssen. [...] Das ist eine andere, siegreiche Philosophie, eigentlich ersehnt und uns auf den Leib geschrieben, nicht wahr? Was hatten unsere Gelehrten, den Kopf einmal beiseitegelassen, für gute und massige Leiber. Und wie wenig haben sie sie eingesetzt. Und sie ins Leben gestemmt. Welcher Irrtum, mit dem Kopf zu denken!«[40]

Die weitere Hauptgestalt, die wechselweise entweder Schaber oder ER genannt wird, trifft ICH in der Fußgängerzone. Er nimmt an dem Passanten eine merkwürdige Eigenart wahr, die ihn von ICH unterscheidet. Trotz der deutlichen Veränderung im Aussehen, erkennt er Schaber, von dem er dann ausführlich berichtet: »Ich gehe umher, und wie ich mich eben herum wende, sehe ich, wie sich auch mein Hintermann herum gewandt hat und statt, wie erwartet, den Kopf wieder zurückzudrehen, mit so verrenktem Hals fortmarschiert«.[41] Dieses satirische Bild ist die erste Begegnung mit dem Wendehals, den vor allem das gepflegte Aussehen kennzeichnet. Schaber wurde zwar durch die Überprüfungskommission negativ eingestuft, aber im Nachhinein ist er doch recht gut davon gekommen:

> »Er ist, wie man in Kreisen der Wissenschaft weiß, bei einer ›Finanzakademie‹ untergekrochen, vielmehr eine Seilschaft hat ihn mitgezogen – eine *Akademie* noch immer! –, und nun endlich ist ihm erlaubt, wovon die Wissenschaft träumte: tätig zu werden und rastlos zu handeln.«[42]

ICH veranschaulicht am ER den gewöhnlichen Werdegang der zahlreichen Wendehälse, denen »der gelernte Zynismus die Verleugnung der alten Taten [erlaubt]. Nur an der schwarzen Farbe ihres Aufzugs lässt sich erkennen, dass sie von einem Unglück betroffen sind, welcher Art, ist ihnen schon entfallen.«[43] Es wird also nur das Ambiente geändert, die Charaktereigenschaft (»gelernter Zynismus«) bleibt dieselbe. Dieser Wandel wird als ein weit verbreitetes Phä-

---

39 Braun, Trotzdestonichts. 2000, S. 29.
40 Ebd., S. 29–30.
41 Ebd., S. 31.
42 Ebd.
43 Ebd., S. 32.

nomen vorgestellt, und der Sarkasmus steigert sich, weil er ex post auch manche seltsame Euphorie des Jahres 1990 einbezieht.

> »Seit dem Tag war ihm [Schaber – der Verf.] sein voriges Denken so vollkommen aus dem Kopf geblasen, dass man, je nachdem, meinen konnte, er habe den Verstand verloren oder sei zu Verstand gekommen. Es war die Zeit, in der Ereignisse aller Art, die Öffnung der Mauer oder das Erscheinen des Dosenbiers mit dem Ausruf *Wahnsinn!* begleitet wurden, der Wahnsinn wurde im ganzen Volke für normal gehalten, es waren, im Lande, endlich die Schrauben locker, und ein ganz Verrückter fällt nicht auf im Gedränge.«[44]

Bereits von Anfang an ringen zwei Einsichten miteinander: der Opportunismus eines Identitätslosen und der resignative Wille eines Intellektuellen. Schaber wird grundsätzlich vorgeworfen, die Utopie aufzugeben, an die ICH immer noch zu glauben scheint. Darin besteht der Kern der Erzählung, die nicht weit über den Utopieverlust hinausgeht und die ICH in seiner kritischen Haltung weiter verharren lässt:

> »ER
> So können wir mit dem … Unterhalt … zufrieden sein?
> Mit dem Ertrag…der Unterhaltung, o nein; aber das Vergnügen einer Jagd ist ja allezeit, sagt Lessing, unendlich mehr wert als die Beute.
> Nun, wie befinden Sie? fragt er ungeduldig.
>
> ICH
> Ich zweifle und prüfe.«[45]

Die bisher erwähnten Gemeinsamkeiten von »Trotzdestonichts« mit anderen Werken von Braun beziehen sich nicht nur auf die Figuren, sondern auch auf die Motive, vor allem von seinem Drama »Die Übergangsgesellschaft«. Zu einem der wichtigsten Bekenntnisse in diesem Stück gehört die Aussage von Anton im Gespräch mit seiner Schwester Olga:

> »Ein stabiles Haus. Überhaupt das Grundstück […] Die Literatur hat nur einen Sinn, das wieder wegzureißen, was die Ideologen hinbaun. Das schöne Bewusstsein. Das uns so viel kostet. Solange diese Fachschaft jubelt, muss die Literatur gegenhalten.«[46]

Was Braun anhand vom »Grundstück« hervorzuheben versucht, ist die Rolle der Intellektuellen, die den richtigen Begriff von Utopie aufrechterhalten müssten. Die Haltung des ICH, das die Wende misstrauisch verfolgt, findet daher ihre Begründung in der Umformung der Übergangsgesellschaft in eine Erlebnisgesellschaft, die hier, anders als bei Schulze, negativ konnotiert ist. Folglich ist im

44 Ebd., S. 33.
45 Ebd., S. 123.
46 Braun, Volker: Die Übergangsgesellschaft. In: Theater heute, 1989, Heft 4, S. 48.

»Wendehals« nur von einem öden »Acker der Geschichte« die Rede. Das folgende Zitat rekurriert somit auf den Entwicklungsgang des angestrebten Utopie-Begriffs sowie auf den so vom Autor verstandenen Auftrag der Literatur:

> »Ich rede von diesem Acker. – Gewiss, von den Dingen, ha… Die großen Pläne, auf die der Regen rennt. – der Stampfbeton. – Wir sind gescheitert, hurrah. […] WO IST DER MORGEN, DEN WIR GESTERN SAHN. – überra1nnt, von stärkeren Bataillonen. – Eingerollt. – Hier ist nichts zu retten. Hier führt kein Weg vorbei. – An der Erkenntnis … dass wir im Dustern stehn. – Es ist der Vorschein … der Finsternis. […] Wir erleben es schon, was uns blüht. Wir können es kosten. Wir schmecken – Die Zukunft. – Das Scheitern … den Sieg der Vernunft. – Du bist verrückt, vollkommen verrückt. – Der Klügere, meinst du, gibt nach. – Der Schwächere … geht vor. Der Weltgeist zufusse. – Hellsichtiger Schwachsinn! Kleinmütige Größe! – O Sorgenfrühe. Lust des Besinnens. – Des Innehaltens heiterer Tag! – Dann sind wir … die Vorhut des Nachsehns. – Die Avantgarde der Niederlage. – Die ruhmreich Verarmten.«[47]

Die schon von Anfang an deutliche Auseinandersetzung zwischen den von beiden Figuren vertretenen Haltungen erreicht ihren Höhepunkt, als ER und ICH über die politische Orientierung von ICH streiten:

> »ER
> Ihr wisst nicht weiter. Ihr habt die Orientierung verloren. Hahaha. Das ist das Problem der Welt.
>
> Schaber sagt es jovial, von oben herab, so dass ich unwillkürlich auf den einstmaligen Abstand geh.
> Ich stimme Ihnen zu.
>
> Sie haben das Problem, wir haben die Lösung,
> repetiert er selbstironisch,
> es ist das bessere Produkt, das die Probleme löst.
>
> Ah, der *Propagandist* . . . ich habe fast vergessen, wer vor mir steht, oder mich zu sehr erinnert; er ist für den Beruf geschaffen.«[48]

ICH wiedersetzt sich den als Propaganda kenntlich gemachten (und nicht nur so bezeichneten) Überredungsversuchen von ER. Diese Art »Suggestion, die keine Lüge ist, wenn sie geglaubt wird« vergleicht Schaber mit einer Offenbarung. Die religiöse Stilisierung wird noch stärker exponiert und ER wird zum Propheten des neuen Glaubens, indem er eine aus der christlichen Tradition geschöpfte Formel ausspricht: »Entscheide es selbst, verschenk es, setze es aus. Dein eigenes freies Dasein: das heute beginnt. IN MEINE HÄNDE BEFEHL ICH MEINEN GEIST: Der die Welt verändert.« In der Redensart von ER taucht ein weiteres

---

47 Braun, Trotzdestonichts. 2000, S. 105.
48 Ebd., S. 111.

Bibel-Motiv auf, das dem Konsum angepasst ist und nun von unfreiwilliger synästhetischer Komik zeugt: »Wer Ohren hat zu sehen, der wird schmecken.«[49]

Bemerkenswert ist die Diskrepanz zwischen der früheren und jetzigen Haltung von ER. Seine opportunistische Sichtweise wird zudem durch einen jahrelang gepflegten Zynismus unterstützt. ER deutet an, was von ihm später so hochmütig erklärt wird:

> »ER
> ›Der Opportunismus ist ein Menschenrecht.‹
>
> ICH
> Das nenne ich eine kühne Wendung.
>
> ER
> Eine feige, was sonst. Eine menschliche. Eine vernünftige. Bediene dich,
> er zeigt in den Laden,
> bedien dich der Worte. Sie haben neuen Glanz.
>
> ICH
> Sie sind verkehrt, verkehrt!
> Er nickt, vollkommen einverstanden:
> Mit Notwendigkeit!«[50]

»Wendung«: Braun benutzt das Wort »Wende« in wortspielerischer Variation und zeigt dadurch, wie leichtfertig die Figuren mit einem wichtigen kulturpolitischen Begriff umgehen. Besonders für ER ist die Wende nur ein loser Spruch, dessen er sich bedient, um seinen inneren Wandel zu rechtfertigen. Im politischen Ereignis erkennt ER nur eine weitere Notwendigkeit, sich anzupassen. In seinem prophetischen Wahn bringt er dies auf den Punkt und bekennt: »es muss ja nicht die letzte Wende sein«.[51]

Im dritten Teil von »Trotzdestonichts«, der den Titel »Die Fußgängerzone« trägt, berichtet Braun in kurzen Abschnitten über die Wende, die von unterschiedlichen Gestalten wahrgenommen wird. Die erste Erzählung »Schlich und Häme. Eigener Bericht« beginnt mit der Beschreibung der Versammlung auf dem Alexanderplatz, die Schlich, ein Stasi-Funktionär, überwacht. Er kontrolliert sie, indem er einem der Redner einen fertigen Text übergibt oder seine Mitarbeiter zu den Versammelten schickt. Einer von ihnen, als »Meistersinger« bezeichnet, »[hat] das Privileg *mitzuarbeiten* an seiner Überwachung, selbst zu sagen, was man von ihm hören soll, eine Form des Respekts, den die Unter-

---

49 Ebd., S. 118.
50 Ebd., S. 112.
51 Ebd., S. 120.

drückung annahm.«[52] In einer weiteren Erzählung, »Nach Lage der Dinge«, schildert Braun die Modernisierung der Industrie nach 1989, die auf den Menschen keine Rücksicht mehr nehme. Dem verlorengegangenen Arbeitsethos (die Arbeit und die Arbeiterrechte verstanden als »Eigentum«) stellt der Autor die Versteigerungen im industriellen Bereich in der Nachwendezeit gegenüber:

> »Ganze Werke, wie um den Menschen zu verhöhnen, ließen sie verhökern für eine Mark. *Nehmen Sie meine Fabrik.* [...] Welche Erniedrigung, welche Erhebung. Ein freies Feld von Bitterfeld bis Böhlen. Wenn einem nur das nackte Leben blieb.«[53]

Darüber hinaus präsentiert Braun dem Leser eine Anekdotensammlung unter dem Titel »Archiv«, deren bündige Beiträge auf ironische Weise die Wende beschreiben und zum Teil (oder sie sind mit ihnen identisch) den Pressemitteilungen ähneln. In der Erzählung »Die letzte Vorstellung« wird eine resignative Stimmung pointiert, aufgrund derer der Ich-Erzähler keine Hoffnung auf positive Veränderung mehr zulässt und die Ansicht vertritt, die Errungenschaften eines Schauspielers würden im Schatten des Bewusstseins stehen, dass »alle Kunst umsonst sei« und »die Legende, derentwegen ich mich hierher hatte betten lassen, daß die Toten nachts heraustreten auf den Friedhof, so nicht wahr [war].«[54]

---

52 Ebd., S. 128.
53 Ebd., S. 134.
54 Ebd., S. 144.

Wojciech Browarny (Wrocław)

Geschichte, Biographie und Identität –
Tadeusz Różewicz und das »gehen lernen« in Wrocław

(Aus dem Polnischen von Monika Wolting und Barbara Rogowska)

In den ersten Jahren nach dem Umzug von Gliwice nach Wrocław schrieb Tadeusz Różewicz Texte[1], die, zum einen, als ein Resümee seiner Überlegungen zur Position der Kunst in der Erfahrung eines Menschen in der modernen Welt zu lesen und, zum anderen, als ein ausführlicher Kommentar zur Rolle eines Künstlers und der kulturellen Tradition im Zeitalter der Massenkommunikation zu verstehen waren. In diesem Zeitraum entstanden bald auch Texte wie »Białe małżeństwo« (Weiße Ehe) und »Do piachu« (In die Grube), die als eine wichtige Stimme in den geschichtlichen und weltanschaulichen Diskussionen der vorletzten Dekade der Volksrepublik Polen wahrgenommen wurden. Różewicz mied politische Konflikte und bemühte die Literatur nicht in der aktuellen gesellschaftlichen Auseinandersetzung. Das Ende der 1960er Jahre war für ihn jedoch ein Zeitraum, in dem er sich neu positionieren und um das Bewahren seiner Haltung ringen musste. Die Briefe an Paweł Mayewski, die im Band »Margines, ale…« gesammelt wurden, bestätigen, dass Różewicz die Aufhetzung gegen die Intellektuellen-Eliten der jüdischen Kreise, die durch die nationalistische Fraktion der Polnischen Kommunistischen Partei ausgelöst wurde und der sich auch Persönlichkeiten aus den intellektuellen und literarischen Gruppen anschlossen, schmerzlich empfunden hat. Diese Briefe zeugen von moralischen Dilemmata und dem Entsetzen Różewiczs, von dem Einsamkeits- und Bedrohungsgefühl, das er in diesen Jahren ständig empfand. Die Situation der Einkesselung, die von Różewicz beschrieben wird, war durch die jüdische Herkunft seiner Mutter, Stefania Maria Różewicz, geborene Gelbard, bedingt. »Eingegraben sind in mir meine ›Geheimnisse‹, wie ein Leichnam in der Grube« – so vertraute sich der Schriftsteller Mayewski an –, »[v]ielleicht erzähle ich

---

1 Z. B.: Śmierć w starych dekoracjach, 1970.

Ihnen mal ›die Lebensgeschichte‹ meiner Mutter. [...] Aber dieses ›Geheimnis‹ werde ich Ihnen jetzt nicht anvertrauen« (Ma, 202).[2]

Trotzdem wollte Różewicz nicht im Ausland leben und mit der Familie auswandern, obwohl es seine zahlreichen Reisen und die immer höhere literarische Position damals möglich machten. »Ich habe darüber nachgedacht« – schrieb er an Mayewski –, »ob ich mich entscheiden sollte, Polen zu verlassen. Nie« (Ma, 199). Wie er es mehrmals in diesem Briefwechsel betont, könnte er nicht Częstochowa, Radomsk, Wieluń verlassen. War also die Wahl der Hauptstadt Niederschlesiens als neuer Niederlassungsort ein Ersatz für eine Emigrationsdistanz? Wenn ja, distanzierte er sich nicht nur gegenüber den politischen Institutionen und Machtzentren der Volksrepublik Polen, sondern gegenüber verschiedenen Interessengruppen, die in diesem Zeitraum das polnische Kulturleben beherrschten. »Ich habe jetzt eine sehr schwierige Zeit in der Arbeit« – erklärte Różewicz – »(ich bin ständig noch wütend, dass ›das Milieu‹ ›nichts verstanden hat‹)«, und später hat er noch hinzugefügt: »Ich versuche wörtlich und schriftlich gegen die Dummheit und den riesengroßen Schwachsinn zu kämpfen, der von meinen »Schriftstellerkollegen« [häufig] geschrieben wird« (Ma, 192, 199). Aus der Perspektive von 30 Jahren hat der Schriftsteller die Situation folgenderweise kommentiert:

> »1968, 1969... – es waren schwierige Jahre für das Volk, für seine Schriftsteller... Wir haben diese Prüfung nicht bestanden. So meine ich es auch bis heute. Es gab gerechte Menschen mit gesundem Menschenverstand... aber nur wenige« (Ma, 243).

»Wir«, d.h. das Volk und seine Schriftsteller, haben die nächste Prüfung in Toleranz nicht bestanden. Sie haben die Folgen von Rassismus und Nationalismus der Mitte des 20. Jahrhunderts nicht verstanden und sich in die kommunistische Kampagne des antisemitischen Hasses hineinziehen lassen, oder die Aufhetzung gegen »die Fremden« und ihre öffentliche Anprangerung gleichgültig mitangesehen.

Diese Kampagne tobte auch in Wrocław. Die Wrocławer Gesellschaft und die intellektuellen Eliten ließen sich für die Hetzkampagne weit weniger vereinnahmen als die kulturellen Eliten anderer polnischer Städte. Różewicz erklärt,

> »dass Wrocław, als eine nach dem Krieg erst entstandene Gemeinschaft für alle Seiten aufgeschlossen ist. Klimatisch gesehen ungesund, weil die Oder Feuchtigkeit heißt und

---

2 Die durch Abkürzungen gekennzeichneten Zitate beziehen sich auf folgende Auflagen: I – XII – Różewicz, Stanisław: Utwory zebrane. Bd. I – XII, Wrocław, 2003 – 2006; Ko – Korespondencja, Überarbeitung: Krystyna Czerni, Kraków 2009 (Tadeusz Różewicz, Zofia i Jerzy Nowosielscy); Ma – Margines, ale..., Überarbeitung: Jan Stolarczyk, Wrocław 2010; W – Wbrew sobie. Rozmowy z Tadeuszem Różewiczem, Überarbeitung: Jan Stolarczyk, Wrocław 2011.

Feuchtigkeit Rheumatismus heißt. Aber die geistige Atmosphäre der Stadt ist gut« (W, 315).

Diese Meinung unterscheidet sich nicht von dem allgemein geteilten Autostereotyp der heutigen Einwohner von Wrocław. Auf die Frage von Soziologen nach ihrer wichtigsten, gemeinsamen Eigenschaft antworten sie gewöhnlich, es sei »die Aufgeschlossenheit« (65 % der Antworten)[3]. Kollektive Identität, die auf der Vorstellung eigener Aufgeschlossenheit aufgebaut wird, wirkt sich günstig auf das Vertrauen und die Bereitschaft aus, die Anderen in die eigene soziale Gruppe einzugliedern. Die Art und Weise, wie zwischenmenschliche Beziehungen in der Stadt unterhalten werden, ergibt sich nicht nur aus dem fast völligen Bevölkerungswechsel nach 1945, sondern auch aus dem kulturellen Mosaik der Einwohner, die nach dem Krieg hierher gekommen sind. Die neuen Bürger haben ein heterogenes Polentum vertreten, das mit keiner dominierenden regionalen Gruppe verbunden war.[4] Manche von ihnen gehörten den nicht-polnischen Nationalgruppen an, z. B. den Deutschen, Juden, Tschechen, Lemken, Ukrainern Mazedoniern und Griechen (einer der ersten, Henryk Tomaszewski, und einer der letzten, Lambros Ziotas, waren mit Tadeusz Różewicz befreundet). Aus diesem Grund sind sie häufiger als die Einwohner des ethnischen Polens der sittlichen und sprachlichen Unterschiedlichkeit in ihrer direkten Umgebung begegnet. Die Legende von Breslau als einer exzentrischen Stadt, die in den 1940er Jahren entstanden sei, ist nicht auf dessen Lage an der Peripherie Polens, sondern auch auf die herrschende soziale Akzeptanz gegenüber den Anderen zurückzuführen.

Der Korrespondenz von Różewicz ist zu entnehmen, dass die Entscheidung, nach Wrocław zu ziehen, entweder in den letzten Wochen des Jahres 1967 oder etwas früher gefallen war und den Freunden und Bekannten gegenüber geheimgehalten wurde. Zdzisław Hierowski hatte erst davon erfahren, als er den »Odra«-Preis am 7. Dezember (III, 101) zugesprochen bekam. Kijonka behauptet, dass »Różewiczs Entscheidung von Gliwice nach Wrocław zu ziehen, unerwartet und überraschend [war]«, wenn »damals den Rang eines Schriftstellers auch seine Anschrift ausmachte«, denn »wer sich recht und schlecht herausragte, wollte nach Warschau, weil sogar Krakau nicht ausreichend re-

---

3 Łaska, Marcin: Wrocław jako marka. Socjologiczne refleksje nad potencjałem wizerunkowym Wrocławia. In: My wrocławianie. Społeczna przestrzeń miasta. Hrsg. von Piotr Żuk und Jacek Pluta, Wrocław 2006, S. 32 f.

4 Sogar die zwei größten regionale Gruppen von Umsiedlern, die großpolnische und masowische, standen nur für weniger als 30 % der Bevölkerung von Wrocław. Turnau, Irena: O pochodzeniu dzisiejszej ludności miasta Wrocławia. In: Przegląd Zachodni Jahrbuch 51, 1995, Nr. 2, S. 21 (Erstdruck: Przegląd Zachodni. Jahrbuch 5, 1949, Nr. 9–10).

nommiert zu sein schien«[5]. Ebenso dachte wahrscheinlich auch Jerzy Nowosielski, der in Krakau wohnte und in einem Brief von 1966, gleich nachdem Różewicz mit dem Staatspreis I. Klasse geehrt worden war, diesem riet, in die Hauptstadt zu gehen, um sich nicht länger in Gliwice zu »quälen« (Ko, 42)[6]. Viele Jahre später erklärte er, dass sein »Werk mit dem Land, mit der Sprache und nicht mit dieser oder jener Stadt zusammengewachsen ist«, und obwohl er für die polnischen Hauptstädte Sympathie habe, erscheine ihm Warschau »strapaziös und provinziell« (W, 149). Folglich war die Wahl Wrocławs als Wohn- und Arbeitsort kein Ergebnis einer Suche nach der »positionsbildenden« Funktion einer Stadt, obgleich es in den 1960ern für ein wichtiges literarisches und kulturelles Zentrum gehalten wurde, sondern eher einer Sehnsucht nach der in Wrocław dominierenden spezifischen gemeinschaftlichen »Leere«, der schwachen sozialen Integration ihrer Einwohner geschuldet. Diese Leere erzeugte das Gefühl, wonach alle Bindungen zur Vergangenheit aufgelöst worden wären, als stünde man relativ unabhängig und distanziert dem intellektuellen Milieu gegenüber, das sich nach Krakau oder Warschau orientierte.

Gleich nach der Ansiedlung in Wrocław stellt Różewicz in einem Brief an Mayewski fest: »nochmals vom Anfang an gehen lernen« (Ma, 194). Obwohl er in diesem Brief, dem ersten, der aus Wrocław (am 14. August 1968) abgeschickt wurde, auf einige Probleme seiner schriftstellerischen Arbeit aufmerksam macht, sollte das »gehen lernen« in der Hauptsache metaphorisch im Sinne einer Lebensänderung bzw. eines Wendepunktes gelesen werden. Różewicz sah sich gezwungen, sich selbst aufs Neue als Schriftsteller und Mensch zu formulieren. Der Versuch, Sich-Neu-Zu-Erfinden, bedeutete für Różewicz gleichsam die Rückkehr zur Kindheit, in die Zeit der häuslichen Ordnung und Vollkommenheit der Familie, allerdings keine Verleugnung der existenzialen und historischen Erfahrungen, die den Ausgangspunkt seines ersten »gehen lernens« in der Nachkriegszeit bildeten. Im Gegenteil, Różewicz bemühte sich, diese Erfahrungen in einer problem-biographischen »Ganzheit« zu verarbeiten.

Die Metapher des erneuten »gehen und sprechen lernens« hat Różewicz in einer autothematischen Skizze »W drodze« (Unterwegs) genutzt, die in den 1980er Jahren entstand und erst in dem poetischen Text »vom gehen lernen« ihre volle Ausarbeitung fand. Diese belehrende Stimme gehört dem in Breslau geborenen evangelischen Pfarrer und Widerstandskämpfer, Dietrich Bonhoeffer, der in den letzten Wochen des Zweiten Weltkrieges ermordet wurde. Seine

---

5 Kijonka, Tadeusz: Dom z narożną wieżyczką. In: Dykcja. Pismo Literacko-Artystyczne. 1996, Nr. 3 – 4, S. 4 f.

6 Es ist möglich, dass die Anmerkung von J. Nowosielski über das Unbehagen des Schriftstellers in Gliwice auch mit seinem gesundheitlichen Zustand und Befinden verbunden war. In vielen Briefen und Interviews hat sich Różewicz beklagt, dass die verschmutzte Luft in Gliwice bei ihm Staublungen verursachte.

»Gott-ist-tot-Theologie« geht davon aus, dass die christlichen und theologischen Werte angesichts der Vernichtung sich außerhalb der institutionellen Kirche und ihrer traditionellen Lehre verwirklicht hätten, die sich durch Kollaboration ihrer Mitglieder mit dem nationalsozialistischen System (Deutsche Christen) und durch Gleichgültigkeit gegenüber dem Tod von Gläubigen anderer Religionen und Christen jüdischer Herkunft bloßgestellt habe.

> »Die wichtigste Frage« – so Przemysław Dakowicz –, »die in den berühmten *Listy z więzienia* (*Briefe aus der Haft*) [von Bonhoeffer – der Verf.], die nach dem Krieg von Bethge herausgegeben wurden, gestellt wurde, war eine Frage nach der Stelle von Christus in der modernen Welt. Direkt mit ihr verbunden war die Reflexion über die Conditio des Menschen, der so leben sollte, als ob Gott nicht existiere.«[7]

Die Idee von Bonhoeffer erscheint im Text »gehen lernen« als eine Verpflichtung zum reifen, bewussten und würdigen Leben, als ein Gebot der Solidarität mit anderen Menschen, als Imperativ einer christlichen Stellung außerhalb der Kirche und Religion, außerhalb des religiösen Diskurses (Konzeption »des religionslosen Christentums«)[8]. Der deutsche Theologe wird für Różewicz zum Schutzheiligen des Übergangs vom »Tod Gottes« zum »Tod der Dichtung«, einer ethischen und künstlerischen Herausforderung, die von dem polnischen Dichter angenommen wurde[9]. Eine noch persönlichere Spur in »gehen lernen« ist die Erinnerung an den Bruder, der, als erster Lehrer und Meister in der beginnenden Schriftstellerlaufbahn des jungen Różewicz, von den Nationalsozialisten kurz vor dem Ende des Krieges erschossen worden war. »Nächtliche Stimmen in Tegel« von Bonhoeffer verleiht jedoch dem Wort »Bruder« eine allgemeinere, gemeinschaftsbezogene Bedeutung, die sich auf die Idee der Brüderschaft aller Menschen bezieht. Gerade hier begegnet das Biographische dem Gemeinschaftlichen und Historischen. Wie Różewicz zu seiner ersten »gehen lernen«-Version durch den Verlust des Glaubens an die Menschlichkeit in der Nachkriegszeit gekommen war, so speiste sich die Grundaussage des neuen »gehenlernens« u.a. aus der Angsterfahrung, Notlage, Verwirrung und des Vertrau-

---

7 Dakowicz, Przemysław: Różewicz i Bonhoeffer. Na marginesie wiersza »Nauka chodzenia«. In: Topos 2005, Nr. 5–6 (84–85), S. 29. »Ein außergewöhnlich wichtiges Argument, das Bonhoeffer zur Kritik an Religion als Menschenrecht bewegte, war die Einstellung von Christen gegenüber dem Naziregime. Der Krieg entblößte alle Schwächen der Kirche, die nicht nur nicht imstande war, sich dem Übel zu widersetzen, sondern nicht einmal für die Tätigkeit des deutschen Staatsapparats sprach, die im Gegensatz zum Geist des Evangeliums stand«. Ebenda, S. 41.

8 Vgl. Szczukowski, Dariusz: Tadeusz Różewicz wobec niewyrażalnego. Kraków 2008, S. 195.

9 Dieser »Übergang« wird von Andrzej Skrendo genau erklärt, ohne jedoch auf die Zusammenhänge mit den Ansichten von Bonhoeffer hinzuweisen. Vgl.: Skrendo, Andrzej: Poezja po »śmierci Boga«. Różewicz i Nietzsche. In: »Nasz nauczyciel Tadeusz«. Tadeusz Różewicz i Niemcy. Hrsg. von Andreas Lawaty und Marek Zybura. Kraków 2003.

ensverlustes an diejenigen, die die moralische Prüfung 1968 nicht bestanden und mit den Opfern dieser Hasskampagne keine Solidarität gezeigt hätten.

Die Verortung des Bonhoeffer-Denkmals auf dem Platz an der St. Elisabeth-Kirche, der Pfarrkirche des bürgerlichen Breslaus und des ehemaligen »evangelischen Domes von Schlesien« (P. Dakowicz), weist auf seine schlichtende und multikulturelle Bedeutung hin, die in einer Verbindung mit dem gewünschten Bild Wrocławs als einer »Brücke« oder »einer Stadt der Begegnung« steht. Różewicz hat »gehen lernen« sowohl in der katholischen Wochenzeitschrift »Tygodnik Powszechny« als auch im lutherischen Jahrbuch »Rocznik Diecezjalny« veröffentlicht, das von der Diözese Wrocław der Evangelisch-Augsburgischen Kirche herausgegeben wird. Seine Absicht war, »den Lesern der evangelisch-augsburgischen Konfession das Werk vorzustellen«[10]. Die Figur von Bonhoeffer und der Kontext der Publikation des Gedichts initiieren die Narration einer Palimpsest-Stadt, in der aus der Schicht des selbstverständlichen allgemeinen Katholizismus sich das frühere Bekenntnis heraushebt und neben der gegenwärtigen polnischen rituellen Religiosität die deutsche Tradition der theologischen Suche, der großen Reformen und religiösen Umbrüche, die dem Schriftsteller vertrauter sind, zu Wort kommt. Zu den Stützen für die Polonisierung der westlichen Gebiete gehörte der institutionalisierte Katholizismus und die polnische Kirchenverwaltung, die aufgrund eines rechtlichen Provisoriums Immobilien und Berechtigungen der deutschen katholischen Kirche übernommen hat[11]. Es lässt sich festhalten, dass der katholische religiöse Diskurs und das Ritual auf diesen Gebieten besonders mit dem Identitätsdiskurs verbunden und als solcher als ein Werkzeug der ideologischen Polonisierung eingesetzt wurde sowie als Bindeglied einer differenzierten Gemeinschaft der Bevölkerung diente[12].

Das dritte wesentliche Denkmal in Wrocław, das mit dem ideologischen Stadtbild der Zeit von Różewiczs Umzugs in Verbindung zu setzten ist, ist das 1968 enthüllte Papst-Johannes-XXIII.-Denkmal auf der Dominsel. In seinem Gedicht »Es gibt ein Denkmal« (2002) gehört »pomnik Dobrego Papieża« (Das Denkmal des guten Papstes) jedoch nicht dem gegenwärtigen Kode des Raumes von Wrocław an, weil es »von einem verdächtigten Pax oder von einer anderen mit der Partei verbundenen Caritas aufgebaut« (X, 146 – 148)[13] wurde. Dieses politisch »unzulässige«, »verlassene«, durch die Stadt- und Kirchenverwaltung missachtete Denkmal stellt Różewicz als eine »aus dem gängigen religiösen

---

10 Dakowicz, Różewicz. 2005, S. 30.
11 Vgl. Urban, Thomas: Utracone ojczyzny. Warszawa 2007, S. 146 ff.
12 Vgl. Thum, Gregor: Obce miasto. Wrocław 1945 i potem. Üb. v. Małgorzata Słabicka, Wrocław 2008, S. 82 – 92, 243 – 246.
13 Eine Erläuterung dieses Gedichts hat Wojciech Kudyba in der Skizze »Różewicz pisze odę dla papieża«, vorgeschlagen, »Topos« 2005, Nr. 5 – 6, S. 84 f.

Paradigma ausgeschlossene Figur« dar. Deswegen erkennt das lyrische Ich, das sich selbst an den Rand der offiziellen Religiosität stellt, den Papst für seinen Schutzheiligen[14]. Angelo Giuseppe Roncalli als Papst Johannes XXIII. wird bereits in »Śmierć w starych dekoracjach« (Der Tod in der alten Dekoration) zum Schutzheiligen einer Kirche, die aufgeschlossen gesellschaftlichen Problemen gegenübersteht, die einen ökumenischen Dialog mit den Andersgläubigen führt und die Ungläubige oder Zweifelnde toleriert. Johannes XXIII. sorgt jedoch als gegenwärtiger Schutzheiliger der Einwohner von Wrocław für Kontroversen. Nicht nur, weil ausschließlich Johannes Paul II. derjenige Papst ist, der in Polen gefeiert wird, sondern auch, weil seine aus dem Zusammenhang gerissene Aussage über »Wrocław auf den westlichen Gebieten, die nach Jahrhunderten wiedergewonnen wurden«, die historische Politik von Machtorganen der Volksrepublik Polen gegenüber ehemaligen deutschen Gebieten legitimiert hat[15]. Das Gedicht von Różewicz ist jedoch keine politische Abrechnung mit der Vergangenheit, sondern ein Nachdenken über die Diskrepanz zwischen dem kollektiven und individuellen Gedächtnis, das Verfehlen von individuellem Wertgefühl und dem, was momentan würdevoll ist und daher im Marmor verewigt und während öffentlich gefeierter Jubiläen benutzt werden soll. Dieses Denkmal ist ein von den Menschen wieder »verlassener« Gedächtnisort, ein Ort, der in einen »Nicht-Ort« (Marc Agué) verwandelt wurde, weil der Wechselprozess von Bedeutungen des Stadtraumes überall und ununterbrochen verläuft. Die verortete Identität wird infragegestellt, erweist sich als diskontinuierlich, wortwörtlich grundlos.

Tadeusz Drewnowski notiert für die Zeit des Wrocławer Lebens und Schaffens von Różewicz, dass der Schriftsteller »keine besondere Verbundenheit mit seiner Familienstadt behalten« und die Hauptstadt Schlesiens als seinen Ort angenommen habe. Dieser Erkenntnis soll aber nicht zu leicht Recht gegeben werden. Als 2009 in einem Gespräch mit dem Stadtpräsidenten Rafał Dutkiewicz das Thema der ›magischen Orte‹ zur Sprache kam, hat der Schriftsteller behauptet, dass nicht Wrocław, sondern Radomsko für ihn ein magischer Ort sei. »Magisch ist wirklich eine Stadt, eine Kleinstadt, ein Dorf, eigentlich jede Ortschaft, in der der Mensch zur Welt kam. Seitdem begann sein Leben [...]. Solch ein Ort ist wirklich magisch«[16]. Różewicz verglich Radomsko sogar mit einem Nabel, der als Zeichen für die Verbindung des »Fötus' mit dem Leben« steht und sein Verhältnis zur Familienstadt nicht in mythographischen, sondern biographischen Kategorien definiert. Wenn man aus dieser Perspektive die Geopoetik von

---

14 Szczukowski, Różewicz. 2008, S. 194.
15 Zit. nach: Thum, Obce miasto. 2008, S. 346.
16 Wiersz szuka domu. Rafał Dutkiewicz spricht mit Tadeusz Różewicz. In: Tygodnik Powszechny. 2009, Nr. 39 (3142) vom 27. September 2009, S. 56.

Różewicz betrachtet, machen zwei Bände aus den 1990er Jahren auf sich aufmerksam: »Nasz starszy brat« (Arbeitstitel: Unser großer Bruder[17]) und »Matka
odchodzi« (Mutter geht[18]) – die ausführlichsten und persönlichsten (auto)bio-
graphischen Gedichte in seinem Werk. »Unser großer Bruder« enthält eine Kopie
der Widmung von Janusz Różewicz aus einem an Tadeusz überreichten Gedichtband von L. Staff, in dem nicht der Buchautor, sondern Słowacki, Schiller
und Rimbaud als »unsterblich« (XII, 248) gefeiert werden. Als Erinnerung an die
literarischen Förderer des jungen Dichters scheint diese Notiz aus dem Jahre
1941 nicht ihrer Zeit, sondern den 1990ern anzugehören, einer Dekade der
europäischen Versöhnung und der Heilung der Nachkriegsteilung auf dem
Kontinent sowie der Veränderungen, die durch die »Ode an die Freude« symbolisiert werden. Solcher Rekontextualisierung unterliegt auch das Janusz Różewicz' Gedicht »List z Wrocławia do Sally« (Brief aus Wrocław an Sally), signiert
»Radomsko 1940« (XII, 14). Die Titelstadt gewinnt in dieser persönlichen Vorstellung von Sehnsucht des Sohnes nach seiner Mutter und der Begeisterung für
den romantischen Dichter Juliusz Słowacki eine neue Bedeutung: nicht nur einer
Transitstadt oder eines Teils des deutschen Gebietes, sondern einer polnischen
Stadt, deren Polentum nicht offensichtlich ist und als solches immer wieder
gestützt, ergänzt und bewiesen werden muss. Die Episode in der Biographie von
Słowacki, das Treffen mit seiner Mutter, Salomea Bécu, in Wrocław, die früher
nur eine literarische Merkwürdigkeit und lyrischer Topos war, wurde in den
ersten Jahren nach 1945 zum Teil der Erzählung von der lokalen Identität der
Einwohner von Wrocław, die durch Schriftsteller, Polnischlehrer, Historiker für
polnische Literatur geschaffen und verbreitet wurde. Bereits in den Skizzen von
Tadeusz Mikulski zeichnete sich eine Tendenz ab, neben der großen Meta-Er-
zählung die Einbürgerung der Einwohner in Breslau durch biographische Mi-
kronarrationen zu behandeln. Eine Spur dieser Stadtzähmung ist eine Ge-
denktafel, die 1959, d.h. am 150. Geburtstag von Słowacki, an einer der Wände
von sozialrealistischen Gebäuden des Kościuszko-Wohnviertels angebracht
wurde. An die Tafel wurden seine Worte gemeißelt: »Ich bin in Breslau – und ich
will, dass Sally (wenn vielleicht) kommt... Juliusz Słowacki« und die Unter-
schrift: »Wrocław, den 2. Juni 1848«. Diese Inschrift zeugt nicht nur von der
Rolle der nationalen literarischen Legende im Polonisierungsprozess der Stadt,
sondern hebt den Zusammenhang des persönlichen Lebens des Dichters mit
diesem konkreten Ort hervor, indem er sich auf die Gefühle, Grund- und Familienwerte bezieht. Am Ende der 1960er Jahre entsteht in Wrocław eine öf-

---

17 Różewicz, Tadeusz: Unser großer Bruder. Üb. Alois Woldan, Bernhard Hartmann. Passau:
    Stutz-Verlag [Im Erscheinen].
18 Różewicz, Tadeusz: Mutter geht. Üb.: Alois Woldan, Bernhard Hartmann, Jolanta Doschek.
    Passau: Stutz-Verlag 2009.

fentliche Diskussion über die Denkmalsetzung für Juliusz Słowacki in einem Park, der nach ihm benannt wurde. Bevor man 1984 das Denkmal des Dichters enthüllte, hatte das Sozialkomitee für dessen Errichtung eine Begründung erlassen, die das Verhältnis des romantischen Dichters zu der Stadt und ihre Bedeutung für die kulturelle Tradition festhielt. Die in den 1990er Jahren in Wrocław gelesenen Texte gestalten nicht nur das kulturelle Gut der modernen Stadt mit, sondern ergänzen eine ihrer Gründungsnarrationen durch eine weitere Mikronarration eines Einzelnen.

»Unser großer Bruder« und »Mutter geht« sind retrospektive Narrationen, eine Probe der Ganzheit, die durch den Tod des Bruders und der Mutter »verletzt« wurde (XII, 144). Beide Gedichtbände verflechten sich sowohl biographisch als auch textuell. Sie bilden eine intertextuelle Beziehung zu früheren Ausgaben der Texte Różewicz', weil ein Teil von ihnen bereits auch schon in anderen seiner Büchern erschienen ist. Der Satz »teraz, kiedy piszę te słowa« (jetzt, wenn ich diese Worte schreibe) wird in der Sammlung »Mutter geht« noch vier Mal wiederholt, zum letzten Mal in der Skizze »Do poprawki« (Zur Korrektur), als würde Różewicz darauf hinweisen wollen, dass es sich nicht nur um Gewissensforschung eines alten Menschen und Schriftstellers handelt, sondern auch um eine Narration der individuellen Identität als einem Artefakt literarischer Konstruktion, die sie in seiner Schriftstellerei als ein immer präsenter und unaufhörlich korrigierter Text einnimmt. Die Korrekturen am eigenen Text sind das Resultat eines Vertrauensverlustes in die Literatur. Der Autor verheimlicht die Diskontinuität und Zweideutigkeit der Beschreibung (auch im geschichtlichen Sinne) nicht. Seine Haltung bezieht sich sowohl auf die Welt als auch auf das Schreiben selbst, auf die vergangene Zeit sowie auf das »Jetzt«.

Wenn der Erzähler, wie es in den zitierten Skizzen der Fall ist, die Erzählung in der ersten Person im Präsens beginnt, dann ist der Satz: »Teraz, gdy piszę« (Jetzt, wenn ich schreibe) ihr einziger, glaubwürdiger Beginn.

»Unser großer Bruder« und »Mutter geht« sind lyrische Werke, in denen es zu einem Austausch zwischen dem Intimen und dem Öffentlichen kommt[19]. Różewicz gestaltet das Bild des Bruders vor allem als familiäre »Leere«, als persönliches Verlustgefühl und nicht nur als die nächste Verkörperung des gefolterten und ermordeten Verschwörers. Die Figur der Mutter trennt er »von der kulturellen Determination der mutmaßlichen jüdischen Herkunft« ab, weil »die jüdische Identität im 20. Jahrhundert nie als ausschließlich privates Schicksal betrachtet werden darf, immer ein Element des Holocausts ist und jeglichen Nebenbegriff seitens ihres Sohnes unmöglich machen würde«[20]. Das Ziel für die

---

19 Vgl. Ritz, German: Początek literatury psychopoetyckiej. In: »Matka odchodzi« Tadeusza Różewicza. Hrsg. von Inga Iwasiów und Jerzy Madejski. Szczecin 2002, S. 132.
20 Ebd., S. 135.

Wiederbeschreibung des Schicksals seiner Familienmitglieder ist typisch für Różewicz' Rekonstruktion von sich selbst und seiner Welt, die jahrzehntelang gebaut und immer wieder zunichte wird. Nur als Textredakteur kann sich »der Verbesserer« – das Subjekt dieser Gedichte – von der Determination befreien, um nochmals »an der Schwelle des Todes« die Ordnung zwischen dem Privaten und dem Öffentlichen festzulegen. Es lässt sich feststellen, dass in dieser autobiographischen Korrektur die Hauptnarrationen von Różewicz zusammenlaufen, wie die Narration eines Dichters nach dem Tod der Dichtung, Narration der Identität eines Individuums nach dem Zerfall des Begriffs »Subjekt«, Narration eines durch die Erinnerung an die Vernichtung gelähmten Geretteten, und letztendlich die Narration des Nicht-Heimisch-Werdens in einer »verwüsteten« Welt. Die einzige Sprache, die das Privatleben mit der historischen Erfahrung, die Rolle des Subjekts der Erzählung mit der Rolle dessen, von dem erzählt wird, das Provisorium und die Bruchstückhaftigkeit mit dem Begehren der Ganzheit in Einklang bringen kann, ist die »autobiographische Sprache« (G. Ritz). Die Aussage der beiden Gedichtbände »Unser großer Bruder« und »Mutter geht« ließe sich wie folgt zusammenfassen: In einer »verwüsteten« Welt wird der Mensch weder durch einen Mythos noch durch eine ideologische Utopie und auch nicht durch eine historische Erzählung heimisch, sondern nur durch eine biographische Erzählung, weil nur im biographischen Schreiben kollektive Symbole und Identität gegen ein Subjekts- und Individuumsgefühl gewechselt werden können. Beide Bände können demnach als die Erfüllung des 1968 in dem erwähnten Brief an Mayewski skizzierten »gehen-lernens« verstanden werden.

Markus Joch (Tokyo)

Viel Witz, noch mehr Wahrheit – Wie Thomas Brussig die Vorwendezeit erzählt

Im deutschen literarischen Feld nach 1990, besonders unter den Erzählern, dominieren Autoren, die ihre Jugend oder Kindheit noch in der DDR verbrachten, die ersten schriftstellerischen Erfolge aber später im wiedervereinigten Deutschland erzielten. »Nicht von ungefähr«, befand 2005 Peter Schneider, der westdeutsche Chronist, »haben die Bücher von Ingo Schulze, Thomas Brussig, Jana Hensel, Uwe Tellkamp und vielen anderen eine größere Aufmerksamkeit erfahren als die ihrer gleichaltrigen westdeutschen Kollegen«. Schließlich gelte für die (jüngeren) Schriftsteller aus der vormaligen DDR: »Im Zweifelsfall sind Künstler, für die sich seit dem Fall der Mauer alles geändert hat, produktiver und interessanter als Leute, die sich einbilden, dass für sie alles beim Alten geblieben ist.«[1] Der Standortvorteil Ost, von dem hier die Rede ist, lässt sich auf den Begriff des Erfahrungskapitals bringen. Es kennt zwei Gesichtspunkte. »Produktiv« heißt, dass der lebensgeschichtliche Riss, den die Wende von 1989/90 für die in den 1960er Jahren und später geborenen ostdeutschen Autoren bedeutete, der Trumpf dieser Gruppe war. Weil die Jüngeren mit der DDR noch nicht so fest verwachsen waren wie die ältere Autorengeneration um Christa Wolf, fanden sie das neue Deutschland weniger bedrohlich als interessant, was ihre Wahrnehmungsschärfe und Nichtlarmoyanz förderte. Den westdeutschen Altersgenossen wiederum hatte man dreierlei voraus: die Erfahrung des Realsozialismus, einen neugierigeren Blick auf den *consumer capitalism*, schließlich die Möglichkeit, beide Gesellschaftssysteme aus eigener Erfahrung zu vergleichen – was man konnte, musste man ja auch. Dennoch, das »produktiver« von Schneider ist überzogen. Gegen den Komparativ zu Lasten von Anbietern aus der alten Bundesrepublik spricht das respektable Werk eines Marcel Beyer oder Thomas Hettche, um nur zwei Beispiele für konkurrenzfähige westdeutsche Schriftsteller der 1960er Jahrgänge zu nennen.[2] Vertretbar dagegen

1 Schneider, Peter: Wie der Osten gewann. In: Der Spiegel. 2005. H. 48, S. 175.
2 Von denen übrigens keiner jemals behauptet hat, für ihn sei nach der Wende »alles beim Alten

wirkt das »interessanter«, bezieht es sich doch auf die Wahrnehmung der Leser, professionelle wie nicht-professionelle, auf die Größe, die über Erfolg entscheidet. Dass gelernte Ostdeutsche im Literaturbetrieb um 2000 den Großgewinn in der Ökonomie der Aufmerksamkeit einfuhren, über distinktes Erfahrungskapital nicht nur verfügten, sondern von ihm auch profitierten – was bei der metaphorischen Kapitalsorte so wenig selbstverständlich ist wie bei der buchstäblichen –, verdankte sich neben Qualitäten der Autoren auch dem Erfahrungshorizont der Leser. Inwiefern?

Als Ostdeutscher nach 1990 über die DDR zu schreiben, bedeutete (faktisch, nicht unbedingt intentional), zwei grundverschiedene Nachfragen zu befriedigen: den ehemaligen DDR-Bürgern ein Erinnerungsangebot zu machen und den westdeutschen Rezipienten Exotik zu bieten. Denn für die Mehrheit der Westdeutschen, diejenigen, die zur Zeit des Mauerfalls keine andere als die Nachkriegsordnung kannten, auch keine Ost-Verwandtschaft hatten, war der andere deutsche Staat vor allem eines: fremd. Die Blickverhältnisse zwischen West- und Ostdeutschland vor 1989 hätten asymmetrischer nicht sein können. Während viele DDR-Bürger über kulturelle Entwicklungen im Westen recht gut informiert waren – worüber uns nach der Wende vor allem die Romane Thomas Brussigs in Kenntnis setzten, ungeachtet ihres Fiktionalitätsstatus aufschlussreicher als jede Reportage –, hatten die meisten Westdeutschen von der DDR so gut wie keine Ahnung. Warum dem so war, beschrieb am Vorabend der deutschen Einheit Patrick Süskind (Jahrgang 1949), in dankenswerter Offenheit:

> »[...] Kreta, Andalusien oder die Äußeren Hebriden lagen uns [...] unendlich viel näher als so dubiose Ländereien wie Sachsen, Thüringen, Anhalt, Mecklen- oder Brandenburg, die wir höchstens notgedrungen durchquerten, um auf der Transitstrecke rasch nach Berlin-West zu gelangen. Was hatten wir mit Leipzig, Dresden oder Halle im Sinn? Nichts.«[3]

Auch deshalb nichts, weil das öffentliche Bekenntnis zur Solidarität mit den Brüdern und Schwestern im Osten – besonders gern vorgebracht am Tag der deutschen Einheit – im Lauf der Jahrzehnte von immer weniger Bundesrepublikanern ernst genommen wurde: »Am 17. Juni gingen wir segeln.«[4] Genau diese Haltung, das Desinteresse, das nur noch von der Arroganz übertroffen wurde, sollte nach 1989 den ostdeutschen Newcomern zum Vorteil gereichen. Sie hatte zur Folge, dass westdeutsche Leser die DDR nunmehr als ein unbekanntes Land entdecken konnten. »Geschichte aus einem versunkenen Land«, der Un-

---

geblieben«. Man stellte bisweilen fest, dass sich für einen selbst weniger geändert hatte als für die Ostdeutschen – das war alles und ist auch nicht zu leugnen.

3 Süskind, Patrick: Deutschland, eine Midlife-crisis. In: Der Spiegel. 1990. H. 38, S. 123.

4 Ebd.

tertitel, mit dem Tellkamp 2008 seinen Roman zum Dresden der Vorwendezeit schmückte (»Der Turm«), war insofern geschickt gewählt.

Will man die schon länger währende Erfolgsgeschichte Brussigs verstehen, empfiehlt es sich, mit dem Erfahrungskapital zunächst jenes Merkmal zu beachten, das er mit den anderen ostdeutschen Shootingstars teilt. Innerhalb seiner Autorengruppe aber unterscheidet den Ostberliner das Wie des Erzählens, der Witz. Für sich genommen eine vielfach bemerkte Qualität, aber eine, die man in der Literaturwissenschaft nur einmal, und dort auch nur am Rande, als Besonderheit unter den ostdeutschen Anbietern kenntlich gemacht hat.[5] – Und die Differenz zu westdeutschen Satirikern wie Max Goldt oder Wiglaf Droste? Ihnen hat der Ostkollege schon das Erfahrungskapital voraus. In einer ersten, einfachen Positionsbestimmung könnte man sagen, dass es die Kombination von Witz und Erfahrungskapital ist, die Brussigs Distinktion im Ganzen des Nach-89er-Feldes ausmacht. Doch kommt ein weiterer Vorzug hinzu, einer, in dessen Licht sich eine Einordnung als ostdeutscher »Satiriker« versimpelnd ausnimmt: der hohe Wahrheitswert. Ablesbar ist die Verschmelzung von Witz und Wahrheit bereits an der Art und Weise, wie die Erzählung »Am kürzeren Ende der Sonnenallee« (1999) westdeutsche Überheblichkeit und Kenntnisarmut zu Vorwendezeiten in Szene setzt.

Micha und Mario, die Ostberliner Protagonisten, direkt an der Mauer wohnend und gepeinigt vom zoologischen Ton, den die westdeutschen Touristengruppen auf ihrer Aussichtsplattform anschlagen (»›Guckt mal, ’n echter Zoni!‹«), entwickeln eine Retourkutsche für die »*tägliche Demütigung*«.[6] Sie pflegen zum Spaß auf die Reisebusse zuzulaufen und »Hunger! Hunger!« zu rufen,[7] was seine Wirkung auf die Besucher nicht verfehlt. Durch die Elendssimulation fühlen sich die Bus-Touristen in ihren schlimmsten Befürchtungen bestätigt (liest man nicht von Versorgungs-Engpässen in der Zone!?). Zugespitzt wird die Komik auf westdeutsche Kosten in der – vorausgegangenen – Drehbuch-Fassung: Auf die Zurufe vom Aussichtsturm (»Willste ’ne Banane?«) reagiert der genervte Micha mit der Drohung, später zu den Grenztruppen zu gehen und »euch«, die Westler, »alle abzuknallen« – daraufhin leert sich die Plattform schlagartig. Warum zündeten derlei Pointen Ende der neunziger Jahre auch, wenn nicht gerade beim westdeutschen Publikum, lösten sie im Kino[8] wie

---

5 Manfred Durzak sieht die Differenz zum nüchternen und verrätselten, leider auch langweiligeren Erzählen von Ingo Schulze: Der Roman zur deutschen Wende? Überlegungen zu Thomas Brussigs Buch *Wie es leuchtet*. In: Bialek, Edward/ Wolting, Monika (Hrsg.): Kontinuitäten, Brüche, Kontroversen. Deutsche Literatur nach dem Mauerfall. Dresden 2012, S. 35 f.

6 Brussig, Thomas: Am kürzeren Ende der Sonnenallee [1999]. Frankurt/Main 2001, S. 9.

7 Ebd., S. 42.

8 Bei den zwei Besuchen des »Sonnenallee«-Films in einem Berlin-Neuköllner Kino, November

auch bei den Lesern Gelächter aus? Erstens natürlich, weil mit der »Hunger-Show« Klischees vom Osten auf die Spitze getrieben und somit ridikülisiert wurden. Zweitens weil der Autor die Wahrnehmung der Alt-Bundesrepublikaner sprachlich zu imitieren wusste, in erlebter Rede wiedergab: »Die Touristen waren schockiert über die *Zustände, die hinter dem Eisernen Vorhang herrschten* [Herv. MJ]«.[9] Drittens konnten sich westdeutsche Rezipienten in der Einfalt der Touristenfiguren wiedererkennen, was die Möglichkeit bot, über sich selbst zu lachen. Viertens und in der Hauptsache erlebten sämtliche Rezipienten eine symbolische Umkehrung der Machtverhältnisse. Von der Dominanz der Westdeutschen, der im Film die Blickachse vom westlichen Aussichtsturm oben ins östliche Grenzgebiet unten entspricht, lässt das Drehbuch wenig übrig, die Erzählung noch weniger. Brüchig wird die Vorherrschaft nicht nur, weil auf der Handlungsebene den westdeutschen Verhöhnungen eine ostdeutsche Veralberungs- und Einschüchterungskunst antwortet, sondern auch, weil die westdeutsche Rede im Mund des ostdeutschen Erzählers einen lächerlichen, parodistischen Klang annimmt. Der Einsatz erlebter Westrede ähnelt ein wenig dem subversiven Sprachgebrauch der Kolonisierten im 19. Jahrhundert, wie ihn Homi Bhabha schildert: Nichts verunsicherte die englischen Kolonialherrn mehr, als wenn sich das indische Kolonialvolk »Kultur«, »Freiheit« und »Fortschritt«, die britischen Legitimationsvokabeln, zu eigen machte. Die Wiederholung der Rede der Herrschenden an ungewohntem Ort verlieh dieser eine unfreiwillige Komik und trug so zu schwindender Herrschaft bei.[10] Wenn auch nur punktuell, ein narratives Verfahren von Brussig betreffend, ist die Beschreibung der Westdeutschen als Kolonialmacht, der Ostdeutschen als sich wehrende Kolonisierte (das Sinnbild, das nach der Wende eine steile Karriere erlebte)[11] bedenkenswert.

Symbolisch entmachtet durch das »Sonnenallee«-Projekt wurden Westdeutsche aber vor allem in Sachen Erinnerungshoheit. Ob DDR-Jugendliche jemals auf die Idee einer »Hunger-Show« gekommen sind, das Verhältnis von Fabel und historischer Wirklichkeit also, war für Westler schwerlich überprüfbar – der Ostberliner ›konnte einem viel erzählen‹. Ein Erfahrungsrückstand, den sich Brussig guten Gewissens zunutze gemacht haben dürfte, war der Wahrheitswert seines Erinnerns doch unabhängig vom Zutreffen dieses oder jenes historischen Details. Er beruhte auf der mentalitätsgeschichtlichen Tatsache, dass es Span-

---

1999, ernteten Plattform-, Grenztruppen- und Hunger-Pointe an beiden Abenden die meisten Lacher.

9 Brussig, Am kürzeren Ende. 1999, S. 42.

10 Bhabha, Homi K.: Die Verortung der Kultur. Tübingen: Stauffenburg Verlag 2000, S. 48.

11 Vgl. Geier, Andrea: Enteignete Indianer und ausgebeutete Neger. Der Kolonialisierungsdiskurs in der Literatur nach 1990. In: Stephan, Inge/ Tacke, Alexandra (Hrsg.): NachBilder der Wende. Köln et al. 2008, S. 70–83.

nungen zwischen ›Ossis‹ und ›Wessis‹, in den neunziger Jahren *das* massenmediale Dauerthema, realiter schon vor dem Mauerfall gab, schon die DDR-Bürger (und nicht nur die linientreuen) die westdeutsche Selbstgefälligkeit verdross. Das unschöne Faktum plastisch und komisch in Erinnerung zu rufen statt diskursiv und gekränkt, damit die Sonntagsreden von den Brüdern und Schwestern unterhaltsam Lügen zu strafen, darin, unter anderem, bestand die Erzählmoral – mit der Pointe, dass Michas Wunsch nach Revanche an den Westlern indirekt in Erfüllung geht, durch den Erfolg seines Autors, der den Verkaufszahlen, der feuilletonistischen Beachtung wie auch der Zahl der Übersetzungen nach die meisten westdeutschen Konkurrenten so weit hinter sich lässt, dass sie sich täglich gedemütigt fühlen dürfen.

Warum die Vereinbarkeit von Unterhaltungs- und Wahrheitswert betonen? Unter den poetologischen Selbstbeschreibungen, mit denen Brussig seine Interviews manchmal anreichert, scheint die entscheidende:

> »Das Moralische ohne das Unterhaltende ist Moralin und langweilig. Das Unterhaltende ohne das Moralische ist belanglos und leer. Je unterhaltender man ist, desto moralischer muss man auch sein, und je moralischer man sein will, desto unterhaltender muss man auch sein.«[12]

Aus den (frei nach Kant formulierten) Axiomen, zumal ihrem sentenziösen Ton, spricht ein gewisser Überdruss. Auf einem »symbiotische[n] Verhältnis«[13] von Unterhaltung und Moral zu bestehen, heißt, sich gegen die Denkgewohnheit zu wenden, wonach Unterhaltung unweigerlich auf Kosten von Wahrheit geht – und umgekehrt. Dass die Vorstellung, Wahrheit (»Moral«, »Ernst«) und Witz stünden einander im Wege, selbst noch nach 1989 zur *doxa* im literarischen Feld zählt, zu jenen bewusstlosen Vorannahmen, stillschweigenden Voraussetzungen, die man für so selbstverständlich hält, dass sie nicht einmal explizit formuliert werden müssen,[14] wird an keiner Wirkungsgeschichte deutlicher als an der von Thomas Brussig. Er, der die Trennlinie zwischen »Spaßmachern und Ernstmachern«[15] durch ständiges Überschreiten in Frage stellt und dadurch den wacheren Teil des Feuilletons seit je begeistert, überfordert den langsameren.

Hartnäckig etwa hält sich das Gerücht, eine witzige Verhandlung der realsozialistischen Diktatur laufe auf ihre Verharmlosung hinaus. Ein Hauch der fixen Idee mischte sich sogar in die Reaktionen auf »Helden wie wir« (1995),

---

12 »Das Buch war ein Wagnis«. Thomas Brussig im Interview mit Susanne Messmer. In: Die Tageszeitung vom 25.09.2004.

13 Ebd.

14 Vgl. Bourdieu, Pierre: Die Regeln der Kunst. Genese und Struktur des literarischen Feldes, Frankfurt/Main 1999, S. 127, 268, 305.

15 Gernhardt, Robert: Versuch einer Annäherung an eine Feldtheorie der Komik. In: Ders.: Was gibt's denn da zu lachen? Kritik der Komiker, Kritik der Kritiker, Kritik der Komik. Zürich 1988, S. 458.

obgleich sie im Ganzen doch einem Triumphzug glichen. Wolf Biermanns Huldigung im »Spiegel«, das Buch sei »ein herzerfrischendes Gelächter«, wie auch seine Begründung: »Brussig schildert die grauenhaft komische Leidensgeschichte eines authentischen DDR-Kretins. Und weil deren Zahl Legion ist, könnte Brussigs Buch zumindest im Osten zum Kultbuch werden«,[16] unterstrich wie andere Stimmen zwei Stärken: 1.) In der Figur des angehenden Stasi-Mitarbeiters Klaus Uhltzscht, zusammengesetzt aus Minderwertigkeitskomplexen und grotesker Autoritätsgläubigkeit, wird, zumal wenn man sie, wie hier, aus der Innenperspektive beleuchtet, ein Typus kenntlich, ohne den Diktaturen nicht funktionieren; 2.) Brussig seziert, indem er ein Produkt des Realsozialismus lächerlich macht, diesen selbst. Und doch, selbst Biermanns Eloge, die einen gewaltigen Prestigegewinn für den Jungautor bedeutete, da das symbolische Kapital des obersten DDR-Dissidenten das Gewicht des Lobes potenzierte, selbst dieser Ritterschlag wurde von einem leisen Tadel begleitet. Die Staatssicherheit werde »stark verharmlost«; wer einen Stasi-Mann als Trottel zeichne, ignoriere eines: »Es gab im MfS aber auch mehr als genug hochintelligente und effektive Menschenverächter«,[17] den Typus Markus Wolf.

So selbstverständlich dieser Satz zutrifft, so schief ist er als Einwand gegen das Erzählkonzept. Als ob das Karikieren einiger Stasi-Trottel[18] bedeute, die Existenz effektiver Menschenverächter zu leugnen, und als müsse, wer von der lächerlichen Seite einer Diktatur spricht, partout auch ihre zynische zeigen, am besten in gleicher Ausführlichkeit. Der an Literatur gestellte Dokumentationsanspruch ist schon dubios genug – warum sollte sie verdoppeln müssen, was hauptsächlich Journalismus oder Geschichtswissenschaft leisten können? Zudem haftet das Kritikmuster an einem Realismusbegriff à la Georg Lukács, d.h. am Glauben, Romane könnten die Totalität einer Gesellschaft einfangen anstatt nur Ausschnitte. Auch sind die Wertungskriterien nicht stimmig: Hätte sich der Erzähler tatsächlich auf intelligente Zyniker konzentriert, wäre das »herzerfrischende Gelächter« über einen »authentischen DDR-Kretin« kaum zu haben gewesen. Doch wie gesagt, bei Biermann überwiegt der Respekt – wie weit, gibt das Resümee zu verstehen: »wenig Wahrheiten, viel Wahrhaftigkeit und noch mehr Witz«.[19] Wirklich heikel ist erst das Verhältnis von Rezensions- und Peritext.[20] Der zuständige »Spiegel«-Redakteur wählt als Titel die griffige Zusammenfassung, streicht aber »viel Wahrhaftigkeit«, also gerade den Teil, der Brussigs

---

16 Biermann, Wolf: Wenig Wahrheiten und viel Witz. In: Der Spiegel. 1996. H. 5, S. 186.
17 Ebd., S. 187.
18 Vgl. Brussig, Thomas: Helden wie wir. Berlin 1995, S. 162–185.
19 Biermann, Wenig Wahrheiten. 1996, S. 186.
20 Peritexte sind die Paratexte, die einen literarischen Text gewissermaßen einkleiden: Titel, Untertitel, Buchcover. Ich übertrage den Begriff auf literaturkritische Texte in Variation zu Genette, Gérard: Paratexte. Das Buch zum Beiwerk des Buches. Frankfurt/Main 2001, S. 12.

Fähigkeit auszeichnet, an einer einzelnen Figur das kollektive Duckmäusertum zu treffen. Was übrig bleibt: »Wenig Wahrheiten und viel Witz«, verzerrt den Tenor, spielt Wahrheits- und Unterhaltungswert gegeneinander aus, wo die Besprechung selbst den Wahrheitsgehalt nur eingeschränkt sah.

Ein weiteres Problem betrifft eine verpasste Chance. Wie in den frühen Neunzigern die prominentesten Literaturkritiker (Marcel Reich-Ranicki und Hellmuth Karasek bei ihrem Angriff auf Jurek Becker),[21] so fixiert sich auch Biermann, wenn auch nur gegen Textende, darauf, ob die Stasi denn auch erschreckend genug gezeichnet sei. Darüber vernachlässigt er die Frage, woraus genau der Witz resultiert und wie er zur literarischen Tradition steht.[22] Heute, fast zwanzig Jahre nach Brussigs Durchbruch, stellt sich die offen gebliebene Frage genauso, weil kein anderes Werk des Nach-Wende-Jahrzehnts einen vergleichbaren Begeisterungssturm auslöste – unter ost- und westdeutschen Kritikern gleichermaßen. »Scheinbar naiv, in Wahrheit hintergründig boshaft«, rühmte die Rezensentin der »F. A. Z.«, »genaue Charakter- und Situationsanalysen, die dank einer guten Portion Übertreibung besonders intensiv einleuchten«. »Nirgends« lebe die fiktive Autobiographie des Klaus Uhltzscht »von plattem Witz, sondern immer von der intelligenten Unverschämtheit und dem treffsicheren Spott der Shakespeareschen Narren«.[23] Der größte Jubel seit der »Blechtrommel« – wodurch wurde er ermöglicht? Durch Vorsprünge und Missverständnisse.

Die als so überraschend empfundene Mischung aus Präzision, Übertreibung und Witz verdankte sich keiner Schöpfung aus dem Nichts. Sie entstand aus differentieller Kreativität, einem Beherrschen des literarischen Erbes, das zugleich über den Stand der Dinge im literarischen Feld die entscheidenden Schritte hinausgeht.[24] Vor Brussig war überhaupt nur ein Einziger darauf gekommen, aus der Froschperspektive eines willfährigen Stasi-Mannes zu erzählen: Jurek Becker mit seiner Pförtnerfigur in »Der Fluch der Verwandtschaft« (1980). Deren Anlage jedoch wird in »Helden wie wir« radikalisiert.[25] Während Becker Folgsamkeit, Beflissenheit und Ängstlichkeit als hervorstechendste Eigenschaften seines Helden lediglich andeutet, treibt Brussig sie ins Karikatureske. Was z. B. Einbrecher für die Figur des Klaus Uhltzscht so »unheimlich«

---

21 Vgl. zu diesem Trauerspiel Joch, Markus: Jurek Beckers »Amanda herzlos« im »Literarischen Quartett« (1992). In: Gansel, Carsten (Hrsg.): Rhetorik der Erinnerung – Literatur und Gedächtnis in den ›geschlossenen Gesellschaften‹ des Real-Sozialismus. Göttingen 2009, S. 343–368.

22 Was derjenige, der 1972 Heines »Wintermärchen« adaptierte, vielleicht am verständigsten hätte diskutieren können.

23 Brandt, Sabine: Bleiche Mutter DDR. In: Frankfurter Allgemeine Zeitung, 10.10.1995.

24 Vgl. Bourdieu, Die Regeln. 1999, S. 385.

25 Nicht unbedingt vorsätzlich, versteht sich. Verschiebt ein Autor die avanciertesten ästhetischen Positionen, bedarf es keiner bewussten Anleihen.

macht, ist, »daß sie einbrechen, obwohl Einbrechen gesetzlich verboten ist! Was
sind das für Menschen, die sich nicht mal von Gesetzen schrecken lassen! Ich
fühle mich schon ertappt, wenn ich ein Verbotsschild überhaupt *sehe!*«[26] Auch
können die Leser nun, anders als bei Beckers Pförtnerfigur (einem alten Herrn
mit unbekannter Vorgeschichte), die Genese einer Ich-Schwäche verfolgen.
Nicht allein, dass bereits Klaus' Vater für die ›Firma‹ arbeitet und den Sohn als
Versager behandelt, der Protagonist ist auch noch mit einer gouvernantenhaften
Mutter geschlagen, Reinlichkeitsfimmel inklusive. Muttersöhnchen-Story und
Namenswitz lassen sich verbinden:

> »Sehen Sie sich doch nur diesen einsamen Vokal an, der unter der Last der Konso-
> nanten ächzt. Das arme U [in Uhltzscht, MJ] kann schon nicht mehr – aber trotzdem
> werden ihm weitere Konsonanten aufgeladen. […] *Klaus* steht für meine leiden-
> schaftliche Artigkeit (es ist zum Heulen, aber so war's – meine Kindheit war ein Exzeß
> der Artigkeit) und *Uhltzscht* für mein Abstrampeln, daß ich jede, aber auch wirklich
> *jede* Anstrengung auf mich nahm, um meine Mutter nicht zu enttäuschen.«[27]

Dass auch noch der Vorname als Problemzone gilt, verweist auf die Lyrics eines
deutschen Pop-Songs der späten Siebziger,[28] Intertextualität zwischen den
Kunstsparten. Es wird also an eine (bei Stasi-Figuren) seltene Innenperspektive
angeknüpft – interne Fokalisierung plus homodiegetisches Erzählen –,[29] doch
was Becker noch dezent handhabe, erhält bei Brussig einen ganz anderen Drive.
Dies auch durch ein Vergnügen am Derben, Bizarren und an der Geschichtsle-
gende, das an den frühen Grass erinnert: Den Onanie-Exzessen von Uhltzscht
entsprechen die berüchtigten Ostsee-Szenen in »Katz und Maus« (1961). Und
wenn Uhltzscht mit Hilfe seines Monsterpenis, zu dem er erst unfallbedingt
gekommen ist, am Abend des 9. November 1989 die Öffnung der Berliner Mauer
erzwingt – die Grenzer treten eingeschüchtert zur Seite –, bestehen Parallelen
zur »Blechtrommel«, insofern a) der kleinwüchsige Oskar Matzerath ebenfalls
sein Wachstum erst am Ende einer ›welthistorischen Epoche‹ beginnt – 1945 –,
b) auch Oskar sein Organ spektakulär einzusetzen weiß – bei ihm die Stimme,
mit der er Fensterglas zersingt –, c) Oskar ebenso ins politische Geschehen
eingreift, wenn auch etwas weniger folgenreich: mit Hilfe seiner Trommel verwandelt er auf der Mai-Kundgebung der Danziger Nationalsozialisten einen
Marsch in einen Walzer. Die Konjunktion »wenn auch« aber ist bereits Gewäsch

---

26 Brussig, Helden wie wir. 1995, S. 35.
27 Ebd., S. 43.
28 »Deine Mutter sagte, Klaus, zieh dir bloß die Schuhe aus«. Müller-Westernhagen, Marius:
    »Mit Pfefferminz bin ich dein Prinz« (1978).
29 Der Erzähler sagt nicht mehr, als die Figur weiß, und ist Hauptfigur der erzählten Welt. Vgl.
    Martinez, Matias/ Scheffel, Michael: Einführung in die Erzähltheorie. München 1999, S. 64,
    82.

– dass in »Helden wie wir« gleich die Weltgeschichte genital umgeschrieben wird, macht eben die Differenzqualität zur Danziger Trilogie aus.

Zwischenfazit: Das Neue der Erzählung von 1995 besteht nicht zum wenigsten darin, Errungenschaften älterer Autoren zu steigern und synergetisch zu vereinen, eher in einem kumulierenden Verhältnis zur Vor-89er-Literatur als in einem Bruch – wie zum Beweis, dass so genannte Einschnitte – und als solcher gilt das Jahr 1989 – sich auch in der Literatur als Rekombination von Altem und Neuem gestalten.[30] Ein Bruch vollzieht sich erst durch flexibilisiertes Erzählen. Anders als die Altvorderen steigt Brussig wiederholt aus der Rollenprosa aus. Es stimmt nicht ganz, dass er, die Autor-Person, »von Anfang bis Ende« »mit traumwandlerischer Distanz in der authentischen Erzählerebene seines Protagonisten« bleibe.[31] (Was auf einer Strecke von 322 Druckseiten auch weniger traumwandlerisch als sklavisch wäre.) Lieber changiert er: Mal lässt er allein Klaus sprechen – dort, wo er ihn vorführt –, mal macht er ihn zum Sprachrohr des Autors. Was man vielfach als Höhepunkt des Romans ausgemacht hat, lebt genau davon; der Hohn auf Christa Wolf wird durch den gleitenden Stimmwechsel zum Highlight jüngerer deutscher Literaturgeschichte.

Klaus ist es, der die bekannteste Rednerin des 4. November 1989 mit der Eiskunstlauftrainerin Jutta Müller verwechselt, dem Idol seiner Mutter. Schon die Assoziation ist eine Frechheit, da der Realperson Müller das Image des Zwangscharakters anhaftet.[32] Auch ist sie, die Assoziation, erzähllogisch wohlmotiviert, denn der seiner Willfährigkeit überdrüssige Klaus will gegen diese ganze Riege strenger Mütter (eine Allegorie der Erziehungsdiktatur) endlich rebellieren. Bliebe der Autor jedoch ganz auf der Ebene seines Protagonisten, könnte er kaum betreiben, was er im Kern betreibt, die sprachzentrierte Erledigung von Wolf. Klaus verwechselt die beiden Damen, es ist jedoch am Schriftsteller Brussig, durch sein Sprachrohr die Verwechselbarkeit Wolfs zu erklären:

> »Eine echte Eiskunstlauftrainerinnen-Rede, finden Sie nicht? Diese angestrengte Eleganz, dieses Schwelgen in Passagen, die garantiert eine hohe B-Note abwerfen – und gleichzeitig diese kurzatmige politische Programmatik mit einigen verstolperten,

---

30 Eine generalisierende, doch auch auf Literaturgeschichte beziehbare Beobachtung von Luhmann, Niklas: Das Problem der Epochenbildung und der Evolutionstheorie. In: Gumbrecht, Hans Ulrich/ Link-Heer, Ursula (Hrsg.): Epochenschwellen und Epochenstrukturen im Diskurs der Literatur- und Sprachhistorie. Frankfurt/Main 1985, S. 20, 25.

31 Biermann, Wenig Wahrheiten. 1996. S. 186 f.

32 Vgl. Großekathöfer, Maik: Popo rein und lächeln. In Der Spiegel. 2000. H. 6, S. 135: »Unverändert sind Fleiß, Ordnung und Zucht feste Größen im Koordinatensystem der Jutta Müller […].«

verpatzten oder ausgelassenen Sprüngen, die vom betörten Laienpublikum glatt
übersehen werden.«[33]

So spricht ein Stasi-Trottel? Erstaunlich wortgewandt. Besonders effektiv wirken
Protagonisten- und Autorenstimme zusammen, wenn es um die Würdigung von
Christa Wolfs Wirken am »Runden Tisch« geht:

> »*Aber die schönste Verfassungspräambel hat wieder unsere Christa geschrieben.* Wie
> mein Nachname [...] ist auch diese Präambel ein einziges *Uhltzscht*, wenn Sie ver-
> stehen, was ich meine. Alles, aber auch wirklich alles Edle, Wahre, Hehre, Erbauliche
> usw. wurde dort hineingestopft, verkettet durch Partizipien, natürlich durch das auf-
> dringlichere, das Partizip I. Ich kenne diesen Stil von meiner Mutter: Für den Bade-
> kappenzwang, aber sonst liberal.«[34]

Die Komik entsteht nicht allein aus der Freude der Leser am Wiedererkennen
(vielen dürfte das Partizip I schon beim späten Brecht auf die Nerven gegangen
sein), auch nicht allein aus den überraschenden Assoziationen (Sprechweise und
Badekappe). Mehr noch gründet sie auf dem Kontrast zwischen dem Anspruch
oder Wunsch, mit dem die Rednerin auf dem Alexanderplatz so zuversichtlich
anhebt – »*Jede revolutionäre Bewegung befreit auch die Sprache*«[35] –, und dem
Krampf, den sie dann in der mündlichen wie in der Papierform bietet.[36] Ein
Kontrast, der Klaus schon während der Verwechslung missfällt: »Vielleicht kann
man von einer Eislauftrainerin auch nur erwarten, daß sie wie eine Eislauftrainerin spricht, aber was hat das dann noch mit befreiter Sprache zu tun?«[37],
und dem schließlich, nach Aufklärung des Missverständnisses, eher Brussig als
Klaus ein schönes Bonmot widmet: »Wer glaubt, die Befreiung der Sprache
verträgt sich mit der Formulierung, daß *aus Forderungen Rechte, also Pflichten
werden*, verleiht naturgemäß auch einer Verfassungspräambel den Charme einer
Heimordnung.«[38] Wie die Komiktheorie schon vor Längerem feststellte, entsteht
Lächerlichkeit, wenn die Handlung (bei Wolf »Sprachhandlung«) als falsches
Mittel die Absicht des Verstandes Lügen straft, wenn das Bestreben und die Lage
ihren Widerspruch anschaulich in die Höhe treiben.[39]

---

33 Brussig, Helden wie wir. 1995, S. 286.
34 Ebd., S. 308.
35 Ebd., S. 283.
36 Und tatsächlich geboten hat: »Ausgehend von den humanistischen Traditionen, zu welchen
   die besten Frauen und Männer [...], gründend auf der revolutionären Erneuerung [...]«,
   hieß es in der Präambel. Vgl. »Präambel von Christa Wolf zur Verfassung der Deutschen
   Demokratischen Republik«. http://www.mdr.de/damals/archiv/artikel60728.html (Zugriff
   am 15.12.2013).
37 Ebd., S. 286.
38 Ebd., S. 308.
39 Vgl. Jean Paul: Das Lächerliche und das Erhabene [1804]. In: Texte zur Theorie der Komik.
   Hrsg. von Helmut Bachmaier, S. 30 f.

In »Helden wie wir« bildet der Kontrast zwischen Anspruch und Wirklichkeit eine von mehreren Komikquellen. Er ergänzt die auf der Unwissenheit der Figurenstimme beruhende Ironie. Vielleicht, so erwägt Klaus einmal, habe Wolf in ihrer Rede die Forderung nach einer Maueröffnung »einfach vergessen«[40]. Auch sorgt der Kontrast für eine Abwechslung zu den Zoten (Wolfs Debütroman als Erektionstöter).[41] Er hat somit Teil an ständigen Registerwechseln des Komischen, die konkurrierenden Satirikern zu schaffen machen. Zugleich funktionieren sämtliche Register als Medium historischer Einsicht. Denn alles, was an Wolf lächerlich gemacht wird: das Zaghafte, Bedenkliche, ewig Brave und Mahnende, wird nicht als ein Problem der Einzelperson vorgestellt, sondern – die erste Person Plural im Titel signalisiert es schon – als kollektives Syndrom. »Sie war *die* Autorin für ein Publikum, das es nicht fertigbringt, ein Dutzend Grenzsoldaten wegzuschieben«:[42] Auch hier ist Klartext vernehmbar, der Autor überschreibt seinem Protagonisten die eigene Sicht die Dinge. Gleiches gilt für die Bemerkung »Wie konnte diese Gesellschaft Jahrzehnte existieren, wenn alle unzufrieden gewesen sein wollen?«[43] Den Flucht- und Nervenpunkt des Romans bildet die kollektive Augenwischerei im Nachhinein. Deshalb ist es ein Missverständnis zu glauben, Brussig habe in die Bezichtigungsreden, die westdeutsche Literaturkritiker 1989/90 gegen Wolf führten, bloß eingestimmt. Ja, er hat sie mit satirischen Mitteln verstärkt, stand den Verächtern sehr viel näher als den Freunden, wodurch er im westdeutschen Feuilleton Aufmerksamkeit erregte. Und doch wünschte man sich Differenzbestimmungen. Dass die Angreifer des Wendejahres Christa Wolf eine nachträglich vernebelte Nähe zur Staatsmacht nachsagten, mithin Verlogenheit, während Brussig sich über unheilbaren Kleinmut lustig machte, mag man nur für einen graduellen Unterschied halten. Eine Sache aber ist es, den Kleinmut wie der Erzähler als Kollektivproblem zu verhandeln, und eine ganz andere, nach Art Frank Schirrmachers den Vorwurf der Loyalität zum realsozialistischen Staat auf die Schriftsteller-Elite der DDR zu beschränken. Darin lag das eigentliche Verharmlosen, in der säuberlichen Unterscheidung von wenigen Übeltätern (Partei, Stasi, Partei-Intellektuelle) und Millionen Opfern (alle anderen), also in der Weigerung, eine Mitverantwortung – *nicht mehr* – der vielen auch nur zu erwägen. Als Korrektiv dazu erweist sich »Helden wie wir«. Was die »F. A. Z.« 1995 hervorhob, das hintergründig Boshafte, lässt sich gegen den Strich der »F. A. Z.«-Linie von 1990 lesen, dahingehend, dass ein komischer Erinnerungsmodus der kritischere, ein ernst auftretender aber vergleichsweise bequem sein kann.

---

40 Brussig, Helden wie wir. 1995, S. 306.
41 Vgl. ebd., S. 307.
42 Ebd., S. 316.
43 Ebd., S. 312.

Zum zweiten Missverständnis hat sich der Autor 2004 selbst geäußert. Auf
eine Bemerkung der »Taz«: »Herr Brussig, Mitte der Neunzigerjahre wurde
Ihnen vom deutschen Feuilleton bescheinigt, mit dem Bestseller ›Helden wie
wir‹ den offiziellen Wenderoman geschrieben zu haben«, antwortet er: »Komisch, dass der Verlag dann keinen Aufkleber auf den Umschlag gepappt hat.
Andererseits unterstelle ich dem Feuilleton ein krasses Fehlurteil. ›Helden wie
wir‹ beschreibt weder Ursachen noch Verlauf der Wende.«[44] Natürlich war es ein
vorteilhaftes Fehlurteil, doch dessen nachdrückliche Korrektur leuchtet ein: Die
Ursachen der Wende beschreibt der Roman nicht, weil er das Gegenteil erklärt,
die langjährige Stabilität der DDR. Den Verlauf der Wende schildert er nicht, da
er von der Zeit vor dem 9. November 1989 handelt und mit ihm endet. Die
zeitlichen Eckpunkte eines Wenderomans, so könnte man fortsetzen, müssen
vor und nach dem großen Datum liegen, damit Beginn und Vollendung des
politischen Umbruchs markieren. Kandidaten für einen solchen Anfang im Jahr
1989 wären die ungarische Grenzöffnung und für das Ende 1990 die Wäh-
rungsunion oder der Tag der Wiedervereinigung. Es gibt ein ganz einfaches
Mindestkriterium für den gewünschten Romantyp. Für manche aber ist es doch
zu schwer zu begreifen – und nicht nur in den Neunzigern. Als der Suhrkamp
Verlag 2008 dem »Turm« das falsche Gütesiegel verleiht, obwohl Tellkamp die
sieben Jahre *vor* der Wende schildert, der Unsinn sich also allmählich zu einem
Running Gag unfreiwilliger Art entwickelt, nimmt Brussig ihn aufs Korn. In
einer Besprechung für den »Spiegel« bemerkt er am Rande:

> »›Es ist der lang erwartete große Wenderoman‹, heißt es auf dem Umschlag. Dass
> immer noch und ganz ironiefrei die Erwartung des großen Wenderomans bedient wird,
> dürfte die literarische Öffentlichkeit ebenso belustigen wie Historiker die Behauptung,
> dass die Wende am 9. November abgeschlossen war; da endet nämlich der Roman
> […].«[45]

Die Zuschreibung als absurd kenntlich zu machen, ist niemand berufener als ein
Rezensent, dem das Gleiche schon vor Längerem selbst widerfahren ist. Für den
bissigen Schlenker gibt es aber noch einen weiteren Grund. Dass besagter
Klappentext den lange erwarteten Wenderoman annonciert, muss wie Hohn in
den Ohren eines Autors klingen, der das Ersehnte vier Jahre zuvor geliefert hat,
mit »Wie es leuchtet«, dem Roman, von dem er im »Taz«-Interview das 1995er-
Werk abheben muss, um dem Irrtum vorzubeugen, er wiederhole sich. »Wie es
leuchtet« hat »Helden wie wir« und »Der Turm« schon einmal voraus, das
Mindestkriterium für einen Wenderoman zu erfüllen (und erfüllt noch weit
mehr).[46] Der Klappentext von Suhrkamp aber tut so, als habe es Brussigs Werk

---

44 »Das Buch war ein Wagnis«. 25.09.2004.
45 Brussig, Thomas: »Schau genau hin.« In: Der Spiegel. 2008. H. 40, S. 153.
46 Vgl. den Aufsatz von Durzak [Anm. 5].

nie gegeben. Insofern ist er nicht nur unfreiwillig komisch, er ist auch ein Akt des Invisibilisierens, auf den der Herausgeforderte geschickt reagiert. Brussig lässt durchblicken, dass und warum es schon einen Wenderoman gegeben hat, indem er der Begründung, warum »Der Turm« keiner sein kann, ein »immer noch« vorausschickt – Andeuten genügt.

Bei allem Eigeninteresse gibt es auch einen poetischen, letztlich schwerer wiegenden Grund, Vorwende- von Wenderomanen abzusetzen. »Der Turm«, erläutert der Rezensent, ist nicht nur kalendarisch ein Vorwenderoman, er ist es vor allem wegen des realistisch gezeichneten Horizonts seiner Figuren: »Er erzählt eine DDR, die von ihrem Ende noch nichts wusste [...]. [...] von ›Endzeit‹ wurde erst hinterher geredet.«[47] Eine gelungene Erzählung hält die Sicht damaliger Akteure von späterem Wissen frei. In dieser positiven Fremd- steckt eine Selbstbeschreibung. Was der Rezensent am Dresdner Kollegen lobt, zeichnet schon seine eigenen Vorwende-Erzählungen aus.

In »Helden wie wir« ist es das Verhältnis von erinnerndem und erinnertem Ich, dass das Noch-nicht-Wissen zur Geltung bringt. Der sich nach der Wende gegenüber einem US-Journalisten erinnernde Klaus – dies die Rahmenerzählung – schüttelt permanent den Kopf über sein willfähriges Vorwende-Ich, das erinnerte Ich, dessen Erlebnisse die Binnenerzählung und damit den Erzählkern bilden. Vor dem 4. November 1989 gibt es in der erzählten Zeit keinen Moment, in dem das erinnerte Ich die Möglichkeit eines Endes der DDR, und damit die Möglichkeit von etwas Renitenz, auch nur erwägen würde. Zusätzlich akzentuiert wird der Glaube der DDR-Bürger, ihr Staat währe ewig oder doch zumindest bis zu ihrem Lebensende (wovon auch die meisten Westdeutschen ausgingen, wenn sie sich richtig erinnern würden), durch die Figur von Klaus' Mutter. Für sie, die parteifromme Frau, ist der Untergang ihres Staates ebenso undenkbar, anders als beim Sohn aber beruht die Undenkbarkeit bei ihr immer auch auf der Selbstgewissheit einer selbst- und rastlos für den Arbeiter- und Bauern-Staat tätigen Ärztin. So betonköpfig und lächerlich das Unverständnis wirkt, mit dem sie auf die Alexanderplatz-Demonstration reagiert, es mutet zugleich ›logisch‹, d. h. vom Autor schlüssig motiviert, an: »Ich weiß nicht, was das soll. [...] Wir haben uns für die Menschen aufgeopfert. Für ganz normale Menschen. Deshalb sind wir Helden. [...] Helden wie wir haben nichts zu bereuen.«[48]

In »Am kürzeren Ende der Sonnenallee« wird der Horizont der sich »im Dunkeln des gegenwärtigen Augenblicks« (Bloch) befindlichen DDR-Bewohner noch deutlicher. Dies zunächst durch die interne Fokalisierung: Nicht nur Micha ahnt nichts vom nahenden Ende der DDR – er ist viel zu sehr damit beschäftigt, die schöne Miriam zu erobern –, bis vier Seiten vor Erzählschluss gibt es auch

---

47 Brussig, »Schau genau hin«. 2008, S. 153.
48 Brussig, Helden wie wir. 1995, S. 299.

keine Erzählerstimme, die auf das Ende vorausdeutet. Brussig verschont uns mit
Prolepsen. Noch relevanter allerdings sind jene zwei Schlüsselstellen, *die* erstmals vorausdeuten und *dadurch* auf einen unvermeidlich engen Horizont aufmerksam machen. Die Figur des Gelegenheitsschriftstellers Micha Kuppisch
resümiert das alltägliche Treiben in der Sonnenallee, von den ewig erfolglosen
Karriere-Ambitionen des Abschnitts-Bevollmächtigten bis zu den kleinen An-
passungen von Vater Kuppisch, also jene Alltags-Aktionen, die alle möglichen
Ziele verfolgen, nur keinen ›politischen Widerstand‹, mit einer lakonischen
Bemerkung: »Es wäre ewig so weitergegangen.« Wenige Zeilen danach wiederholt eine andere, die Erzählerstimme diese Bemerkung und erläutert den Irrealis
»wäre«: »Es wäre ewig so weitergegangen, aber es ist was dazwischen gekommen.«[49] Die Redewendung »es kommt was dazwischen« bezeichnet meistens
etwas Unangenehmes, einen Unfall oder Krankheit, und immer etwas Unvorhersehbares. In der Erzählung nun fungiert das »aber es ist was dazwischen
gekommen« als krasses Understatement. Es meint statt Negativem Erfreuliches
und weit mehr als nur Erfreuliches. Es meint etwas, von dem die meisten DDR-
Bürger nur träumen konnten: »Dazwischen« kam der Mauerfall. Die Erzählerstimme ergänzt Micha zwar, aber macht sich nicht klüger als ihn; sie behandelt
durch ihre Wortwahl den Mauerfall als etwas, was der Protagonist wie alle anderen Figuren nicht erahnen konnte.

Unvorhersehbares höchst erfreulicher Art nennt die Alltagssprache gern
»Wunder«. Davon handelt das Story-Ende (bevor sich die Erzählerstimme noch
einmal einschaltet): Als Marios Existenzialistin in den Wehen liegt und nicht
rechtzeitig ins Krankenhaus zu kommen droht, tritt ein als Michail Gorbatschow
erkennbarer Russe auf, dem einfach alles gelingt. Er »machte nur eine Handbewegung zum Himmel – und augenblicklich hörte es auf zu regnen«. Er be-
währt sich auch als Geburtshelfer: »ein paar Augenblicke später kam er wieder
aus dem Auto und hielt ein fertig gewickeltes [!] Neugeborenes, das er Mario in
den Arm legte.« Jetzt müsste er nur noch Marios Auto zum Anspringen bringen.
»Nachdem der Russe beide Hände frei hatte, berührte er die Motorhaube des
Trabis. Der Wagen sprang sofort wieder an.« Dem Hinweis auf Unvorhersehbares folgt mit der Geschichte vom »Wunderrussen«[50] also ein Märchen. An
dieser Stelle der Erzählung zeugt das Märchen von maximalem Realismus. Denn
so irreal das erzählte Geschehen ist, die Bemerkung zur Unvorhersehbarkeit und
die direkt anschließende Gorbatschow-Geschichte verweisen, in ihrer Kombination, auf etwas sehr Reales: eine kollektive Wahrnehmung. Weil, erstens, die
meisten DDR-Bürger die Wende als großes Glück empfanden – zumindest im

---

49 Brussig, Am kürzeren Ende. 1999, S. 153.
50 Sämtliche Zitate ebd., S. 156.

Wendejahr von 1989/90 –,[51] aber, zweitens, vor dem Herbst 1989 so gut wie niemand das Ende der DDR vorhersah, nahmen die meisten den für die Wende wesentlich Mitverantwortlichen, Gorbatschow, tatsächlich als einen Wundertäter wahr. Die unbestreitbar reale Wahrnehmung (»real« im Sinn von: vorhanden, verbreitet, vorfindlich – ob sie auch richtig war, ist unerheblich) erfasst Brussig mit dem ihm eigenen Mittel der Komik, der irrealen Überspitzung: Gorbatschow als Christus-Figur, die, wenn nötig, auch über Wasser gehen könnte. Das Märchen verdankt sich einem Erzählprogramm, das man als Wahrnehmungsrealismus bezeichnen kann. Unterscheidbar vom Fakten- oder Oberflächenrealismus, der auf audiovisuell dokumentierbare Realien abzielt, stellt der Wahrnehmungsrealismus, der hellere Bruder, noch in einer anderen Hinsicht Brussigs »Erzeugungsformel« dar.[52] Der »Sonnenallee«-Stoff, unterstreicht Brussig in einem Interview von 1999, anlässlich des Erscheinens von Film und Buch, »versucht nicht zu schildern, wie die DDR war, sondern erzählt, wie sie gern erinnert wird.«[53] Dieser nicht ganz unwichtigen Bemerkung entspricht der abschließende Kommentar der Erzählerstimme. Er warnt davor, sich der Erinnerung hinzugeben, denn sie vollbringe »beharrlich das Wunder, einen Frieden mit der Vergangenheit zu schließen, in dem sich jeder Groll verflüchtigt und der weiche Schleier der Nostalgie über alles legt, was mal scharf und schneidend empfunden wurde. Glückliche Menschen haben ein schlechtes Gedächtnis und reiche Erinnerungen.«[54] Es geht in Erzählung wie Film erklärtermaßen darum, einen ostalgischen Wahrnehmungsmodus *zu zeigen*, als solchen kenntlich zu machen, zu objektivieren.

Schon angesichts der Selbstkommentare, die eigentlich unüberhörbar sein sollten, wurden sie doch in einem weithin wahrnehmbaren Begleitdiskurs (»Spiegel«-Interview) wie auch im Werk selbst platziert, und dort an besonders auffälliger Stelle (als Schluss-Sätze und als Klappentext), schon angesichts solcher Selbstkommentare also muten die Vorwürfe gegen »Sonnenallee«, die man in Feuilleton und Germanistik geradezu wütend erhoben hat, abstrus an. »Keinerlei Erinnerungskultur« und »zurechtgeschönte« DDR-Vergangenheit?[55]

---

51 Im Nachhinein hat sie ein Teil der Ex-DDR-Bürger, will heißen: die ökonomischen Verlierer, die arbeitslos gewordenen, als verheerend eingeschätzt.

52 Vgl. Bourdieu, Die Regeln. 1999, S. 61. Unter dem Begriff »Erzeugungsformel« versteht man das Erzeugungsprinzip eines oder mehrerer Werke, durch das sich ein Schriftsteller von zeitgleichen oder vorausgegangenen Kollegen unterscheidet.

53 Vgl. »Jubelfeiern wird's geben.« Thomas Brussig im Gespräch mit Volker Hage. In: Der Spiegel. 1999, H. 36, S. 255. »Und auch der ›Sonnenallee‹-Stoff geht nicht in die eigene Falle: Er versucht nicht zu schildern, wie die DDR war, sondern erzählt, wie sie gern erinnert wird.«

54 Brussig, Am kürzeren Ende. 1999, S. 157.

55 Stempel, Ute: Keinerlei Erinnerungskultur. Thomas Brussigs albern-versöhnliche ›Mauerkomödie‹ In: Neue Zürcher Zeitung, 08.02.2000.

»Verdrängung« des DDR-Unrechts?[56] »Verklärung«?[57] Wirklich verklären und schönen kann nur, wer dem Publikum weismachen will: So wie ich es schildere, war es. Und, wichtiger: Wer einen verklärenden Blick zurück vorführt, erliegt ihm nicht. Das wären die ersten Einwände.

Wenn Micha, Mario und Wuschel den Mädchen nachsteigen, viel Motorrad fahren, katastrophal tanzen, für wichtige Platten Odysseen auf sich nehmen, im Drogenrausch das Mobiliar zerlegen usw.; wenn sie also das tun, was vernünftige Jugendliche in den Achtzigern auch im Westen taten; und wenn gleichzeitig vom Stasi-Terror wenig die Rede und zu sehen ist, liegt natürlich immer auch eine Selektion der sozialen Wirklichkeit nach Unterhaltungskriterien vor. Nur ist diese Selektionsart erzählmoralisch unproblematisch, ihr Einordnen unter Verklärung, Verdrängung, Beschönigung kurzschlüssig.[58] Zu reagieren ist auf die »Verdrängungs«- und »Verklärungs«-Bezichtigungen auch, da sie sich mittlerweile zum Forschungsproblem entwickelt haben. Zum einen ist es ein namhafter und ansonsten kenntnisreicher Kollege, der sie kolportiert,[59] zum anderen zeigen sie bei Nachwuchswissenschaftlern Wirkung. Letztere sind, wie eine jüngere Publikation erkennen lässt,[60] vom »Sonnenallee«-Stoff höchst angetan, kennen sich auch bestens in ihm aus, aber die Phalanx der Verklärungsvorwürfe schüchtert sie doch so weit ein, dass sie bange fragen, ob man über Diktaturen lachen dürfe. Den auf Verklärung abhebenden ›Staatsanwälten‹ wagen sie nur entgegenzuhalten, Buch und Film seien doch eine Komödie, keine Dokumentation. Ein richtiger Einwand – aber ein wenig defensiv. Deshalb abschließend kleine Erweiterungen.

Es drängt sich die Frage auf, ob die Kritiker das Schlusswort des ›Film-Micha‹ unmittelbar vor dem Abspann überhaupt zur Kenntnis genommen haben: »Es war einmal ein Land, und ich hab' dort gelebt. Wenn man mich fragt, wie's war: Es war die schönste Zeit meines Lebens. Denn ich war jung – und verliebt.«[61]

---

56 Peitz, Christiane: Alle so schön grau hier. In: Die Zeit vom 04.05.1999.

57 Grub, Frank Thomas: ›Wende‹ und ›Einheit‹ im Spiegel der deutschsprachigen Literatur, Bd. 1. Berlin 2003, S. 570: »Häufig lässt sich ›Ostalgie‹ als Gesamthaltung von Texten erkennen. Ein Beispiel hierfür ist Thomas Brussigs ›Am kürzeren Ende der Sonnenallee‹ (1999). Die Verklärung des Lebens in der DDR wird zwar bisweilen relativiert, doch insgesamt wirkt der Alltag relativ ›harmlos‹.«

58 Zu erläutern ist das nicht etwa, weil Brussig der Verteidigung bedürfte. Wir reden von einem Autor, der für das »Sonnenallee«-Skript 1999 den Deutschen Drehbuch-Preis erhielt, sich allein bis 2003 über 2,6 Millionen Kinozuschauer freuen durfte und mit nur 35 Jahren bereits seinen zweiten Bestseller schrieb. Im Übrigen gab es auch zahlreiche positive Rezensionen. (Was neidische Feuilletonisten von seinem Werk halten, dürfte da von überschaubarem Interesse sein.)

59 Vgl. Anm. 57.

60 Vgl. Bartl, Rita u.a. (Hrsg.): Ostalgie in Gesellschaft und Literatur. »Am kürzeren Ende von Sonnenallee« von Thomas Brussig. Norderstedt 2013, bes. S. 143 ff.

61 Sonnenallee. Ein Leander Haußmann Film. Deutschland 1999. Min. 1:20:28 ff.

»Schön«, so könnte man ausbuchstabieren, war es nicht, weil das politische System der DDR großartig oder auch nur akzeptabel gewesen wäre, »schön« war es, weil »ich« in meiner Jugend anderes zu tun hatte, als mich um Politik zu kümmern. Es gab da nämlich ein Mädchen. – Wovon Micha (implizit) spricht, nennen Politologen den Unterschied zwischen System und Lebenswelt. Es existiert stets eine Lebenswelt jenseits des jeweiligen politischen Systems, weshalb man sich auch lieber an sie erinnert als an Letzteres – was, wenn man auf die Jugend zurückschaut, nur ›natürlich‹ ist, schon aus Gründen des Selbstschutzes. Der »Sonnenallee«-Stoff handelt nicht von der DDR, er handelt von einer zurückliegenden Jugend in der DDR; insoweit ist Nostalgie kaum vermeidlich, mehr, legitim.

Wer das Treiben einer Clique wie der von Micha schildert, dem geht es nicht um die Verharmlosung des Realsozialismus, sondern um den Nachweis, dass man sich als Jugendlicher auch in einer Parteidiktatur Freiheiten verschaffen konnte, darum, sich den mitleidigen Blick westdeutscher Altersgenossen zu verbitten. Dass diese Intention eine vorsätzlich selektive Retrospektive auf die DDR erforderte, ein Anspruch auf realistische ›Gesamtschau‹ aber gar nicht erhoben wurde, macht der Schluss-Satz des Buches (»Glückliche Menschen haben ein schlechtes Gedächtnis...«) transparent genug. Auch gilt für die Erinnerungen an kleine Fluchten wie die Pop-Musik wie für die Selektionen im Ganzen, dass sie kein Jota an der Verachtung für den Realsozialismus ändern, an verächtlichen Wertungssteuerungen, die sich im Text auf Schritt und Tritt finden lassen. Dass sie komisch formuliert sind, macht sie für die wirklichen, die SED-Nostalgiker umso schmerzhafter. Brille, der Intellektuelle in Michas Clique, erklärt einmal, dass es in der DDR keine unpolitischen Studiengänge gibt. Er »wußte sogar, daß das Studium der Ur- und Frühgeschichte nicht unpolitisch ist: Da lernt man auch nur, wie die sich schon damals nach der SED gesehnt haben.«[62] Die Partei als Avantgarde, die selbst noch die Träume der Neandertaler erfüllt – treffsicherer kann man mit dem Selbstvertrauen der Historischen Materialisten kaum umgehen. Verachtung produziert man (unter anderem), indem man zeigt, dass zwischen Selbstvertrauen und Realgröße des Objekts ein gewisse Differenz besteht. Brussig versteht vor allem die erzieherische Seite der Genossen lächerlich zu machen. Als Mario eine Lenin-Parole verballhornt (»Die Partei ist die Vorhaut der Arbeiterklasse«), *verdonnert* ihn die Staatskunde-Lehrerin Erdmute Löffeling zu einem Diskussionsbeitrag, obwohl solche Arbeiten doch eigentlich als *eine echte Ehre* gedacht sind.[63] Die Komik ergibt sich aus dem performativen Widerspruch zwischen alltäglicher und erträumter Funktion wie auch daraus, dass der Lehrerin, wenn sie von Strafe spricht, die

---

62 Brussig, Am kürzeren Ende. 1999, S. 42.
63 Vgl. ebd., S. 21 f.

Wahrheit *unterläuft*. (Zote und Namenswitz sind auch nicht übel.) Lächerlichmachen, komisch munitionierte Verachtung, ist das Gegenteil von Verklärung –
seltsam, dass man an Banalitäten erinnern muss. Last not least setzt Brussig ein
wirkungsvolles Gegengewicht zur Selektion ein, den jähen Umschlag vom
Idyllischen ins Entsetzliche. Mitten in eine ›putzige‹ Geschichte über DDR-
Bürger, die Fremdsprachen lernen, die in Ländern gesprochen werden, in die sie
doch gar nicht reisen durften, lässt er eine ›Anekdote‹ zum Stasi-Terror einschlagen. Sie handelt von einem Modelleisenbahn-Liebhaber, dem die Kontakte
zu westdeutschen Hobby-Freunden eine Verhaftung wegen Agententätigkeit
einbringen. »Als Günter nach einem Jahr und acht Monaten zurückkam, benötigte er zum Atmen eine Apparatur, die er auf einem Wägelchen hinter sich her
ziehen musste.«[64] Noch Fragen?

---

64 Ebd., S. 125.

»Ich darf vor der DDR nicht ausreißen« – Thomas Brussig im Interview mit Mario Kumekawa und Markus Joch

Japanische Leser schätzen Ihre Werke auch deshalb, weil Sie in ihnen Unterhaltsames und Ernstes sehr geschickt verbinden. Wie haben Sie diese Kunst entwickelt?

Thomas Brussig: Als ich Schriftsteller geworden bin, war Erich Kästner für mich ein ganz wichtiger Autor. Bei dem habe ich zwei Dinge gesehen: Einerseits war er moralisch, wusste immer, was gut und was schlecht ist, und hat das auch immer mit Vehemenz vertreten. Andererseits war er auch sehr komisch, sehr unterhaltend. Ich habe das sehr gern gelesen, weil der so einen Witz hatte – bei dem saß, wie man sagt, das Herz auf dem rechten Fleck. Und ich habe beim Lesen von Kästner eins begriffen: Wenn man moralische Autoren liest, sind die häufig so: Ich bin jetzt für das Gute, und weil ich für das Gute bin, ist das, was ich hier schreibe, auch wichtig und richtig. Das Moralische wird dann Moralin, wie man im Deutschen sagt, wird so ausschließlich, belehrend, so besserwisserisch. Aber gepaart mit der Komik, mit dem Humor hat das sehr gut funktioniert. Ich habe bei Kästner gemerkt: Durch den Humor wird man viel aufnahmefähiger, das Moralische auch moralisch auf sich wirken zu lassen. Und das Komische ist etwas, was man sowieso mag. Ich habe das immer verglichen mit der Schluckimpfung gegen Kinderlähmung; da wird die bittere Medizin auf ein Stückchen Zucker getropft, und die Kinder nehmen es sehr gerne. Es ist gesund für die Kinder, es schützt sie vor einer Krankheit, und sie haben obendrein noch was Süßes. So ist es eben auch mit dem Moralischen und dem Komischen. – Und wie das bei mir ist? Das Komische hat auch mit meinem Naturell zu tun. Ich schreibe auch Bücher, die ich nicht für komisch halte, und hinterher wird mir gesagt, das ist komisch. Da muss ich gar nicht so viel für tun. Es ist ja auch ein Geschenk. Warum setze ich mich hin und schreibe etwas? Weil ich schon etwas will. Ich schreibe nicht, weil ich Witze machen will, sondern weil ich etwas zu sagen habe. Das Witzemachen kommt von allein. Ich hätte auch ein schlechtes Gewissen, wenn ich ein langweiliges Buch schreibe oder eines, bei dem ich das Gefühl hätte, es gäbe da nichts zu lachen, sondern es wäre nur missionarisch.

In Japan ist der Gegensatz zwischen dem Autor Kenzaburo Oe und dem Schriftsteller Haruki Murakami ziemlich bekannt, weil man Oe als einen rein ernsten Autor betrachtet und Murakami eher als Pop-Literaten. Schreiben aber beide Autoren zu politischen Fragen, dann ist Oe interessanterweise manchmal sehr naiv. Murakami, obwohl Pop-Literat, äußert sich realistischer. Kann man sagen, dass Sie als Autor eher Murakamis Typ entsprechen?

T. B.: Da ist schon was dran. Ich halte jetzt Murakami für einen, der seine Domäne im Erzählen sieht, während ich bei Oe immer dachte, dass er ein Intellektueller ist, einen viel größeren Entwurf hat, mit seinem Intellekt und Ideen auf verschiedene Felder geht. Bei Murakami dagegen glaube ich, dass er ein Erzähler ist, der glaubt, dass im Erzählen allein schon eine Wahrheit liegt und dass er der eben nachgeht. Dass er einer ist, der sich am Erzählen auch ganz anders berauschen kann als Oe. Weder der eine noch der andere ist für mich ein wegweisender Schriftsteller, aber wenn es Japanern die Einordnung erleichtert: Ähnlich wie auch Murakami glaube ich, dass im Erzählen eine Annäherung an die Welt liegt, die wie Philosophie und Wissenschaft dem Leben gewisse Wahrheiten entreißen kann. Und was das Politische angeht, glaube ich doch, dass ich eher diesseitig bin. Entwürfe für eine Menschengesellschaft habe ich nicht, aber was ich sehe, ist, dass wir heute in Deutschland eine Phase durchmachen, wo Denunziation wieder sehr wichtig ist und an eigentlich tadellosen Politikern herumgepickt wird. [Das Gespräch wurde nach dem Rücktritt von Christian Wulff und vor seiner Rehabilitierung geführt, MJ] Doch bin ich davon auch nicht so weit weg, dass ich einen utopischen Blick auf die Gesellschaft habe.

Bleiben wir bei der Verbindung von moralischem Ernst und Unterhaltung. In den Kritiken liest man häufig, dass Prosa-Monologe von Brussig eine schöne Verwirrung stiften. Wird die Figur, die gerade spricht – denken wir etwa an den Fußball-Trainer aus der DDR in »Leben bis Männer« –, vorgeführt oder vom Autor ernst genommen? Und wie wird zwischen Vorführen und Ernstnehmen changiert? In weiten Teilen der Kritik hat man die Figur als autoritäre Persönlichkeit wahrgenommen, größenwahnsinnig, frauenfeindlich usw., zum Teil hatte man aber auch den Eindruck, dass sie Einsichten produziert. Wie sehen Sie sie selber?

T. B.: Das ist natürlich ein Wagnis, wenn man eine Figur erschafft, die einen Abend lang von der Bühne herab unterhalten soll. Dann darf man die nicht nach zehn Minuten durchschaut haben. Natürlich kann man das *Gefühl* haben, dass man sie nach zehn Minuten durchschaut, aber dann muss sie einen auch überraschen können. Die Überzeugung, die man von ihr hat, muss auch ins Wanken geraten können. Natürlich macht es Spaß, über so einen zu schreiben, der wirklich vom Leder zieht, der sich um Kopf und Kragen redet, ein Chauvinist ist, ein Rassist...

... anti-PC in jeder Hinsicht ...

T. B.: ... ja, aber da er ein sozialer und auch ein familiärer Verlierer ist, sich jeder ihm gegenüber mühelos überlegen fühlen kann – dadurch kann man ihn diese Dinge sagen lassen. Dadurch ist er auch wieder ungefährlich, nicht wirklich provozierend. Aber was der über Fußball sagt, ist gar nicht mal so dumm. Es ist schön, dass er über Fußball einiges sagt, dass ich so auch nicht besser sagen könnte. Das gehört vielleicht auch zur Figur: Wenn er sich die Welt vom Fußball her erklärt, Fußball für ihn alles ist, wird er über Fußball eben auch mehr sagen können als der Durchschnittsmensch. Aber dass ich ihn so angelegt habe, hat in erster Linie damit zu tun, dass das Publikum die Figur aushalten können muss. Es ist bei »Helden wie wir« übrigens auch so gewesen, dass man eine Zeitlang glaubt, das Buch läuft so, wie es läuft, aber dann sind da diese 20, 30 Seiten am Ende des dritten Bandes, wo Uhlzscht über seine ideologische Mannwerdung erzählt – ganz humorlos. Diese Brüche sind wichtig. Dass der Text mehr bietet, als man ihm zunächst zutraut, das mag ich.

Zum Beispiel erklärt der Trainer, dieser fürchterliche Mensch, die Vorteile von Fußball gegenüber anderen Ballsportarten ziemlich einleuchtend – was einen als Leser oder Zuschauer bei Laune hält. Begegnen wir dem gleichen Prinzip bei »Schiedsrichter Fertig«? Auch er besitzt größenwahnsinnige Züge, andererseits trägt er interessante Erkenntnisse zu Fehlentwicklungen im Fußball vor, etwa zur künstlichen Lautstärke im Stadion.

T. B.: Der Fußball-Trainer gehört zu den Underdogs, er ist ein erfolgloser Provinztrainer, während Uwe Fertig ein internationaler Schiedsrichter ist. Vielleicht ergibt sich eine Parallele daraus: Da sie als Monologe gedacht sind und aufgeführt werden sollen, müssen sie sprachlich eine gewisse Gestalt haben. Uwe Fertig ist einer, der Wörter beim Wort nimmt, wie er es vom Vater seiner Mitschülerin Judith Lüdemann gelernt hat, während der Trainer einer ist, der auch mal falsche Wörter benützt, woraus auch eine Komik entsteht. Der hat einfach eine sehr grobe Sprache, während Fertig ganz anders auch in der Sprache *wohnt*. Beide sind Figuren, die auf den Monolog hin ›designt‹ sind. Bei dem Trainer könnte ich mir noch einen Menschen dahinter vorstellen, bei Uwe Fertig wüsste ich jetzt nicht, wie der dazugehörige Mensch dazu aussehen würde. Der ist wirklich eine Bühnenfigur, die sehr über die Sprache kommt, während der Trainer noch eine Körperlichkeit besitzt. Es ist ein dicker Mann, ein Infarkt-

Kandidat. Dagegen habe ich bei Fertig, was die Körperlichkeit angeht, also im bezug auf die Stimme usw., eigentlich wenig Vorstellungen.

Sein Duktus erinnert stark an die Geistesmenschen bei Thomas Bernhard, überhaupt gibt es eine Menge Anspielungen auf Bernhard, die man in den Rezensionen auch hervorhob. Es wurde gar behauptet, Bernhard werde überboten.

T. B.: Das meinte der [Joachim] Lottmann, aber der hat ja keine Ahnung. Thomas Bernhard ist eine Klasse für sich, das wollen wir mal festhalten.

War das Feuilleton auf der falschen Fährte?

Das nicht, natürlich habe ich Thomas Bernhard gelesen und war von ihm auch inspiriert, und ich habe dieses Buch auch Diedrich Simon gewidmet, meinem Lektor. Der hat mir, als ich zu ihm mit »Helden wie wir« kam, einen Stapel Thomas Bernhard hingelegt und gesagt, das ist ihr Autor, den lesen Sie mal. Der wollte eigentlich aus »Helden wie wir« einen Bernhard-Text machen, also ohne Absatz, so einen »Wurm«. Davon ist er beim zweiten Lesen zum Glück wieder abgekommen. Aber dass der Diedrich Simon da was in mir gesehen hat ... Und als ich nun diesen Text geschrieben habe – und nun war es auch noch ein österreichischer Verlag, auch noch der Residenz Verlag, der erste Verlag von Thomas Bernhard –, da dachte ich mir: Wenn dich dieser Verlag schon um so etwas bittet, warum dann nicht auch den kleinen Thomas Bernhard, der in mir lebt, im Zweifelsfall rauslassen. Und ich habe dabei auch wirklich erkannt, dass Thomas Bernhard eine Klasse für sich ist, die Sprache bei ihm eine Musikalität hat. Der war wohl auch mal Schlagzeuger oder Schlagwerker oder so etwas, also hat da wirklich eine Ausbildung, ein Gehör mitgekriegt. Der bleibt allein in seinem Olymp, und ich gehöre zu denen, die da mit Kennermiene hochblicken – und nicht anders. Ich sitze da nicht auf halber Höhe, schon gar nicht ›auf Augenhöhe‹. Was ich zugeben kann, ist, dass ohne die Lektüre von Thomas Bernhard »Schiedsrichter Fertig« sicherlich nicht so geworden wäre. Der Residenz Verlag hat sich dann übrigens auch nicht getraut: Es ist ja tatsächlich *ein* Block. Aber die haben dann eben nicht links- und rechtsbündig gedruckt, sondern nur linksbündig, dadurch franst es rechts aus. Es sieht nicht aus wie Thomas Bernhard, aber wenn man es anders formatiert hätte, nämlich als Blocksatz, sähe es so aus.

Eine Gemeinsamkeit der Prosa-Monologe besteht darin, auf ein dramatisches Finale zuzulaufen. Da fragt man sich, ob die Dramaturgie überhaupt Kürzungen verträgt. Wie zufrieden Sie mit den Inszenierungen, gab es böse oder positive Überraschungen?

T. B.: Da ich oft leide, wenn ich die eigenen Texte wiedergegeben sehe, ob als Film oder auf der Bühne, gehe ich da oft nicht hin. Ich muss einige Aufführungen sehen, damit die Aufführung als solche auf mich wirken kann. Ich sehe das immer erst mal als eine Vernichtung oder eine Verunstaltung meines Textes. Bis ich davon weg bin und bei einer Inszenierung auch die eigenen Werte sehen kann, das dauert eine Weile. Ich bin da ein schlechter Kritiker, weil ich einfach voreingenommen bin. Es war nun so: Bei »Leben bis Männer« spricht der Text einiges aus, manches können Schauspieler auch mit einer Geste machen oder dafür eine Handlung finden – und sich nicht in diesen Worten verlieren. Reden ist für den Trainer ja auch so eine Art Daseinszustand. Und wenn man das irgendwann begriffen hat, dann kann ich mir auch vorstellen, dass man als Schauspieler oder Regisseur sagt: Das ufert jetzt aus, da kommt nichts Neues, das lasse ich mal. Da bin auch ich offen dafür, Texte zu kürzen. – Natürlich haben beide eine sehr ähnliche Dramaturgie. Es ist eine Art von Dekonstruktion. Beide Figuren stellen sich erst mal als etwas Großartiges hin – und dann wird immer mehr abgebaut. Und dann kommen sie irgendwann auf diese existenzielle Frage zu sprechen, dass man beide Male spürt: Die reden so viel, um nicht auf das Wesentliche zu sprechen zu kommen. Irgendwann gehen ihnen die Worte aus, und dann müssen sie doch auf das Wesentliche zu sprechen kommen. Das ist auch eine Blaupause: Ich fand die Dramaturgie von »Leben bis Männer« sehr überzeugend für einen Monolog und habe die deshalb noch mal genommen. Weil mir keine bessere eingefallen ist.

Beides sind traumatisierte Figuren – kann man das so sagen?

T. B.: Ja. Naja, der Uwe Fertig ist eher traumatisiert, der Schiedsrichter. Der Trainer ist ja nicht derjenige, der ihn erschossen hat ...

Heiko war's, als Grenzsoldat ...

T. B.: Der Heiko, ja. Aber es ist auch ganz seltsam, ich denke, der Text gibt das her: Dass der Trainer auch so etwas wie eine Mitverantwortung an dem Werden dieses Spielers erkennt: Dass der zum Mörder geworden ist, ist zum Teil auch meine Schuld, und dass er darüber auch Reue empfindet. Und dass er es eigentlich auch gut findet, dass der Heiko, als der Trainer auf den Platz brüllt: »Hau ihn weg!«, ihn [den Gegenspieler, MJ] nicht weggehauen hat. Der Trainer sagt etwas anderes als er – bei *mir* – meint. Mal sehen, ob es die Inszenierung *auch* so sieht. Der Text sagt erst einmal das Gegenteil von dem, was ich glaube, was in ihm vorgeht, aber da sind dann eben auch Lesarten und Inszenierungsmöglichkeiten gegeben.

Ein interessanter Aspekt, die indirekte Verantwortung. Der Trainer ›spürt‹, dass er Heiko zu der Folgsamkeit erzogen hat, die fatale Folge hat an der Grenze. Aber erkennt er tatsächlich, was er angerichtet hat?

T. B.: Es gibt ja diese Szene, dass er im Gerichtssaal aufsteht und sagt: »Was ist denn das hier für ein Affenzirkus? Der Heiko, der macht, was man ihm sagt, der diskutiert nicht rum, das hat er gelernt von Kindesbeinen an. Und ich weiß das, denn ich bin der Trainer. Dass ihr im Westen da so ein Fass aufmacht!« Wenn er den Heiko in Schutz nimmt, zu dem er eine Art Vater-Sohn-Verhältnis hat, spricht er da ganz offen seine Verantwortung aus – nur die damit verbundene Zerknirschung ist nicht da. Aber das sind so Fragen, die ich nicht entscheiden kann. Jeder Leser und jede Leserin, jeder Zuschauer, jede Zuschauerin, liest und sieht das und lässt es auf sich wirken. Und dann kann man sich immer noch eine Meinung dazu bilden. Man kann ja auch sagen: Der Trainer ist ein so grober Mensch. Wenn der wirklich die Mitverantwortung gefühlt hätte, dann hätte das doch etwas in ihm ausgelöst und er würde sich viel empfindsamer ausdrücken – aber das ist nicht der Fall. Ich bin ein Anhänger von denen, die sagen, das Buch entsteht im Leser. Es gibt da immer Unschärfen, und die muss man auch anbieten, die müssen vorhanden sein, um ein Buch in der Diskussion zu halten, um so etwas wie Widerhaken zu haben. Wie es immer so schön am Ende des »Literarischen Quartetts« hieß: Wir sehen betroffen, das Buch ist zu und alle Fragen offen.

Nun gab es 2004 ein ganz anders formatiertes Werk, ein Gesellschaftspanorama der Wendezeit. Was war da die größte Herausforderung? »Wie es leuchtet« fällt ja künstlerisch in eine ganz andere Kategorie.

T. B.: Ich wusste schon, als die Wende lief – da hatte ich ja schon mein erstes Buch fertiggeschrieben –, das ist ein großer Stoff. Und irgendwann will ich mal so weit sein, dass ich den beschreiben kann. Aber als die Wende lief, da war ich Mitte zwanzig, und so ein großer Roman … Da habe ich schon gesehen, die Romanciers sind schon etwas älter. Ich musste auch reinwachsen, diese Fähigkeiten hatte ich mit Mitte zwanzig noch nicht, um so einen großen Roman zu schreiben. Ich habe dann mit Edgar Reitz zusammengearbeitet, der mit »Heimat« ja ein Riesen-Filmepos schrieb. Wir haben zusammen die Fortsetzung von »Heimat« geschrieben, die »Zweite Heimat«. Da habe ich erlebt, wie es ist, ein großes Ensemble zu bewegen, und das in sehr vielen Lebenssituationen. Und dann immer dieses Miteinander-Verknüpfen, den Realismus – leider auch die Humorlosigkeit. Das war so ein bisschen ein Irrweg von Edgar Reitz. Er hat den Sinn des Lachens nicht begriffen. Und ich habe eigentlich auch erst nach Reitz den philosophischen Wert des Lachens begriffen. Aber es gab doch eine große

Faszination an dieser Arbeitsweise, also ein großes Ensemble zu bewegen und damit das Leben auszuleuchten. Und diese Humorlosigkeit ist ja auch eine Methode, die irgendwo effektiv ist: Ach, da ist ja eine Pointe, die nehmen wir! – Und damit war das Thema auch schon beendet für Reitz. Der hat sich eben nicht seitlich in die Pointe geschlagen, sondern er hat weitergemacht und weitergemacht, *die* Pointe liegen gelassen, *die* Pointe liegen gelassen – und ist so in sehr intensive und wahrhaftige Bereiche vorgestoßen. Das war für mich wirklich eine Erkenntnis. Während ich mit Reitz gearbeitet habe, habe ich von Feuchtwanger »Erfolg« gelesen, ein großes Panorama über das München der zwanziger Jahre, vor dem Hintergrund des Hitler-Putsches. Und da habe ich erlebt, wie es in der *Literatur* funktionieren kann: Menschen vor dem Hintergrund eines zeithistorischen Ereignisses. »Erfolg« war sozusagen formal ein Vorbild, und bei Reitz habe ich gelernt, einfach mal praktisch mit so vielen Figuren zu arbeiten. Und da ich sowieso schon immer über die Wende schreiben wollte, wusste ich, als ich »Erfolg« gelesen habe: So kann man es machen.

Im Unterschied zu Reitz haben Sie lächerliche Züge Ihrer Figuren als Erkenntnismittel eingesetzt. Wenn man einerseits an das Verhalten des Hoteldirektors Bunzuweit denkt oder des Ingenieurs Schreiter vom Sachsenring Zwickau, wie sie vor dem vermeintlichen VW-Sonderbevollmächtigten Schniedel in die Knie gehen, andererseits an die Arroganz des West-Reporters Leo Lattke – dann hat man den Eindruck, dass die Pointen auf Kosten beider deutscher Seiten im Vereinigungsprozess gehen. Steckt darin auch eine Absetzung von Sichtweisen auf die Wende, die in den Ostdeutschen ›nur‹ Opfer, Übervorteilte sehen wollten?

T. B.: Ja, diese Einschätzung teile ich ja auch nicht. Ich wollte schon mit einer gewissen Ehrlichkeit und auch nicht mit dem Wissen des Jahres 2002, 2003, 2004 diesen Roman schreiben, sondern mit der Naivität, den Hoffnungen von damals. Ich habe da keinen altklug daherreden lassen. Wenn man 1989 oder Anfang 1990 gesagt hat: Ihr könnt mich für verrückt halten, aber in fünf Jahren, glaube ich, werden wir so etwas wie die deutsche Einheit haben …

Kein Mensch hat daran geglaubt, noch im Sommer '89 nicht.

T. B.: Ja, es ist ja nichts langweiliger, als wenn man 2004 jemanden ins Jahr 1990 setzt, der beschreibt: Und dann wird das alles so und so ausgehen. Und dann sagt er die Wahrheit – das ist ja nicht seriös. Es sei denn, ich hätte so einen kennengelernt. Aber solche habe ich nicht kennengelernt. In der Kollision zwischen dem Bild, wie es sich viele Ostler vom Westen gemacht haben, und dem tatsächlichen Westen – und diese Kollision wurde eben nach dem 9. November herbeigeführt –, liegt eine gewisse Komik. Und warum soll man das nicht beschreiben? Die Erstbegegnung mit dem Westen gibt es nur einmal, dann beschreibe ich die. Ich liebe diese Szene, wenn Lena vor der Hundefutter-Werbung steht und ihr das Wasser im Munde zusammenläuft, weil es so schön photographiert ist, dieses Gulasch, dass sie dann irgendwann sagt: »Also, wenn dir bei Hundefutter das Wasser im Munde zusammenläuft, dann geht das eindeutig zu weit.« Und von da an hasst sie die Werbung.

Oder die Szene mit dem Anrufbeantworter: Lenas großer Bruder muss leider mitlachen über die ersten ostdeutschen Anrufe auf dem AB des »Spiegel«-Büros.

T. B.: Ja, das ist auch gemein. Aber da waren die Ostdeutschen und die Westdeutschen noch so unvorsichtig miteinander, da hat sich noch nicht herumgesprochen, dass man die Ostler eben für gewisse Sachen nicht verspotten kann – und bei Leo Lattke sowieso nicht. Es war mir schon klar, dass ich da ehrlich sein und nicht im Nachgang irgendetwas ›weichspülen‹ will. Ich glaube übrigens: Der Roman ist deshalb nicht so aufgenommen worden, wie ich mir das erhofft habe, weil ich in diesem Roman das deutsche Jahr noch so gefeiert habe, wie es damals gefeiert wurde. 2004 war ja das Jahr, wo Hartz IV aufgekommen ist und alle gesagt haben: Ja, damals fing die Scheiße an. Aber der Roman hat eben nicht die Stimmung »Damals fing die Scheiße an«. Ich finde auch heute noch: Der Nachrichtenstoff besteht meistens aus Katastrophen, Tragödien, Attentaten, Tsunamis usw. – aber hier war der Nachrichtenstoff mal eine Glücksgeschichte. Eine Geschichte von unermesslichem Glück. Und dann auch noch von einem Glück, das unerwartet kam. Die Maueröffnung ist ein singuläres Ereignis in der Geschichte, ich glaube, durch ein historisches Ereignis ist noch nie so viel überraschend an Glück freigesetzt worden. Ein Sieg im Krieg wird irgendwann erwartet – die letzten zwei Wochen, und dann gibt es eine Siegesparade. Aber so etwas wie der Mauerfall ist nicht erwartet worden.

Sie haben sich die Freiheit genommen, vom »Leuchten« zu erzählen, vom Zauber der Unvorhersehbarkeit. Das mag einigen nicht gepasst haben.

T. B.: Dass ich das, was ich über den Mauerfall denke, einer Konjunktur preisgebe, weil vox populi meint: »Und damals fing die Scheiße an«, dass der Roman auch so einen Tenor haben muss – also, nee..

Bei Ihrem Buch »Leben bis Männer« interessierten sich die japanischen Leser für Sie als einen jüngeren Autor aus Ostdeutschland. Aber bei »Schiedsrichter Fertig« eigentlich nicht mehr.

T. B.: Naja, ich bin ja mittlerweile auch ein bisschen älter geworden. (lacht)

Japanische Leser haben »Schiedsrichter Fertig« als ›normale‹ Pop-Literatur ge-
nossen. War es ihre Strategie ...

T. B.: ... den Osten hinter mir zu lassen?

... oder war die Strategie, die Pop-Motive, sei es nun Fußball oder – in »Son-
nenallee« – Rockmusik, mit ostdeutschen Motiven zu verbinden, um ein eigenes
Profil zu gewinnen?

T. B.: Es ist immer die Frage: Erzählst du den Osten als Teil der Welt oder als
eigene Welt? Meine Antwort wäre: ja. Also, ich drücke mich ein bisschen darum
herum. Es ist ein Sowohl-als-auch, wie in der »Sonnenallee« vielleicht am
deutlichsten zu merken ist. Dass ich einen Ort wähle, wo das Ganze spielt, im
Schatten der Berliner Mauer, unmittelbar an der Mauer, und die greift in den
Alltag ein. Wenn Micha aus dem Haus geht, wird er immer wieder verspottet und
ausgelacht von dem Aussichtsturm: Es ist doch ganz anders als überall sonst.
Zugleich ist es genau so wie überall sonst: Die Jungs hängen zusammen, hören
Musik, schmachten ein Mädchen an usw. – Was »Leben bis Männer« und
»Schiedrichter Fertig« betrifft: Gerade nach »Wie es leuchtet« hatte ich das
Gefühl, dass ich über die DDR sehr viel gesagt habe, alles Wesentliche losge-
worden bin. Insofern habe ich mir mit »Wie es leuchtet« einen Wunsch erfüllt.
»Schiedsrichter Fertig« war ja das erste literarische Werk danach. Die DDR kam
auch da wieder vor, mit diesem Fluchtversuch Leipziger Straße, den Wendeer-
fahrungen mit dem Westgeld und dass Schiedrichter-Entscheidungen ange-
zweifelt werden mit »Wir sind das Volk«. Aber dieser Uwe Fertig hat die DDR
nicht so verinnerlicht, ist nicht so ein DDR-Fleisch-und-Blut wie der Trainer. Das
ist vielleicht der Unterschied; vielleicht kann ich mir ihn auch deshalb als
Mensch schwieriger vorstellen als den Trainer, obwohl der Trainer gar keinen
Namen hat. Ob es eine Strategie war? Da war zum einen tatsächlich der Umstand,
dass ich viel über die DDR gesagt habe, andererseits wollte ich es mir auch nicht
zwanghaft verbieten, von der DDR zu reden. Diese Schiedsrichterwerdung und
die Geschichte mit dem Westgeld, das bot sich gut an, das da so unterzubringen,
aber für sein Selbstverständnis brauchte der Uwe Fertig nicht diese DDR-
Identität, diese Ost-Herkunft. Das spielt bei dem weniger eine Rolle. Und ansonsten mit der Strategie: 1995 – ich sehe, da steht schon Günter Grass auf dem
Zettel –, kam auf der Buchmesse Grass zu mir; der hatte »Helden wie wir«
gelesen, und da hat er gesagt: »Mensch, ihr Autoren aus dem Osten, so toll, ihr
habt jetzt ein Thema, da könnt ihr das ganze Leben drüber schreiben, so ein
großes Thema.« Und ich hab nur gedacht: Ich bin doch nicht bescheuert. Ich hab
jetzt hier einmal über die DDR geschrieben – und jetzt schreibe ich über die
Gegenwart. Aber so einfach ist das nicht. Mir ist immer wieder etwas mit der

DDR eingefallen. Und auch das Buch, an dem ich jetzt schreibe, hat wieder sehr mit DDR zu tun. Ich werde auf Lesungen immer wieder gefragt, ob ich denn immer nur über die DDR schreiben will. Ich sage dann normalerweise: Günter Grass hat einen Nobelpreis gekriegt – und worüber schreibt er? Nur über Danzig, er kommt immer wieder auf Danzig zurück. Herta Müller hat einen Nobelpreis gekriegt – und worüber schreibt sie? Immer wieder über Rumänien. Warum soll ich ein schlechtes Gewissen haben, wenn ich immer wieder auf die DDR zurückkomme? Ohne dass ich mir davon einen Nobelpreis verspreche oder so etwas. Aber es ist für einen Künstler eine völlig legitime Methode. Ich glaube, meine Strategie ist mittlerweile, dass ich es eingesehen habe, dass ich vor der DDR nicht ausreißen darf. Solange mir etwas einfällt mit ihr, sollte ich es benutzen, ja?

In »Wie es leuchtet« sind Sie sehr bissig umgegangen mit den literarischen Altvorderen der DDR, dem Glauben an den besseren Sozialismus – in Gestalt von Volker Braun, des »kleinen, unrasierten Dichters«. Wie würden Sie sich im Nachhinein erklären, dass die Schriftsteller-Elite der untergehenden DDR sich 1989 in der Einschätzung der Mehrheitsstimmung in der DDR so täuschen konnte? Es gibt in »Wie es leuchtet« ja eine böse Pointe: Enttäuscht vom Volk, träumt der kleine, unrasierte Dichter von einem Kommunismus ohne Massen.

T. B.: Dass das so bissig ist, sagen Sie, aber das muss ich eben hinnehmen, wenn ich sage, das Buch entsteht im Leser. Ich würde ja niemals auf Volker Braun einschlagen, ich halte den für einen integren Menschen, ich halte ihn für einen wichtigen Intellektuellen, für philosophisch bewandert. Ich war mit ihm zusammen in Japan – wann war das? 2002, da habe ich ihn ein bisschen kennengelernt. Aber das, was ich an Literatur liebe, das finde ich bei ihm nicht. Ich will nicht so unverschämt sein, zu sagen, ich halte ihn nicht für einen guten Schriftsteller. Ich glaube, er ist ein wichtiger Intellektueller, als Schriftsteller aber ist er einfach nicht mein Fall – aber das ist auch mein Problem. Für mich ist das aber eine ganz andere Geschichte als mit Christa Wolf, die so eine Sockelgestalt ist – das ist Volker Braun nicht. Und ich bin vergleichsweise, dachte ich, liebevoll mit ihm umgegangen in »Wie es leuchtet«. – Wie es zu dieser Fehleinschätzung kommen konnte? Ich würde mal sagen, die Wahrnehmung, die Schriftsteller von sich hatten, war: Die haben jede Menge Briefe gekriegt von Menschen, die sie gefragt haben, wie geht es in dieser Gesellschaft weiter? Die sind auf Lesungen in eine Atmosphäre geraten, die eine suchende, fragende und konstruktive Atmosphäre war. Dass D-Mark, Konsum und so etwas wichtig war, das ist doch überhaupt nicht an die herangekommen. Mit dem, was sie ausgesendet haben, sind sie auf ein Publikum getroffen, das Publikum ist zu ihnen geströmt, und da lag man auf einer Wellenlänge. Und das waren immer noch so viele Menschen, dass sie geglaubt haben ... – so würde ich das erklären; ich weiß nicht, ob es so war. Und, *möglicherweise*, war da noch die direkte Konfrontation mit dem Westen. Für mich zum Beispiel war die Konfrontation mit dem Westen: Erstens ist es nicht so schlimm, wie ich dachte, und zweitens, ach kiek mal, es gibt ja auch ein paar Sachen ... Also erstens nicht so schlimm und zweitens obendrein noch viel besser, als ich dachte. Obwohl ich für die Zweistaatlichkeit war und für eine Erneuerung der DDR, war dann doch die Einheit, gegen die ich war, jetzt nicht *so* schlimm, dass ich gegen sie auf die Straße gehen oder mich sonst wie lächerlich machen würde. Diese Intellektuellen haben vielleicht aufgrund ihrer eigenen Wahrnehmung – also das, was an sie herangetreten ist, so wie sie das Volk wahrgenommen haben – sich in diese Irrtümer ergeben. Und dann haben sie vielleicht auch tatsächlich unterschätzt, welche Wirkung die Konfrontation der Vielen mit dem realen Westen hatte. Die Attraktion des Westens war für die normalen Berufstätigen eine andere als für einen Philosophen, der über den Gang der Geschichte nachdenkt.

Darf man noch etwas über Ihr neues Buch erfahren? Sie haben angedeutet, es gehe auch da um die DDR.

T. B.: Ja, ich schreibe meine Autobiographie. Aber: Ich tue so, als hätte es keinen Mauerfall gegeben, als würde die DDR bis heute fortbestehen. Ich erzähle mein Leben in einer weiter existierenden DDR, erzähle aber dadurch auch die Geschichte der nicht mehr existierenden DDR und die Geschichte der anhaltenden Teilung Deutschlands. Das Ganze sieht aber auch wie eine Autobiographie aus; ich habe auch ein paar Biographien und Autobiographien gelesen. Biographien sind ja so ein ganz komischer Lesestoff. Es geht in Biographien ja nie um etwas, was man will, sondern immer nur um das, was einem zustößt. Und da wird klar, wenn man Biographien liest, wie wenig im Leben vom eigenen Willen abhängig ist, sondern von Begegnungen: Und dann kam ein Anruf und ein Angebot und dann ging das plötzlich ganz anders weiter. Wieviel vom Zufall eigentlich abhängt. Also, die ersten zwanzig, dreiundzwanzig Lebensjahre erzähle ich so, wie sie sich zugetragen haben, aber dann geht es weiter, weil die Mauer nicht fällt.

IV. Engagement

Helmut Peitsch (Potsdam)

Durs Grünbeins »Novembertage«

Durs Grünbeins Berlin-Gedichte sind 2005 im vierten Band der Zeitschrift »Gegenwartsliteratur«, dessen Schwerpunkt »Berlin-Literatur« war, als Gipfelleistungen postmoderner ›Schreibweise‹ gleich durch zwei – an der Spitze des Bandes stehende – Aufsätze kanonisiert worden. Für Rolf G. Goebel »beschreibt« Grünbein »die Hauptstadt als postmodernen Ort der Virtualisierung«, »als vielschichtige Topographie, in der die gespenstischen Schatten einer verdrängten oder halbvergessenen Vergangenheit« spuken;[1] für Anne-Rose Meyer entlarvt »Grünbeins postmoderne[...] Schreibweise [...] mittels des Rekurses auf traditionelle Topoi von Großstadtliteratur und zahlreicher intertextueller Verweise die kulturhistorische Bedingtheit und damit den konstruktivistischen Charakter nur scheinbar einzigartiger, individueller Stadtwahrnehmung«.[2]

Goebel bezieht sich vor allem auf »Berliner Runde« in dem 1999 erschienenen Gedichtband »Nach den Satiren« – »Tauentzienstraße, Anhalter Bahnhof, Am Friedrichshain, Potsdamer Platz, Epilog«,[3] an der er nachvollzieht, was Grünbein 1996 in seinem Essay »Transit Berlin« formuliert hat:

»Die statische Topographie des europäischen Ostens [...] weicht der dynamischen Zyklenwelt des Westens mit all ihren wirtschaftlichen, politischen und moralischen Fliehkräften. [...] Der geschlossene Horizont [...], das von Mauern, Grenzen, Baracken, Satellitensiedlungen und Kasernen gebildete Flächenraster reißt im Zeitraffer auf, und darunter implodiert wie eine alte Bildröhre der Raum.«[4]

»Berlin ist [...] eine Art hastig von zwei Weltmächten eingerichtetes Realitätsstudio, ein Hollywood aus Versatzstücken heißester europäischer Geschichte, ein preußisch-

---

1 Goebel, Rolf J.: »Ein Hollywood aus Versatzstücken heißester europäischer Geschichte«: Durs Grünbein's Berlin as Cinematic Spectacle. In: Gegenwartsliteratur 4, 2005, S. 1–20, hier: S. 1.

2 Meyer, Anne-Rose: Metropolenpoesie: Durs Grünbeins Berlin-Gedichte. In: Gegenwartsliteratur 4, 2005, S. 21–47, hier: S. 21.

3 Grünbein, Durs: Nach den Satiren. Gedichte. Frankfurt/Main: Suhrkamp 1999, S. 159–163.

4 Grünbein, Durs: Galilei vermißt Dantes Hölle. Aufsätze. Frankfurt/Main: Suhrkamp 1996, S. 136–143, hier: S. 137.

protestantisch-sozialistisches Cinecittà aus Paradestraßen, Hinterhöfen, Bürozentralen, Villen, Museen, Schienennetzen.«[5]

Meyer beruft sich für ihre Interpretation derselben Gedichtreihe auf Klaus R. Scherpes Begriff des Transitorischen,[6] um Grünbeins Berlin als »steinernes Palimpsest« zu deuten, »mittels dessen Grünbein die Tradition der Deutschland-Gedichte fortführt«.[7] Umso bemerkenswerter scheint mir, dass Meyer – wie auch Goebel – vom Zyklus »Novembertage« schweigt.

Der Zyklus umfasst drei Gedichte, deren Zusammengehörigkeit schon äußerlich durch die laufende römische Nummerierung und die Angabe von Jahreszahlen (wenngleich nicht in chronologischer Reihe, sondern »1989«, »1918/19«, »1923«)[8] hervorgehoben wird. Auch die metrische und klangliche Ordnung des Materials wirkt verbindend, und zwar mit zunehmender Tendenz.

Das erste Gedicht benutzt fünf- bis siebenhebige ungereimte Jamben, es gibt nur zwei Binnenreime, einer verbindet das Ende eines der sechshebigen Verse mit dem im nächsten Vers als einem (von zwei) durch Kursivierung hervorgehobenen Worte: »[abge]brannt« (I, 23)/»[Tra]bant« (I, 24) (der andere Binnenreim lautet: »verrenkt«/»lenkte«, I, 18). Im zweiten Gedicht wird eine regelmäßige Reimordnung eingeführt, die in den Versen 1 – 12 das Reimwort nach zwei Versen wiederkehren lässt und die überwiegend auf Assonanzen oder sog. unreinen Reimen beruht: »-stößen« (II,7)/»entblößten« (II,10); in den Versen 13 – 18 ist der Reim »-fall/[Skan]dal« gesperrt, indem er die vier kreuzgereimten Verse »[Le]gende« (II,14)/»Ende« (II,16), »singt« (II,15)/»bringt« (II,17) umrahmt. Das dritte Gedicht weist ein – von den Ausnahmen »Tisch«/»zischt, »zückt«/»Stück« abgesehen – reines Kreuzreimschema auf und verlängert den Vers auf sechs Hebungen mit einer Zäsur in wechselnder Stellung; in dem letzten der vier Verse, deren Kreuzreimpaar unrein ist, wird die Zäsur zum Zeilensprung verstärkt: »gefeuert worden wär. / Hier fing es an, das Stück« (III, 8/9), und zugleich beginnt eine Binnenreimung, die anaphorisch exponiert wird und so die Zäsur überspielt: »Hier hing« (III,13), »hier ging« (III,14). Am Anfang dieser Versgruppe steht das zweite kursivierte Wort des Zyklus: »*Bewegung*« – es wird ausdrücklich als fremde Rede ironisiert, indem gegen die Vorstellung von

---

5 Ebd., S. 141.
6 Scherpe, Klaus R. (Hrsg.): Die Unwirklichkeit der Städte. Reinbek bei Hamburg: Rowohlt 1988, S. 9: »Die Stadt als Produktionsstätte (der Industrie, der wissenschaftlichen Innovation, von Gesellschaft aus Gesellichkeit) erscheint verwandelt in eine Stätte der Umproduktion und Reproduktion in Permanenz. Es scheint, als gehe es nicht mehr darum (wie in unzähligen Großstadtromanen der Moderne), in der Metropole Fuß zu fassen, sondern darum, das Transitorische mit Leib und Seele als das ›Eigentliche‹ zu begreifen.« Ders.: Einführung. Die Großstadt aktuell und historisch. In: ebd., S. 9.
7 Meyer, Metropolenpoesie. 2005, S. 40.
8 Grünbein, Satiren. 1999, S. 64 – 67. [Im Folgenden unter Angabe der römischen Zahl mit Zeilenzahl im Fließtext.]

(Orts-)Veränderung ein Bild des Auf-der-Stelle-Tretens gesetzt wird: »*Bewegung* nannte sich, was da den Boden stampfte unterm Tisch« (III, 5). Ebenso steht am Schluß ein kursiviertes Zitat »der«, gleich Hitler (III, 17).

Zur Kursivierung von »Bewegung« und »der« gibt es deshalb auch keinen Kommentar, wie er sich zum kursivierten Trabant in den »Anmerkungen« des Gedichtbandes findet; auf S. 220 lautet die einzige Anmerkung zum Zyklus »Novembertage«, ohne dass in der Überschrift zwischen dessen einzelnen Gedichten unterschieden wird: »Trabant war die Bezeichnung für den ostdeutschen Volkswagen, ein Synonym für Auto, aber auch Gefolgsmann.« Diese Festlegung von Bedeutung ist in zweierlei Hinsicht aufschlussreich: erstens ist es schon die Voraussetzung der Kommentierungsbedürftigkeit als solche, zweitens die Absicht, die Bedeutung zu kontrollieren. An der Weise, wie die kursivierten Wörter »Bewegung«, »der« und »Trabant« ausdrücklich als fremde Rede markiert werden, lassen sich zwei Strategien des Textes beobachten: einmal wird entlarvt, desillusioniert, was andere als der Sprecher denken, reden oder tun; dann wird eine Position überlegener Einsicht aufgebaut.

Nur in einem Vers wird für den Sprecher das Personalpronomen der 1. Person Singular benutzt, überdies in der abgeleiteten Form des Possessivpronomens zu einem Akkusativobjekt: Im ersten Gedicht wird der Abend des – als Datum ungenannten – 9. des im Titel stehenden Novembers des Jahres 1989 benannt als der Zeitpunkt, an dem »Greise« »meine Geiselnahme für beendet« »erklärten« (I, 10). Das grammatische Understatement betont eher noch das in der Metapher implizierte Pathos, auf das auch die »letzte[...] Drohung« und deren Verbildlichung als eine »Atempause« verweisen: Das Ich wird aus einer das Leben bedrohenden Gefahr befreit. Auf diese Position einer Freiheit, die das Ich beansprucht, lassen sich die Aussagen, die keinem Sprecher zugeordnet sind, beziehen – sowohl die desillusionierten als auch die Übersicht herstellenden.

Der Zyklus benutzt hierfür mehrere Bildfelder, die alle drei Gedichte durchziehen, aus denen aber in jedem verschieden ausgewählt und angeordnet wird:

Das erste dieser Bildfelder, mit dem auch das erste Gedicht des Zyklus einsetzt, ist das des Sprechens:
»Stottern« (I, 1), »Lesefehler« (I, 2), »falsches Wort« (I, 14), »Machtwort ausblieb« (I, 19);
»Mund, / Aus dem [...] Gefahr kam« (II, 8/9), »Aufstand singt« (II, 15);
»als Schwätzer angezischt« (III, 7), »aus Reden Terror wird« (III, 13).

Ein zweites Bildfeld, das vom Titel scheinbar nahegelegt wird, spielt eine deutlich geringere Rolle, denn von herbstlicher Natur, insbesondere den konventionell mit ihr gleichgesetzten Bäumen ist kaum die Rede, und wenn, dann ausdrücklich metaphorisch; in zwei Fällen handelt es sich um realisierte metaphorische Redensarten (an den Nagel hängen, Bäume ausreißen):
»den Autoschlüssel an den Baum gehängt« (I, 25);

»Bänken, [...] die von den Bäumen künden / Die man nie ausriß« (III, 2/3).

Die Ausnahme, die die Regel bestätigt, sind im zweiten Gedicht Kastanien (II, 4), deren Blühen sich konventionell mit Frühling (nicht Herbst) assoziiert.

Ein drittes Bildfeld wird – wie das erste – schon in den ersten beiden Versen ins Spiel gebracht: das des Heiligen, in antiker und mittelalterlicher Gestalt: »Auguren« (I, 6), »Spuk« (I, 4), »Bann« (I, 16); »Sündenfall« (II, 13), »Legende« (II,14), »Jeanne d'Arc« (II, 15), »böses Omen« (II, 16); »das Übel« (III, 3), »eingeweiht« (III,12).

Ein viertes Bildfeld fasst Gruppen von Menschen, die ansonsten auch als Besitzer eines »Trabant« (I, 24), »graue Uniformen« (II, 5), »Verdrossne Frontsoldaten, Arbeitslose« (III, 6) auftreten, zusammen: »Menschenstrom« (I, 12), »die Menge« (I,15), »ganze Clans« (I, 26); »Vulgäre Mäuler« (II, 14); »Mordverein« (III, 4).

Das Bildfeld der Menge gewinnt dadurch an Bedeutung, dass das Subjekt des Sprechens in diesem Text scheinbar so marginal – in einem Vers versteckt – ist; stattdessen dominiert (in mehrfacher Verwendung) das anonyme Personalpronomen »man«.

Es kann einerseits – allerdings nur an einer Stelle – den Sprecher einschließen: »sah man / Die kommunistischen Auguren [...] lächeln« (I, 5/6), andererseits bezeichnet es die Geiselnehmer des Ich (»als man die Schleusen aufzog«, I, 11), die Mörder Luxemburgs (»zog man den [...] Körper auf den Wassergrund«, II, 9/10) und die Putschisten im Hofbräuhaus (»Bäume [...], die man nie ausriß«, III, 2/3; »Man hatte Nasenbluten«, III, 15).

Der Rahmen für die Anordnung der Bilder wird im ersten Gedicht durch Zeit-, im zweiten und dritten durch Ortsbestimmungen gegeben. Das erste Gedicht gliedert sich deutlich in zwei Teile, die mit präpositionalen Bestimmungen der Zeit eingeleitet werden: »An diesem Abend« (I, 1); »In dieser Nacht« (I, 11).

Auch in dem zweiten und dritten Gedicht lassen sich jeweils zwei Teile unterscheiden, weil in die anfängliche Ortsbestimmung der Zeitfaktor eingeführt und so die zunächst benutzte Deixis verändert wird: In »1918/19« zunächst: »Hier also starb sie« (II, 2), dann: »Dort bei den Karpfen war die deutsche Scham / Gut aufgehoben bis zum Sündenfall« (II, 12/13). In »1923« zunächst: »In solchen Sälen« (III, 1), dann: »Seltsam, daß dieses Bräuhaus stehenblieb« (III, 12).

Wenn zunächst die beiden letzten Gedichte des Zyklus wie Ortsbesichtigungen erscheinen, an denen, wie durch das »also« und das »solche« markiert wird, vorher feststehende verallgemeinernde Deutungen bestätigt werden (»Katzentod«, II, 2; »nahm das Übel seinen Anfang«, III, 3), dann wird im

Fortgang des jeweiligen Gedichts auch die Nachgeschichte des am Landwehrkanal bzw. im Bräuhaus (das ohne die erste Silbe seines Namens auskommt:
Hof) lokalisierten Ereignisses – des Mords, des Putschs – einbezogen: der Luxemburg-Legende wird eine andere Deutung entgegengesetzt, nämlich als ein
Vorzeichen, das ganz anders, als die Legende will, zu interpretieren sei (wobei
die Interpretation nur als Frage formuliert wird); der Unterschätzung Hitlers
durch eine indignierte Presse wird entgegenhalten, dass im Hofbräuhaus begonnen, was erst mit dem Zweiten Weltkrieg geendet habe.

Dennoch unterscheiden sich die Gedichte II und III vom Gedicht I deutlich
dadurch, dass sie sich auf jeweils eine Szene beschränken: den »Katzentod« (II,
2) am und im Landwehrkanal und das »Nasenbluten« (III, 15) im Bräuhaus.
Demgegenüber setzt das erste Gedicht nicht nur im ersten und zweiten Teil
Abend- und Nachtszenen hintereinander, sondern reiht gerade im zweiten Teil
mehrere Bilder. Sie sind verknüpft durch das den ersten Teil dominierende Bild
des Versprechers »Vor Mikrophon und Kamera« – die Verknüpfung ist zum
einen thematisch, insofern das »Stottern« (I, 1) und der »Lesefehler« (I, 2) in
Gestalt des »falsche[n] Worts« (I, 14) und des ausbleibenden »Machtworts« (I,
19) wiederkehren und vor allem die dazu gehörenden Gegensätze: im ersten Teil:
»Gesetze« (I, 1), »Verbote« (I, 2), »verordnet[er]« »Spuk« (I, 4/5), im zweiten
Teil: »Festung« (I, 13), »lähm[ender] »Bann« (I, 16), »lenk[ender]« »Befehl« (I,
18), »Orientierung« (I, 27). Zum anderen ist die Verknüpfung technisch: Wenn
im ersten Teil das Stottern des zögernd lächelnden Auguren vor der Kamera ein
Bild liefert, so folgen im zweiten Teil andere Kamera-Bilder: der Offizier mit
offenem Mund am Straßenrand (I, 17), der ausgebrannte Trabant an der Kreu-
zung (I, 23/24), die schlafenden Kinder unter den Kaufhausvitrinen (I, 29/30).

Mit der Wahl dieser massenmedial verbreiteten Bilder, so sehr sie im Gedicht
in die thematische Entgegensetzung zum – unter den verschiedenen Begriffen
benannten – Zwang integriert sind, zeigen sich zwei Probleme für das scheinbar
marginalisierte Ich, das Subjekt des lyrischen Sprechens: Es erscheint als Teil der
Menge und auch sein Sprechen nur als Moment der Meldungen, die in die Welt
gehen.

Ausgerechnet den ins Stottern geratenen kommunistischen Greisen dagegen
wird im Bild der Auguren ein überlegenes Wissen zugeschrieben, jedesfalls in
dem Moment, wo sie das Spiel verlieren: »jetzt wissen sie, / Was sie, gewiegt in
Sicherheit, vergessen hatten« (I, 7/8). Derselbe Widerspruch zeigt sich im
zweiten und dritten Gedicht: einerseits werden allseits bekannte Fotos benutzt,
andererseits wird ihnen eine bisher geheime Bedeutung zugeschrieben.

Das Foto der Leiche Luxemburgs liefert ein »böses Omen« (II, 16), das des
Hofbräuhauses erweist es als »früh eingeweiht« (III, 12).

Der Titel des Zyklus greift eine – sehr erfolgreich auch in der BRD gesendete –
BBC-Fernsehdokumentation auf: Marcel Ophuls »November Days«. Ophuls

montierte im November 1989 gedrehte Interviews mit Ostdeutschen mit solchen aus dem Oktober 1990 (mit denselben PartnerInnen), um – im Wesentlichen – aus dem aufs Komische hin geschnittenen Kontrast ein Bild des (Ost-)Deutschen als Wendehals zu gewinnen. Statt 1989 und 1990 jeweils durch Schnitte unmittelbar miteinander zu konfrontieren, greift Grünbeins Zyklus vom 9. November 1989 zunächst zeitlich auf den 15. Januar 1919 zurück, der durch die Titelangabe »1918/19« mit dem 9. November 1918 verbunden wird, um dann zum 9. November 1923 zeitlich vorzurücken.

Die Verbindung der Daten des 9. November 1989 mit denen von 1918 und 1923 war spätestens seit der Debatte um die Einführung eines Nationalfeiertags medial vorgegeben, einer Debatte, die Elisabeth Domansky bündig dahingehend zusammengefasst hat, dass wegen des Pogroms des Jahres 1938 ein Nationalfeiertag des wiedervereinigten Deutschlands am 9. November als unmöglich angesehen wurde.[9]

In Grünbeins Zyklus gibt es kein Gedicht mit der Überschrift »1938«; dieses Fehlen lässt sich als Versuch deuten, abzuweichen von einer in der medialen Öffentlichkeit dominierenden Zuordnung der »Vier Tage im November«, wie sie z. B. Fritz Stern vornimmt, der US-amerikanische Historiker, der im Jahr des Erscheinens von »Novembertage« mit dem Friedenspreis des Deutschen Buchhandels geehrt wurde. In dem auch von der Bundeszentrale für politische Bildung verbreiteten Sammelband »Der 9. November«, zu dem außer Stern führende Historiker wie Wolfgang Benz, Hans Mommsen und Heinrich August Winkler beigetragen haben, schreibt Stern 1994 zum 9. November 1918, 1923, 1938 und 1989:

> »Die Koinzidenz dieser Daten versinnbildlicht eine Last, die auf der deutschen Nation liegt: Ihre komplizierte und kompromittierte Vergangenheit ist von ungeheuerlicher Gegenwärtigkeit in der Welt von heute. [...] Seit dem Ende des Zweiten Weltkriegs haben viele Deutsche Versuche abgewehrt, ihre Vergangenheit zu verzerren, zu verschweigen oder zu verharmlosen; aus diesem Grund ist ihre Geschichte zu einer sie polarisierenden Streitfrage geworden, und viele Menschen im vereinten Deutschland möchten heute die Vergangenheit am liebsten ›normalisieren‹, ja vielleicht sogar neutralisieren. In jedem Fall aber ist der Wille zum Vergessen stark.«[10]

Wenn man das Fehlen des Novembertags von 1938 in Grünbeins Zyklus nicht als gewolltes Vergessen deuten will, dann kann man auf das zweite Gedicht verweisen, das Luxemburg ausdrücklich als »die Jüdin« (II, 15) bezeichnet.

---

9 Domansky, Elisabeth: »Kristallnacht«, the Holocaust and German Unity: The Meaning of November 9 as an Anniversary in Germany. In: History and Memory 4, 1992, Nr. 1, S. 60–94, hier: S. 83 f.

10 Stern, Fritz: Vier Tage im November. In: Der 9. November. Fünf Essays zur deutschen Geschichte. Hrsg. von Johannes Willms. München: Beck 1994, S. 83–89, hier: S. 83.

Das Zusammenrücken des 9. Novembers 1918 mit dem 15. Januar 1919 – die Ausrufung der Republik mit der Ermordung der jüdischen KPD-Politikerin – hat allerdings in der zyklischen Ordnung aller drei Gedichte eine andere Funktion, als auf das Judenpogrom vorauszudeuten: Das zweite Gedicht verbindet den Anfang des Aufstands mit dessen Ende so wie das dritte den Anfang des Krieges mit dessen Ende; wenn im Falle der Novemberrevolution der Akzent auf dem Ende liegt, dann liegt er im Fall des Hitler-Putsches auf dem Anfang. Durch die Überstülpung dieser chiastischen Ordnung – Ende vom Anfang, Anfang vom Ende – wird die Lücke in der Reihe der Novembertage eher noch spürbarer. Gravierend ist die Übereinstimmung beider zeitlichen Verlaufsmuster mit der offiziellen Nazi-Deutung des 9. 11. 1923 – wobei hier abgesehen wird von der Wertung, die Grünbeins Text unmißverständlich formuliert. Doch auf der Ebene der zeitlichen Zuordnung der Ereignisse reproduziert das dritte Gedicht sowohl den Anspruch der Nazis von 1923, »›daß die Revolution der Novemberverbrecher mit dem heutigen Tage‹ beendet sei« – so Hitlers Proklamation,[11] als auch ihren bis 1945 gepflegten »Mythos«, »die vernichtende Niederlage der nationalsozialistischen Politik am 9. November [sei...] ein[...] entscheidende[r] Schritt« auf dem Weg zur Macht gewesen.[12]

Wenn Titel und zyklische Anordnung den Text in partieller Übereinstimmung mit dem von Mikrophonen und Kameras vermittelten Reden über den 9. November zeigen, so entspricht dem die Aufnahme von Material, das der Autor vor der Veröffentlichung des Gedichts in Printmedien publiziert hat: Augur und Geisel, Bewegung und Menge vs. Einzelgänger – lassen sich in seinen Essays wiederfinden. Was sie im Gedichtzyklus gegenüber der früheren Verwendung gewinnen, ist ihre Einbindung in einen durch historische Daten herausgestellten Zusammenhang.

1996 veröffentlichte Grünbein eine Sammlung seiner publizistischen »Aufsätze« unter dem (wenig bescheidenen) Titel »Galilei vermißt Dantes Hölle«. Darin ist nachzulesen, dass er 1990 fragte: »wer war Geisel im Szenario der Mächte?«[13], um dann das Stottern zu loben,[14] und noch 1995 fragte er im Sinne des Geiselnahme-Bildes: »Wer verbrach diese Pläne, nach denen du wie am Strick gingst?«[15]

1990 forderte er, statt Greise (wie Honecker) zu haruspizieren, solle die Menge, die er Sklaven nannte, das Geheimnis ihrer Unterwerfung in sich selbst

---

11 Mommsen, Hans: Adolf Hitler und der 9. November 1923. In: Der 9. November, 1994, S. 33– 48, hier: S. 33.
12 Ebd., S. 34.
13 Grünbein, Galilei. 1996, S. 139.
14 Ebd., S. 141.
15 Ebd., S. 148.

suchen,[16] aber zugleich meinte er, Albert Speer lesend, Honeckers Beweggründe zu verstehen, »aus seiner und meiner Zukunft ein Gefängnis zu machen. Ich verstehe und bin von Nutzen und Nachteil der Geschichte bedient.«[17]

1995 beschrieb er dies Bedientsein als den einzigen Nutzen von Geschichte und berief sich auf das Beispiel eines Autors in Nazi-Deutschland, Felix Hartlaub, mit dessen Verfahren er sich identifizierte: »Wo alles *Bewegung* war, eine Lieblingsvokabel im Nazistaat, entpuppte sich jede Entwicklung ihm, zeittypisch, als Reduktion.«[18]

Im selben Jahr stellte er an einem Autor aus der DDR, Peter Huchel, den Grundsatz auf, der Fall des einen Dichters reiche zum Urteil über die Gesellschaft,[19] um dann sehr verschieden ausfallende Beschreibungen des Helden zu liefern: er habe der Sprache wegen standgehalten,[20] im Natursinn freies Streben bewiesen und Mißtrauen gegen gesamtgesellschaftliche Heilserwartungen, sich still aus dem Zoo der Angepaßten zurückgezogen, sei als Einzelgänger von Natur aus unfähig zum Kniefall gewesen,[21] eben ein souveräner Außenseiter, dann aber doch ein Solitär, der Abschied genommen habe vom biographischen Ich,[22] obwohl er doch aber aus ästhetischen Gründen sowieso Abstand zum herrschenden Wahnsystem gehabt habe, lehnte er aus kaum mehr als Handwerksmoral ideologischen Schund ab[23] und sei ein freundlich stoischer Begleiter unvermeidlichen Zeitgeschehens gewesen.[24]

Die Unvereinbarkeit dieser hintereinander aufgereihten Charakterisierungen eines Autors beweist nicht nur das Undurchdachte und Phrasenhafte von Grünbeins Essayistik, sondern grundsätzlich die Schwierigkeit, den Anspruch auf Distanzierung von ›jederlei Ideologie‹ zu konkretisieren. Die unbefragte Voraussetzung, dass das Gedicht jenseits der Ideologien sei, lässt den Autor es lieber nicht so genau wissen wollen, weshalb aus seinen Worten vor allem der – selber ideologische – Anspruch auf die Autonomie spricht, der abwechselnd für das Werk, den Autor und die Literatur als Kunst überhaupt erhoben wird.

Der Zusammenhang der drei historischen Daten wird in den drei Gedichten auf Körperbilder gebracht, die Bewegung stillstellen – die eingerollt Schlafenden, das zerstörte Gesicht und die blutende Nase. Diese Reduktion von politischen Bewegungen auf Körperlichkeit ermöglicht die Gleichsetzung von Lu-

---

16 Ebd., S. 152.
17 Ebd., S. 159.
18 Ebd., S. 191.
19 Peter-Huchel-Preis 1995. Hrsg. von Wolfgang Heidenreich. Baden-Baden, Zürich: Elster, Rio 1998, S. 35.
20 Ebd., S. 33.
21 Ebd., S. 35.
22 Ebd., S. 36.
23 Ebd., S. 35.
24 Ebd., S. 36.

xemburg und Hitler und die Deutung von Mord und Putsch als Vorwegnahmen: »statt Granaten flogen Krüge hin und her« (III, 15); sie zeigt sich im Bild des Putsches, wenn mit dem »hin und her« zwei sich feindliche Seiten in ihn hineinverlegt werden, und im Bild des »entblößten Körper[s]« (II, 10/11) in der Umkehrung der zeitlichen Folge von Sündenfall und Scham: »Dort bei den Karpfen war die deutsche Scham / Gut aufgehoben bis zum Sündenfall« (II, 12/13). Die Sexualisierung des Bildes der nackten Leiche wird fortgeschrieben, wenn nicht nur diejenigen, die die Luxemburg-Legende pflegten, mit den Fischen auf dem »Wassergrund« (II, 11) verglichen werden, sondern auch der Gegenstand der Legende mit einer legendären Jungfrau: »Vulgäre Mäuler rissen sich um die Legende – / Jeanne d'Arc die Jüdin, die den Aufstand singt ...« (II, 14/15).

Die Lösung der Widersprüche, die sich aus einer Gleichsetzung ergeben, die einerseits die Mordmotive nachspricht (»der Mund, / Aus dem in diesen Tagen die Gefahr kam«, II, 9), andererseits den Mord nicht billigen zu wollen scheint, suchen das zweite wie das dritte Gedicht in der Zuflucht zur Pointe. Mittels einer rhetorischen Frage: »War ihre Art zu lieben der Skandal?« (II, 18) und eines Presse-Zitats: »›Ach, nicht schon wieder *der!*‹« (III, 17) werden das sexualisierte Bild der Leiche einerseits und der distanzierte Blick auf die rauflustige Menge um Hitler andererseits wieder aufgenommen: »einen Mann, der im Café als Schwätzer angezischt / Und als Portier gefeuert worden wär« (III, 7/8).

Reduktion auf Körperlichkeit als Garant der Distanzierung von Ideologie, kommunistischer wie faschistischer, die als Sprechen zu Terror führe, wird an dieser Stelle im Bild vom Café sozial angebunden; diese Lokalität ist dabei wohl auch als eine zu denken, wo die der Luxemburg zugeschriebene Art, zu lieben, keinen Skandal verursache. Das Café verweist außerdem zurück auf die hellen Boulevards, die dem befreiten Ich des ersten Gedichts geöffnet worden waren. Aber der Ort des Ich dürfte das Café am Boulevard sein, während die »Straße« (III, 11) der Menge zugeordnet wird, die den »Schwätzer« nicht ›anzischt‹, sondern sich »verzückt« »um« ihn »schart« (III, 6/7).

Die Organisation des sprachlichen Materials – teils aus Bildern der Medien, teils aus der Publizistik des Autors bezogen – offenbart eine Positionierung des Sprechers als einerseits desillusioniert, anderseits als Überlegenheit beanspruchend. Beides lässt sich an der Weise beobachten, wie sich der Text auf literarische Tradition bezieht. Vor allem im zweiten Gedicht sind zwei Strategien festzustellen – einmal die Außerkraftsetzung durch Nichterwähnen, dann die Überbietung. Wenn die erste sich *gegen* die ostdeutsche Tradition richtet, so die zweite *auf* die westdeutsche.

Seit der Ermordung Rosa Luxemburgs sind Gedichte auf sie geschrieben worden: Johannes R. Bechers »Hymne auf Rosa Luxemburg«, zuerst im Januar 1919 in Franz Pfemferts »Aktion« erschienen und von Ludwig Rubiner in die expressionistische Anthologie »Kameraden der Menschheit« aufgenommen, festigt mit dem »Kanal-Tod der beiden Heiligen« nicht nur die Verbindung der beiden Personen Luxemburg und Karl Liebknecht, sondern auch die zweier Orte: neben dem Landwehrkanal bzw. Tiergarten wird fast immer das Hotel Eden benannt, wie von Becher in ein und demselben Langvers: »Buntere Flaum-Gimmel der Sektgelage aber spannten sie ja hurrakichernd über den Kanal-Tod der beiden Heiligen«.[25]

Am häufigsten werden in Gedichten die beiden Personen und die beiden Orte im Bild des Bluts verbunden, das dann für die Fahne stehen und sowohl gegenwärtige Aktion als auch Zukunft meinen kann: »Er hatte kein Gesicht. / Wo sein Gesicht war, lag die rote Fahne. / Genosse, lebe wohl! Als Fahne / Weht uns voraus von jetzt ab dein Gesicht.[26]

Selten wird die rechte ›Bürgerkriegspoesie‹ zitiert, z.B. von Erich Weinert »›da schwimmt die Sau‹«,[27] nie der bis in die Nachkriegszeit langlebige Gassenhauer: »Es schwimmt eine Leiche im Landwehrkanal, reich sie mir mal her, doch knutsch sie nicht zu sehr…«.[28] Umgekehrt aber findet sich ein ebenso sexualisiertes Bild vom USPD-Soldatenrat Fritz Rück bis zu Heiner Müller: »Da ersäufte seine revolutionäre Seele / Im Landwehrkanal / Und ward Soldatendirne / Berlin!«[29]

Dieses in der DDR tradierte Repertoire an Bildern – etwa in der Anthologie »Unvergessen. Gedichte über Karl Liebknecht und Rosa Luxemburg« –[30] streicht Grünbeins zweites Gedicht des Zyklus »Novembertage« überwiegend durch Nichterwähnen durch, nur einige Bilder werden ausdrücklich negiert: das mit Erde zugedeckte Rot dementiert die Verbindung von Blut, Fahne, Aktion als Bewegung in die Zukunft; der Katzentod ersetzt die Umwendung der Wertung, die von der Beschimpfung als Sau ausgehen kann, er ermöglicht die Aufspaltung in die skandalöse Liebe, der sich das Gedicht annimmt, und in die – preisgegebene – Jüdin, die als Sängerin des Aufstands zur Legende erklärt wird. Entlarvt soll die Legende sein, indem die französische Heldenjungfrau zum Muster gemacht wird, nach dem Luxemburg verklärt worden wäre. In der Aposiopese – die sich als Figur der Bestätigung von Bekanntem gibt, im Sinn von: usw., usf. –

25 Über die großen Städte. Gedichte. Hrsg. von Fritz Hofmann u.a. Berlin, Weimar: Aufbau 1968, S. 160.

26 Becher, Johannes R.: Gedichte Winterschlacht. Berlin: Aufbau 1960. Bd. 1, S. 50. (Deutsche Volksbibliothek; Sonderreihe).

27 Weinert, [Erich]: Ein Lesebuch für unsere Zeit. Hrsg. von Franz Leschnitzer. Berlin, Weimar: Aufbau 1971, S. 64 f.

28 Kaschnitz, Marie Luise: In der Berliner Von-der-Heydt-Straße. In: Dies.: Orte. Frankfurt/ Main: Suhrkamp 1979 [zuerst: 1973], S. 133 f.

29 Über die großen Städte, 1968, S. 167.

30 Unvergessen. Gedichte über Karl Liebknecht und Rosa Luxemburg. Hrsg. von Karl Wiegel. Berlin: Aufbau 1961.

steckt eine direkte Anspielung: auf Luxemburgs Übersetzung der »Warschawj-anka«, deren Nationalismus die Wahl des Jeanne d'Arc-Vergleichs begründen könnte, wenngleich Luxemburgs Verdeutschung den Text internationalisierte:

> »Mit Arbeiterblut gedüngt ist die Erde, / gebt euer Blut für den letzten Krieg, / daß der Menschheit Erlösung werde«, »Wir haben der Freiheit leuchtende Flamme / hoch über unseren Häuptern entfacht; / die Fahne des Sieges, der Völkerbefreiung, / die sicher unser führt in der letzten Schlacht«, »Die Toten, der großen Idee gestorben / werden Millionen heilig sein«.[31]

Die Negation der Bilder von der roten wie der Judensau zugunsten des toten Körpers macht diejenigen, die aus der Gefahr, die aus dessen Mund gekommen sei, eine Legende machen, zu vulgären Mäulern.

Die Selbsterhöhung des Sprechers durch Entlarvung betrifft aber nicht nur die DDR-Tradition, sondern auch einen in der BRD kanonischen Lyriker, nämlich Paul Celan und sein Gedicht »Du liegst«.

Die »...«, mit denen Grünbein die Legende Luxemburg für nichtig erklärt, standen am Ende eines Aufsatzes von Peter Szondi, auf den Hans-Georg Gadamer polemisch antwortete, und die beiden Momente von Celans Text, die der Streit zwischen Szondi und Gadamer fixiert, finden ihre Entsprechungen in Grünbeins Text; es sind die letzten drei Verse des Gedichts »Du liegst«: »Der Landwehrkanal wird nicht rauschen / Nichts / stockt.«[32]

Umstritten war die Haltung, die Celans Verse vermitteln, zur Indifferenz der Natur, und für diese Frage war insbesondere der Zeilensprung von »Nichts« zu dem erst in der nächsten Zeile anschließenden »stockt« von Bedeutung.

Die Anspielungen im Gedicht »1918/19« lassen sich als Grünbeins Stellungnahme zu diesem Streit lesen. »Durch die Kastanien ging im Frost kein Zittern« (II, 4), lautet der Vers, der auf die bestätigende Beschreibung des Landwehrkanals als Ort des Katzentods von Luxemburg folgt. Herausgestellt wird die Gleichgültigkeit der Natur, wobei die Unbewegtheit der Bäume von der Temperatur der Jahreszeit unterstützt wird. Der Vers weist eine Erwartungshaltung zurück, die Celans Gedicht, wie Marlies Janz nachgewiesen hat, von Anfang an kennzeichnet: »daß der Landwehrkanal dort, wo Rosa Luxemburg ins Wasser geworfen wurde, rauschen müßte. Das Wasser [...] müßte dort [...] stocken; auf Widerstand stoßen und rauschen«.[33] Der Interpretin waren 1976 noch nicht die Varianten zugänglich, die jetzt im Apparat der historisch-kritischen Ausgabe die

---

31 Lammel, Inge: Das Arbeiterlied. Leipzig: Reclam 1970, S. 109; vgl. zur Übersetzung: Wir sind die Rote Garde. Sozialistische Literatur in Deutschland 1914–1935. Hrsg. von Edith Zenker. Leipzig: Reclam 1974. Bd. 2, S. 331.

32 Celan, Paul: Du liegst. In: Ders.: Werke. Historisch-kritische Ausgabe. Frankfurt/Main: Suhrkamp 1994. Bd. 10. T. 1., S. 12.

33 Janz, Marlies: Vom Engagement absoluter Poesie. Zur Lyrik und Ästhetik Paul Celans. Frankfurt/Main: Syndikat 1976, S. 192.

Schlüsselrolle dieser Erwartung belegen: Celan erwog zeitweise auch: »wer stockt«, »du stockst« und »was stockt«.[34]

Während in Grünbeins Gedicht eine solche anthropomorphe Erwartung einer Reaktion der Natur durch die Bestätigung von Natur zurückgewiesen wird, stellt das Ende von Celans Gedicht diese Nicht-Reaktion gerade als Skandal heraus:

> »Das sich erinnernde Gedicht aber ist selber das, was der Landwehrkanal sein sollte und nicht ist. Wenn *er* nicht stockt, so stockt doch das Gedicht. [...] die Zeilenbrechung hebt das hervor [...]. Das Gedicht stockt und will auf diese Weise zum Ausdruck bringen, daß der Widerstand von Rosa Luxemburg und Karl Liebknecht noch nicht vergessen ist.«[35]

Ganz anders fungiert der Zeilensprung in Grünbeins Zyklus. Er steht nicht im zweiten, sondern im dritten Gedicht über den Hitlerputsch und findet in der Mitte statt, als Wiederaufnahme des ersten »Hier« (III, 4) – das schon das einleitende »In solchen Sälen« (III, 1) bekräftigt hatte – und als Auftakt zur anaphorischen Reihung weiterer »Hier[s]« (III, 13, 14), die immer dasselbe »Stück« (III, 10) aufführen. Durch den Zeilensprung wird in diesem Immergleichen der Attributsatz im Irrealis hervorgehoben, der die Unmöglichkeit von Hitlers Erfolg in einem Café behauptet: »einen Mann, der [...] angezischt / Und [...] gefeuert worden wär« (III, 7/8).

Demgegenüber macht zusätzlich die nachträgliche Erläuterung des Sprechers des durch Zeilensprung getrennten folgenden (Halb-)Verses (»Hier fing es an, das Stück«, III, 9) klar, dass für ihn gilt: Wenn die Kastanien nicht zittern, dann schon gar nicht das Ich, es macht sich auf alles, wenn nicht schließlich einen Reim, so doch von Anfang an einen Vers. Noch wenn es verstummt, weiß es Bescheid: »die den Aufstand singt ...« (II, 15)

Ebensolche drei Punkte stehen am Schluß von Szondis »Eden« betitelter Interpretation des Celan-Gedichts; sie zeichnet vor dem »Hintergrund« einer »Grunderfahrung« der »In – Differenz« nach, wie sich die »Motive des Mordes und des Weihnachtsfestes zum Ärgernis verknüpfen«.[36] Ohne auf die sozialistische Lyrik-Tradition einzugehen, primär im Rückgriff auf biographische Information, gelingt Szondi der Nachweis, wie fest einerseits die Zuordnung von Liebknecht und Luxemburg, Kanal und Hotel in Celans Gedicht ist und worin andererseits der Skandal der Verbindung dieses Motivs mit dem West-Berliner Weihnachtsmarkt und der Gedenkstätte Plötzensee liegt:

> »Was die Verknüpfung ferner begründet, ist die dreifache Bedeutung des Farbadjektivs, das den Äppelstaken beigegeben ist: rot sind sie als rotgestrichene (neben grün, silber und gold Grundfarbe der Weihnachtsszenerie). Aber Rot ist zugleich die Farbe

---

34 Celan, Du liegst. 1994, Bd. 10, T. 2, S. 60 f.
35 Janz, Engagement. 1976, S. 192 f.
36 Szondi, Peter: Celan-Studien. Frankfurt/Main: Suhrkamp 1972, S. 123.

von Blut, und Rot ist die Farbe der Fahne, für die Rosa Luxemburg und Karl Liebknecht ihr Leben ließen. ...«[37]

Mit diesen drei Punkten endet Szondis Interpretation.

Marlies Janz hat deshalb Gadamer eine Wendung konservativer Rezeption ins Normative vorgeworfen: »Der Lesertypus, den Gadamer zum Leser überhaupt stilisiert, ist derjenige, der an Celan das Moment des Jüdischen wahrnimmt, nicht aber die prinzipielle Sympathie für den Sozialismus.«[38] Indem Gadamer die Luxemburg von Celans Gedicht zu einer namenlosen Jüdin macht, kann er sie in folgende Gesamtinterpretation integrieren, wobei der Zeilenbruch eine entscheidende Rolle spielt: »das alles gibt es zugleich. Das alles gibt es, Grauen und Freude [...]. Nichts stockt – wirklich nichts?«[39] »Meint nicht der Schluß: So soll es nicht sein, daß alles so weitergeht?«[40]

Während Szondi das Gedicht als Unterbrechung historisch situiert, indem er es auf einen geschichtsphilosophisch-utopischen Deutungsrahmen bezieht, unterschlägt Gadamer keineswegs das »Ungeheure«, bindet es aber existentiell-anthropologisch ein, wenn er fragt, ob »das Nichts des Weitergehens angesichts des Ungeheuren [...] zum Stocken kommen sollte«.[41] In Grünbeins Antwort auf Celans Gedicht werden beide Deutungsvarianten überboten: Es gibt keinerlei Irritation, sondern nur Bestätigung des Weitergehens und Bekräftigung der Gefahr von Utopie.

Das im sprachlichen Material wie in seiner Anordnung ablesbare Traditionsverhältnis des Zyklus »Novembertage« kann auf die Autorpoetik bezogen werden, indem gefragt wird, inwieweit der Text als Rezeptionsvorgabe die in den poetologischen Programmtexten seines Verfassers formulierten Intentionen als bekannt realisiert.

Trotz deutlicher Veränderungen gibt es in drei wesentlichen Aspekten Kontinuität: der Autor erhebt für seinen Text im Verhältnis zur Wirklichkeit einen Wahrheitsanspruch, er privilegiert das Gedicht gegenüber anderen Genres und Formen der Literatur und stellt sich den Adressaten seiner Texte als einen Privatmann vor.

Grünbein stützt den Wahrheitsanspruch wie seine Vorstellung der Wirkungsweise auf den Körper, aus dem das Gedicht komme und in den es gehe: »Das Gedicht [...] hätte sein Ziel verfehlt, wäre es nur ein weiterer Text auf einem

---

37 Ebd., S. 125.
38 Janz, Engagement. 1976, S. 197.
39 Gadamer, Hans-Georg: Wer bin Ich und wer bist Du? Ein Kommentar zu Paul Celans Gedichtfolge »Atemkristall«. Frankfurt/Main: Suhrkamp 1973, S. 128.
40 Ebd., S. 127.
41 Ebd.

weiteren Blatt Papier«, heißt es in der frühen Bremer Literaturpreis-Rede »Reflex und Exegese«:

> »Wie die Stimme im Telephonhörer, den jemand ans Ohr preßt, [...] dringt es real in den Körper ein [...], und man ist fortan [...] stigmatisiert [...]. Im Bruchteil einer Sekunde [...] hat ein neuronales Gewitter [...] die ganze Gehirnlandschaft verändert.«[42]

In diesem Sinne grenzt Grünbein – in einem neun Jahre später veröffentlichten Gespräch – die Lyrik von anderen Weisen des Sprechens ab, von aller Prosa, insbesondere von Rhetorik und Fiktion; nur im Gedicht finde ein Zusammenfall von Innen und Außen statt: »Das Wort ist Psyche und Physis zugleich. [...] Die Wahrheit ist konkret, sie ist der Körper.«[43]

Was hier verallgemeinernd über das »Wort« gesagt wird, gilt aber nur für das Gedicht, d.h. für ein bestimmtes Verfahren des Schreibens von Gedichten, für das Grünbein auf diese Weise zugleich individuelle Freiheit und allgemeine Verbindlichkeit reklamiert:

> »Im Grunde hat die wahre Dichtung niemals den Raum unter der Schädeldecke verlassen. Sie läßt sich nicht aus der Intimität des einzelnen Körpers vertreiben. Dort ist sie zu Hause, solange der Laut und sein Derivat, die Schrift, Verbindung halten zum Universum der Körper.«[44]

Verloren gehe diese Verbindung, wenn »sich die Stimme von fixen Ideen leiten läßt«,[45] wie es notwendigerweise in der Prosa geschehe.

Der Körper erlaubt in Grünbeins Poetik eine unmittelbare Verbindung zwischen dem Individuellen und dem Allgemeinen, die zugleich frei und verbindlich sei. Dieser auf Wirklichkeit sich berufende Wahrheitsanspruch begründet seine scharfe Abgrenzung mit dem Konzept der Autoreferentialität:

> »In dem Moment, da sich Kunst in ihrem Autonomiestreben als bloßer Reflektionsakt nurmehr auf sich selbst bezieht, erlischt ihr Interesse am Allgemeinen. Mit der Hypertrophierung des Besonderen und weltlos Subjektiven geht ihre Chance verloren, [...] noch etwas mitzuteilen.«[46]

Positiv beschreibt Grünbein sein lyrisches Verfahren als »Wahrnehmung [...] anthropologischer Natur«,[47] negativ als »das größte Gegengift gegen jederlei Ideologie«.[48] In seinen Beschreibungen dieser Wahrnehmung werden aber

---

42 Grünbein, Galilei. 1996, S. 62.
43 Durs Grünbein im Gespräch mit Heinz-Norbert Joks. Köln: DuMont 2001, S. 31.
44 Ebd., S. 29.
45 Ebd., S. 33.
46 Ebd., S. 41.
47 Ebd., S. 53.
48 Ebd., S. 77.

Probleme erkennbar, die den Doppelsinn von Abstraktion betreffen, einmal die Verallgemeinerung vom Einzelnen auf das Universum, dann das vorsätzliche Absehen von gesellschaftlich-historischen Vermittlungen. »Der Körper in seiner Zerbrechlichkeit ist immer das letzte Argument gegen jeglichen Idealismus und allen Terror der Ideen, seien es nun politische, ökonomische oder ganz allgemein die des Fortschritts, der alles zermalmt.«[49]

Gedichte »können sich immer nur an einzelne wenden«, denn für das Gedicht

> »braucht es eine gewisse meditative Ruhe. Das eben ist ja der Sinn von Literatur. Sie entsteht aus dem Verlangen nach einem zeitlichen Jenseits. Man schreibt, um dem Alltagsleben soviel wie möglich von dieser Aus-Zeit zu entwenden. Nur wenn dasselbe Verlangen auch im Leser erwacht, kommt es zu den seltenen Augenblicken der Kommunion.«[50]

Der Text von »Novembertage« kann nur bedingt als Einlösung dieser Intentionen angesehen werden, insofern zwar die Thematisierung von Körperlichkeit eine »Omnitemporalität« suggeriert,[51] aber sowohl die Positionierung eines – der Menge – überlegenen Ich als auch die auf antiideologische Desillusionierung zielende Polemik den Text als keineswegs »jenseitig«, sondern vielfältig verwickelt erweist.

Weniger in den poetologischen als in den reportagehaften und autobiographischen Texten Grünbeins finden sich Hinweise darauf, wie seine Autorpoetik als Positionierung auf dem literarischen Nachwendemarkt funktionierte. Im »Freibeuter« publizierte Grünbein 1994 seinen »Manhattan Monolog«, der zum Motiv der Reise nach New York ausführt: »… sobald ich mich fortdenken konnte von Dresden, wollte ich nach New York … um den Osten zu überwinden, und mit ihm den Westen«.[52] Diese Absicht der Überbietung, die nicht nur »unabhängig« machen solle »von Biographie und Herkunft« aus der DDR, »dem unterwürfigen Verstricktsein des Individuums«, sondern auch über die bundesrepublikanischen »Wonnen des Einzelschicksals« hinausführen könne, fasst Grünbeins New York-Hymne in den Begriff des stoisch-anthropologischen Blicks, der Distanz: »Nur [...] im spontanen Ja und Nein des Körpers und aller Sinne [...] lag die Chance«.[53]

Die anthropologische Verallgemeinerung seiner Erfahrung sollte den DDR-Lyriker nicht nur im Westen ankommen, sondern diesen auch gleich noch überbieten lassen. Und die Rezeption des Gedichtbands »Nach den Satiren« belegt den Erfolg dieser Strategie.

---

49 Ebd., S. 53 f.
50 Ebd., S. 51.
51 Ebd., S. 18.
52 Grünbein, Galilei. 1996. S. 131.
53 Ebd., S. 131.

Obligatorisch ist in der Mehrheit der Rezensionen die Bezugnahme nicht nur auf den Büchner-Preis[54] und die dadurch anerkannte Jahrhundertgröße des Autors,[55] sondern die noch spezifischere auf eine Besprechung des 1995 mit Grünbein in Darmstadt ausgezeichneten damaligen »FAZ«-Literaturredakteurs Gustav Seibt.[56]

Seibts Formel vom »Götterliebling« findet sich in der »Neuen Zürcher Zeitung«,[57] der »Welt«[58] und der »taz«,[59] auch in anderen Zeitungen ergänzt durch die Gleichsetzung mit Hofmannsthal und Rilke; Seibt hatte 1994 die Formel und den Vergleich damit begründet, dass Grünbein am 12. 11. 1989 eine neue Epoche der deutschen Literatur eröffnet habe, denn durch die Souveränität seines Rückgriffs auf die literarische Tradition und durch die Höhe seines Anspruchs sei er »der erste Dichter, der die Spaltung der deutschen Literatur überwindet«: »Er reagiert auf die neue Situation des Landes ästhetisch und anthropologisch. [...] Sein lyrisches Ich ist nicht öffentlich.«[60]

Politik wird von Grünbein auf das Objekt einer Geste der Distanzierung beschränkt, und dieser antipolitische, vermeintlich unideologische Gestus bestimmt auch die Rezensionen von »Nach den Satiren«; allenfalls wird Politik hier als Sphäre von Illusionen näher bestimmt, von denen aber der Dichter kategorisch geschieden wird, so wie sich auch die RezensentInnen darüber mit ihm erhaben wissen. Welcher Art die Illusionen in der so abgewiesenen Politik seien, lassen die RezensentInnen nicht im Unklaren – ausnahmslos gesellschaftskritische, utopische, ›achtundsechziger‹, moralisierende, linke werden genannt.

Die positiven Besprechungen vergewissern sich einverständig eines »mitleidslosen Blick[s], der sich nichts vormacht«, auf das »Leben, das dennoch weitergeht«.[61]

---

54 Vgl. z.B. Doerry, Martin/ Hage, Volker: Tausendfacher Tod im Hirn. Büchner-Preisträger Durs Grünbein über Utopien, das Ende der DDR und die Zukunft der Lyrik. In: Der Spiegel, 09. 10. 1995, S. 221 – 230; Böttiger, Helmut: Das Ich und seine Verstärker. Durs Grünbeins Gedichtband »Nach den Satiren«: verschiedene Stimmen, verschiedenes Rauschen, aber ein Dichter. In: Frankfurter Rundschau, 24. 03. 1999.

55 Hartmann, Rainer: Die Flügel zerzaust. Neue Bände von Durs Grünbein und Lutz Rathenow. In: Kölner Stadt-Anzeiger, 11. 06. 1999.

56 Vgl. Magenau, Jörg: Der Schatten des Körpers des Dichters. In: Freitag, 27. 10. 1995.

57 Köhler, Andrea: Asche zum Frühstück. In vielen Lektüren nicht auszuschöpfen: Durs Grünbeins Gedichte »Nach den Satiren«. In: Neue Zürcher Zeitung, 08. 04. 1999.

58 Törne, Dorothea von: Der traurige Blick des Rhinozeros. Durs Grünbeins neuer Gedichtband »Nach den Satiren«. In: Die Welt, 19. 06. 1999.

59 Braun, Michael: Müde in dieser alten Welt. Durs Grünbein verucht, sich in lyrischem Breitwandformat selbst zu überbieten. Mit »Nach den Satiren« ist er im Posthistoire gelandet, wo nur noch Reprisen blühen. In: taz, 25. 03. 1999.

60 Peter-Huchel-Preis. 1998, S. 93.

61 Spinnler, Rolf: Am Morgen danach, wenn die Dämonen zurückkehren. Durs Grünbeins neuer Gedichtband »Nach den Satiren« zeigt seinen Autor geschult am alten Rom. In: Stuttgarter Zeitung, 22. 10. 1999.

Hierin sieht Harald Jähner in der »Berliner Zeitung«, »was Dichter und Publikum verbindet«; positiv gewertet erscheint Grünbein bei Jähner als »derzeit wohl für allgemeine Stimmungslagen empfindsamste[r] [sic!] deutsche[r] Lyriker«; für die Gleichsetzung von Faschismus und Sozialismus mitsamt der beiden entsprechenden Bilder aus »Novembertage« beruft sich Jähner auf Grünbeins Autopoetik: »›Im dichterischen Wort [...] wird die Vorstellung des einzelnen synchronisiert mit der Weltwahrnehmung aller‹«, zitiert die »Berliner Zeitung« Grünbeins Essay zum ›Babylonischen Hirn‹.[62]

Die Redaktion der Wochenzeitung »Freitag« hob durch Groß- und Kursivdruck das Zitat der letzten Verse des ersten Gedichts des Zyklus hervor, der »wie im Zeitraffer die für die deutsche Geschichte im 20. Jahrhundert zentralen Ideologien Revue passieren läßt«.[63] Mittels eines zweiten redaktionell herausgehobenen Zitats wurde eingeschärft: »Das Sinnversprechen, das in den überkommenen Denksystemen einmal aufbewahrt schien, [...] überlebt [heute ...] nur noch im Reservat der Poesie selbst«.[64]

Dass in solcher Desillusionierung nur das Pathos der Dichtung übrigbleibt, zeigt Helmut Böttigers Kommentar: »die Eingangszeile zum 9. November 1989 faßt in nuce zusammen, was deutsche Geschichte konstituiert: ›An diesem Abend brach ein Stottern die Gesetze‹.«[65] Böttiger arbeitet mit am Mythos jener Differenz; aber in diesem Gedicht trifft gerade nicht zu, was Grünbein postuliert und die meisten seiner RezensentInnen ihm nachsprechen: »›um innezuhalten in den Wüsten der Information (...), hilft der Erinnerung nichts als die Orientierung anhand der versprengten Zeile, mit den Mitteln metrischer Peilung.‹«[66]

---

62 Jähner, Harald: Knochensatt knirscht die Erde. »Nach den Satiren«: Durs Grünbein besingt unsere Rückkehr in die Geschichte. In: Berliner Zeitung, 25.03.1999.

63 Kaulen, Heinrich: Alles geht weiter, vor allem der Krieg. Lyrik im Zeitalter des Postsozialismus. Neue Gedichte von Volker Braun und Durs Grünbein. In: Freitag, 26.03.1999.

64 Ebd.

65 Böttiger, Ich. 1999.

66 Kiefer, Sebastian: Schock und klassisches Maß. Durs Grünbein flaniert durch die antike Moderne. In: Neue deutsche Literatur 47, 1999, H. 4, S. 138–142, hier: S. 139.

Monika Wolting (Wrocław)

Die ›Verwicklung‹ der Intellektuellen in den Kommunismus

Das 20. Jahrhundert wird in der Fachliteratur häufig als das »Jahrhundert der Intellektuellen« bezeichnet.[1] Durch Émile Zolas berühmtes »J'accuse!« 1898 in die Diskussion eingeführt, beteiligt sich der Intellektuelle in Wort und Schrift als moderne Sozialfigur[2] an den weltanschaulichen Auseinandersetzungen des »Zeitalters der Extreme«, wie Eric Hobsbawm das 20. Jahrhundert nennt. Nach dem Ende des Kalten Krieges, dem Zusammenbruch des Kommunismus und dem Beginn der Postmoderne wird der Intellektuelle in den Medien zuweilen für ›tot‹ erklärt.[3] Auch wenn der Begriff des *Intellektuellen* in seinen Ursprüngen keiner wissenschaftlichen Analysekategorie zuzuschreiben war, sondern als ein politischer Kampfbegriff in Gebrauch trat, so entstand um ihn im Laufe der Jahre ein breiter Wissenschaftsdiskurs.

Es ist hier nicht der Ort für eine detaillierte Analyse der geschichtlichen Entfaltung des Begriffs, allerdings wird hier, um die Funktion und Bedeutung des Intellektuellen in den Vordergrund dieser Untersuchung zu stellen, zunächst auf einige seiner wichtigsten Entwicklungsstufen hingewiesen. Es folgt eine Analyse ausgewählter Aussagen der DDR-Intellektuellen während der Kundgebung am Alexanderplatz vom 4. November 1989. Die Reden werden nach ihrem ideologischen Gehalt hin untersucht und als der letzte Versuch für das Einstehen der Intellektuellen für die sozialistische Idee verstanden und in diesem Sinn interpretiert. Im nachfolgenden Punkt wird auf die Positionsunterschiede zwischen der Künstlerszene der DDR und jener der Bürgerrechtler eingegangen, die zu einer Aufspaltung der Reformen fordernden Gruppe führten. Zu allerletzt wird die Frage aufgeworfen, wie weit die Verstrickung des Intellektuellen

---

1 Vgl. Winock, Michel: Das Jahrhundert der Intellektuellen. Konstanz: UVK Universitätsverlag Konstanz 2003.

2 Bock, Hans Manfred: Der Intellektuelle als Sozialfigur. Neuere vergleichende Forschungen zu ihren Formen, Funktionen und Wandlungen. In: Archiv für Sozialgeschichte 51 (2011), S. 591–643.

3 Bering, Dietz: Die Epoche der Intellektuellen 1898–2001. Geburt, Begriff, Grabmal. Berlin: Berlin University Press 2010.

überhaupt in den Kommunismus und Sozialismus reichte und warum bis jetzt keine umfassende Auseinandersetzung mit der intellektuellen Verwicklung der Literaten, Künstler, Schauspieler in ein totalitäres Gedankensystem stattgefunden hat. Als bedeutende Ausnahmen hierfür gelten die Arbeiten von André Glucksmann[4], Pierre Bourdieu[5] und Czesław Miłosz[6].

Wer ein Intellektueller ist, danach wird seit über 100 Jahren in Publikationen unterschiedlicher Provenienz gefragt. Es gibt eine Mehrzahl von Definitionen des *Intellektuellen*, die zunächst aufgrund zweier Orientierungen gebildet wurden: zum einen der sozialen Zugehörigkeit, zum anderen der gesellschaftlichen Rolle.

Wie bei jeder Denkfigur wird es bei der Analyse des Intellektuellentypus auf die vorhandene Reflexion darüber und die Selbstdarstellung der Intellektuellen selber ankommen. Es ist eine Form der Suche nach der Signatur des intellektuellen Denkmusters.

Diesem Leitgedanken folgend, wird in diesem Beitrag die gesellschaftliche Rolle der Intellektuellen in den Vordergrund gestellt. *Der Intellektuelle* wird hauptsächlich in seiner tätigen Funktion wahrgenommen. Bei M. Rainer Lepsius heißt es dazu: »Intellektuelle sind, soziologisch gesehen, also nicht Leute mit irgendwelchen persönlichen Eigenschaften, sondern Leute, die etwas Bestimmtes tun.«[7] Habermas beschreibt den Inbegriff des deutschen intellektuellen Engagements, dessen genuiner Ort die politische Öffentlichkeit sei, wie folgt:

> »Der Intellektuelle engagiert sich für öffentliche Interessen gleichsam im Nebenberuf, ohne dafür seinen professionellen Umgang mit den eigensinnig strukturierten Sinnzusammenhängen aufzugeben, aber auch ohne sich andererseits vom politischen Betrieb organisatorisch vereinnahmen zu lassen. Aus der Sicht der Intellektuellen bleiben Kunst und Wissenschaft gewiss autonom, aber nicht partout esoterisch; für ihn ist die politische Willensbildung gewiss auf das von Berufspolitikern beherrschte System bezogen, aber von diesen nicht ausschließlich kontrolliert.«[8]

Der Intellektuelle muss sich zusätzlich zu seiner beruflichen Tätigkeit in einer bestimmten, meistens an den Geisteswissenschaften orientierten Art und Weise zu bestimmten Themen der Gesellschaft in der Öffentlichkeit äußern. Was Habermas hier apriori festlegt, trifft auf Schriftsteller wie Böll, Grass oder En-

---

4 Glucksmann, André: Die Meisterdenker. Reinbek bei Hamburg: Rowohlt 1978.
5 Bourdieu, Pierre: Revolutionen, Volk und intellektuelle Hybris. In: Freibeuter, 1991.
6 Miłosz, Czesław: Verführtes Denken. Frankfurt/Main: Suhrkamp 1975.
7 Lepsius, M. Rainer: Kritik als Beruf. Zur Soziologie der Intellektuellen. In: Interessen, Ideen und Institutionen. Hrsg. von M. Rainer Lepsius. Opladen: Westdeutscher Verlag 1990, S. 270 – 285, hier: S. 277.
8 Habermas, Jürgen: Heinrich Heine und die Rolle des Intellektuellen in Deutschland. In: Merkur 448, 1986, S. 453.

zensberger keineswegs zu, in ihren politischen Interventionen haben sie sich eher selten an den Fragen der Geisteswissenschaften orientiert. Bei der Begriffsbestimmung erweist sich diese handlungsbezogene Eingrenzung erfolgssicherer als eine sozialstratifikatorische. Die meisten Definitionen des *Intellektuellen* formulieren bestimmte normative Vorgaben, die häufigste besagt, dass Intellektuelle öffentlich aktiv und wirksam sein und eine gesellschaftliche Funktion ausüben sollen. Allerdings geht Bourdieu in seiner Auseinandersetzung mit dem Begriff eher von der Praxis aus als von der normativen Vorstellung. Bourdieu begründet die Definition mit einer konkreten Erfahrung, erläutert am Beispiel von Zola und seinen Anhängern von 1898.

Von M. Rainer Lepsius stammt die vielleicht kürzeste Bestimmung des Intellektuellen: »Sein Beruf« sei »die Kritik«[9]. Das Feld des Intellektuellen ist nach Lepsius die »inkompetente, aber legitime Kritik«; »die prekäre Lage des Intellektuellen« sei »die aus Strukturbedingungen der Gesellschaft notwendig prekäre Lage dieser Art der Kritik«[10]. Sein Wirkungsfeld liegt in der »sozialen Vermittlung abstrakter Wertvorstellungen«.[11] Die Auseinandersetzung mit Bourdieus Exposition des intellektuellen Systems als einer Bedingung künstlerischer Produktion und Rezeption macht deutlich, wie der problemgeschichtliche Rahmen abzustecken ist. Der Ansatz von Bourdieu formuliert das Problem der separaten ästhetischen Kunst als Resultat der Ausbildung eines relativ autonomen »intellektuellen Kräftefelds«[12], das die Existenz eines auf »Autonomie« beharrenden intellektuellen Urtypus ermöglicht habe. Das kulturelle Leben stellt nach Bourdieu eine »spezifisch intellektuelle Ordnung« dar, die eine absolute Autonomie, einen besonderen Typus von Legitimation und eine »Opposition zur ökonomischen, politischen und religiösen Macht« für sich beansprucht. Das Hauptanliegen der Intellektuellen besteht, nach Bourdieu, in der Ablehnung jener Instanzen, »die im Namen einer selbst nicht spezifisch geistigen Macht und Autorität den Anspruch auf gesetzgebende Gewalt in kulturellen Dingen erheben.«[13]

Bourdieu betont die Autonomie des Intellektuellen. In seinen Schriften (z. B. in »Zur Soziologie der symbolischen Formen«) proklamiert er »einen Typus, der keinen anderen Zwang als die konstitutiven Anforderungen seiner geistigen

---

9 Vgl. Lepsius, Kritik als Beruf. 1990.

10 Ebd., S. 283.

11 Ebd., S. 277.

12 Bourdieu, Pierre: Zur Soziologie der symbolischen Formen. Frankfurt/Main: Suhrkamp 1970, S. 76.

13 Vgl. Wolting, Monika: Das Profil des Intellektuellen in der Bundesrepublik und der DDR. In: Übereinstimmungen und Differenzen. Germanica Wratislaviensia. Nr. 136. Hrsg. von Iwona Bartoszewicz und Marek Hałub. Wrocław: Wydawnictwo Uniwersyteckie 2012, S. 25–40.

Konzeption anerkennt und anerkennen will.«[14] An dieser Stelle sollte wiederum scharf zwischen den Parteiintellektuellen also solchen, die die kommunistischen Parteien, sei es in Polen, der DDR oder der Tschechoslowakei, aktiv unterstützt haben, und den Intellektuellen, die auf der Basis von Parteiunabhängigkeit und einem unbedingtem Autonomiebestreben in aestheticis[15] in die Politik interveniert haben, unterschieden werden. Autonomie und politische Einmischung ist im Sinne Bourdieus eine falsche Alternative. In seiner Auslegung sind die Intellektuellen immer beides zugleich, sowohl autonom als auch politisch engagiert. Daher unternimmt Bourdieu eine Unterscheidung in der Nachfolge Zolas, sowohl von den apolitischen Teilen der Intelligenz als auch von denen, die mit der Parteinähe die Autonomie aufgeben. Der französische Soziologe entwickelt den Begriff des *Kräftefelds*, was bedeutet, dass innerhalb dieses kulturellen Eigenbereichs durch »spezifische intellektuelle Auslese- und Bestätigungsinstanzen«[16] das künstlerische Schaffen beeinflusst werden kann und darf. Bourdieu betont die Gleichwertigkeit von Autonomie und politischer Intervention. Als Intellektueller wird demnach der bezeichnet, der seine »im autonomen wissenschaftlich-künstlerischen Feld erworbene Autorität für Interventionen im politischen Feld im Namen universeller Werte einsetzt«. Habermas will die einzige Fähigkeit, die »den Intellektuellen auch noch heute [2008 – die Verf.] auszeichnen könnte« in dem »avantgardistischen Spürsinn für Relevanzen«[17] sehen. Er müsse sich zu »einem Zeitpunkt über kritische Entwicklungen aufregen können, wenn andere noch beim *busines as usual* sind.«[18] Lepsius setzt am soziologischen Begriff *der Intelligenz* an und leitet daraus normativ den Begriff des *Intellektuellen* ab:

> »[...] zählen zur Intelligenz alle diejenigen, die [...] zur Sublimierung des Daseins durch die Hervorbringung religiöser, ästhetischer und wissenschaftlicher Lebensdeutungen oder zur Schaffung der theoretischen Voraussetzungen für die Rationalisierung des Daseins durch die Anwendung theoretischen Wissens auf die Lebensbewältigung beitragen. Zu Intellektuellen werden Intelligenzler (und andrer) immer dann und nur solange sie Kritik üben.«[19]

Diese oben angebrachten Bestimmungen des Gebrauchsspektrums des Begriffs zeigt die Bandbreite seiner Anwendung. Die Begriffsbestimmung von Lepsius könnte auch auf Personen, die in politischen, sozialen oder kulturellen Ab-

---

14 Bourdieu, Zur Soziologie. 1970, S. 80.
15 Bourdieu, Pierre: Die Intellektuellen und die Macht. Hrsg. von Irene Dölling. Hamburg: VSA 1991, S. 40 ff.
16 Ebd., S. 77.
17 Habermas, Jürgen: Ach, Europa. Kleine Politische Schriften IX. Frankfurt/Main: Suhrkamp 2008, S. 84.
18 Ebd.
19 Lepsius, Kritik. 1990, S. 277.

hängigkeiten und Einschränkungen agieren, im Sinne der von Czesław Miłosz geprägten Formel des *gefesselten Verstandes*[20] zugeschnitten werden. Bourdieu nennt 1991 die oppositionellen Intellektuellen der DDR »abtrünnige Priester«, die das »Volk verrieten« und als »lebende Dementi ihrer eigenen Botschaft«[21] erschienen. Um die Argumentation etwas abzuschwächen, führt er einige Ausnahmen der Intellektuellen an, die »durch Rückkehr zu den Quellen, den Texten, dem *reinen Sozialismus*« gekennzeichnet wären und damit die Bezeichnung des Intellektuellen erringen könnten. Wen Bourdieu damit meint, wird nicht explizit genannt. Unter der Annahme scheint es erlaubt, das historisch-politische Verhalten der Intelligenz der DDR, die zwar dem politischen System der SED bis zum Schluss die Treue hielt, aber auch in ihrem Verlangen nach grundlegenden Reformen Kritik übte, nach den Prinzipien des Intellektuellen-Begriffs zu analysieren. Dieser Vorgang ermöglicht sogleich die politisch-kritische wie auch die systemkritische Wirkung ihrer Aktivität in beiden Ländern.[22] Nach der Spezifizierung durch Michels in der Nachfolge Webers werden die Intellektuellen zu Wegbereitern, Ideologen und auch Kritikern und Gegnern politischer, sozialer und kultureller Systeme.[23]

Die DDR-Intelligenz, die Zugang zur breiten Öffentlichkeit besaß und über eine mediale Kommunikationspraxis verfügte, gehörte der ersten hier bezeichneten Gruppe an, sie verstand ihre Funktion als *Wegbereiter* und *Ideologen*. Die Gegner des politischen Systems der DDR wirkten ausschließlich im (durch die SED kontrollierten) Untergrund, da ihnen in der breiten Öffentlichkeit kein Raum zugesprochen wurde. Die Bezeichnung *Szene* für die oppositionellen Gruppen wurde ungern gebraucht, da eine Festlegung auf bestimmte, dem System nicht konforme Gemeinsamkeiten politische Gefahren mit sich brachte.[24] Die Gruppierungen bildeten sich in großen Städten: in Leipzig, Berlin, Karl-Marx-Stadt (heute Chemnitz) und Halle. Das Charakteristische für die Beteiligten – um hier nur ein paar Namen zu nennen: Uwe Kolbe, Lothar Trolle, Bernd Wagner, der Kreis um den Gitarristen Lothar Fiedler – war ihre Abwesenheit bei den offiziellen und zentralen Ausstellungen und Lesungen, trotz einer in manchen Fällen bestehenden Zugehörigkeit zum Berufsverband. Sie wurden von der offiziellen Kultur als Außenseiter betrachtet, sie gehörten der jüngeren und

---

20 Vgl. Miłosz, Verführtes Denken. 1975.
21 Bourdieu, Revolutionen. 1991, S. 28.
22 Vgl. Wolting, Monika: Das Paradigma der Intellektuellen. In: Germanica Wratislaviensis. Hrsg. Iwona Bartoszewicz und Marek Hałub. Warszawa: Wydawnictwo Uniwersytetu Wrocławskiego 2013. Im Druck.
23 Michels, Robert: Historisch-kritische Untersuchungen zum politischen Verhalten der Intellektuellen. In: Schmollers Jahrbuch für Gesetzgebung, Verwaltung und Volkswirtschaft. Nr. 57, 1933, Bd. 2, S. 807 ff.
24 Vgl. Wolting, Das Profil der Intellektuellen. 2012.

jüngsten Generation (geb. zwischen 1951 – 1963) an, darüber hinaus gibt Frank Eckart an, beteiligten sie sich an der informellen *Bewegung* »Vertreter der mittleren Generation«, die sowohl für den offiziellen als auch den inoffiziellen Kulturbetrieb produzierten.[25] Diese Gruppe blieb über Jahre stabil, traf sich regelmäßig bei den für sie interessanten Ausstellungen und gab damit auch den SED-Organen die Möglichkeit, eine inoffizielle Kontrolle über sie zu gewährleisten, was an dem brisanten Beispiel der Schrifftstellergruppe am Prenzlauer Berg im Umkreis von Sascha Anderson 1991 deutlich wurde.

Für die Intelligenz der DDR standen zwei Wege offen: Eine opportunistische Anpassung an die politischen Anforderungen des Systems oder eine oppositionelle Wirkung, die als Folge persönliche Konsequenzen nach sich zog, da eine unabhängige intellektuelle Existenz unter realsozialistischen Verhältnissen in der DDR als ausgeschlossen galt.[26]

Neben dieser der SED nahestehenden Gruppe der ostdeutschen Intelligenz und der *Szene* formierte sich eine weitere Richtung der Intellektuellenbewegung, die unter den Diskursen *Kirche im Sozialismus* und *kirchennahe Bürgerbewegungen* zusammenzufassen ist. Dass diese drei Stränge der DDR-Reformer 1989 nicht ein gemeinsames Konzept für eine durchaus gemeinsame Idee des *Dritten Weges* auszuarbeiten imstande waren, der eine politische Alternative zur Wiedervereinigung hätte bedeuten können, lag letztendlich an der Auslegung der eigenen Handlung und dem Verständnis für die Funktionen des Intellektuellen in der Gesellschaft. Während die Gruppe der SED-Reformer die DDR-Regierung unter den Reformdruck der Idee des *Dritten Weges* zu setzen beabsichtigte, demonstrierten die Bürgerbewegungen gegen die politische Führung der DDR und gegen deren demokratiefeindliche Bestrebungen. Für die zweite Gruppe stellte sich die Frage nach der Möglichkeit der Erneuerung des Staates unter sozialistischer Vorhut nicht.

Um 1989 haben sich drei Habitusformen des deutsch-deutschen Intellektuellen ausdifferenziert: der Ost-Intellektuelle im Auftrag der Partei, der kritische Ost-Intellektuelle und der West-Intellektuelle, also der Dissident auf der einen Seite der Grenze und der westliche Kritiker auf der anderen, der über ein hohes Kommunikationspotenzial verfügt.[27] Demnach wird die Rolle des Intellektuellen an keine konkrete Substanz gebunden, dafür hat sie aber bestimmte Formen und Praxen herausgebildet, die im Allgemeinen als Kommunikationspraktiken, als Interaktionsprozesse bezeichnet werden dürfen. Unter den ost- und westdeut-

---

25 Eckart, Frank: Eigenart und Eigensinn. Alternative Kulturszenen in der DDR. Hrsg. von Forschungsstelle Osteuropa. Bremen: Edition Temmen 1993, S. 82.
26 Vgl. Bialas, Wolfgang: Ostdeutsche Intellektuelle und der gesellschaftliche Umbruch der DDR. In: Geschichte und Gesellschaft. Intellektuelle. Hrsg. von Wolfgang Hardtwig. Heft 2, Göttingen 2007, S. 290.
27 Vgl. Wolting, Das Profil des Intellektuellen. 2012.

schen Intellektuellen entstanden soziale Strukturen und »Netzwerke des intellektuellen Engagements«. Die »symbolische Dimension intellektueller Kommunikationspraxis« bildete einen wichtigen Aspekt der zu dieser Zeit geführten Debatten. Für die Rekonstruktion der Formen des intellektuellen Engagements ist es wichtig, die Aufmerksamkeit auf die internen »Gruppenbildungsprozesse«, wie etwa auch auf die »Gewinnung der gesamtgesellschaftlichen Unterstützung«, für das Anliegen der Intellektuellen zu lenken. Eine bedeutungstragende Rolle in der Kommunikationspraxis der Intellektuellen kommt den Medien zu.[28] Die Erforschung des Mediensystems im bestimmten politischen und gesellschaftlichen Rahmen erlaubt die Bestimmung unterschiedlicher Kommunikationsformen der Intellektuellen in der Öffentlichkeit.

Die oben aufgeführte Ausdifferenzierung des Feldes des Intellektuellen setzt verstärkt auf die Erörterung des symbolischen Kapitals neben dem für die intellektuelle Praxis als zweitrangig eingestuften ökonomischen Kapital und erlaubt dadurch, einen epochenspezifischen Funktionszusammenhang von Kommunikationsnormen und -praktiken heauszuarbeiten.

> »Die Intellektuellen werden in dieser Sicht zu einer nicht näher fixierten Personalkategorie, die eine bestimmte Einstellung, eine Lebenshaltung verbindet. Nicht mehr ihre Stellung in der Gesellschaft – sie kann höchst unterschiedlich sein –, ihre Geisteshaltung wird zum entscheidenden Kriterium.«[29]

In der bürgerlichen Öffentlichkeit, die für Westdeutschland das bestimmende gesellschaftliche Modell bildete, werden durch eine gemeinschaftliche, auf dem Vernunft-Diskurs basierende und daher von ihr abgeleitete politische Willensbildung die Herrschaftsverhältnisse der Ständegesellschaft abgelöst.[30] 1961 schreibt Jürgen Habermas:

> »Bürgerliche Öffentlichkeit lässt sich vorerst als die Sphäre der zum Publikum versammelten Privatleute begreifen; diese beanspruchen die obrigkeitlich reglementierte Öffentlichkeit alsbald gegen die öffentliche Gewalt selbst, um sich mit dieser über die allgemeinen Regeln des Verkehrs in der grundsätzlich privatisierten, aber öffentlich relevanten Sphäre des Warenverkehrs und der gesellschaftlichen Arbeit auseinander-

---

28 Vgl.: Abrosimow, Kirill: Die Genese des Intellektuellen im Prozess der Kommunikation. Friedrich Melchior Grimms »Correspondance littéraire«, Voltaire und die Affäre Calas. In: Geschichte und Gesellschaft. Intellektuelle. Hrsg. von Wolfgang Hardtwig. Heft 2, Göttingen 2007, S. 165.

29 Lepsius, Kritik. 1990, S. 274.

30 Geulen, Dieter: Jürgen Habermas: Identität, Kommunikation und Moral. In: Schlüsselwerke der Identitätsforschung. Hrsg. von Benjamin Jörissen und Jörg Zirfas. Wiesbaden: VS Verlag für Sozialwissenschaften 2010, S. 164.

zusetzen. Eigentümlich und gesellschaftlich ohne Vorbild ist das Medium dieser politischen Auseinandersetzung: das öffentliche Räsonnement.«[31]

Signifikant an der Auslegung von Habermas erscheint das Aufzeichnen bestimmter Verhaltensweisen konkreter Individuen im Umgang miteinander. Die bundesdeutschen Intellektuellen bildeten institutionell nicht-gebundene Netzwerke[32], die zum einen auf einer gemeinsamen Entscheidung für Demokratie, Freiheit und »herrschaftsfreier Kommunikation« beruhten und zum anderen auf einem Willen, sich aller möglichen Themen zuzuwenden, insbesondere solcher, die bislang als nicht fragwürdig oder als tabuisiert eingestuft wurden. Dies ist insofern von Bedeutung, weil hinter Selbstverständlichem meist Herrschaftsansprüche versteckt bleiben. Die bundesdeutschen Intellektuellen akzeptierten das *Allgemeine,* aber ihr Hauptanliegen war es, das *Individuelle,* die *individuelle Subjektivität* in das *Allgemeine* einzubringen. Lepsius betont in seinen Ausführungen: »In ihrem Selbstverständnis stellen sich die Intellektuellen als unorganisierte Individuen dar, die, nur ihrem Gewissen verpflichtet, jenseits sozialer Interessen im Dienste humanitärer Ideale stehen.«[33] Habermas spricht von einem »unbesetzten Raum«[34] des Allgemeinen, wo sich das Individuelle einbringen kann. Auf diesem Terrain richteten die bundesdeutschen Intellektuellen das intellektuelle Feld der Bundesrepublik ein. Zwischen dem Intellektuellen und der Gesellschaft galt ein Kommunikationskonsens, der in Anlehnung an die Konzeption von Habermas wie folgt erörtert werden kann: Die Äußerungen müssen *wahrhaftig* sein, d. h. das zum Ausdruck bringen, was der Sprecher subjektiv tatsächlich meint. Es wird folglich unterstellt, dass die Äußerungen in ihrem sachlichen Gehalt im Prinzip *wahr* sind. In diesem Kontext spricht man von der spezifischen intellektuellen Legitimität, die die Intellektuellen dazu prädestiniere, als Aufklärer, Entlarvende und Experte aufzutreten.

Der Ost-Intellektuelle konnte zwei Netzwerken angehören: Der von der SED gesteuerten Verbindung oder einer kirchennahen Bürgerbewegung, die vom öffentlichen Diskurs weitgehend ausgeschlossen blieb und dennoch seit den frühen 1970er Jahren durch ein Netz von politischen Initiativ- und Umweltgruppen ein Gegengewicht zur Staatsobrigkeit setzte. Es gab darüber hinaus noch eine weitere nicht-organisierte Gruppe von Literaten und Künstlern wie beispielsweise die Autoren des Prenzlauer Berg, genauer gesagt: die von den späteren Stasi-Enthüllungen unbetroffenen wie Uwe Kolbe, die keinem der beiden Netzwerke angehörten und dennoch ihre Funktion als Intellektuelle

---

31 Habermas, Jürgen: Reflexionen über den Begriff der politischen Beteiligung. In: Student und Politik. Hrsg. von Jürgen Habermas. Neuwied: Luchterhand 1961, S. 38.
32 Vgl. Wolting, Das Profil des Intellektuellen. 2012.
33 Lepsius, Kritik. 1990, S. 272.
34 Habermas, Jürgen: Strukturwandel der Öffentlichkeit. Neuwied: Luchterhand 1962, S. 66.

wahrgenommen haben.[35] Die Bürgerrechtsorganisation gründete sich 1989 aus dem älteren Oppositionsmilieu heraus und ist von den Menschen, die den öffentlichen Protest im selben Jahr auf die Straßen trugen, klar zu unterscheiden, da diese bis dahin mit der marginalen Gruppe der Oppositionellen nicht in Verbindung traten.[36] Die meisten ostdeutschen Intellektuellen, auch als *sozialistische Intelligenz* bezeichnet, agierten im Auftrag der Partei, weil den sozialistischen Intellektuellen eine Existenz nur als Parteiintellektuellen zugestanden wurde.[37] Habermas, der als Soziologe den Standpunkt vertritt, dass ein Intellektueller seiner Rolle nur unter bestimmten gesellschaftlichen Bedingungen nachzugehen hat, formuliert eine Bestimmung des Begriffs *Parteiintellektueller* ausgehend von dem Verzicht des Intellektuellen auf seine Machtposition und der Unterordnung unter den Parteiapparat, weil der Sonderstatus des Intellektuellen als Klassenverrat interpretiert wurde. Bourdieu sieht dagegen in den Parteiintellektuellen »korrumpierte Priester«, die ihre Überzeugungen und »das Volk verrieten«.[38] Der von Habermas stets in der Waage gehaltene Möglichkeits- und Wirklichkeitssin ermöglicht eine Annäherung an die Grundgedanken der Intellektuellen, die sich 1989 intensiv zu Wort gemeldet haben.

Im Folgenden soll daher eine repräsentative Detailanalyse die Standpunkte der ostdeutschen Intellektuellen, die am 4. November 1989 am Alexanderplatz zum Ausdruck gebracht wurden, verdeutlichen. Von Interesse wird dabei die Darstellung der sozialistischen Haltung der Intellektuellen und die einzigartige Verbindung von Intellektuellen, hauptsächlich der Parteiintellektuellen, und Kommunismus sein. Es kann demzufolge die These aufgestellt werden, dass der langsame Untergang der Position der Parteiintellektuellen in Deutschland und in Ost-Europa an diesem Tag begann, an dem die kommunistische Ideologie den anrückenden Zeiten der Globalisierung nicht mehr standhielt. Julien Benda schrieb schon in den 1920er Jahren in seinem Buch »Der Verrat der Intellektuellen« von dem Niedergang des Intellektuellen. Benda machte den Verrat an der intensiven Beschäftigung der Intellektuellen mit den Fragen der praktischen Politik fest.[39] Der Abschied von der Moderne und ihrer gesellschaftspolitischen

---

35 Mix, York-Gothart: Avantgarde, Retrogarde oder zurück zu Gutenberg? In: Joch, Markus u. a. (Hrsg.): Mediale Erregungen? Tübingen: Niemeyer 2009, S. 123 ff.

36 Jessen, Ralph: Massenprotest und zivilgesellschaftliche Selbstorganisation in der Bürgerbewegung von 1989/90. In: Revolution und Vereinigung 1989/90. Hrsg. von Klaus-Dietmar Henke. München: Deutscher Taschenbuch Verlag 2009, S. 164.

37 Vgl. Bialas, Ostdeutsche Intellektuelle. 2007, S. 296.

38 Bourdieu, Revolutionen. 1991, S. 28.

39 Benda, Julien: Der Verrat der Intellektuellen. Mit einem Vorwort von Jean Améry. München: Carl Hanser Verlag 1978, S. 113: »Der moderne *clerc* überläßt es nicht länger dem Laien, in die politische Arena hinabzusteigen. Eine staatsbürgerliche Gesinnung hat er sich zugelegt und läßt sie voll durchschlagen; stolz ist er auf diese Gesinnung, und sein Schrifttum strotzt

Systeme beschleunigte nur diesen Prozess, war aber nicht dessen alleinige Ur-
sache. An dem Auslöschen der Idee des *Dritten Weges* könnte man das Ende der
Suche nach historischen Alternativen zu den vorherrschenden Systemen des 20.
Jahrhunderts – dem Kapitalismus und dem Kommunismus – festmachen.

Der linksorientierte Émile Zola entfachte am 13. Januar 1898 mit seinem Brief
»J'accuse …!« (Ich klage an …!) im Zuge der sogenannten »Dreyfus-Affäre«
einen bis dahin präzedenzlosen innenpolitischen Sturm mit Folgen für die gesellschaftliche Entwicklung in ganz Europa. Zu untersuchen wäre, ob es noch
heute für vergleichbare Debatten und Diskussionen ein geeignetes Feld gäbe. In
den letzten 20 Jahren seit dem Mauerfall gab es in Deutschland einige markante
öffentliche Debatten, wie die Walser-Bubis-Debatte, Christa-Wolf-Debatte,
Kulturnation-Debatte, Goldhagen-Debatte, Grass-Debatte, Martin-Walser-De-
batte u. a., die allerdings irgendwann aus mangelndem Interesse der Öffentlichkeit, dem Festfahren der Argumentationslinie oder, wie in der ersten hier
erwähnten Debatte, wegen des Todes eines Mitstreiters in aktive oder passive
Vergessenheit gerieten.

Den Gegenstand der nachfolgenden Untersuchung stellt die letzte sozialistisch orientierte Kundgebung auf dem Alexanderplatz vom 4. November 1989
dar. Es soll im Folgenden darum gehen, die Beweggründe der dort aufgetretenen
Künstler darzulegen und ihre Vorstellungen von einer sozialistischen Welt zu
veranschaulichen, wobei keine Bewertung oder Kategorisierung dieser Reden,
sondern die Beschreibung ihrer Narrative vorgenommen wird. Es wird also
darum gehen, das ›Was‹ und ›Wie‹ der Reden zu bestimmen.

Am 4. November 1989 versammelten sich zwischen 200.000 und 500.000
Menschen[40] auf dem Alexanderplatz in Ost-Berlin. Zu der fünfstündigen
Kundgebung haben die Künstlerverbände der DDR, Schauspieler und Mitar-
beiter an Ost-Berliner Theatern und das »Neue Forum«[41] aufgerufen. Die
Sprecher forderten die Durchführung von Reformen in der DDR sowie das Recht
auf Meinungs- und Versammlungsfreiheit. Die DDR-Bürger standen für Lo-

---

von Verachtung für den, der sich ins künstlerische oder wissenschaftliche Schaffen zu-
rückzieht und an den Leidenschaften der *polis* kein Interesse findet.«

40 Die genaue Anzahl der Teilnehmer kann nicht festgelegt werden, da sie laut der Historiker
und der Veranstalter zwischen 200.000 und 500.000 schwankt.

41 Das »Neue Forum« war eine landesweite Oppositionsbewegung in der DDR außerhalb der
evangelischen Kirche. Mitglieder der Friedensbewegung waren z. B. Bärbel Bohley, Katja
Havemann, Rolf Henrich und Jens Reich. Das »Neue Forum« forderte den Dialog über
demokratische Reformen, der mit Unterstützung möglichst breiter Bevölkerungsgruppen
eine »Umgestaltung« der sozialistischen DDR-Gesellschaft zum Ziel hatte. Bis zum Ende des
Jahres unterzeichneten fast 200.000 Menschen den Gründungsaufruf des »Neuen Forum«,
etwa 10.000 Menschen wurden Mitglied der Organisation, die sich für freie und demokratische Wahlen einsetzte. Nach der Abspaltung der Deutschen Forumspartei schließt sich das
»Neue Forum« im Februar 1990 mit anderen Oppositionsgruppen im »Bündnis 90« zusammen.

sungsworte wie »Wir sind das Volk!«, »Demokratie-Jetzt oder nie« oder »Visafrei bis Shanghai« ein.

Die Demonstration auf dem Alexanderplatz wurde gegen die Staatsgewalt ausgerichtet, und die Abschlusskundgebung sollte als Plädoyer für gesetzmäßige Rechte, Meinungs-, Presse- und Versammlungsfreiheit verstanden werden. Die Alexanderplatz-Demonstration gilt innerhalb der Narrative der Wiedervereinigung als Meilenstein der »Friedlichen Revolution« in der DDR, es wird dabei gänzlich außer Acht gelassen, dass sie hauptsächlich für jene DDR-Bürger von größter Bedeutung war, die in der DDR bleiben wollten und eine reformierte und erneuerte DDR forderten. Diese Kundgebung sollte daher nicht ausschließlich unter den Kategorien der Anfangsphase der Wiedervereinigung betrachtet, sondern als das letzte öffentliche Gesamtbekenntnis der DDR-Intellektuellen und Bürgerrechtler zur sozialistischen Ideologie verstanden werden, deren Grundwerte Gleichheit, Gerechtigkeit und Solidarität waren. Jutta Wachowiak, die Mitbegründerin des »Neuen Forums«, machte am 15. Oktober 1989 den Vorschlag zu einer Demonstration für eine demokratische DDR. Zu der Veranstaltung wurden mehr als 20 Sprecher eingeladen, u. a. Politiker wie Günter Schabowski, Manfred Gerlach, der Rechtsanwalt Gregor Gysi, der Hochschulrektor Lothar Bisky, die SchriftstellerInnen Christa Wolf, Christoph Hein, Stefan Heym und Heiner Müller, als Vertreter des »Neuen Forums« Jens Reich und der »Initiative Frieden und Menschenrechte«[42] Marianne Birthler sowie die Schauspieler Steffie Spira, Ulrich Mühe und Jan Josef Liefers. Unter den Sprechern befanden sich Personen, die mit dem Staatsapparat zusammengearbeitet haben, ihn aktiv oder passiv durch das Ausüben einer öffentlichen Funktion (Günter Schabowski, Manfred Gerlach) unterstützten, oder solche, die den Moment des nahenden Umbruchs zur öffentlichen Meinungsäußerung nutzten. Es lässt sich vermuten, dass gerade dieser viele Sprecher auf Dauer unglaubwürdig machende Umstand den Gedanken an den *Dritten Weg* in der DDR-Gesellschaft nicht wachsen ließ. Die Befürwortung des Systems seitens der Intellektuellen wurde zum Teil als Angst vor den Folgen des Widerstandsweges ausgelegt. Diese Angst aktiviert die moralischen Schwächen des Menschen, die sowohl auf der individuellen als auch der gesellschaftlichen Ebene verortet sind, und führt zu

---

42 Zu den Mitgliedern der »Initiative Frieden und Menschenrechte« (IFM) gehörten Wolfgang Templin, Ralf Hirsch, Ulrike und Gerd Poppe sowie Bärbel Bohley. Die Gruppe nahm die Arbeit 1985 auf. Die IFM orientierte sich in ihrer Zielsetzung und Arbeitsweise an der Gruppe »Charta 77« in der CSSR. Sie wurde zu einer der wichtigsten Oppositionsgruppen in der DDR. Seit Juni 1986 gab die IFM auch eine eigene, nicht genehmigte Zeitschrift »grenzfall« heraus. Die in etwa 1.000 Exemplaren unter einfachsten Bedingungen gedruckte Zeitschrift trug dazu bei, dass sich in der DDR die kritische Gegenöffentlichkeit verstärkte. 1988 wurden die aktivsten Mitglieder der IFM von der Staatssicherheit verhaftet, nach einer Woche freigelassen und zur Ausreise in den Westen gezwungen.

Lügen, Bespitzeln, Kollaboration und einem moralischen Untergang. Das moralische Versagen der Intellektuellen in den Augen der Öffentlichkeit hatte schließlich die schnelle Umorientierung der DDR-Gesellschaft in Richtung der Angebote, die aus dem Westen kamen, zur Folge. Die Option, dass der Befürwortung des Systems auch eine intellektuelle Formel und nicht die Angst vor dem kommunistischen Terror zugrunde liegen könnte, wurde weitgehend außer Acht gelassen.

Stefan Heym wurde bei der Kundgebung von den am Alexanderplatz versammelten Demonstranten emphatisch begrüßt und hielt eine Rede über »den neuen, den besseren Sozialismus in der DDR«. Ein Ausschnitt dieser Rede wurde als die wichtigste Nachricht des Tages in die »Tagesschau« der ARD eingebaut. Der Sprecher berichtete:

> »In der DDR sind heute so viele Menschen, wie nie zuvor für demokratische Reformen auf die Straßen gegangen. Während der Kundgebung in Ostberlin forderten sie das Ende des Machtmonopols der SED.«[43]

An diese Information wird nahtlos eine weitere Nachricht, eigentlich in einem Gegensatz zu der vorherigen, angefügt, und zwar von der Flucht tausendender DDR-Bürger über die Grenzen der Tschechoslowakei. Diese zwei Nachrichten wurden durch das Adverb »zugleich« verbunden, was erstmals die Gleichzeitigkeit beider Ereignisse markierte:

> »Zugleich verließen Tausende das Land über die Tschechoslowakei. Die DDR-Führung hatte diesen Weg gestern Abend frei gegeben. Für die Ausreise ist nur noch der Personalausweis erforderlich.«[44]

Um hier nur ganz kurz die Funktion der Medien in dieser Zeit zu erschließen, wird auf Bourdieus Meinung zurückgewiesen: »[Bei dem Umbruch in der DDR – die Verf.] dürften die Medien eine wichtige Rolle gespielt haben, indem sie den Akteuren eine Definition der Ereignisse lieferten, die sich nicht einfach von sich verstehen.«[45] Daran schloss ebenso nahtlos ein Bericht vom Alexanderplatz an, der mit den Worten Stefan Heyms eröffnet wurde:

> »Es ist, als habe einer die Fenster aufgestoßen! Nach all' den Jahren der Stagnation – der geistigen, wirtschaftlichen, politischen; – den Jahren von Dumpfheit und Mief, von Phrasengewäsch und bürokratischer Willkür, von amtlicher Blindheit und Taubheit. [...] Einer schrieb mir – und der Mann hat recht: Wir haben in diesen letzten Wochen

---

43 Tagesschau vom 4. November 1989. <http://www.youtube.com/watch?v=yrFL30-Vc9w> (Zugriff am 02.05.2013).
44 Ebd.
45 Bourdieu, Revolutionen, 1991, S. 29.

unsere Sprachlosigkeit überwunden und sind jetzt dabei, den aufrechten Gang zu erlernen!«[46]

Heym interpretierte die Großversammlung als eine »aus eigenem freien Willen« stattgefundene, um »für Freiheit und Demokratie und für einen Sozialismus, der des Namens wert ist«, einzustehen. Der Schriftsteller forderte groß angelegte Veränderungen innerhalb der DDR, er äußerte zwar Verständnis für die Menschen, die das Land verlassen haben, rief aber die, die geblieben sind, zum Ergreifen der neuen Situation, die eingetreten ist – zur Machtübernahme. Er stellte einen direkten Zusammenhang her zwischen den Ereignissen dieser Tage mit den »sämtlichen Revolutionen«, die in Deutschland stattgefunden haben, die aber »danebengegangen [sind], und wo die Leute immer gekuscht haben, unter dem Kaiser, unter den Nazis, und später auch.« An diesem 4. November 1989 sah Heym jedoch eine große Chance für ein Gelingen revolutionärer Veränderungen in der DDR:

> »Laßt uns auch lernen zu regieren. Die Macht gehört nicht in die Hände eines einzelnen oder ein paar wenigen oder eines Apparates oder einer Partei. Alle müssen teilhaben an dieser Macht. Und wer immer sie ausübt und wo immer, muß unterworfen sein der Kontrolle der Bürger, denn Macht korrumpiert. Und absolute Macht, das können wir heute noch sehen, korrumpiert absolut. Der Sozialismus – nicht der Stalinsche, der richtige –, den wir endlich erbauen wollen zu unserem Nutzen und zum Nutzen ganz Deutschlands, dieser Sozialismus ist nicht denkbar ohne Demokratie. Demokratie aber, ein griechisches Wort, heißt Herrschaft des Volkes.«[47]

In diesen Worten offenbart sich der Wille zum *Dritten Weg*, also zu jenem heute von der Öffentlichkeit, zuweilen aber auch von der Wissenschaft in Vergessenheit geratenen Erinnerungsort der europäischen Geschichte, der Wille zu einer neuen Gesellschaftsordnung in Form des demokratischen Sozialismus als einer Staatsordnung zwischen Kapitalismus und Staatskommunismus bzw. realexistierenden Sozialismus. Nach der Maueröffnung gehörte Heym mit Christa Wolf, Volker Braun, Jutta Wachowiak, Friedrich Schorlemmer, Ulrike Poppe und Konrad Weiss zu den Initiatoren des Aufrufes »Für unser Land«. Auch in diesem weiteren Appell wird Heym auf seiner Forderung nach einer sozialistischen Alternative zur Bundesrepublik bestehen. Die Rede des Dramatikers und jahrelangen Präsidenten der Akademie der Künste Ost-Berlin, Heiner Müller, beinhaltet ebenso deutliche gesellschaftspolitische Forderungen:

> »Wir dürfen uns nicht mehr organisieren lassen, auch nicht von neuen Männern und Frauen. Wir müssen uns selbst organisieren. Die nächsten Jahre werden für uns kein Zuckerschlecken. Die Daumenschrauben sollen angezogen werden. Die Preise werden

---

46 Rede von Stephan Heym. <http://www.dhm.de/ausstellungen/4november1989/htmrede.html> (Zugriff am 02.05.2013).

47 Ebd.

steigen und die Löhne kaum. Wenn Subventionen wegfallen, trifft das vor allem uns. Der Staat fordert Leistung. Bald wird er mit Entlassung drohen. Wir sollen die Karre aus dem Dreck ziehen. Gründet unabhängige Gewerkschaften.«[48]

Es sind klare Worte eines Intellektuellen, der die anstehenden Veränderungen im Sinne der sozialistischen Zukunft in Anlehnung an den polnischen Weg der 1980er Jahre, in denen die Gewerkschaft der »Solidarność« für massive Reformen im Land sorgte, formuliert.

Christa Wolf unterscheidet in ihrer Rede zwischen denen, die für die sozialistische DDR einstehen, und denen, die sich gegen sie wenden: »Verblüfft beobachten wir die Wendigen…«[49]. Nach dieser Äußerung zieht sie eine Gerade zu allen Ursprüngen der sozialistischen Bewegung – die Revolution. Die Ereignisse stellt sie in den semantischen Kontext jeder Revolution, die für Menschenrechte einstand. Somit macht auch sie deutlich, dass die DDR, die gerade ihr 40. Jubiläum feierte, an diesen Tagen an ihr Ende angelangt sei. Die Schriftstellerin fordert in ihren Worten einen neuen demokratischen Weg für die sozialistische DDR. Sie begründet ihre Position wie folgt:

> »Demokratie jetzt oder nie! Und wir meinen Volksherrschaft, und wir erinnern uns der stecken gebliebenen oder blutig niedergeschlagenen Ansätze in unserer Geschichte und wollen die Chance, die in dieser Krise steckt, da sie alle unsere produktiven Kräfte weckt, nicht wieder verschlafen; aber wir wollen sie auch nicht vertun durch Unbesonnenheit oder die Umkehrung von Feindbildern.«[50]

Wolf macht auf die in ihrer Sichtweise bestehende Gefahr der kritiklosen Annahme der politischen und wirtschaftlichen Ordnung des westlichen Kapitalismus aufmerksam und warnt davor in deutlichen Worten. Sie verweist auf die Semantik des Wortes *Wende*, das 1989/90 äußerst populär war , denn auch hier befürchtet sie das Verwischen von Konturen derjenigen Veränderungen, die für die DDR notwendig seien. Sie plädiert für den Gebrauch eines anderen Wortschatzes, denn bekanntlich schaffen Worte Realität. Sie beabsichtigt »von revolutionärer Erneuerung [zu] sprechen«, weil »Revolutionen von unten aus gehen.« Hierzu bedient sie sich erneut der Semantik der *Revolution*:

> »›Unten‹ und ›oben‹ wechseln ihre Plätze in dem Wertesystem und dieser Wechsel stellt die sozialistische Gesellschaft vom Kopf auf die Füße. Große soziale Bewegungen kommen in Gang.«[51]

---

48 Rede von Heiner Müller während der Kundgebung am Alexanderplatz vom 04.11.1989. <http://www.youtube.com/watch?v=gr0k2–6WoPg> (Zugriff am 16.05.2013).

49 Rede von Christa Wolf während der Kundgebung am Alexanderplatz vom 04.11.1989. <http://www.youtube.com/watch?v=qGn2qnZHpds> (Zugriff am 16.05.2013).

50 Ebd.

51 Ebd.

Wolf baut in ihre Rede das wohl am häufigsten gebrauchte Wort für die statt-findenden Veränderungen, *Traum*, ein. An diesem Wort entwickelt sie die mögliche Realisierung der für die meisten utopischen Idee des Sozialismus: »Also träumen wir mit hellwacher Vernunft. Stell dir vor, es ist Sozialismus, und keiner geht weg!« Dieser verheißungsvolle Zukunftstraum wird durch die Szenen der Realität unterbrochen: »Sehen aber die Bilder der immer noch Weg-gehenden«. Zum Schluss integriert sie aufmunternde Worte, die es ermöglichen sollen, den sozialistischen *Traum* in die *Realität* umzuwandeln:

> »Wir fragen uns: Was tun? Und hören als Echo die Antwort: Was tun! Das fängt jetzt an, wenn aus den Forderungen Rechte, also Pflichten werden: Untersuchungskommission, Verfassungsgericht, Verwaltungsreform. [...] Das ›Staatsvolk der DDR‹ geht auf die Straße, um sich als ›Volk‹ zu erkennen. Und dies ist für mich der wichtigste Satz dieser letzten Wochen – der tausendfache Ruf: ›Wir-sind-das-Volk!‹«[52]

Bezüglich der Narrative der Vereinigung mutiert der Satz schnell zu »Wir sind ein Volk«, womit ein diametral anderer gesellschaftlicher Zustand ausgedrückt wird.

Der von den Intellektuellen am 4. November 1989 während der Kundgebung am Alexanderplatz geforderte *Dritte Weg* einer demokratisch erneuerten DDR ging *nicht* als ein Erinnerungsort in die deutsche Zeitgeschichte ein. Die »friedliche Revolution« und der politische Umbruch von 1989 wird nur noch selten mit einer Vorstellung vom demokratischen Sozialismus zwischen Markt- und Planwirtschaft in einen Zusammenhang gebracht. Die Auslegung dieser Ereignisse erfolgte vielmehr im Sinne einer nationalen Freiheits- und Ein-heitsbewegung, die die Wiedervereinigung des in die Besatzungszonen Ost und West aufgeteilten Deutschlands zur Folge hatte. Die öffentliche Erinnerung wird zum einen von einem zeithistorischen Narrativ beherrscht[53], das die Öffnung der Grenzen am 9. November 1989 aus der Perspektive der deutschen Einheit am 3. Oktober 1990 erfasst. Zum anderen werden die Stimmen dieser Umbruchszeit vereinheitlicht und der Wille zur Wiedervereinigung als Gesamtwille der DDR-Bevölkerung in der Öffentlichkeit präsentiert. Sabrow notiert dazu:

> »In einem narrativen Rahmen, der den Umbruch von 1989/90 als gradlinige Ent-wicklung hin zu politischer Freiheit und oft auch nationaler Einheit fasst, schrumpfen zeitgenössische Zielvorstellungen einer eigenständigen sozialistischen DDR zum rea-litätsfernen Hirngespinst von Sonderlingen, die während des Umbruchs den Kontakt zur Bevölkerung verloren hätten.«[54]

---

52 Ebd.
53 Sabrow, Martin: Der vergessene »Dritte Weg«. Bundeszentrale für politische Bildung. 04.03. 2010. <http://www.bpb.de/apuz/32883/der-vergessene-dritte-weg?p=all> (Zugriff am 07.03.2012).
54 Ebd.

Ehrhart Neubert, deutscher Theologe und DDR-Oppositioneller, berichtet in seinem Werk »Unsere Revolution« von einer bruchlosen Folgerichtigkeit der Entwicklung und bezeichnet sie als das entscheidende Merkmal der Revolution von 1989/90: »Für die Deutschen ist sie schon deshalb etwas Einzigartiges, da es die erste Revolution war, die erfolgreich die Ideen von Freiheit und Nation miteinander verband.«[55] Die Aufrufe der DDR-Intellektuellen, die in den Tagen vor dem Mauerfall stattfanden, und auch das Ringen um eine andere Form der Vereinigung seitens der DDR-Intellektuellen in Unterstützung vieler Intellektueller aus dem Westen, z. B. Günter Grass, wurden dem Vergessen überlassen. Sie passen nicht in die Narrative der »friedlichen Revolution«, die man nach 1990 zu etablieren bemühte. Die Erinnerung an den Versuch, dem *Dritten Weg* in der sozialistischen DDR noch eine Chance zu geben, findet nur bedingt Eingang in die historische Auseinandersetzung mit der Zeit der Wende. Sie stellt den Gegenstand einer Gegenerinnerung ehemaliger Vorkämpfer dar, die sich der »Nötigung zur Identitätsverleugnung« entzogen haben, wie etwa Dieter Segert, Professor für Transformationsprozesse in Mittel-, Südost- und Osteuropa am Institut für Politikwissenschaft der Universität Wien, diesen Zustand in »Das 41. Jahr. Eine andere Geschichte der DDR«[56] pointiert. Seine Gedanken zur versunkenen »andere[n] Geschichte der DDR« zeigt, dass es auch ernst zu nehmende Alternativen zur Wende von 1989/1990 gegeben hätte. Die Mehrheit der Bevölkerung habe jedoch eine Entscheidung getroffen, die nach Meinung Segerts durch die wirtschaftlich überlegene Macht und die politisch größere Autorität der westdeutschen politischen Klasse von 1989/1990 generiert wurde. Andere, wie Thomas Klein[57], gehen hart mit den Veränderungen nach dem Mauerfall ins Gericht. In seinem Buch »»Frieden und Gerechtigkeit!‹ Die Politisierung der unabhängigen Friedensbewegung in Ost-Berlin während der achtziger Jahre«[58] setzt sich Klein mit der unabhängigen Friedensbewegung der 1980er Jahre in Berlin auseinander. Er erkennt das Misslingen der integrativen Idee der Friedensbewegungen in dem fehlenden, obwohl angestrebten Schulterschluss der Intellektuellen-Bewegungen mit der Arbeiterbewegung, wie es beispielhaft im Zusammengehen von Intellektuellen mit der »Solidarność« in Polen gelang. Die Alternative einer Wiedervereinigung unter kapitalistischem

---

55 Neubert, Ehrhart: Unsere Revolution. München: Pieper 2008, S. 13.
56 Segert, Dieter: Das 41. Jahr. Eine andere Geschichte der DDR. Wien/Köln/Weimar: Böhlau 2008, S. 7.
57 Thomas Klein wurde als Mitarbeiter der Ost-Berliner Akademie der Wissenschaften nach Protesten gegen den Ausschluss einiger Schriftsteller aus dem Verband 1979 zu einer Haftstrafe und Berufsverbot verurteilt, ab 1981 war er im »Pankower Friedenskreis« aktiv und ist heute als Historiker am Zentrum für Zeithistorische Forschung in Potsdam tätig.
58 Klein, Thomas: »Frieden und Gerechtigkeit!« Die Politisierung der Unabhängigen Friedensbewegung in Ost-Berlin während der achtziger Jahre. Köln: Böhlau 2007.

Vorzeichen und die Herausforderung einer bundesdeutschen Parteienland-schaft erschien allerdings für die Bevölkerung erfolgsversprechender: »Wir wussten, dass die Mehrheit der Bürger der DDR sich von den Herrschenden in Ost und West erfundenen Weisheit, dass keine Alternative zwischen dem real existierenden Sozialismus und Kapitalismus denkbar wäre, unterwarf.«[59] Der Zusammenschluss aller oppositionellen Bewegungen in der DDR wurde zu einem nicht gelebten Ideal, an dem einige der damaligen Protagonisten, so die Meinung Kleins, bis heute festhalten würden.

Die Intellektuellen der DDR sahen in der Wende eine Chance für eine so-zialistische Erneuerung des Landes. Bourdieu betont in seinen Äußerungen zur Rolle der Intellektuellen in der Umbruchszeit die »Rückkehr [seitens vieler In-tellektuellen – die Verf.] zu den Quellen, den Texten, dem ›reinen‹ Sozialis-mus.«[60] Ihre Ängste galten zunächst der Wiederherstellung der alten Ordnung, wovor sie in ihren Reden und Aufrufen warnten. Die radikalen Veränderungen, die von vielen geahnt wurden, betrafen weiterhin die Herausbildung einer al-ternativen Gesellschafts- und Wirtschaftsform zum westlichen System. In der »Resolution der Künstler« vom 18. September 1989 wurden Reformen gefordert, die das sozialistische System in der DDR möglich machten. Die Intellektuellen standen mit ihrer ganzen Überzeugung und Autorität hinter den Postulaten, einen verbesserten, reformierten Sozialismus ins Leben zu rufen. Die etwas später erfolgte Entscheidung der DDR-Bevölkerung zur Vereinigung mit West-deutschland war für viele der Oppositionellen und Reformern falsch oder zu-mindest unerklärlich. Frank Eigenfeld schreibt in seinem Beitrag »Bürger-rechtsbewegungen 1988 – 1990 in der DDR«: »Niemand forderte das Ende des Sozialismus, keiner dachte an das Ende vom Sozialismus.«[61] Die Kundgebung blieb vielen Teilnehmern als »das zentrale Erlebnis der Wendezeit im Gedächtnis und der Schulterschluss zwischen Opposition, SED-Reformern und Bevölke-rung«.[62] Die utopische Vorstellung des *Dritten Wegs* schien für viele in diesen Herbsttagen 1989 Realität zu werden. Friedrich Schorlemmer erinnert sich: »Wir schwebten noch im Traum einer Selbstbefreiung. Wir meinten, nun würde eine deutsche demokratische Republik möglich, eine revolutionäre Frucht des gemeinsamen aufrechten Gangs.«[63]

---

59 Vgl. Klein, Thomas: Außer Reden nichts gewesen? Der Runde Tisch zwischen Volkskammer und Modrow-Regierung. In: … das war doch nicht unsere Alternative. DDR-Oppositionelle zehn Jahre nach der Wende. Hrsg. von Bernd Gehrke und Wolfgang Rüddenklau. Köln: Böhlau 1999, S. 236.

60 Bourdieu, Revolutionen. 1991. S. 28.

61 Eigenfeld. Frank: Bürgerrechtsbewegungen 1988 – 1990 in der DDR. In: Wir sind das Volk? Ostdeutsche Bürgerrechtsbewegungen und die Wende. Hrsg. von Andrea Pabst, Catharina Schultheiß und Petra Bohley. Tübingen: bpb 2001, S. 68.

62 Sabrow, Der vergessene »Dritte Weg«. 2010.

63 Schorlemmer, Friedrich: Worte öffnen Fäuste. München: Kindler Verlag 1992, S. 295.

Am 8. November 1989 unternimmt Christa Wolf, unterstützt von vielen ostdeutschen Intellektuellen und Bürgerrechtlern, noch einen Versuch, die DDR-Öffentlichkeit für das Aufrechterhalten der sozialistischen Idee zu motivieren[64]. Die »Aktuelle Kamera« sendet ihren Appell, der von Christoph Hein, Stefan Heym, Volker Braun, Ruth Berghaus, Ulrich Plenzdorf, Kurt Masur, Bärbel Bohley (»Neues Forum«), Ehrhart Neubert (»Demokratischer Aufbruch«), Uta Forstbauer (»Sozialdemokratische Partei«), Hans Jürgen Fischbeck (»Demokratie Jetzt«), Gerhard Poppe (»Initiative für Frieden und Menschenrechte«) und Ehrhard Neubert (»Demokratischer Aufbruch«) mit unterschrieben wurde. Es ist bezeichnend für die Narrative der sozialistischen, revolutionären, kommunistischen Aufrufe, dass ihre Urheber dem intellektuellen Milieu entstammen. Das Kampfmittel des Intellektuellen waren schon in den Ursprüngen des intellektuellen Engagements immer die Worte. Wolf versuchte die *Worte* einzusetzen und, trotz der Ohnmacht der *Worte* in Konfrontation mit Massenbewegungen, rief über sie zum Aufbau der sozialistischen Idee in der DDR auf. Sie sprach im Namen der Intellektuellen, die sich verantwortlich fühlten für das Gelingen des Sozialismus. Wolf stellte diese Idee über die Wohlstandsbedürfnisse der Menschen:

> »Was können wir Ihnen versprechen? Kein leichtes, aber ein nützliches und interessantes Leben. Keinen schnellen Wohlstand, aber Mitwirkung an großen Veränderungen. Wir wollen einstehen für: Demokratisierung, freie Wahlen, Rechtssicherheit und Freizügigkeit. Unübersehbar ist: Jahrzehntealte Verkrustungen sind in Wochen aufgebrochen worden. Wir stehen erst am Anfang des grundlegenden Wandels in unserem Land.«[65]

Im weiteren Verlauf apostrophiert Wolf die Intellektuellen als die Mitbegründer des neuen politischen Systems in der DDR und sprach den Politikern das Recht auf die Durchführung der notwendigen Reformen ab:

> »Helfen Sie uns, eine wahrhaft demokratische Gesellschaft zu gestalten, die auch die Vision eines demokratischen Sozialismus bewahrt. Kein Traum, wenn Sie mit uns verhindern, dass er wieder im Keim erstickt wird. Wir brauchen Sie. Fassen Sie zu sich selbst und zu uns, die wir hier bleiben wollen, Vertrauen.«[66]

Wenn wir von der Prämisse ausgehen, dass der *Dritte Weg* inzwischen zu den in Vergessenheit geratenen Erinnerungsorten der europäischen Geschichte gehört, wo wäre demnach die ideologische Heimat der Intellektuellen? Die Frage, die legitim in diesem Kontext zu stellen ist, lautet: Wie eng sind die europäischen Intellektuellen mit dem kommunistischen Dogma verbunden und fühlen sich

---

64 Aktuelle Kamera vom 08.11.1989. <http://www.youtube.com/watch?v=BIrJ0z4kinM> (Zugriff am 07.05.2013).

65 Ebd.

66 Ebd.

ihm verpflichtet? Zum einen: Die Intellektuellen haben das Heranwachsen des kommunistischen Systems von Grund auf stark unterstützt. Zum anderen: Die Intellektuellen haben ihm moralische Sanktionen geliefert und an seinem Funktionieren aktiv teilgenommen. Auch in diesem Zusammenhang lässt sich mit Benda argumentieren:

> »Und dann vor allem leistet der *clerc* [im Wortgebrauch Bendas: Intellektueller – die Verf.] den politischen Leidenschaften, in dem er sie sich zu eigen macht, noch gewaltigen Vorschub: als Künstler mit seiner Sensibilität, als Denker mit seiner Überzeugungskraft – in beiden Fällen aber mit seinem moralischen Prestige.«[67]

Auch in den letzten Jahren erschienen mehrmals Artikel in der Presse von Autoren, die sich diese Problematik zum Gegenstand ihrer Explikation gemacht haben. Der Grundtenor der meisten Ausführungen darf auf eine einfache Formel gebracht werden: »Der Tod des Intellektuellen«[68]. Stephan Moebius fragt: »Wo sind die Intellektuellen hin?« und führt aus: »Diskutiert wird in Talkshows und im Internet, zu jedem Thema. Aber die Stimmen, die wir hören, sind nicht die der Intellektuellen.«[69] Der Autor des Essays argumentiert mit den Fragen von Habermas: Die wenige Präsenz der Intellektuellen in der Öffentlichkeit liege an dem erneuten »Strukturwandel der Öffentlichkeit«[70], »der der klassischen Gestalt des Intellektuellen schlecht bekommt«[71], an der »Ausweitung und der intensivierten Nutzung der Kommunikationsmedien«. Als Folge dieser Entwicklung erachtet Moebius das Erscheinen eines neuen Typus des Intellektuellen, eines, der Medienkompetenz mit sich bringt und prominent ist, z. B. Peter Sloterdijk, Norbert Bolz oder Arnulf Baring.

Der Abschied vom Dasein eines politisch orientierten Parteiintellektuellen fiel mit dem Zerfall des sozialistischen Ostblocks ineinander. Nach Benda könnte es die Wende zum eigentlichen Intellektuellendasein bedeuten. Es ist zu

---

67 Benda, Der Verrat der Intellektuellen. 1978, S. 114.
68 Vgl: Leick, Romain: Tod der Linken. In: Der Spiegel 23/2008, 02.06.2008 <http:// www.spiegel.de/spiegel/print/d-57223352.html> (Zugriff am 07.05.2013); Gumbrecht, Hans Ulrich: Wie sich die Intellektuellen überlebt haben. In: FAZ vom 07.02.2012 <http:// blogs.faz.net/digital/2012/09/07/wie-sich-die-intellektuellen-ueberlebt-haben-85/> (Zugriff am 07.05.2013); Sichtermann, Barbara: Gebückter Gang. In: Die Zeit-Online vom 01.05.1992. <http://www.zeit.de/1992/19/gebueckter-gang> (Zugriff am 07.05.2013); Bialas, Wolfgang: Vom unfreien Schweben zum freien Fall. Ostdeutsche Intellektuelle im gesellschaftlichen Umbruch, Frankfurt/Main 1996; Hartung, Klaus: Über das Ja und das Nein. Auch der Bundespräsident vermißt ihn bereits: Neue Überlegungen zur Rolle des Intellektuellen in der künftigen »Berliner Republik«. In: Die Zeit, 19. Dezember 1997, Nr. 52, S. 41 f.
69 Moebius, Stephan: Wo sind die Intellektuellen hin? In: Zeit-Online vom 19.05.2011 <http:// www.zeit.de/kultur/literatur/2011–05/intellektuelle-essay-2> (Zugriff am 07.05.2013).
70 Habermas, Jürgen: Ach Europa. Kleine Politische Schriften XI. Frankfurt/Main: Suhrkamp 2008, S. 81.
71 Ebd.

vermuten, dass das Aufdecken des intellektuellen Fehlers in dem Denksystem des Intellektuellen zur Desavouierung seiner Funktion führt. Die Vorhaltungen, die gegenüber den Intellektuellen nach 1989 erhoben wurden, erfolgten nicht unbedingt nur aus dem Sachverhalt, dass sie lange Zeit nichts gegen den Kommunismus unternommen, sondern dass sie das System öffentlich mit ihrer Zustimmung unterstützt haben. Darin versteckt sich etwas Unklares, gerade Personen, die als Intellektuelle (explizit: Parteiintellektuelle) dem Anspruch hätten gewachsen sein sollen, die Zusammenhänge schärfer sehen und beurteilen zu können, unterlagen einer sie bloßstellenden Täuschung. Dies betrifft die herausragendsten Vertreter des künstlerischen, literarischen und wissenschaftlichen Lebens über mehrere Jahrzehnte. Dieser Vorwurf ereilt allerdings nicht nur die Intellektuellen in den kommunistischen Ländern, sondern auch einige, die in den westlichen Ländern agierten. Es handelt sich jedoch um ein sehr pauschalisierendes Urteil, denn diese Annahme betrifft beispielsweise die parteiunabhängigen Intellektuellen der Gruppe 47 nicht. Selbst Günter Grass, der immer seine Nähe zur SPD betonte, errang seinen Ruhm vor seinem Engagement für die Sozialdemokraten. Andersch, Richter, Böll, Enzensberger beteuerten dagegen ihr Degoutieren dem Sozialismus gegenüber. Erinnert sei nur an Enzensbergers »Der Sozialismus als höchstes Stadium der Unterentwicklung«[72].

Die Frage nach den Ursachen der beispiellosen Unterstützung eines politischen Systems ist nicht unwichtig, da sie die fundamentale Schwäche der Parteiintellektuellen berührt. Diese Frage wird immer seltener gestellt, auch im Kreise der Intellektuellen. Um die Problematik auf den Punkt zu bringen, kann man sich einer lapidaren Betrachtungsweise bedienen: Der Kommunismus ist wohl das einzige moderne System, das vom Anfang bis zum Ende von Theoretikern und Visionären begründet worden ist. Die Ursprünge der kommunistischen Konzeption sind in einer weiteren intellektuellen Reflexion und einer langen moralischen Tradition anzusetzen. Die Reflexion und die Tradition bestehen aus zwei benachbarten Feldern, aus der Idee der Revolution und der Idee des Humanismus. Es soll sich hier auf diejenigen Urteilskriterien beschränkt werden, die nicht explizit auf die Auslegungen der Begriffe »Humanismus« und »Revolution« eingehen. Die Idee der Revolution äußerte eine negative Bewertung der Realität und die Notwendigkeit sie vom Neuen zu erbauen; die Idee des Humanismus bot die Begründung für die revolutionäre Haltung im Sinne, das Wohl des Menschen als den höchsten Wert zu erkennen und die menschliche Kraft und das Wissen als Garant für das Gelingen einzusetzen. In einer Welt, wo das theozentrische Denken einer Marginalisierung unterliegt, scheint der Humanismus die einzige moralische Idee, die den Menschen zur Verfügung steht

---

72 Enzensberger, Hans Magnus: Politische Brosamen. Frankfurt/Main: Suhrkamp 1982.

und – neben allen Unterschieden, die die Anhänger divergenter intellektueller Richtungen vertreten – alle zu verbinden scheint. In einem Zeitalter, in dem die meisten philosophischen Systeme einen Bruch erlebt haben, in dem Enttäuschung an der Welt geäußert wird und in dem der Glaube an den moralischen Sinn der Natur geschwächt ist, stellt der Humanismus die einzige Botschaft dar, die nicht von »dem modernen Geist der Verzweiflung« angegriffen wird. Dazu kommt, dass die Beziehung der Intellektuellen zur Welt auf »einer Negation des Materiellen, der weltlichen Interessen«[73] basiert.

Was waren aber die Gründe für das tiefgehende Engagement der Intellektuellen für den Kommunismus und Sozialismus, obwohl deren Krise und Verworfenheit ihre tägliche Erfahrung bedeuteten? Hierfür ist der Denkfigur Czesław Miłoszs[74] nachzugehen. Miłosz leitet seine Überlegungen zur Conditio der polnischen Intellektuellen in den 1950er Jahren von dem einprägsamen Bild des »gefesselten Verstandes« ab. So ähnlich verfährt Bourdieu, wenn er den Intellektuellen vorhält, sich mit dem Eintritt in die Kommunistische Partei vorsätzlich verdummt und mit der Führung und nicht mit dem Volk solidarisiert zu haben.[75] Anhand von zahlreichen Beispielen von Personen des öffentlichen Lebens führt Miłosz Beweise an, dass die Befürwortung des Sozialismus immer einen intellektuellen Charakter habe. Die polnische Intelligenz, schreibt Miłosz, überzeugt von dem Ende der westlichen Kultur, war dem Glauben an die historische Bedingung unterworfen, deren unvermeidbare Realisierung im Sozialismus lag. Durch diese Annahme lässt sich die fehlende Konsequenz der Aufarbeitung der Rolle des Intellektuellen an der Erhaltung des sozialistischen Systems in den Ländern des Ostblocks verstehen. Wenn Miłosz mit seiner Behauptung recht haben sollte und die Verwicklung in den Sozialismus einem intellektuellen Fehler folgte, oder wie es Bourdieu zusammenfasst: Die Intellektuellen »der größten Selbsttäuschung«[76] unterlagen, so wäre es in der Tat nach der Demaskierung der verbrecherischen Handlungen der sozialistischen Regierungen in Ländern wie Polen, der DDR oder Tschechoslowakei notwendig, sich mit diesem Fehler auseinanderzusetzen. Dieser Prozess hat aber nicht stattgefunden, abgesehen von einigen brisanten Debatten, die zeitweilig das Feuilleton füllten, deren jeweiliges Ende aber jegliche Rekognoszierung vermissen ließ. Damit verschwand das Engagement des Intellektuellen in seiner ursprünglichen sozialistisch orientierten Funktion aus der Öffentlichkeit. Der Kommunismus und Sozialismus wurden zu einem unwillkommenen Thema der intellektuellen Auseinandersetzung und einer kulturellen Reflexion seitens der

---

73 Bourdieu, Revolutionen. 1991, S. 29.
74 Miłosz, Verführtes Denken. 1975.
75 Bourdieu, Pierre: Die Intellektuellen und die Macht. Hrsg. von Irene Dölling. Hamburg: VSA 1991, S. 19 f.
76 Bourdieu, Revolutionen, 1991, S. 29.

Intellektuellen überhaupt, und der *Dritte Weg* evoluierte zu einem abwesenden Erinnerungsort des europäischen Denkens. Sieht man, notiert Bourdieu »in den Umwälzungen [der friedlichen Revolution – die Verf.] eine ›liberale‹ Revolution, ein Votum für die freie Marktwirtschaft, wird jede wie immer geartete ›sozialistische‹ Rückbesinnung zu einer Art Selbstwiderspruch.« Deshalb hielt es Bourdieu 1991 für wichtig, »diesem Sinn gegenüber Freiheit zu bewahren«, und sah »eine wichtige Aufgabe der west- und ostdeutscher Intellektuellen darin, diese Freiheit wiederzugewinnen, sich nicht in diesen tagespolitischen Horizont einschließen zu lassen«.[77] Für Bourdieu besteht allerdings kein Anlaß für einen »Totalausverkauf des Marxismus«, denn »die Realität der kommunistischen Regime« bezieht er nicht nur auf intellektuelles Denken, sondern hauptsächlich auf »soziale Kräfte [...], die unabhängig von der marxistischen Theorie« gewirkt haben, »für die sie daher nicht unmittelbar verantwortlich gemacht werden kann«[78].

---

77 Ebd.
78 Ebd, S. 31.

Ewa Matkowska (Wrocław)

»Gegen die Totalherrschaft der Gegenwart« – Literarische Tradition im Werk von Botho Strauß nach der Wende

Botho Strauß ist als ein präziser Beobachter und Kritiker der Modernisierungs- und Emanzipationsprozesse bekannt. In seinem Prosaband »Paare, Passanten« (1981), in zahlreichen Theaterstücken und Erzählungen thematisierte er das tragikomische Ende der alternativen Beziehungen. Entworfen als Wege zu neuen Freiheiten, entpuppen sie sich als schier »höllische Fallen«. Die »pornografische Rundumbetreuung des Bürgers«[1] durch die Medien führt zur Aushöhlung der letzten Tabus, die sich sowohl für zwischenmenschliche Beziehungen als auch für den Zusammenhalt einer Gemeinschaft als zwingend notwendig erweisen. »Jedes Tabu«, schreibt Strauß, »ist besser als ein zerstörtes«.[2] In »Paare, Passanten« stellt er lakonisch fest: »[...] der äußeren Freiheit der Lebensformen entkommt ja niemand heute.«[3] Von der »Passanten-Welt« bis hin zur Welt der Netze, in der Menschen »nichts über die Verknüpfung hinaus«[4] erkennen, formuliert Strauß sehr treffende Diagnosen über den Zustand des Einzelnen und der Gesellschaft. Der vorliegende Beitrag befasst sich mit ausgewählten literarischen Texten des Autors, die nach der Wende von 1989/90 entstanden sind und im besonderen Maße auf literarische Tradition zurückgreifen: »Die Fehler des Kopisten«, »Ithaka«, »Jeffers-Akt« und »Schändung«.

Eine Zäsur in der politisch-weltanschaulichen Position des Autors zeichnet sich in den 1980er Jahren ab. Bisher in Kreisen der links-liberalen Theaterautoren zu Hause, distanziert sich Strauß zunehmend von diesen Positionen.[5] Vor allem kritisiert er »das beständige Einklagen einer Verantwortung der Gesellschaft für die Belange des Einzelnen«.[6] Er wendet sich gegen die Vergesellschaftung des Einzelnen, gegen die Kollektivierung von urindividuellen Gefühlen wie Angst und Schuld: »[...] Angst vor Atommüll, Überbevölkerung,

---

1 Strauß, Botho: Die Fehler des Kopisten. 2. Aufl. München: dtv 1999, S. 82.
2 Ebd.
3 Strauß, Botho: Paare, Passanten. 10 Aufl. München: dtv 2007, S. 28.
4 Strauß, Botho: Die Unbeholfenen. Bewußtseinsnovelle. München: dtv 2010, S. 73.
5 Vgl. Willer, Stefan: Botho Strauß zur Einführung. Hamburg: Junius 2000, S. 101.
6 Ebd.

Hungerkatastrophen usw.? Nein. Es gibt keine reale Angst vor einem kollektiven Schicksal«[7], schreibt er in »Paare, Passanten«. Eine entschieden konservative Position nimmt Strauß in dem viel und kontrovers diskutierten Essay von 1993 »Anschwellender Bocksgesang«[8] ein. Den historischen Kontext des Textes bilden die deutsche Vereinigung (begleitet von warnenden Stimmen einiger Intellektueller), neonazistische Anschläge in Ost- und Westdeutschland, der Zusammenbruch des Ostblocks und die Kriege im Kaukasus. Strauß greift in dem »Spiegel«-Text unter anderem den Antifaschismus der linken Intellektuellen scharf an und entlarvt ihn als Machtdiskurs, welcher der Sicherung der eigenen Position als tonangebende Elite diene.

> »Es mag in Osteuropa geschehen, was will, bei uns ist links nach wie vor dort, wo sich die kulturelle Mehrheit befindet. Ohne großen Unterschied ist es die öffentliche Intelligenz, sind es die gewitzten und zerknirschten Gewissenswächter, die ihren aufrechten Gang im wesentlichen nutzen, um zum nächsten Mikrofon oder Podium zu schreiten, und die gegenwärtig allesamt sich der erbitterten Anstrengung unterziehen, mit rationalen Mitteln eine Beschwörung zu betreiben, als erstrebten sie, wenigstens für sich und ihre Rede, gerade jene magische und sakrale Autorität, die sie als aufrechte Wächter aufs schärfste bekämpfen.«[9]

Strauß kritisiert an den linksgerichteten Strömungen, dass sie das Individuum nur im Kontext der Gesellschaft sähen. Programmatisch ist die Zerstörung traditioneller Bindungen und somit der natürlichen Koordinaten der Existenz des Einzelnen. Verliert der Mensch aber seine natürliche und metaphysische Verankerung, ist er zu Erschütterung, Schuld und Katharsis nicht fähig. Er wird zum manipulierbaren *Gesellschaftsmenschen*. Ebenso verliert die Gemeinschaft den Sinn für das Tragische. Im »Anschwellenden Bocksgesang« heißt es über die Verbrechen der Nationalsozialisten und über die Schuld-Frage:

> »Die Verbrechen der Nazis sind jedoch so gewaltig, daß sie nicht durch moralische Scham oder andere bürgerliche Empfindungen zu kompensieren sind. Sie stellen den Deutschen in die Erschütterung und belassen ihn dort, unter dem tremendum; ganz gleich, wohin er sein Zittern und Zetern wenden mag, eine über das Menschenmaß hinausgehende Schuld wird nicht von ein, zwei Generationen einfach ›abgearbeitet‹. Es handelt sich um ein Verhängnis in einer sakralen Dimension des Worts und nicht

---

7 Strauß, Paare, Passanten. 2007, S. 164. Vgl. Willer, Botho Strauß zur Einführung. 2000, S. 101.
8 Strauß, Botho: Anschwellender Bocksgesang, In: Der Spiegel, Nr. 6/1993. Ausführlich über den Essay und die Debatte um den Text in Tauss, Martin: Rhetorik des Rechten. Botho Strauß' konservative Kulturkritik im »Anschwellenden Bocksgesang«. Magisterarbeit an der Universität Wien, 1999. RTF-Fassung, http://www.google.de (Zugriff am 04.02.2013).
9 Strauß, Botho: Anschwellender Bocksgesang. <http://www.spiegel.de/spiegel/print/d-13 681004.html> (Zugriff am 04.02.2013).

einfach um ein Tabu, das denen, die zum Schutz bestimmter zwischenmenschlicher Verkehrsformen oder der Intimsphäre dienen, vergleichbar wäre.«[10]

Martin Tauss bringt Strauß' Auffassung des Tragischen (das eigentliche Thema des »Bocksgesangs« – griechisch: *tragodia*) auf den Punkt, wenn er sagt: »Zweifellos warnt der Autor vor der Verleugnung, der Politisierung und der gesellschaftlichen Entsorgung des Unheils, d. h. vor den verhängnisvollen Auswirkungen des nicht angenommenen Tragischen insgesamt.«[11]

Strauß positioniert sich zunehmend als Traditionalist, und aus dieser Perspektive übt er Kritik an Kultur und Gesellschaft. Literarisch findet diese Position ihren deutlichsten Ausdruck im Prosaband »Die Fehler der Kopisten« (1997). In dem als autobiographische Schrift stilisierten Text formuliert Strauß seine Auffassung von Ästhetik. Die Grundthese lautet: »Der Künstler ist immer Schöpfer an der Überlieferung [...]«[12]. Die im Titel genannten »Fehler des Kopisten« liegen der Originalität, dem Neuen in der Kunst, zugrunde. Die aus dem früheren Schaffen des Autors bekannten gesellschafts- und kulturkritischen Themen (Fortschritts-, Sprach-, Medienkritik sowie eine kritische Schilderung der zwischenmenschlichen Beziehungen) werden in den Kontext ästhetischer und poetologischer Überlegungen gestellt. Strauß inszeniert ein idyllisch anmutendes Leben des Dichters mit einem Kind. Der Sohn des Dichters trägt den Namen »Diu« (Abkürzung von »diurno«, aus dem Spanischen »täglich«): »[...] der tags Gezeugte und mein Tagwandel«[13]. Sie wohnen in einem neu errichteten Haus des Dichters auf dem Land in der Uckermark – eine autobiographische Anspielung auf das nach der Wende errichtete Domizil des Autors Strauß. Sie wohnen abgeschieden in der Natur, wo das von Natur aus gute, künstlerisch begabte und gebildete Kind von allen negativen äußeren Einflüssen verschont bleiben soll. Gemeinsame Spaziergänge werden wie folgt beschrieben:

> »Drei Stunden waren wir auf dem Marsch an einem sonnigen Nachmittag, und erst in der letzten wurde er [Diu – die Verf.] müde, torkelte ein wenig und blieb zurück. Ich stand am Draht der Weide und hörte ihn singen hinter dem Hügel. Ich sah den Stipps über den Kamm steigen, auf dem strohigen Wiesenrücken seine rote Jacke, so klein unter dem fahlen Abend, und er sang hoch und überhöht, dramatisch vor allem, um die Müdigkeit zu bekämpfen, seine Tamino-Arie über die milde, menschenlehre Senke: ›Zu Hilfe, zu Hilfe, sonst bin ich verloren...!‹. [...] Frühmorgens gehen Diu und die Greisin über den Anger, er führt die Großmutter spazieren. Das Kind, das gerne teilt und gerne gibt, das besorgt ist um andere und ihnen immer Freude bringen will.

---

10 Ebd.
11 Tauss, Rhetorik des Rechten. 1999, S. 31.
12 Willer, Botho Strauß zur Einführung. 2000, S. 117.
13 Strauß, Die Fehler des Kopisten. 1999, S. 9.

Wieviel Liebenswürdigkeit, freimütigen Gehorsam verschwendet er! Als käme er aus einer Welt, wo sich dergleichen auszahlt!«[14]

Das Kind repräsentiert einen natürlichen, ursprünglichen Zustand. Sowohl Rousseaus Gedanke, dass der Mensch von Natur aus gut sei und erst von der Gesellschaft (Zivilisation) verdorben würde, als auch die biblische Vertreibung aus dem Paradies als Urzustand der Ordnung und Gottzugehörigkeit lassen sich als traditionelle Motive erkennen. Willer sieht in der Vater-Sohn-Beziehung eine »Psychologisierung straußscher Kulturkritik [...], in der fast zur Paranoia stilisierten Furcht des Vaters, sein Kind an die Außenwelt, die Gesellschaft, die Stadt zu verlieren«[15]. Das Kind repräsentiert das natürliche Bedürfnis, das Wahre, Gute und Schöne zu verbinden. Es repräsentiert den philosophischen Trieb – von Platon »Eros« genannt –, vom Sinnlichen zum Geistigen zu schreiten. Willer nennt einen weiteren philosophischen Bezug, und zwar Martin Heideggers Darmstädter Gespräch »Bauen, Wohnen, Denken« (1951), in dem diese Kategorien das Sein des Menschen auf der Erde erfassen.[16] »Die Fehler des Kopisten« schreiben sich in eine Tradition der inszenierten Autorschaft ein. Willer erkennt in dem sich absondernden Dichter »den Inbegriff des Besonderen, des Anderen, gegenüber dem Allgemeinen«[17] – eine insbesondere von der Genieästhetik, Romantik und der klassischen Moderne geprägte Tradition. Wenn Botho Strauß Autorschaft inszeniert und diese mit poetologischen Überlegungen verbindet, knüpft er vor allem an die deutsche Frühromantik an: Friedrich Schlegel, August Wilhelm Schlegel und Novalis. Die kritische Reaktion der Romantik auf die rationalistische Aufklärung und auf gesellschaftliche Prozesse der Moderne, die Hinwendung zur Vergangenheit, zum Mythos, zur Religion werden bei Strauß fortgeschrieben. Strauß zeigt sich auch darin als Traditionalist, dass er Diu als ein religiöses Kind beschreibt, eine Ausnahme »in diesem vom Atheismus verheerten Osten«.[18] Im »Anschwellenden Bocksgesang« subsumiert der Autor die Hinwendung zur Tradition unter dem Begriff »rechtes Denken«, der sowohl richtiges, ehrliches als auch konservatives Denken bedeutet:

> »Rechts zu sein, [...] das ist, die Übermacht der Erinnerung zu leben, die den Menschen ergreift, [...] die ihn vereinsamt und erschüttert inmitten der modernen, aufgeklärten Verhältnisse [...]. Es handelt sich um einen Akt der Auflehnung: gegen die Totalherrschaft der Gegenwart, die dem Individuum jede Anwesenheit von unaufgeklärter Vergangenheit, vom geschichtlichen Gewordensein, von mythischer Zeit rau-

---

14 Ebd., S. 9 f.
15 Willer, Botho Strauß zur Einführung. 2000, S. 123.
16 Ebd., S. 119. Siehe auch: Wiesberg, Michael: Botho Strauss. Dichter der Gegen-Aufklärung, Dresden: Ed. Antaios 2002, S. 114 ff.
17 Willer, Botho Strauß zur Einführung. 2000, S. 117.
18 Strauß, Die Fehler des Kopisten. 1999, S. 44.

ben und ausmerzen will. Anders als die linke, Heilsgeschichte parodierende Phantasie malt sich die rechte kein künftiges Weltreich aus, bedarf keiner Utopie, sondern sucht den Wiederanschluß an die lange Zeit, die unbewegte, ist ihrem Wesen nach Tiefenerinnerung und insofern eine religiöse und protopolitische Initiation. Sie ist immer und existenziell eine Phantasie des Verlustes und nicht der (irdischen) Verheißung. Eine Phantasie also des Dichters, von Homer bis Hölderlin.«[19]

Formal knüpft der Autor ebenso an die Frühromantik an, indem er das Fragment als bevorzugtes Kompositionselement und Gattung wählt. »Paare, Passanten«, »Die Fehler des Kopisten«, »Vom Aufenthalt« (2009) und andere Texte des Autors sind Essays, die mit Beschreibungen, Aphorismen, Fragmenten, kurzen Erzählungen zu einem Textganzen verbunden werden. Strauß bezieht sich dabei auch explizit auf den Schöpfer der Gattung Essay: Montaigne. Das Bevorzugen des Fragments als Gattung wird in einer Notiz über den Dichter Paul Valéry auf die fragmentarische Natur der Phänomene zurückgeführt:

> »Es ist seltsam, wie der Lauf der Zeit jedes Werk – und also jeden Menschen – in Fragmente verwandelt. Nichts Ganzes überlebt – genau wie in der Erinnerung, die immer nur aus Trümmern besteht und sich immer nur über Fälschungen präzisiert. (Paul Valéry, Brief an Jeannie Valéry, Juli 1909)«.[20]

Das Andere, von dem sich der Dichter in »Die Fehler des Kopisten« abgrenzt und wovor er das Kind bewahren möchte, sind die deformierten Menschen von heute: »Problem-Knechte. Verstandesruinen. Realisten-Reste. […] Puppen des Allgemeinen […]«[21] mit ihren von der Sprache der Medien beeinflussten und deformierten Kommunikationsformen.

> »Nichts schmerzlicher, als ein Kind, das zuerst alles begriff und leicht zu seinem Vorteil unterschied, eines Tages an die durchschnittliche Vernunft zu verlieren und im Jargon der Argumente und Informationen daherreden zu hören […] die Erde retten, die Menschenrechte wahren, davon moralisieren sie schon mit zehn oder zwölf! Ach, wenn dies tückisch Gute, dieser gefallene Engel des Allgemeinen sein Herz verschonen würde!«[22]

In einem Fluss von Gedanken und Bildern beschreibt Strauß eine Gesellschaft in Auflösung – Technik, Gentechnik, Informationsflüsse und Kommunikationsnetze führen zu einer Vereinsamung im Chaos, weil der Mensch kein Zentrum, keinen metaphysischen Bezug und kein sicheres Wertesystem mehr kennt oder anerkennt.

Im eigentlichen Metier des Autors – dem Theater – setzt Strauß die Arbeit an der literarischen Überlieferung fort. 1996 wurde »Ithaka« uraufgeführt, 1998

---

19 Strauß, Anschwellender Bocksgesang. 1993.
20 Strauß, Botho: Vom Aufenthalt. München: dtv 2012, S. 220.
21 Strauß, Die Fehler des Kopisten. 1999, S. 16.
22 Ebd., S. 15.

»Jeffers-Akt«, 2005 »Schändung«. »Ithaka« ist eine Transformation der Heim-kehrgesänge der »Odyssee« nah an der Vorlage. Es handelt sich um intertextuelle Praxis im engen Sinn. In der Terminologie von Gérard Genettes »Palimpseste«[23] kann man sagen, dass der Hypotext im Hypertext zitiert und transformiert, d. h. gattungsspezifisch umgearbeitet wird. »Ithaka« ist ein Stück in fünf Teilen, die nicht Akte genannt werden. Übernommen wird das Gerüst der Handlung und Passagen des originalen Hypotextes in deutscher Übersetzung. Konstruiert wird ein für die Tragödie typischer Spannungsbogen. Der Autor schreibt in einem vorangestellten Paratext: »Dies ist eine Übersetzung von Lektüre in Schauspiel. Nicht mehr, als höbe jemand den Kopf aus dem Buch des Homer und erblickte vor sich auf einer Bühne das lange Finale von Ithaka, wie er es sich vorstellt«.[24] Strauß verweist auf die Übertragung von Johann Heinrich Voß und Anton Weiher, die teilweise wörtlich übernommen wird. Das Stück wurde von einem Teil der Kritiker scharf angegriffen und mit Strauß' Essay »Anschwellender Bocksgesang« in Zusammenhang gebracht. Anstoß erweckte vor allem die blutige Racheszene, in der Odysseus die Freier der Penelope ermordet und die Verräter an seinem Hof foltern lässt.[25] Im weiteren Verlauf der Handlung be-gründet Athene, nach einem Urteilspruch des Zeus, die auf Gesetz und Sitten-ordnung aufbauende Neuordnung von Ithaka. Die Gewalttaten von Odysseus sollen vergessen werden:

> »ATHENE […] Wir aber verfügen, was recht ist: aus dem Gedächtnis des Volkes wird Mord und Verbrechen des Königs getilgt. Herrscher und Untertanen lieben einander wie früher. Daraus erwachsen Wohlstand und Fülle des Friedens den Menschen. Aus göttlichem Spruch entstand der Vertrag.«[26]

Nicht in der Geschichte also, sondern im Mythos und im Kult ist der Staat von Ithaka gegründet. Wie Emmerich notiert, sind gerade diese Handlungselemente, welche die Theaterkritiker irritiert haben, aus Homers Originaltext übernom-men.[27] Die im Stück dargestellten Gewalttaten sind bühnentechnisch stark

---

23 Genette, Gérard: Palimseste. Die Literatur auf zweiter Stufe. Frankfurt/Main: Suhrkamp 1993.
24 Strauß, Botho: Ithaka. Schauspiel nach den Heimkehr-Gesängen der Odyssee. München: dtv 1998, S. 7.
25 Ebd., IV. Der Bogen des Odysseus, S. 81 ff. Vgl. Assheuer, Thomas: Die Ornamente der Ordnung. Antimoderne und politischer Mythos im Königsdrama: Botho Strauß und Peter Handke suchen den Souverän. <http://www.zeit.de/1997/10/thema.txt.19970228.xml> (07.02.2013). Vgl. Herzinger, Richard: Die Heimkehr der romantischen Moderne. Über »Ithaka« und die kulturphilosophischen Transformationen von Botho Strauß – Ein Essay, Theater heute, Heft 8/1996, S. 7–12.
26 Strauß, Ithaka. V. 1998.
27 Emmerich, Wolfgang: »Eine Phantasie des Verlustes«. Botho Strauß' Wendung zum Mythos. In: Seidensticker, Bernd/ Vöhler, Martin (Hrsg.): Mythen in Nachmythischer Zeit: Die Antike in der deutschsprachigen Literatur der Gegenwart. Berlin: de Gruyter 2002, S. 336.

verfremdet. Die Figur des Odysseus schwankt zwischen einem entscheidungs-
willigen Strategen und einem unbeherrschten Choleriker:

> »ATHENE Nichts mehr vom schrecklichen Krieg! Männer von Ithaka steht still! Bleibt,
> wo ihr seid, und spart euer Blut! [...]
> ODYSSEUS Ihr Lumpensack, ihr dreckigen Hunde! Euch durchstoß ich die Kehle! Ihr
> Thronräuber! Ihr Abschaum!«[28]

Strauß' Odysseus ist kein idealtypischer politischer Führer, das Stück keine
Königstragödie. Trotzdem ist es unverkennbar, dass das Stück die Frage der
politischen Legitimation aufwirft. Das Lager der Freier ist interpretierbar als
demoralisierte Repräsentanten der modernen, liberalen Gesellschaft: »Die
Freier sind Soldaten, sind Forscher, Händler und Philosophen, Staatsmänner
und Sportler ... aber die Wiederkehr des Odysseus wischt alle Zeiten aus.«[29] Auf
die Übernahme des königlichen Erbes bereiten sie sich vor, indem sie gängige
parteipolitische Floskeln einüben und heimlich einen Mord an Telemach,
Odysseus' Sohn, planen. Vor allem aber genießen sie auf eine perverse Art und
Weise ihr Leben auf Kosten des Volkes. Das verwahrloste Land, in welches
Odysseus zurückkehrt, ist ein Staat ohne kultisches, mythisches und ethisches
Zentrum geworden. Es ist ein Staat und eine Gesellschaft in Auflösung, die keine
Überlebenschance haben. In Zeiten der Krise fehlen der Gemeinschaft identi-
fikationsstiftende Werte. Der Autor setzt im Stück Verfremdungseffekte ein – es
ist vor allem der kommentierende Chor der fragmentarischen Frauen. Die
Konstruktion der wichtigsten *dramatis personae* (Odysseus, Penelope, Athene)
verdeutlicht, dass der Theaterbesucher keine erhabenen antiken Helden erleben
wird. Strauß setzt im Stück außerdem Elemente der Komik ein, wie etwa den
Stilbruch im zitierten Fragment (Athene – Odysseus).

In »Jeffers-Akt I«[30], entstanden ein Jahr nach »Die Fehler des Kopisten«,
nimmt Strauß erneut die Themen Künstler, Gesellschaft und Ästhetik auf. Robinson Jeffers ist eine historische Figur – ein berühmter amerikanischer Dichter
(1887–1962). Jeffers lebte abgeschieden von der Welt in einem aus den Steinen
der Küste selbstgebauten Haus in Kalifornien.[31] Robinson Jeffers verstand sich
als Antimodernist. Er war Naturphilosoph und kritisierte die menschenzen-
trierte Weltsicht: Der Mensch sei nicht mehr als ein Teil der Natur und ein Teil
der Dinge. Angesichts der Naturzerstörung und fortdauernder Kriege sei es

---

28 Strauß, Ithaka. 1998, S. 102 f.
29 Ebd., S. 13.
30 Botho Strauß: Jeffers-Akt. Stück in zwei Akten, In: Ders.: Theaterstücke III. München/Wien:
   Hanser 1999, S. 153–205.
31 Vgl. Robinson Jeffers – Dichter & Werk. Jeffers Biographie. <http://www.jeffers.de/jef-
   bio.htm> (Zugriff am 26.10.2012). Vgl. Jeffers, (John) Robinson. In: Weltliteratur im
   20. Jahrhundert. Autorenlexikon. Hrsg. von Manfred Brauneck. Hamburg: Rowohlt Taschenbuch 1981. Bd. 2, S. 638.

nicht möglich, ein positives Menschenbild zu vertreten. Diese Haltung wurde als Antihumanismus kritisiert, und Jeffers fand sich in dem patriotisch und humanistisch geprägten öffentlichen Diskus in den USA nach dem Krieg isoliert.[32] Sein Kulturpessimismus, seine pantheistische Religiosität und sein Rückgriff auf den Mythos in der Kunst sind Gründe, weshalb Jeffers Botho Strauß inspirierte.[33] In »Jeffers-Akt I« arbeitet Strauß mit Biographemen, also festen Bestandteilen der Biographie Jeffers (leidenschaftliche Liebe, Erbauen des Hauses und des Turms an der Küste bei Carmel, Pflanzen von Zypressen und Eukalyptus-Bäumen an der Küste). »Akt II« ist eine szenische Fassung von Jeffers Gedichts »Mara«. »Jeffers-Akt I« besteht aus zwei Teilen: im ersten erinnert sich seine todkranke Frau Una an ihr gemeinsames Leben. Im zweiten Teil spricht Jeffers nach ihrem Tod ebenfalls darüber sowie über seine Auffassung von Kunst und seine weltanschauliche Position. Der Autor lässt Jeffers im Rückblick über jene Kontroversen nachdenken, welche die Jeffers-Rezeption maßgeblich prägten. »Jeffers-Akt I« ist intertextuell angelegt, Strauß arbeitet mit wörtlichen Zitaten aus Dichtung, Reden und Tagebucheinträgen des amerikanischen Dichters. Die in »Die Fehler des Kopisten« aufgenommenen Themen werden in »Jeffers-Akt I« fortgesetzt. Es ist die Verpflichtung des Künstlers allein dem Ästhetischen gegenüber. Der Vergänglichkeit (dem Historischen) setzt Strauß' Jeffers-Figur die Dauer des Mythischen und der Natur entgegen, der Gesellschaft das Leben des Einzelnen, vor allen Dingen das Leben des Dichters:

> »Meine Weltanschauung war Una. Ich besaß nie eine andere. Man hat meinen Pessimismus verurteilt. Einiges fand man unter jeder Kritik. […] Man haßte mich, weil ich nicht an den menschlichen Menschen glaubte. Die Sozialen verdammen den, der zu sagen wagt, daß Gottes Welt schön ist außer dem Menschen. Und daß die ohnmenschliche Schönheit der Dinge keiner Verbesserung bedarf und ein kärgliches Leben genug ist für jeden, der es versteht, den anderen aus dem Weg zu gehen. Denn ich sage nicht: Liebt euch um des Friedens willen. Sondern ich sage: Laßt euch in Frieden, *turn away from each other*. Und ich sagte: *It would be better for men/ To be few and live far apart, where non could infect another….*«[34]

Die Topoi *Stadt kontra Natur* versieht Strauß mit einem Zitat aus dem eigenen Werk, dem Begriff der »Passanten-Welt«:

> »Ich, Jeffers, kein Städter. Ich bin einfach und monoton. Ich hasse die Straße und die eiligen, schwatzhaften Passanten. Die Häuser, aus denen die Jaultöne wie Windsäulen steigen. Gott hat zu mir gesagt: Geh nach Carmel, dort ist Jeffers-Land. Geh hin, bau dir ein Haus und halte Ausschau nach mir.«[35]

---

32 Ebd.
33 Strauß schrieb bereits über Robinson Jeffers in seinem Essay »Fragmente der Undeutlichkeit« von 1989.
34 Strauß, Jeffers-Akt. 1999, S. 165.
35 Ebd., S. 164.

Die Beschreibung von Jeffers Schaffen unternimmt im Text Una:

> »Lange Verse, lange Gedichte. Voller Gewalt und Wahnsinn. Voller Inzest, Vergewaltigung, Feuerstürme und schwarzer klaffenden Wunden. Voller Blut und Geister Verstorbener. Voller Liebe und Haß. Alt waren die Geschichten, uralt das Blut aus der Griechenquelle, aber die Landschaft von hier, die Menschen von hier, Rauheit und Wildheit von hier [...].«[36]

Die Forschungsliteratur stellt Strauß in eine Traditionslinie mit der »schöpferischen Restauration« von Rudolf Borchardt und Hugo von Hofmannsthal sowie den Schriftstellern der Konservativen Revolution. Verwiesen wird auch auf die Rezeption der metaphysischen Kunsttheorie von George Steiner.[37] Neben der Romantik-Rezeption sind es wichtige Referenzen für Strauß' Werk. In »Jeffers-Akt I« wird die Position des Dichters wie im Fall der genannten Vorbilder überhöht: Schreiben gegen die Traditionsvergessenheit der modernen, aufgeklärten Welt wird zum Programm und der Dichter zum prophetischen Seher, Erlöser aus den Fängen der profanen Zivilisation, zum »Dichter-Priester«[38] stilisiert.

Einige in »Ithaka« aufgenommenen Themen und Motive finden sich auch im Stück »Schändung« wieder, einer Umarbeitung von Shakespeares grausamen Drama »Titus Andronicus«. Szenen der brutalen Racheakte sind aus dem Originaltext übernommen (die Schändung und Verstümmelung Lavinias, das kannibalische Verzehren des Sohns von Tamora in einer von Titus zubereiteten Sülze etc.). Der Autor relativiert die Grausamkeiten, indem er eine Metaebene im Text einführt. Es handelt sich um eine Rahmenhandlung: Eine junge Mutter lässt ihren Sohn vor dem Supermarkt auf sich warten. Der Sohn wird zum Zuschauer und gleichzeitig zur Figur im Stück. Als das Kind (Lukas, Mutius) am Ende als neuer Kaiser die Gräuelspirale zu beenden sucht, wird es von der verärgerten Mutter abgeholt. Relativiert wird die grausame Handlung dazu durch einen Blick hinter die Kulissen – die Schauspieler sprechen über ihre Rollen und interpretieren die Charaktere.[39] In einer weiteren Szene wird die Schändung als Albtraum der Regisseurin (Monika, Probandin)[40] thematisiert. Trotz dieser Rela-

---

36 Ebd., S. 158.
37 Tauss, Rhetorik des Rechten. 1999, S. 19, 25, 27. Vgl. Sautter, Günter: Politische Entropie. Denken zwischen dem Mauerfall und dem 11. September 2001 (Botho Strauß, Hans Magnus Enzensberger, Martin Walser, Peter Sloterdijk). Paderborn: mentis-Verlag, 2002, S. 72 ff. Vgl. Wiesberg, Michael: Botho Strauss. Dichter der Gegen-Aufklärung, Dresden 2002, S. 63 ff., 119 ff.
38 Über den Begriff und seine Konnotationen in Bezug auf Strauß' »Anschwellender Bocksgesang« vgl. Tauss, Rhetorik des Rechten. 1999, S. 26 ff.
39 II. Making-of. Strauß, Botho: Schändung. Nach dem »Titus Andronicus« von Shakespeare. München 2008, S. 31 ff.
40 IV. Bildbeschreibung. Ebd. S. 44 ff.

tivierungsversuche ist »Schändung« ein Stück, das mit der Ästhetik des Schreckens arbeitet. Peter Kümmel kommentiert die Absicht des Autors wie folgt: »In ›Schändung‹ will er [Strauß – die Verf.] zweierlei zeigen: den blutigen Urgrund der Menschheit und die mürben Gerüste aus Geschwätz und Verdrängung, die wir darüber errichtet haben.«[41] Wichtiger noch scheint das Thema Gewalt in Systemen, deren Werte zerfallen. Nihilistische Gesellschaften – in »Anschwellender Bocksgesang« hat Strauß es bereits thematisiert – werden von unkontrollierter Gewalt erschüttert. Der Kult (auch Opferkult) hatte in archaischen Gesellschaften die Funktion, die Gewalt zu kanalisieren. Das in sich zusammenbrechende Rom – das Rom von Titus Andronicus – wird daher zur Parabel für enthemmte Gewaltausbrüche in Zeiten der Krise. Der Schauspieler Titus liefert in der Making-of-Szene folgende Interpretation:

> »TITUS Mir fehlt die Schlacht [...] Ordnung! Regeln! Formationen! Gefechte, keine Finten, keine Coups und keine Hinterhalte. [...] Anders ist – die Ordnung abgeschafft. Und ich begreife nicht mehr, was ich tue. Ertrag es nicht und werde wild.«[42]

Strauß scheint mit dem Stück erneut den nicht näher bestimmten »Kulturschock« zu thematisieren, der in »Anschwellender Bocksgesang« prophezeit wird. Eine andere Interpretationslinie zeichnet der Regisseur Thomas Langhoff in einem Gespräch mit dem Redakteur der »Berliner Zeitung«. Er weist darauf hin, dass eine wesentliche Abweichung vom Original in der Ausarbeitung der Figur Lavinias liege.[43] Der Titel des Dramas scheint diesen Aspekt hervorzuheben. Die verstümmelte Lavinia will bei Strauß von ihrem Schänder geliebt werden. Zu Recht verweist jedoch Thorsten Hinz darauf, dass es eine nymphomane Neigung ist, die Reue des Schänders mündet in Ekel und Gewalt.[44] Die »Liebesszenen« beschleunigen noch die Spirale von Perversion und Gewalt. Zu seiner Shakespeare-Rezeption bekennt Strauß:

> »Ein Dramatiker, anders als der Erzähler, Lyriker, Filmer, arbeitet zu allen Zeiten unter der Regentschaft desselben Sonnenkönigs, nämlich Shakespeares. Es gehört zu den wenigen sicheren Zukunftsvoraussagen, daß dessen Werk niemals überboten werden

---

41 Kümmel, Peter: Des Teufels stumpfe Hörner. Die Weltgeschichte als Höllenküche: Luc Bondy inszeniert »Schändung« von Botho Strauß in Paris, <http://www.zeit.de/2005/42/Botho-Strau_a7-UA> (Zugriff am 07.02.2013).

42 Strauß, Schändung. 2008, S. 33.

43 Mord und Totschlag. Berliner Ensemble Deutsche Erstaufführung: »Schändung« von Botho Strauß nach William Shakespeares »Titus Andronicus«, http://www.berliner-zeitung.de/archiv/mord-und-totschlag-berliner-ensemble-deutsche-erstauffuehrung-schaendung-von-botho-strauss-nach-william-shakespeares-titus-andronicus-,10810590,10357170.html (Zugriff am 08.02.2013).

44 Hinz, Thorsten: Spirale der Perversion. Berliner Ensemble: »Schändung« von Botho Strauß, <http://www.jungefreiheit.de/Archiv.611.0.html?archiv06/200607021045.htm> (Zugriff am 08.02.2013).

kann. So wird jeder dieses Fachs, mag er sich noch so original und jung gebärden, nicht anders können, als je nach Abstammungsrang seinen Platz in dieser zentralen Monarchie einzunehmen.«[45]

1983 hat der Autor mit dem Stück »Der Park«[46] eine moderne Shakespeare-Nachdichtung unternommen. Die Wahl des »Titus Andronicus« als Stoff mag davon zeugen, dass Strauß' poetische Visionen der Welt düsterer geworden sind. Der Schriftsteller positioniert sich deutlich in der Tradition der Gegen-Aufklärung.

---

45 Strauß, Vom Aufenthalt. 2012, S. 235.
46 Strauß, Botho: Der Park. Schauspiel. München/Wien: Hanser 1983.

V. Entwicklungen

Kai Sina (Göttingen)

Kriechende Seele, zerbrechlicher Geist –
Zum Konzept von ›Bildung und Kultur‹ in Romanen Anna
Katharina Hahns und Uwe Tellkamps

»Bildung und Kultur« – nach dem Ende des Nationalsozialismus sah sich dieses
traditionsreiche »deutsche Deutungsmuster«[1] ebenso vehementer wie verbrei-
teter Kritik ausgesetzt. So sprach etwa Max Frisch im Jahr 1949 von der »Kultur
als Alibi«, deren besonderes Kennzeichen eine »Unverbindlichkeit« sei, die sich
»säuberlich über die Forderungen des Tages« erhebe.[2] Frischs These explizit
aufgreifend widmete sich kurz darauf auch Theodor W. Adorno der »auferstandene[n] Kultur« des »Insichgehen[s], nächstverwandt der Vergeistigung«,
die einer Art »geistige[m] Bann« entspreche: Anstatt sich dem »Drängende[n],
dem Brennende[n]« der Gegenwart zu stellen, frönten die Nachkriegsdeutschen
»eines Spieles des Geistes mit sich selber [...].«[3] Vor dem Hintergrund eines in
den darauffolgenden Jahrzehnten in Gesellschaft und Literatur konsequent
vollzogenen Abwendungsprozesses[4] stellt Georg Bollenbeck in seiner einschlägigen Studie zum Thema fest, ›Bildung und Kultur‹ hätten sich als kollektiv
verbindliches Muster der Welt- und Lebensdeutung in der Gegenwart des wiedervereinigten Deutschland vollends »erledigt [...]«.[5]

Diese sozialgeschichtliche Großthese könnte in ihrer Schärfe und Allge-

---

1 Bollenbeck, Georg: Bildung und Kultur. Glanz und Elend eines deutschen Bildungsmusters.
Frankfurt/Main: Suhrkamp 1994, vgl. zum hier relevanten Zeitraum S. 301–312.
2 Frisch, Max: Kultur als Alibi. In: Gesammelte Werke in zeitlicher Folge. Hrsg. von Hans Mayer
unter Mitwirkung von Walter Schmitz. Frankfurt/Main: Suhrkamp 1976, Bd. II, S. 337–343,
hier: S. 341.
3 Adorno, Theodor W.: Die auferstandene Kultur. In: Gesammelte Schriften. Hrsg. von Rolf
Tiedemann. Band 20.2: Vermischte Schriften II. Frankfurt/Main: Suhrkamp 1976, S. 453–
464, hier: S. 455 ff.
4 Unter anderem auf Äußerungen wie denen von Frisch und Adorno beruhte bekanntlich die
Forderung nach einem ›kritischen Nonkonformismus‹, der als verbindliches Paradigma das
literarische Leben der Bundesrepublik, ausgehend von der Gruppe 47 als seiner wichtigsten
Keimzelle, noch bis in die neunziger Jahre maßgeblich prägen sollte. Vgl. aus literatursoziologischer Perspektive hierzu Lorenz, Otto: Die Öffentlichkeit der Literatur. Fallstudien zu
Produktionskontexten und Publikationsstrategien: Wolfgang Koeppen – Peter Handke –
Horst-Eberhard Richter. Tübingen: Niemeyer 1998, S. 31–38.
5 Bollenbeck, Bildung und Kultur. 1994, S. 312.

meinheit nunmehr allerdings in Frage zu stellen, ja vielleicht sogar zu revidieren sein. Der vorliegende Artikel will hierzu eine erste Anregung geben, indem er mit Uwe Tellkamps »Der Turm. Geschichte aus einem versunkenen Land« (2008) und Anna Katharina Hahns »Am schwarzen Berg« (2012) zwei wichtige, weil sehr breit wahrgenommene Romane der deutschen Gegenwartsliteratur vorstellt,[6] die sich auf je eigene Weise als Wiederannäherungen an das seit der Nachkriegszeit aufgegebene Programm lesen lassen (und zwar ohne die von Frisch und Adorno vorgebrachten gesellschaftspolitischen Kritikpunkte dabei ausdrücklich zu bedenken). Gleichermaßen stellen diese Romane die Frage nach dem Status und der Funktion von ›Bildung und Kultur‹ als eines persönlichkeitsbildenden und sozialstrukturierenden Modells, dies allerdings weniger in Form einer *naiven Aktualisierung* als vielmehr im Modus einer *kritischen Problematisierung* eines seiner Grundprinzipien: nämlich der »Aneignung geistiger Güter im Medium einer nationalen ›Kultur‹, zu der vorrangig Wissenschaft und Kunst gerechnet werden.«[7]

Diese problematisierenden Wiederannäherungsversuche im Medium der Literatur werden die folgenden textanalytischen Ausführungen nachzeichnen, und zwar in einer synoptisch angelegten Lektüre der beiden Romane hinsichtlich ihrer homologen Raumstruktur (I) und ihres Bildungskonzepts (II), in dem insbesondere der Dichtung eine herausragende Bedeutung zukommt. Aus ebendiesem Grund liegt es nahe, in einem abschließenden Reflexionsgang (III) die Frage nach dem poetologischen Selbstverständnis der beiden Romane zu stellen: Wie verhalten sich die Werke Hahns und Tellkamps gegenüber dem jeweils narrationsintern verhandelten Status der Literatur?

I.   Raum

»Der Turm«, »Am schwarzen Berg« – die zentrale Bedeutung des Raumes für die Struktur ihrer Erzählwelten wird von Uwe Tellkamp und Anna Katharina Hahn bereits über die Romantitel angezeigt. Dabei eignet dem Turm ebenso wie dem Berg zunächst das Merkmal einer unbestimmten Höhe, die sich von der Flach- und Tiefebene der sonstigen Umgebung abhebt. Diese zunächst bloß topologische Differenzierung von ›oben‹ und ›unten‹ verbinden die Romane allerdings mit einer spezifischen Semantik.

Burghalde, ein am Hügelkamm gelegener Vorort Stuttgarts und ehemaliges

---

6 Tellkamp, Uwe: Der Turm. Geschichte aus einem versunkenen Land. Roman. Frankfurt/Main: Suhrkamp 2008; Hahn, Anna Katharina: Am schwarzen Berg. Roman. Berlin: Suhrkamp 2012. [Im Folgenden unter den Siglen »DT« und »SB« mit Seitenzahl im Fließtext.]
7 Bollenbeck, Bildung und Kultur. 1994. S. 13.

Weingärtnerdorf, wird bei Hahn als ein abgelegenes Refugium entworfen, in dem der zunächst kindliche, später jugendliche Peter Rau von dem im Nachbarhaus lebenden Lehrer Emil Bub ganz im Geiste der Dichtung erzogen, ja in einem emphatischen Verständnis gebildet wird. Hierzu passt es, dass sich der romantitelgebende Name der Straße, in der Peter mit seinen Eltern und seinen Nachbarn wohnt, aus Eduard Mörikes Gedicht »Die Elemente« herleitet, aus dem der Schüler und sein Lehrer immer wieder mit innerer Bewegtheit rezitieren:

> »Am schwarzen Berg da steht der Riese,
> Steht hoch der Mond darüber her;
> Die weißen Nebel auf der Wiese
> Sind Wassergeister aus dem Meer« (SB, 22).

Mit dieser literaturhistorischen Beschriftung korrespondieren die bildungsbürgerliche Einrichtung des Bub'schen Wohnhauses sowie die vorherrschende Konversationspraxis innerhalb dieses Raumes: Im Wohnzimmer der Bubs, so stellt Peters spätere Ehefrau Mia an einer Stelle voller Befremden fest, »[standen] mehr Bücher [...], als sie je in einer Privatwohnung gesehen hatte. [...] Sie fühlte sich unentwegt eingekreist, bombardiert von unverständlichen Anspielungen: Gedichtfetzen, Orten und Namen« (SB, 187).

Die sich im Romantitel abzeichnende topologische Abgrenzung – ›oben‹ vs. ›unten‹ – entspricht in topographischer sowie raumsemantischer[8] Perspektive die Gegenüberstellung der Geisteswelt am schwarzen Berg mit der bildungsfernen, durch Konsum und ›Massenhaftigkeit‹ geprägten modernen Innenstadt Stuttgarts. Ihre langsame und unaufhaltbare Ausbreitung muss Emils Frau Veronika selbst an ihrem Arbeitsplatz in der Württembergischen Landesbibliothek beobachten – sei es im abschätzigen Blick auf das jüngere Bibliothekspersonal (»Veronika fand es erschreckend, daß es unter den jüngeren Kollegen und Kolleginnen kaum noch besessene Leser gab«, SB, 66) oder auf die »pöbelnden Teenager« (SB, 63) mit ihren »Handys in Babysocken« (SB, 66), die einen verschrobenen Büchermenschen von seinem seit Jahren angestammten Leseplatz mit drastischen Beschimpfungen verjagen wollen: »›Geh sterben, Mann!‹« (SB, 62)

Innerhalb der durch Bomben des Zweiten Weltkriegs vollkommen zerstörten und in späteren Jahren seelenlos wiederaufgebauten Innenstadt Stuttgarts finden sich nur noch ganz vereinzelt Refugien der Bildung und Kultur: Neben der bedrohten Bibliothek, diesem »Königssitz voller Bücher« (SB, 14), ist hier vor allem die Weinstube ›Zur Schlange‹ zu nennen, die von den Reiseführern als »›einer der letzten [...] Orte mit romantischer Atmosphäre‹« (SB, 89) bezeichnet

---

8 Meine Betrachtung der Raumsemantik fußt auf der methodischen Grundlegung von Lotman, Jurij M.: Die Struktur literarischer Texte. München: Fink ⁴1993.

wird; in diesem Gebäude stellt insbesondere der Keller eine Art Gegen- und Anders-Raum dar, in den sich Veronika und Emil zeitweise zurückziehen, um in seinem kühlen Gewölbe »Trost« (SB, 162) zu finden. Denn in diesen Raum – so habe der »Schlangenwirt« bereits im Jahre 1791 erlassen – haben nur diejenigen Einlass, »›welche nicht nur an der Oberfläche kratzen, sondern nach einem Fetzlein Firmament streben und die nicht zufrieden sein können mit dem billigen Trost des Schaffens und Raffens hienieden‹« (SB, 94). Die berühmtesten Stammgäste des Lokals sind in diesem Raum auf einer Holzwand porträtiert, darunter die wichtigsten Dichter der schwäbischen Literatur: Mörike, Hölderlin, Uhland, Schubart, Hauff (vgl. SB, 96).

Neben dem Gasthaus mit seinen geheimgesellschaftlichen Kellerräumen konzipiert Hahn das Protestfeld, auf dem die Gegner des Bahnhofsprojekts ›Stuttgart 21‹ in ihren Zelten lagern, in ähnlichem Sinne als eine Heterotopie – so zumindest für Peter, der das ›Erlebnis‹ der Bäume, die es vor der Abholzung zu bewahren gilt, als immense Beglückung erfährt, genauer noch: als lebensweltliche Verwirklichung eines durch Literatur vermittelten romantischen Programms:

> »›Das ist der pure Eichendorff, der auferstandene Mörike! Unter mehrhundertjährigen Riesen mitten in der Stadt einzuschlafen, im Rauschen des Laubes […]. Die Abendlieder von Nachtigall und Rotkehlchen. Die Farben des Blattwerks, wenn die Dämmerung kommt. […] Die Sterne zittern in der orangebraunen Himmelsglocke wie angesteckte Streichhölzer!‹« (SB, 86)

Wenn auch nicht im Sinne einer so ausdrücklichen Bezugnahme wie bei Hahn wird auch bei Tellkamp der titelgebende Raum des Turmes durch hochkanonische Werke der Literatur regelrecht beschriftet. Dies geschieht vor allem über die narrative Grundanlage des Romans:[9] So verweist die gleich zu Beginn erzählte Auffahrt des jungen Helden, des Arztsohns Christian Hoffmann, in Verbindung mit der erzählten Zeit des Romans von sieben Jahren (1982 – 1989) recht unverstellt auf Thomas Manns »Der Zauberberg« (1924), in dem ebenfalls von »eine[r] Nischengesellschaft, eine[r] bildungsbürgerliche[n] Gemeinschaftsform« erzählt wird; außerdem läuft hier wie dort eine »quasi stillstehende Zeit« von sieben Jahren auf einen epochalen End- und Zielpunkt hinaus: die deutsch-deutsche Wiedervereinigung im »Turm«, der Beginn des Ersten Weltkriegs im »Zauberberg«.[10] Neben dieser ebenso impliziten wie konkreten strukturellen,

---

9 Von der Raumgestaltung her nähern sich Tellkamps Roman auch die Untersuchungen von Fuchs, Anne: Topographien des System-Verfalls. Nostalgische und dystopische Raumentwürfe in Uwe Tellkamps »Der Turm«. In: Germanistische Mitteilungen 70, 2009, S. 43 – 58 sowie Clarke, David: Space, time and power. The chronotopes of Uwe Tellkamp's »Der Turm«. In: German Life and Letters 63, 2010, H. 4, S. 490 – 503.

10 Tommek, Heribert: Zur Entwicklung nobilitierter Autorpositionen (am Beispiel von Raul Schrott, Durs Grünbein und Uwe Tellkamp). In: Transformationen des literarischen Feldes

aber auch inhaltlichen Referenz auf Thomas Manns Romanklassiker lassen sich einige eher lockere Bezugnahmen ausmachen, so z. B. auf das Motiv der Turmgesellschaft, das in Goethes »Wilhelm Meisters Lehrjahre« (1795/96) erzählerisch ins Bild gesetzt ist, oder auf die alttestamentliche Erzählung vom Turmbau zu Babel.[11]

Diese allgemeine Literarisierung des im Romantitel genannten Erzählraumes wird durch die weitere Charakterisierung der Erzählwelt ausgestaltet. Schon bei seiner ersten, eingangs erzählten Auffahrt in den ›Turm‹ beziehungsweise in das Dresdener Bürgerviertel ›Weißer Hirsch‹ schlägt Christian ein Buch mit dem Titel »Alte deutsche Dichtung« (DT, 18) auf, und gleich nach seiner Ankunft, auf dem Fußweg zum Haus seiner Familie, beschwört sein Onkel, der Lektor Meno Rhode, mit einer kurzen Rezitation die »uralte Sprache und Wortmagie« (DT, 27) des Hildebrandsliedes. Hier, in dieser Sphäre, die von Beginn an als eine Sphäre der Dichtung, dann aber auch der Musik und der Gelehrsamkeit beschrieben wird, erkennt Christian, ähnlich wie Peter in Hahns Roman, seine Heimat: »Ja. Hier sind wir. Hier bist du zu Haus« (DT, 30).

Dieser kleine und in sich abgeschlossene Kosmos steht in einem mindestens zweifachen Abgrenzungsverhältnis. Dies gilt weniger in Bezug auf das im ›Unten‹ angesiedelte Kleinbürgertum, das dem Typus des Bildungsbürgers an einer Stelle gar in Form einer differenzierten Merkmalstabelle gegenübergestellt wird (vgl. DT, 681). Vielmehr will sich die Bücherwelt im ›Weißen Hirsch‹ von der politischen Nomenklatura abgrenzen, der »rote[n] Aristokratie« (DT, 421) und der staatstreuen Schriftstellergilde, die sich zwar ebenso im ›Oben‹ aufhalten, dies aber in einem eigenen Viertel namens »Ostrom«, das vom Raum der ›Türmer‹ nicht bloß topographisch, sondern zudem durch eine manifeste Grenze mit rigoroser Einlasskontrolle getrennt ist (vgl. DT, 104 f.). Vor den Anfechtungen der hier ansässigen Staatselite verschanzt sich die Geisteselite in ihrem Turm – ein Rückzug in den apolitischen und weitgehend unverfänglichen Bereich der intellektuellen und künstlerischen Vergeistigung.

Vergleicht man Hahns und Tellkamps Erzählwelten also hinsichtlich ihrer raumsemantischen Struktur, so stellt sich heraus, dass in beiden Fällen eine elitäre und exklusive Sphäre der Bildung und Kultur gezeichnet wird. Dabei wird diese entweder einem als geistlos bewerteten Gesellschaftsraum kontrastiert

---

in der Gegenwart. Sozialstrukturen – Medien-Ökonomien – Autorpositionen. Hrsg. von Heribert Tommek/Klaus-Michael Bogdal. Heidelberg: Synchron 2012, S. 303–327, hier: S. 319.

11 Auf die literaturgeschichtlichen Referenzen des Turm-Motivs weist Tellkamp an unterschiedlichen Stellen selbst hin. Vgl. hier etwa Braun, Michael: Gespräch mit Uwe Tellkamp. In: Sinn und Form 4/2009, S. 505–512, hier: S. 507.

(Hahn) oder aber einem politisch repressiven System, das seinerseits an einen konkreten Raum zurückgebunden wird (Tellkamp).[12]

Doch überschneiden sich die Romane nicht nur oberflächlich in ihrer raumsemantischen Grobstruktur, sondern zielen auf dieser Grundlage und in Verbindung mit der erzählten Entwicklung ihrer Zentralfiguren auf die Beantwortung der Frage, ob und wie ein Leben in diesen Sphären der Persönlichkeitsentwicklung des Einzelnen dienlich sein kann, ja grundlegender noch: ob ›Bildung und Kultur‹ als Grundlage einer verbindlichen Lebensform taugen. Diesem Aspekt widmen sich die beiden Romane allerdings mit eher kritischem oder zumindest doch betont nüchternem Blick.

II.   Bildung

Schon von den ersten Seiten an lässt Hahn keinen Zweifel daran, dass der Bildungsweg des ›Jünglings‹ Peter, der im Zentrum ihres Romans steht, von vornherein zum Scheitern verurteilt ist. Die Erzählung beginnt schließlich schon damit, dass Emil von seinem Balkon aus beobachtet, wie Peter als erwachsener, um die vierzig Jahre alter Mann in sein Elternhaus am Schwarzen Berg zurückkehrt – und zwar schon äußerlich so verwahrlost, ja *kaputt*, dass ihn Emil zunächst kaum wiedererkennt. Emils im Zuge dieser Betrachtung einsetzende Erinnerung an den kindlichen, den ganz unbeschwerten kleinen Peter, »wenn er sich mit knochigem Schwung an ihn preßte, um schließlich hochgehoben zu werden – kaum 25 Kilo, die gerippte Zartheit der Cordhosenbeine, das sehnige Zappeln, der leuchtendgelbe Kaugummigeruch« (SB, 7 f.), wirft gleich zu Beginn des Romans die Frage nach dem ›Wie‹ und ›Warum‹ eines offenkundig katastrophal gescheiterten Bildungs- und Lebensweges auf.

Emil und Veronika Bub, das kinderlose Nachbarsehepaar, werden nach dem Einzug der Arztfamilie Rau mit ihrem damals neunjährigen Sohn ins Nebenhaus schon bald zu Peters »zweiten Eltern« (SB, 18) – und dies zu allererst in geistiger Hinsicht. Dabei entspricht insbesondere die Verbindung Emils und Peters einer Bildungsbeziehung im emphatischen Sinne, die auf einem besonderen Initia-

---

12 Interessanterweise entspricht Tellkamps erster Roman »Der Eisvogel« (2005), der in der Gegenwart angesiedelt ist und dem somit der politisch-historische Zeithintergrund des »Turm« fehlt, in seiner Verhandlung von ›Bildung‹ und ›Kultur‹ viel mehr dem kulturkritischen Modell Hahns, wozu er seinerseits in raumsemantischer Hinsicht den modernen ›Moloch‹ der Großstadt Berlin mit einem kleinen, an der Havel gelegenen bildungsbürgerlichen Refugium in kontrastierende Beziehung setzt (vgl. dazu ebenfalls raumsemantischer Differenzierung Sina, Kai: Das Haus an der Havel gegen den Schmutz der Moderne. Kulturkritik bei Uwe Tellkamp. In: Kulturen der Kritik. Mediale Gegenwartsbeschreibungen zwischen Pop und Protest. Hrsg. von Ole Petras und Kai Sina. Dresden: Thelem 2011, S. 33–50).

tionsmoment beruht: Eines Nachmittags liest Emil Peter aus einer legendenhaften Mörike-Biografie vor, die Peter sogleich in höchste Erregung versetzt – »die Augen weiteten sich, die Zungenspitze fuhr ein paar Mal über die trockenen Lippen« (SB, 48) –, und Emil ist in dieser Situation schnell klar: »Jetzt hab ich dich« (SB, 46). Infolge dieses für Peter einschneidenden ersten Bildungserlebnisses begleitet er Emil auf dessen »Mörike-Expeditionen« (SB, 54) durch die Stuttgarter Antiquariate, und Emil trägt seinem jungen Schüler »Uhlands und Schillers Balladen ebenso wie den ganzen Mörike« vor (SB, 21).

Dabei wird die Beziehung zwischen Schüler und Lehrer immer wieder mit dem aus der griechischen Antike überlieferten und von Stefan George in die literarische Moderne übertragenen Topos des ›pädagogischen Eros‹ in Verbindung gesetzt, einschließlich der damit verbundenen körperlichen Anziehung zwischen Lehrer und Schüler: »Er staunte darüber, wie schön er ihn fand«, stellt Emil in Betrachtung des erwachsenen Peter einmal fest, »die breiten Schultern, die stämmigen Beine und das schmale, immer leicht verwundert dreinblickende Gesicht mit den weit geöffneten grünblauen Augen« (SB, 22). Peter schildert seinerseits eine geradezu romantische Szenerie, wenn er Emil berichtet:

> »›Gestern hab ich an dich gedacht, als ich in der U-Bahn saß. Über mir hing ein Ausschnitt aus einem Mörike-Gedicht. ›Am schwarzen Berg, da steht der Riese.‹ Ich weiß noch genau, wie du es mir zum ersten Mal aufgesagt hast, abends, unter dem Mirabellenbaum. [...] Du hast die Arme ausgebreitet und dagestanden wie ein Zauberer.‹«

Auf den regelrecht amourös anmutenden Unterton dieser Schilderung seines Schülers reagiert der charismatische Lehrer in entsprechender Weise: »Emil lächelte verlegen« (SB, 21).

Wichtigster inhaltlicher Bezugspunkt dieses Bildungsprogramms ist – angezeigt vor allem durch die laufenden Verweise auf Mörike und andere einschlägige Autoren – die deutsche Romantik. In welcher Weise dies für die Entwicklung Peters gilt und welche Folgen dies für sein gesamtes weiteres Leben nach sich zieht, zeigt sich in einem Streitgespräch, an das sich seine getrennt lebende Ehefrau Mia erinnert: Auf ihren Vorwurf hin, sich den gemeinsamen zwei Söhnen ausschließlich hinsichtlich ihrer geistigen Erziehung zuzuwenden (und damit Emils Bildungsidee in der eigenen Familie fortzusetzen), dagegen aber nichts für deren finanzielles Aus- und Weiterkommen zu tun, wirft Peter seiner Frau an den Kopf »›Du findest immer nur Dinge wichtig. Dinge zu haben. Das spielt für die Jungs keine Rolle. Und für mich auch nicht‹« (SB, 209).

Unter der Hand wird mit diesem Satz der berühmte erste Paragraph aus den »Blütenstaub«-Fragmenten (1798) des Novalis aufgerufen: »Wir *suchen* überall das Unbedingte, und *finden* immer nur Dinge.«[13] Das »Wir«, von dem Novalis in seinem Fragment spricht, das wären für Peter er selbst und seine Kinder, mit denen er auf den Protestfeldern von ›Stuttgart 21‹ in waldromantischer Verteidigung der Bäume »etwas Sakrales« erfährt (SB, 84) und die er mit Wilhelm Hauffs Märchen in die Erzählwelten der romantischen Dichtung einführt (vgl. SB, 212). Mia hingegen steht für Peter, mit Novalis gesprochen, für die »Dinge«, das Handgreifliche, Aufgeklärte und Lebenspragmatische, das der irrationalen Suche nach einem diffusen »Unbedingte[n]« als unlösbarer Widerspruch gegenübersteht.

Peter und seine Söhne, Ivo und Jörn, sind ›Taugenichtse‹, und zwar im engsten, romantischen Wortsinne, stets auf der Suche nach der »Dinge heilge[n] Zahl«, nach dem »Tiefsten[n]«, das in Mörikes Gedicht als Ziel allen Strebens genannt wird.[14] Hierzu passt es, dass sich Peter noch als erwachsener Mann und Familienvater ›immer nach Hause‹ wünscht – in die Geisteswelt am Schwarzen Berg nämlich, die ihm ausdrücklich als ein »Sehnsuchtsort[][«] (SB, 187) erscheint, wie Mia im Laufe der Handlung erkennen muss. An der Tatsache, dass der Moment der Heimkehr keine Erfüllung bringt, sondern, im Gegenteil, den Endpunkt eines ganz konkreten menschlichen Niedergangs darstellt, bricht sich das romantische Pathos allerdings von Beginn an: Diese verlorene ›Seele‹ vermag nicht mehr zu fliegen – nein, sie kriecht nach Haus.[15]

Ähnlich wie Hahn stellt auch Tellkamp in seinem Roman das Leben in einer abgeschlossenen Sphäre der Bildung und Kultur als weltabgewandt, genauer: als ein Verkriechen ins Gestern und ins Innere dar, das in seiner Achtlosigkeit gegenüber den Erscheinungen der zerfallenden späten DDR[16] durchaus kritisch

---

13 Novalis Werke. Hrsg. und kommentiert von Gerhard Schulz. Studienausgabe. Zweite, neubearbeitete Ausgabe. München: C. H. Beck 1981, S. 323 [Hervorhebungen im Original].

14 Mörike, Eduard: Werke und Briefe. Teil 1, 1: Gedichte. Ausgabe von 1867. Text. Hrsg. von Hans-Henrik Krummacher. Stuttgart: Klett-Cotta 2003, S. 213 ff., hier: S. 215, V. 66 und V. 63.

15 Aber damit endet die Geschichte noch nicht; der Schluss des Romans ist ebenso schwer erklärlich wie unheimlich: Bei einem gemeinsamen abendlichen Gartenfest der biologischen und der geistigen Eltern Peters wird der Sohn zunächst durch eine Rasur von seinem ungepflegten Bart befreit. Man wolle ihn wieder »anständig herrichten« (SB, 229), so Emil, und das bedeutet hier konkret: ihn in einen Zustand kindlicher Unschuld zurückversetzen, den er nach der Rasur, »hager, nackt und verletzlich« (SB, 232), zumindest äußerlich auch erreicht. Bei der Rasur rezitiert Emil die Schlussverse aus Mörikes Gedicht »Der junge Dichter« (ohne den Titel dabei zu nennen): »Daß ich in dem Flug der Zeit Deine kleinen Hände halte« (ebd.). Kurz darauf wird sich Peter ins Haus zurückziehen und an einem Gürtel seiner Mutter erhängen (SB, 237).

16 Vgl. zum hier nicht weiter berücksichtigten Kontext der Wende-Thematik Max, Katrin: Deutsch-deutsche Traditionspflege. Überlegungen zu Uwe Tellkamps Roman »Der Turm«. In: Poetische Welt(en). Hrsg. von Martin Blawid und Katrin Henzel. Leipzig: Leipziger Universitätsverlag 2011, S. 211–223 sowie Terence J. Reed: ›In that dawn …‹: Revisting the *Wende*. In: Oxford German Studies 38 (2009), H. 3, S. 254–264, darin zum »Turm« S. 262 ff.

betrachtet wird. So etwa in den Notizen von Christians Onkel Meno, denen, auf das Textganze gesehen, eine wichtige reflektierende und kommentierende Funktion zukommt (was schon durch die durchgängige Kursivierung angezeigt wird):

> *»Ein Türmer: die von der Vergangenheit wie von einem Gelobten Land sprachen, sich mit ihren Insignien, heraldischen Erkennungszeichen, ihren Karten und Fotografien umgaben; was war sie ihnen? Ein Sternbild von Namen, eine Milchstraße von Erinnerungen, ein Planetensystem heiliger Schriften, und die heiligste davon, die Sonne, hieß DAS ALTE DRESDEN. [...] Der gelbe Nebel zog durch die Zimmer, laugte an den Häusern, machte den Dresdner Sandstein porös, überkrustete die Dächer, fraß an den Schornsteinen, ließ die Kittfassungen der Fenster brüchig werden, aber die Türmer hörten Tannhäuser in sieben verschiedenen Aufnahmen und verglichen sie miteinander, um sich über die ›beste, die höchste, die schönste, die Standard-Aufnahme‹ zu streiten; sie maßen das zerstörte Kurländer Palais nach, in Gedanken und auf dem Papier, während ihre Wohnungen mürbe wurden und das Holz der Dachstühle zundrig [...]«* (DT, 363 ff., Hervorhebung im Original).

Doch trotz der recht deutlichen, auf einer übergeordneten Textebene angelegten Kritik an den Bewohnern des Turms mit ihrem kunst- und bildungsbeflissenen Vergangenheitskult wird in Tellkamps Roman keine echte Alternative zu dieser Lebensweise erwogen: Worin sollte das Heraustreten der ›Türmer‹ aus der Zurückgezogenheit in einem totalitären System denn auch bestehen? Ein Leben mit der Kunst – und zwar mit einer hochkanonischen, deutschen,[17] nicht ideologisch kontaminierten Kunst[18] – erscheint im »Turm« schlichtweg als die einzig denkbare Möglichkeit, sich den Zumutungen und Anfechtungen des Regimes so weit wie eben möglich zu entziehen und sich somit ein Mindestmaß an Privatheit und Autonomie zu bewahren. Mit großer Emphase, mit kunst- oder ersatzreligiösen Sinnstiftungsversprechen gar, kommt dieses Bildungsmodell also nicht daher, im Gegenteil: Dass sich Christian Hoffmann bei der Lektüre von Goethes »Wahlverwandtschaften« »tödlich langweil[t]«, wie betont wird, und seine zähe Lektüre nur deshalb vorantreibt, um gegenüber seinen Mitschülern

---

17 Zur nationalen Imprägnierung der Literaturgeschichte und des Bildungsmodells im »Turm« vgl. Kindt, Tom: Die Vermessung der Deutschen. Zur Reflexion deutscher Identität in der Gegenwartsliteratur am Beispiel von Romanen Georg Kleins, Daniel Kehlmanns und Uwe Tellkamps. In: Zeitschrift für Germanistik N.F. XXII, 2012, H. 1, S. 362–373, hier: S. 370 ff.

18 Diese Differenzierung wird an unterschiedlichen Stellen des Romans sehr deutlich hervorgehoben, besonders prägnant etwa, wenn ein Vertreter der »Papierrepublik« (DT, 627) in einer Rede Bertolt Brechts »Lied vom Klassenfeind« zitiert, das in seiner politischen Explizitheit das Gegenstück zu den von den Türmern bevorzugten Werken des bildungsbürgerlichen Kanons darstellt: »Und was immer ich auch noch lerne / Das bleibt mein Einmaleins: / Nichts habe ich jemals gemeinsam / Mit der Sache des Klassenfeinds / Das Wort wird nicht gefunden / Das uns beide jemals vereint: / Der Regen fließt von oben nach unten / Und du bist mein Klassenfeind« (DT, 632).

keinen Zweifel »über sein Niveau« aufkommen lassen zu wollen (DT, 112), dass
er verbissen versucht, an freien Tagen bis zu 500 Seiten »Weltliteratur« und mehr
in sich hineinzufressen, um ihren Inhalt gleich darauf wieder zu vergessen (DT,
153 ff.) – diese von Tellkamp ausgestellte Oberflächlichkeit der von den Türmern
praktizierten Bildungskultur tut ihrem Stellenwert als einer verbindlichen Lebensform offenkundig keinen Abbruch.[19]

Ganz im Sinne dieses wenig pathetischen Credos sieht Tellkamp in seinem
Roman auch keine Verfeinerung des Einzelnen im Sinne eines womöglich gar
Humboldtschen Bildungsideals vor, wie sich besonders deutlich an Richard
Hoffmann sehen lässt, dem Vater Christians, der über Jahre hinweg nicht nur
eine Liebesbeziehung mit der Krankenschwester Josta unterhält, sondern mehr
noch ein Doppelleben führt – als Familienvater mit einem Sohn Jostas sowie
einer gemeinsamen Tochter.[20] Hinter die spätestens durch den Nationalsozialismus vollumfänglich widerlegte Vorstellung, dass Bücherlesen und Hausmusik
den Menschen vor moralischem Fehlverhalten bewahren könnten, geht Tellkamp also nicht zurück. Dies zeigt sich auch deutlich an der Charakterisierung
von Richards Sohn Christian, der sich während seiner Zeit bei der Nationalen
Volksarmee von seinen bürgerlichen Verhaltensnormen mehr und mehr entfremdet – und irgendwann sogar erkennt, »daß es ein Spaß sein konnte, wenn
jemand verprügelt wurde; Gott, wie absurd rollten die Augen, verzogen sich die
Fressen, wie quäkend und ferkelmäßig grunzend klang das Gejammer, zum
Prusten war das Gestolper bei schlechtem Licht ... Macht« (DT, 649).

Selbst Christians affektives, aggressives Agitieren gegen den »Scheißstaat«
(DT, 805) infolge eines hochriskanten nächtlichen Panzermanövers, bei dem der
Fahrer des Gefährts tödlich verunglückt, scheint weniger einem durch ›Bildung
und Kultur‹ anerzogenen ›edlen‹ Moralgefühl entsprungen zu sein (an anderen
Stellen des Romans wird Christian gar als Opportunist des politischen Systems
gezeichnet),[21] sondern vielmehr aus akutem Stress zu resultieren. Dass Christian
noch im Panzer, also kurz bevor er mit körperlicher Aggressivität auf seinen

---

19 Der kritische, ja bisweilen satirisch-bissige Blick auf die Lebens- und Bildungswelt der
   ›Türmer‹ scheint m. E. nicht hinreichend berücksichtigt, wenn Tellkamp einseitig das »Pathos einer ›deutschen Tiefe und Einheit‹« (Tommek, Zur Entwicklung nobilitierte Autor-
   position. 2012, S. 323) unterstellt wird.

20 Man mag Richard allenfalls zugutehalten, dass ihm die Verlogenheit seines Verhaltens bewusst ist: »Was ist aus mir geworden ...! Ein Lump und Betrüger [...], gefangen in einem
   Netz aus Falschheit, Schwindeleien, Boshaftigkeit ...« (DT, 175).

21 Deutlich wird dies etwa, wenn eine Mitschülerin über Christian und einige andere Mitglieder
   in der FDJ-Leitung der gemeinsamen Schule feststellt: »›Das wichtigste für euch ist das
   Studium, die Karriere, und dafür geht man auch in die FDJ-Leitung! Freilich nicht als
   Sekretär oder Agitator, also worauf's ankommt ...Wärt ihr denn auch dabei, wenn es dafür
   keine Pluspunkte gäbe?‹« (DT, 199) Selbst wenn es sich hierbei um die Ansicht einer linientreuen Schülerin handelt, scheint ihre Entlarvung in der Sache doch vollkommen treffend.

Kompaniechef losgehen wird, panikabwehrende Verse aus Goethes »Chinesisch-deutschen Jahres- und Tageszeiten« in den Kopf kommen – »Weiß wie Lilien, reine Kerzen, / Sternen gleich, bescheidner Beugung, / Leuchtet aus dem Mittelherzen / Rot gesäumte, die Glut der Neigung« (DT, 777) –, untermauert auf fast schon satirische Weise, dass selbst die Verinnerlichung höchster Dichtung vor Gewalt und Hass nicht schützt.

Damit zeigt sich, dass sowohl Tellkamp als auch Hahn in ihren Romanen die Frage nach ›Bildung und Kultur‹ als einer Lebensform zwar explizit verhandeln, dies aber gleichermaßen im Modus der Kritik. Die Akzentuierungen sind dabei freilich ganz andere: In Hahns Roman bricht sich die romantische Suche nach dem ›Unbedingten‹, auf die Emil seinen Schüler Peter mit ihren Romantiker- und insbesondere mit ihren Mörike-Lektüren schickt, an den ›Dingen‹ des konkreten Alltagslebens, und dies mit einer Schärfe, die schließlich zur vollkommenen Lebensunfähigkeit des Kind gebliebenen ›Taugenichts‹ führt. Von einer solch tiefgreifenden Bedeutung der Kunst für die Identitätsbildung des Einzelnen geht Tellkamp weniger aus. Die Kunst erscheint in seinem Roman vielmehr als Grundkonstituente eines Sozialisationsmusters, das dem Einzelnen zwar Schutz vor repressiven politischen Zuständen und eine gewisse Unabhängigkeit in einem totalitären System gewährt, das Wesen des Menschen in moralischer Hinsicht aber nicht verbessert, ja ihn nicht einmal davor bewahrt, zu lügen, zu verraten, zu schlagen.

Nun meinen Tellkamp und Hahn mit ›Kunst‹ zwar nicht allein, aber doch in erster Linie die Literatur, der für die Bildungskonzepte in beiden Romanen eine entscheidende Bedeutung zukommt. Dies legt abschließend nahe, die beiden Werke hinsichtlich ihrer impliziten Poetologien zu befragen, die jeweils ins Verhältnis zu den romanintern entwickelten Literaturauffassungen zu setzen sind: Welche Position beziehen die beiden Romane *als* Literatur gegenüber den Konzepten *von* Literatur, die sie auf der Narrationsebene entfalten, und den ihnen zugewiesenen Funktionen im Kontext von ›Bildung und Kultur‹?

III. Poetologie

»Der Turm« weist sich nicht nur durch seine strukturelle Bezugnahme auf das Erzählmodell des »Zauberberg« (s. oben) als ein später Vertreter des klassisch-modernen Zeit- und Bildungsromans aus. Daneben deuten die zahlreichen in den Handlungsverlauf eingewobenen Romantitel immer wieder auf einen implizit poetologischen Gehalt hin. Dies gilt etwa in Form einer einfachen Homologie für Stefan Zweigs Erinnerungsbuch »Die Welt von gestern« (1942), dessen Lektüre für Christian eine Art literarisches Initiationsereignis darstellt (vgl. DT, 152 f.) und genau wie Tellkamps eigener Roman eine zum Erzählzeit-

punkt bereits im Schlund der Geschichte untergegangene Welt in scharf um-
rissenen Bildern nachzeichnet. Dies gilt aber auch für die von Christian geliebten
»Blauwale[]«, die »großen epischen Romane« ab einem Umfang von 500 Seiten
also, namentlich die Werke Tolstois, Dostojewskis, Thomas Manns, Musils und
Doderers, die eine ganze »Welt« in sich bergen, wie es im Bereich der kürzeren
Prosa allenfalls den Geschichten Tschechows gelinge (DT, 155). Es liegt nahe,
auch diese Passagen im poetologischen Sinne zu lesen; offenkundig geht es dem
»Turm« um eine Fortschreibung der in ihm selbst explizit aufgerufenen Ro-
mantradition des 19. und 20. Jahrhunderts, was sich bereits auf der Ebene der
schieren Materialität zeigt: 973 Seiten umfasst Tellkamps eigener »Blauwal« in
der Erstausgabe, womit er dem für Christian wesentlichsten Merkmal »wirkliche
[r] Romane« (DT, 154) in fast übererfüllender Weise entspricht – einem rie-
senhaften Umfang, den es notwendigerweise brauche, um ›Welthaltigkeit‹ zu
erzeugen. In dieser analogen Struktur zeichnet sich somit das Anliegen einer
Übertragung ab: Was die großen Romane der Weltliteratur für die Figuren *im*
Roman sind, das soll Tellkamps Werk für die Leser *des* Romans sein – mit seinem
Autor als dem Thomas Mann des 21. Jahrhunderts. Oder noch etwas genauer:
Die herausgehobene Stellung, die den großen Romanen *im* Roman zugewiesen
wird, transponiert Tellkamp auf die Ebene *des* Romans, der somit selbst als
Leitmedium im Kontext eines nüchtern-reflektierten Bildungs- und Kultur-
konzepts verstanden werden soll.

   Dass dieses poetologische Anliegen Tellkamps tatsächlich – auch ohne den im
Roman immer schon implizierten politischen Hintergrund – aufzugehen
scheint, bestätigt ausgerechnet der hochnervöse Rainald Goetz in einer seiner
Zeitmitschriften, und zwar mit Befremden und Begeisterung zugleich:

> »Dauernd dachte ich beim Lesen, endlich lese ich mal einen Roman von Thomas Mann,
> endlich kann es ich aushalten, endlich gelingt es mir, durch den Sprachmüll hindurch
> zum Bild zu kommen und mich für den Sagaquatsch auch noch zu interessieren,
> endlich, und dabei lag ich unendliche Stunden im Bett, lesend, stundenlang, tagelang
> nur lesend, verstehe ich diese Schinkenfaszination, Blauwale heißen die Dinger bei
> Tellkamp, Blauwale habe er selbst immer lesen wollen, und jetzt den schönsten Ge-
> genwartsblauwal selber phantastischerweise geschrieben.«[22]

Ein so – durchaus auch provozierend – selbstbewusster poetologischer Anspruch wie bei Tellkamp findet sich in Hahns Roman mitnichten. Im Rahmen
seiner Konzeption von Bildung und Kultur erweist sich »Am schwarzen Berg«
vielmehr als eine ebenso komplexe wie kritische Auseinandersetzung mit der

---

22 Goetz, Rainald: loslabern. Bericht Herbst 2008. Frankfurt/Main: Suhrkamp 2009, S. 112 f.
    Die Metapher vom ›Blauwal‹ wurde im übrigen auch von der Literaturkritik aufgegriffen und
    fortgeschrieben; vgl. Nentwich, Andreas: Ein Blauwal von einem Roman <http://www.ci-
    cero.de/salon/ein-blauwal-von-einem-roman/43418> (letzter Zugriff: 02.03.2012).

deutschen Romantik, die der Roman über Mörike und sein Gedicht mit den titelgebenden Anfangsversen aufruft. Auf der Narrationsebene verhält es sich hiermit, wie bereits beschrieben: Das Gedicht, das Peter von Emil von Kindesbeinen an vorgetragen bekommt und bis in sein Erwachsenenleben begleitet, sorgt gleichsam für eine ›romantische Infektion‹ des Jungen, die er zeitlebens nicht mehr loswird, mehr noch: die ihn der Welt entfremdet und schließlich in den Selbstmord treibt.

Bei genauerer Betrachtung ist diese romaninterne Auseinandersetzung mit der romantischen Tradition aber ebenfalls im poetologischen Sinne entzifferbar. Der Literatur wird bei Hahn, zunächst ganz allgemein, ein lebensformierendes und persönlichkeitsbildendes Potenzial zugewiesen, das im besonderen Fall der romantischen Literatur auf längere Sicht aber zerstörerisch wirkt – gleichsam einer Droge, die das Bewusstsein entgrenzt und das Leben des Entgrenzten zerstört. Indem Hahn dieses gefährliche Wirkungspotenzial der romantischen Dichtung an ihrem gebrochenen, psychisch wie physisch versehrten Protagonisten schonungslos offenlegt (eine »Studie über Scham und Enthemmung« erkennt Patrick Bahners in diesem Buch),[23] eignet ihrem Roman ein subtiler aufklärerischer Gestus, der sich seinerseits – auf freilich unausgesprochene Weise – Thomas Manns Auseinandersetzung mit »Romantik und Aufklärung, Tod und Tugend«[24] im »Zauberberg« annähert: »Der Mensch soll um der Güte und Liebe willen dem Tode keine Herrschaft einräumen über seine Gedanken.«[25] In der impliziten Gegenüberstellung einer romantischen, todesmetaphysisch aufgeladenen Literatur und einer aufklärerischen, dem Leben und dem Licht zugewandten Dichtung bezieht Hahns Roman somit recht eindeutig Stellung.

Das heißt, Tellkamps Versuch einer Fortschreibung des großen, epischen Romanerzählens, den Kritiker als Aktualisierung einer »authorative narration«[26] und Wiederbelebung einer »restaurative[n] Moderne«[27] bewertet haben, steht bei Hahn die kritische Vivisektion der deutschen romantischen Dichtungstradition gegenüber. Darin lassen sich »Der Turm« und »Am schwarzen Berg« zwar tatsächlich gleichermaßen als Wiederannäherungen an das jahr-

23 Bahners, Patrick: Was übel anfängt, geht auch böse aus. In: Frankfurter Allgemeine Zeitung, 07.03.2012.

24 Mann, Thomas: Briefe II, 1914–1923. Ausgewählt und hrsg. von Thomas Sprecher, Hans R. Vaget und Cornelia Bernini. Frankfurt/Main: S. Fischer 2003, S. 293 ff., hier: S. 294 (Brief Thomas Manns an Josef Ponten vom 6. Juni 1919).

25 Mann, Thomas: Der Zauberberg. Roman. Hrsg. und textkritisch durchgesehen von Michael Neumann. Frankfurt/Main: S. Fischer 2002, S. 748.

26 Breger, Claudia: On a twenty-first-century quest for authoritative narration. The drama of voice in Uwe Tellkamp's »Der Turm«. In: The Germanic Review 86 (2011), H. 3, S. 185–200.

27 Geisenhanslüke, Achim: Nach Dresden. Trauma und Erinnerung im Diskurs der Gegenwart. Durs Grünbein – Marcel Beyer – Uwe Tellkamp. In: Tommek/Bogdal, Transformationen des literarischen Feldes der Gegenwart, S. 285–301, hier: S. 298.

zehntelang verschmähte, scheinbar ein für alle Mal aufgegebene Deutungsmuster ›Bildung und Kultur‹ verstehen. Der poetologische Modus aber, in dem
sich diese literarische Wiederannäherung vollzieht, könnte unterschiedlicher
nicht sein.[28]

---

28 Ob es sich bei Tellkamps Zugriff auf das Deutungsmuster um eine spezifisch ostdeutsche
   Unbefangenheit handelt, da sich in der DDR ›Bildung und Kultur‹ zumindest in Nischen
   erhalten konnte, wie sie Tellkamp in seinem Roman eben schildert, ließe sich freilich nur auf
   der Grundlage eines sehr viel breiteren Textkorpus angemessen bearbeiten.

Michael Haase (Heidelberg)

Erzählen in der breiten Gegenwart –
drei exemplarische Lektüren aus dem Jahre 2009

I.

2009 bescherten alle großen Verlage dem deutschen Buchmarkt die übliche Flut an Gedenkschriften. Der zwanzigste Jahrestag des Mauerfalls war für viele Autoren ein willkommener Anlass, noch einmal das Ende von Sozialismus und deutscher Teilung nachzuzeichnen. Bereits zuvor hatten Werke das Jahr 1989 als dramaturgischen Fixpunkt wie ein stetig wachsender Schwarm umkreist – vor allem auf dem Feld der Literatur. Während Ingo Schulzes »Neue Leben« (2005) und Uwe Tellkamps »Der Turm« (2008) die Jahre bis zur ›Wende‹ und Wiedervereinigung aus ostdeutscher Perspektive beschrieben, lieferten Sven Regeners »Herr Lehmann« (2001) und Michael Kleebergs »Karlmann« (2007) einen westdeutschen Blick auf diese Zeit. Auffällig ist nur, dass unsere neue Gegenwart weitaus weniger Aufmerksamkeit fand – und findet. Gewiss gibt es Romane, deren Handlung nach 1989 oder in einem nicht näher bestimmten Hier und Jetzt spielt. Aber Texte, die mit diagnostischem Gespür die Folgen der vielbeschworenen Zeitenwende in der heutigen Gesellschaft ergründen, sind weitaus seltener. Ein Blick auf die Shortlist des Deutschen Buchpreises 2012 bestätigt diesen Eindruck. Drei Romane führen den Leser in die Zeit weit vor dem Mauerfall (Ursula Krechels »Landgericht«, Wolfgang Herrndorfs »Sand«) oder enden mit ihm (Ulf Erdmann Zieglers »Nichts Weißes«), zwei Texte sind in einer surreal anmutenden Gegenwart angesiedelt (Clemens J. Setz' »Indigo«, Ernst Augustins »Robinsons blaues Haus«). Und Stephan Thomes Roman »Fliehkräfte« über einen Bonner Professor in der verspäteten Midlife-Crisis vermittelt in seinen gegenwartsbezogenen Schilderungen das Bild einer konservierten westdeutschen Teilrepublik. Kurz gesagt: Während ein Gang in die Tiefe der Zeit für die schreibende Zunft unverminderte Anziehungskraft besitzt, bleibt die heutige Welt mit ihren nicht gerade krisen- und ereignisarmen Geschehen eher unberücksichtigt.

Die Gegenargumente, die man auf eine solche These formulieren kann, stellen sich ein wie unbedingte Reflexe. Die Literatur sei naturgemäß ein Medium der

Erinnerung, sie vertrete keinen Anspruch auf Aktualität. Zudem erweise sich unsere digitalisierte und technikfixierte Gegenwart augenblicklich als geschichtsvergessener denn je. Deshalb komme den Schriftstellern geradezu die Pflicht zu, Vergangenheit erzählend heraufzubeschwören. Gegen diese Ansichten ist nichts einzuwenden, jedoch erweckt die Vielzahl an Publikationen mit historischen Sujets den Eindruck, dass gegenüber Stoffen aus der Gegenwart eine gewisse Scheu besteht. So stellt sich zwangsläufig die Frage, welche Ursachen diese Scheu haben könnte. Wieso fällt es so vielen Autoren sichtlich schwer, parallel zur Zeit zu schreiben? Ist die heutige Zeit eine andere als die vergangener Dekaden?

Der Romanist Hans Ulrich Gumbrecht behauptet genau dies und spricht von einem Wandel der Zeitstrukturen, den er in seiner 2010 erschienenen Schrift »Unsere breite Gegenwart« zu beschreiben sucht. Laut Gumbrecht bestimmt bis 1989 der »Chronotop des ›historischen Denkens‹« unseren Umgang mit Zeit. Er hatte sich um 1800 im kollektiven Bewusstsein etabliert, war ab den 1970er Jahren durch Lyotard »zum ersten Mal explizit«[1] in Zweifel gezogen worden, bevor 1989 seine offizielle Beerdigung erfolgte. Ihm gemäß gilt Zeit als »absolutes Agens der Veränderung«. Der Mensch glaubt, »auf einem linearen Weg durch die Zeithorizonte« wandelnd, »beständig Vergangenheit hinter sich zu lassen«. Gegenwart ist in dieser Vorstellung nur eine »›kurze Zeit des Übergangs‹«, in der dem Menschen als Subjekt die Handlungsgewalt zukommt, aus den sich bietenden Optionen für die Zukunft die bestmögliche auszuwählen. Denn die Zukunft ist gestaltbar, ein »offener Horizont von Möglichkeiten«.[2] Gerade die behauptete Verfügungsgewalt über Zukunft, von der letztlich alle Utopien zehren, lässt für Gumbrecht den historischen Chronotop heute als fragwürdig erscheinen. In Bezug auf die Gestaltungsmöglichkeiten von Zukunft hat seiner Ansicht nach ein radikaler Denkwandel stattgefunden. Die Prognostiker sind von ihren prometheischen Prognosen abgerückt und entwickeln allenfalls Szenarios, in denen das »Morgen« als Bedrohung (Klimawandel, Finanzkrise) erscheint. Dagegen hat die Revolution der Kommunikationstechnologien in den zurückliegenden zwei Dekaden der Vergangenheit oder besser gesagt: den Vergangenheiten in einem Maße zur Präsenz verholfen, dass die Gegenwart davon ›überschwemmt‹ wird. Jeder Text, jedes Bild, jede Musik ist überall, jederzeit und sofort verfügbar.[3] So stehen wir derzeit vor dem »Horizont einer verschlossenen Zukunft«, der das Handeln beträchtlich einschränkt, da dieses »ohne Projektion eines Handlungsziels in die Zukunft nicht auskom-

---

1 Gumbrecht, Hans Ulrich: Nach 1945. Latenz als Ursprung von Gegenwart. Berlin: Suhrkamp 2012, S. 286.
2 Gumbrecht, Hans Ulrich: Unsere breite Gegenwart. Berlin: Suhrkamp 2010, S. 15.
3 Vgl. ebd., S. 16.

men«[4] kann. Und zugleich befinden wir uns in einer Gegenwart, die von der Vergangenheit mit Angeboten überwältigt wird, aber diese nicht als Handlungsoptionen für eine zu gestaltende Zukunft verstehen kann. Das Ergebnis ist eine Gegenwart als ständig »sich verbreiternde Dimension der Simultanitäten«.[5]

Es hängt vom persönlichen Temperament ab, in welchem Tonfall man diese Diagnose präsentiert. Gumbrecht selbst äußert sich ambivalent, wenn er »die Fusion von Bewusstsein und Software« als Potenzierung des cartesianischen Subjekts beschreibt und eine »Stimmlage der Kulturkritik«[6] wählt, sie aber als Konsequenz eines altersbedingten Abwehrreflexes entschuldigt. Da der neue Chronotop es dem Intellektuellen unmöglich macht, in der alten Doppelrolle des Apokalyptikers und Erlösers aufzutreten, ist Gumbrechts Thesen der »normative Anspruch«[7] per se versagt. Auf jeden Fall können sie aber als Interpretationsfolie für jene literarischen Werke dienen, welche dem heutigen Geschehen nicht ausweichen. Im Folgenden möchte ich drei erzählerische Texte vorstellen, die allesamt im vergangenheitsfixierten Gedenkjahr 2009 erschienen sind, aber unsere Gegenwart und deren neue Konfiguration von Zeit zeigen.

II.

Als 1989 die Mauer fällt, kann es für Darius Kopp, den Helden in Terézia Moras Roman »Der einzige Mann auf dem Kontinent«, keine bessere Ausgangsposition geben. Gerade hat er in der siechen DDR noch ein Informatikstudium abgeschlossen und ist nun optimal gerüstet für den Einstieg in eine verheißungsvolle Zukunft. Im Alter von 24 Jahren bricht er frohgemut auf in die virtuellen Paradiese der IT-Branche,[8] während sich an ihm auf märchenhafte Weise ein Paradox vollzieht, um das ihn der faszinierte Leser anfangs nicht wenig beneidet. Obwohl er mit seinem von der »Wende« stimulierten unersättlichen »Appetit« (EMK, 9) bald ein Körpergewicht von »106 Kilo« (EMK, 7) erreicht, wird seine berufliche Existenz immer schwereloser. Vom offenbar unerschütterlichen »Glück« (EMK, 24) getragen, fühlt er sich im rasant wuchernden Geflecht der New-Economy-Firmen so sicher wie in Abrahams Schoß. Auch wenn das Platzen der ersten Börsen-Blase im Jahre 2001 ihn für kurze Zeit ins große Heer der Arbeitslosen einreiht, kehrt mit einem neuen Job bald die alte Leichtigkeit zu-

---

4 Ebd., S. 17.
5 Ebd., S. 16.
6 Ebd., S. 13.
7 Ebd., S. 18.
8 Vgl. Mora, Terézia: Der einzige Mann auf dem Kontinent. München: btb 2011, S. 8. [Alle folgenden, mit der Sigle »EMK« versehenen Seitenangaben im Fließtext beziehen sich auf diese Ausgabe.]

rück, ganz nach der bewährten Maxime: »Essen, Trinken, Internet. Das mich nährt, informiert, amüsiert und mir dabei nur so weit zu Leibe rückt, wie es Zahlen und Bilder eben können« (EMK, 294). Er verkauft »Komponenten für drahtlose Datenkommunikation« (EMK, 77), die durch ihre Sicherheit bestechen (EMK, 79), ist als Vertreter der amerikanischen Firma »Fidelis Wireless« und »einziger Mann auf dem Kontinent« zuständig für die Regionen »D/A/CH« und Osteuropa (EMK, 23). Der Name von Darius' Arbeitgeber ist gleichsam Programm. ›Fidel‹ heißt »treu, zuverlässig«, aber auch »lustig, vergnügt«.[9] Das weltweit agierende Netzwerk von Fidelis scheint aufgrund seiner zukunftsträchtigen Produkte ein sicherer Arbeitsplatz und erlaubt seinen Mitarbeitern zudem ein hohes Maß an Selbstständigkeit. Mit einem bloß virtuellen Chef im Nacken lässt sich vergnügt leben.

Darius' »Glücksfähigkeit« (EMK, 89) beschert ihm auch seine ungarische Gattin Flora. Den abwesenden Vater schmerzlich vermissend und die Nervenschwäche ihrer Mutter erbend, wuchs sie in Ungarn seit dem zwölften Lebensjahr in Heimen auf und erlebte den im Westen vielgepriesenen Gulasch-Kommunismus als Schule des Lebenspessimismus (EMK, 58 f.). Trotzdem hält sie nicht – wie ihr späterer Ehemann – »den Kapitalismus für das einzig funktionierende Wirtschaftssystem« (EMK, 57). Ihre Berliner Erfahrungen als Übersetzerin in einer Filmfirma gemahnten eher an überwunden geglaubte Ausbeutungspraktiken des 19. Jahrhunderts, und das rüde Sozialverhalten in ihrer Wahlmetropole beschädigte ihre Psyche und Physis gleichermaßen (EMK, 60 – 69). Als sie Darius kennenlernt, scheint seine »positive Art« (EMK, 89) für sie ein Hoffnungsschimmer, während sie mit ihrer Sensibilität für »Leiden in jeglicher Form« (EMK, 68) ihm als irdische Verankerung dient und sein völliges Abheben von der Realität verhindert.

Diese Verankerung ist auch dringend notwendig, denn erwartungsgemäß ist das Märchen vom fidelen IT-Experten ein Produkt großer Verdrängungsenergie. Wie sich schrittweise herausstellt, hat Fidelis seit Bestehen des nunmehr zweijährigen Arbeitsverhältnisses nie die Arbeitgeberanteile der Kranken-, Renten- und Arbeitslosenversicherung gezahlt, wodurch sich eine Schuld von 40.000 € angehäuft hat. Darius kommt die Höhe der Summe erst zu Bewusstsein, als er für den einzigen Großauftrag der letzten Zeit, ein WLAN-Netz in Armenien, eine Abschlagszahlung in der gleichen Höhe erhält. Das in einem Pappkarton verstaute Bargeld, gleich am Anfang in seinem Büro landend, versinnbildlicht den Einbruch der Wirklichkeit ins virtuelle Spiel. Infolge des bestehenden Geldwä-

---

9 Pfeifer, Wolfgang (Hrsg.): Etymologisches Wörterbuch des Deutschen. A-L. Berlin: Akademie-Verlag 1993, S. 341.

schegesetzes bleibt es etwas hartnäckig »Fassbares«[10], das sich nicht mühelos ins Nicht-Fassbare transferieren lässt, vielmehr zu schmerzhaften Revisionen zwingt, bevor es ihm am Ende – nach der Kündigung – als »Abfindung« (EMK, 373) die persönlichen Unkosten ausgleicht. Die Scheine in ihrer bedrängenden Präsenz machen klar, wie ›zerfasert‹ (EMK, 219) Darius' Existenz bereits ist, wie ihn die »Leichtigkeit« (EMK, 131) des »Nichtstuns« (EMK, 125) »zunehmend betrübt und besorgt« (EMK, 154). Seine Tage bestehen nur noch aus ziellosem Internetsurfen im zwölf Quadratmeter großen und bis auf einen schmalen Raum völlig zugemüllten Büro, immer ausschweifenderen Sauf- und Fressgelagen sowie erfolglosen Versuchen, neue Kunden zu gewinnen. Am Ende leidet er unter wachsendem Kontakt- und Orientierungsverlust (EMK, 307, 314), empfindet plötzlich »Einsamkeit« (EMK, 316) und wird wie ein kafkaesker Held von quälenden Spekulationen heimgesucht (EMK, 308). Das leichte Leben erweist sich als so ermüdend[11], dass Kopp – ursprünglich wie ein fröhlicher Nachfahre von Oblomow auftretend – den vorhersehbaren Jobverlust regelrecht herbeisehnt: »Hauptsache, es geschieht endlich irgendwas. Alles ist besser als dieses Nichts« (EMK, 317).

Schärfer kann das Gefühl eines Stillstands, eines immerwährenden Heute ohne Morgen, kaum resümiert werden. Obwohl Darius es hasst, »*zurück*zugehen« (EMK, 115), er mit Blick auf seine DDR-Sozialisation das »alte Ich« (EMK, 309) fürchtet wie einen unlöslichen Klebstoff, beschleicht ihn in einem Traum die Ahnung, dass diese verdrängten Jahre in seiner Erinnerung präsenter sind als die darauffolgende »Zwischenzeit« (EMK, 195). War er im Laufe seiner IT-Karriere nicht einem ähnlichen Zukunftsglauben aufgesessen wie die vor der Geschichte blamierten Sozialisten? Befindet sich der Kapitalismus, an dessen Funktionsfähigkeit Darius nicht zu zweifeln wagte, ebenfalls im Zustand einer finalen »Stagnation«[12]? Terézia Mora lässt ihre Geschichte im September 2008 spielen, als der Zusammenbruch von Lehmann-Sachs der Welt einen finanziellen Infarkt bescherte. Wenn es vom Ex-DDR-Bürger Kopp im Text heißt, »[e]r überließ sich ganz und gar der Gegenwart« (EMK, 139), erscheint er mit seinem Vertrauen ins Hier und Jetzt als ausgesprochen naiv. Doch geht es Mora keineswegs um eine satirische Entlarvung ihres Helden. Die Erzählperspektive des Romans umfasst vom auktorialen über den personalen Erzähler bis hin zum inneren Monolog der Figuren alle möglichen Spielarten. Moras Helden sind keine Marionetten, sondern eigenmächtige Personen, über welche die Autorin nur begrenzte Verfügungsgewalt besitzt (vgl. EMK, 126). So entziehen sich

---

10 Mora, Terézia: »Ich bin kein theoretischer Mensch.« Gespräch mit Anja Hirsch und Ulrich Rüdenauer. In: Frankfurter Rundschau vom 23.09.2009.
11 Vgl. EMK, 185, 215, 252, 300, 303, 319.
12 Vgl. Gumbrecht, Nach 1945. 2010. S. 317.

Darius und Flora jeder externen Thesengewalt, und der am Ende frisch gefeuerte und geläuterte Held verfällt nicht in einen postmodernen Nihilismus, sondern gesteht seiner vor ihm aufs Land geflohenen Frau: »Du bist die Liebe meines Lebens« (EMK, 379). Auch wenn die Idylle – wie bei Tschechow – fragiler nicht sein könnte, zeigt sie doch auch, dass Lebens- und Weltlauf nicht zwingend konvergieren müssen.

III.

Von der fehlenden Notwendigkeit einer solchen Konvergenz zeugt auch Helmut Kraussers Roman »Einsamkeit und Sex und Mitleid«. Der Titel ist in seiner Variation der Anfangszeilen von Deutschlands Nationalhymne eine respektlose Bestandsaufnahme nationaler Befindlichkeiten in der Gegenwart. Dass der Sex die Mitte des Begriffstriptychons bildet, macht deutlich, wo Krausser die Herzkammer seiner Landsleute vermutet. Es sind nicht mehr hochfliegende politische Ideale, die als identitätsstiftend gelten. Auch ist das offizielle »Wir« dem privaten »Ich« gewichen, wie die flankierenden Begriffe andeuten. Statt im pränationalen leben wir nun im postnationalen Zeitalter. Und Berlin, zentraler Schauplatz des dramaturgisch perfekt arrangierten Episodenreigens, dient nicht mehr einem säbelrasselnden Chauvinismus als Exerzierplatz, sondern liefert die Spielwiese für Paarungsversuche geschlechtsreifer Großstädter. Wer Kraussers Werk kennt, weiß von vornherein, dass dieser Autor durchaus auf seine Umwelt kulturkritisch zu blicken vermag, aber ohne melancholische Stimmlage. Er zeigt die breite Gegenwart als Komödie, in der typenhafte Charaktere einen Pluralismus der Stile, Moden und Lebensanschauungen vorführen – in weitgehend friedlicher Koexistenz. Die Vergangenheit steht als Fundus zur Verfügung, wie im Falle von Lateinlehrer Ekki die römische Geschichte. Und die Zukunft fürchten sie zwar, aber nicht wegen gesellschaftlicher Horrorszenarios, sondern in Bezug auf ihr eigenes Alter. Denn das Hier und Jetzt ist so reich an Offerten und Angeboten, dass die faustische Wette mit Mephisto entschieden scheint. Es gibt kein erstrebenswertes Morgen mehr, vielmehr lädt jeder Augenblick zum Verweilen ein, weshalb allein die begrenzte Dauer des je eigenen Lebens, besser gesagt: die begrenzte Dauer, in der dieses Dasein schön sein kann, Ängste weckt.

Ausgeschlossen von diesem Zustand ist in Kraussers Roman keiner aus sozial-ökonomischen Gründen. Auch wenn das Geld in allen Geschichten eine bestimmende Rolle spielt, ist es eine notwendige, aber keine hinreichende Bedingung für den erfüllten Augenblick. Punk Holger ist völlig mittellos, verfügt über keinen festen Wohnsitz und lebt von Gelegenheitsdiebstählen. Doch seine zügellose Freude am Dasein, sein anarchisches Vergnügen, jeder Lebenslage den nötigen Spaß abzutrotzen, machen ihn unwiderstehlich für seine geliebte Sibylle und »unangreifbar«[13] für seine Umwelt. Im Kontrast dazu steht Julia König. Die »fast vierzig« (ESM, 24) Jahre alte Unternehmensberaterin verfügt über einen »wundervollen Körper« (ESM, 110), hat einen einträglichen Job und ein unerschütterliches Ego. Nur ist ihr ganzes Tun und Lassen ein steter Akt der Selbstkonditionierung. Soziale Beziehungen unterzieht Julia ausnahmslos einem strikten Kosten-Nutzen-Kalkül (EMS, 25). Keine Minute ihrer Zeit darf sinnlos verschwendet werden (EMS, 150) und kein reichhaltiges Essen bleibt ohne körperliche Kompensation (EMS, 111). Selbst beim Sex mit Callboy Vincent achtet Julia strikt darauf, dass ihr beim Vergnügen nie die Regie entgleitet. Dennoch wird ihr der ersehnte Höhepunkt versagt: Vincent ejakuliert nicht in ihren Mund, er verweigert den Beweis seiner Lust und damit die Beglaubigung ihrer Attraktivität. Wie im Schneewittchen-Märchen versagt der Prinz der bösen Königin die Genugtuung, weil er der halb so jungen Obdachlosen Vivien, die ebenfalls ihren Körper verkauft, auf seine Weise Treue geschworen hat.

Ist Krausser ein versteckter Moralist? Geht es um weltanschauliche und religiöse Maßregeln, die aller Lust mit der Keule des schlechten Gewissens begegnen, gewinnt die Darstellung des Autors nahezu satirische Qualität. Nur stellt er dabei seine Figuren nie bloß, weil gerade die Offenbarung ihrer Lächerlichkeit ihnen menschliche Züge verleiht. Wenn der Leser erfährt, dass Julia Königs protestantischer Eifer in Beruf und Körperertüchtigung nur dazu dient, sich auch »mit fünfzig« noch »ganzkörperrasierte Granaten im Bett« (EMS, 150) leisten zu können, erhalten ihre Ängste vor dem Altern (EMS, 151) und dem damit verbundenen Ansehensverlust fast tragische Züge. Wenn Johnny, ein aus der Provinz stammender Jugendlicher, die Signale seiner sehr weltlichen Freundin übersieht, weil er ständig damit beschäftigt ist, seine Erregungszustände mit den Normen der religiösen Sekte seines Vaters zu vereinbaren, quittiert man die Nöte des im unlösbaren Zwiespalt Befangenen weniger mit Gelächter als mit der Hoffnung auf baldige Erlösung. Und wenn Mahmud durch sein Begehren nach Swentja zwischen die Fronten von »Allah« auf der einen Seite und dem »hedonistischen Wahnsinn« (EMS, 82) der ersten Liebe auf der anderen Seite gerät, begleitet man seinen Schritt vom Pfad der Religion (EMS, 181) mit der Zuversicht, dass er seine emotionalen Spannungszustände in Zukunft anders als durch verbale und körperliche Gewalt (vgl. EMS, 176–78) ausleben wird.

Das Ethos von Kraussers Roman ist kein anderes als das vom schönen Leben. Man fühlt sich an Foucaults Ethik der Ästhetik der Existenz erinnert. Gegen die apokalyptischen Botschaften von Finanzkrise, Klimakollaps, Überbevölkerung und schwindenden Rohstoffen stellen die Geschichten die Einsicht, dass die Möglichkeiten, das eigene Leben zu genießen, noch nie so vielfältig gewesen

---

13 Krausser, Helmut: Einsamkeit und Sex und Mitleid. Köln 2009, S. 182. [Sigle: »ESM«.]

sind. Mit dem Ende der Diktaturen im Jahre 1989 verschwanden auch im Osten Deutschlands Kollektivzwänge und die Stallwärme der Notgemeinschaften. Wer die daraus erwachsende Einsamkeit als gesellschaftlichen Kältepol nur negativ wertet, übersieht, dass sie eine notwendige Voraussetzung ist, frei von Kontrolle und Überwachung die eigenen Bedürfnisse und Sehnsüchte zu ergründen. Und hierbei hat, wie der gewachsene Stellenwert der Sexualität beweist, der Körper Vorrang vor dem Geist. Das Ich muss sich bei seiner Selbsterforschung nicht mehr auf Religionen und Ideologien berufen, sondern kann unverstellt die eigene »obskure, unheimliche Sehnsucht« (EMS, 196) entdecken und sich ihr angstfrei stellen. Es geht nicht um Wahrheitsfindung, um eine Offenlegung der Eigentlichkeit des Selbst, sondern um Selbstsorge und den optimalen Gebrauch der Lüste.

Erfahrungsgemäß braucht es hierzu »Helfer« (EMS, 196), die den Bedürfnissen des Anderen mitfühlend gegenüberstehen. Daher muss man sich Mitleid bei Krausser frei von religiösen Konnotationen vorstellen. Denn die Empathie setzt wiederum Einsamkeit voraus, da nur derjenige der Schamlosigkeit der Anderen frei begegnen kann, wer schamlos die eigenen Begierden erforscht hat. Im Roman sind es die Callboys und Prostituierten, welche als eine Art weltliche Heilsarmee diese Tugend-Trias bereits verwirklicht haben. Als gesellschaftliche Avantgarde ebnen sie die Wege der Freiheit. Indem Vincent Julias Freundin Sarah beim Selbstbefriedigen mit einem Gotcha-Gewehr einen Genickschuss verpasst (EMS 214 f.), erlöst er sie mit einem »Riesenorgasmus« von ihren Ängsten und Zwängen, genauso wie er und Vivien dem durch die Sektenregeln des Vaters indoktrinierten Johnny den Weg »ins Freie« (EMS, 165) weisen.

Die anrührendste Episode ist zweifelsohne die Liebesgeschichte zwischen dem frühpensionierten Lateinlehrer Ekki und der vor Jahrzehnten aus den USA eingewanderten farbigen Thekendame Minnie. Bei beiden handelt es sich – mitleidlos betrachtet – um gescheiterte Existenzen. Ekki ist eine versetzungsgefährdete Schülerin zum Verhängnis geworden, die ihn der sexuellen Belästigung bezichtigt und so vorzeitig aus dem Schuldienst gedrängt hat. Minnie lebt fern von ihrer Heimat und Familie und ist die meiste Zeit von einer schlecht rasierten und kaum zahlungskräftigen Klientel umgeben, der Kundschaft ihrer Kneipe, die den treffenden Namen *Nachtmar* trägt. Beide sind einsam, schwach bei Kasse und äußerlich so unattraktiv, dass sie vor ihrer Bekanntschaft die Hoffnung, dass ein anderer ihre Bedürfnisse ›erkennt‹, bereits aufgegeben haben. Ihr zögerndes Zusammenfinden demonstriert, dass körperliche Bedürfnisse sich nicht zwangsläufig in einem Orgasmus erschöpfen müssen, denn so würden alte Zwänge nur durch neue ersetzt. Vielmehr geht es um eine Sozialkultur der Schamlosigkeit, die auch die Freiheit einschließt, »keinen hochkriegen« (EMS, 128) zu müssen. Für deutsche Verhältnisse zeigt sich diese Unbefangenheit freilich auch in der bemerkenswerten Tatsache, dass ein Berliner Lateinlehrer und eine farbige Kneipenwirtin aus den Südstaaten zwanglos ein Liebespaar werden. Mit Blick auf die Geschichte ist hier schon ein gerüttelt Maß an Befangenheit verloren gegangen.

Ekki erzählt Minnie zur Unterhaltung immer vom römischen Reich, jedoch sind seine Geschichten auch belehrend, insofern sie diese historische Epoche als »ein Sinnbild für Macht und Verfall« zeigen und demonstrieren, wie ein Aufstieg »in Kraft und Größe« schließlich »endet in Hybris« (EMS, 21). Natürlich drängt sich die Analogie zur Gegenwart geradezu auf, da auch in der Gegenwart unserer Zivilisation die Gefahr der Hybris besteht. Auffallend ist die Kinderlosigkeit der Gesellschaft, die Krausser noch hervorhebt, wenn das einzige Kleinkind des ganzen Buches von einem alten Mann entführt wird, der als Prophet Jesaja ständig seiner Umwelt mit Untergangsszenarien droht. Die Entführung bleibt folgenlos, genauso unauffällig wie das Kind verschwunden ist, taucht es irgendwann wieder auf. Es hängt vom Leser ab, ob er die Aktion als Tat eines Verrückten abtut oder als Menetekel versteht. Aus der Sicht Gumbrechts wären beide Lesarten falsch, weil sie in jedem Fall auf den alten Chronotop des historischen Denkens bezogen blieben – ob negativ oder positiv. Im Lichte des neuen Chronotops wäre die Stimme des Propheten eine von vielen im breiten Chor der Gegenwart und läge damit genau auf der Grenze zwischen Ernst und Unernst, die Kraussers Roman als Ganzes kennzeichnet.

IV.

Als Lyriker verfügt Lutz Seiler naturgemäß über ein sicheres Gespür für das Konkrete *und* Gleichnishafte. Aber die Metapher, mit der er die Titelgeschichte seines 2009 erschienenen Erzählungsbandes überschrieben hat, besitzt besondere Qualitäten. »Die Zeitwaage« verschränkt wörtliche und übertragene Bedeutung so überzeugend, dass man sich keine bessere Bezeichnung für die 1989/ 90 vollzogene Epochenzäsur, wo »alles auf Anfang und Ende [stand]«[14], vorstellen kann. Deshalb ist die Geschichte, obwohl sie auf den ersten Eindruck im breiten Strom der Gedenkliteratur mit zu schwimmen scheint, kein Werk rückwärtsgewandter Prophetie. Vielmehr beschreibt sie mit poetischer Präzision den entscheidenden Moment der Gewicht- bzw. Akzentverlagerung innerhalb unserer Zeitvorstellung.

Den Wortsinn des Titels erfährt der Leser gleich zu Beginn der Geschichte, als der Ich-Erzähler beim Uhrmacher eine Armbanduhr vorlegt. An ihr soll durch eine Zeitwaage, einen Vibrographen geprüft werden, ob der Gang des Uhrwerks

---

14 Seiler, Lutz: Die Zeitwaage. Erzählungen. Frankfurt/Main: Suhrkamp 2009, S. 264. [Sigle: ZW.]

Unregelmäßigkeiten aufweist. Dabei werden dessen Schläge durch ein Mikrophon aufgenommen und mit der einschlägigen Frequenz verglichen. Bereits hier
eröffnet sich der Bedeutungsspielraum der Worte, da mit Blick auf die historische Umbruchssituation, in der die Handlung spielt, sich automatisch die Frage
stellt, welche Frequenz in diesen Tagen noch verbindlich ist. Heiner Müller hat
im Wendejahr behauptet, dass mit der Berliner Mauer auch eine Zeitmauer
gefallen sei und nun zwei ganz unterschiedliche Entwicklungsgeschwindigkeiten
aufeinanderprallen.[15] Ist der aus dem Osten stammende *Greizer Vibrograph*
dann noch ein akzeptabler Maßstab? Oder ist der nun gültige Taktschlag ein
anderer?

Diese Fragen mögen einleuchten, sind aber inspiriert vom Deutungshorizont
des historischen Chronotops, der mit seiner Ausgerichtetheit auf ein ge-
schichtliches Telos stets die schon erwähnte Verschränkung von Lebens-und
Weltzeit mitdenkt. Auch Seilers Erzähler folgt diesem Denk- und Vorstellungs-
muster, wenn er den Handrücken auf den Verkaufstisch legt, die Schlaufe »über
dem Puls« löst und den »Arm gestreckt wie zur Blutabnahme« (ZW, 261) hält.
Tempus und Bios erscheinen kurzgeschlossen, der Rhythmus der historischen
Zeit gilt für den Besitzer der Armbanduhr noch als Maßstab. Dabei gibt Wa-
linski, der Besitzer des Geschäfts, schon einen sanften Wink, wenn er im Gespräch mit seinem Kunden das von Elias Canetti entlehnte »Geheimherz« der
Uhr ins Spiel bringt. Canetti bezeichnet mit dieser Metapher den unergründli-
chen Taktschlag des eigenen Daseins,[16] während sie im vorliegenden Kontext
genau die mit dem Mauerfall vollzogene Entkopplung von Geschichte und individueller Biographie bezeichnet. Oder wie es in Durs Grünbein lyrischem
Telegramm zum Mauerfall in einer Zeile heißt: »Langsam kommen die Uhren
auf Touren, jede geht anders.«[17] Welche Probleme für Seilers Erzähler mit diesem
Wandel verbunden sind, erzählt seine Geschichte. Indem er berichtet, wie er in
den Besitz dieser Uhr gelangt ist, erzählt er den persönlichen Werdegang als
einen auf den zeitlichen Umbruchsmoment verdichteten Entwicklungsroman.

1990[18] kommt er nach Berlin, um Abstand von einer gerade beendeten Liebesbeziehung zu gewinnen. Seine Freunde besorgen ihm eine Anstellung in der
neu entstandenen Nachwendegastronomie, so dass er bald als Kellner auf der

---

15 Vgl. Müller, Heiner: Eine Tragödie der Dummheit. Ein Gespräch mit René Assmann für
    »Freitag«, 16.11.1990. In: Ders.: Gesammelte Irrtümer. Texte und Gespräche. Bd. 3.
    Frankfurt/Main 1994, S. 109.
16 Canetti, Elias: Die Provinz des Menschen/ Das Geheimherz der Uhr. Aufzeichnungen 1942 –
    1985. Frankfurt/Main: Büchergilde Gutenberg, S. 464.
17 Grünbein, Durs: 12/11/89. In: ders.: Schädelbasislektion. Frankfurt/Main: Suhrkamp 1991,
    S. 61.
18 Da er im Juli 1990 rückblickend von seinen »ersten Monate[n] in Berlin« (ZW, 269) spricht,
    ist als Ankunftszeit das Frühjahr (März/April) zu veranschlagen.

Oranienburger Straße tätig ist, in einer jener zahllosen Kellerkneipen, deren
Namen anzeigen, dass nun etwas ans Licht drängt, was bislang im Verborgenen
lag. Seilers Erzähler arbeitet in der *Assel*, doch als ehemaligem Arbeiter, der am
Ende eines Germanistikstudiums steht und sich als Dichter versuchen möchte,
fehlt es ihm noch an Selbstbewusstsein. Noch kein Schmetterling, sondern erst
im »Stadium meiner Verpuppung« (ZW, 270) empfindet er sich als »Parasiten«
und »elende[n] Träumer« (ZW, 283). »[F]ast unsichtbar« (ZW, 268) verbringt er
die Tage im Souterrain seiner Kneipe und schaut dem Treiben auf der Straße zu.
Die Beobachtungen, die er hier und bei seiner Suche nach einer leerstehenden
Behausung macht, zeigen ein Berlin, dem zwischen Mauerfall und Wiedervereinigung eine Atempause vergönnt ist. Die wenigen Kneipengäste in der Oranienburger Straße und die vielen von Botschafts- und Ungarnflüchtlingen verlassenen Wohnungen im Stadtteil Mitte machen das Zentrum der Metropole zu
einem geräumigen und freien Ort.

Das Spannungsverhältnis von Arbeiter und Dichter, durch das sich der Erzähler mit Wolfgang Hilbig verwandt zeigt,[19] avanciert zum zentralen Thema bei
Seiler, als ein Elektriker, der mit Ausbesserungsarbeiten an der Straßenbahn-
oberleitung beschäftigt ist, zum Dauergast in der *Assel* wird. Schon der Auftritt
des Mannes mit Signalweste beflügelt die Vorstellungskraft des Erzählers. Denkt
er zunächst, einen »Penner« vor sich zu haben, verwandelt sich sein Gegenüber
gleich darauf in eine »riesige Adventsfigur«, die »über Wasser« (ZW, 271) zu
gehen imstande ist. Die religiös konnotierten Analogien, die offensichtlichen
Parallelen zu Jesus als Erlöser zeigen den Erzähler als einen Orientierungslosen,
der nach einem Halt sucht oder besser gesagt: sich nach der verlorenen
»Fraglosigkeit seines Daseins« (ZW, 275) sehnt. Er bewundert die »Gravität« des
Arbeiters, die Zugehörigkeit zu einer »heilige[n] Sphäre« (ZW, 273), der er in
seinem »Kokon«, welcher ihn als bloßen, weltabgewandten ›Spinner‹ ausweist,
nicht genügen kann. Dabei stammen die Attribute, die dem Arbeiter hier verliehen werden, alle aus der Hochzeit des historischen Chronotops, als der Insasse
der neu entstandenen Fabriken und Werke als Heros der Moderne figurierte, ein
Herkules an Muskelkraft und ein Frontkämpfer in seiner Gesinnung. Dass die
imaginierte und reale Gestalt wenig miteinander gemein haben und die Befangenheit gegenüber dem Elektriker den eigenen Projektionen geschuldet ist, zeigt
das sehr diesseitige Verhalten des neuen Dauergasts. Als er dem sein Tablett
mehr balancierenden als tragenden Kellner seine Ehrfurcht anmerkt (ZW, 274),
nutzt er die Situation sofort aus und bleibt stets die Zeche schuldig. Während er

---

19 Darauf verweist auch das vorangestellte Motto aus Hilbigs Erzählung »Die Angst vor Beet-
    hoven«. Zu Hilbigs Kampf zwischen Dichter und Arbeiter vgl. Haase, Michael: Eine Frage
    der Aufklärung. Literatur und Staatssicherheit in Romanen von Fritz Rudolf Fries, Günter
    Grass und Wolfgang Hilbig. Frankfurt/Main, Berlin u. a. 2001, S. 211 ff.

nach jedem kostenlosen Frühstück gemeinsam mit den Kollegen über den merkwürdigen Kellner lacht, denkt der über die »rein[en] und vollkommen[en] »Gesten« (ZW, 275) seines Idols nach.

Erst mit der Zeit gestattet die »Rekonstruktion der emotionalen Bestände« (ZW, 279) ein wenig Abstand, nimmt Seilers Erzähler an der Signalweste des Arbeiters eines Tages ein »makabres Leuchten« (ZW, 277) wahr. Und er bemerkt auch, dass sein Gast nunmehr zum Frühstück vermehrt Alkohol trinkt, also eine wachsende Nervosität zeigt, was im August 1990, der Zeit erster Entlassungen in der Ex-DDR, nicht weiter verwundert. Die Erzählung erreicht ihren Höhepunkt schließlich am 31. August 1990, als der Einigungsvertrag zwischen den beiden noch bestehenden Teilstaaten geschlossen wird. Immer hatte der Arbeiter beim Hinsetzen seine Uhr abgebunden und auf den Tisch gelegt, als entferne er »ein lebenswichtiges Organ für eine notwendige Zeit« (ZW, 275). Doch diesmal vergisst er sie wieder anzulegen und wird am selben Tag in seiner Hebebühne von einer losen Starkstromleitung regelrecht gegrillt. Offensichtlich hat der am Morgen konsumierte Schnaps die Sicherheit beim Arbeiten beeinträchtigt. Vom Schlag getroffen, verwandelt sich der fest zupackende Herkules in ein wimmerndes Kleinkind, dessen gedehnte »Auuuu-Auu-Auu«-Schreie (ZW, 282) die ohnmächtigen Beobachter der Szene fassungslos aufnehmen.

Was vom Arbeiter übrig bleibt, ist allein die Uhr. Jedoch erliegt der Erzähler nicht der Versuchung, sie symbolisch zu überfrachten. Fest steht allein, dass seine Projektionen sich als fragwürdig erwiesen haben und daher auch eine gegenteilige Deutung, die den Arbeiter als Auslaufmodell der Geschichte apostrophierte, ins Leere liefe. Das Geheimherz der Uhr bleibt unergründlich, so dass statt der Zukunft eine in die Gegenwart hineinragende Vergangenheit zu deuten ist. Wenn der Erzähler am Ende mit dem Finger die Einschusslöcher am Germanistischen Institut der Humboldt-Universität studiert, begegnet er der Einrichtung, an der er sein Studium abschließen wird, nicht mit der Eile des Diagnostikers, sondern der Geduld des kontemplativen Zeichenlesers. Es geht nicht mehr darum, die eigene Biographie in die Geschichte einzuschreiben, sondern einen subjektiven Deutungshorizont als Reserve des Eigensinns gegenüber den großen Zeitläuften zu entwickeln. Was Seilers Erzähler interessiert, ist allein der »Fortgang meiner Geschichte« (ZW, 285).

V.

In seinem letzten Buch »Nach 1945. Latenz als Ursprung von Gegenwart« beschreibt Gumbrecht die Zeit nach dem Zweiten Weltkrieg als langen Abschied vom historischen Chronotop. Nach den Katastrophen in der ersten Hälfte des 20. Jahrhunderts hätten die »glorreichen Zukunftsentwürfe« als »Versprechen auf kapitalistischen Fortschritt oder auf sozialistische Teleologie« beträchtlich an Anziehungskraft verloren.[20] Mit Koselleck[21] gesprochen: Der »Erfahrungsraum« in Gestalt gegenwärtiger Vergangenheit war für die Entwicklung im Nachkriegsdeutschland von starker Bedeutung, weil von ihm das Bestreben ausging, zukünftig Kriege und Vernichtungsfeldzüge unbedingt zu verhindern. Dem »Erwartungshorizont« kann hingegen keine ähnlich starke Wirkkraft attestiert werden, da der teleologische Glaube an die Machbarkeit von Geschichte, an eine Verfügungsgewalt über sie im Jahre 1945 nachhaltig erschüttert worden ist. Die 68er-Bewegung hat diese Einsicht der Kriegsteilnehmer in ›kleiner‹ Form noch einmal nacherleben dürfen. Während ihre rückhaltlose Auseinandersetzung mit der NS-Vergangenheit der westdeutschen Nachkriegsgesellschaft den Weg in die Demokratie erst möglich gemacht hat, hat sie sich mit ihren linken Zukunftshoffnungen weitgehend blamiert. Selbst als im Jahr 1968 der Einmarsch der Warschauer Pakt-Staaten in Prag alle sozialistischen Hoffnungen endgültig begrub, blieben die »Kopffüßler« der alten Hegelschen Dialektik treu und überhörten die Signale vom »Untergang der Titanic« (Hans Magnus Enzensberger). Erst mit Lyotard und den Denkern der Postmoderne begann eine neue Konfiguration von Zeit mit völlig gewandelten Maßstäben.

Die nach 1989 entstandene neue Literatur ist mit diesem neuen Chronotop vertraut. Dennoch zeigt die momentane Befangenheit gegenüber Themen der Gegenwart, dass deren Beschreibung eine große Herausforderung darstellt. Terézia Mora, Helmut Krausser und Lutz Seiler stellen sich ihr. Frei von den Drogen Nostalgie und Utopie beschreiben sie eine Gegenwart, deren Vielfalt nur der übersehen kann, welcher ohne die große Alternative nicht auszukommen vermag. Vor allem demonstriert die unterschiedliche Herkunft und Sozialisation der drei Autoren, dass die alten Ost-West-Schemata schon längst nicht mehr greifen. Die Migrantin, den West- und Ostdeutschen verbindet die Lust auf eine vorurteilsfreie Beschreibung des Hier und Jetzt, ein Brechtsches Einverstandensein, das zwingende Voraussetzung ist für neue Zugänge zur Wirklichkeit.

---

20 Gumbrecht, Hans-Ulrich: Nach 1945, S. 59.
21 Koselleck, Reinhart: ›Erfahrungsraum‹ und ›Erwartungshorizont‹ – zwei historische Kategorien. In: ders.: Vergangene Zukunft. Zur Semantik geschichtlicher Zeiten. Frankfurt/Main: Suhrkamp 1979, S. 349–375.

Ewa Hendryk (Szczecin)

Zu intertextuellen Aspekten in der deutschen Lyrik der neunziger Jahre

Die Lyrik der 1990er Jahre stellt ein thematisch und formal breit angelegtes Untersuchungsfeld dar. Ihre Vielfalt und das Auftreten verschiedener Dichtergenerationen kann man bereits aus dem Autorenverzeichnis in der Anthologie »Lyrik der neunziger Jahre«[1] von Theo Elm und in »Das verlorene Alphabet. Deutschsprachige Lyrik der neunziger Jahre«[2], herausgegeben von Michael Braun und Hans Thill, entnehmen. Neben den Lyrikern, deren poetische Strategien für die Lyrik etlicher vergangener Dekaden richtungweisend waren – z. B. Hans Magnus Enzensberger, Günter Kunert, Volker Braun, Friederike Mayröcker und Ulla Hahn – kommt eine jüngere Generation von Dichtern zu Wort, die in den 1990er Jahren erst debütiert haben oder emporgestiegen sind (Durs Grünbein, Thomas Kling, Marcel Beyer, Hans-Ulrich Treichel, Barbara Köhler und Raoul Schrott).

Die Wende des Jahres 1989 erbrachte der Lyrik zwar weder einen durchgreifenden Einschnitt noch ein Nullpunktbewusstsein, aber doch zunehmende Ausdifferenzierung der bestehenden Ausdrucksarten und Trends. Hermann Korte erklärt diesen Tatbestand damit, dass in den Nachwendejahren »leidenschaftlich nach einem großen, aktuellen deutschen Zeitroman (dem sogenannten Wenderoman) Ausschau gehalten [wurde], nicht jedoch nach epochemachender politischer Dichtung«[3]. Dies kann man keinesfalls als Marginalisierung des zeitgeschichtlichen Einschlags dieser Lyrik verstehen, auch wenn in ihr eine komplexe, von postmoderner Kultur geprägte Wirklichkeit ihren Niederschlag findet.

Dieser Beitrag soll sich daher poetischen Welten und Sprachgesten widmen, die sich aus dieser vielfältigen Realität speisen. Die Texte werden vor allem im Hinblick auf das intertextuelle Verfahren untersucht, die den Dichtern als

---

1 Lyrik der neunziger Jahre. Hrsg. von Theo Elm. Stuttgart: Reclam Verlag 2000.
2 Das verlorene Alphabet. Deutschsprachige Lyrik der 90er Jahre. Hrsg. von Michael Braun und Hans Thill. Heidelberg: Verlag Das Wunderhorn 1998.
3 Korte, Hermann: Deutschsprachige Lyrik seit 1945. Stuttgart/Weimar: J. B. Metzler, 2004, S. 247.

Strategien dienen, zeittypische Tendenzen aufzustellen. Sie sind thematisch und formal verschiedener Art und reichen von unveränderten Prätextausschnitten über leicht modifizierte Zitatmontagen bis zur tiefgreifenden Auseinandersetzung mit den Prätexten.

Eine Gruppe bilden Gedichte, in denen intertextuelle Bezugnahmen Anhaltspunkte dafür geben, mit den neuesten geschichtlichen Problemen abzurechnen. Volker Braun greift etwa in seinem Gedicht »Das Eigentum«, das 1990 (unter dem Titel »Nachruf«) veröffentlicht wurde und sowohl in Ost- als auch in Westdeutschland ein lang anhaltendes Echo auslöste, auf Georg Büchners »Hessischen Landboten« – ein Werk aus der Zeit des Vormärz – zurück. Das Gedicht setzt wie folgt ein:

> »Da bin ich noch: mein Land geht in den Westen.
> KRIEG DEN HÜTTEN FRIEDE DEN PALÄSTEN
> Ich selber habe ihm den Tritt versetzt.
> Es wirft sich weg und seine magre Zierde.«[4]

Büchners revolutionäres Motto »Friede den Hütten, Krieg den Palästen«, mit dem er sich eindeutig für das Volk einsetzte und gegen dessen Unterdrückung ankämpfte, erfährt in Brauns Gedicht eine ironische Umkehrung. Es bietet einen Ansatzpunkt zur Betonung eines aktuellen Problems – des mit dem Untergang der DDR einhergehenden Utopieverlustes. Die Hoffnung, im Westen einen Ersatz für die verlorene Utopie zu finden, erweist sich ebenfalls als utopisch, wie das Gegen-Motto »Krieg den Hütten, Friede den Palästen« verdeutlicht. Was das lyrische Ich besonders bedrückt, ist die Begierde, die den Menschen nach Westen drängt und somit das Wesentliche – den Gemeinschaftsgeist – zerstört. Diesen Kummer artikuliert Braun mit der das Gedicht abschließenden rhetorischen Frage: »Wann sag ich wieder *mein* und meine alle.« Das dieser Frage fehlende Fragezeichen deutet auf die zu erwartende Antwort hin – die wahre Ursache des Verdrusses.

Ein anderes wichtiges Sinnzentrum bildet der in der Gedichtüberschrift enthaltene Hinweis auf Friedrich Hölderlins Ode »Mein Eigentum«. Ähnlich wie Hölderlin meint Braun kein materielles, sondern vor allem ein ideelles Vermögen, und zwar das Zusammengehörigkeitsgefühl, die nationale Identität. Während aber bei Hölderlin sein Eigentum, das seine Poesie ausmache, die verlorene Harmonie zwischen Mensch, Natur und Gesellschaft wiederherzustellen vermag, sagt Braun: »Und unverständlich wird mein ganzer Text«. Die Skepsis, die diese Worte ausstrahlen, gilt auch für den Traum des Dichters von einem glücklicheren Zustand. Der Vers »Die Hoffnung lag im Weg wie eine Falle«

---

4 Braun, Volker: Eigentum. In: Luftfracht – Internationale Poesie 1940–1990. Hrsg. von Harald Hartung. Frankfurt/Main: Eichborn Verlag 1991, S. 337.

verweist auf die Gefährdung dieser Hoffnung wie auch auf den völligen Utopieverlust.

Ein ähnlicher intertextueller Verweis wird auch bei Thomas Rosenlöcher zur
Komponente seiner Auseinandersetzung mit der neuesten Geschichte, was in
seinem Gedicht »Benedikt verbrennt die Engel«, vor allem in der zweiten Strophe, deutlich wird:

> »Deutschland, Deutschland, Donnerwetter.
> ›Muß man auch im Westen sterben?‹
> ›Freilich. Aber vorher darf man
> Jahr für Jahr ins Ausland fahren
> und wird alt durch Vitamine.‹
> ›Wie alt?‹ – ›Über neunzig Jahre.‹«[5]

Der Anfangsvers des »Liedes der Deutschen« – »Deutschland, Deutschland über
alles« – wird zu der komischen Parole »Deutschland, Deutschland, Donnerwetter«, die den ursprünglichen pathetisch-feierlichen Ton in einen satirischen
umkehrt. Dieser Gestus wird in den im Gedicht vorgeführten Dialogen realisiert,
die zu einer heiteren Satire der Wendezeit-Vorstellungen von dem Schlaraffen-
land in Westdeutschland werden. Das bei »Donnerwetter« ausgelassene Aus-
rufezeichen lässt darauf schließen, dass dieses Wort nicht als Ausdruck des
Zorns oder Unwillens, sondern als ironische Anerkennung gebraucht wird.
Durch diesen Trick gelingt es dem Dichter, auf humoristische Art und Weise mit
den Illusionen der DDR-Bürger abzurechnen.

Sehr interessant fällt auch die intertextuelle Auseinandersetzung mit den
Vorbildern der Literatur der Moderne aus, die mit der Thematisierung aktueller
Probleme einhergeht. Ein Musterbeispiel dafür ist Marcel Beyers Gedicht
»Verklirrter Herbst«, der auf Georg Trakls berühmtes Gedicht »Verklärter
Herbst« verweist[6]. In Trakls formschönem und klangvollem Gedicht wird der
Herbst, der vor allem Gedanken an Vergänglichkeit und Untergang evoziert, der
Überschrift entsprechend, im ruhigen und behaglichen Gestus verklärt. Auch
wenn in dem Gedicht der für Trakl, den Dichter des Verfalls, typische melan-
cholische Ton unterschwellig mitschwingt – vor allem im letzten Vers »Das geht

---

5 Rosenlöcher, Thomas: Die Dresdner Kunstausübung: Gedichte. Frankfurt/Main: Suhrkamp
   1996, S. 39.
6 Zum Vergleich werden die ersten Strophen der beiden Gedichte angeführt: 1.) Trakl, Georg:
   Verklärter Herbst. In: Ders.: Dichtungen und Briefe: Historisch-kritische Ausgabe. Hrsg. von
   Walther Killy und Hans Szklenar. Salzburg: Otto Müller 1969. Bd. 1, S. 37: »Gewaltig endet so
   das Jahr / Mit goldnem Wein und Frucht der Gärten. / Rund schweigen Wälder wunderbar /
   Und sind des Einsamen Gefährten.« 2.) Beyer, Marcel: Verklirrter Herbst. In: Lyrik der
   neunziger Jahre. 2000, S. 91: »Der Funker: ›Ver-.‹ Gewaltig endet so der Tag. / ›Aufklären.‹ Sie
   hängen in den Leitungsmasten. / ›Bild an Bildchen. Melden.‹ Die Drähte brummen / son-
   derbar. ›Hier Herbst.‹ Hier Einbruch. ›Hier / Verklirrtes.‹ Die Toten, statisch aufgeladen.«

in Ruh und Schweigen unter« – strahlt es Euphorie und Begeisterung über die Naturbilder aus, denen vor allem in den Versen »Rund schweigen Wälder wunderbar«, »Wie schön sich Bild an Bildchen reiht« Ausdruck verliehen wird. Beyers Gedicht stellt einen Gegenpart zu dieser wundervollen Heraufbeschwörung dar. Das Attribut »verklärt« in der Überschrift wird zu »verklirrt«, das eine poetische Konstruktion des Verbs »klirren« ist. Es steht im Zusammenhang mit dem Hauptthema des Gedichts – den Mechanismen der Funktechnik als einer der Grundlagen des Krieges.[7] In dieser Hinsicht lässt sich »Verklirrter Herbst« besser mit »Grodek« vergleichen, obwohl Beyer keinen Verweis auf diesen Text gibt. Mit der für den Funk typischen Technik des Sampelns übernimmt er Textstellen aus »Verklärter Herbst« und formt sie zu schauerlichen Bildern des Leidens und Schreckens um. Dem Traklschen ersten Vers »Gewaltig endet so das Jahr« fügt er das Präfix »ver« bei und verändert dadurch den Sprachduktus und die Aussage des Bezugsgedichts von Trakl total. Mit der entstandenen Verbindung »›Ver-‹ Gewaltig« gehen die Informationen einher, die der Funker in der ersten Strophe übermittelt: »Hier Einbruch«, »Die Toten, statisch aufgeladen«. Die Ankündigung dieser Bilder erfolgt mittels der Traklschen Textstelle »Bild an Bilchen«, sie ist hier aber ironisch gemeint. Der Landmann in Trakls Gedicht sagt dasselbe wie der Landser in »Verklirrter Herbst«: »es ist gut«. Dieser spielt aber damit auf die elende Wirklichkeit des Krieges an: »48 Stunden in diesem Loch«, »Blickangst«, »Die Viehwaggons / auf Nebengleisen«. Auch das Wort »Wurstflecken« in der zweiten Strophe steht nicht für das bekannte Gericht Wurstfleckerl, sondern für die Folgen des Krieges (Blutflecken). In der letzten Strophe häufen sich die Informationsbrocken noch mehr. Die ironisch gemeinte Frage »›Aber selbstverständlich, du willst es eiskalt, Junge?‹« unterstreicht die Unausweichlichkeit der Schreckenserfahrung. Den vorletzten Vers des Trakl-Gedichts »Wie schön sich Bild an Bildchen reiht« formt Beyer in den sarkastischen »Leich an Leiche / reiht sich« um und konkretisiert somit alle bisher bruchstückhaft angegebenen Funkberichte. Demzufolge wird die Sprache, den vermittelten Inhalten entsprechend, noch holpriger: »›Ausrasiert.‹ ›Flackern.‹ ›Hinterköpfe.‹« Dieses Verfahren bewirkt die besondere Eindringlichkeit des Textes.

   Eine über die bloße Zitatfunktion hinausgehende intertextuelle Transformation unternimmt Beyer in seinem Gedicht »Nur zwei Koffer«[8], das an die

---

7 Vgl. Geisenhanslüke, Achim: Altes Medium – Neue Medien: Zur Lyrik der neunziger Jahre. In: Deutschsprachige Gegenwartsliteratur seit 1989: Zwischenbilanzen – Analysen – Vermittlungsperspektiven. Hrsg. von Clemens Kammler und Torsten Pflugmacher. Heidelberg: Synchron Wissenschaftsverlag der Autoren 2004, S. 37 – 49, hier: S. 45.

8 Beyer, Marcel: Nur zwei Koffer. In: Ders.: Falsches Futter. Gedichte. Frankfurt/Main: Suhrkamp 1997, S. 79: »Nur zwei Koffer / Was dort im Koffer liegt, sagst du, ist allein / Mir bekannt: doch kein leichtes Rasierzeug, / die Borsten gelockert von Hand. Ein anderer, / brüchige

Verse aus »Nur zwei Dinge« von Gottfried Benn[9] anknüpft, deren Sinnzentrum die Reflexion über das lyrische Subjekt bildet. Unter den Erfahrungen, zu denen verschiedene Lebensbereiche gehören – »ob Sinn, ob Sucht, ob Sage«, »[o]b Rosen, ob Schnee, ob Meere« –, zählen für Benn »nur zwei Dinge: die Leere / und das gezeichnete Ich.« Damit sind sowohl die Autonomie als auch die Tiefe des erlebenden Ich gemeint. Die Bennschen »zwei Dinge« tauscht Beyer gegen zwei Koffer aus, die für die Einschränkung des Erfahrungsraums auf das private Umfeld des lyrischen Ich stehen: »Was dort im Koffer liegt, sagst du, ist allein / Mir bekannt«. Die Bestandsaufnahme aller in dem Koffer eingepackten Dinge, die in sprachlicher Hinsicht ein wenig an Günter Eichs »Inventur« erinnert, veranschaulicht den Erfahrungsgehalt des Subjekts. Und er ist, ähnlich wie der des »gezeichnete[n] Ich[s]« in Benns Gedicht, nicht leicht: »doch kein / leichtes Rasierzeug«, »brüchige Riemen«, »Rasurfehler hier«. Am Ende des Gedichts nimmt Beyer Bezug auf die Kinderfrage »wozu?«, die auch den Kerngedanken des Bennschen Gedichts ausmacht. Während Benn mit seinen konkreten Anweisungen »ertrage«, »[d]u musst« das lyrische Ich sein Schicksal hinnehmen und alles erdulden lässt, bleibt diese Frage bei Beyer unbeantwortet. Sie wird aber von ihm »ebenso lautlos« gestellt, was bedeutet, dass er das Hinterfragen von Erfahrungen ebenso für sinnlos hält. Obwohl die beiden Gedichte thematisch viel gemeinsam haben, bezeichnet Beyer, indem er die »zwei Dinge« zu den banalen »zwei Koffer[n]« umformt, einen »neuen Menschen«, dem nichts anderes übrig bleibt, als die fremde, anonyme Welt hinzunehmen. Durch diese Veränderung gelingt es ihm, Benns erhabenen Sprachgestus ironisch zu unterschreiten und hiermit die Trennung von Hoch- und Populärliteratur aufzuheben.

Der Fokus auf intertextuelle Bezugnahme wird bei vielen Dichtern zur Begleiterscheinung ihrer formalästhetischen Reflexion und poetischen Experimente, was in der Literaturwissenschaft als *poetologischer Paradigmenwechsel*[10] gedeutet wird. Gemeint ist, so Korte, eine neue Generation des Gedichts, für die »ein besonderes Interesse an der Sprache [zur] entscheidenden Grundlage und Antriebskraft der Dichtung«[11] wird. Einer der wichtigsten Vertreter dieser

---

Riemen, auch sein Inhalt / ungenannt, die Seife, die Klingen schienen /– aus Wien, Berlin aus Kassel – uns / miteinander verwandt. Es bleibt nur / die zwei Koffer, Rasurfehler hier, und du: ich / stelle die Kinderfrage ebenso lautlos. Wozu.«

9 Benn, Gottfried: Nur zwei Dinge. In: Ders.: Destillationen. Neue Gedichte. Wiesbaden: Limes Verlag 1953, S. 19: »Durch so viele Formen geschritten, / durch Ich und Wir und Du, / doch alles blieb erlitten / durch die ewige Frage: wozu? / Das ist eine Kinderfrage. / Dir wurde erst spät bewußt, / es gibt nur eines: ertrage /– ob Sinn, ob Sucht, ob Sage –/ dein fernbestimmtes: Du mußt./ Ob Rosen, ob Schnee, ob Meere, / was alles erblühte, verblich, / es gibt nur zwei Dinge: die Leere / und das gezeichnete Ich.«

10 Vgl. Korte, Deutschsprachige Lyrik seit 1945. 2004, S. 256.

11 Ebd.

Tendenz ist Durs Grünbein, dessen einzigartiger Aufstieg und Erfolg in die 1990er Jahre fällt und der in der deutschen Gegenwartslyrik »den Status des lyrischen Götterlieblings«[12] erreichte. Sein Rückbezug auf die Antike, vor allem die griechisch-römische, verbunden mit der sprachorientierten Arbeit, stellt in dem reichen Spektrum seiner Themen und Motive einen äußerst wichtigen Schwerpunkt dar, der vor allem in den Gedichtbänden »Nach den Satiren« (1999), »Erklärte Nacht« (2002) und »Misantrop auf Capri« (2005) erkennbar wird.

Ein Paradebeispiel ist sein Körper-Gedicht »Krater des Duris«, das Grünbeins Affinität zum formal-ästhetischen wie auch intertextuellen Vorgehen verrät:

> »Dieser da der Kerl
> mit dem spitzen Bart der
> listig Grinsende mit der Ferse
> im Hinterhalt hellstirnig und beinah ein wenig
> zu elegant war also Odysseus: ein Tonsprung scheint's
> aus trojanischer Zeit. (D.h. kurz bevor dieser Ruinenflüchtling
> eifrig das Rad des nächsten Jahrtausends Geschichte in Gang schob:
> Aeneas). Ausgerechnet mit Aias um eine Rüstung viel zu schwer
> für ihn will er sich balgen. Nicht genug daß er der Sohn
> eines Schurken ist: Sisyphos der ihm die Mutter aus
> Rache beschlief muß er zu alldem noch zeigen wie
> man den dümmsten Krieger im Handumdrehen zum
> Platzen bring. Als hatte er immer nur Streit
> gesucht süchtig nach Schwierigkeiten
> stoßt er den Kopf vor: Schicksal
> Ihr Lieben ist wie ein Rausch-
> gift das lange vorhält. Im Grunde
> genügt schon ein einziger Schuß.«[13]

Die ungewöhnliche, optischen Reiz erzeugende Textform erinnert an das barocke Bildgedicht. Der Überschrift entsprechend bildet es einen Krater, d. h. ein bauchiges Gefäß, mit einem Hals und einem festen Fuß. Der Inhalt des Textes legt Zeugnis davon ab, dass Grünbein sich der archetypischen Form des Figurengedichts bedient. Er schildert gerade das, was der antike Vasenmaler Duris darauf gemalt hat. Es geht um eine Episode des griechischen Mythos, die den Streit zwischen Odysseus und Ajax um die Rüstung des toten Achill schildert. Der verwegene, streitsüchtige und von der Lust am Wagnis berauschte Odysseus,

---

12 Braun, Michael: Die vernetzte Zunge des Propheten. Eine kleine Strömungslehre zur Lyrik des 21. Jahrhunderts. In: Junge Lyrik. Text+Kritik 171. Zeitschrift für Literatur. Hrsg. von Heinz Ludwig Arnold. München: Text+Kritik 2006, S. 37–51, hier: S. 37.

13 Grünbein, Durs: Krater des Duris. In: Matt, Peter von: Wörterleuchten – Kleine Deutungen deutscher Gedichte. München: Carl Hanser Verlag 2009, S. 207–209, hier: S. 207.

der mit den Beiwörtern »der listig grinsende«, »hellstirnig« beschrieben wird, ist dem starken, aber unkühnen Ajax – »dem dümmsten Krieger« – deutlich überlegen, so dass er ihn »im Handumdrehen zum / Platzen [bringen möchte]«. Odysseus will sich gar nicht um die Rüstung balgen, »die ist viel zu schwer / für ihn«. Die Antriebskraft seines Konflikts mit dem stärksten Krieger ist die im Gedicht als »Rauschgift« bezeichnete Ekstase des größten Risikos, der äußersten Gefahr[14].

Der feste Fuß der Gedichtvase stellt eine Pointe dar, in der die Hauptintention des Dichters zum Tragen kommt. Indem Grünbein den archetypischen Begriff *Schicksal* total umkehrt, dessen Tragen er nicht mehr den Göttern, sondern dem Menschen selbst – seinem »einzige[n] Schuß«, wie es im Text steht – zuschreibt, offenbart er den Sinn seiner intertextuellen Anknüpfung. Der von ihm aufgegriffenen Episode aus der antiken Zeit haftet der universale Gedanke vom Antriebsfaktor der Weltgeschichte an. Der Beweggrund des Odysseus für seinen Kampf mit Ajax – seine Sucht nach Risiko und die Ekstase angesichts der Todesgefahr – lässt sich als Allegorie einer der Ursachen für all die Erfahrungen der Konflikte und Kriege der heutigen Welt deuten. Die intertextuellen Bezüge auf die antike Zeit dienen dem Dichter folglich als ein poetisches Mittel, das die »wechselseitige Erhellung gesellschaftlicher wie allgemeinmenschlicher Zustände«[15] ermöglicht.

In seinem anderen Gedicht »Homo sapiens correctus«[16] bezieht sich Grünbein auf das gleichnamige Traktat von Hugo Bart Huges, der sich Mitte der 1960er Jahre ein Loch in den Schädel bohrte und die Beweggründe seiner Tat in diesem Traktat niederschrieb.[17] In der Überzeugung, jegliche Missverständnisse und das Übel zwischen den Menschen resultierten aus Übermaß an Hirnflüssigkeit und folglich der Fehlmenge von Blut, entwickelte Huges eine Theorie, nach der das Gleichgewicht durch die Entfernung störender Hirnflüssigkeit wiederherstellbar sei, wodurch »Platz für [...] wertvolles Hirnblut«[18] geschaffen würde. Von Grünbein wird diese exzessive Idee, die in Fachkreisen vorwiegend auf Kritik und Ablehnung stieß und Huges die Einweisung in eine geschlossene psychiatrische Anstalt einbrachte, auf eine akzeptierende, verständnis- und ausdrucksvolle Weise aufgearbeitet. In dem Gedicht heißt es:

---

14 Vgl. ebd., S. 209.
15 Elit, Stefan: Lyrik. Formen – Analysetechniken – Gattungsgeschichte. Hrsg. von Otto Eke. Paderborn: Wilhelm Fink Verlag 2008, S. 211.
16 Grünbein, Durs: Homo sapiens correctus. In: Lyrik der neunziger Jahre. 2000, S. 61 f.
17 Vgl. ebd. (Vorwort des Dichters zum Gedicht), S. 61.
18 Ebd. (Gedichttext).

»Dampf aus dem Rückenmark abzulassen
        Setzte sich Joe ein Loch in den Kopf.
     Zapfte den Liquor ab, füllte Flaschen und Tassen.
  Und alle dachten sie ›Nicht zu fassen‹.«[19]

In der Beschreibung dieses Ereignisses, die in naher Verwandtschaft zu Gottfried
Benns psychiatrischer Poetik steht, schwingt ein heiterer, humorvoller Ton mit.
Grünbeins virtuoser Umgang mit der Sprache manifestiert sich nicht nur in
schönen, überraschenden, poetischen Bildern, im Klang und in den Reimen,
sondern auch in der auffallenden Gedichttypographie, die darauf beruht, dass
jeder Vers anders eingerückt wird, was für dessen Intonation und Rezeption
grundlegend ist. Mit hoher Präzision und sinnlicher Anschauungskraft wird
Schritt für Schritt der Verlauf dieses Experiments geschildert:

»Örtlich betäubt und den Schädel rasiert,
     Kaltblütig wie Kinder die Notbremse ziehn,
    Sah er sich operierend im Spiegel, skalpiert
Nach Indianerart und danach trepaniert…«[20]

Der vermeintlich harmlose Ton und die kaltblütige Darstellung der äußerst
riskanten Operation schlagen am Ende des Gedichts in eine in poetologischer
Hinsicht gewichtige Reflexion über das lyrische Subjekt um:

»Unter den vier Milliarden Geiseln der Zeit,
     Insassen des einzigen milden Weltraum-Asyls
        War *alien* Joe als erster soweit
           Zu begreifen dass Ich ein bedingter Reflex
Und Heilung nur möglich war durch ein Ventil.«[21]

Dieser wie eine Pointe klingende Schlussvers ist Bestandteil von Grünbeins
poetischem Programm, nach dem das lyrische Ich der »in eine Summe von
Wahrnehmungskomplexen aufgelösten Gegenwart«[22] ausgesetzt ist und somit
der Einheit und Harmonie völlig verlustig geht. Mit dem Verweis auf Pavlows
bedingten Reflex unterstreicht der Dichter die Stellung des Ich, das durch die
Erfahrung der mehrsprachigen, impuls- und reizvollen Informationsströme
determiniert ist. Die Heilung dieser Aufgelöstheit lässt sich nur durch ein Ventil
heilen, das für Bart Huges das Loch in seinem Schädel war, für den Dichter aber
die poetische Sprache zu sein scheint.

---

19 Ebd.
20 Ebd.
21 Ebd., S. 62.
22 Korte, Hermann: Durs Grünbein. In: Kritisches Lexikon zur deutschsprachigen Gegenwartsliteratur (KLG). Begründet von Heinz Ludwig Arnold. Hrsg. von Hermann Korte.
   München: Text+Kritik 2012, S. 6.

Mit der Sprache setzt sich Grünbein auch in dem Gedicht »In eigener Sache«[23] auseinander, dessen Grundlage Senecas »Briefe über Ethik an Lucilius« bilden. Grünbein bedient sich häufig der überlieferten Schriften des Stoikers, übernimmt die Anredestruktur, den Wortlaut und die Themen seiner Briefe und bearbeitet einzelne Episoden aus Senecas Leben, u. a. dessen angebliches ehebrecherisches Verhältnis zu Julia Livilla.[24] Indem Seneca in »In eigener Sache« Lucilius anspricht und diesem vorhält, er verdrehe die Worte, spreche in Rätseln und prahle mit gesuchten Metaphern, geht er zur Sprachüberlegung über. Er plädiert für eine andere Sprache: »Stark muß die Rede sein«, »Der Gedanke / Hängt wirr in der Luft.« Bereits diese Konstatierung setzt die Abkehr von dem Konzept »Kunst für Kunst« voraus. Mit Senecas kritischem Blick auf die Sprache des antiken Rom, z. B. in dem Vers »Alles ist sagbar geworden in Rom«, mit dem die Kulturkritik einhergeht, kann man Probleme der heutigen zivilisatorischen Wirklichkeit parallelisieren: »Luxus verdirbt den Stil«, »Das Ordinäre gefällt«, »Der größte Unsinn *macht* Sinn«. Der für Seneca typische stoische Ton dieser Abrechnung wird auch in den weiteren Versen deutlich: »Der Mensch spricht, wie er lebt —«, »Kein Wunder, bei so viel Verschwendung / Sehnt das Ohr sich nach Süßigkeiten, / Wird die Sprache lasziv.« Hinter Senecas Worten, denen der Anschein der Authentizität verliehen wird – als rede der Philosoph selbst zu uns –, deutet Grünbein, gemäß der Überschrift »In eigener Sache«, auf das ästhetische Grundprinzip seiner eigenen Poetik hin. Die Aufgabe des Dichters sei es, Rechenschaft über alle Wirklichkeitserscheinungen abzulegen – Fehlentwicklungen und Abweichungen eingeschlossen. Der Zwiespalt zwischen Inhalt und Form, der an diesem Gedicht auffällt, scheint Grünbeins bewusster Trick zu sein. Er zelebriert, indem er über die Sprachverstümmelung spricht, die Schönheit der Sprache und des poetischen Ausdrucks.

Im Diskurs über die Lyrik der 1990er Jahre darf Thomas Kling nicht fehlen, der sich neben Grünbein in die vorderste Reihe deutschsprachiger Gegenwartslyrik eingeschrieben hat. In den Nachwendejahren erschienen seine wichtigsten Gedichtbände, wie »geschmacksverstärker«, »brennstab«, »nacht.sicht.gerät«, »morsch«, »Sondagen« und »Fernhandel«. Als Beispiel sei hier der Anfang des Zyklus' »stromende alpmschrift« angeführt, in dem Klings originelle Schreibtechnik zum Ausdruck kommt:

---

23 Grünbein, Durs: An Seneca. Postskriptum/Seneca: Die Kürze des Lebens. Frankfurt/Main: Suhrkamp Verlag 2004, S. 55.

24 An diese Episode knüpft Grünbein in seinem Gedicht »Julia Livilla« an, in dem sich hinter dem Philosophen, der wegen einer Liebesaffäre verbannt wurde und nun unter Schlaflosigkeit und Einsamkeit leidet, Seneca zu verbergen scheint.

»di alpm?

also, grooßformate drramatischster vrr-
kettungen; so dämmrunx-lilienstrahl in
riefenstahlscher lichtrege. christiani-
sierte gipfel, meinethalbn, freie fälle;
firnriß. ›erstesahne-wand‹, schwefelhut-,
also schwarzgelbtragend, erwartet sie,
gefirnisste jungfrau , ja was? ein ticket
nach? freikletterers morgngruß der ein-
checkt ebn ins hotel? der alpmmaler stri-
chelt das. und firn-

2

riß. restartn, stromend; stromernder
rest- und alpngartn; [...]
[...]
[...] (›arnikalitanei?‹), gamsjäger-
am-laptop.

       [...]«.[25]

Durch die auffallend exzessive Sprachartistik scheint dieses Gedicht in nächster
Nähe zu den Lautgedichten der konkreten Dichter, wenn nicht zum Dadaismus
zu stehen.[26] Es bildet ein Palimpsest aus Fertigteilen, die unterschiedlichen
Sprachmilieus entstammen, z. B. der Religionsgeschichte (»christiani-/sierte
gipfel«, »arnikalitanei«), der Zeitgeschichte (»in / riefenstahlscher lichtrege«),
der Trivialkunst (»alpmmaler«), der Technik (»gamsjäger- / am-laptop«), dem
Regionalismus (»schwefelhut«) sowie dem Tourismusjargon (»erstesahne-
wand«). Obwohl es thematisch gesehen an Albrecht von Hallers Lehrgedicht
»Die Alpen« (1729) erinnert und auf einige seiner Bergwelt-Motive – z. B.
Wandern, Licht und Strom – anspielt, stellt es dessen Antipoden dar. Im Gegensatz zu Haller, der in einem aufklärerischen Ton die Ursprünglichkeit und
Schönheit der zivilisationsverschonten Bergnatur lobpreist, urteilt Kling über
die Alpen in einem provokativen, experimentellen Sprachgestus. Er betreibt ein
anarchisches Spiel mit der Wort- und Satzsemantik, überrascht mit seinem Spaß
am spontanen Regelbruch sowie mit Fragmentierungen und orthographischen
Verfremdungen. Diese Poesie wird oft als subjekt- und sinnentleert kritisiert.
Das Sinnzentrum des Gedichts »stromernde alpmschrift« bildet das »Stro-

---

25 Kling, Thomas: stromernde alpmschrift. In: Lyrik der neunziger Jahre. 2000, S. 173 f.
26 Vgl. Elm, Theo: Einleitung. In: Lyrik der neunziger Jahre. 2000, S. 20.

mern«, das nichts anderes bedeutet als Klings Ich-auflösendes Stromern[27] durch die Slangs, in denen sich das Flirren und Rauschen der neuen Medienwelt widerspiegelt. Damit geht die selbstbewusste, sprachoperative Arbeit des Dichters einher, deren Ziel es ist, die Rolle des Auditiven zu betonen, die Sprache zu »röntgen« und ihren ursprünglichen oralen Charakter wiederherzustellen. Die Art und Weise, wie er alle Geräusche der Welt zu Gehör zu bringen versucht, ist das Innovative und Meisterhafte seiner Poesie. Als Folie für diese Experimente dienen Thomas Kling intertextuelle Verweise, die zwar nicht explizit dargestellt werden, doch wichtiger Bestandteil seines Palimpsestes sind.

Die hier als Beispiele zitierten Gedichte schöpfen das umfangreiche Thema der intertextuellen Aspekte in der deutschen Lyrik der neunziger Jahre nicht voll aus[28], sie gewähren aber einen Einblick in ihre Entwicklungstendenzen. Die Vielfalt divergenter Stimmen und Positionen im Bereich dieser Lyrik hängt nicht nur mit der postmodernen pluralistischen Ästhetik und Autonomie, sondern auch mit den Prägungen der zeit- und medienbedingten, unüberschaubaren Welt zusammen. In den 1990er Jahren erfolgt, so Achim Geisenhanslüke, »eine Auseinandersetzung mit der Tradition, die sich in zwei Momente differenzieren lässt, die miteinander vermittelt sind, den Zusammenhang von Intertextualität und Geschichte.«[29] Die unbändige Lust vieler Dichter am intertextuellen Verfahren schließt weder die Abrechnung mit zeitgeschichtlichen Umbrüchen noch die Erschließung neuer Sprach- und Denkräume aus. Daraus ergibt sich ein Potenzial, das dem Paradigmenwechsel der Lyrik der neunziger Jahre zugrunde liegt.

---

27 Vgl. ebd.

28 Intertextuelle Bezugnahmen stehen im Zentrum des Interesses vieler anderer deutscher Gegenwartsdichter. Zu erwähnen sind u. a. Richard Pietraß mit seinem Gedicht »Die frühen Gräber«, Günter Kunert und Jan Koneffke, die sich in vielen ihrer Gedichte des Goethe-Sujets annehmen, sowie Ulla Hahn, die ihr Gedicht »Ars poetica« (1981) nach der berühmten Schrift des antiken Dichters Horaz betitelte und darüber hinaus die letzten Verse des »Loreley«-Gedichts von Heinrich Heine zitiert. Auch Durs Grünbein ist nicht nur durch seine bereits erwähnte dialogische Auseinandersetzung mit der römischen Antike, u. a. Seneca, bekannt, sondern stützt sich auch auf das Werk anderer Lyriker, wie z. B. Paul Celan und dessen Gedicht »Corona« oder auf die Steinmetapher des russisch-jüdischen Dichters Osip Emilievič Mandel'štam. Obwohl diese intertextuellen Anlehnungen äußerst wichtig und interessant sind, wurden sie in diesen Beitrag nicht mit einbezogen, weil sie einen in diesem Rahmen zu umfangreichen Forschungsgegenstand bilden.

29 Geisenhanslüke, Altes Medium – neue Medien. 2004. S. 45.

Kalina Kupczyńska (Łódź)

Kommen alle Strichmännchen aus dem Westen? – Konfigurationen der Selbstdarstellung in der polnischen und deutschen Comic-Autobiographie[1]

Strichmännchen sind gezeichnete Figuren, die die Welt der Comics bewohnen (können), sie entspringen einem Universum, das nur auf dem Papier besteht. Sie können sich voneinander stark unterscheiden, sie können auch verschiedene Sprachen sprechen, was sie aber ontologisch verbindet, ist leicht festzuhalten: Sie bestehen aus *Strichen* und *Linien*, aus denen auch ihr Umfeld gemacht ist. Sie sind also nicht real – das nähert sie literarischen Figuren – und verfügen zugleich, rein epistemisch, doch über mehr ›Fleisch‹ als diese, weil sie *sichtbar* sind. Und, wie die Bildwissenschaft festhält, vermittelt die Sichtbarkeit des Bildes »eine besondere, eigentümlich hervorgehobene Präsenz«[2], die sich allerdings

---

1 Comic-Autobiographie (auch autobiographischer Comic bzw. autobiographische Graphic Novel) ist ein Genre, das sich im Medium Comic in den 1960er Jahren innerhalb der US-amerikanischen *underground comix* herausgebildet hat. Die ersten autobiographischen Comics stammen von den US-amerikanischen Comiczeichnern Justin Green (*Binky Brown meets the Holly Virgin Mary*, 1972), Robert Crumb, Art Spiegelman, sowie von Comiczeichnerinnen Aline Kominsky-Crumb, Trina Robbins, Das Genre entwickelte sich anschließend weiter auch in Europa, zuerst im franko-belgischen, dann auch im deutschsprachigen Raum, was solche Comic-Autobiographien wie *Persepolis* von Marjane Satrapi (4 Bde. zwischen 2000–2003), *L'Ascension du Haut Mal* von David B. (6 Bde zwischen 1997–2003), *Livret de Phamille* von Jean-Christophe Menu (1995), *held* (2003) und *heldentage* (2007) von Flix, *Heute ist der letzte Tag vom Rest deines Lebens* (2009) von Ulli Lust, u. ä. m, Entscheidend für die Entwicklung der autobiographischen Comics in Europa war die Gründung der Autorenverlage (wie franz. L'Association und der belgische Fremok) sowie alternativer Verlage wie der deutsche Reprodukt oder avant (beide in Berlin). Weiterführende Literatur zum Thema: Beaty, Bart: *Unpopular culture. Transforming the European comic book in the 1990s*. Toronto/Buffalo/London 2007; Chute, Hillary L.: *Graphic Women. Life Narrative & Contemporary Comic*. New York: Columbia University Press 2010; Chaney, Michael A.: *Graphic Subjects. Critical Essays on Autobiography and Graphic Novels*. Madison: University of Wisconsin Press 2012; Gardner, Jared: *Projections. Comics and the History of Twenty-First-Century of Storytelling*. Stanford: Stanford University Press 2012; Refaie, Elisabeth El: *Autobiographical Comics. Life Writing in Pictures*. Jackson: University Press of Mississippi 2012.

2 Figal, Günter: *Bildpräsenz. Zum deiktischen Wesen des Sichtbaren*. In: Zeigen. Die Rhetorik des Sichtbaren. Hrsg. von Gottfried Boehm, Sebastian Egenhofer/Christian Spies. München: Fink 2010, S. 54–72, hier: S. 54 [Hervorhebung im Original].

nicht aus dem Abbildungscharakter des Bildes ableitet.[3] Die Idee der Repräsentation ist heutzutage umso problematischer geworden, als im Zeichen der
Postmoderne die Referenten verschwinden, »Kategorien wie das *Ding an sich,*
das *Authentische* und das *Wirkliche* […] werden nun selbst zu Repräsentationen«.[4]

Wenn der Bildtheoretiker Mitchell von der Komplexität des Phänomens der
Repräsentation spricht, rekurriert er u. a. auf das Beispiel des Strichmännchens,
das üblicherweise »für den Allgemeinbegriff Mensch steht«[5]. In der Sprache des
Comics entspricht ›Strichmännchen‹ in etwa dem Stil ›Cartoon‹, dem in der
Comictheorie ebenfalls eine Universalität attestiert wird.[6] (Es muss bereits an
dieser Stelle vermerkt werden, dass die Mehrheit von autobiographischen Comics im Cartoon-Stil gezeichnet ist). Dies hat Konsequenzen für die Betrachtung
der autobiographischen Comics, denn es ist anzunehmen, dass für die Charakterisierung der comichaften Eigenart der Selbstdarstellung diese cartoon-
hafte, schematisierte, also auch entindividualisierte Bezeichnung behilflich sein
kann.

Bevor aber auf diese Charakterisierung näher einzugehen ist, soll kurz erklärt
werden, anhand welcher Kriterien hier das Label »autobiographischer Comic«
benutzt wird. Es soll allerdings kein fertiges Set von Merkmalen vorgelegt
werden, die bestimmte Comics als Autobiographien unterscheiden lassen, allein
aus dem Grund, dass ein solches Set (oder: eine solche Taxonomie) stets an
variierende Kriterien der Gattungszuschreibung gebunden ist, was die litera-
turwissenschaftliche Autobiographieforschung plakativ vor Augen führt.[7]
Zentral für eine kritische Reflexion über die Kriterien autobiographischer Zuschreibung im Comic ist hier die Unterscheidung zwischen Fakt und Fiktion,
also die Frage nach der Referenzialität in einem Narrativ, in dem ein Ich sich
selbst thematisiert. Man kann sich dabei auf den Ansatz stützen, den Gabriele
Schabacher in ihrer Studie über Roland Barthes' »Über mich selbst« entwickelt
hat. Schabachers Argumentation zielt darauf, die Autobiographie als ein Me-

---

3 Vgl. ders.: »Kaum ein Bild ist direkt auf etwas Reales oder Wirkliches bezogen […]. Weil das
   vermeintlich Abbildende der Bilder ihr Vorzeigen eines Schemas ist […], hält jedes Bild in
   seinem Zeigen inne; es bezieht sich nicht zeigend auf etwas in der Welt, sondern bleibt
   vorzeigend bei dem Schema, das es präsent werden lässt. Im Bild ist das Schema nicht unter
   dem Gesichtspunkt seiner Erfüllung gegeben, sondern allein in seiner Sichtbarkeit.« Ebd.,
   S. 67 f.
4 Mitchell, William J. Thomas: Bildtheorie. Frankfurt/Main: Suhrkamp 2008, S. 89.
5 Ebd., S. 81.
6 McCloud, Scott: Comics richtig lesen. Die unsichtbare Kunst. Hamburg: Carlsen 2001, S. 37 –
   44.
7 Vgl. z. B. die Rekapitulation der Forschungspositionen in Gabriele Schabachers Buch »Topik
   der Referenz. Theorie der Autobiographie, die Funktion ›Gattung‹ und Roland Barthes' ›Über
   mich selbst‹«. Würzburg: Königshausen & Neumann 2007, S. 107 – 146.

dium zu betrachten, »das es möglich macht[e], die Paradoxie von Faktizität und Fiktion zu inszenieren und damit vor allem: quasi sichtbar darzustellen.« Konsequent konstatiert sie:

> »Als Gattungsmarkierung ist die Inszenierung von Unentscheidbarkeit von Faktizität und Fiktion insofern zu verstehen, als ein Text der Gattung ›Autobiographie‹ genau dann zugerechnet wird, wenn das Verhältnis von *fact* und *fiction* sich als Frage und damit als Ent-Scheidungsproblem stellt.«[8]

Die Problemstellung von Schabacher scheint insofern fruchtbar zu sein, als sie die hier vorgestellte Kernthese stützt, dass autobiographische Schreibformen im Comic die Unterscheidbarkeit zwischen Fakt und Fiktion stets hinterfragen, ja sogar parodieren. Dies kann mit unterschiedlicher Intensität auf der Text- und/oder auf der Bildebene markiert werden und verweist damit implizit u. a. darauf, dass eine Grenze zwischen *fact* und *fiction* letztlich eine Frage der Entscheidung, also arbiträr und subjektiv ist. Die ambivalente Referenzialität signalisiert damit auch eine Reihe von weiteren Fragen, etwa die von den Evidenzeffekten, die die visuelle Kultur der Gegenwart produziert. Denn: »Im Unterschied zum alten Postulat von der »Unsichtbarkeit des Realen«, das de Certeau als vor-moderne Kondition charakterisiert, herrscht im ›Mythos‹ der Moderne der Imperativ der Sichtbarkeit, ›das heißt, geglaubt wird nur, was gesehen wird‹«.[9] Der Comic, und, so meine These, insbesondere der autobiographische Comic, arbeitet allerdings nicht einfach zugunsten einer ›Macht des Sichtbaren‹, sondern stellt sie auch infrage, indem er als Medium zeigt, dass »Sichtbarkeit« unterschiedlich generiert werden kann. Nach Art Spiegelman operiert Comic »somewhere between the words and the idea that's in the pictures, and in the movement between the pictures«,[10] was nichts anderes heißt, als dass seine Sichtbarkeit sich nicht ohne Weiteres erschließt, sondern das Resultat einer Seh- und Verstehensoperation besonderer Art darstellt. Verallgemeinernd und vereinfachend ließe sich sagen, dass bei der Lektüre jedes Detail zählt – was letztendlich impliziert, dass es das Detail (im Sinn von einer Marginalie) so gar nicht gibt.

Wenn sich im Comic im Zusammenhang mit der Identität der Figuren die Frage nach Faktizität und Fiktionalität stellt, was eine autobiographische Lesart suggeriert, dann kommen auch weitere Fragen ins Spiel: Was bedeutet es, wenn ComiczeichnerInnen ihr Leben, oder *das* Leben heutzutage in der intermedialen Kombination von Wort und Bild darstellen, also *de facto* sich als Strichmänn-

---

8 Vgl. ebd., S. 166 f.
9 Holert, Tom: Evidenz-Effekte. Überzeugungsarbeit in der visuellen Kultur der Gegenwart. In: Korrespondenzen. Visuelle Kulturen zwischen früher Neuzeit und Gegenwart. Hrsg. von Matthias Bickenbach und Axel Fliethmann. Köln: Dumont 2002, S. 200.
10 Zitiert nach Huyssen, Andreas: Of Mice and Mimesis: Reading Spiegelman with Adorno. In: »New German Critique« 81 (2000), S. 65–82, hier: S. 77.

chen imaginieren? Kann die Selbstabbildung mit Hilfe von »autobiographical avatars« möglicherweise eine gesellschaftlich relevante Botschaft über den aktuellen Status der Identität vermitteln? Welche Leben werden erzählt, welche Inhalte werden damit und *wie* werden sie vermittelt? Inwiefern wird die Ambivalenz von *fact* und *fiction* dadurch beeinflusst, dass sie im Comic, d.h. in einem Medium der Populärkultur geschieht, das genealogisch in erster Linie eben ›komisch‹ ist und in der breiten Öffentlichkeit nach wie vor so konnotiert wird? Antworten auf diese Fragen können je nach dem untersuchten Comic unterschiedlich ausfallen, hier soll jedoch demonstriert werden, dass die Inszenierung der Ambivalenz von *fact* und *fiction* im autobiographischen Comic durchaus eine gesellschaftliche Relevanz besitzt und als ein Signal für die Selbstbeobachtung der Kultur gelesen werden kann.

I.   Comic-Autobiographie in Deutschland und in Polen

Auf dem deutschen bzw. deutschsprachigen Comicmarkt ist ca. seit Anfang der 1990er Jahre eine autobiographische Welle zu verzeichnen, vorbereitet durch autobiographische Produktionen aus dem englischsprachigen und franko-belgischen Raum. In den USA wie auch später in Frankreich und Belgien etablierte sich dieses Genre in erster Linie als Underground- bzw. Autorencomic, d.h. in Abgrenzung von den *mainstream*-Produktionen, es bereitete »[a] turn towards the real and towards the self«[11] vor, und damit eine wichtige Verschiebung auf dem Feld der Comicproduktion und -rezeption.[12] Die verstärkte Präsenz des autobiographischen Genres auf dem europäischen Comicmarkt versucht man unterschiedlich zu erklären: Man betont die Bedeutung der Autobiographie in der französischen Literatur und literaturwissenschaftlichen Forschung der 1970er und -80er Jahre[13] sowie das Bedürfnis der Comicautoren, sich im Comic als Comicautor darzustellen und damit den eigenen Beruf zu authentifizieren und zu legitimieren.[14] Ein ›realistisches Genre‹ – denn es wurde in der Comicszene offensichtlich *auch* als solches wahrgenommen – bot die Möglichkeit der Thematisierung von sozialen Phänomenen und einer engagierten Positionierung der Autoren. In den deutschsprachigen Ländern setzte die autobiogra-

---

11 Vgl. Bart, Beaty: Unpopular Culture. Transforming the European Comic Book in the 1990s. Toronto/Buffalo/ London 2007: University of Toronto Press Incorporated, S. 12.

12 Vgl. ders.: »Autobiography, with its implicit claims to replicate the ›real world‹ stands in stark contrast to a European comic books heritage that has celebrated adventurous boy reporters, Gaulish adventurers, cowboys and other heroes of escapist literature.« Ebd., S. 142.

13 Ebd.

14 Ebd., S. 143.

phische Welle mit einiger Verzögerung ein, sie brachte allerdings eine bemerkenswerte Vielfalt von Comic-Autobiographien mit sich. Diese Vielfalt bezieht sich auf die Konzeptualisierung (es sind sowohl Serien als auch als einzeln konzipierte Werke), auf die Ästhetik (vom Cartoon bis hin zu elaborierten Techniken wie Schabkarton), auf die thematischen Schwerpunkte und auf die Wahl der Verlage (von comicspezialisierten Verlagen wie Reprodukt oder Edition Moderne bis hin zu dem Kinder- und Jugendbuchverlag Carlsen). Man muss dabei erwähnen, dass der Nimbus der *antimainstream*-Produktionen, den die autobiographischen Comics in Frankreich oder den USA trugen, in den deutschsprachigen Comics nicht mehr so stark ausgeprägt ist. Durch die Wahl des Zeichenstils, die narrativen Schemata, die Komposition der Diegese, das Verhältnis von Text und Bild sowie den Einsatz des Humors lassen sich manche Comic-Autobiographien diesseits der populären Ästhetik verorten.

Von dem polnischen autobiographischen Comic hätte man Anfang der 90er Jahre noch sagen können, dass es ihn schlicht und einfach nicht gibt. Die ersten Publikationen dieser Art setzten nach der Jahrtausendwende an, ihre Anzahl beschränkt sich bis heute auf einige wenige Titel. Diese Tendenz dürfte im Allgemeinen für die Länder des ehemaligen Ostblocks typisch sein, was zuerst einmal auf die beschränkte Präsenz des Mediums Comic im Prozess der Sozialisation zurückzuführen ist, die diesen Ländern gemeinsam war.[15] (Diese Vermutung lässt sich allein dadurch bekräftigen, dass die polnischen AutorInnen der Comic-Autobiographien in ihren *life stories* explizit und implizit auf Bücher und Filme, aber nicht, oder kaum, auf Comics rekurrieren.)[16] Eine an-

---

15 Marzena Sowa, die Autorin der erfolgreichen autobiographischen »Marzi«-Serie, wird oft gefragt, warum sie im Comic ihre Kindheitsgeschichte erzählt, worauf sie eine simple Antwort gibt: die Idee stamme von ihrem Freund Sylvain, einem französischen Comiczeichner, sie selber habe in Polen kaum Berührung mit diesem Medium gehabt. Vgl. http://www.wysokieobcasy.pl/wysokie-obcasy/1,53581,4572982.html; http://komiks.polter.pl/Wywiad-z-Marzena-Sowa-i-Sylvainem-Savoia-c13529. Diese Aussage findet man auch in einem französischen Interview: http://www.evene.fr/livres/actualite/marzi-interview-marzena-sowa-sylvain-savoia-dupuis-348.php (Zugriff am 30.01.2013). Die Absenz des Comics im Prozess der Sozialisation in den Ländern des ehemaligen Ostblocks muss allerdings relativiert werden, d.h. immer im Vergleich mit der Rolle, die die Comics in den westlichen Gesellschaften spielten. Wie die Recherchen im Bereich des ungarischen und rumänischen Comics hinter dem Eisernen Vorhang gezeigt haben, wäre es falsch zu behaupten, es habe in diesen Ländern keine Comics gegeben. Eine wissenschaftliche Aufarbeitung der Entwicklung des Comics hinter dem Eisernen Vorhang bleibt ein wichtiges Desiderat der Comicforschung. An dieser Stelle sei auf folgende Arbeiten verwiesen: Krzanicki, Marcin: Komiks w PRL, PRL w komiksie. IPN, 2011; Comics behind the iron curtain. Komiks za żelazną kurtyną. Centrala Central Europe Comics Art. Poznań 2009.

16 Dabei betont etwa der US-amerikanische Comicautor Art Spiegelman die Bedeutung der gelesenen Comics für seine Sozialisation, wie Gillian Whitlock in ihrem Beitrag über autobiographische Comics bemerkt. Vgl. Whitlock, Gillian: Autobiographics: The Seeing »I« of the Comics. In: »Modern Fiction Studies«. Vol. 52, Nr 4, 2006, S. 965–979, hier bes. S. 967.

dere, intuitive Erklärung wäre, dass diejenigen Comics, die diesseits des Eisernen Vorhangs auf dem Buchmarkt zugänglich waren und die u. a. wegen Zensurmaßnahmen stark propagandistisch geprägt und sonst auch ästhetisch nicht wirklich ansprechend waren, das Image dieses Mediums nachhaltig negativ beeinflusst haben. Diese letzte Annahme lässt sich auf jeden Fall für den polnischen Comic belegen, dessen rezente Entwicklung (bei einer überdeutlichen Konzentration auf Themen aus der polnischen Geschichte) in vielerlei Hinsicht die Spuren dieser Imageprägung aufweist.[17] Kurzum: Comic war in Polen (bis auf einige Ausnahmen)[18] nicht als ein subversives Medium wahrgenommen worden, mit dessen Hilfe man etwa Kritik üben könnte. Erst allmählich setzt sich in der polnischen Comicszene eine alternative Tendenz durch, die, von parallelen Entwicklungen in der Literatur flankiert, eine literarische Popbewegung in Polen vorantreibt.

Thematisch bewegen sich Comic-Autobiographien in Deutschland wie in Polen auf einem vergleichsweise überschaubaren Terrain: Man erzählt von der Kindheit, von sexueller Initiation, von pubertären Irrungen und Wirrungen, vom Leben als Comicautor. Wichtige Sujets sind außerdem erlebte Traumata, Krankheiten und Familiengeschichten.[19] Für das hier behandelte Thema – deutsche und polnische Selbstdarstellung im Comic – und das gattungsbedingtes Spannungsverhältnis zwischen Fiktion und Fakt, ist weniger zentral, *was*, sondern *wie* erzählt wird. Das »Wie« umfasst hier ein komplexes Set von Merkmalen, daher beschränkt sich die Analyse auf die Comic-Autobiographien von zwei Autoren: Michał Śledziński, genannt »Śledziu«, und Markus Witzel, bekannt als »Mawil«. Beiden Autoren ist die Herausstellung der Ambivalenz zwischen Fakt und Fiktion in einer autobiographischen Geschichte gemeinsam.

---

17 Vgl. Czaja, Justyna: Historia Polski w komiksowych kadrach. Poznań: Wydaw. Poznanskiego Towarzystwa Przyjaciół Nauk 2010, *passim*.

18 Hier müsste z. B. auf den Comic »Solidarnosc – die ersten 500 Tage« (Jacek Fedorowicz, Jan Marek Owsinski) hingewiesen werden, der, 1984 im Untergrund erschienen, illegal kolportiert wurde, um die erste turbulente Phase der Entstehung der Arbeiterbewegung Solidarnosc zu dokumentieren und zugleich ihre Ziele und Ideale zu propagieren. Vgl. dazu Kupczynska, Kalina: Pathos rules – über propagandistische Aspekte der Solidarnosc-Comics. In: Comics & Politik. Hrsg. von Stephan Packard. Essen: Bachmann Verlag 2014, S. 305–319.

19 Als Beispiele können folgende autobiographische Comics genannt werden: *held* (2003), *heldentage* (2007) von Flix, *Wir können ja Freunde bleiben* (2003), *Action Sorgenkind* (2007) von Mawil, *566 kadrów* (2013) von Dennis Wojda, *Ciemna strona ksiezyca* (2012) von Olga Wrobel.

II. Michał Śledziński alias »Śledziu« *versus* Marzena Sowa, oder: Gegen die Stereotypisierung der Kindheit in der Volksrepublik Polen

Michał Śledziński agiert in der polnischen Comicszene als Autor von insgesamt drei Comicserien: »Na szybko spisane« (Schnell aufgeschrieben, 2007–2008), »Osiedle Swoboda« (Siedlung Swoboda, 1999–2004), und »Wartości rodzinne« (Familienwerte, seit 2008). Bis 2004 war er Herausgeber der Comiczeitschrift »Produkt«. Die zwei ersten Serien weisen direkt und indirekt autobiographische Züge auf, alle drei lassen sich durch ihre Ästhetik, die gewählten Formate und den Publikationsort (alle drei Serien sind im kleinen Comicverlag »Kultura Gniewu«[20] (Zornkultur) erschienen) für die alternative Comicszene reklamieren. »Alternative Comicszene« bedeutet in Polen vor allem eine inhaltliche und ästhetische Distanzierung von der staatlich subventionierten Comicproduktion, die sich auf didaktisch wertvolle und politisch korrekte Darstellung wichtiger Ereignisse aus der Geschichte Polens konzentriert. Das bedeutet allerdings auch, dass die Rezeption der »alternativen« Comics stark auf ein bestimmtes, und zwar ebenfalls »alternatives« Publikum beschränkt ist. Bezogen auf den Fall Śledzińskis und seine autobiographischen Serien heißt das nicht nur, dass man im eigenen Land wenig bekannt ist, sondern auch, dass man nicht übersetzt wird, etwa im Unterschied zu den Comics über »Marzi« (2007–2011), einer anderen autobiographischen Comicserie von dem polnisch-französischen Autorenduo Marzena Sowa/Sylvain Savoia.

»Marzi« erzählt eine Kindheit im kommunistischen Polen; die Serie ist zuerst in Frankreich erschienen und wurde auch bewusst für den ausländischen Rezipienten konzipiert.[21] Mittlerweile wurde sie in mehrere Sprachen (darunter chinesisch und koreanisch) übersetzt und wird als *der* Comic über den Kommunismus gefeiert.[22] Der kommerzielle Erfolg der »Marzi«-Serie liegt in erster Linie in einem geschickten Zuschneiden der erzählten Inhalte auf das Zielpu-

---

20 Zum Profil des Verlags: http://www.kultura.com.pl/index.php?s=stopka (Zugriff am 24.10. 2012).

21 Vgl. Marzena Sowa im Gespräch mit Maciej Reputakowski während des Internationalen Comicfestivals in Lodz: http://komiks.polter.pl/Wywiad-z-Marzena-Sowa-i-Sylvainem-Savoia-c13529Xprint (Zugriff am 24.10.2012).

22 Allein die Anzahl der Interviews, die mit dem Autorenduo Sowa/Savoia oder nur mit Sowa durchgeführt wurden und in prominenten polnischen Magazinen erschienen sind (darunter in »Polityka« und »Wysokie obcasy«), zeugt von einem überdurchschnittlich großen Interesse an dieser Comicserie. 2012 wurde die Autorin zu einem offiziellen Treffen der Soziologen und Historiker in einer NATO-Zentrale eingeladen, wo sie über ihre Kindheit erzählte. Vgl. Marzena Sowa im Gespräch mit Sebastian Frąckiewicz, erschienen im Magazin »Polityka«:http://www.polityka.pl/kultura/rozmowy/1523195,1,dziewczyna-komiks-i-stanwojenny.read?print=true (Zugriff am 25.10. 2012).

blikum – den französischen bzw. allgemeiner: westlichen Leser, der vom Alltag in der Volksrepublik Polen keine Vorstellung hat. Als erster Comic, der diese Thematik aufnimmt und dabei unmissverständlich auf den autobiographischen Hintergrund verweist (und damit den Fetisch des Authentischen ins Spiel bringt)[23], konnte »Marzi« relativ leicht einen gewissen Schockeffekt erzielen. Dieser, selbst wenn nicht intendiert, zog einen entsprechenden kommerziellen Erfolg nach sich. Die Popularität der Serie beim breiten Publikum verdankt sich gewiss auch der graphischen Darstellung, die in der Farbwahl wie in der Figurenzeichnung gewollt kindlich bleibt. Obwohl die Comics vorgeben, sich der Kinderperspektive zu bedienen, ist diese nur auf der Oberfläche präsent. Beim näheren Hinschauen wird dem Leser klar, dass allein schon die Wahl der Inhalte einer taktischen Überlegung folgt, die in erster Linie das Exotische des sozialistischen Alltags hervorheben möchte (etwa: den Weihnachtskarpfen in der Badewanne, nächtliches An stehen vor dem Geschäft, um einen Kühlschrank zu kaufen etc.). Mit anderen Worten: Im Vordergrund stehen hier Alltagserfahrungen, wie man sie (nachträglich!) typischerweise mit der Volksrepublik Polen verbindet. Insofern erscheinen die in der Serie festgehaltenen Inhalte weniger als individuelle Kindheitserfahrungen denn als eine kulturell vermittelte und verfestigte, medial gestützte Erinnerung an die Volksrepublik Polen.[24]

Die Erzählung über die eigene Kindheit, die in »Marzi« Thema ist, ist offensichtlich dominiert durch das kulturelle, kollektive Gedächtnis, was sich sehr deutlich in der Gestaltung der Textebene abzeichnet – auch wenn dies kaum eine bewusste Vorgehensweise der Autorin ist. Die sprachliche Dimension steht in einem überdeutlichen Kontrast zu den Bildern, dementsprechend flach fällt das ästhetische Potenzial der Serie aus, denn der als naiv inszenierte Blick des kleinen Mädchens wird an keiner Stelle, weder sprachlich noch bildlich, hinterfragt. Mehr noch: Die kindlich naive Darstellung der Hauptfigur (etwa: überdimensional große blaue Augen) steht in einem direkten Kontrast zur stilistischen Ebene der Textkommentare, die in der Wortwahl unüberhörbar ›erwachsen‹ sind, stellenweise gar eine pathetische Note tragen. Durch den aufgesetzten Ton der Erzählkommentare, die der kleinen Marzi in den Mund gelegt

---

23 In einem Interview für eine französische Zeitschrift äußert sich Marzena Sowa folgendermaßen: »Die zentrale Frage bei der Arbeit an Marzi war von vornherein, die Wahrheit zu erzählen.« Vgl. http://www.evene.fr/livres/actualite/marzi-interview-marzena-sowa-syl vain-savoia-dupuis-348.php (Zugriff am 30.01.2013) [Deutsch von der Verf.]. Die offensichtlichen Klippen einer solchen »Wahrheitserzählung« – die Frage »wessen Wahrheit« gemeint ist, inwiefern eine (geschweige denn ›die‹) ›Wahrheit‹ über ein Leben vermittelbar ist, inwiefern die jeweilige ›Wahrheit‹ von dem Zeitpunkt abhängig ist, in dem sie ins Auge gefasst wird – werden von Sowa nicht thematisiert.

24 Darauf hat bereits Radosław Swół in seiner Analyse der Serie von Sledziński hingewiesen. Vgl. ders.: »Czy autobiografowie marzą o zmyślonych życiach?« [»Do Autobiographers Dream of Imaginery Lives?«]. In: »Zeszyty komiksowe«. Nr. 14, 2012, S. 78–83, hier: S. 80.

werden, erzeugen die Arbeiten von Sowa/Savoia Dissonanzen (comic)ästhetischer Natur, die aus der Kluft zwischen der erzählerischen Vermittlung und der bildlichen Darstellung resultieren. Die für den hier fokussierten Ansatz interessanten Dissonanzen und Ambivalenzen zwischen Fakt und Fiktion, die man auf der Ebene der autobiographischen Reflexion hätte erwarten können, sind nicht zu finden. Insofern ist ausgerechnet die am meisten gefeierte und bekannteste autobiographische Comic-Serie aus Polen ironischerweise am wenigsten auto-bio-graphisch im Sinn einer kritischen und intermedial realisierten Befragung der Möglichkeiten und Grenzen der Vermittlung der eigenen Lebensgeschichte.

In einem Interview wurde Marzena Sowa gefragt, ob sie die Comicserie von Michał Śledziński »Na szybko spisane« (Schnell aufgeschrieben) kennt. Sie gibt es zu und erwähnt die unterschiedliche Herangehensweise an die Darstellung der eigenen Biographie: »Die große Geschichte bleibt bei ihm eher im Hintergrund [...]. Wichtiger sind, wie mir scheint, die Verhältnisse innerhalb der Familie«.[25] Dass Sowa ausgerechnet die Familienverhältnisse herausgreift, mag daran liegen, dass Śledziński als Milieu das inszeniert, wofür man im bürokratischen Jargon den Euphemismus »sozialschwache Familie« bemüht. Insofern hebt er sich ab und nutzt das Setting – alleinerziehender Vater mit sichtbarem Faible für alkoholische Getränke, doofer und aggressiver Bruder, öder Plattenbau mit wenig ansprechendem Spielplatz – zur Erzeugung eines Realitätseffekts. Auf diesen fällt man leicht rein (die Rezeption bestätigt dies zum Teil)[26], zumal der Zeichenstil das Krude einer solch bösen Welt hervorhebt. Der Realitätseffekt wird stark übertrieben – es häufen sich Berichte über brutale Kämpfe unter Kindergangs – und zugleich auf der Textebene auffallend lapidar kommentiert:

---

25 Vgl. Marzena Sowa im Gespräch mit Maciej Reputakowski während des Internationalen Comicfestivals in Lodz: http://komiks.polter.pl/Wywiad-z-Marzena-Sowa-i-Sylvainem-Sa voia-c13529Xprint (Zugriff am 24.10.2012) [Deutsch von der Verf.].

26 Nicht nur Marzena Sowa nimmt den Realitätseffekt von Śledziński für bare Münze – in einer Rezension in Kultura Liberalna, einer liberalen online-Kulturzeitschrift bezeichnet Bartosz Biedrzycki die Serie von Śledziński als »dichte, sozialkritische Geschichte über einen Halbwaisen, [...] dominiert durch alles überschattende Gewalt«. Vgl. Biedrzycki, Bartosz: »«Kinderszenen« 30-latków« (Kinderszenen der Dreißigjährigen) in: http://kulturali beralna.pl/2009/03/23/%E2 %80 %9Ekinderszenen%E2 %80 %9D-30-latkow/ (Zugriff am 30.01.2013). Einen anderen, aufmerksameren Blick bietet die Rezension von Artur Wabik, der Śledzińskis spielerische Handhabung der Relation zwischen *fact/fiction* erkennt und die autobiographische Erzählung hier »in einer Spaltung zwischen einer sentimentalen Rückschau und einer brutalen Aufarbeitung der Vergangenheit« betrachtet. Vgl. Wabik, Artur: Komiksowy powrót do przeszłości. In: Zeszyty Komiksowe. Nr. 14, 2012, S. 71–73, hier: S. 72 [Deutsch. von der Verf.].

»Einmal haben sie meinen Bruder bei einer seiner Spionagemissionen ertappt. Sie haben ihn grün und blau getreten, sodass er nachher fünf Nähte hatte. Er war sehr stolz darauf.«[27]

An einer anderen Stelle heißt es über den Kriegszustand zwischen den verfeindeten Gangs:

»Jedes Mal wenn der Krieg erklärt wurde, kamen ältere Jungs und holten meinen Bruder, damit er mitkämpfte. Er nahm dann sein Finnenmesser und ging. Ich wollte nicht. Ich guckte nur aus dem Fenster, wie andere Kinder bluteten.«[28]

Die Ich-Kommentare sind lakonisch,[29] die Bilder überzeichnet – es meldet sich hier eine erwachsene, ironisch-amüsierte Sicht auf eine Kindheit in der Volksrepublik Polen der 80er Jahre und damit, wenn auch unterschwellig, eine Reflexion über die Sprache von Kindheitserinnerungen.[30] Das Verfahren der Überzeichnung erzeugt eine Verdopplung der Perspektive, die die Ambivalenz der autobiographischen Narrative demonstriert. Es spricht hier zum einen das erwachsene Ich, das in lakonischen Kommentaren seine Distanz zum ›Damals‹ zeigt, zum anderen das kindliche Ich, das die Realität ›damals‹ so empfunden haben mag, obwohl sie *so* (also: so schlimm) gar nicht war. Die Verschmelzung dieser zwei Stimmen in den (homodiegetischen) Erzählkommentaren, die an vielen Stellen einen Stereo-Effekt hervorbringt, weil die konsequente Lakonie eine klare Grenze zwischen dem erzählenden Ich und dem erzählten Ich verwischt, findet ihr Pendant auf der Bildebene. Der Strich von Śledziński ist ostentativ skizzenhaft, lässig und »schnell«, was auch auf den Titel »Schnell aufgeschrieben« verweist, besonders in der Figurenzeichnung behält er einen Touch von unbeholfener Krakelei. Gleichzeitig weist die Komposition der Pa-

---

27 Śledziński, Michał: Na szybko spisane 1980–1990. Warszawa: Kultura Gniewu 2007, S. 33 [Deutsch von der Verf.].

28 Ebd., S. 32.

29 In der bisher sehr spärlichen Forschung zu Sledzinskis autobiographischem Comic wurde die Lakonie als »mangelndes Vertrauen in der Sprache« interpretiert, das in die Verschiebung der Aufmerksamkeit auf »Handlungen und Gesten« münde. Vgl. Swół, Radoslaw: »Czy autobiografowie marzą o zmyślonych życiach? In: »Zeszyty komiksowe«. Nr. 14, 2012, S. 78–83, hier: S. 82 [Deutsch von der Verf.]. Eine solche Sicht vernachlässigt die Tatsache, dass die Brisanz des in Panels Dargestellten im hohen Grad dem sprachlichen Kommentar entspringt, was offensichtlich ein Vertrauen in die verbalen Mittel impliziert.

30 Moritz Baßler bringt dieses Moment folgendermaßen auf den Punkt: »Kindheits- bzw. Jugenderinnerung als Ich-Erzählung verschärft ja generell das Problem jeder Autobiographie: das Verhältnis von erzählendem zu erzähltem Ich. [...] Im gleitenden Übergang markiert das Ende der Kindheit immer eine Alteritätsschwelle, über die die Sprache des erwachsenen Ich nicht zurückreicht. Der Text muß somit immer zwei Welten, Sprachen und Reflexionsstände repräsentieren.« Vgl. Baßler, Moritz: Der deutsche Pop-Roman. Die neuen Archivisten. München: C. H. Beck 2002, S. 28.

nels, die Farbensetzung und die Wahl der dargestellten Elemente der Diegese unmissverständlich eine reflektierte Darstellungsweise auf.

Auf der Ebene der ›kindlichen‹ Erzählung betreibt Śledziński offensichtlich ein Spiel mit literarischen Konventionen, denn, wie er selbst in einem Interview sagte, entspreche das introvertierte Ich aus dem Comic nicht im Geringsten seinem Charakter.[31] Die Konvention –das Ich ist ein verschlossenes, empfindsames Kind, das die Wirklichkeit von seinem einsamen Posten aus beobachtet (in den autobiographischen Comics des Öfteren anzutreffen) – setzt er jedoch ein, um einiges zu erzählen, das sich sehr real anfühlt: allerlei Flops, Reinfälle und Bauchlandungen, die jede Kindheit markieren. So wird berichtet, wie das kleine Ich von seinen Kumpels aus dem Sandkasten in einer Wette Geld gewonnen hat: »Für das gewonnene Geld habe ich mir sechs Limonaden in Säckchen gekauft. Es waren diese roten. Ich habe mit niemandem geteilt« (Abb. 1). Mit diesem Bild vermittelt der Comic wieder zweierlei: Einen jener kleinen Flops, die man selten vergisst (weil man aus ihnen – im Idealfall – lernt), und ein Element der realsozialistischen Realität – rote Limonade in Plastiksäckchen, die jedes Schulkind in den 80er Jahren kaufte.

Referenzen auf die soziale und kulturelle Wirklichkeit der 80er und 90er Jahre wurden in der Rezeption besonders gern hervorgehoben, wobei man auch Śledzińskis Beitrag zum Erinnerungsdiskurs nach der Wende bzw. zur PRL-Nostalgie[32] würdigte.[33] Dabei hält sich die Anzahl der sentimentalen Verweise in

---

31 Vgl. Klappentext zur ersten Ausgabe von »Na szybko spisane 1980 – 1990«: »Es ist eine Art Tagebuch eines introvertierten Männchens. Die Figur selbst ist mir emotional sehr fern, absolut inkompatibel mit meiner extravertierten Persönlichkeit« [Deutsch von der Verf.].

32 Als PRL-Nostalgie (PRL ist die polnische Abkürzung für »Polska Rzeczpospolita Ludowa«, dt. Volksrepublik Polen) könnte man eine Tendenz bezeichnen, die Wirklichkeit des sozialrealistischen Polen positiv zu erinnern und die materiellen Objekte aus dieser Zeit als wertvolle Artefakte einer vergangenen Epoche wahrzunehmen. Sie äußert sich u.a. im

Grenzen – die Erzählung orientiert sich nicht primär an der Vermittlung einer Kindheit in der ehemaligen Volksrepublik Polen. Auch wenn, wie manche Rezensenten zu Recht festgestellt haben, sich in der Serie die einzelnen Etappen der politischen und sozialen Transformationen der zwei Jahrzehnte (1980–2000) gut nachverfolgen lassen, werden sie eher lakonisch angedeutet als plakativ in Szene gesetzt. Die gängigen Klischees über den Alltag hinter dem Eisernen Vorhang, die in der »Marzi«-Serienahezu ausgebeutet werden, sind hier kaum zu finden. Eine Gegenüberstellung von Panelfolgen im ersten Kapitel demonstriert dies deutlich: Einmal zählt das Ich sämtliche TV-Sendungen auf, die es tagsüber auf einem der zwei polnischen Sender sehen konnte, wobei auch die typischen Fernsehbilder evoziert werden (Abb. 2); ein paar Panels weiter zeigt ein ebenfalls gleichmäßiges Panelraster wie das Kind-Ich ein im Sandkasten beliebtes Spiel mit einem Finnenmesser übt. Der Erinnerung an konkrete Elemente der kulturellen Wirklichkeit der vergangenen Epoche steht eine private, individuelle, ja banale Erinnerung entgegen – beiden wird aber genauso viel Platz eingeräumt, eine Hierarchie der Erinnerungen lässt sich nicht erkennen. Gewiss können die nachgezeichneten typischen Fernsehbilder einen Wiedererkennungseffekt hervorrufen – zumindest bei den im kommunistischen Polen sozialisierten Lesern –, aber einen solchen erzeugen sicherlich auch andere Momente, die Śledziński festhält: Freude über neue Lego-Sets oder bildhafte Erinnerungen an solche Kinofilme wie »E. T. – Der Außerirdische« (1982) oder »Die unendliche Geschichte« (1984), welche als universelle Erinnerungsinhalte der Kindheit in den 80er Jahren (und zwar auf beiden Seiten des Eisernen Vorhangs) gelten können.

Eine sentimentale Perspektive ist in der Serie nur dezent und unterschwellig präsent, ein konsequenter Hang zur Archivierung kann dem Comic nur bedingt attestiert werden. Was in der deutschen Forschung zur Pop-Literatur als »Aufschreibe-Verfahren« im Dienst einer Archivierung bezeichnet wird,[34] trifft hier

kommerziellen Interesse an allerlei Produkten, die mit der Zeit vor der Wende assoziiert werden, in der Popularität einschlägiger TV-Serien (was auf dem medialen Markt in zahlreichen DVD-Editionen sichtbar wurde) bzw. der Kultfilme dieser Zeit. Eine Reihe von populärwissenschaftlichen Publikationen erinnert an Autos, Design, Architektur in PRL, Bars werden mit entsprechenden Designelementen auf PRL stilisiert etc. Svetlana Boym beschreibt das Phänomen der postkommunistischen Nostalgie vor allem am Beispiel der ehemaligen Sowjetunion und unterscheidet zwischen »reflective nostalgia« und »restoring nostalgia«. Der bei Sledziński erkennbare, leicht nostalgische Touch wäre nach Boyms Kategorien ein Beispiel für »reflective nostalgia«, welche »is more concerned with historical and individual time, with the irrevocability of the past and human finitude« und dabei »ironic, inconclusive and fragmentary«. Vgl. Boym, Svetlana: The Future of Nostalgia. New York: Basic Books 2001, S. 41 f.

33 Vgl. Wabik, Artur: Komiksowy powrót do przeszłości.; Janicki, Bartłomiej: Dorastanie w PRL. ›Na szybko spisane‹ dla początkujących. Beide in: Zeszyty Komiksowe. Nr. 14, 2012, S. 71–73 und 74–76.

34 Vgl. Baßler, Pop-Roman. 2002.

nur unter Vorbehalt zu. Die paraliterarischen Verfahren, die Moritz Baßler im deutschen Pop-Roman der 90er Jahre vorfindet – und die sich ohne Weiteres im Comic verwenden ließen –, also: Kumulation, Generalisierung, Listenführung, Vorliebe für Details, für das Serielle, für Markennamen, lassen sich bei Śledziński nur an einigen wenigen Stellen nachweisen. Beim Lesen der Serie bekommt man den Eindruck, dass Śledziński einer musealen Tendenz beim Sprechen über die Kindheit in der Volksrepublik Polen trotzen möchte, so wenig bedient er die Stereotype, so beiläufig setzt er die Nachrichten über die politischen Umwälzungen ins Bild (und Wort). Von einem »Zurechtschönen« der kommunistischen Ära kann allerdings auch nicht die Rede sein, dafür sorgt das überzeichnete Familien-Setting mit dessen akribisch inszenierter Tristesse sowie die mit viel zu vielen blutroten Farbsignalen gesprenkelte Topographie der hier gezeigten Kindheit. Dabei signalisiert der Comic unterschwellig, dass die Reflexion über die Erinnerung und Erinnerbarkeit durchaus eines seiner Grundthemen darstellt. Was die Serie allerdings offen verweigert, ist das Zurechtschneiden des Dargestellten auf ein bereits vorhandenes Bild bzw. eine feste Vorstellung vom Ich-Narrativ. Daher gestaltet sich Śledzińskis Umgang mit der autobiographischen Ambivalenz zwischen Fakt und Fiktion größtenteils durch die Erzähltechnik (lapidare Ich-Kommentare bei konsequenter Einhaltung der Ich-Perspektive), durch einen kruden und expressiven Zeichenstil und eine gezielte Brechung der literarischen Darstellungskonventionen von Kindheitserinnerungen. Zwei poetologische Grundlinien – Übertreibung (vorwiegend auf der Bildebene) und Untertreibung (Textebene) – arbeiten an der Gestaltung einer Ambivalenz zwischen dem Echten und dem Erfundenen mit. Mit den Darstellungsmitteln des Comics stellt Śledziński den Gestus der autobiographischen Schreibweise und die Frage der Referenzialität parodierend heraus. Die Begriffe Fakt/Fiktion werden bei der Selbstdarstellung offensichtlich nicht als Opposition betrachtet.

III.   Markus Witzel alias »Mawil« – selbstironisch

Der Berliner Comicautor Mawil ist in der deutschen Comicszene spätestens seit der Veröffentlichung seines ersten Comics »strand safari« (2002) bekannt, weitere, meistens autobiographische Comics folgten in den nächsten Jahren, darunter »Wir können ja Freunde bleiben« (2003), »Die Band« (2004), »Action Sorgenkind« (2007). Seine Comics liegen u. a. in englischer, französischer, polnischer, tschechischer Übersetzung vor. Er publiziert vorwiegend im comicspezialisierten Berliner Verlag Reprodukt, der auf Comics »aus der Independent-Szene« setzt, die »nicht die klassischen Comicthemen bedienen«.[35]

Der dominierende Ton der autobiographischen Comics von Mawil ist der des Understatements, der leichten Selbstironie und des ungezwungen Humors. Offensichtlich betrachtet er seine Biographie als dankbare Quelle für graphische Erzählungen über allerlei wohl bekannte Etappen der Kindheit und Adoleszenz. Seine Comic-Autobiographie ist allerdings fern jeder Systematik, sie gehorcht nicht dem comicspezifischen Gesetz der Serie, sondern versammelt in einigen ästhetisch unterschiedlich konzipierten Heften diverse *life stories*. Ein thematischer Schwerpunkt ist dabei manchmal im Titel vorgegeben – wie bei den Heften »Wir können ja Freunde bleiben« und »Die Band« – oder auch nur vage angedeutet, wie im Comic »Action Sorgenkind«, um den es im Folgenden gehen soll.

Das titelgebende »Sorgenkind« ist im Grund keines – aber das gehört zu Mawils Strategie der Understatements. Mawil zeigt Mawil – nur in einem einzigen Fall zeichnet er die autobiographische Geschichte eines Freundes –, wie er von einem Computerspiel besessen wird, wie er als Kind wegen des Stotterns therapiert wurde, wie er sein erstes Auto gekriegt hat etc. Er scheut sich nicht vor Belanglosigkeiten, konzentriert sich gern auf Flops und gestaltet die Darstellungsweise möglichst unbeschwert, wodurch das Gezeigte und Erzählte dem Leser auf den ersten Blick sympathisch und vertraut erscheint. Anders als bei Śledziński ist das Setting durchaus realistisch, mit einer Vorliebe für konsequent gesetzte Bilddetails, aber auch für eine getreue Wiedergabe der Besonderheiten der sprachlichen Kommunikation. Denn während Śledziński ausschließlich Ich-Kommentare einsetzt, treibt Mawil seine Geschichten mit einer Vielzahl von Dialogen voran. Sein Humor kommt somit durch eine Kombination von Understatements in Sprache und Bild zum Vorschein, was vom Rezipienten ein genaues Hinschauen verlangt.

Mawil liebt Kleingedrucktes und Kleingezeichnetes, so senden seine Comics unterschwellig kritische Signale aus: Zum einen widersetzen sie sich dem Bombast der Action-Comics (obwohl sie zugleich – ironisch auf sie anspielen, etwa durch den Titel »Action Sorgenkind«), zum anderen der allgemeinen und weitverbreiteten Überzeugung von der Einfachheit einer Comiclektüre (damit hinterfragen sie auch den erwähnten Evidenzeffekt einer visuell dominierten Kultur). Er genießt es aber auch, die Zuschreibung Fakt/Fiktion zu irritieren. Innerhalb einer kurzen Story nutzt er etwa Figuren, die das Erzählte in der Realität des Autors verankern, was aber nicht damit gleichbedeutend ist, dass sie eindeutig auf der Seite des Faktischen stehen. Einerseits ist es der Verleger von

---

35 Vgl. die Selbstdarstellung des Verlags: http://www.reprodukt.com/verlag.php (Zugriff am 25.10.2012).

Reprodukt, der den Autor gutmütig auf einen Rechtschreibfehler ausgerechnet im Wort »Autorencomic« aufmerksam macht, womit Mawil einen Realitätseffekt platziert, und zwar konsequent als Understatement: »Ich bin der Comicautor, der bei Reprodukt veröffentlicht. Ich mache Rechtschreibfehler.« Andererseits erscheint am Ende der kurzen Story sein zweites »autobiographical avatar«, der Supa Hasi, der als Mawils Erkennungszeichen gilt, aber zugleich als sein *alter ego* auftritt. Supa Hasi taucht in diesem Heft übrigens an einigen Stellen als Beobachter oder gar als Kommentator auf, der das Bild, das Mawil von sich zeichnet, zu korrigieren versucht (Abb. 3).

Der Status dieser Figur liefert einen interessanten Untersuchungsgegenstand für die Fakt-oder-Fiktion-Frage: Supa Hasi ist ein Produkt und Erkennungszeichen des Comicautors Mawil (was in der Comicszene keine Seltenheit ist), besitzt also rein juristisch gesehen eine stabile Identität – eine Nutzung dieses Zeichens ohne Angabe des Urhebers könnte der Autor Mawil rechtlich beanstanden.[36] Zugleich agiert Supa Hasi innerhalb der erzählten Geschichten als ein *alter ego* Mawils, das für sich das Recht beansprucht, die ›Wahrheit‹ über die Figur des Mawil zu kennen. Solange Supa Hasi nicht auftaucht, lässt sich das Erzählte ohne Weiteres als eine realistisch dargestellte Geschichte aus dem Leben des Autors nachvollziehen. Indem er aber in einem Panel neben Mawil erscheint, verweist er auf die Logik des Comics, wo Figuren Strichmännchen sind und einer gezeichneten, sprich: fiktiven Realität angehören. Das bedeutet nicht, dass das Erzählte damit eindeutig seine autobiographische Marke einbüßt, vielmehr wird die Ambivalenz des Autobiographischen an solchen Stellen buchstäblich *herausgestrichen*. Durch das Hervorbringen solcher Doppelexistenzen parodiert

---

36 Solche Fälle sind in der langen Geschichte der Comics bekannt, Ole Frahm verweist etwa auf die Politik Walt Disneys, der das Copyright an seinen Figuren konsequent verteidigte. Vgl. Frahm, Ole: Die Sprache des Comics. Hamburg: Philo Fine Arts 2010, S. 99.

der Comic eine solche Handhabung der Kategorie ›Identität‹, die die Identität als eine feste Größe definiert, und problematisiert sie mit Verweis auf den heute besonders virulenten Aspekt der Identität der visuellen Objekte.[37]

Doppelexistenzen können sich unterschiedlich manifestieren: sie erscheinen als *alter ego* der Figur (und da sind beide als nichtidentisch klar erkennbar), aber auch als Multiplikationen der Figur, hier des autobiographischen Ichs, in *einem* Panel. Im letzteren Fall kann es sich um Verfahren handeln, die in ihrer Funktion stark differieren – Śledziński »vermehrt« seine kindliche Figur innerhalb eines Panels, hauptsächlich um ein monotones Verstreichen der Zeit zu markieren, der Ich-Kommentar liefert nur eine lakonische Information zum Handlungsverlauf: »Ich ging noch die nächsten ein paar Tage auf den Spielplatz. Ich spielte«[38] (Abb. 4). In der Comic-Ästhetik ist ein solcher Trick keineswegs selten, üblicherweise will die mehrfache Präsenz einer Figur innerhalb eines Panels eine Intensivierung des Dargestellten ausdrücken. Mawil dagegen zeichnet sein Ich in einer Verdopplung, um eine emotionale Spaltung zum Ausdruck zu bringen (das eine Ich, deprimiert und niedergeschlagen, lässt sich von dem anderen Ich trösten) (Abb. 5.), oder auch in einer Multiplikation, wodurch ein rauschhaftes Verschmelzen mit anderen suggeriert wird. Während Śledziński es offensichtlich vermeidet, bei seiner Figur eine Introspektion auch nur anzudeuten – und damit die Distanz zu ihr noch unterstreicht –, nutzt Mawil die Wiederholung (eines der zentralen Elemente der Comic-Ästhetik) zur Potenzierung seiner augenzwinkernden Selbstdarstellung. Während Śledziński die Multiplizierung der Ich-Figur schlicht darstellungstechnisch verwendet, wird derselbe Griff in Mawils selbstironischer Geste zur Chiffre einer psychologisierenden, introspektiven Selbstdarstellung. Diese verdichtet Mawils Comic zusätzlich durch die erwähnte Einführung des *alter ego* Supa Hasi. Damit wird die Verunsicherung im Hinblick auf die Identität der Ich-Figur gesteigert.

Im Kontext der Autobiographie mag der Rekurs auf Tierfiguren als Referenz sowohl auf die Tradition des Mediums als auch auf den historischen Kontext der Diegese verstanden werden, er kann aber auch eine andere Reflexion vermitteln, die Derrida in seinen Verzeichnungen »L'animal que donc je suis« (Das Tier, das ich bin) entwickelt.[39] Derrida beschreibt dort die Erfahrung, nackt von seiner Katze beobachtet zu werden, die ihn auf die Idee bringt, die autobiographische Frage »Wer bin ich?« aus einer anderen Perspektive zu stellen, nämlich zu überlegen, was ein Tier, das der Mensch auch ist, zum Menschen macht. Die-

---

37 Hier vgl. Schaffer, Johanna: Ambivalenzen der Sichtbarkeit. Bielefeld: transcript 2008.

38 Śledziński, Na szybko spisane 1980–1990. S. 11.

39 Vgl. Derrida, Jacques: »Souvent je me demande, moi, pour voir, *qui je suis* – et qui je suis au moment oú, surpris nu, en silence, par le regard d'un animal, par exemple les yeux d'un chat, j'ai du mal, du mal à surmonter une gêne.« In: Ders.: L'animal autobiographique. Autour de Jacques Derrida. Hrsg. von Marie-Louise Mallet. Paris: Galilée 1999, S. 251–301, hier: S. 253.

jenigen Comics, die solche tierischen »avatars« einsetzen, nähern sich einer solchen Sicht, denn sie reflektieren damit die Prämissen der Identitätsfrage und die Prämissen einer Autobiographie. Die Art der Inszenierung dieser Probleme mag naiv, lustig oder gar infantil sein – der gewählte Ton ist, wie generell bei Mawil, der des Understatements. Große Fragen werden klein gezeichnet oder, wie bei Śledziński, überzeichnet – Individuen gerinnen zu Strichmännnchen. Harte Tatsachen – etwa eine Gedächtnislücke beim autobiographischen Ich – stehen neben solchen Unwahrscheinlichkeiten wie alternden Comicfiguren.[40]

Als Art Spiegelmans »Maus« mit dem Pulitzer-Preis ausgezeichnet werden sollte, hat die Jury für diesen Comic eine spezielle Kategorie erfunden, mit der Begründung, es ließe sich nicht eindeutig als *fiction* oder *nonfiction* klassifizieren. Ein Kritiker der »New Yorker Times Book Review« konstatierte damals: »It resists defining labels«.[41] Eine solche Diagnose dürfte auch auf viele polnische und deutsche Comic-Autobiographien zutreffen.

---

40 Vgl. Frahm: »Die Digedags altern wie so viele andere Comicfiguren nicht. Sie haben keine biografisch erzählbare Geschichte, sie erzählen Geschichten und sind deshalb zeitlos – wie der Traum.« Die These von den nicht alternden Comicfiguren geht mit Frahms Erkenntnis über die problematische Identität derselben einher: »Die Comics entstehen nicht aufgrund einer Zeugung, sondern aufgrund eines mimetischen Vermögens. [...] Comics zeigen damit den Konflikt der Subjektivierung selbst auf, die immer Unterwerfung unter die Macht, die Anrufung, die Logik der Identität bedeutet und zugleich diesen Akt wiederholen muss, wodurch die Stabilität der Identität unsicher ist,« Die Sprache des Comics. 2010, S. 229, 107 – 108.

41 Vgl. Hirsch, Marianne: Mourning and Postmemory. In: Graphic Subjects. Critical Essays on Autobiography and Graphic Novels. Hrsg. von Michael A. Chaney. Madison: University of Wisconsin Press 2011, S. 17 – 41, hier: S. 24.

Agnieszka Kodzis-Sofińska (Wrocław)

Zwischen neuer Dekadenz und gewöhnlichem Trübsinn – Das popkulturelle ›Manifest‹ »Tristesse Royale« aus heutiger Perspektive

Das Erscheinen von »Tristesse Royale« auf dem Buchmarkt rief im deutsch-sprachigen Feuilleton stürmische Reaktionen seitens der Literaturkritik hervor. In den ersten Jahren nach der Veröffentlichung des Textes wurden aber nur einige wenige positive Rezensionen[1] der Öffentlichkeit vorgelegt, die Mehrheit der Besprechungen fiel negativ aus, nicht zuletzt aus diesem Grund, weil die Kritik bemüht war, »Tristesse Royale« nach Kriterien der Hochliteratur zu be-urteilten.[2] Es wurde dem Autor angelastet, dass er unter dem Deckmantel einer Dandy-Inszenierung Snobismus, Zynismus, Kälte und Arroganz propagiere,[3] ohne einen Ausweg aus jener tristen Situation zu finden. Die meisten Verrisse lassen sich in einem Satz zusammenfassen: »›Tristesse‹ [traf] den Nerv der Zeit ›royale‹ – weniger«.[4]

Das breite, wenn auch nicht besonders günstige Presseecho hat wesentlich zur Popularität der Publikation beigetragen: »Tristesse Royale« verkaufte sich gut, erreichte drei Auflagen. Die Tatsache bestätigt zugleich die These, dass die

---

1 Vgl. Seibt, Gustav: Aussortieren, was falsch ist. In: Die Zeit Nr. 10/2000; Radisch, Iris: Mach den Kasten an und schau. In: Die Zeit Nr. 42/1999; Martenstein, Harald: »Tristesse Royale«. Ein Aufstand junger Männer. In: Der Tagesspiegel vom 13.11.1999 und Ernst, Thomas: Kracht, Stuckrad-Barre und das popkulturelle Quintett. In: Ders.: Popliteratur. Hamburg: Europäische Verlagsanstalt 2001, S. 72–75.

2 Vgl. Lützow, Gunnar: Delirium am Kaminfeuer. In: Berliner Morgenpost vom 19.10.1999; Zaimoglu, Feridun: Knabenwindelprosa. In: Die Zeit Nr. 47/1999; Broder, Henryk M./ Mohr, Reinhard: Die faselnden Fünf. In: Der Spiegel Nr. 49/1999 und Müller, Kai: Club der blasierten Jungen. In: Der Tagesspiegel vom 28.01.2001.

3 Vgl. Jung, Thomas: Vom Pop international zur Tristesse Royal [sic!]: Die Popliteratur, der Kommerz und die postmoderne Beliebigkeit. In: Ders. (Hrsg.): Alles nur Pop? Anmerkungen zur populären und Pop-Literatur seit 1990. Frankfurt/Main: Peter Lang 2002, S. 29; Schu-macher, Eckhard: »Tristesse Royale«. Sinnsuche als Kitsch. In: Braungart, Wolfgang (Hrsg.): Kitsch. Faszination und Herausforderung des Banalen und Trivialen. Tübingen: Niemeyer 2002, S. 200 und Baßler, Moritz: Der deutsche Pop-Roman. Die neuen Archivisten. München: C. H. Beck 2002, S. 121.

4 Vgl. Maus, Stephan: Job fressen Gumbo auf. Joachim Bessing an den Steuerknüppeln der »Wir Maschine«. In: Neue Zürcher Zeitung vom 29.09.2001.

Diskrepanz zwischen den Urteilen der Rezensenten und den Vorlieben der Leser zu den wichtigsten Merkmalen der Popliteratur zählt. Dabei darf auch nicht unbeachtet bleiben, dass die Teilnehmer der Adlon-Runde zu Popstars des Literaturbetriebs aufstiegen und bekannter wurden als ihr Werk, was ohne Zweifel auch ihrer ständigen Medienpräsenz zu verdanken ist. Zwar formuliert Andreas Bernhard treffend: »Die Faszination an einem Buch wie ›Tristesse Royale‹ geht von einem Verhältnis zwischen Autor und Werk aus. Der Text ist nicht zu trennen von den Inszenierungsweisen seiner Verfasser; der Text ist diese Inszenierungsweise.«[5] Zu fragen aber bleibt, ob die non-verbalen Verhaltensweisen (Kleidung, Gebaren etc.) zur Inszenierung nicht in mindestens gleichem Maß beitrugen wie die verbalen.

Als Provokation, Skandalerreger, eine Art Selbstinszenierung und Eigenwerbung der Popliteraten jedenfalls hat das Buch seine Rolle vollkommen erfüllt. Ob es die einzige Errungenschaft des Projekts und als Programmdarlegung der popliterarischen Gruppe eine reine Vortäuschung von Substanz war, ist jedoch zu bezweifeln. Nach der Welle der Empörungen über die Oberflächlichkeit von »Tristesse Royale« begann das Werk dennoch, wegen seiner Komplexität und Einmaligkeit, immer breitere Kreise von Rezipienten zu interessieren. Dies hatte dann zu Folge, dass es zu einem literaturwissenschaftlichen Untersuchungsstoff erhoben wurde.[6] Die Aufmerksamkeit der Forscher haben vor allem die Mehrfachcodierung[7] des Textes und dessen kompositorische Auffälligkeiten gewonnen. Darüber hinaus haben die meisten der literaturwissenschaftlichen Arbeiten auf zuvor übersehene Inhalte des Werkes hingewiesen. Angesichts der seit den 2000er-Jahren beobachtbaren, retrospektiven Aufwertung scheint es an der Zeit, die Rolle von »Tristesse Royale« in der popliterarischen Debatte aus heutiger Perspektive zu beurteilen.

Dass das Buch auf Bestellung geschrieben wurde, bestätigte der Herausgeber

---

5 Bernhard, Andreas: Alles Pop? In: Süddeutsche Zeitung vom 06.04.2000.
6 Vgl. Schumacher, »Tristesse Royale«: Sinnsuche als Kitsch. 2002, S. 197–211; Tommek, Heribert: Das deutsche literarische Feld der Gegenwart, eine Welt für sich? Skizzen einer strukturellen Entwicklung, in das Beispiel der (westdeutschen) »Tristesse-Royale«-Popliteraten mündend. In: Gilcher-Holtey, Ingrid (Hrsg.): Zwischen den Fronten: Positionskämpfe europäischer Intellektueller im 20. Jahrhundert. Berlin: Akademie Verlag 2006, S. 397–430; Kopacki, Andrzej: Christian Kracht, Tristesse Royale und die Möbiusschleife. In: Convivium. Germanistisches Jahrbuch Polen. Bonn: DAAD 2008, S. 261–285; Frank, Dirk: Literatur aus den reichen Ländern. Ein Rückblick auf die Popliteratur der 1990er Jahre. In: Grabienski, Olaf/ Huber, Till/ Thon, Jan-Noël: Poetik der Oberfläche: die deutschsprachige Popliteratur der 1990er Jahre. Berlin/Boston: Walter de Gruyter 2011, S. 27–52 und Roenneke, Stefanie: Adieu Tristesse! Wieviel Camp steckt in Pop? In: ebd., S. 111–122.
7 Diederichsen, Diedrich: Pop – deskriptiv, normativ, emphatisch. In: Hartges, Marcel/ Lüdke, Martin/ Schmidt, Delf (Hrsg.): Pop, Technik, Poesie. Reinbek: Rowohlt 1996, S. 43.

Joachim Bessing in einem Interview.[8] Die Idee des Projekts wurde von Alexander von Schönburg selbstironisch bloßgestellt:

> »Wir werden von vorne und von hinten entertained. Die Spannung ist weg. Das geht sogar so weit, daß sich völlig gesunde und vernünftige Menschen, wie wir es sind, für Geld im Adlon einsperren lassen, um über unsere Wohlstandsverwahrlosung zu lamentieren.«[9]

Die Publikation sollte darüber hinaus ein »Manifest der jungen deutschen Popliteraten«[10] darstellen – so die Kritiker. Aufschlussreich bei der Funktionsbestimmung des Werkes sind allerdings die abweichenden Äußerungen der an »Tristesse Royale« Beteiligten, wie z. B.: »Wir wollten uns auf keinen Fall zu Sprechern einer Generation machen. Das Buch sollte eine Art Spiegel sein, eine Reflexion der Oberfläche.«[11] Derlei Worte haben die Ansprüche auf eine Manifesthaftigkeit, die dem Buch unterstellt wurden, deutlich abgeschwächt. Zugleich wurde dadurch angedeutet, dass es relevantere Aspekte von »Tristesse Royale« gibt.

Zu den Stärken des Textes gehört zweifellos seine Gestaltung nach dem Prinzip der Dichotomie von Wirrwarr und Ordnung, weil das scheinbare Chaos der geführten Gespräche in Wirklichkeit sorgfältig arrangiert wurde. Die »Partitur« des popkulturellen »Quintetts« ist nach gut durchdachten Regeln konstruiert. Sogar der Ort des Geschehens wurde nicht zufällig gewählt. Das Hotel Adlon mit seinem Blick auf das Brandenburger Tor gilt als »Haus mit Tradition«, zugleich aber auch als eines der künstlicheren Gebäude in Deutschland, was Benjamin von Stuckrad-Barre folgendermaßen kommentierte:

> »Wenn man da reinkommt, hat man das Gefühl, in der Fußgängerzone von Dubai zu sein. Das soll klassisch wirken, ist aber viel zu niedrig, dann plätschert die ganze Zeit dieser Brunnen. Für uns war das wie eine Theaterkulisse.«[12]

Schon in der Ortsauswahl demonstriert sich daher eine Polarität.

Weitere Doppelsinnigkeiten sind am Titel ablesbar. Die ursprünglichen Ti-

---

8 Bessing, Joachim: Interview mit Joachim Bessing, Herausgeber von »Tristesse Royale« von Nikolaus Till Stemmer. In: pro-qm.de Nr. 11/1999. <http://www.pro-qm.de/node/17> (Zugriff am 27.10.10).

9 Bessing, Joachim (Hrsg.): Tristesse Royale: Das popkulturelle Quintett mit Joachim Bessing, Christian Kracht, Eckhart Nickel, Alexander v. Schönburg und Benjamin v. Stuckrad-Barre. Berlin: Ullstein 2005 [1999], S. 138. [Im Folgenden unter der Sigle »TR« mit Seitenzahl im Fließtext.]

10 Martenstein, Harald: Tristesse Royale. Ein Aufstand junger Männer. In: Der Tagesspiegel vom 13.11.1999.

11 Bessing, Interview. 1999.

12 Kracht, Christian/ Stuckrad-Barre, Benjamin von: Wir tragen Größe 46. Ein Interview von Anne Philippi und Rainer Schmidt. In: Die Zeit vom 09.09.1999.

telvorschläge – »Platinum Egoiste« und »Modern Talking« – wurden vor allem aus urheberrechtlichen Gründen verworfen:[13]

> »[D]as Buch sollte ursprünglich ›Platinum Egoiste‹ heißen, und da gab es auch den Untertitel nicht. Das Problem war nur, daß die Firma Chanel die Verwendung des Namens gerichtlich untersagt hat. Dieser Name ist weltweit geschützt für das Parfum, und auch meine [Joachim Bessings – die Verf.] Intervention bei Herrn Lagerfeld änderte daran nichts.«[14]

Der Titel, der schließlich angenommen wurde, scheint adäquat zu sein. Die »Tristesse« bezeichnet das Gefühl oder den ästhetischen Eindruck einer Traurigkeit, die durchaus als Leitmotiv des Textes betrachtet werden kann. Zugleich spielt sie auf den Roman von Françoise Sagan, »Bonjour Tristesse«, von 1954 an. Die zweideutige Beifügung »Royale« (königliche Traurigkeit oder die Traurigkeit des Königs)[15] ergänzt zusammen mit dem Untertitel die Aussagekraft des Ganzen. Der Titel erscheint daher als unterhaltsam und interessant. Dabei ist er streng mit dem Inhalt verbunden, ohne davon zu viel zu verraten.

Die ersten beiden Textteile bestehen vorwiegend aus Gesprächen, die an einem Wochenende im April 1999 geführt wurden. Der dritte Teil dagegen enthält Beobachtungen, die Christian Kracht und Joachim Bessing während einer zweitägigen Reise nach Phnom Penh machten, die direkt nach dem Adlon-Treffen unternommen wurde.

Inhaltlich kreisen die ästhetisch fixierten Gespräche der ersten beiden Teile um scheinbar beliebig gewählte Problematiken, die sich folgenden Gruppen zuordnen lassen: Musik, Markenhersteller, Literatur, Presse, Politik, Film und Sport. Die thematische Bandbreite wird durch ein ausführliches Sachregister ergänzt, das über 1.000 Einträge zählt. Die alphabetische Anordnung der besprochenen oder nur erwähnten Namen und Begriffe ergibt überraschende, manchmal sogar schockierende Zusammenstellungen, wie beispielsweise die Aneinanderreihung solcher Begriffe wie *das Dritte Reich* und *Donald Duck* oder der Namen *Baader*, *Bach* und *Banderas* (TR, 192). Man darf daher auf eine ironische Anlage schließen, die zugleich zeigen sollte, was und in welchem Ausmaß es die Aufmerksamkeit der (damals) jungen Generation erregte.[16]

Die Vielfalt der aufgegriffenen Themen und die Tendenz des Buches zum Protokollieren der Alltagswelt entsprechen dem Konzept, das Moritz Baßler vorgestellt hat. Konstitutiv für Popliteratur seien demnach zwei Merkmale: ihre

---

13 Vgl. Döring, Jörg: Paratext »Tristesse Royale«. In: Tacke, Alexandra/ Weyand, Björn (Hrsg.): Depressive Dandys. Spielformen der Dekadenz in der Pop-Moderne. Köln/Weimar/Wien: Böhlau 2009, S. 182.

14 Bessing, Interview. 1999.

15 Vgl. Döring, Paratext. 2009, S. 183.

16 Cambi, Fabrizio (Hrsg.): Gedächtnis und Identität: Die deutsche Literatur nach der Vereinigung. Würzburg: Königshausen & Neumann 2008, S. 25.

archivarische Funktion und die »Poetologie der Oberfläche«[17]. Nach dieser Auffassung wird Literatur durch das Sammeln zu einer »Archivierungsmaschine«[18], da sie das gesammelte Material von einem Kontext in einen anderen übersetzt und dadurch eine neue Bedeutung generiert. Das Ergebnis einer solchen literarischen Montage wird von Baßler als »Literatur der zweiten Worte« bezeichnet:

> »Im Gegensatz zu einer Literatur der ersten Worte, die ihre eigene Sprache als vom Zeitgeist unkorrumpiertes Werkzeug primärer, authentischer Kunst und Welterfahrung ins Feld führt […], operiert der neue Archivismus – implizit oder explizit – mit der Prämisse, daß die Kultur der Gegenwart und somit unsere Sprache – und damit die Sprache jeder möglichen Literatur – immer schon medial und diskursiv vorgeformt ist. Daraus ergibt sich die Notwendigkeit einer Literatur der zweiten Worte, die im Material einer Sprache des immer schon Gesagten arbeitet.«[19]

All die in »Tristesse Royale« protokollierten Debatten umgibt eine spürbare Aura der Melancholie, die daraus resultiert, dass »die Sehnsucht danach die Langeweile zu brechen, unterhalten zu werden, so verdammt schwer zu befriedigen ist« (Alexander von Schönburg, TR, 34). In diesem Zusammenhang versucht Alexander von Schönburg denn doch, seiner Generation eine Diagnose zu stellen:

> »[d]ie Langeweile ist der Hauptfeind unserer Generation, weil wir damit aufgewachsen sind, verwöhnt und von Reizen überflutet. Wir sehnen uns nach der Unterbrechung der Langeweile. Wer an Hunger leidet und nicht im Adlon sitzt, langweilt sich nicht. Wir sind nichts als Produkte einer postmateriellen Generation, die nur noch mit der Langeweile zu kämpfen haben« (TR, 33).

Der Ennui bildet die Klammer, die das Gedankengefüge von »Tristesse Royale« zusammenhält, und gilt daher als sein Leitmotiv.

Innerhalb der genannten Themenbereiche wird auch äußerst Umstrittenes verhandelt, was als eine weitere Stärke des Werkes angesehen werden kann. Die Gespräche der Popliteraten kreisen oft um gesellschaftliche Tabus:

> »Die katholische Kirche zu verteidigen ist zum Beispiel ein modernes Tabu. Es ist ein Allgemeinplatz für die Antibabypille und gegen die Familienpolitik des Papstes zu sein. Wer heute, wie ich, sagt: Ich bin für den Papst und gegen die ›Pille danach‹ bricht ein gesellschaftlich vereinbartes Tabu. Vielleicht ist es auch ein ähnlicher Tabubruch, wenn eine Frau sagt: Ich gehöre hinter den Herd und möchte gern meine Kinder erziehen« (TR, 118).

---

17 Baßler, Pop-Roman. 2000, S. 174.
18 Ebd., S. 22.
19 Ebd., S. 184–185.

Als Provokation können daneben diejenigen Äußerungen der Popliteraten betrachtet werden, die ihre Kriegsbegeisterung ausdrücken. Der Krieg wird hier
nämlich als Möglichkeit der Befreiung von der immerwährenden Tristesse
dargestellt:

> »Unsere Langeweile bringt den Tod. Langsam komme ich zur Überzeugung, daß wir
> uns in einer ähnlichen Geistesverfassung befinden wie die jungen Briten, die im Herbst
> 1914 enthusiastisch die Rugby-Felder von Eton und Harrow, die Klassenzimmer von
> Oxford und Cambridge verließen, um lachend in den Krieg gegen Deutschland zu
> ziehen [...].Wäre das hier Cambridge und nicht Berlin, und wäre es jetzt der Herbst des
> Jahres 1914 und nicht der Frühling des Jahres 1999, wären wir die ersten, die sich
> freiwillig meldeten« (TR, 138).

Ähnlicher Meinung über die »heilende« Wirkung des Krieges waren auch
Christian Kracht: »Es gibt noch einen anderen Ausweg, und das ist wiederum
der Krieg« (TR, 156) und Joachim Bessing: »Ich glaube, eben die Bombardie-
rung der Stätten des Falschen von innen heraus wird die Zukunft sein«
(TR, 156). Die Aussagen wurden von manchen Rezipienten wörtlich genommen,[20] was für weitere Verwirrungen um »Tristesse Royale« sorgte, zumal sich
1999 der Kosovokrieg zuspitzte, weshalb Christian Kracht seine provokative
Äußerung in einem Interview rechtfertigen musste: »Wie habe ich das denn
gemeint? Ich muss wohl eine Art Auslöschung gemeint haben, die Ausrufung
eines Ausnahmezustandes«.[21] Im Laufe der Lektüre wird aber deutlich, dass die
angebliche Apotheose des Krieges und Terrors in »Tristesse Royale« nicht als
eine ernsthafte Alternative zum Ennui gemeint war, sondern als ein Element der
Dandy-Stilisierung. Auf der Suche nach einem Ausweg aus der Verwicklung in
eine nicht endende Spirale der Langeweile und Ironie entwickeln die Beteiligten
immer neue Ideen. »Eigentlich kann also nur das Re-Modeling als Sinn des
Lebens subsumiert werden« (TR, 132), konstatiert Christian Kracht und versteht darunter eine Änderung des Images nach dem Muster bekannter Popstars.
Da dieser Prozess aber nicht immer befriedigende Ergebnisse bringt, muss der
Autor von »Faserland« seine Ansichten korrigieren. Eine Chance für die Be-
freiung vom allgegenwärtigen medialen Irrsinn und von den hoffnungslosen
Verhältnissen sieht er daher in seinem »eigene[n] Verschwinden hin zum
Nullpunkt« (TR, 153).[22] Als eine alternative Lösung betrachtet Alexander von

---

20 Vgl. Bartels, Gerrit: Wenn Verzweiflung am allergrößten ist. In: taz vom 10.10.2001 und
    Werber, Niels: Vom Glück im Kampf. Krieg und Terror in der Popkultur. Antrittsvorlesung
    vom 16.05.2001 an der Ruhr-Universität Bochum. <http://homepage.ruhr-uni-bochum.de/
    niels.werber/Antrittsvorlesung.htm#_ftnl> (Zugriff am 05.11.2010).
21 Kracht, Christian: Christian Kracht im Gespräch: Der schlechteste Journalist von allen. Ein
    Interview von Christoph Amend und Stephan Lebert. In: Der Tagesspiegel vom 30.06.2000.
22 Das Verschwinden wird als Leitmotiv des Schaffens von Christian Kracht betrachtet. Vgl.
    Schumacher, Eckhart: Omnipräsentes Verschwinden. Christian Kracht im Netz. In: Birgfeld,

Schönburg die Rückkehr zum Rock: »Also ich würde sagen: Rock ist die Antwort und Rock ist Christentum und all you need is love« (TR, 160). Der Rock wird damit zu einer neuen Form des Gottesdienstes erhoben, zu einem neuen spirituellen Akt, was sich mit einer seiner späteren Aussagen noch untermauern lässt: »Für mich ist der einzige Ausweg aus der Spirale das Spirituelle« (TR, 161). Die Diskussion schließt jedoch mit einer hoffnungslosen Feststellung von Christian Kracht ab: »Da die Spirale ein Abbild der Welt ist, gibt es keinen Ausweg aus ihr heraus und nichts außerhalb davon« (TR, 160). Die Suche nach dem Ausweg aus der »Ironiehölle« (Joachim Bessing, TR, 144) erweist sich daher als vergeblich.

Das Missverständnis um die Kriegsanschauungen der Popliteraten verdeutlicht, dass ihre Stilisierung als Dandys der »Neo-Dekadenz«[23] in der ersten Phase der Rezeption nicht hinreichend wahrgenommen wurde. Dabei waren die Anspielungen des Textes auf das Dandytum des ausgehenden 19. Jahrhunderts doch offensichtlich. Auf dem Umschlagfoto von »Tristesse Royale« sind die Teilnehmer der Debatte in einer nonchalanten Pose porträtiert. Auf dem Bild sind ihre gepflegten Frisuren und teuren Anzüge besonders auffällig. Es lässt sich deshalb nicht übersehen, dass die ganze Stilisierung stark an die Dandys des Fin de siècle erinnert. Deutlich ist auch, dass der neue Dandyismus des »Quintetts« aus Langeweile und Sinnverlust resultiert. Es gehe, betonte der Herausgeber von »Tristesse Royale«,

> »um die Feststellung einer Perspektive, nämlich die, daß es keine Perspektive gibt. Es gibt keinen Pessimismus, keine Angst vor dem Millennium, sondern nur einfach ein (sic!) Ratlosigkeit, die da heißt: Weiß auch nicht, was man da machen soll.«[24]

Zudem lassen sich, nach Meinung mancher Interpreten, sogar Ähnlichkeiten zwischen der dandyistischen Haltung von Ernst Jünger und der Inszenierung des »Quintetts« feststellen. So bemerkt Ralf Hanselle:

> »Parallelen zu einem anderen berühmten Hotelgast, der 1943 im Pariser Nobelhotel ›Raphael‹ mit einem Glas Burgunder mit Erdbeeren auf fallende Bomben anstieß und beobachtete, wie Flugzeuge ›die Stadt zur tödlichen Befruchtung überflogen‹, scheinen dabei nicht nur zufällig zu sein.«[25]

Die Äußerung bezieht sich unter anderem auf die Aussage von Alexander von Schönburg, in der er direkt auf die Dekadenz (und indirekt auf Ernst Jünger)

Johannes/ Conter, Claude D. (Hrsg.): Christian Kracht. Zu Leben und Werk. Köln: Kiepenheuer & Witsch 2009, S. 187.

23 Die Stilisierung schätzen Frank Degler und Ute Paulokat als typisch für Popliteraten ein. Vgl. Degler, Frank/ Paulokat, Ute: Neue Deutsche Popliteratur. Paderborn: Fink 2008, S. 107.

24 Bessing, Interview. 1999.

25 Hanselle, Ralf: Alles so schön bunt hier. Über Pop, Hotels und Zeichensysteme. In: Kommune Nr. 5/2000.

hinweist: »Wir schauen über die Quadriga und das hässliche Berlin dort unten hinweg und befinden uns ebenfalls am Fin de siècle einer perfekten Kultur, die offensichtlich in ihrer höchsten Endform äußerst langweilig ist« (TR, 33). Diese Elemente der Dandy-Stilisierung wurden von den Kritikern am schärfsten angegriffen,[26] was schließlich zu relativierenden Reaktionen der Autoren führte. Christian Kracht erklärte sogar: »Ich glaube, ›Tristesse Royale‹ war ein großer Fehler. Bei 140 Verrissen und keiner einzigen positiven Kritik muss man eigentlich anfangen, sich solche Gedanken zu machen.«[27] Joachim Bessing verfasste dagegen eine »Verteidigungsschrift« (»Alles am Dandy ist müde«), die am 25.11.2000 in »Die Welt« erschien. Darin konzentriert er sich auf die Äußerlichkeit eines (klischeehaften) Dandys und bezieht sich auch auf das kontroverse Umschlagfoto von »Tristesse Royale«:

> »Auf dem Umschlag von ›Tristesse Royale‹ waren die Jungs zu sehen in Anzügen und Krawatten – vielleicht reicht das ja schon, um als Dandy zu gelten. Aber waren diese Anzüge, diese Frisuren und Brillen dazu nicht viel zu schlicht? So einfach grau, weiß, braun oder blau? So einfach, und gar nicht gerüscht und gerafft, ohne Ketten und Schnüre, ohne Puffärmel und Schleifen – mit einem Wort: einfach viel zu normal?«[28]

Dadurch macht er den Kritikern bewusst, dass sie selbst die Oberflächlichkeit bei der Analyse des Werkes praktizierten — Dandytum bedeutet nun einmal mehr als gepflegtes Aussehen und irgendwie teuer wirkende Kleidung.

Um das Wesen dieses Problems genauer zu erfassen, lohnt es sich, im Folgenden kurz seine geläufigsten Definitionen zu betrachten. Nach Auffassung von Hans-Joachim Schickedanz etwa ist der Dandyismus

> »der Versuch, der Angst vor dem Nichts, der Leere und der Langeweile zu entfliehen, aber auch die Hoffnung, dem Untergang des Ichs durch Stil, Form, Strenge und Erhabenheit entgegenwirken zu können. [...] Dandyismus ist der letzte Versuch, den Menschen durch die Form von drohender Nivellierung zu retten, das Gefühl der Leere zu beseitigen, die der Zusammenbruch der vorrevolutionären Welt herbeigeführt hatte. Der Dandy ist eine Herausforderung, eine Absage an das heuchelnde Bürgertum.«[29]

Obwohl diese Auslegung sich auf die Dandys des Fin de siècle bezieht, trifft sie auch auf die gegenwärtigen Nachahmer der Bewegung zu. Die Stilisierung des

---

26 Vgl. Anm. 2.
27 Kracht, Der schlechteste Journalist. 2000.
28 Bessing, Joachim: Alles am Dandy ist müde. Über Typen, denen der Spiegel das Brett vor dem Kopf ersetzt. In: Die Welt vom 25.11.2000.
29 Schickedanz, Hans-Joachim: Ästhetische Rebellion und rebellische Ästheten. Frankfurt/ Main: Peter Lang 2000, S. 16 f.

»Quintetts« als Dandys ist durchweg durchdacht.[30] Sie basiert auf vergleichbaren Motiven, Einstellungen und Stimmungen beider Perioden.

In Anlehnung an die Überlegungen des Dandy-Chronisten Hans-Joachim Schickedanz lässt sich noch ein weiteres wichtiges Merkmal der dekadenten Stilrichtung hervorheben. Das Verhalten eines modellhaften Dandys soll als »seismographisch präzises Reagieren« auf die gesellschaftlichen Missstände der Jahrhundertwende verstanden werden, in welcher »traditionelle Werte langsam untergehen und neue noch nicht vollends akzeptiert werden können«[31]. Deswegen vernehmen und registrieren die Dandys der Popmoderne[32] die Gefühlsleere oder doch emotionale Verarmung der Konsumgesellschaft und ihrer Massenkultur. Die dandyistische Haltung der Popliteraten, geprägt von der geschmacklichen Finesse und der Propagierung rein ästhetischer Wertmaßstäbe (»Ästhetik der Oberflächlichkeit«), stellt daher eine Antwort auf den Terror der Medien, Moden und Marken dar.[33]

Andere wichtige Eigenschaften des Dandytums beleuchtet Marie-Theres Federhofer: »Der Dandy gibt sich großstädtisch, extravagant, künstlich und übertrieben, immer im Spannungsfeld zwischen ›Distinktion und Konformität‹, zwischen ›Originalität und Konventionalität‹.«[34] Sie betont damit die Widersprüchlichkeit seiner Natur, die sich darüber hinaus durch eine Zerrissenheit zwischen Langeweile und Chaos, Desengagement und Engagement auszeichnet. Eine weitere Polarität manifestiert sich schließlich in den gesellschaftlichen Reaktionen auf die dekadente Lebensweise eines typischen Dandys: Sie oszillieren zwischen Faszination und Abneigung. Die Antipathie gegen Dandys wurzelt jedoch vor allem in Vorurteilen. Von oberflächlichen Betrachtern werden sie ausschließlich als eitle, hochmütige, ja narzisstische Snobs wahrgenommen, die zu Stimmungsschwankungen und Depressionen neigen. Dem Wesen des Dandys liegen allerdings auch andere Prinzipien zugrunde. Als Beispiel dafür kann seine Protestbereitschaft »gegenüber dem heuchlerischen und konformistischen, aber maßgebenden Publikum seines Landes und seiner

---

30 Vgl. Dziudzia, Corinna: Ein neuer Ästhetizismus? Die Jahrhundertwende im Spiegel der Gegenwartsliteratur. In: Meierhofer, Christian/ Scheufler, Eric (Hrsg.): Turns und Trends der Literaturwissenschaft: Literatur, Kultur und Wissenschaft zwischen Nachmärz und Jahrhundertwende im Blickfeld aktueller Theoriebildung. Zürich: germanistik.ch 2012, S. 290.

31 Schickedanz, Rebellion. 2000, S. 16.

32 Vgl. Vondung, Klaus: Facetten der Popmoderne. In: Binczek, Natalie/ Glaubitz, Nicola/ Vondung, Klaus: Anfang offen: Literarische Übergänge ins 21. Jahrhundert. Heidelberg: Carl Winter 2002, S. 16; Paulokat, Ute: Benjamin von Stuckrad-Barre: Literatur und Medien in der Popmoderne. Frankfurt/Main: Peter Lang 2006 und Tacke, Alexandra/ Weyand, Björn: Depressive Dandys: Spielformen der Dekadenz in der Pop-Moderne. Köln/Weimar/Wien: Böhlau 2009.

33 Vgl. Seibt, Aussortieren, was falsch ist. In: Die Zeit Nr. 10/2000.

34 Federhofer, Marie-Theres: Einleitung. In: Barstad, Guri Ellen/ Federhofer, Marie-Theres (Hrsg.): Dilettant, Dandy und Décadent. Hannover-Laatzen: Wehrhahn 2004, S. 7.

Zeit«[35] gelten. In diesem Sinn ist der Dandy ein Rebell, der durch gezielte Provokation zum Nachdenken und zur Revision abgeschmackter Anschauungen anregen will. Insoweit ist die Enttäuschung des »Quintetts« darüber, dass seine Stilisierung missverstanden wurde, gerechtfertigt. Dabei soll aber nicht verschwiegen werden, dass sich die Dandy-Inszenierung in »Tristesse Royale« nicht ohne eine auffallende Dosis Ironie und Selbstironie vollzieht.

Genauer: Ironie spielt hier eine wichtige und zugleich negative Rolle,[36] was Äußerungen wie »Ironie macht krank«[37] und »Selbstironisierung [hat] immer schlechte Produkte zur Folge« (Benjamin von Stuckrad-Barre, TR, 29) verdeutlichen. Man könnte daher erwarten, dass die Popliteraten einen Versuch unternehmen, die gegenwärtigen Verhältnisse ohne Ironie aufzuzeigen. Dass dies aber nicht einfach ist, bestätigt Joachim Bessing in einem Interview: »Ich versuche, möglichst unironisch zu sein, aber es wird mir meistens als Ironie ausgelegt.«[38] Im Übrigen nennt er sogar »Gegenmittel zum Ironischen«: »Spiritualität, Pseudonyme, die Berufe zu wechseln, kosmetische Chirurgie, sich allem komplett zu entziehen«,[39] die seines Erachtens in »Tristesse Royale« propagiert würden. Bei genauerem Hinsehen lässt sich jedoch eine solche Tendenz nicht erkennen. Vielmehr ist das Werk von einem paradoxen Phänomen geprägt: Einerseits wird die Ironie von den Popliteraten dämonisiert[40], andererseits lässt sie sich (auch in Form von Selbstironie) auf verschiedenen Ebenen wiederfinden. Die Teilnehmer des Adlon-Treffens beklagen sich, dass sie in der Ironie gefangen sind: »Wir kommen nicht in die Hölle. Wir leben schon lange darin« (Christian Kracht, TR, 183). Die zum *Mainstream* gewordene Ironie wird demnach, wie es Moritz Baßler formuliert, »als billiger, auch ästhetisch unbefriedigender Ausweg abgelehnt«[41]. Eine Geste, die auf den ersten Blick eine Nähe zu den ironiekritischen Anschauungen von Diedrich Diederichsen aufzuweisen scheint.[42] Doch trügt der Schein, denn diesen Autoren ist die Flucht vor Ironie vor allem deshalb unmöglich, weil bei ihnen, so Diederichsen, »keine andere Haltung an ihre Stelle getreten«[43] ist. Dadurch entsteht der Verdacht, dass die Popliteraten ihre eigenen Parolen nicht ernst nehmen, sogar die Ironiekritik einer Ironisierung unterziehen. Ergebnis: Ernst oder Unernst von Ge-

---

35 Schickedanz, Rebellion. 2000, S. 16 f.
36 Vgl. Bessing, Interview. 1999.
37 Vgl., ebd.
38 Ebd.
39 Ebd.
40 Sie wird sogar als »Ironic-hell« bezeichnet (TR, 66).
41 Baßler, Pop-Roman. 2000, S. 125.
42 Diederichsen, Diedrich: Die License zur Nullposition. In: taz vom 07.08.2000.
43 Ebd.

schmacksäußerungen sind für die Leser nicht mehr unterscheidbar.[44] Das ist jedoch nicht das einzige Paradoxon von »Tristesse Royale«. Die Dandys der »Neo-Dekadenz« streben zwar nach Abgrenzung, wollen sich einer Zuordnung entziehen und dem »Teufelskreis der Kollektivierung des Individualismus« (Alexander von Schönburg, TR, 155) entkommen. Sie bleiben aber zugleich Vertreter der gegenwärtigen Medienkultur und Konsumgesellschaft[45] und unterwerfen sich ihren Regeln. Die krassen Widersprüche vertiefen noch den Eindruck der Ausweglosigkeit, die in diesem Buch vorherrscht.

Darauf, dass diese das ganze Werk durchziehende Aporie an die Form einer unendlichen Spirale erinnert, weisen die Teilnehmer des Adlon-Treffens selbst hin (Christan Kracht, TR, 160; Benjamin von Stuckrad-Barre, TR, 161). Benjamin von Stuckrad-Barre betrachtet sie sogar als Erkenntnisfigur, indem er bemerkt, dass »das größte Problem unserer Gesellschaft die Bewußtwerdung ihrer selbst ist [...]. Also je höher man sich in der Bewußtwerdungs-Spirale hinaufschraubt, desto unglücklicher wird man« (TR, 145). Die Spirale erscheint schließlich als Titel des dritten Teils von »Tristesse Royale«, wo die Doppelbödigkeit, die auf Schritt und Tritt zum Vorschein kommt, kulminiert. Christian Kracht und Joachim Bessing erfahren, dass die Stadt, die sie durch das Caféfenster betrachten, sich als eine Kulisse erweist, die am Ende eines Drehtages demontiert wird. Dann gibt sie den Blick frei, aber das wahre Phnom Penh »sieht [...] genauso aus, wie die eben weggetragene Kulisse« (TR, 189). Diese Szene und der Teufelskreis der Gespräche, die von den Popliteraten 30 Stunden lang geführt werden (TR, 11), korrespondieren vortrefflich mit der Form der Möbiusschleife, in der das Innere und Äußere nicht zu unterscheiden ist und ineinander übergeht. Daher erfasst Andrzej Kopacki die Möbiusschleife als ein »dynamisches Modell«, das dem literarischen Subjekt ermöglicht, »sich sowohl außerhalb als auch innerhalb ihrer Struktur zu wissen.«[46]

Auch die ungewöhnliche Struktur des Textes sorgte für Diskussionen, und zwar, ob es sich hier wirklich um eine literarische Form handele oder vielmehr um eine Sammlung von Gesprächen. Die eindeutige Bestimmung der Form ist jedoch noch schwieriger. Denn die Dreiteiligkeit des Werkes, Rollenverteilung und Regieanweisungen weisen gewisse Ähnlichkeiten zur dramatischen Form auf, umso mehr, als die Protagonisten unter einem Konflikt leiden, aus dem sie keinen Ausweg wissen.

Ein weiteres Problem, das sich bei der Analyse von »Tristesse Royale« stellt, ist

---

44 Beispiel: Benjamin von Stuckrad-Barre stellt sich selbst als »wertkonservativer Popkonsument« vor (TR, 35).

45 Pater Ralf de Frikassee [= Conen, Dieter/ Eberhard, Hans-Dieter]: Joachim Bessing: Tristesse Royale. In: Magazin für Verrisse aller Art Nr. 4/2000. <http://www.lit-ex.de/litex47.htm> (Zugriff am 13.07.2010).

46 Kopacki, Christian Kracht. 2008, S. 274.

die äußerst fragliche Authentizität des »Protokolls«. Der Text beinhaltet Inter-
und Metatexte: Die Popliteraten berufen sich beispielsweise auf Nietzsches
»Ursuppe« (Eckhart Nickel, TR, 66) und betreiben eine spezifische Art der
»Publikumsbeschimpfung«. Dementsprechend bemerkt Alexander von Schönburg:

> »Pervers ist, daß wir letztendlich genau das Publikum bedienen werden, das wir ver-
> achten. [...] Wir können uns gar nicht davor retten, uns von diesem Publikum zu
> trennen. Indem wir in der Publizistik arbeiten, bedienen wir genau dieses Publikum«
> (TR, 29).

Eckhart Nickel äußert seine Abneigung gegen die Leser folgendermaßen:

> »Am schlimmsten ist, und das ist das einzige, was du in deiner grandiosen Charak-
> teristik vergessen hast, daß sie nicht LESEN können. Das kann überhaupt kaum noch
> jemand. [...] Lesen im Sinne von SEHEN, VERSTEHEN, über den Wortsinn und das
> Gesagte hinaus« (TR, 66).

Die Form des Textes verbindet schließlich verschiedene Gattungen: Dialoge sind
mit Regieanweisungen und epischen Fragmenten verwoben. Es kommen ferner
surreale Einschübe und unnatürliche Verhaltensweisen vor: Benjamin von
Stuckrad-Barre liest einen Zeitungsausriss und isst ihn danach auf (TR, 47),
Eckhart Nickel verwandelt sich für eine Weile in Barbara Streisand (TR, 89),
Alexander von Schönburg löst seine Krawatte und formt daraus ein Kamikaze-
Stirnband (TR, 91) und »Christian Kracht zieht aus seinen Stiefeletten von Fo-
ster & Son, Jermyn Street, ein paar Seiten einer älteren Ausgabe des Stern heraus,
die er dort zum Aufsaugen seines Fußschweißes hineingestopft hatte [...] und
beginnt vorzulesen« (TR, 94). Im Kapitel »Die Drei-Wetter-Taft-Welt« taucht
überdies eine »nicht existierende« Malcolm-X-Brille auf, die von Benjamin von
Stuckrad-Barre zerbrochen wird (TR, 120). Auch ist der Text reich an detail-
lierten Beschreibungen. Dies lässt Zweifel aufkommen, dass die darin wieder-
gegebenen Gespräche der Popliteraten tatsächlich nur aus dem Material bestehen, das im Adlon auf Band aufgenommen wurde. Zumal die Sprache, derer sich
die Figuren der Runde bedienen, an mehreren Stellen zu pathetisch ausfällt für
ein spontanes Gespräch. Man darf deswegen getrost ausschließen, dass es sich
bei »Tristesse Royale« um ein Gesprächsprotokoll im wörtlichen Sinn handelt; es
muss eine stilisierte und bearbeitete Aufzeichnung der Debatte sein. Auch sind
die Protagonisten nicht mit den realen Autoren zu verwechseln. Es treten hier
ausschließlich exemplarische Sprecher als bestimmte Typen auf. Die Fiktionalität der Protagonisten wurde von Benjamin von Stuckrad-Barre angedeutet:

»Da aber niemand erkannt hat, dass das doch ein Witz war. Ich fand es fast schon Punk. Wir wollten doch nicht unsere Meinungen sagen, sondern zeigen, wie so Figuren sein können. Ich sehe das noch immer als Theaterstück.«[47]

Da sie all diese Aspekte übersahen, haben die ersten Kritiker von »Tristesse Royale« das Projekt deutlich simplifiziert dargestellt. Nach einer gründlicheren Betrachtung erscheint das Buch als eine intelligent codierte Konstruktion, voll von Anspielungen und Zitaten, welche eine Interpretation ohne Grundwissen über die damalige Medienwelt und deren Realien unmöglich machen. Dies ändert jedoch nichts daran, dass das Werk das Etikett »Manifest einer Generation« nicht verdient hat. Zum einen liegen auch Schwächen der Publikation auf der Hand,[48] zum anderen versammelt »Tristesse Royale« Bemerkungen einer (selbsternannten) künstlerischen Elite, auf die das Generationskonzept von Karl Mannheim[49] anzuwenden reichlich übertrieben wäre.[50] Im Kern geht es in »Tristesse Royale« um ästhetische Ansichten am Ende eines Jahrtausends, die dem Leser auf unterhaltende Weise dargeboten werden sollen.

Im Nachhinein lässt sich konstatieren: Das Buch gibt die Atmosphäre in den Kreisen der damaligen Popliteraten treffend wieder. Seine Bedeutung für die Archivierung bestimmter Aspekte der kulturgeschichtlichen Entwicklung ist aus diesem Grund nicht zu leugnen. Darüber hinaus stellt es wegen seiner intertextuellen Anspielungskraft, ungewöhnlichen Struktur und gesellschaftsdiagnostischen Dimension eine aufschlussreiche Erscheinung dar, die nicht in Vergessenheit geraten sollte.

---

47 Stuckrad-Barre, Benjamin von: Vergnügliches Leben, verborgene Lust. Ein Interview von Thomas Venker und Linus Volkmann. In: Intro Nr. 117/2004.

48 Einer der plausibleren Vorwürfe lautet, dass »Tristesse Royale« zu wenig unterhaltsam sei für die Ansprüche der Unterhaltungsliteratur.

49 Mannheim, Karl: »Das Problem der Generationen« [1928]. In: Ders.: Wissenssoziologie, Neuwied/Berlin: Luchterhand 1964, S. 544–547.

50 Gemäß Mannheims Konzept darf »das Quintett« lediglich als Vertretung einer »Generationseinheit« betrachtet werden.

VI. Beiträgerinnen und Beiträger

Browarny, Wojciech dr hab., Literaturwissenschaftler für Neue Polnische Literatur am Institut für Polonistik der Universität Wrocław. Forschungsschwerpunkte: polnische Literaturgeschichte und Kulturgeschichte in den Jahren 1918 – 1939, polnische Literatur in Schlesien nach 1945, polnische Literatur und literarische Kultur nach 1989. Leiter der Arbeitsstelle für polnische Literatur nach 1989. Letzte Buchpublikationen: Rozkład jazdy. 20 lat literatury Dolnego Śląska po 1989 roku. (Hg.), Wrocław 2012; Opcja niemiecka. O problemach z tożsamością i historią w literaturze polskiej i niemieckiej po 1989 roku. Hg. mit Monika Wolting und Markus Joch. Krakow 2014.

Gansel, Carsten, Prof. Dr., Professor für Neuere Deutsche Literatur und Literatur- und Mediendidaktik am Institut für Germanistik der Justus-Liebig-Universität Gießen. Forschungsschwerpunkte: Deutsche Literatur des 19.–21. Jhs., System- und Modernisierungstheorie, Popkultur und Adoleszenzforschung, Narratologie und Gedächtnis, Evolution und Literatur. Mitherausgeber u. a. der Reihen »Deutschsprachige Gegenwartsliteratur und Medien (Vandenhoeck & Ruprecht), der Reihe »G. E. Lessing im kulturellen Gedächtnis« (Vandenhocek & Ruprecht). Letzte Buchpublikationen: Störungen in Literatur und Medien (Hg.). Mitteilungen des Deutschen Germanistenverbandes. Heft 4/2014, Göttingen 2014. Christa Wolf – Im Strom der Erinnerung (Hg.). Göttingen 2014; Ders./ Norman Ächter (Hrsg.): Das ›Prinzip Störung‹ in den Geistes- und Sozialwissenschaften. Berlin/New York 2013.

Golly, Adrian, mgr, seit 2012 Doktorand am Institut für Germanische Philologie der Universität Wrocław. Er verfasst seine Dissertation zum Thema »Die verschiedenen Heimatbegriffe im Werk von Wilhelm Gössmann«. Zu seinen Forschungsschwerpunkten gehören Erinnerungskultur und Kulturpolitik.

Haase, Michael, Dr., wissenschaftlicher Mitarbeiter am Institut für Deutsch als Fremdsprachenphilologie der Universität Heidelberg, vorher DAAD-Lektor in Krakau (2002 – 2007) und Budapest (2009 – 2014). Zahlreiche Veröffentlichungen zur deutschen Literatur nach 1945 und zur österreichischen Literatur des 20. Jahrhunderts.

Hammer, Klaus, Prof. Dr., seit seiner Emeritierung an der Technischen Universität Dresden als Gastprofessor für Deutsche Literatur an den Hochschulen in Koszalin und Slupsk/Polen. Forschungsschwerpunkte: Deutsche Literatur- und Kunstgeschichte des 19. und 20. Jahrhunderts sowie zu deutsch-polnischen Beziehungen in Literatur und Kunst. Veröffentlichungen u. a. zu Ernst Barlach, Jan Buck, Alfred Döblin, Christoph Hein, Ludwig von Hofmann, Franz Kafka, Thomas Mann, Ludwig Renn, Georges Rouault, Friedrich Wolf, Paul Zech; Literatur und Kunst des Expressionismus, Theaterlexikon, Theorie und Geschichte des Dramas, Kunstmärchen, Roman der Postmoderne, Historische Friedhöfe und Grabmäler.

Hendryk, Ewa, dr, seit 1989 wissenschaftliche Mitarbeiterin am Institut für Germanistik der Universität Szczecin (Lehrstuhl für deutschsprachige Gegenwartsliteratur). 1998 Promotion über das Motiv »Hinterpommern« in der deutschen Gegenwartsliteratur. Forschungsschwerpunkte: Literarische Avantgarde, Experimente in der Literatur (u.a. Internetliteratur), Formen der Literaturverbreitung und -produktion im Internet. Letzte Buchpublikation: »Internetliteratur. Zu einer modernen Produktions- und Rezeptionsästhetik des netzgenuinen deutschsprachigen Schrifttums« 2010.

Jaśkiewicz, Grzegorz, dr, wissenschaftlicher Mitarbeiter am Institut für Germanistik der Universität Rzeszów, Leiter der Fachabteilung für Geschichte der deutschen Literatur. Forschungsschwerpunkte: deutsche Literatur des 20. und des 21. Jahrhunderts mit besonderem Schwerpunkt DDR-Literatur sowie deutsche Literatur nach 1989. Letzte Buchpublikation: »Die deutsche Nationalfrage in der deutschen Literatur 1980–1995« (2011).

Joachimsthaler, Jürgen, Prof. Dr., leitet den Lehrstuhl für Neuere und neueste deutsche Literatur und Literaturtheorie an der Philipps-Universität Marburg, weitere akademische Stationen: Regensburg, Opole (Polen), Dresden, Heidelberg, Halifax (Kanada). Forschungsschwerpunkte: deutschsprachige Gegenwartsliteratur, Romantik, Literaturen in Mitteleuropa (18.–21. Jh.), Interkulturalität, Text und Raum. Letzte Buchveröffentlichungen: Text-Ränder. Die kulturelle Vielfalt in Mitteleuropa als Darstellungsproblem deutscher Literaur. 3 Bde. (2011); Mitteleuropa. Kontakte und Kontroversen. 2013 (Mithrsg.); Vom Text zum Text. Übersetzungskunst, philologische Präzision und interkulturelle Erfahrung (Mithrsg.); Ludwig Tieck: Straußfedern. Nach der Ausgabe letzter Hand. 3 Bde. 2014 f. (Hrsg.).

Joch, Markus, Prof. Dr., Associate Professor am Department of German Literature der Keio University Tokyo. Akademische Stationen zuvor: Humboldt-Universität zu Berlin, Goethe-Universität Frankfurt am Main, Stanford University. Forschungsschwerpunkte: Deutsche Literatur des 18.–20. Jahrhunderts, Postkolonialismus, Epochenbrüche (1945/89), Pop-Literatur und Theorie des literarischen Feldes. Letzte Buchpublikation, mit Jörg Döring (Hgg.): Alfred Andersch ›revisited‹. Werkbiographische Studien im Zeichen der Sebald-Debatte. Berlin/Boston: Walter de Gruyter 2011.

Jonczyk, Anita, mgr, seit 2011 Doktorandin am Institut für Deutsche Philologie der Universität Wroclaw, Thema: Zu Aspekten der Transkulturalität in den Dramen von deutsch-türkischen Autoren des Berliner Theaters Ballhaus Naunynstrasse. Juni 2012, zweites M.A. in Journalistik und Kommunikationswissenschaften. Forschungsschwerpunkte: soziokulturelle Migrationsprozesse sowie Transkulturalität in der sozialen Kommunikation und in der Gegenwartsliteratur.

Jonczyk, Robert, mgr, seit 2011 Doktorand am Institut für Deutsche Philologie der Universität Wrocław. Forschungsinteressen: Literatur und Theater der DDR, der literarische Diskurs der deutschen Einheit sowie Translations Studies. Er publizierte zum Thema: Zum Schlüsselbegriff der DDR anhand der Theaterkritiken zu Wilhelm Tell und Dantons Tod sowie Künstlern Jürgen Becker, Volker Braun und Georg Seidel.

Jürgensen, Christoph, Dr., Akademischer Rat auf Zeit für Allgemeine Literaturwissenschaft / Neuere deutsche Literaturgeschichte an der Bergischen Universität Wuppertal. Promotion 2005 mit einer Arbeit über Formen der Paratextualität bei Arno Schmidt. Forschungsschwerpunkte: Gegenwartsliteratur, Goethezeit, Autorschaftsinszenierungen. Neuere Buch-Publikationen: Schnitzler-Handbuch. Leben – Werk – Wirkung. Hg. mit Wolfgang Lukas und Michael Scheffel, 2014; Nine Eleven – Ästhetische Verarbeitungen des 11. September 2001. Hg. mit Ingo Irsigler, Heidelberg 2011; Sturm und Drang. Hg. mit Ingo Irsigler, 2010; Schriftstellerische Inszenierungspraktiken – Typologie und Geschichte. Hg. mit Gerhard Kaiser, Heidelberg: 2011; »Wie in luzidem Schlaf«- Zum Werk Georg Kleins. Hg. mit Tom Kindt, Berlin 2013.

Kamińska, Ewelina Monika, Prof. dr hab., Professorin für Deutsche Literaturgeschichte am Institut für Germanistik der Universität Szczecin. 1998 Promotion (»Polnische Motive im deutschen Kinder- und Jugendbuch nach 1945«), 2011 Habilitation (»Erinnerte Vergangenheit – inszenierte Vergangenheit. Deutsch-polnische Begegnungsräume Danzig/Gdańsk und Stettin/Szczecin in der polnischen Prosa im Kontext der Wende von 1989«). Forschungsschwerpunkte: Kinder- und Jugendliteratur; Erinnerungsliteratur; Gestaltung der deutsch-polnischen Wechselbeziehungen in der gegenwärtigen deutschen und polnischen (insbesondere pommerschen) Literatur; Geschichte der deutschen Literatur und Kultur im Kontext der interkulturellen Kommunikation.

Kardach, Magdalena dr, Studium der Germanistik an der Adam-Mickiewicz-Universität Poznań und der Freien Universität Berlin, seit 2006 wiss. Mitarbeiterin am Germanistischen Institut der Adam Mickiewicz Universität. Promotion

2006 (»Auf der Suche nach einer neuen Selbstbestimmung. Identitäts- und Mentalitätswandel in der autobiographisch inspirierten Literatur nach der ›Wende‹«, 2011). Forschungsschwerpunkte: Deutsche Literatur im 19., 20. und 21. Jahrhundert; Literatur- und Kulturgeschichte des ehemaligen Ostpreußens; Geschichte und Gegenwart der deutsch-polnischen kulturellen Beziehungen.

Kodzis-Sofińska, Agnieszka, dr, Studium der Germanistik und Niederlandistik an der Universität Wrocław, seit 2005 wissenschaftliche Mitarbeiterin am Institut für Germanistik der Universität Wrocław (Lehrstuhl für Deutsche Literatur nach 1945). Forschungsschwerpunkte: deutsche Nachkriegsliteratur mit besonderer Berücksichtigung des Schaffens von Heinrich Böll und Wolfgang Borchert, Wechselbeziehungen zwischen Literatur und Musik sowie Literatur und Psychologie, deutsche Popliteratur und Theaterstücke um die Wende vom 20. zum 21. Jh.

Korte, Hermann, Prof. Dr., seit 2001 Professor für Neuere deutsche Literaturwissenschaft und Literaturdidaktik an der Universität Siegen; Mitherausgeber des »Kritischen Lexikons zur deutschsprachigen Gegenwartsliteratur« (KLG), Redaktionsleiter der Zeitschrift »Text + Kritik«; Mitherausgeber des Benn-Forums (De Gruyter, Berlin). Zahlreiche Bücher und Aufsätze zur Literatur des 18. bis 21. Jahrhunderts. Zuletzt erschienen: Lyrik der DDR (zusammen mit Heinz Ludwig Arnold, 2009), Der deutsche Literaturkanon an höheren Schulen Westfalens von 1870 bis 1918 (2011); ›Das Theater glich einem Irrenhause‹. Das Publikum im Theater des 18. und 19. Jahrhunderts (2012).

Kupczyńska, Kalina, dr, wissenschaftliche Mitarbeiterin am Lehrstuhl für Literatur und Kultur Deutschlands, Österreichs und der Schweiz an der Universität Lodz. Humboldt-, Werfel- und DAAD-Stipendiatin. Dissertation zum Thema: »Vergeblicher Versuch das fliegen zu erlernen – Manifeste des Wiener Aktionismus« (Würzburg 2012). Publikationen zur deutschen und österreichischen Avantgarde, zur deutschsprachigen Gegenwartsliteratur, zur Experimentalliteratur mit intermedialem Schwerpunkt und zur graphischen Literatur. Derzeit Arbeit am Habilprojekt »Wahre / Maskeraden. Autobiographische Schreibweisen im Comic«.

Matkowska, Ewa, dr hab., wissenschaftliche Mitarbeiterin am Institut für Germanistik der Universität Wrocław, Studium der Germanistik und Kunstgeschichte an der Ludwig-Maximilians-Universität in München. Forschungsschwerpunkte: Neuere deutsche Literaturwissenschaft, Literatur und Medien in der DDR und der VR Polen. Letzte Buchpublikation: Propaganda w NRD. Media i literatura (Wrocław 2012) [Propaganda in der DDR. Medien und Literatur].

Nosal, Sławomir mgr, Doktorand am Institut für Polnische Philologie der Universität Wrocław. Forschungsschwerpunkte: polnische zeitgenössische Prosa, Erinnerungsdiskurs in der polnischen Literatur, Postkolonialismus und Liberatur.

Peitsch, Helmut, Prof. Dr., Studium der Germanistik, Politologie und Philosophie an der FU Berlin, Staatsexamen, wissenschaftlicher Assistent und Privatdozent am Fachbereich Germanistik der FU Berlin, Lecturer in Leeds und Swansea, Professor an der New York University und an der Cardiff University, seit 2001 Professor für Neueres deutsche Literatur an der Universität Potsdam. Letzte Buchpublikationen: Nachkriegsliteratur 1945 – 1989 (Göttingen 2009); »No Politics«? Die Geschichte des deutschen PEN-Zentrums in London 1933 – 2002 (Göttingen 2006); Walter Boehlich – Kritiker (Hrsg. mit Helen Thein), Berlin 2011.

Prinz, Kirsten, Dr., Lehrkraft für besondere Aufgaben am Institut für Germanistik an der Justus-Liebig-Universität Gießen. Promotion zu grenzüberschreitender Erinnerung und Geschichtsdarstellung des Armeniergenozids in Texten von Edgar Hilsenrath, Zafer Şenocak und Esmahan Aykol. Forschungsschwerpunkte: türkisch-deutsche Literatur, Erinnerungen an den Nationalsozialismus in aktuellen Romanen, Literatur und Kultur der Weimarer Republik sowie Theorie und Praxis der Literaturvermittlung.

Sina Kai, Dr., wissenschaftlicher Mitarbeiter am Seminar für Deutsche Philologie der Universität Göttingen. Forschungsschwerpunkte: Literatur der Moderne (Geschichte des deutschsprachigen Romans 1900 – 1950, Stuttgart 2013, mit Heinrich Detering), Literatur und Religion, Nachlass- und Spätwerkforschung sowie Gegenwartsliteratur: mit Beiträgen zu Kempowski (Sühnewerk und Opferleben. Kunstreligion bei Walter Kempowski, Göttingen 2012), Enzensberger, Johnson, Georg Klein, Lewitscharoff sowie zu Fragen der Kulturkritik (Kulturen der Kritik, Dresden 2011, hg. mit Ole Petras); daneben Besprechungen gegenwartsliterarischer Neuerscheinungen und Berichte zum literarischen Leben in der F.A.Z.

Süselbeck, Jan, PD Dr., wiss. Mitarbeiter an der Philipps-Universität Marburg und an der Universität Siegen. Redaktionsleiter der Zeitschrift literaturkritik.de. 2004 Promotion an der Freien Universität Berlin, 2012 Habilitation an der Philipps-Universität Marburg. Im Wintersemester 2013/2014 Vertretungsprofessur für Neuere deutsche Philologie, Medien- und Kulturwissenschaft an der Universität Siegen. Zuletzt publizierte Monografie: Im Angesicht der Grausamkeit. Emotionale Effekte literarischer und audiovisueller Kriegsdarstellungen vom 19. bis zum 21. Jahrhundert (Wallstein 2013).

Trepte, Hans-Christian, Dr., studierte Russisch und Englisch in Greifswald und Leipzig, danach Polonistik in Leipzig, Warschau und Wrocław. 1979 Promotion mit einer Arbeit über Jarosław Iwaszkiewiczs Epochenroman »Sława i chwała« (Ruhm und Ehre). Von 1995 bis 2001 Mitarbeiter an einem Forschungsprojekt zu Exilliteraturen Ostmitteleuropas am Geisteswissenschaftlichen Zentrum Geschichte und Kultur Ostmiteleuropas (GWZO, Berlin-Leipzig); seit 2002 am Institut für Slavistik der Universität Leipzig tätig im Bereich Westslawische Literaturwissenschaft und Kulturgeschichte. Forschungsschwerpunkte: polnische und tschechische Kultur und Literatur, Exilliteratur, deutsch-polnische kulturelle und literarische Beziehungen.

Wolting, Monika, Prof. dr hab., wissenschaftliche Mitarbeiterin am Germanistischen Institut der Universität Wrocław und Professorin für Germanistik an der WSPiA in Poznań. 2002 Promotion in Warschau mit der Arbeit »Das Motiv des Brunnens in der deutschen Kultur« (2006) und 2010 Habilitation mit der Schrift »Der Garten als Topos in dem Werk von Marie Luise Kaschnitz, Undine Gruenter und Sarah Kirsch.« Forschungsschwerpunkte: Intellektuellenforschung, Kulturpolitik, Realismus, Feldtheorie, Transkulturalität. Letzte Buchpublikationen: Opcja niemiecka. O problemach z tożsamością i historią w literaturze polskiej i niemieckiej po 1989 roku. Hg. mit Wojciech Browarny. Krakow 2014; Die Mühen der Ebenen. Aufsätze zur deutschen Literatur nach 1989. (Hg.), Poznan 2013. Kontinuitäten-Brüche-Kontroversen. Deutsche Literatur nach dem Mauerfall. Hg. mit Edward Białek. Dresden 2012.

Wolting, Stephan, Prof. dr hab., Professor, Leiter des Lehrstuhls für Interkulturelle Kommunikation am Institut für Angewandte Linguistik der Adam-Mickiewicz-Universität Poznań. Forschungsschwerpunkte: Interkulturelle Hermeneutik, Interkulturelle Trainings, Kreatives und Biografisches Schreiben, kulturelle und literarische deutsch-polnische Beziehungen, Akademische Wissenskulturen. In jüngster Zeit kommen Veröffentlichungen zum Kulturbegriff und Studien zu einer kulturwissenschaftlich orientierten Thanatologie hinzu. Letzte Veröffentlichung: Kultur und Kollektiv (Hg.). Festschrift für Klaus. P. Hansen (Berlin 2014).

Gegenwartsliteratur

Deutschsprachige Gegenwartsliteratur und Medien,
hrsg. v. Carsten Gansel und Hermann Korte

Bd. 14: Michaela Nicole Raß
Bilderlust – Sprachbild: Das Rendezvous der Künste
Friederike Mayröckers Kunst der Ekphrasis
473 Seiten, gebunden
ISBN 978-3-8471-0162-8

Bd. 13: Dominika Borowicz
Vater-Spuren-Suche
Auseinandersetzung mit der Vätergeneration in deutschsprachigen
autobiographischen Texten von 1975 bis 2006
410 Seiten, gebunden
ISBN 978-3-8471-0134-5

Bd. 12: Kerstin Germer
(Ent-)Mythologisierung deutscher Geschichte
Uwe Timms narrative Ästhetik
311 Seiten, gebunden
ISBN 978-3-8471-0042-3

Bd. 11: Carsten Gansel / Matthias Braun (Hg.)
Es geht um Erwin Strittmatter oder Vom Streit um die Erinnerung
408 Seiten mit 13 Abbildungen, gebunden
ISBN 978-3-89971-997-0

Leseproben und weitere
Informationen unter www.v-r.de

 V&R Academic
Verlagsgruppe Vandenhoeck & Ruprecht | V&R unipress

Email: info@vr-unipress.de | Tel.: +49 (0)551 / 50 84-301 |
Fax: +49 (0)551 / 50 84-333